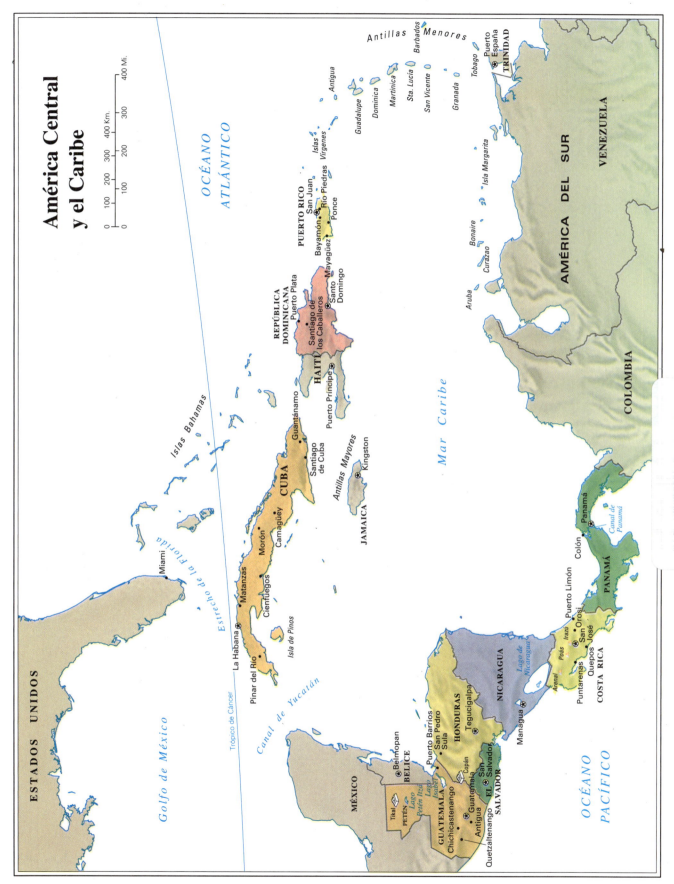

América Central y el Caribe

400 Mi.

300

200

100

0

400 Km.

300

200

100

0

ESTADOS UNIDOS

Golfo de México

OCÉANO ATLÁNTICO

Trópico de Cáncer

Estrecho de la Florida

Miami

Islas Bahamas

Pinar del Río

La Habana

Isla de Pinos

Matanzas

Cienfuegos

Morón

Camagüey

CUBA

Santiago de Cuba

Guantánamo

Antillas Mayores

JAMAICA

Kingston

Canal de Yucatán

Mar Caribe

PUERTO RICO

San Juan

Islas Vírgenes

Río Piedras

Bayamón

Mayagüez

Ponce

REPÚBLICA DOMINICANA

Puerto Plata

Santiago de los Caballeros

Santo Domingo

HAITÍ

Puerto Príncipe

Antillas Menores

Antigua

Guadalupe

Dominica

Martinica

Sta. Lucía

San Vicente

Barbados

Granada

Tobago

Puerto España

TRINIDAD

Isla Margarita

Bonaire

Curazao

Aruba

AMÉRICA DEL SUR

VENEZUELA

COLOMBIA

MÉXICO

Tikal

PETÉN

Lago Petén Itzá

Lago Izabal

Belmopán

BELICE

Puerto Barrios

San Pedro Sula

Copán

GUATEMALA

Guatemala

Antigua

Quetzaltenango

Chichicastenango

San Salvador

EL SALVADOR

HONDURAS

Tegucigalpa

NICARAGUA

Managua

Lago de Nicaragua

COSTA RICA

Puntarenas

San José

Quepos

Arenal

Poás

Irazú

San Orosí

Puerto Limón

Colón

Panamá

PANAMÁ

Canal de Panamá

OCÉANO PACÍFICO

D0161405

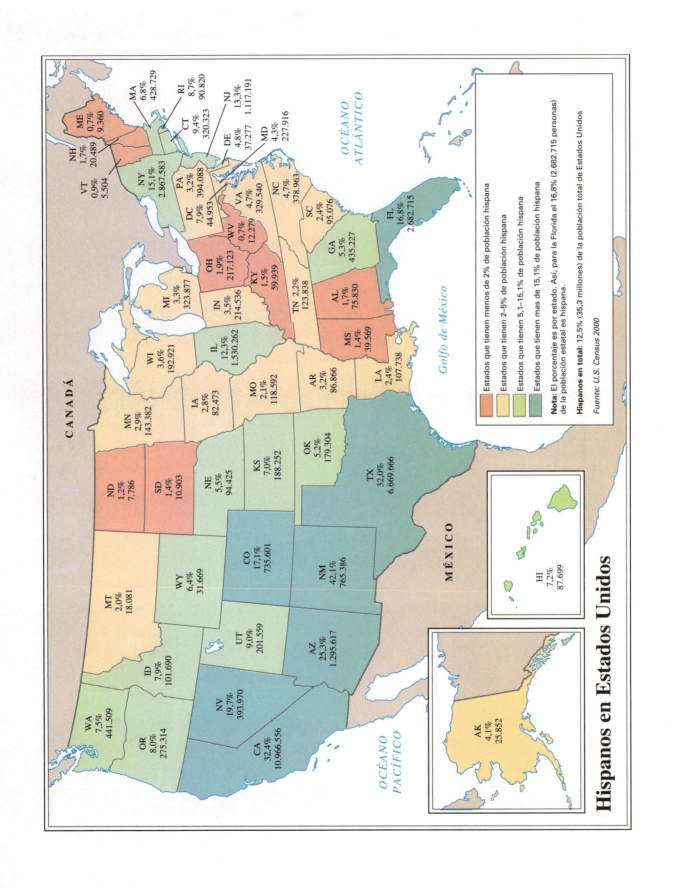

Hispanos en Estados Unidos

OCÉANO ATLÁNTICO

OCÉANO PACÍFICO

Golfo de México

CANADÁ

MÉXICO

ME 0.7% 9.360
NH 1.7% 20.489
VT 0.9% 5.504
MA 6.8% 428.729
RI 8.7% 90.820
CT 9.4% 320.323
NJ 13.3% 1.117.191
NY 15.1% 2.867.583
PA 3.2% 394.088
DC 7.9% 44.953
DE 4.8% 37.277
MD 4.3% 227.916
VA 4.7% 329.540
WV 0.7% 12.279
NC 4.7% 378.963
SC 2.4% 95.076
GA 5.3% 435.227
FL 16.8% 2.682.715
OH 1.9% 217.123
KY 1.5% 59.939
TN 2.2% 123.838
AL 1.7% 75.830
MS 1.4% 39.569
IN 3.5% 214.536
MI 3.3% 323.877
WI 3.6% 192.921
IL 12.3% 1.530.262
IA 2.8% 82.473
MO 2.1% 118.592
AR 3.2% 86.866
LA 2.4% 107.738
MN 2.9% 143.382
ND 1.2% 7.786
SD 1.4% 10.903
NE 5.5% 94.425
KS 7.0% 188.252
OK 5.2% 179.304
TX 32.0% 6.669.666
MT 2.0% 18.081
WY 6.4% 31.669
CO 17.1% 735.601
NM 42.1% 765.386
WA 7.5% 441.509
ID 7.9% 101.690
OR 8.0% 275.314
NV 19.7% 393.970
UT 9.0% 201.559
AZ 25.3% 1.295.617
CA 32.4% 10.966.556
HI 7.2% 87.699
AK 4.1% 25.852

Estados que tienen menos de 2% de población hispana

Estados que tienen 2–5% de población hispana

Estados que tienen 5,1–15,1% de población hispana

Estados que tienen mas de 15,1% de población hispana

Nota: El porcentaje es por estado. Así, para la Florida el 16,8% (2.682.715 personas) de la población estatal es hispana.

Hispanos en total: 12,5% (35,3 millones) de la población total de Estados Unidos

Fuente: U.S. Census 2000

¿Cómo se dice...?

¿Cómo se dice...?

EIGHTH EDITION

Ana C. Jarvis
Chandler-Gilbert Community College

Raquel Lebredo
California Baptist University

Francisco Mena-Ayllón
University of Redlands

Houghton Mifflin Company   Boston   New York

Publisher: Rolando Hernández
Sponsoring Editor: Van Strength
Senior Development Editor: Rafael Burgos-Mirabal
Assistant Editor: Erin Kern
Manufacturing Manager: Florence Cadran
Senior Marketing Manager: Tina Crowley Desprez
Associate Marketing Manager: Claudia Martínez

Cover image: *Forms, Symbols, and Images,* 1967, José Gurvich

Art, graphic, and photo credits begin on page 563.

Text credits
Chapter 5: page 146: "¿Qué hemos de comer cada día?" Reprinted with permission from *Vivir Feliz.*
Chapter 6: page 172: "Con el son en las venas." From *Selecciones,* pp. 52–59. *Revista Selecciones* del Reader's Digest, diciembre de 2002. **Chapter 7:** page 206: "Costa Rica busca aumentar la entrada de cruceros." From *El Nuevo Día,* Sección Negocios, p. 97, 18 de diciembre 2002. **Chapter 8:** page 232: "El día de la semana en que nació marcó su suerte." Adapted from *Vanidades,* Año 35, No. 5, pp. 84–87. Reprinted with permission of Editorial Televisa. **Chapter 13:** page 366: "Yo no tengo soledad." From *Ternura* by Gabriela Mistral. Copyright © 1989 Editorial Universitaria, Santiago de Chile. Reprinted with permission. Page 367: "Meciendo" by Gabriela Mistral from *Selected Poems of Gabriela Mistral: A Bilingual Edition* (Baltimore: The Johns Hopkins University Press, 1971), edited by Doris Dana. Copyright © 1961, 1964, 1970, 1971 by Doris Dana. Reprinted with the permission of Joan Daves Agency/Writer's House, Inc., New York, on behalf of the proprietors. **Chapter 15:** page 418: "Jacarandá en California" reprinted with permission of Hugo Rodríguez-Alcalá. **Chapter 17:** pages 472–473: "El tiempo y el espacio" by Julio Camba. Reprinted with permission.

Printed in the U.S.A.

Library of Congress Control Number: 2004105488

Student Text ISBN: 0-618-47144-8
Instructor's Annotated Edition ISBN: 0-618-47145-6

3456789-VH-08 07 06 05

Dear Students,

¿Cómo se dice...?, Eighth Edition, is designed to present the fundamentals of Spanish in order to achieve its goal of helping you attain linguistic proficiency. The Eighth Edition involves you in activities that require the communicative use of all four language skills (listening, speaking, reading, and writing). Special care has been devoted in the Eighth Edition to providing practical insights into the cultural diversity of the Spanish-speaking world, since it is as essential to successful communication as linguistic competence.

As you embark on your journey to discovering the Spanish language, allow us as your guides, together with your instructor, to offer you these few tips to make the journey more productive, more interesting, and more enjoyable.

- Take every opportunity to hear, speak, read, and write Spanish.

- Try to relate everything you learn to your own experience, thinking of what you might say in different situations to express your ideas and opinions.

- Try to be aware of the Spanish-speaking community around you.

- Create mental images of what you hear and read, always going from concept to Spanish and vice versa.

- Watch Spanish programs on TV, including the news, and yes, soap operas, or learn some songs in Spanish, because exposure to spoken Spanish will help you internalize the language.

- Remember that learning is not a passive pursuit, but an active one. It is the practice that will help you learn.

Lastly, don't forget, learning Spanish takes time, but with commitment, enthusiasm, and dedication you will achieve your goal.

Un cordial saludo,

Ana C. Jarvis   Raquel Lebredo   Francisco Mena-Ayllón

An Overview of Your Textbook's Main Features

The *¿Cómo se dice...?* text contains eighteen lessons that feature an easy-to-navigate design based on two-page spreads with clearly color-coded lesson sections and practice.

The **Lesson Opener** presents the thematic topic and a color-coded outline of the lesson's communication, pronunciation, and cultural objectives, four-skills learning strategies, and grammatical structures.

A system of icons integrate the text with a full program of print and electronic supplements.

Realistic situations provide a natural setting for introducing language and culture.

The **Opening Dialogue** serves as a lively, realistic context in which you are introduced to the lesson's vocabulary, structures, theme, and culture. *¿Quién lo dice?* questions (color-coded in red) check comprehension, while *Para conversar* activities (color-coded in red) encourage classroom discussion about the situation(s) presented in the dialogue.

Ideal for classroom instruction, independent study, and online or distance instruction, each opening dialogue is dramatized on the video program, which is also accessible on the student multimedia CD-ROM set.

Vocabulary, pronunciation, and grammar presentation and practice provides a solid foundation for building communication skills.

The *Vocabulario* section lists all active vocabulary, new words, and expressions introduced in the opening dialogue, as well as *Vocabulario adicional*—words and phrases related to the lesson theme. Supporting practice, ranging from guided practice *(Práctica)* to more open-ended pair and group work *(Para conversar)*, follows each presentation for immediate reinforcement.

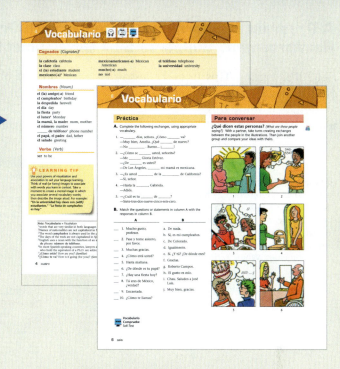

Appearing in Lessons 1–18, the *Pronunciación* section contains pronunciation, linking, and intonation exercises designed to acquaint you with the basic Spanish sounds and with natural speech. Lessons 10–18 feature sentences from the chapter-opening dialogues that are challenging for English speakers and cartoons depicting *Las aventuras de Marcelo.*

The *Estructuras* section presents an average of four to five clear and succinct grammar explanations in English with practical examples and contextualized language samples. Each presentation is immediately followed by *Práctica* exercises (color-coded in gold) and *Para conversar* activities (color-coded in red) that range from controlled to open-ended activities, including illustration-based activities and pair and group work. A presentation of a key grammar point from each lesson is dramatized on video and can be viewed in your multimedia CD-ROM set. All grammar points presented in the textbook are also available on the premium version of the multimedia CD-ROM set.

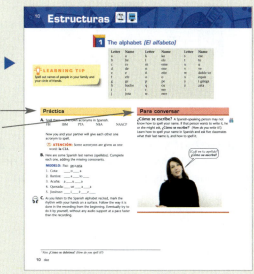

A Program of Learning Strategies with Practice for Reinforcement Supports Skill Development

Helpful **Learning Tips** in every lesson offer strategies, relevant cultural information, and study tips.

▼

🔆 LEARNING TIP

Many social variables are at play when deciding whether to address people formally (**Ud.**) or informally (**tú**). At work, a superior is addressed as **Ud.**, whereas peers are addressed as **tú**. In social situations, consider the speakers' relative ages, their level of acquaintance, and shared commonalities. When in doubt, use **Ud.**

The *Así somos* section contains a series of open-ended, pair and small-group activities that synthesize what you've learned and allow you to communicate in real-life situations. *Al escuchar...* and *Al conversar...* teach you important listening and speaking strategies.

▼

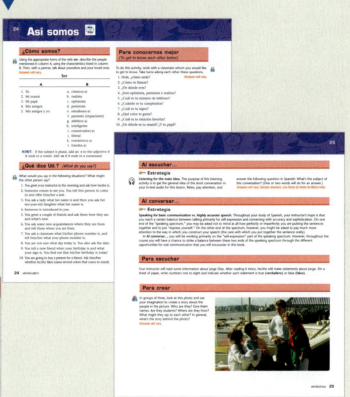

◀ In each lesson, the *¡Vamos a leer!* section presents and practices specific techniques and strategies designed to help you become a more proficient reader. The readings, which include authentic magazine and literary selections, reinforce lesson grammar and vocabulary as well as broaden your cultural knowledge.

The *¡Vamos a escribir!* section offers process-based writing strategies to help you improve your writing skills. The topics are correlated to the lesson grammar and vocabulary. ▶

Exposure to the diversity of cultures broadens your understanding of the Spanish-speaking world.

To help you understand and compare the cultures of the Spanish-speaking world with your own culture, the *Aspectos culturales* section expands on the cultural practices, products, or themes introduced in the lesson's opening dialogue. You are encouraged to explore the Internet and report your findings to the class. *Para comparar* questions invite cross-cultural comparisons.

At the end of every lesson, the *Panorama hispánico* photo essays explore the culture, geography, economy, and history of all the regions and countries of the Spanish-speaking world including the United States and Canada. Corresponding footage on the *¿Cómo se dice…?* video reinforces the content of each photo essay.

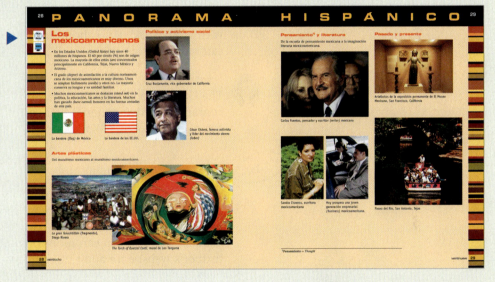

Self-assessment of learning objectives guarantees success.

Self-Tests following Lessons 3, 6, 9, 12, 15, and 18 contain exercises designed to review the vocabulary, structures, and cultural information in the three preceding lessons.

Student Components

Student Textbook
Your student textbook contains all of the information and activities you need for in-class use. Each of the eighteen lessons presents and practices vocabulary, grammar, pronunciation, cultural information, reading, listening, speaking, and writing. Self-tests appear every three lessons.

In-Text Audio CD
Packaged with your textbook, the in-text audio CDs contain the *Vocabulario* and *Pronunciación* sections, some sample verb conjugations, the readings in the *Rincón literario* sections, and other selected items. It also includes the recordings to accompany the *Al escuchar...* and *Al conversar...* listening activities.

Workbook/Laboratory Manual
The Workbook/Laboratory Manual practices the material presented in your textbook. It is divided into a Workbook, which focuses on vocabulary, grammar, reading, and writing practice; and a Laboratory Manual, which focuses on pronunciation and listening comprehension. A Workbook Answer Key may be packaged with your Workbook/Laboratory Manual at the request of your instructor so you can monitor your progress.

Lab Audio CD Program
The Lab Audio CD Program reinforces your pronunciation and listening skills. It contains recorded material that corresponds to the Laboratory Manual portion of the *¿Cómo se dice...?* Workbook/Laboratory Manual.

New! Quia Online Workbook/Laboratory Manual with SMARTHINKING™ Online Tutoring
This online version of the Workbook/Laboratory Manual contains the adapted content of the printed Workbook/Laboratory Manual plus the recorded material on the Lab Audio CD Program in an interactive environment that provides immediate feedback so you can monitor your progress. In addition, you can link to the textbook website for additional practice or to a SMARTHINKING™ tutor for extra help.

SMARTHINKING™ Online Tutoring for Spanish
Packaged with the Quia Online Workbook/Laboratory Manual, SMARTHINKING™ offers you a range of tutorial services, including live online help, questions any time, independent study resources, and personalized student home pages to archive tutoring sessions and feedback for future reference. In addition, the *¿Cómo se dice...?* Multimedia CD-ROM Set and Online Workbook/Laboratory Manual offer direct links to the SMARTHINKING™ website.

New! *¿Cómo se dice...?* Premium Video Program (DVD)
This multi-tier video features four types of footage: dramatized versions of the lesson-opening dialogues, geographic footage accompanied by descriptive narratives in Spanish, improvisations based on the lesson theme for key grammar points, and 67 grammar presentations, one for each grammar point in the textbook. The video program is designed to help you learn about Spanish-speaking cultures, to practice your listening skills, and to reinforce lesson vocabulary and grammar. This video is also included on the Premium Student Multimedia CD-ROM.

New! Student Multimedia CD-ROM Set

This dual-platform multimedia CD-ROM set helps you practice each lesson's vocabulary and grammar, and provides immediate feedback so that you can check your progress. Each lesson includes games, art- and listening-based activities, video-based activities, and the opportunity to record selected responses to help you develop your reading, writing, listening, and speaking skills. As you work, you can access a grammar reference, a Spanish-English glossary, and a comprehensive progress report, or you can link directly to SMARTHINKING™ Online Tutoring for extra help. The CD-ROM set also contains the complete *¿Cómo se dice...?* video program with dramatized lesson-opening dialogues, grammar presentations, improvisations based on the lesson theme, or key grammar points and geographic footage. It comes free with the purchase of a textbook.

New! Premium Student Multimedia CD-ROM

This set of dual-platform multimedia CD-ROMs includes all the exercises and video on the standard multimedia CD-ROM, plus additional video grammar presentations, for a total of 67, to cover all grammar points in textbook. The premium CD is available for purchase.

Student Website

The student website includes a variety of resources and practice to be used as you study each lesson or as you review for quizzes and exams. Search activities provide practice with lesson vocabulary and grammar while exploring authentic Spanish-language websites. ACE practice tests check your knowledge of the lesson vocabulary and grammar; automatic feedback helps you understand errors and pinpoint areas you may need to review. ACE Video Activities include practice based on short clips from the *¿Cómo se dice...?* video. Completed activities can be printed or e-mailed directly to your instructor. The site also has electronic flashcards for additional practice of vocabulary and verb conjugations, and MP3 files of the in-text audio CD. The website is accessible at **http://college.hmco.com/languages/spanish/students.**

Scope and Sequence

Lección 7
En un hotel

Comunicación
You will learn vocabulary related to checking in at a hotel, asking about accommodations, and about tourism.

Pronunciación
The Spanish **ll** and **ñ**

Estructuras
- Indirect object pronouns
- Constructions with **gustar**
- Time expressions with **hacer**
- Preterit of regular verbs
- Ordinal numbers

Cultura
- Travel and currency
- Types of accommodations
- Customs related to travel
- Floor-numbering conventions

Panorama hispánico
- Costa Rica
- Panamá

⌐ Estrategias
Listening: Listening to authentic language
Speaking: Simplifying ideas through paraphrasing
Reading: Guessing meaning from context
Costa Rica busca aumentar la entrada de cruceros
Writing: Selecting topics and organizing the information

Lección 8
Haciendo diligencias

Comunicación
You will learn vocabulary related to banking and running errands. You will also be able to talk about flowers and pets.

Pronunciación
The Spanish **l**, **r**, **rr**, and **z**

Estructuras
- Direct and indirect object pronouns used together
- Preterit of **ser**, **ir**, and **dar**
- Preterit of **e:i** and **o:u** stem-changing verbs
- Uses of **por** and **para**
- Formation of adverbs

Cultura
- Banks and banking
- Bad-luck day
- Living with parents until marriage

Panorama hispánico
- Puerto Rico

⌐ Estrategias
Listening: Guessing meaning from context
Speaking: Paraphrasing practice I
Reading: Rereading critically
El día de la semana en que nació marcó su suerte
Writing: Writing journal entries

Lección 9
Una cena de cumpleaños

Comunicación
You will learn vocabulary related to shopping for groceries, meal preparation, and daily routines.

Pronunciación
La entonación

Estructuras
- Reflexive constructions
- Some uses of the definite article
- Possessive pronouns
- Irregular preterits
- **Hace...** meaning *ago*

Cultura
- Roles of senior family members
- Specialty stores and open-air markets
- Intergenerational attitudes among family members

Panorama hispánico
- Cuba
- La República Dominicana

⌐ Estrategias
Listening: Dealing with fast speech
Speaking: Using pauses to manage conversation
Reading: Activating background knowledge and rereading for writing I
Sección de cocina: flan
Writing: Writing recipes

Self-Test Lecciones 7–9

Lección 16
Las actividades al aire libre

Comunicación

You will learn vocabulary related to sports and outdoor activities.

Pronunciación

Pronunciation in context

Estructuras

- The imperfect subjunctive
- Some uses of the prepositions **a, de,** and **en**
- The present perfect subjunctive

Cultura

- Sports in the Spanish-speaking world
- **Mate** and **asado** in the Southern Cone

Panorama hispánico

- Uruguay
- Brasil

Estrategias

Listening: Identifying word boundaries practice I
Speaking: Transitioning between ideas
Writing: Writing a short story
Rincón literario: Skimming and creating your own suspense
Tres cartas… y un pie, Horacio Quiroga (Uruguay)

Lección 17
El mundo de los negocios

Comunicación

You will learn vocabulary related to business, job interviews, and job-related technology.

Pronunciación

Pronunciation in context

Estructuras

- The pluperfect subjunctive
- *If* clauses
- Summary of the uses of the subjunctive

Cultura

- The World Wide Web in the Spanish-speaking world
- Current workforce gender trends and implications for language
- Business across cultures

Panorama hispánico

- España (I)

Estrategias

Listening: Guessing meaning practice II
Speaking: Giving a presentation
Writing: Writing cover letters and recommendations
Rincón literario: Interacting with a reading
El tiempo y el espacio, Julio Camba (España)

Lección 18
Teatro… cine… televisión…

Comunicación

You will learn vocabulary related to media and the arts, communication, and entertainment.

Pronunciación

Pronunciation in context

Estructuras

- Uses of some prepositions after certain verbs
- Uses of **por** and **para** in certain expressions
- Some idiomatic expressions

Cultura

- Entertainment
- Theater, television, and film
- Latin entertainment in the Americas

Panorama hispánico

- España (II)

Estrategias

Listening: Identifying word boundaries practice II
Speaking: Expressing idiomatic language
Writing: Assessing your writing needs
Reading: Using reference materials
Rincón literario: *Rimas*, Gustavo Adolfo Bécquer (España)

Self-Test Lecciones 16–18

Acknowledgments

We wish to express appreciation to the following colleagues for the many valuable suggestions they offered in their reviews of the Eighth Edition.

Alejandra Balestra, *University of New Mexico*
Ann Baker, *University of Evansville*
Barbara P. Esquival-Heinemann, *Winthrop University*
Dawn Meissner, *Anne Arundel Community College*
Deborah Edson, *Tidewater Community College*
Dr. Karen-Jean Muñoz, *Florida Community College at Jacksonville*
Duane Rhodes, *University of Wyoming*
Ezequiel Cardenas, *Cuyamaca College*
Jeff Ruth, *East Stroudsburg University*
José Alejandro Sandoval Erosa, *Des Moines Area Community College*
José Angel Sainz, *Mary Washington College*
Lincoln Lambeth, *College of the Ozarks*
Loknath Persaud, *Pasadena City College*
Maria Enrico, *Mercy College*
Mayra E. Bonet, *CUNY*
Ornella Mazzuca, *Dutchess Community College*
Rachel Finney, *Richard Bland College*
Renatta Buscaglia, *East Los Angeles College*
Ronna Feit, *Nassau Community College*

We also wish to thank the reviewers of the Seventh Edition for their comments.

Kathy McConnell, *Point Loma Nazarene University*
Matthew Tornatore, *Truman State University*
Li McCleod, *University of Saskatchewan*
Richard Auletta, *LIU, Brookville, NY*
Ann Baker, *University of Evansville*
Roxana Levin, *St. Petersburg Junior College*
Joanne de la Parra, *Queen's University*

Finally, we want to extend our sincere appreciation to the World Languages Staff of Houghton Mifflin Company, College Division: Rolando Hernández, Publisher; Van Strength, Sponsoring Editor; Laurel Miller, Technology Sponsoring Editor; Judith Bach, Technology Development Editor; Rafael Burgos-Mirabal and Erin Kern, Development Editors; Claudia Martínez, Marketing Manager, Charline Lake, Project Editor; Florence Cadran, Senior Manufacturing Coordinator; and Henry Rachlin, Senior Designer.

Brief Contents

¿Cómo se dice...?

Saludos y despedidas
Un día con María Inés

OBJETIVOS

Comunicación
You will learn some greetings and farewells, how to introduce yourself and say where you are from, how to get and give phone numbers, and how to talk about days of the week and dates.

Pronunciación
The Spanish **a** and **e**

Estructuras
- The alphabet
- Cardinal numbers 0–30
- Colors
- Days of the week
- Months and seasons of the year
- Subject pronouns
- Present indicative of **ser**

Cultura
- Names and nicknames in the Hispanic world
- Body language when greeting and bidding farewell in Spanish-speaking societies
- Ways of addressing people in Spanish cultures
- Spanish origins of certain regional and city names in the U.S. and Canada

Panorama hispánico
- Los mexicoamericanos
- Los Estados Unidos hispánicos y el español en el mundo

Estrategias
Listening: Listening for the main idea
Speaking: Speaking for basic communication vs. highly accurate speech
Reading: Recognizing cognates
Writing: Generating ideas by brainstorming

Un día con María Inés

En la clase

M. Inés	—Buenos días. Usted es el doctor Trujillo, ¿verdad?
Dr. Trujillo	—Sí, señorita. ¿Y usted? ¿Cómo se llama?
M. Inés	—Me llamo María Inés Hidalgo.
Dr. Trujillo	—Mucho gusto, señorita Hidalgo.
M. Inés	—El gusto es mío, profesor.
Dr. Trujillo	—Tome asiento, por favor.
M. Inés	—Gracias.

En la cafetería

M. Inés	—Buenas tardes, señora. ¿Cómo está usted?
Señora	—Muy bien, gracias. ¿Y tú, María Inés?
M. Inés	—Bien, gracias. Bueno, hasta mañana.
Señora	—Hasta mañana. Saludos a Teresa.
M. Inés	—Gracias.

M. Inés	—Hola. ¿Cómo están?
Rodolfo	—Bien. ¿Qué hay de nuevo?
M. Inés	—Nada. Bueno... no mucho...
Rodolfo	—María Inés: mi amigo Sergio.
M. Inés	—Encantada, Sergio.
Sergio	—Igualmente. ¿De dónde eres, María Inés?
M. Inés	—Yo soy de Los Ángeles, pero mi mamá es mexicana y mi papá es de Tejas. Oye, Rodolfo, ¿cuál es tu número de teléfono?
Rodolfo	—Tres-ocho-seis-nueve-cuatro-siete-dos.
M. Inés	—Gracias. Bueno, nos vemos el lunes, Rodolfo. Adiós, Sergio.
Rodolfo y Sergio	—Adiós.

En el parque

M. Inés	—¡Hola! ¿Cómo te llamas?
Carlitos	—Carlitos...
M. Inés	—Yo me llamo María Inés. Oye... ¿hay una fiesta hoy?
Carlitos	—Sí... es mi cumpleaños...
M. Inés	—¡Feliz cumpleaños, Carlitos!
Carlitos	—Gracias.

 LEARNING TIP

Many social variables are at play when deciding whether to address people formally (**Ud.**) or informally (**tú**). At work, a superior is addressed as **Ud.**, whereas peers are addressed as **tú**. In social situations, consider the speakers' relative ages, their level of acquaintance, and shared commonalities. When in doubt, use **Ud.**

En una fiesta

M. Inés	—Buenas noches, señor Paz. ¿Cómo le va?
Sr. Paz	—Muy bien, gracias. Señorita, ¿de dónde es usted?
M. Inés	—Yo soy de Los Ángeles. ¿Y ustedes? ¿De dónde son?
Sr. Paz	—Nosotros somos de Arizona. Usted es estudiante, ¿verdad?
M. Inés	—Sí, soy estudiante de la Universidad de California.

¿Quién lo dice? *(Who says it?)*

Identify the person who said the following in the dialogues.

1. Sí... es mi cumpleaños. _____
2. Oye... ¿hay una fiesta hoy? _____
3. Tres-ocho-seis-nueve-cuatro-siete-dos. _____
4. Nosotros somos de Arizona. Usted es estudiante, ¿verdad? _____
5. Hasta mañana. Saludos a Teresa. _____
6. Tome asiento, por favor. _____

a. María Inés   b. el Dr. Trujillo   c. la señora

d. Rodolfo   e. Carlitos   f. el Sr. Paz

Para conversar *(To talk)*

 With a partner, take turns asking and answering the following questions. Base your answers on the dialogue and on your own circumstances.

1. ¿El doctor Trujillo es profesor o estudiante? ¿Y tú?
2. ¿De dónde es María Inés? ¿Y tú? ¿De dónde eres?
3. ¿De dónde es el papá de María Inés? ¿Y tu papá? ¿De dónde es?
4. ¿De dónde son el señor Paz y sus *(his)* amigos? ¿Y tú y tus amigos? ¿De dónde son?
5. ¿La mamá de María Inés es mexicana? ¿Y tu mamá?

Cognados (Cognates)[1]

la cafetería cafeteria	**mexicoamericano(-a)** Mexican American	**el teléfono** telephone
la clase class	**mucho(-a)** much	**la universidad** university
el (la) estudiante student	**no** not	
mexicano(-a)[2] Mexican		

Nombres (Nouns)

el (la) amigo(-a) friend
el cumpleaños[3] birthday
la despedida farewell
el día day
la fiesta party
el lunes[4] Monday
la mamá, la madre mom, mother
el número number
_____ de teléfono[5] phone number
el papá, el padre dad, father
el saludo greeting

Verbo (Verb)

ser to be

 **LEARNING TIP**

Use your powers of visualization and association to aid your language learning. Think of real (or funny) images to associate with words you learn in context. Take a moment to create a mental image in which you associate several vocabulary words; then describe the image aloud. For example: **"En la universidad hay clases con (with) estudiantes." "La fiesta de cumpleaños es hoy."**

Adjetivos (Adjectives)

bueno(-a) good
feliz happy
mi my
nuevo(-a) new

Títulos (Titles)

doctor[6] **(Dr.)** doctor
profesor, profesora professor
señor (Sr.) mister (Mr.), sir, gentleman
señora (Sra.) madam, Mrs., lady
señorita (Srta.) Miss, young lady

Saludos y despedidas (Greetings and farewells)

adiós goodbye
buenas noches good evening, good night
buenas tardes good afternoon
buenos días good morning
hasta mañana see you tomorrow
hola hello
Nos vemos. See you.

Preguntas y respuestas (Questions and answers)

¿Cómo se llama usted? What is your name? *(formal)*
¿Cómo te llamas? What is your name? *(familiar)*
Me llamo… My name is . . .
¿Cómo está usted?[7] How are you? *(formal)*
¿Cómo están ustedes? How are you (all)? (when speaking to more than one person)
¿Cómo le va?[8] How is it going (for you)? *(formal)*
Bien. Fine.
Muy bien. Very well.

Note: **Vocabulario** = *Vocabulary*
[1]words that are very similar in both languages
[2]Names of nationalities are not capitalized in Spanish.
[3]The word **cumpleaños** is always used in the plural form.
[4]The days of the week are not capitalized in Spanish.
[5]English uses a noun with the function of an adjective: phone number. Spanish uses the **de** phrase: **número de teléfono.**
[6]In most Spanish-speaking countries, lawyers and members of many other professions who hold the equivalent of a Ph.D. are addressed as **doctor** or **doctora.**
[7]**¿Cómo estás?** How are you? *(familiar)*
[8]**¿Cómo te va?** How is it going (for you)? *(familiar)*

Otras palabras y expresiones
(Other words and expressions)

bien well
bueno... well . . . , okay
¿cómo? how?
con with
¿cuál? what?, which?
¿___ es tu número de teléfono?
  What is your phone number?
de from, of
¿dónde? where?
El gusto es mío. The pleasure is mine.
en in, at

encantado(-a) charmed
gracias thanks, thank you
hay there is, there are
hoy today
igualmente likewise
Mucho gusto. How do you do?
  Nice to meet you. (Much pleasure.)
muy very
nada nothing
¡oye! listen!
pero but
por favor please
¿qué? what?
¿Qué hay de nuevo? What's new?

Saludos a... Say hello to . . .
sí yes
Tome asiento. Have a seat.
tú you *(familiar)*
un, una a, an
usted (Ud.) you *(formal)*
¿verdad? right?
y and

VOCABULARIO ADICIONAL *(Additional vocabulary)*

Expresiones de cortesía
(Polite expressions)

Chau. Goodbye.
Con permiso. Excuse me.
De nada. You're welcome.
Hasta la vista. Goodbye.
Muchas gracias. Thank you very
  much.
Muy amable. Very kind (of you).
Pase. Come in.
Perdón. Pardon me.
¿Qué tal? How are you?

Vocabulario

A. Complete the following exchanges, using appropriate vocabulary.

1. —_____ días, señora. ¿Cómo _____ va?
   —Muy bien, Amelia. ¿Qué _____ de nuevo?
   —No _____ . Bueno... ¡_____!

2. —¿Cómo se _____ usted, señorita?
   —Me _____ Gloria Estévez.
   —¿De _____ es usted?
   —De Los Ángeles, _____ mi mamá es mexicana.

3. —¿Es usted _____ de la _____ de California?
   —Sí, señor.

4. —Hasta la _____, Gabriela.
   —Adiós.

5. —¿Cuál es tu _____ de _____?
   —Siete-tres-dos-nueve-cinco-seis-cero.

B. Match the questions or statements in column A with the responses in column B.

A	B
___ 1. Mucho gusto, profesor.	a. De nada.
___ 2. Pase y tome asiento, por favor.	b. Sí, es mi cumpleaños.
___ 3. Muchas gracias.	c. De Colorado.
___ 4. ¿Cómo está usted?	d. Igualmente.
___ 5. Hasta mañana.	e. Sí. ¿Y tú? ¿De dónde eres?
___ 6. ¿De dónde es tu papá?	f. Gracias.
___ 7. ¿Hay una fiesta hoy?	g. Roberto Campos.
___ 8. Tú eres de México, ¿verdad?	h. El gusto es mío.
___ 9. Encantada.	i. Chau. Saludos a José Luis.
___ 10. ¿Cómo te llamas?	j. Muy bien, gracias.

¿Qué dicen estas personas? *(What are these people saying?)* With a partner, take turns creating exchanges between the people in the illustrations. Then join another group and compare your ideas with theirs.

1

2

3

4

5

6

**Vocabulario
Compruebe**
Self-Test

A. The Spanish a

The Spanish **a** is pronounced like the *a* in the English word *father.* Listen to your teacher and repeat the following sentences.

Hol**a**, **A**m**a**nd**a**.

Enc**a**nt**a**d**a**, señor**a** P**a**z.

H**a**st**a** m**a**ñ**a**n**a**, m**a**m**á**.

H**a**st**a** l**a** vist**a**, M**a**rt**a**.

H**a**st**a** l**a** vist**a**, **A**n**a**.

B. The Spanish e

The Spanish **e** is pronounced like the *e* in the English word *eight.* Listen to your teacher and repeat the following sentences.

Bu**e**nas noch**e**s, T**e**r**e**sa.

¿D**e** dónd**e** **e**r**e**s?

¿**E**s **e**l s**e**ñor P**é**r**e**z?

¿**E**s d**e** Los Áng**e**l**e**s?

Práctica

 It is very important to pronounce people's names properly. You and a partner will take turns "paging" the following people. The instructor will then call on some of the students to say each name.

1. Mercedes Calabrés

2. Amanda Estévez

3. Esteban Cervantes (**HINT:** **v** and **b** sound the same.)

4. Fernán Paredes

5. Sandra Ballester (**HINT:** **ll** sounds either like the English *y* or like the English *j.*)

6. Ana Pérez de Aranda

7. René Avellaneda

8. Elsa Mena de Pérez

9. Carmen de Vera

10. Esperanza Vélez

11. Elena Castel

12. Teresa Menéndez

Ubíquese... y búsquelo

You are where it says **Ud. está aquí.** You are meeting María Inés at calle Olvera and then you are inviting her for coffee, sightseeing, or to eat. Go to **www.college.hmco.com** to decide where you are taking María Inés. In the next class, team up with two classmates to discuss your findings.

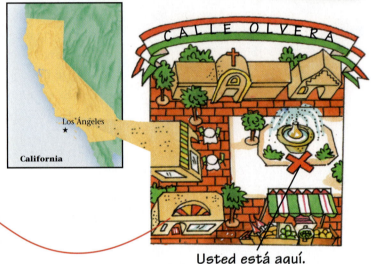

Usted está aquí.
(You are here.)

> ### LEARNING TIP
>
> Given today's multicultural society, it is easy to find many resources that will support you in learning Spanish and will expose you to Spanish-based cultures. Take advantage of any access you may have to Spanish-speaking communities where you live and also virtually, by means of the World Wide Web.

¿Lo sabía Ud.?

- **María** es un nombre *(name)* muy popular en España *(Spain)* y Latinoamérica. Frecuentemente se usa con otros nombres: **María Inés, Ana María, María Isabel, María Teresa, María Luisa,** etc. Se usa también como segundo nombre *(middle name)* para hombres *(men)*: **José María, Luis María,** etc.

- En la cultura hispánica, los sobrenombres *(nicknames)* son muy populares. Por ejemplo, **Carlitos** es el sobrenombre de una persona que se llama **Carlos.** Otros ejemplos son: **Ana: Anita; Sara: Sarita; Luis: Luisito; Miguel: Miguelito.**

  Otros sobrenombres no son diminutivos del nombre:

Enrique: Quique	Mercedes: Mecha
José: Pepe	María Teresa: Marité
Francisco: Paco o Pancho	Dolores: Lola

- En los Estados Unidos, la influencia hispánica se nota en nombres de estados *(states)* como Colorado *(red)*, Tejas *(tiles)*, Nevada *(snowed)*, Montana *(mountain)*, y ciudades *(cities)* como Sacramento, San Francisco, Santa Bárbara y El Paso *(the pass)*. En Canadá, un ejemplo es el de la Península de El Labrador *(the farmer)*.

Para comparar

1. ¿**Mary** es un nombre popular en este país *(country)*? ¿Se usa con otros *(other)* nombres?

2. ¿Cuáles son otros nombres muy populares en inglés?

3. ¿Qué sobrenombres se usan en inglés?

4. En su *(your)* estado, ¿hay ciudades o calles *(streets)* con nombres en español?

Note: **Ubíquese... y búsquelo** = *Locate yourself and find it*
¿Lo sabía Ud.? = *Did you know?*

En imágenes *Saludos y despedidas*

Dos colegas *(colleagues)* se saludan dándose la mano *(shaking each other's hands)*.

Dos amigas se besan en la mejilla *(kiss each other on the cheek)*.

Dos amigas y dos amigos se saludan abrazándose *(hugging each other)*. Amigos del sexo opuesto *(opposite gender)* se saludan dándose un beso *(kissing each other)* en la mejilla.

1 The alphabet (El alfabeto)

Letter	Name	Letter	Name	Letter	Name
a	a	k	ka	s	ese
b	be	l	ele	t	te
c	ce	m	eme	u	u
d	de	n	ene	v	ve
e	e	ñ	eñe	w	doble ve
f	efe	o	o	x	equis
g	ge	p	pe	y	i griega
h	hache	q	cu	z	zeta
i	i	r	ere		
j	jota	rr	erre		

LEARNING TIP

Spell out names of people in your family and your circle of friends.

Práctica

A. Spell these well-known acronyms in Spanish.

FBI   IBM   PTA   NBA   NAACP

Now you and your partner will give each other one acronym to spell.

👁 **ATENCIÓN:** Some acronyms are given as one word: **la CIA.**

B. Here are some Spanish last names (apellidos). Complete each one, adding the missing consonants.

MODELO: Paz: pe a zeta

1. Cota: ____ o ____ a
2. Barrios: ____ a ____ io ____
3. Acuña: a ____ u ____ a
4. Quesada: ____ ue ____ a ____ a
5. Jiménez: ____ i ____ é ____ e ____

 C. As you listen to the Spanish alphabet recited, mark the rhythm with your hands on a surface. Follow the way it is done in the recording from the beginning. Eventually try to do it by yourself, without any audio support at a pace faster than the recording.

Para conversar

¿Cómo se escribe? A Spanish-speaking person may not know how to spell your name. If that person wants to write it, he or she might ask, **¿Cómo se escribe?**[1] (How do you write it?). Learn how to spell your name in Spanish and ask five classmates what their last name is, and how to spell it.

¿Cuál es tu apellido?
¿Cómo se escribe?

---

[1]Also **¿Cómo se deletrea?** (How do you spell it?)

2 Cardinal numbers 0–30 (Los números cardinales 0–30)

0 cero	7 siete	14 catorce	21 veintiuno (and so on)
1 uno	8 ocho	15 quince	30 treinta
2 dos	9 nueve	16 dieciséis[1]	
3 tres	10 diez	17 diecisiete	
4 cuatro	11 once	18 dieciocho	
5 cinco	12 doce	19 diecinueve	
6 seis	13 trece	20 veinte	

LEARNING TIP

Count from 0 to 30 first by twos, then by threes, by fours, and by fives.

👁 **ATENCIÓN:** **Uno** changes to **un** before a masculine singular noun: **un profesor** (*one professor*). **Uno** changes to **una** before a feminine singular noun: **una profesora** (*one professor*).

Práctica

A. Count along in Spanish! Listen to the song, then try to sing it by heart.

Canción infantil (*Children's song*)

Dos y dos son cuatro,
cuatro y dos son seis;
seis y dos son ocho
y ocho dieciséis.

B. In Los Angeles there are many businesses that are owned by Mexican-Americans. Take turns with your partner reading the telephone numbers that a Spanish-speaking person would call, according to his/her needs.

1. Carlos wants to have his picture taken.
2. Sergio wants to send flowers to his wife.
3. Elena is having car trouble.
4. Lupe needs to have a prescription filled.
5. Fernando needs to make a dinner reservation.
6. Silvia wants to know what time the jewelry store closes.
7. Eva and Luis need an apartment.
8. Antonio wants to know if a bookstore is open on Sundays.

C. Complete the following series of numbers.

1. treinta, veintiocho, veintiséis, …diez
2. cero, tres, seis, …treinta
3. treinta y cinco, treinta, …cinco
4. uno, tres, …veintinueve

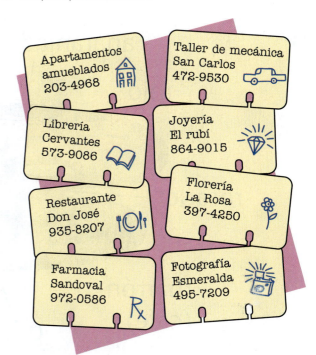

Apartamentos amueblados
203-4968

Taller de mecánica San Carlos
472-9530

Librería Cervantes
573-9086

Joyería El rubí
864-9015

Restaurante Don José
935-8207

Florería La Rosa
397-4250

Farmacia Sandoval
972-0586

Fotografía Esmeralda
495-7209

---

[1]The numbers 16 to 29 may also be spelled as separate words: **diez y seis… veinte y uno…**, and so on.

Para conversar

A. ¿Cuál es tu número de teléfono? Ask four members of the class what their name and phone number is. Write down the information.

B. Una clase de aritmética. You and your partner are tutoring some Spanish-speaking children. Prepare addition and subtraction problems and have an answer key. The children only deal with numbers up to thirty.

¿Cuál es tu número de teléfono?[1]

453-1028

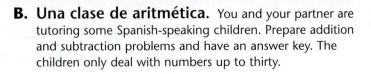

+ : más

− : menos

= : son

$16 + 8 =$

$25 − 12 =$

3 Colors (Los colores)

Everywhere you go, there are colors! Learn to say them in Spanish.

1–16

anaranjado

amarillo   azul

rojo

verde

rosado

blanco

marrón (café)

morado

gris   negro

---

[1]Say "**¿Cuál es su número de teléfono?**" when addressing someone as **usted**.

Práctica

A. With a partner, take turns naming the colors of the following items.

1. an elephant
2. a banana
3. an orange
4. a leaf
5. rosy cheeks
6. a dark night
7. coffee
8. the American flag

LEARNING TIP

As you look at the world around you, try to name in Spanish the colors you see. Remember that it is always best to go from the concept to the target language (Spanish) and vice versa.

B. This is a painting (**una pintura**) by a Mexican-American painter. With a partner, take turns naming the colors that you see, in Spanish. You can include:

claro *light*   **oscuro** *dark*
(i.e.: **azul claro** or **azul oscuro**)

Use the following model sentences for calling the attention of your partner to the colors present in the painting.

MODELOS: Esto es *(This is)* de color azul claro.

Mira *(Look)*, morado oscuro.

Y mira, aquí hay algo *(something)* amarillo.

Para conversar

A. ¿Qué color te gusta? *(What color do you like?)* Conduct a survey of your classmates, to find out which color is the most popular. After the survey, write the result.

El color más popular es el _____ .

¿Qué color te gusta?

Me gusta el color rojo.

B. ¡Somos pintores! *(We are painters!)* See if everyone knows what colors can be formed by mixing the primary colors.

—¿Qué color forman el _____ y el _____ ?

—Forman el color _____ .

4 Days of the week (Los días de la semana)

~ agosto ~

lunes	martes	miércoles	jueves	viernes	sábado	domingo
	1	2	3	4	5	6
7	8	9	10	11	12	13
14	15	16	17	18	19	20
21	22	23	24	25	26	27
28	29	30	31			

—¿Qué día es hoy? **¿Sábado?**   *"What day is today? Saturday?"*
—No, hoy es **viernes**.   *"No, today is Friday."*

- In Spanish-speaking countries, the week starts on Monday.

- The days of the week are not capitalized in Spanish.

- The days of the week are masculine in Spanish. The masculine definite articles **el** and **los** are often used with them to express *on*.

- All the days of the week use the same form for the singular and plural (**el lunes – los lunes**). The only exceptions are **sábado** and **domingo** (**el sábado – los sábados**.)

LEARNING TIP

Every day, when you get up, tell yourself: "**Hoy es...** (+ the day of the week)."

Práctica

A. Knowing that **mañana** means *tomorrow* and **pasado mañana** means *the day after tomorrow,* give information following the model.

> **MODELO:** Hoy es lunes.
>
> *Mañana es martes y pasado mañana es miércoles.*

1. Hoy es sábado.
2. Hoy es miércoles.
3. Hoy es viernes.
4. Hoy es domingo.
5. Hoy es jueves.
6. Hoy es martes.

 B. Using the calendar on page 14, take turns asking a classmate what day a certain date falls on.

¿Qué día es el dos de agosto?

Es miércoles.

Para conversar

Tu programa favorito. In groups of three, ask each other what program from **el canal 27** you like each day.

¿Qué programa te gusta los lunes?

Los lunes me gusta el programa educativo.

CANAL 27			
Su canal hispano **Programación 9:00–12:00**			
	9:00–10:00	10:00–11:00	11:00–12:00
LUNES	Buenos días, Los Ángeles	Programa educativo	Telenovela *María*
MARTES	Hospital General	Música clásica	Tenis
MIÉRCOLES	Música y arte	Ciudades latinoamericanas	Programa político
JUEVES	Una clase de ejercicio	Los jueves con Marisol	Noticias internacionales
VIERNES	Las aventuras de un tigre	Problemas sociales	Telenovela *Tú y yo*
SÁBADO	Programa infantil	Música de México	¡Fútbol!
DOMINGO	Religión	Gimnasia	¡Béisbol!

5 Months and seasons of the year (Los meses y las estaciones del año)

A. Los meses

ENERO

L	M	M	J	V	S	D
	1	2	3	4	5	(6)
7	8	9	10	11	12	13
14	15	(16)	17	18	19	20
21	22	23	24	25	26	27
28	29	30	31			

FEBRERO

L	M	M	J	V	S	D
				(1)	2	3
4	5	6	7	8	9	10
11	12	13	(14)	15	16	17
18	19	20	21	22	23	24
25	26	27	28			

MARZO

L	M	M	J	V	S	D
				1	2	3
4	5	6	7	8	(9)	10
11	12	13	14	15	16	17
18	19	20	(21)	22	23	24
25	26	27	28	29	30	31

ABRIL

L	M	M	J	V	S	D
1	2	3	(4)	5	6	7
8	9	10	11	12	13	14
15	16	17	18	19	20	21
22	23	24	25	26	27	28
29	(30)					

MAYO

L	M	M	J	V	S	D
	1	2	3	4	(5)	
6	7	8	9	10	11	12
13	(14)	15	16	17	18	19
20	21	22	23	24	25	26
27	28	29	30	31		

JUNIO

L	M	M	J	V	S	D
				1	(2)	
3	4	5	6	7	8	9
10	11	12	(13)	14	15	16
17	18	19	20	21	22	23
24	25	26	27	28	29	30

JULIO

L	M	M	J	V	S	D
1	2	3	(4)	5	6	7
8	9	10	11	12	13	14
15	16	(17)	18	19	20	21
22	23	24	25	26	27	28
29	30	31				

AGOSTO

L	M	M	J	V	S	D
			1	2	(3)	4
5	6	7	8	9	10	11
12	(13)	14	15	16	17	18
19	20	21	22	23	24	25
26	27	28	29	30	31	

SEPTIEMBRE

L	M	M	J	V	S	D
						1
(2)	3	4	5	6	(7)	8
9	10	11	12	13	14	15
16	17	18	19	20	21	22
23/30	24	25	26	27	28	29

OCTUBRE

L	M	M	J	V	S	D
1	2	3	4	5	6	
7	8	9	10	11	(12)	13
14	(15)	16	17	18	19	20
21	22	23	24	25	26	27
28	29	30	31			

NOVIEMBRE

L	M	M	J	V	S	D
			1	2	3	
4	5	6	7	(8)	9	10
(11)	12	13	14	15	16	17
18	19	20	21	22	23	24
25	26	27	28	29	30	

DICIEMBRE

L	M	M	J	V	S	D
						1
2	3	4	5	6	(7)	8
9	(10)	11	12	13	14	15
16	17	18	19	20	21	22
23/30	24/31	25	26	27	28	29

■ To ask for the date say:

¿Qué fecha es hoy? *What's the date today?*

■ When giving the date, always begin with the phrase **"hoy es el..."**

—Hoy es el cuatro de julio. *Today is the fourth of July.*

■ Begin with the number, followed by the preposition **de** *(of)*, and then the month.

el seis de agosto *August sixth*

—¿Qué fecha es hoy? *"What's the date today?*
¿El treinta de abril? *April 30th?"*

—No, hoy es **el primero** *"No, today is May first."*
de mayo.

■ The article **el** is omitted when the day of the week is expressed.

Hoy es jueves, 20 de abril. *Today is Thursday, April twentieth.*

👁 **ATENCIÓN:** Primero *(First)* is the only ordinal number used with dates. Also, the months are not capitalized in Spanish.

💡 **LEARNING TIP**

Think of the birthdays of your friends and the members of your family. What are the dates?
"**El cumpleaños de** _(name)_ **es el** _(day)_ **de** _(month)_."

Un poema
Treinta días trae° noviembre,   *brings*
con abril, junio y septiembre.
De veintiocho sólo° hay uno,   *only*
y los demás,° de treinta y uno.   **los...** *the others*

 ## B. Las estaciones del año

La primavera

El verano

El otoño

El invierno

Práctica

 A. With your partner, look at the dates circled on the calendar on page 16 and take turns saying them in Spanish.

B. Indicate in which season the following months fall in the Northern Hemisphere.

1. enero   4. febrero   7. noviembre
2. octubre   5. agosto   8. abril
3. julio   6. mayo

C. Knowing that the seasons are reversed in the Southern Hemisphere, you and your partner take turns indicating in which season the same months fall there.

1. enero   4. febrero   7. noviembre
2. octubre   5. agosto   8. abril
3. julio   6. mayo

D. Listen to a folk song you would hear during the *Fiesta de San Fermín* in northern Spain. This feast is famous for bulls being let loose to chase the people through the narrow streets of the old city of Pamplona. After listening to the song several times, try to sing it.

Uno de enero,
dos de febrero,
tres de marzo,
cuatro de abril,
cinco de mayo,
seis de junio,
siete de julio,
San Fermín.

Para conversar

 Oye... ¿cuál es tu signo? *(Listen . . . what's your sign?)* Survey your classmates to find out when everybody's birthday is and what sign everyone belongs to.

¿Cuándo es tu cumpleaños?

El dos de abril.

Oye... ¿cuál es tu signo?

Mi signo es Leo.

Aries *(21 de marzo a 19 de abril)*	**Tauro** *(20 de abril a 20 de mayo)*	**Géminis** *(21 de mayo a 21 de junio)*	**Cáncer** *(22 de junio a 22 de julio)*	**Leo** *(23 de julio a 22 de agosto)*	**Virgo** *(23 de agosto a 21 de septiembre)*
Libra *(22 de septiembre a 22 de octubre)*	**Escorpión** *(23 de octubre a 21 de noviembre)*	**Sagitario** *(22 de noviembre a 21 de diciembre)*	**Capricornio** *(22 de diciembre a 19 de enero)*	**Acuario** *(20 de enero a 19 de febrero)*	**Piscis** *(20 de febrero a 20 de marzo)*

6 Subject pronouns
(Pronombres personales usados como sujetos)

Singular		Plural	
yo	*I*	**nosotros**	*we* (masc.)
		nosotras	*we* (fem.)
tú	*you* (familiar)	**vosotros**	*you* (masc., familiar)
		vosotras	*you* (fem., familiar)
usted	*you* (formal)	**ustedes**	*you* (formal)
él	*he*	**ellos**	*they* (masc.)
ella	*she*	**ellas**	*they* (fem.)

LEARNING TIP

Think of yourself talking to some of the people you know. What is your relationship to them? Formal? Informal? Whom would you call **tú**? Whom would you call **usted**? When would you use **ustedes**? Now picture yourself talking about them. What pronoun would you use to refer to a man? A woman? Two men? Two women? One of them and yourself?

The **tú** form is used as the equivalent of *you* to address a friend, a coworker, a relative, or a child. The **usted** form is used in general to express deference or respect. In most Spanish-speaking countries today, young people tend to call each other **tú** even if they have just met. If in doubt, use **usted**.

The plural form of **tú** is **vosotros(-as)**, which is used only in Spain. In Latin America, the plural form **ustedes** (abbreviated **Uds.**) is used as the plural form of both **usted** (abbreviated **Ud.**) and **tú**.

The masculine plural forms can refer to the masculine gender alone or to both genders together.

—¿De dónde son el Sr. Paz y sus amigos?   *"Where are Mr. Paz and his friends from?"*
—**Ellos** son de Arizona.   *"They are from Arizona."*

—¿María Inés es mexicoamericana?   *"Is María Inés Mexican-American?"*
—Sí, **ella** es mexicoamericana.   *"Yes, she is Mexican-American."*

—¿De dónde son **ustedes**?   *"Where are you from?"*
—**Nosotros** somos de Tejas.   *"We are from Texas."*

—¿**Tú** eres estudiante?   *"Are you a student?"*
—Sí, **yo** soy estudiante de la Universidad de California.   *"Yes, I am a student at the University of California."*

Práctica

A. Identify the personal pronoun that corresponds to each picture below.

1. _____   2. _____   3. _____

4. _____   5. _____   6. _____

7. _____   8. _____   9. _____

 B. With your partner, take turns saying whether you would use **tú**, **usted**, or **ustedes** to address the following people.

1. Carlitos
2. your parents' elderly friend
3. two strangers
4. your instructor
5. your best friend
6. an older lady you just met
7. a twelve-year old girl
8. three gentlemen you just met

C. What pronouns would be used to refer to the following people?

1. el doctor Trujillo
2. María Inés y yo *(fem.)*
3. Rodolfo y Sergio
4. usted y Patricia
5. el señor Paz y sus amigos
6. Enrique y yo

7 Present indicative of **ser**
*(Presente de indicativo del verbo **ser**)*

ser *to be*		
Singular		
yo	soy	*I am*
tú	eres	*you are* (fam.)
Ud.	es	*you are* (form.)
él		*he is*
ella		*she is*

Plural		
nosotros(-as)	somos	*we are*
vosotros(-as)	sois	*you are* (fam.)
Uds.	son	*you are* (form.)
ellos		*they are* (masc.)
ellas		*they are* (fem.)

The verb **ser**, *to be*, is irregular. Its forms, like the forms of other irregular verbs, must be memorized.

The verb **ser** is commonly used to express identity, place of origin, occupation, characteristic, and nationality.

LEARNING TIP

Say where several people that you know are from, including yourself and your family. Think of people individually and in pairs.

¿De dónde **son** ustedes?

Nosotros **somos** de México.

ATENCIÓN: The indefinite article (**un, una**) is not used after the verb **ser** when describing profession, nationality, religion, or party affiliation unless an adjective follows the noun.

El doctor Trujillo **es profesor.**

But: El doctor Trujillo **es un profesor excelente.**

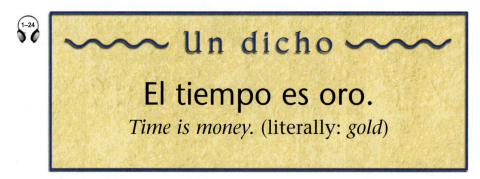

~~~ Un dicho ~~~

El tiempo es oro.
Time is money. (literally: *gold*)

Práctica

A. Complete this conversation between two students, using the present indicative of the verb **ser**. Then act it out with a partner.

—¿De dónde _____ ustedes?

—Nosotros _____ de Arizona. ¿De dónde _____ tú?

—Yo _____ de Tejas.

—¿Y María Inés?

—Ella _____ de California.

—¿Raquel y Luis _____ de Colorado?

—No, de Chicago.

Note: **Un dicho** = *A saying*

B. Say where these people are from, using the information in the illustration.

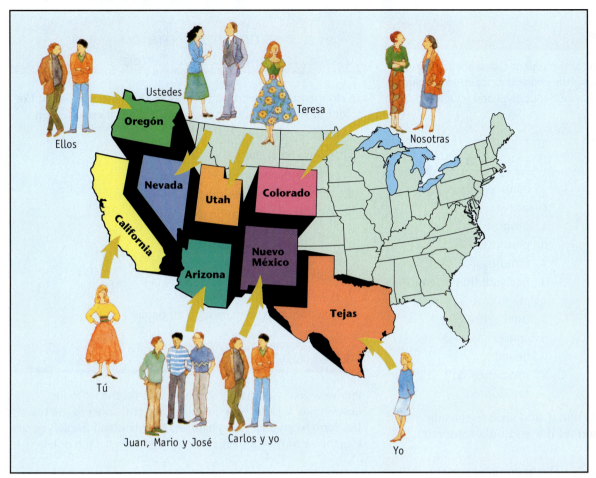

1. ellos
2. tú
3. Juan, Mario y José
4. Carlos y yo

5. yo
6. nosotras
7. Teresa
8. ustedes

Para conversar

 ¡Habla con tu compañero! (*Speak with your partner!*) Ask each other the following questions.

1. ¿Quién (*Who*) eres?
2. ¿De dónde eres?
3. ¿De dónde es tu mamá? ¿De dónde es tu papá?
4. ¿De dónde son tus amigos?
5. ¿Tú y tu familia son norteamericanos?

Now join another pair of students and tell them about yourselves.

Estructuras:
Compruebe
Self-Test

Así somos

¿Cómo somos?

 Using the appropriate forms of the verb **ser**, describe the people mentioned in column A, using the characteristics listed in column B. Then, with a partner, talk about yourselves and your loved ones.

Ser

A	B
1. Yo	a. cómico(-a)
2. Mi mamá	b. realista
3. Mi papá	c. optimista
4. Mis amigos	d. pesimista
5. Mis amigos y yo	e. estudioso(-a)
	f. paciente (impaciente)
	g. atlético(-a)
	h. inteligente
	i. conservador(-a)
	j. liberal
	k. romántico(-a)
	l. tímido(-a)

HINT: If the subject is plural, add an **-s** to the adjective if it ends in a vowel. Add **-es** if it ends in a consonant.

¿Qué dice Ud.? *(What do you say?)*

 What would you say in the following situations? What might the other person say?

1. You greet your instructor in the morning and ask how he/she is.
2. Someone comes to see you. You tell this person to come in and offer him/her a seat.
3. You ask a lady what her name is and then you ask her ten-year-old daughter what her name is.
4. Someone is introduced to you.
5. You greet a couple of friends and ask them how they are and what's new.
6. You ask some new acquaintances where they are from and tell them where you are from.
7. You ask a classmate what his/her phone number is, and tell him/her what your phone number is.
8. You are not sure what day today is. You also ask the date.
9. You tell a new friend when your birthday is and what your sign is. You find out that his/her birthday is today!
10. You are going to buy a present for a friend. Ask him/her whether he/she likes (name several colors that come to mind).

Para conocernos mejor
(To get to know each other better)

To do this activity, work with a classmate whom you would like to get to know. Take turns asking each other these questions.

1. Hola, ¿cómo estás?
2. ¿Cómo te llamas?
3. ¿De dónde eres?
4. ¿Eres optimista, pesimista o realista?
5. ¿Cuál es tu número de teléfono?
6. ¿Cuándo es tu cumpleaños?
7. ¿Cuál es tu signo?
8. ¿Qué color te gusta?
9. ¿Cuál es tu estación favorita?
10. ¿De dónde es tu mamá? ¿Y tu papá?

Una encuesta *(A survey)*

Interview your classmates to identify who fits the following descriptions. Include your instructor, but remember to use the **Ud.** form when addressing him/her. After finishing the survey, get together with two or three classmates and discuss the results.

	Nombre
1. **No es de este estado (state).**	_____
2. **Es tímido(-a).**	_____
3. **Es del signo de Virgo.**	_____
4. **Es muy optimista.**	_____
5. **No es estudioso(-a).**	_____
6. **Es muy inteligente.**	_____
7. **Es liberal.**	_____
8. **Es impaciente.**	_____

Note: Así somos = *This is the way we are*

Al escuchar...

🔑 Estrategia

Listening for the main idea. The purpose of this listening activity is to get the general idea of the short conversation in your in-text audio for this lesson. Relax, pay attention, and answer the following question in Spanish: What's the subject of this conversation? (One or two words will do for an answer.)

Al conversar...

🔑 Estrategia

Speaking for basic communication vs. highly accurate speech. Throughout your study of Spanish, your instructor's hope is that you reach a certain balance between talking primarily for self-expression and conversing with accuracy and sophistication. On one end of the "speaking spectrum," you may be asked not to mind at all how perfectly or imperfectly you are putting the sentences together and to just "express yourself." On the other end of the spectrum, however, you might be asked to pay much more attention to the way in which you construct your speech (the care with which you put together the sentence orally).

In **Al conversar...,** you will be working primarily on the "self-expression" part of the speaking spectrum. However, throughout the course you will have a chance to strike a balance between these two ends of the speaking spectrum through the different opportunities for oral communication that you will encounter in this book.

Para escuchar

Your instructor will read some information about Jorge Díaz. After reading it twice, he/she will make statements about Jorge. On a sheet of paper, write numbers one to eight and indicate whether each statement is true **(verdadero)** or false **(falso).**

Para crear

In groups of three, look at this photo and use your imagination to create a story about the people in the picture. Who are they? Give them names. Are they students? Where are they from? What might they say to each other? In general, what's the story behind the photo?

¡Vamos a leer!

 Estrategia

Antes de leer   *(Before reading)*

A. **Recognizing cognates.** Many times Spanish words that look like English ones also have the same or very similar meanings. These are cognates **(cognados).**

Aid yourself with your knowledge of common academic majors in English to predict (or figure out!) what the third category is for each person featured in the following reading.

B. As you read the information on these students, find the answers to the following questions.

1. ¿De dónde es la señorita Acosta?
2. ¿Su *(Her)* especialización *(major)* es inglés o español?
3. ¿De qué estado son Sandra y Susana?
4. ¿De qué ciudad *(city)* es Luis Rodríguez?
5. ¿Cuál es su *(his)* especialización?
6. ¿De qué estado es la señorita Villalobos?
7. ¿Su especialización es educación o biología?
8. ¿De qué ciudad es Susana?
9. ¿Fernando y Luis son de California?
10. ¿Cuál es la especialización de Fernando?

A leer

✳ ORGANIZACIÓN DE ESTUDIANTES HISPANOS

Nuevos miembros

Sandra Guadalupe Acosta
De: San Diego, California
Especialización: Español

Susana Barrios
De: Sacramento, California
Especialización: Biología

Luis Rodríguez
De: Santa Fe, Nuevo México
Especialización: Administración de empresas

Fernando Padilla
De: Phoenix, Arizona
Especialización: Sociología

María Ester Villalobos
De: El Paso, Tejas
Especialización: Educación

Note: **¡Vamos a leer!** = *Let's read!*

Después de leer... desde su mundo *(from your world)*

 Give some information about yourself.

Nombre y apellido: _____

De: _____

Especialización: _____

As a class, create your own class directory, including this and any other useful information you wish to include.

¡Vamos a escribir!

Un mensaje electrónico *(An e-mail).* You will be exchanging e-mails with a Spanish-speaking student from another state. You will want to send information about yourself and ask him/her some questions.

🔑 Estrategia | Antes de escribir *(Before you start writing)*

Generating ideas by brainstorming. Before you begin to write your first draft of a composition, you need to generate ideas. Brainstorming is like thinking aloud. Allow your mind to wander. Write down all of your thoughts and ideas on your subject.

1. Brainstorm about the type of information that you can now provide about yourself in Spanish. This will include name, origin, nationality, characteristics, preferences, etc.

2. Brainstorm also about the type of questions you want to ask him or her.

3. Organize your thoughts and write the message that you would like to send to your new cyber friend.

A escribir el mensaje electrónico

Now write a draft version (**borrador**) of the e-mail.

🔑 Estrategia | Después de escribir

 Before writing the final version, your instructor might want you to exchange your first draft with a classmate and peer edit each other's work. Use the following two guidelines:

- correct use of subject pronouns
- formation and agreement (with subject) of the verb **ser**

Note: ¡Vamos a escribir! = *Let's write!*

Multi Media

WWW

Los mexicoamericanos

- En los Estados Unidos *(United States)* hay unos 40 millones de hispanos. El 60 por ciento (%) son de origen mexicano. La mayoría de ellos están *(are)* concentrados principalmente en California, Tejas, Nuevo México y Arizona.

- El grado *(degree)* de asimilación a la cultura norteamericana de los mexicoamericanos es muy diverso. Unos se adaptan fácilmente *(easily)* y otros no. La mayoría conserva su lengua y su unidad familiar.

- Muchos mexicoamericanos se destacan *(stand out)* en la política, la educación, las artes y la literatura. Muchos han ganado *(have earned)* honores en las fuerzas armadas de este país.

La bandera *(flag)* de México

La bandera de los EE.UU.

Política y activismo social

Cruz Bustamante, vice gobernador de California

César Chávez, famoso activista y líder del movimiento obrero *(labor)*

Artes plásticas

Del muralismo mexicano al muralismo mexicoamericano.

La gran Tenochtitlán (fragmento), Diego Rivera

The Torch of Quetzal Coatl, mural de Leo Tanguma

Pensamiento[1] y literatura

De la escuela de pensamiento mexicana a la imaginación literaria mexicoamericana.

Carlos Fuentes, pensador y escritor *(writer)* mexicano

Sandra Cisneros, escritora mexicoamericana

Hoy prospera una joven generación empresarial *(business)* mexicoamericana.

Pasado y presente

Artefactos de la exposición permanente de El Museo Mexicano, San Francisco, California

Paseo del Río, San Antonio, Tejas

---

[1]**Pensamiento** = *Thought*

Los Estados Unidos hispánicos y el español en el mundo

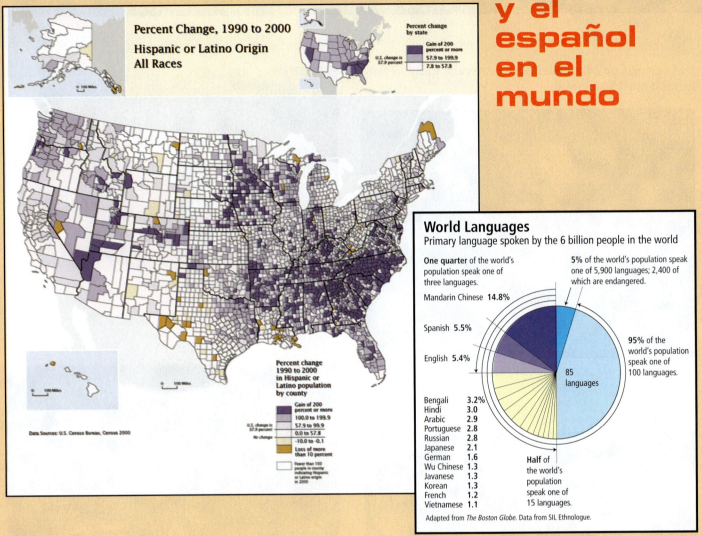

Percent Change, 1990 to 2000
Hispanic or Latino Origin
All Races

Percent change by state

U.S. change is 57.9 percent

Gain of 200 percent or more
57.9 to 199.9
7.8 to 57.8

Percent change 1990 to 2000 in Hispanic or Latino population by county

Gain of 200 percent or more
100.0 to 199.9
57.9 to 99.9
0.0 to 57.8
-10.0 to -0.1
Loss of more than 10 percent
Fewer than 100 people in county indicating Hispanic or Latino origin in 2000

U.S. change is 57.9 percent
No change

Data Sources: U.S. Census Bureau, Census 2000

World Languages
Primary language spoken by the 6 billion people in the world

One quarter of the world's population speak one of three languages.

Mandarin Chinese 14.8%

Spanish 5.5%

English 5.4%

Bengali 3.2%
Hindi 3.0
Arabic 2.9
Portuguese 2.8
Russian 2.8
Japanese 2.1
German 1.6
Wu Chinese 1.3
Javanese 1.3
Korean 1.3
French 1.2
Vietnamese 1.1

5% of the world's population speak one of 5,900 languages; 2,400 of which are endangered.

95% of the world's population speak one of 100 languages.

85 languages

Half of the world's population speak one of 15 languages.

Adapted from *The Boston Globe*. Data from SIL Ethnologue.

Nuestro[1] panorama cultural

In groups of three, answer the following questions about your home state, region, or country.

1. ¿Quién es el gobernador de su estado? ¿Y el vice gobernador?
2. ¿Qué otros *(other)* activistas estadounidenses y canadienses conoce usted *(do you know)*?
3. ¿Cuáles son algunos *(some)* pintores *(painters)* y artistas famosos de su región o de su país *(country)*?
4. ¿Cuáles son otros escritores famosos de su país?
5. ¿Hay muchas personas de habla hispana en su ciudad?

For the next class: Go to the World Wide Web and find photos from your hometown, state, region, or country. Use the questions from **Nuestro panorama cultural** above as guidelines for choosing them. Be ready to present the photos to your classmates.

MODELOS: Éste(-a) es *(This is)* el (la) gobernador(-a) de mi estado, Arizona. Éste(-a) es el (la) vice gobernador(-a).

Éste es un *(an)* activista estadounidense (canadiense)…

Éste(-a) es el pintor (la pintora)…

Éste(-a) es el escritor (la escritora)…

Ésta es una foto de…

---

[1]Nuestro = Our

En la universidad
El primer día de clases

El primer día de clases

Gloria, una chica cubanoamericana, habla con un muchacho de El Salvador.

GLORIA —¿Qué hora es?

JULIO —Son las diez y cuarto. ¿A qué hora es la clase de inglés?

GLORIA —A las diez y media. ¡Caramba! ¡Es tarde! Oye, Julio, ¿Olga y tú estudian en la biblioteca esta noche?

JULIO —No, yo trabajo en el hospital por la noche. Olga estudia con José Luis.

GLORIA —¡Pero chico! Tú trabajas por la tarde también. ¡Y tomas cinco clases! ¿Cuándo estudias?

JULIO —Los sábados y los domingos.

GLORIA —¡Necesitas más tiempo para estudiar!

JULIO —Sí, y también necesito más dinero. Oye, ¿deseas estudiar conmigo el sábado por la mañana?

GLORIA —¡Sí! ¿Estudiamos en mi casa? Y por la tarde vamos a la Calle Ocho.

JULIO —Buena idea. ¿Cuál es tu dirección?

GLORIA —Calle Quinta, número 120. Y mi número de teléfono es 3-54-67-98.

JULIO —*(Anota la dirección y el número de teléfono de Gloria.)* ¡Perfecto! Nos vemos el sábado.

Por la tarde, Gloria conversa con una chica norteamericana.

SANDRA —Oye, Gloria, ¿cómo se dice *backpack* en español?

GLORIA —Se dice "mochila".

SANDRA —Gracias. El español es un idioma difícil...

GLORIA —No, Sandra. ¡Es fácil! Pero necesitas practicar todos los días.

SANDRA —¿Tú hablas otros idiomas?

GLORIA —Sí, hablo francés y un poco de portugués. ¿Y tú?

SANDRA —Yo hablo italiano.

GLORIA —¿En serio?

SANDRA —¡Sí! Pizza... ravioles...

GLORIA —¡Ay, chica! ¡En ese caso yo hablo chino!

¿Quién lo dice?

Identify the person who said the following in the dialogues.

1. Yo trabajo en el hospital por la noche. _____

2. ¡Necesitas más tiempo para estudiar! _____

3. ¡Ay, chica! ¡En ese caso yo hablo chino! _____

4. Oye, ¿deseas estudiar conmigo el sábado por la mañana? _____

5. Yo hablo italiano. _____

6. ¿Cómo se dice *backpack* en español? _____

7. ¡Sí! ¿Estudiamos en mi casa? Y por la tarde vamos a la Calle Ocho. _____

8. El español es un idioma difícil. _____

9. ¡Perfecto! Nos vemos el sábado. _____

a. Gloria

b. Julio

c. Sandra

Para conversar

With a partner, take turns asking and answering the following questions. Base your answers on the dialogues and on your own circumstances.

1. ¿Gloria es cubanoamericana? ¿Y tú? ¿Eres norteamericano(-a)?

2. ¿A qué hora es la clase de inglés? ¿A qué hora es la clase de español?

3. ¿Julio y Olga estudian esta noche? ¿Y tú? ¿Dónde estudias?

4. ¿Julio trabaja en el hospital por la mañana o por la noche? ¿Y tú? ¿Cuándo trabajas?

5. ¿Cuántas clases toma Julio? ¿Cuántas clases tomas tú?

6. ¿Qué necesita Julio? ¿Y tú? ¿Necesitas más tiempo o más dinero?

7. ¿Cuál es la dirección de Gloria? ¿Cuál es tu dirección?

8. ¿Gloria habla otros idiomas? ¿Y tú? ¿Hablas otros idiomas o solamente *(only)* inglés?

Vocabulario

Cognados

americano(-a), norteamericano(-a) American, North American
cubano(-a) Cuban

el hospital hospital
la idea idea
el italiano Italian *(language)*

perfecto(-a) perfect
el portugués Portuguese *(language)*

 LEARNING TIP

You may want to rewrite the words that you're learning in a way that they appear grouped or rearranged under specific categories or themes. For instance, words about the classroom (**la mochila, la ventana, el escritorio, la computadora,** etc), parts of the day (**la tarde, la noche**), languages (**el español, el francés, el chino**), adjectives of nationalities [**español(-a), francés(-esa), chino(-a)**], etc. Write down all thematically related words under the specific core theme or category of meaning (semantic field).

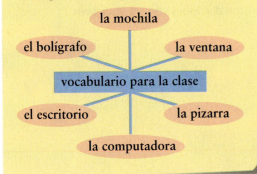

Nombres

la biblioteca library
la calle street
la casa house
la chica, la muchacha young woman, girl
el chico, el muchacho young man, boy
el chino Chinese *(language)*
el dinero money
la dirección, el domicilio address
el español Spanish *(language)*
el francés French *(language)*
la hora time *(of day)*
el idioma, la lengua language
el inglés English *(language)*
la mochila backpack
la noche evening, night
la tarde afternoon
el tiempo time

Verbos

anotar to write down
conversar, platicar to talk, to converse
estudiar to study
hablar to speak
necesitar to need
practicar to practice
tomar to take *(i.e. classes)*
trabajar to work

Adjetivos

difícil difficult
fácil easy
otro(-a) other, another
primero(-a) first

Otras palabras y expresiones

a at
¡caramba! gee!
¿Cómo se dice...? How does one say . . . ?
conmigo with me
¿cuándo? when?
en ese caso in that case
¿en serio? seriously?
esta noche tonight
más more
para in order
por la mañana in the morning
por la noche in the evening, at night
por la tarde in the afternoon
¿Qué hora es? What time is it?
Se dice... One says . . .
también also, too
tarde late
todos los días every day
un poco (de) a little
Vamos. Let's go.

VOCABULARIO ADICIONAL

Vocabulario para la clase

la luz
la pared
la ventana
el mapa
la pizarra
el reloj
el borrador
el marcador
la mochila
la tablilla de anuncios
la pluma, el bolígrafo
la puerta
el reloj
la computadora
la silla
el papel
la tiza
el lápiz
el libro
el escritorio
el cuaderno
el cesto de papeles

Práctica

A. Match the questions in column A with the responses in column B.

A	B
___ 1. ¿Qué hora es?	a. En la biblioteca o en mi casa.
___ 2. ¿A qué hora es la clase de español?	b. No, ¡es fácil!
___ 3. ¿Dónde estudiamos esta noche?	c. No, cubana.
___ 4. ¿Trabajan por la mañana?	d. Inglés, francés y un poco de portugués.
___ 5. ¿Es norteamericana?	e. La dirección de Marcelo.
___ 6. ¿El italiano es difícil?	f. Son las dos y cuarto.
___ 7. ¿Qué idiomas hablan?	g. ¡Sí, todos los días!
___ 8. ¿Qué anotas?	h. El sábado.
___ 9. ¿Practicas el español?	i. A las tres.
___ 10. ¿Cuándo nos vemos?	j. No, por la noche.

B. Complete the following sentences, using appropriate vocabulary.

1. Mi domicilio es: _____ Ocho, número 98.

2. Sandra es una _____ americana y Julio es un _____ de El Salvador.

3. El chino es un _____ muy difícil.

4. ¿Cómo se _____ *backpack* en español?

5. ¿Tú necesitas _____ tiempo para _____ ? ¡Yo también!

6. Sandra y Gloria _____ en la clase.

7. Julio _____ cinco clases.

8. ¿Tú hablas cinco idiomas? ¡Caramba! ¿En _____ ?

C. Review the words referring to people and objects you see in the classroom, then name the numbered items below.

Para conversar

A. Una escuelita *(A little school).* With a partner, play the roles of two people who are in charge of opening a small school for about 50 children. Take turns saying what you need for two classrooms (Necesitamos...).

B. Para conocernos mejor. You need to complete the following card with information about a classmate. First write the questions that would elicit the appropriate information. Then interview someone in your class and fill out the card. You may also ask additional questions.

Mi compañero se llama _____

Es de _____

Dirección: _____

Número de teléfono: _____

Trabaja en _____

www Vocabulario:
Compruebe
Self-Test

A. The Spanish i

The Spanish **i** is pronounced like the double *e* in the English word *see*. Listen to your teacher and repeat the following sentences.

El chino es difícil.

El inglés es fácil.

Es el domicilio de Mimí.

B. The Spanish o

The Spanish **o** is a short, pure vowel. It corresponds to the *o* in the English word *no*, but without the glide. Listen to your teacher and repeat the following sentences.

Yo no tomo.

Trabajo con Rodolfo.

Hablo un poco de chino.

C. The Spanish u

The Spanish **u** is shorter in length than the English *u*. It corresponds to the *ue* sound in the English word *Sue*. Listen to your teacher and repeat the following sentences.

Mucho gusto, Julio.

Laura usa uniforme.

Estudia en la universidad.

Práctica

 It is very important to pronounce people's names properly. You and a partner will take turns "paging" the following people. The instructor will then call on some of the students to say each name.

1. Mirta Oliveti

2. Rodolfo Mineli

3. Gumersindo Orozco

4. Pedro Treviño (**HINT:** ñ sounds like *ny*.)

5. Milciades Ginés (**HINT:** g in gi sounds like the English *h*.)

6. Eusebio Librado

7. Oscar Bertolini

8. Laura Cisneros

9. Aurora Zúñiga

10. Susana Ugarte

11. Lucas Muñoz

12. Humberto Buñuelos

Ubíquese... y búsquelo

Gloria and Julio are going to Calle Ocho after their study date. You have some extra time to stroll around. Go to **www.college.hmco.com** to orient yourself to this area. What section of Miami are you exploring? What are some of the sights or landmarks that you pass? What would you like to do or see with Gloria and Julio while you are there? In the next class, team up with two classmates to discuss your findings.

¿Lo sabía Ud.?

- Para los horarios *(schedules)* de aviones *(planes)*, autobuses, trenes, televisión y algunas *(some)* invitaciones, se usa el sistema de veinticuatro horas. Por ejemplo, las cuatro de la tarde son las dieciséis horas.

- Cuando los hispanos dan la dirección, usan primero la palabra **calle** o **avenida**, luego *(then)* dan el nombre de la calle o avenida y luego el número: Calle Quinta #120.

- Una expresión muy común entre *(among)* los cubanos es **chico(-a)** *(young man/girl)*, equivalente a las expresiones "girl" and "dude".

- En Latinoamérica y en España los estudiantes de primaria *(elementary school)* y de secundaria *(middle and high schools)* generalmente usan *(wear)* uniforme.

- En Latinoamérica y en España, los estudiantes se especializan más que los estudiantes norteamericanos antes de llegar *(before arriving)* a la universidad.

Para comparar

1. ¿Se usa el sistema de 24 horas en los Estados Unidos?
2. ¿Hay muchas *(many)* personas en los Estados Unidos que hablan español?
3. ¿Usabas *(Did you wear)* uniforme en la primaria o en la secundaria?

En imágenes *Estudios superiores[1] en diversas partes del mundo hispano*

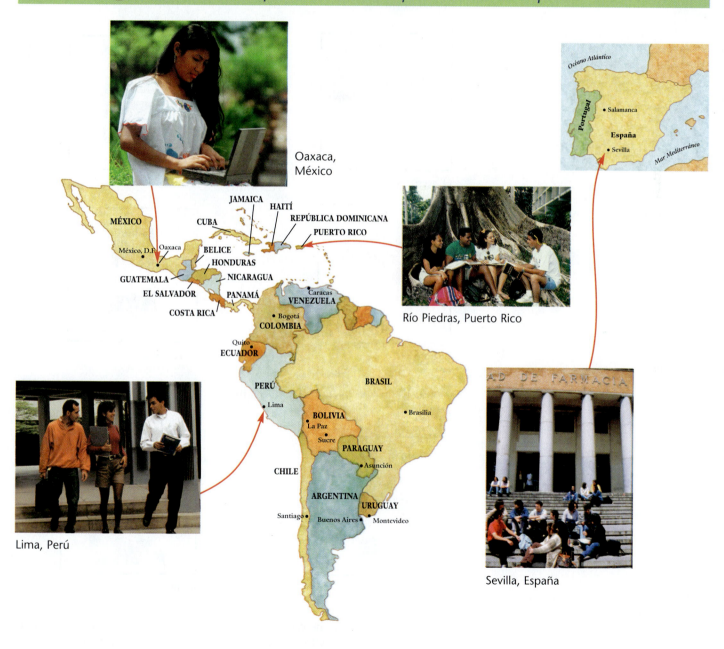

Oaxaca, México

Río Piedras, Puerto Rico

Lima, Perú

Sevilla, España

[1]**superiores** = *higher*

1 Gender and number *(Género y número)*

A. Gender

In Spanish, all nouns—including those denoting non-living things—are either masculine or feminine.

Most nouns that end in **-o** are masculine, while most nouns that end in **-a** are feminine.

el escritorio

la silla

el libro

la ventana

Nouns that denote males are masculine and nouns that denote females are feminine.

el hombre

la mujer

ATENCIÓN: Some common exceptions include the words **el día** *(day)* and **el mapa** *(map)*, which end in **-a** but are masculine, and the word **la mano** *(hand)*, which ends in **-o** but is feminine.

Here are some helpful rules to remember about gender:

- Some masculine names ending in -o have a corresponding feminine form ending in -a: **el secretario/la secretaria.**

- When a masculine noun ends in a consonant, the corresponding feminine noun is often formed by adding -a: **el profesor/la profesora.**

- Many nouns that refer to people use the same form for both genders; **el estudiante/la estudiante.** In such cases, gender is indicated by the article **el** (masculine) or **la** (feminine).

- Nouns ending in **-sión, -ción, -tad,** and **-dad** are feminine.

la televisión	*television*
la libertad	*liberty, freedom*
la conversación	*conversation*
la universidad	*university*

- Many words that end in **-ma** are masculine.[1]

el poema *poem*		**el idioma** *language*	
el programa *program*		**el problema** *problem*	
el sistema *system*		**el tema** *subject, theme*	

- You must learn the gender of nouns that have other endings and that do not refer to male or female beings.

la pared *wall*	**el reloj** *clock, watch*
el lápiz *pencil*	**la luz** *light*
el borrador *eraser*	

LEARNING TIP

Remember that it is helpful to memorize each noun with its corresponding article.

Práctica

Place **el**[2] or **la**[2] before each noun.

_____ mapa	_____ lección	_____ sociedad	_____ mano
_____ ciudad	_____ pizarra	_____ idioma	_____ luz
_____ poema	_____ marcador	_____ hombre	_____ libro
_____ señor	_____ mujer	_____ día	_____ papel
_____ doctora	_____ libertad	_____ secretario	_____ pared

[1] Some feminine words end in **-ma**, such as **la cama** *(bed)* and **la rama** *(branch).*
[2] **el** = *the* (m.); **la** = *the* (f.)

B. Plural forms

The plural of nouns is formed by adding **-s** to words ending in a vowel and **-es** to words ending in a consonant.

señora → señoras   reloj → relojes
silla → sillas   borrador → borradores
libro → libros   lección → lecciones

👁 **ATENCIÓN:** Note that the plural form of **lección** does not have a written accent. See Appendix A.

When a noun ends in **-z**, change the **-z** to **c** and add **-es**.

lápiz → lápices   luz → luces

When the plural is used to refer to two or more nouns of different genders, the masculine form is used.

dos secretarias y un secretario → tres secretarios

Práctica

Write how many items there are in each picture.

1. _____

2. _____

3. _____

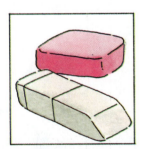

4. _____

5. _____

6. _____

2 Definite and indefinite articles (Artículos determinados e indeterminados)

A. The definite article

Spanish has four forms that are equivalent to the English definite article *the*.

	Masculine	*Feminine*	*English*
Singular	el	la	*the*
Plural	los	las	

el profesor   **los** profesores
la profesora   **las** profesoras
el lápiz   **los** lápices

B. The indefinite article

The Spanish equivalents of *a (an)* and *some* are as follows.

	Masculine	*Feminine*	*English*
Singular	un	una	*a (an)*
Plural	unos	unas	*some*

un libro   **unos** libros
una silla   **unas** sillas
un profesor   **unos** profesores

Práctica

A. Identify the following objects or people using the appropriate definite article.

1.

2.

3.

4.

5.

6.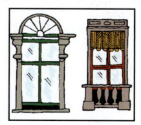

B. En la clase. With a partner, take turns asking each other questions about the items or people that can be found in the classroom, according to the illustrations. Follow the model.

MODELO: —¿Hay un cuaderno?
           —*No, pero hay un libro.*

1.    2.    3.    4.

5.    6.    7.

C. With a partner, take turns saying what you need and what you do not need. Use the appropriate indefinite article.

MODELO: Yo necesito un lápiz. *or*
           Yo no necesito un libro.

Para conversar

¿Qué hay en tu mochila? Identify six or seven students who have backpacks, and have three or four students join each one. These people will take turns asking the student with the backpack whether or not there are certain items in it. For each item mentioned, he/she will say "**sí**", and show it or simply say "**no**".

MODELO: ¿Hay una pluma en tu mochila?

3 ## Cardinal numbers 31–100
(Números cardinales 31–100)

31	**treinta y uno**
32	**treinta y dos** (and so on)
40	**cuarenta**
41	**cuarenta y uno** (and so on)
50	**cincuenta**
53	**cincuenta y tres**
60	**sesenta**
68	**sesenta y ocho**
70	**setenta**
77	**setenta y siete**
80	**ochenta**
84	**ochenta y cuatro**
90	**noventa**
95	**noventa y cinco**
100	**cien (ciento)**

LEARNING TIP

Count from 30 to 100 first by twos, then by fives, and by tens.

Note that **y** appears only in numbers between 16 and 99.

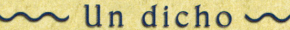

Un dicho

Más vale pájaro en mano
que cien volando.

One bird in the hand is worth two in the bush.

Práctica

When saying phone numbers, people in many Spanish-speaking countries tend to say the first number alone and the rest of the numbers in pairs. Using this system, give the names and phone numbers of the specialists the following people would call for each situation.

1. Your nephew has a bad case of acne.
2. Mrs. Vega thinks she is pregnant.
3. Your grandmother has blurred vision.
4. Your friend's child is sick.
5. Your neighbor has frequent chest pains.

ESPECIALISTAS

Cardiólogos
Barrios, Gustavo — 342-7859
Martínez, Cristina — 561-6294

Dermatólogos
Carreras, José — 402-4180
Rivas, Francisco — 829-3785

Ginecólogos
García, Rosaura M. — 607-5391
Torres, Marcelo — 243-7160

Oftalmólogos
López, Arnaldo — 750-4538
Ugarte, Eloísa — 962-6875

Pediatras
Méndez, Carolina — 806-9952
Rodríguez, Estela — 693-4931

¿Cuánto necesitamos? *(How much do we need?)* You and your partner are in charge of buying school supplies. See what items you need and how much each item costs. First give the price of each item and then take turns indicating how much money you need to buy the items.

Artículos	Precio	Total
1. 3 mapas	$25,00	
2. 40 bolígrafos	$1,50	
3. 200 (doscientos) marcadores	$0,50	
4. 45 borradores	$2,00	
5. 2 tablillas de anuncios	$34,00	
6. 10 cestos de papeles	$3,50	
7. 4 relojes	$10,00	
8. 83 cuadernos	$1,00	

MODELO: —¿Cuánto necesitamos?
—*Necesitamos* __x__ *dólares para comprar*
__(number of items)__.

4 Telling time *(La hora)*

To ask what time it is, say, "**¿Qué hora es?**" To tell the time in Spanish, the following word order is used:

Es la				y		
or	+	*hour*	+	or	+	*minutes*
Son las				menos		

Es is used with **una**.
   Es la una.

Son is used with all the other hours.
   Son las cuatro.

The feminine definite article is always used before the hour, since it refers to *la* **hora**.
   Es **la** una y media.
   Son **las** diez y cuarto.

The hour is given first, then the minutes.
   Son las **once** menos **veinte**.

The equivalent of *past* or *after* is **y**.
   Es la una **y** veinticinco.

The equivalent of *to* or *till* is **menos**. It is used with fractions of time up to a half hour.[1]
   Son las ocho **menos** cinco.

---

[1] It is becoming increasingly popular to substitute **y quince** for **y cuarto**, **y treinta** for **y media**, and **y treinta y cinco**, **y cuarenta**, etc., for **menos veinticinco**, **menos veinte**, and so on.

👁 **ATENCIÓN:**   The equivalent of *at + time* is **a** + **la(s)** + *time*.

🔲 To specify whether the time is A.M. or P.M., use **de la mañana** or **de la tarde**, respectively.

—¿La clase es a las 8 de la mañana?   *"Is the class at 8 A.M.?"*
—No, ¡es a las 8 de la noche!   *"No, it's at 8 P.M.!"*

🔲 To indicate that an activity takes place at an undefined time in the morning or in the afternoon, use **por la mañana** or **por la tarde**, respectively.

—¿Estudiamos por la mañana?   *"Shall we study in the morning?"*
—No, por la tarde.   *"No, in the afternoon."*

Práctica

A. With a partner, take turns giving the time indicated on the clocks in the illustration. Start with clock number one.

Desde Montevideo, Uruguay . . .
MÚSICA Y NOTICIAS DEL PARAGUAY
Dirección Periodística:
Carlos Caballero

Sábados y Domingos 13.30 horas

CX 14 El Espectador 810 AM

💡 **LEARNING TIP**
Every time you look at your watch, say the time in Spanish.

B. Un mensaje telefónico. Based on the information provided in the phone message, complete the statements next to it.

1. El mensaje es para _____.

2. El Sr. Vega trabaja en el _____.

3. El mensaje es de parte de[1] _____.

4. El Sr. Ibarra trabaja para el _____.

5. El número de teléfono del hotel es _____.

6. El mensaje es _____.

7. El Sr. Ibarra llamó *(called)* a las _____ de la _____ del _____, 24.

8. En el hotel hay problemas con _____.

C. With a partner, take turns asking each other what time the programs in the listing are on and what programs are on at different times.

> **MODELOS:**   —¿A qué hora es "Telediario"?
> —*Es a las seis.*
>
> —¿Qué hay a las seis?
> —*"Telediario."*

Hospital El Samaritano

MENSAJE PERSONAL

Para Carlos Vega

De parte de Jorge Ibarra

De la compañía Hotel Plaza

Teléfono 3-86-41-97

Llamó por teléfono a la(s) 10:30

☑ de la mañana   ☐ de la tarde   ☐ de la noche

MENSAJE
Desea hablar con usted mañana por la tarde.

ASUNTO
Problemas con las reservaciones del hotel para la convención

Día miércoles 24

Programación del Canal 36

Viernes _____

6:00	Telediario	**9:00**	Noticiero Televisa
6:50	Noticias Internacionales	**9:30**	Música
7:00	Religión	**10:00**	Fútbol
7:30	Música Latina	**11:00**	Noticias de última hora
8:00	"María" (Telenovela)		

Para conversar

A. Horario de clases. This is María Elena's schedule. With a classmate, try to figure out when her classes are.

> **MODELO:**   —¿Cuándo es la clase de tenis?
> —*La clase de tenis es los sábados.*
> —¿A qué hora?
> —*A las nueve.*

B. Mi horario. With the help of a dictionary and/or your instructor, work with a classmate to make up each other's schedules.

HORA	LUNES	MARTES	MIÉRCOLES	JUEVES	VIERNES	SÁBADO
8:00–9:00	Psicología		Psicología		Psicología	
9:00–10:00	Biología		Biología		Biología	Tenis
10:00–11:30		Historia		Historia		
12:15–1:00			ALMUERZO[2]			
1:00–2:00	Literatura		Literatura		Literatura	Laboratorio de Biología
5:00–6:30		Educación Física		Educación Física		
7:00–8:30	Arte		Arte			

---

[1] **de parte de** = *person who is calling*   [2] **almuerzo** = *lunch*

5 Present indicative of regular -ar verbs (Presente de indicativo de los verbos regulares terminados en -ar)

Spanish verbs are classified in three main patterns of conjugation, according to the infinitive ending. The three infinitive endings are **-ar**, **-er**, and **-ir**.

hablar	*to speak*		
Singular			
yo	hablo	Yo **hablo** español.	*I speak Spanish.*
tú	hablas	Tú **hablas** francés.	*You (inf.) speak French.*
Ud.	habla	Ud. **habla** alemán.	*You (form.) speak German.*
él	habla	Él **habla** italiano.	*He speaks Italian.*
ella	habla	Ella **habla** portugués.	*She speaks Portuguese.*
Plural			
nosotros(-as)	hablamos	Nosotros **hablamos** español.	*We speak Spanish.*
vosotros(-as)	habláis	Vosotros **habláis** francés.	*You (inf.) speak French.*
Uds.	hablan	Uds. **hablan** alemán.	*You (form.) speak German.*
ellos	hablan	Ellos **hablan** italiano.	*They (masc.) speak Italian.*
ellas	hablan	Ellas **hablan** portugués.	*They (fem.) speak Portuguese.*

—¿Qué idiomas **hablas**?	*"What languages do you speak?"*
—Yo **hablo** inglés y español.	*"I speak English and Spanish."*
—¿Y Pierre?	*"And Pierre?"*
—Él **habla** francés.	*"He speaks French."*

Regular verbs ending in **-ar** are all conjugated as **hablar** in the chart. Some other common **-ar** verbs are:

desear	*to want, wish*	**necesitar**	*to need*
estudiar	*to study*	**regresar**	*to return*
tomar	*to take*	**trabajar**	*to work*

—¿Uds. **estudian** por la noche?	*"Do you study in the evening?"*
—No, nosotros **estudiamos** por la tarde.	*"No, we study in the afternoon."*
—¿Qué **necesitas** tú?	*"What do you need?"*
—Yo **necesito** un libro.	*"I need a book."*

ATENCIÓN: Notice that the verb forms for **Ud.**, **él**, and **ella** are the same. In addition, **Uds.**, **ellos**, and **ellas** share common verb forms. This is true for all verbs in all tenses.

The infinitive of Spanish verbs consists of a stem (such as **habl-**) and an ending (such as **-ar**).

The stem **habl-** does not change. The endings change with the subject.

The Spanish present tense is equivalent to three English forms:

Yo **hablo** inglés. $\begin{cases} \textit{I speak English.} \\ \textit{I do speak English.} \\ \textit{I am speaking English.} \end{cases}$

Because the verb endings indicate who is performing the action, the subject pronouns are frequently omitted.

Necesito un lápiz.	*I need a pencil.*
Estudiamos inglés.	*We study English.*
Hoy **trabajo.**	*I work today.*

Subject pronouns can, however, be used for emphasis or clarification.

—¿**Ellos** hablan inglés?	*"Do they speak English?"*
—**Ella** habla inglés y **él** habla alemán.	*"She speaks English, and he speaks German."*

In Spanish, as in English, when two verbs are used together, the second verb remains in the infinitive.

¿Con quién necesita **hablar** Ud.?

Necesito **hablar** con el Sr. Vega.

Práctica

A. Complete the following dialogues, using the present indicative of the verbs given. Then act them out with a partner.

1. estudiar
   —¿Qué _____ Uds.?
   — _____ chino.

2. trabajar
   —¿Tú _____ en el hospital por la noche?
   —No, _____ por la tarde.

3. regresar
   —¿Cuándo _____ Uds.?
   —Yo _____ el lunes y Jorge _____ el miércoles.

4. hablar
   —¿Qué idioma _____ ellos?
   —Carlos _____ español y Michele _____ francés.
   —¿Cuántos idiomas _____ tú?
   —_____ tres: español, italiano y portugués.

5. necesitar
   —¿Qué _____ Uds.?
   —_____ unos marcadores.

6. tomar
   —¿Cuántas clases _____ Ud.?
   —Yo _____ cinco clases.

7. llegar
   —¿A qué hora _____ a tu casa *(home)*?
   —Yo _____ a las ocho de la noche.

8. practicar
   —¿Uds. _____ el español todos los días?
   —No.

9. anotar
   —¿Qué _____ tú?
   —_____ la dirección de Eva.

B. What language do these people speak?

1. Jean-Pierre, que *(who)* es de París.
2. Mao, que enseña *(teaches)* en la Universidad de Beijing.
3. María Mercedes, que trabaja en la Pequeña Habana.
4. Vittorino y Gina, que estudian en Florencia.
5. Carolyn, que es de Toronto, Canadá.
6. João, que trabaja en Río de Janeiro, Brasil.

C. Talk about what is going on in these drawings, using the subject pronouns given and the verbs **trabajar, hablar, necesitar, regresar, tomar,** and **estudiar.**

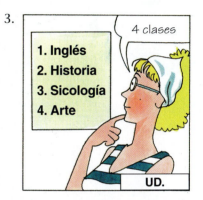

Para conversar

A. ¿Qué dice aquí? With a partner, sketch three scenes that would elicit sentences using the verbs and structures you have studied. Select your best illustration, and quickly draw it on the board. Ask other members of the class to give one or two sentences to describe the sketch.

B. Dos estudiantes conversan. With a partner, take turns asking and answering the following questions.

1. ¿Dónde trabajas? ¿Qué días trabajas?
2. ¿Qué idiomas hablan tus amigos?
3. ¿Qué idioma estudias? ¿Te gusta? ¿Es fácil o difícil?
4. ¿Estudias por la mañana, por la tarde o por la noche? ¿Cuántas horas *(hours)* estudias?
5. ¿Qué necesitas? ¿Cuánto dinero necesitas?
6. ¿A qué hora llegas a la universidad?

6 Negative and interrogative sentences (*Oraciones negativas e interrogativas*)

A. Negative sentences

To make a sentence negative, simply place the word **no** in front of the verb.

| Yo   trabajo en el hospital. | *I work at the hospital.* |
| Yo **no** trabajo en el hospital. | *I don't work at the hospital.* |

| Ella   habla inglés. | *She speaks English.* |
| Ella **no** habla inglés. | *She doesn't speak English.* |

If the answer to a question is negative, the word **no** will appear twice: at the beginning of the sentence, as in English, and in front of the verb.

| —¿Habla Ud. español? | *"Do you speak Spanish?"* |
| —**No**, yo **no** hablo español. | *"No, I don't speak Spanish."* |

The subject pronoun may be omitted.

| —No, no hablo español. | *"No, I don't speak Spanish."* |

B. Interrogative sentences

In Spanish, there are several ways of asking a question to elicit a *yes* or *no* answer.

¿**Ud.** habla español?
¿Habla **Ud.** español?   } **Sí**, yo hablo español.
¿Habla español **Ud.**?

These three questions ask for the same information and have the same meaning. The subject may be placed at the beginning of the sentence, after the verb, or at the end of the sentence.

👁 **ATENCIÓN:** When speaking, the difference between a statement and a question is intonation. When asking *yes* or *no* questions, the voice goes up at the end of the last word.

¿Ud. habla español?

LEARNING TIP

Stress and intonation in Spanish (just like in English) help to signal certain information about the function (purpose) or even the meaning of what you are hearing. Continue to pay attention to this aspect of speech and start to aim at recognizing specific functions of stress and intonation in spoken Spanish.

Note that written questions in Spanish begin with an inverted question mark.

Another common way to ask a question in Spanish is to add tag questions such as **¿no?** and **¿verdad?** at the end of a statement.

Ud. habla español, **¿verdad?** *You speak Spanish, don't you?*

Questions that ask for information begin with an interrogative word, and the verb, not the subject, is placed after the interrogative word.

¿Dónde **trabajas** tú?	*Where do you work?*
¿Cuándo **regresan** ellos?	*When do they return?*
¿Qué **necesita** Ud.?	*What do you need?*
¿Quién **es** el profesor?	*Who is the professor?*

👁 **ATENCIÓN:** Spanish does not use an auxiliary verb, such as *do* or *does*, in negative or interrogative sentences.

Práctica

A. With a partner, take turns answering the following questions in the negative.

1. ¿Tú hablas francés?
2. ¿Tú trabajas en un hospital?
3. ¿Tú necesitas el libro de español?
4. ¿Tú regresas a la clase a las cinco?
5. ¿Tú estudias por la noche?
6. ¿Tú eres de Madrid?

B. Write the questions that will elicit each of the following answers.

1. — _____
   —Sí, nosotros estudiamos inglés.
2. — _____
   —No, yo no trabajo en el hospital hoy.
3. — _____
   —Somos de Colombia.
4. — _____
   —No, nosotros no hablamos francés.
5. — _____
   —Ellos necesitan los bolígrafos.
6. — _____
   —Ella trabaja en la universidad.
7. — _____
   —Carlos regresa a las ocho de la noche.
8. — _____
   —No, no soy profesora.

Para conversar

Una nueva amiga. With a partner, work together to formulate ten questions about the following information on Liliana.

Liliana Ruiz

Yo soy cubanoamericana y estudio en la Universidad Internacional de la Florida. Tomo cuatro clases por la mañana, trabajo por la tarde y estudio por la noche; los sábados y los domingos no trabajo.

Hablo tres idiomas: español, inglés y un poco de francés, y ahora deseo estudiar portugués. Trabajo mucho porque necesito dinero.

HINT: Be aware of these interrogative words:

¿Dónde? *(Where?)*
¿Qué? *(What?)*
¿Cuándo? *(When?)*
¿Cuántos(-as)? *(How many?)*
¿Quién(-es)? *(Who?)*
¿Por qué? *(Why?)* (porque: *because*)

Some of the questions may require a "yes" or "no" answer. After completing the questions, join another group to ask your questions and answer theirs.

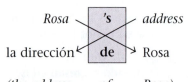

7 Possession with **de** *(El caso posesivo)*

The **de** + *noun* construction is used to express possession or relationship. Spanish does *not* use the apostrophe.

Rosa **'s** address

la dirección **de** Rosa

(the address   of   Rosa)

la clase **de la Dra. Peña**	*Dr. Peña's class*
el libro **de Dora**	*Dora's book*

👁 **ATENCIÓN:** Note the use of the definite article before the words **dirección, clase,** and **libro.**

—¿Quién es Francisco Acosta?	*"Who is Francisco Acosta?"*
—Es **el profesor de Carmen.**	*"He is Carmen's professor."*
—¿Cuál es **la dirección de Irene?**	*"What is Irene's address?"*
—Calle Magdalena, número seis.	*"Six Magdalena Street."*

💡 LEARNING TIP

If a certain concept such as a grammar point is giving you difficulty after having been "with it" for a while, take a break, relax, and after five or ten minutes, resume your language study afresh. As you find out what points become more challenging for you, try to make these the first points you go over on your next study session.

Una fotografía de Nora, **la hermana[1] de Gloria.**

---

[1] **hermana** = *sister*

Práctica

 With a partner, look carefully at the illustrations and then take turns answering the questions that follow.

1.

2.

3.

4.

5.

6.

1. ¿Quiénes son las amigas de Sergio?
2. ¿Qué necesita Olga?
3. ¿Qué necesita Luis?
4. ¿Quién es el Sr. Soto?
5. ¿Quién es de Cuba?
6. ¿Quiénes son Pedro y José?

Para conversar

¿Lo necesita o no? *(Do you need it or not?)* Take turns asking other members of the class if they need certain things.

MODELO: —Marta, ¿tú necesitas el libro de Raúl?
—*Sí, yo necesito el libro de Raúl.*
(No, yo no necesito el libro de Raúl.)

 **Estructuras:**
Compruebe
Self-Test

¿Qué dice Ud.?

 What would you say in the following situations? What might the other person say? Act out scenes with a partner. Take turns playing each role.

1. You ask a friend if he/she wishes to study with you in the library tonight. Ask at what time.
2. Tell a friend when you study and when you work and also the days you don't work. Ask him/her about his/her schedule.
3. Ask your professor how to say in Spanish a word that you don't know.
4. Ask a classmate what his/her address is and give him/her your phone number.
5. Ask your professor if he/she speaks other languages.
6. Your friend thinks he speaks Chinese because he can order Chinese food. Tell him that, in that case, you speak Italian.

Para conocernos mejor

 To do this activity, work with a classmate whom you would like to get to know. Take turns asking each other these questions.

1. ¿Qué idiomas hablas tú? ¿Deseas estudiar otro idioma? ¿Cuál?
2. ¿Cuántas clases tomas? ¿A qué hora es tu primera clase? ¿Es una clase fácil o difícil?
3. ¿Tú estudias en la biblioteca o en tu casa? ¿Cuántas horas estudias?
4. ¿Dónde trabajas? ¿Trabajas los sábados y los domingos?
5. ¿Necesitas dinero? ¿Cuánto?
6. ¿Cuál es tu dirección? ¿Cuál es tu número de teléfono?
7. ¿Tú practicas el español todos los días? ¿Con quién? ¿Necesitas practicar más tiempo?
8. ¿Necesitas más tiempo para estudiar o para trabajar?
9. ¿Qué hora es?
10. ¿A qué hora regresas a tu casa hoy? ¿Y mañana?

Una encuesta

 Interview your classmates to identify who fits the following descriptions. Include your instructor, but remember to use the **Ud.** form when addressing him/her. After finishing the survey, get together with two or three classmates and discuss the results.

Nombre

1. **Necesita dinero.** _____
2. **Trabaja en la universidad.** _____
3. **Estudia en la biblioteca.** _____
4. **Estudia con una amiga.** _____
5. **Regresa a su casa por la noche.** _____
6. **Desea estudiar francés.** _____
7. **Necesita estudiar más.** _____
8. **No estudia mucho.** _____
9. **Trabaja los sábados.** _____
10. **Habla con su mamá por teléfono por la noche.** _____

Al escuchar...

Estrategia

Listening for specifics and guessing intelligently. The purpose of this listening activity is to get specific information from the short **Al escuchar...** conversation in your in-text audio for this lesson. Pay attention and answer the following questions in Spanish:

• **Listening for a purpose:** Which classroom-related items (that you already know) are mentioned? How many are there?

• **Guessing intelligently:** Are there other possible classroom-related items mentioned that you might not know? Jot down these unknown terms as best as you can.

Al conversar...

Estrategia

Asking for repetition. Conversing is a negotiating process. Be ready to ask the person you are speaking with, for instance, to repeat whenever there's something important you didn't understand. Here are some phrases you can use in these situations.

• **¿Cómo?** *(What?)* or **¿Perdón?** *(I beg your pardon?)*

• **Repita, por favor.** *(Please repeat.)*

• **Más despacio, por favor.** *(Slower, please.)*

• **Otra vez, por favor.** *(Once more, please.; Again, please.)*

In your conversations in class and outside of class (with native Spanish speakers as well as non-native speakers), try to practice negotiating meaning in this way.

Para escuchar

Your instructor will read some information about Roberto Soto. After reading it twice, he/she will make statements about Roberto. On a sheet of paper, write numbers one to six and indicate whether each statement is true **(verdadero)** or false **(falso)**.

Para crear

In groups of three, look at this photo and use your imagination to create a story about the people in the picture. Who are they? Give them names. Are they students? Where are they from? What might they say to each other? In general, what's the story behind the photo?

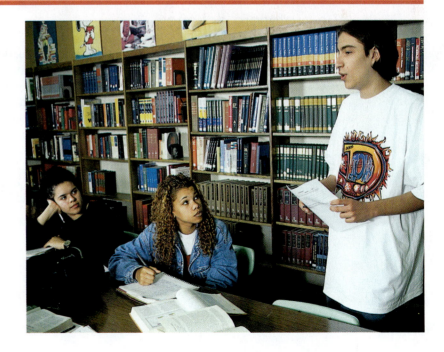

¡Vamos a leer!

 Estrategia

Antes de leer

A. Guessing the meaning of unknown words. When you read you can often guess the meaning of some of the words you don't know by paying attention to the context. It is important that you don't try to understand every word now. What you should do is try to get the general idea of the paragraph.

B. Now, as you read the article about Dra. Isabel Junco, find the answers to the following questions.

1. ¿De dónde es la Dra. Junco?
2. ¿Qué enseña? ¿En qué departamento?
3. ¿Qué acaba de publicar?
4. ¿Desde qué año enseña en la universidad?
5. ¿Es una buena profesora?
6. ¿Isabel Junco solamente enseña?
7. ¿A quiénes ayuda la organización?

A leer

ORGANIZACIÓN DE ESTUDIANTES HISPANOS

La profesora del año

La Dra. Isabel Junco, de La Habana, Cuba, que es profesora de Literatura Latinoamericana en el Departamento de Lenguas, acaba de publicar° un libro sobre la poesía° de José Martí.

La Dra. Junco enseña° en esta universidad desde° el año 1990. Es una profesora excelente, admirada y respetada por todos sus estudiantes. Además° de enseñar, Isabel Junco trabaja como voluntaria en una organización dedicada a ayudar° a los refugiados° cubanos.

acaba... *has just published*
poetry
teaches
since

Besides

help / refugees

Después de leer... desde su mundo

A. After reading the article, compare your guesses with what the reading actually says about **la Dra. Junco.**

 B. In small groups, discuss your accomplishments **(logros)** in your present role as student at your institution.

¡Vamos a escribir!

Una entrevista *(An interview).* You write a column about new students for the school paper. For the next one you must interview a Spanish-speaking student.

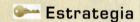 **Estrategia**

Antes de escribir

Conducting and reporting an interview. Remember how to ask questions in Spanish; are they *yes* or *no* questions? Do you need to use interrogative words? Brainstorm about eight to ten questions you might ask a new acquaintance and organize them in logical sequence. Then imagine possible answers as you think this person might respond.

A escribir el informe

Now write a draft **(borrador)** of the report.

 **Estrategia**

Después de escribir

 Before writing the final version, your instructor might want you to exchange your first draft with a classmate and peer edit each other's work using the following guidelines:

- noun-adjective agreement (in gender and number)
- noun-article agreement (in gender and number)
- subject-verb agreement (in person and number)

Los cubanoamericanos

- Más de medio *(a half)* millón de cubanos viven en Miami, donde ejercen una gran influencia cultural y económica. Antes de la llegada *(arrival)* de los cubanos en 1959, Miami era *(was)* fundamentalmente un centro turístico. Hoy es un centro industrial y comercial de primer orden *(first-class)* y el puente *(bridge)* que une la economía de los Estados Unidos con la de América Latina y con la de España *(Spain)*.

- Los cubanos son el 5% de los hispanos de este país, y como buena parte de ellos vinieron *(came)* por razones políticas, no económicas, son los inmigrantes hispanos más conservadores, con mayor nivel de escolaridad y mayor ingreso *(income)* per capita. Entre los más conocidos se destacan: en la política Ileana Ros-Lehtinen y Rafael Díaz Balart, Representantes al Congreso de los Estados Unidos; en el cine: Andy García y Cameron Díaz; y en la música: Jon Secada, Gloria Estefan y Celia Cruz (1925–2003), la reina *(queen)* de la salsa.

- En la Pequeña Habana, un barrio *(neighborhood)* cubano de la ciudad de Miami, muchos de los bancos, cafés, restaurantes, mercados y tiendas son de propiedad cubana, y el español es el idioma más hablado *(spoken)*.

El entretenimiento

Andy García, famoso actor cubano

La cantante cubana Gloria Estefan canta *(sings)* en inglés y en español.

La política

Ileana Ros-Lehtinen (1952–), primera mujer hispana elegida *(elected)* al Congreso de Estados Unidos (1989–presente)

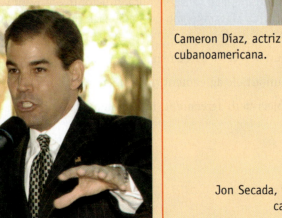

Cameron Díaz, actriz cubanoamericana.

Alex Panelas (1961–), alcalde *(mayor)* del Condado de Dade, en la Florida.

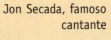

Jon Secada, famoso cantante

Los negocios[1]

Jeff Bezos, presidente fundador *(founder)* de la empresa *(company)* Amazon.

Los pequeños comerciantes *(Small business sector)*: Café de la Pequeña Habana

La Florida hispánica

Muestra *(Sample)* de la arquitectura hispánica de la ciudad de San Agustín, la ciudad europea más antigua *(oldest)* de los Estados Unidos, fundada *(founded)* en 1565.

Barca *(Boat)* con emigrantes cubanos, saliendo *(leaving)* del puerto de Mariel, Cuba, 1980.

---

[1]negocios = *business*

Los Estados Unidos hispánicos: una población en pleno crecimiento[1]

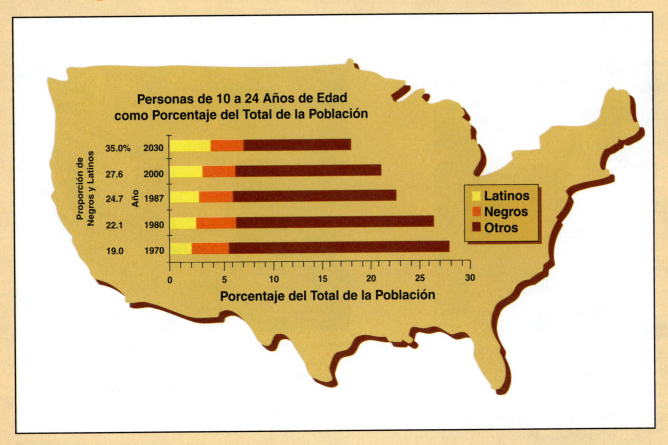

Personas de 10 a 24 Años de Edad como Porcentaje del Total de la Población

Proporción de Negros y Latinos / Año

35.0%	2030
27.6	2000
24.7	1987
22.1	1980
19.0	1970

Porcentaje del Total de la Población
0 5 10 15 20 25 30

- Latinos
- Negros
- Otros

Nuestro panorama cultural

In groups of three, answer the following questions about your home state, region, or country.

1. ¿Quién es el Representante de su estado *(state)* al Congreso?
2. ¿Quién es el alcalde (la alcaldesa) de su ciudad?
3. ¿Cuál es su actor favorito?
4. ¿Cuál es su cantante favorito(-a)?
5. ¿Conoce Ud. *(Do you know)* otros cantantes de origen cubano?
6. ¿Es popular la salsa en los Estados Unidos?
7. ¿Cuál es el grupo minoritario más numeroso en su ciudad?
8. ¿Hay algún *(any)* restaurante cubano en su ciudad?
9. ¿Cómo se llama el barrio de Ud.?
10. ¿Celebran algún festival especial en su ciudad? ¿Cuándo?

For the next class: Go to the World Wide Web and find photos from your hometown, state, region, or country. Use the questions from **Nuestro panorama cultural** above as guidelines for choosing them. Be ready to present the photos to your classmates.

---

[1]**pleno crecimiento** = *full growth*

Por teléfono
Dos puertorriqueñas en Nueva York

O B J E T I V O S

Comunicación

You will learn vocabulary used to describe people and activities and to make and receive phone calls.

Pronunciación

Linking

Estructuras

- Possessive adjectives
- Cardinal numbers 101–1,000
- Descriptive adjectives: Forms, position, and agreement with articles and nouns
- Present indicative of regular **-er** and **-ir** verbs
- Present indicative of the irregular verbs **tener** and **venir**
- The personal **a**

Cultura

- Answering the phone in different Spanish-speaking countries
- Spanish language in the U.S.

Panorama hispánico

- Los puertorriqueños en los Estados Unidos
- Otras influencias hispanas en la cultura estadounidense

Estrategias

Listening: Taking a phone call
Speaking: Paying attention to your speaking behaviors
Reading: Bringing your own experiences to a new reading
Writing: Analyzing writing models

Dos puertorriqueñas en Nueva York

Olga Carrera y su compañera de cuarto, Mariana Zayas, conversan en la sala de su apartamento mientras comen sándwiches y beben café. Las chicas viven en Nueva York, donde trabajan y asisten a la universidad de CUNY.[1] Olga es morena, alta, bonita y muy inteligente. Mariana es baja, rubia y muy simpática.

MARIANA	—Tengo que llenar la solicitud de empleo de la compañía Sandoval. Necesito ganar más dinero.
OLGA	—Pero tú no tienes conocimiento de computadoras… y no tienes la experiencia necesaria…
MARIANA	—¡Pero tengo problemas económicos! A ver… *(Lee el anuncio en el periódico.)* Debe hablar, leer y escribir portugués…
OLGA	—Tú no hablas portugués.
MARIANA	—Pero recibo mensajes electrónicos de mi amiga de Brasil… y no son en castellano.
OLGA	—Oye, el teléfono…

Al teléfono.

MARIANA	—Hola.
RAFAEL	—Hola. ¿Está Mariana?
MARIANA	—Sí, con ella habla. ¿Rafael?
RAFAEL	—Sí. ¿Cómo estás, Mariana?
MARIANA	—Más o menos. ¿Qué hay de nuevo?
RAFAEL	—No mucho. Oye, mañana tenemos el examen parcial en la clase de historia. ¿Estudiamos esta noche?
MARIANA	—Sí. ¿Por qué no vienes aquí, a mi apartamento?
RAFAEL	—Buena idea. Nos vemos a las seis. Oye… ¿está Olga?
MARIANA	—Sí, un momento. *(Llama a Olga.)* ¡Olga! ¡Tu novio!

OLGA	—¿Qué tal, mi amor?
RAFAEL	—Bien. Oye, mi vida… Mariana y yo tenemos que estudiar, pero después… ¿deseas beber algo en el café París?
OLGA	—Bueno… tengo que escribir un informe para mi clase de literatura, pero… ¡acepto tu invitación! ¡Chau!
MARIANA	—¡Ajá! ¡Con razón Rafael viene a estudiar conmigo!

Después de estudiar, Rafael lleva a Olga y a Mariana a tomar algo.

---

[1]CUNY = *City University of New York*

¿Quién lo dice?

Identify the person who said the following in the dialogues.

1. Oye, mañana tenemos el examen parcial en la clase de historia. _____

2. Pero recibo mensajes electrónicos de mi amiga de Brasil. _____

3. ¡Acepto tu invitación! _____

4. Pero tú no tienes conocimiento de computadoras. _____

5. Tengo que llenar la solicitud de empleo de la compañía Sandoval. _____

6. Buena idea. Nos vemos a las seis. Oye... ¿está Olga? _____

7. ¿Deseas beber algo en el café París? _____

8. Tú no hablas portugués. _____

9. ¡Ajá! ¡Con razón Rafael viene a estudiar conmigo! _____

a. Mariana

b. Olga

c. Rafael

Para conversar

With a partner, take turns asking and answering the following questions. Base your answers on the dialogue and on your own circumstances.

1. ¿Quién es la compañera de cuarto de Olga? ¿Tú tienes compañero(-a) de cuarto o vives con tu familia? (Yo tengo...)

2. ¿Dónde conversan las chicas? ¿Dónde conversas tú con tus amigos?

3. ¿Cómo es Olga?[1] ¿Cómo es Mariana? ¿Cómo eres tú?

4. ¿Mariana gana suficiente dinero o tiene problemas económicos? ¿Y tú? ¿Ganas mucho dinero?

5. ¿Mariana tiene conocimiento de computadoras? ¿Y tú?

6. ¿Qué recibe Mariana de su amiga de Brasil? ¿Y tú? ¿Recibes muchos mensajes electrónicos?

7. ¿Qué tienen Rafael y Mariana mañana? ¿Y tú? ¿Cuándo tienes examen?

8. ¿Qué tiene que escribir Olga? ¿Qué tienes que escribir tú?

9. ¿Acepta Olga la invitación de Rafael? ¿Tú recibes muchas invitaciones?

10. ¿Rafael viene o no a estudiar con Mariana? ¿Tú estudias con un(-a) amigo(-a) o estudias solo(-a)?

---

[1]*What is Olga like?*

Cognados

el apartamento apartment	**la experiencia** experience	**el momento** moment
el café cafe	**la historia** history	**necesario(-a)** necessary
la compañía company	**inteligente** intelligent	**puertorriqueño(-a)** Puerto Rican
la computadora[1] computer	**la invitación** invitation	**el sándwich** sandwich
el examen exam	**la literatura** literature	

Nombres

el anuncio, el aviso ad

el café coffee

el (la) compañero(-a) de cuarto roommate

el conocimiento knowledge

el empleo, el trabajo job

el examen parcial midterm examination

el informe report

el mensaje electrónico e-mail

la novia girlfriend

el novio boyfriend

el periódico, el diario newspaper

la sala living room

la solicitud application, application form

___**de empleo** job application

Verbos

aceptar to accept

asistir (a) to attend

beber, tomar to drink

comer to eat

deber must, should

escribir to write

ganar to earn

leer to read

llamar to call

llenar to fill out

llevar to take (*someone or something someplace*)

recibir to receive

tener to have

venir to come

vivir to live

Adjetivos

alto(-a) tall

bajo(-a) short

bonito(-a), lindo(-a) pretty

económico(-a) financial

moreno(-a) dark, brunette

rubio(-a) blond(e)

simpático(-a) nice, charming

Otras palabras y expresiones

A ver... Let's see . . .

al teléfono on the phone

aquí here

beber, tomar (comer) algo to have something to drink (eat)

Con él (ella) habla. This is he (she) speaking.

con razón no wonder

después later, afterwards

¿Está... (nombre)? Is . . . (name) there?

mañana tomorrow

más o menos more or less

mi amor my love, darling

mi vida darling (my life)

mientras while

para for

por qué[2] why

por teléfono on the phone

tener que + *infinitivo* to have to + *infinitive*

---

[1]**ordenador** *(Spain)*
[2]**porque** = *because*

VOCABULARIO ADICIONAL

Yo soy optimista, pero mi novio es **pesimista**.

Ella no es pesimista; es **realista**.

Alfonso es **encantador**.

Elisa no es rubia; es **pelirroja**.

¡Andy García es muy **guapo**.

LOS AZULES 0
LOS ROJOS 3

Sergio es alto y **delgado**.

¡Eres muy **terco**!

Paco es **feo**, pero es simpático.

Eva no es simpática; es muy **antipática**.

Mis amigos son muy **amables**.

¿Elba es **gorda** o delgada?

Características

amable, **cortés** polite, courteous
antipático(-a) unpleasant
delgado(-a) thin, slender
encantador(-a) charming
feo(-a) ugly
gordo(-a) fat
guapo(-a) handsome, good-looking
optimista[1] optimist
pelirrojo(-a) red-headed
pesimista[1] pessimist
realista[1] realist
terco(-a) stubborn

Datos personales
(Personal data)

lugar donde trabaja place of employment
número de la licencia de conducir driver's license number
número de seguro social social security number
ocupación occupation
profesión profession

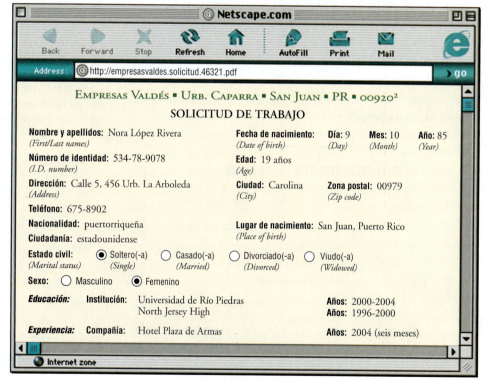

@ Netscape.com

Back Forward Stop Refresh Home AutoFill Print Mail

Address: @ http://empresasvaldes.solicitud.46321.pdf ▸ go

EMPRESAS VALDÉS ▪ URB. CAPARRA ▪ SAN JUAN ▪ PR ▪ 00920[2]

SOLICITUD DE TRABAJO

Nombre y apellidos: Nora López Rivera
(First/Last names)

Número de identidad: 534-78-9078
(I.D. number)

Dirección: Calle 5, 456 Urb. La Arboleda
(Address)

Teléfono: 675-8902

Nacionalidad: puertorriqueña
Ciudadanía: estadounidense

Fecha de nacimiento: **Día:** 9 **Mes:** 10 **Año:** 85
(Date of birth) *(Day)* *(Month)* *(Year)*

Edad: 19 años
(Age)

Ciudad: Carolina **Zona postal:** 00979
(City) *(Zip code)*

Lugar de nacimiento: San Juan, Puerto Rico
(Place of birth)

Estado civil: ● Soltero(-a) ○ Casado(-a) ○ Divorciado(-a) ○ Viudo(-a)
(Marital status) *(Single)* *(Married)* *(Divorced)* *(Widowed)*

Sexo: ○ Masculino ● Femenino

Educación: **Institución:** Universidad de Río Piedras **Años:** 2000-2004
North Jersey High **Años:** 1996-2000

Experiencia: **Compañía:** Hotel Plaza de Armas **Años:** 2004 (seis meses)

● Internet zone

---

[1]The ending of this kind of adjective (**-ista**) does not change, regardless of gender: **un chico optimista; una chica optimista.**
[2]Given that the postal system in Puerto Rico is that of the United States, there have been trends toward reversing the street name and number so as to conform to American conventions. Remember, though: this is just in the case of Puerto Rico.

Práctica

A. Match the questions in column A with the responses in column B.

A	B
___ 1. ¿Qué tienes que llenar?	a. En un apartamento.
___ 2. ¿Qué beben las chicas?	b. Es viudo.
___ 3. ¿Está Mariana?	c. No, es alto y delgado.
___ 4. ¿Dónde viven los chicos?	d. Más o menos.
___ 5. ¿Javier es bajo y gordo?	e. Un anuncio en el diario.
___ 6. ¿Es simpática?	f. Con ella habla.
___ 7. ¿Luis es soltero o casado?	g. Un informe para la clase de historia.
___ 8. ¿Qué lees?	h. La solicitud de empleo.
___ 9. ¿Qué tienen que escribir?	i. No, es antipática. ¡Y terca!
___ 10. ¿Cómo estás?	j. Café.

B. Supply the items of information required, according to the personal data provided.

SOLICITUD DE EMPLEO

_____ : Ana Alicia Vega Ruiz

_____ : 13 de agosto de 1983

_____ : calle Bértoli, número 103

_____ : Ponce

_____ : puertorriqueña

_____ : San Juan, Puerto Rico

_____ : casada

_____ : femenino

_____ : Compañía Lux

C. Complete the following exchanges, using vocabulary from this lesson.

1. —¿Daniel es rubio o _____?

   —Es pelirrojo.

   —¿Es guapo?

   —No... es _____, pero es muy amable y simpático.

2. —¿Cuál es su _____?

   —Soy profesor de literatura.

3. —¿Las muchachas son de San Juan?

   —Sí, son _____.

4. —¿Tiene _____ de computadoras?

   —Un poco... pero no tiene la _____ necesaria.

Para conversar

¿Sí o no? With a partner, take turns asking each other at least six questions starting with **¿Deseas...?** or **¿Necesitas...?**, and using the vocabulary presented in this lesson as much as possible.

MODELOS: ¿Deseas tomar café?
¿Necesitas el periódico?

Vocabulario: Compruebe Self-Test

Linking

- In Spanish, a final consonant is always linked with the next initial vowel sound.

  E**s el a**migo de Rafael.

- When two identical consonants are together, they are pronounced as one.

  Ello**s son n**ativos.

- When two identical vowels are together, they are pronounced as one long vowel.

  ¿Est**á Ana A**costa?

- The final vowel of one word is linked with the initial vowel of the following word to form one syllable.

  L**a a**miga d**e Olga e**s rubia.

> **LEARNING TIP**
>
> When possible, you might want to concentrate on the oral delivery of native speakers, and even engage in brief imitation sessions. This is particularly advantageous for learning to pronounce the Spanish sound system and for tuning in to the rhythm of spoken Spanish.

Práctica

It is very important to pronounce people's names properly. You and a partner will take turns "paging" the following people. The instructor will then call on some of the students to say each name.

1. Esteban Narváez
2. Carlos Saldívar
3. Amanda Estévez
4. Ernesto Avellaneda Aranda
5. Benito Ugarte
6. Susana Iñíguez
7. Mercedes Sotomayor
8. Aníbal Lovera
9. Estela Acuña
10. Carmen Núñez de Echeverría
11. Mario Hurtado
12. Yolanda Andrade

Ubíquese... y búsquelo

As part of an assignment for her Latin American history class, Olga has to go to the Museo del Barrio, and she has asked Mariana to accompany her. Go to **www.college.hmco.com** to find out more about the Museo del Barrio. What kind of information or exhibits will Olga and Mariana find there? In the next class, team up with two classmates to discuss your findings.

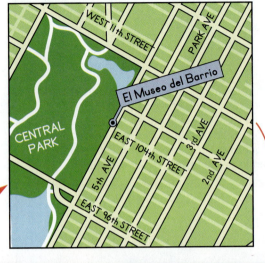

¿Lo sabía Ud.?

- Contestando el teléfono (*Answering the phone*):

  En España (*Spain*): "Diga", "Dígame", "¿Sí?"
  En Cuba y en otras regiones del Caribe: "Oigo"
  En México: "Bueno"
  En Argentina: "¿Sí?", "Hable", "Hola", "Aló"

- En Latinoamérica y en España los estudiantes frecuentemente estudian juntos (*together*).

- "Español" y "castellano" son equivalentes.

- El español es el idioma vernáculo (*native*) de unos (*about*) 400.000.000[1] de personas.

Para comparar

1. ¿Cómo contestan el teléfono en este país (*this country*)?

2. ¿Los estudiantes de este país estudian juntos frecuentemente?

3. ¿Cuántas personas hablan inglés en el mundo (*world*)?

---

[1]*400 million.* Note that in Spanish numbers, a period is used instead of a comma to indicate thousands.

En imágenes *Las telecomunicaciones*

Teléfonos públicos en ciudad hispana

En el mundo hispano, el teléfono celular o móvil es también parte de la vida diaria.

Joven ejecutiva al teléfono, en la oficina

1 Possessive adjectives (*Los adjetivos posesivos*)

Forms of the Possessive Adjectives

Singular	Plural	
mi	mis	*my*
tu	tus	*your* (fam.)
su	sus	*your* (form.) *his* *her* *its* *their*
nuestro(-a)	nuestros(-as)	*our*
vuestro(-a)	vuestros(-as)	*your* (fam.)

Possessive adjectives always precede the nouns they introduce. They agree in number with the nouns they modify.

Yo	necesito	mi	libro. pluma.

Yo	necesito	mis	libros. plumas.

Nuestro and **vuestro** are the only possessive adjectives that have the feminine endings **-a** and **-as**. The others take the same endings for both genders.

Nosotros	necesitamos	nuestro	libro.
		nuestra	pluma.

Nosotros	necesitamos	nuestros	libros.
		nuestras	plumas.

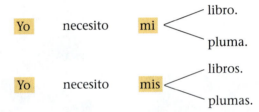

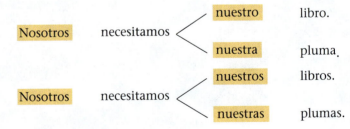

Possessive adjectives agree in gender with the thing possessed and *not* with the possessor. For example, two male students referring to their female professor will say ***nuestra* profesora**.

Because **su** and **sus** each have several possible meanings, the form **de él** (or **de ella, de ellos, de ellas, de Ud.,** or **de Uds.**) can be substituted to avoid confusion. The "formula" is: *article + noun + de + pronoun.*

sus plumas	las plumas **de él** (**ella, Ud.,** etc.)
su libro	el libro **de él** (**ella, Ud.,** etc.)

Mi casa es su casa.

Práctica

A. Complete the following exchanges, using the corresponding possessive adjectives. Then act them out with a partner.

1. —Raquel, ¿de dónde es _____ novio?
   —_____ novio es de Caracas.
   —¿Y el novio de Marta?
   —El novio _____ es de San Salvador.

2. —¿De dónde es el profesor de Uds.?
   —_____ profesor es de la República Dominicana.
   ¿Y de dónde es la profesora de Uds.?
   —_____ profesora es de Santiago, Chile.

3. —Sr. Álvarez, ¿_____ hijos *(children)* hablan francés?
   —Sí, _____ hijos hablan francés y alemán.

4. —¿Los estudiantes de Uds. estudian por la noche?
   —No, _____ estudiantes estudian por la mañana.

5. —¿De dónde es _____ amiga, Srta. Burgos?
   —_____ amiga es de Tegucigalpa. ¿Y de dónde son _____ amigas, Rosita?
   —_____ amigas son de Cádiz.

6. —¿Las hijas *(daughters)* de Uds. trabajan?
   —No, _____ hijas no trabajan.

B. Answer the following questions *in the negative*, using the appropriate possessive adjectives.

1. ¿Lorena es la novia de Alberto?
2. ¿Necesitas tu libro de español?
3. ¿La profesora de Uds. es de México?
4. ¿Carlos y Daniel son tus amigos?
5. ¿El Dr. Paz y la Dra. Ruiz son profesores de Uds.?
6. ¿Tú necesitas mis cuadernos?
7. ¿Tú necesitas la dirección de los chicos?
8. ¿Marisa y Olga son las amigas de Claudia?

Para conversar

Deseamos saber... *(We want to know . . .)* With a classmate, prepare six questions you want to ask Olga and Mariana about their apartment, their friends, their classes, etc. Some of the questions should be addressed to both of them, and some to one of them. Make sure you use the appropriate possessive adjectives.

2 Cardinal numbers 101–1,000
(Los números cardinales 101–1.000)

101	ciento uno (and so on)	600	seiscientos
200	doscientos	700	setecientos
300	trescientos	800	ochocientos
400	cuatrocientos	900	novecientos
500	quinientos	1.000	mil

■ When counting beyond 100 (101 to 199), **ciento** is used.

■ **Y** appears only in numbers between 16 and 99. It is not used to separate thousands, hundreds, and tens from each other: **mil quinientos ochenta y seis**.

■ In Spanish, one does not count in hundreds beyond 1,000; thus, 1,100 is expressed as **mil cien**. After 1,000, thousands are counted **dos mil**, **tres mil**, and so on. Note that Spanish uses a period rather than a comma to indicate thousands.

■ When modifying a feminine noun, the feminine form is used: **doscientas sillas**.

■ To ask how much a single item costs, say, "**¿Cuánto cuesta?**" For multiple items, use "**¿Cuánto cuestan?**"

—¿Cuánto cuesta el escritorio?   *"How much does the desk cost?"*
—Cuesta **ciento cincuenta** dólares.   *"It costs a hundred and fifty dollars."*

—¿Cuánto cuestan las ventanas?   *"How much do the windows cost?"*
—Cuestan **mil cien** dólares.   *"They cost eleven hundred dollars."*

Práctica

A. Complete the following series of numbers.

1. cien, doscientos, trescientos,... mil

2. diez mil, veinte mil, treinta mil,... cien mil

3. ciento diez, doscientos veinte, trescientos treinta,... mil cien

 B. With a partner, look at the illustrations and ask how much each item costs.

> **MODELO:**   —¿Cuánto cuesta la silla?
> —*La silla cuesta trescientos trece dólares.*

$313

$945

1.

$198

2.

$215

3.

$520

4.

$4250

5.

$650,500

6.

Para conversar

 A. En el año... *(In the year . . .)* In groups of three, determine in which year each of the events mentioned took place.

1. Los Juegos Olímpicos de Barcelona
2. La Primera Guerra Mundial *(World War I)*
3. El descubrimiento de América
4. La independencia de los Estados Unidos
5. La Guerra Civil
6. Shakespeare publica *Romeo y Julieta.*
7. El nuevo milenio
8. La fundación de Jamestown
9. Las fechas de nacimiento de Uds. tres

1776   1992   1595   1492
1607   1861   2001
1914   19_ _

 B. Buscamos apartamento. *(We're looking for an apartment.)* In groups of three or four, try to figure out how much a one-room, two-room, and a three-room apartment costs. Discuss different locations.

> **HINT:**   un apartamento { de una habitación
> de dos habitaciones
> de tres habitaciones

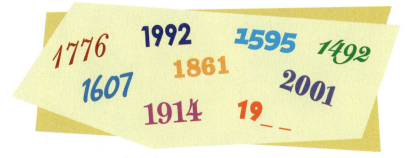

3 Descriptive adjectives: Forms, position, and agreement with articles and nouns
(Adjetivos calificativos: Formas, posición y concordancia con artículos y nombres)

A. Forms of adjectives

■ Descriptive adjectives identify characteristics or qualities such as color, size, and personality. In Spanish, these adjectives agree in gender and number with the nouns they modify. Adjectives ending in **-o** are made feminine by changing the **-o** to **-a**.

el muchach**o** cuban**o**	la muchach**a** cuban**a**
el chic**o** rubi**o**	la chic**a** rubi**a**
el lápiz roj**o**	la pluma roj**a**

■ Adjectives ending in **-e** or in a consonant have the same form for the masculine and the feminine.

el chico inteligent**e**	la chica inteligent**e**
el esposo feli**z**	la esposa feli**z**
el libro fáci**l**	la clase fáci**l**

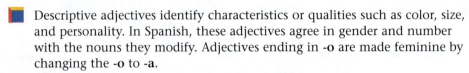

■ Adjectives of nationality that end in a consonant add an **-a** in the feminine.

el muchacho español	la muchacha español**a**
el señor inglés	la señora ingles**a**

■ Adjectives ending in **-or**, **-án**, **-ón**, or **-ín** add an **-a** in the feminine.

el alumno trabajad**or**
⎫
⎬ *the hard-working student*
⎭
la alumna trabajad**ora**

👁 **ATENCIÓN:**   Adjectives that have an accent in the last syllable of the masculine form drop it in the feminine: **inglés → inglesa**.[1]

■ To form the plural, adjectives follow the same rules as nouns. Adjectives ending in a vowel add **-s**; adjectives ending in a consonant add **-es**; adjectives ending in **-z** change the **-z** to **c** and add **-es**.

norteamericana	norteamerican**as**
español	español**es**
feliz	feli**ces**

---

[1]For rules on accent marks, see Appendix A.

B. Position of adjectives

◼ Descriptive adjectives generally follow the noun.

Miguel es un chico **inteligente**.	*Miguel is an intelligent boy.*
Necesito dos plumas **rojas**.	*I need two red pens.*

◼ Adjectives denoting nationality always follow the noun.

El profesor **mexicano** trabaja en la universidad.

C. Agreement of articles, nouns, and adjectives

◼ In Spanish, the article, noun, and adjective agree in gender and number.

un muchach**o alto**	**una** muchach**a alta**
los muchach**os altos**	**las** muchach**as altas**

◼ When an adjective modifies two or more nouns, the plural form is used.

la sill**a** y la mes**a rojas**

◼ If two nouns described together are of different genders, the masculine plural form of the adjective is used.

la chic**a** mexican**a**
el chic**o** mexican**o**
⎫
⎬ la chic**a** y el chic**o** mexican**os**
⎭

Dos cantantes puertorriqueños

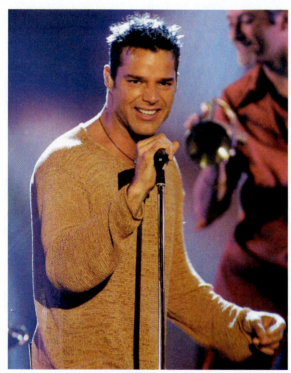

Ricky Martin es puertorriqueño. Es un hombre guapo.

Jennifer López es puertorriqueña. Es una mujer guapa.

Práctica

A. You are acquainted with these famous people. With a partner, take turns matching them with their nationalities. Be sure to make any necessary changes to the adjectives.

mexicano	cubano	colombiano
español	dominicano	francés
norteamericano	inglés	

1. Margaret Thatcher y Tony Blair
2. Shakira
3. el presidente Vicente Fox
4. Gloria Estefan y Celia Cruz
5. Julio y Enrique Iglesias
6. Meg Ryan
7. Jean Paul Sartre y Albert Camus
8. Sammy Sosa

B. With a partner, take turns asking and answering the following questions. In your answers, contradict what is stated.

> **MODELO:** —¿Rosaura es alta?
> —*No, es baja.*

1. ¿El novio de Adriana es rubio?
2. ¿Las mujeres son gordas?
3. ¿Los muchachos son bajos?
4. ¿La novia de Roberto es pesimista?
5. ¿La novia de Daniel es fea?
6. ¿Tú eres optimista?
7. ¿El hermano de Olga es antipático?
8. ¿Las chicas son morenas?

C. Describe the following people, places or things, using as many descriptive adjectives as possible.

1. Julia Roberts	5. tu mejor amigo(-a)
2. Antonio Banderas	6. las chicas de la clase
3. Roseanne	7. los chicos de la clase
4. Brad Pitt	8. Sandra Bullock

LEARNING TIP

Empower yourself by asking for help any time you feel you need it, by using the following questions: **¿Cómo se dice...?** and **¿Qué quiere decir...?**

Para conversar

A. Características. Get together in groups of three or four and, with the characteristics listed for all the signs of the zodiac, decide whether or not they correspond to your personalities. Then each person in the group will think of someone he or she knows and check out that person's sign. Do the characteristics fit that person?

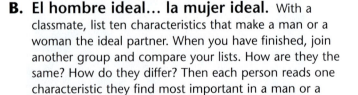

Aries:	valientes, dinámicos, interesantes y un poco impacientes
Tauro:	prácticos, pacientes, leales *(loyal)* y un poco tercos
Géminis:	inteligentes, enigmáticos, no muy religiosos y un poco superficiales
Cáncer:	amistosos, afectuosos, hogareños *(family oriented)* y muy sensibles
Leo:	optimistas, románticos, divertidos y un poco egoístas
Virgo:	inteligentes, eficientes, generosos y un poco inseguros
Libra:	amables, diplomáticos, idealistas y un poco indecisos
Escorpión:	valientes, leales, trabajadores y un poco sarcásticos
Sagitario:	lógicos, optimistas, encantadores y un poco egoístas
Capricornio:	maduros, disciplinados, trabajadores y muy reservados
Acuario:	compasivos, independientes, un poco excéntricos y un poco tercos
Piscis:	creativos, espirituales, compasivos y un poco indecisos

B. El hombre ideal... la mujer ideal. With a classmate, list ten characteristics that make a man or a woman the ideal partner. When you have finished, join another group and compare your lists. How are they the same? How do they differ? Then each person reads one characteristic they find most important in a man or a woman (**El hombre ideal es...; La mujer ideal es...**).

4 Present indicative of regular -er and -ir verbs (Presente de indicativo de los verbos regulares que terminan en -er y en -ir)

comer	*to eat*	vivir	*to live*
yo	com**o**	yo	viv**o**
tú	com**es**	tú	viv**es**
Ud. él ella	com**e**	Ud. él ella	viv**e**
nosotros(-as)	com**emos**	nosotros(-as)	viv**imos**
vosotros(-as)	com**éis**	vosotros(-as)	viv**ís**
Uds. ellos ellas	com**en**	Uds. ellos ellas	viv**en**

■ Other verbs conjugated like **comer**:

aprender *to learn*	**beber** *to drink*
creer *to believe, to think*	**vender** *to sell*
leer *to read*	**deber** *must, should*
correr *to run*	

—¿Dónde **comen** ustedes?   *"Where do you eat?"*
—Eva y yo **comemos** en la cafetería   *"Eva and I eat in the cafeteria*
  y Anabel **come** en su apartamento.   *and Anabel eats in her apartment."*

—¿Tú **crees** que Marcos es simpático?   *"Do you think Marcos is nice?"*
—Sí, yo **creo** que es muy simpático.   *"Yes, I think that he's very nice."*

—¿Qué periódico **lee** Ud., señorita?   *"What newspaper do you read, miss?"*
—Yo **leo** el *New York Times*.   *"I read The New York Times."*

■ Other verbs conjugated like **vivir**:

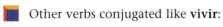

asistir *to attend*	**escribir** *to write*
abrir *to open*	**decidir** *to decide*
recibir *to receive*	

—¿Dónde **viven** Uds.?   *"Where do you live?"*
—Nosotros **vivimos** en la calle Seis.   *"We live on Six Street."*

—¿Tú **escribes** con lápiz o con pluma?   *"Do you write with a pencil or with a pen?"*

—**Escribo** con bolígrafo.   *"I write with a ballpoint pen."*

Práctica

A. In the school cafeteria, you overhear the following exchanges. You and your partner play the roles of the people talking.

1. comer —¿Dónde _____ ustedes los sábados?

    —Nosotros _____ en nuestra casa. ¿Dónde _____ tú?

    —Yo _____ en mi apartamento.

2. vivir —¿Dónde _____ tú?

    —Yo _____ en la calle Quinta.

    —¿Y Ana y Lupe?

    —Ellas _____ en la calle Magnolia.

3. recibir —¿Cuánto dinero _____ ustedes?

    —Yo _____ quinientos dólares y Tomás _____ setecientos.

4. leer —¿Qué periódico _____ ellos?

    —El *New York Times*. ¿Qué periódico _____ tú?

    —Yo _____ el *Wall Street Journal*.

5. vender —¿Dónde _____ (ellos) sándwiches?

    creer — En el café "El Yunque", pero yo _____ que

    abrir (ellos) no _____ hasta *(until)* las siete.

6. beber —Qué _____ ustedes?

    —Nosotros _____ Coca-Cola y Celia _____ Pepsi.

7. deber —¿Qué idioma _____ estudiar yo?

    —Usted _____ estudiar portugués.

8. escribir —¿Ustedes _____ en inglés?

    —No, nosotros _____ en español.

9. correr —¿Alberto _____ en el parque?

    —Sí, y yo _____ con él.

B. **¿Qué hacemos?** *(What do we do?)* With a partner, complete the following sentences by describing what one or both of you do or don't do. Use regular **-er** and **-ir** verbs in your answers.

MODELOS: _____ el diario por la mañana.

Yo (no) leo el diario por la mañana. or
Nosotros (no) leemos el diario por la mañana.

1. _____ mucho *(a lot of)* café.
2. _____ en la cafetería de la universidad.
3. _____ mucho dinero.
4. _____ a la universidad.
5. _____ en Arizona.
6. _____ estudiar más *(more)*.
7. _____ español.
8. _____ en Santa Claus.
9. _____ por la mañana.
10. _____ en el cuaderno.
11. _____ la puerta de la clase.
12. _____ en un apartamento.

~ Un dicho ~

Debes comer para vivir, no vivir para comer.

You should eat to live, not live to eat.

Para conversar

 A. Dime... *(Tell me . . .)* With a partner, take turns asking and answering the following questions.

1. ¿Dónde vives? ¿Vives en una casa o en un apartamento?
2. ¿Dónde comes? ¿A qué hora comes? ¿Comes con un(-a) amigo(-a) o comes solo(-a)?
3. ¿Tú y tus amigos comen sándwiches? ¿Comen comida *(food)* mexicana?
4. ¿Tú bebes Sprite o Pepsi? ¿Bebes café?
5. ¿Aprendes mucho en la clase de español? ¿Debes estudiar más?
6. ¿Tú lees periódicos en español?
7. ¿Lees bien el español?[1] ¿Escribes en español o en inglés?
8. ¿Vendes tus libros? ¿Los estudiantes reciben mucho dinero por *(for)* sus libros?
9. ¿Debes trabajar mañana o debes estudiar?
10. ¿Reciben tus amigos muchos mensajes electrónicos? ¿Y tú?

 B. Estás de acuerdo? *(Do you agree?)* In groups of three, express your opinion about each of the following (**Yo creo que...**). The others agree (**Estoy de acuerdo**) or disagree (**No estoy de acuerdo**).

HINT:　caro = *expensive*　　barato = *inexpensive*
　　　　　　 bueno = *good*　　　　 malo = *bad*

1. la clase de español
2. el presidente
3. Bill O'Reilly
4. París
5. Britney Spears
6. Leonardo Di Caprio
7. los profesores de la universidad
8. la universidad

5 Present indicative of the irregular verbs tener and venir *(Presente de indicativo de los verbos irregulares **tener** y **venir**)*

¿Tú crees que **tengo que estudiar** más...?

 1–55

tener	*to have*		venir	*to come*
yo	tengo		yo	vengo
tú	tienes		tú	vienes
Ud. }			Ud. }	
él }	tiene		él }	viene
ella }			ella }	
nosotros(-as)	tenemos		nosotros(-as)	venimos
vosotros(-as)	tenéis		vosotros(-as)	venís
Uds. }			Uds. }	
ellos }	tienen		ellos }	vienen
ellas }			ellas }	

—¿Cuántas clases **tienen** Uds.?　　　"How many classes do you have?"
—**Tenemos** dos. ¿Cuántas　　　　　　"We have two. How many do
　tienes tú?　　　　　　　　　　　　 you have?"
—Yo **tengo** cuatro.　　　　　　　　　 "I have four."

 ATENCIÓN: **Tener que** means *to have to*, and it is followed by an infinitive. Olga **tiene que trabajar** hoy. *Olga has to work today.*

---

[1]The definite article is used with names of languages except after the prepositions **en** and **de**, or after the verbs **hablar** and usually **estudiar**.

—¿A qué hora **vienen** Uds. a la
  universidad?
—Yo **vengo** a las ocho y Teresa
  viene a las diez.

—¿Las chicas **vienen** los sábados?
—Sí, y nosotras **venimos** con ellas.

*"What time do you come to the
  university?"*
*"I come at eight and Teresa
  comes at ten."*

"Do the girls come on Saturdays?"
"Yes, and we come with them."

Práctica

 A. Using the present indicative of **tener** and **venir**, as
appropriate, write statements about each person by
combining columns A and B. Several alternatives are
possible. Join one or two of your classmates and
compare statements.

tener/venir

A	B
1. Mi papá	a. por la mañana
2. Yo	b. problemas económicos
3. Los profesores	c. a clase los lunes
4. Mis amigos y yo	d. muchas clases
5. Tú	e. a la universidad solo(-a)
6. Ustedes	f. la solicitud
	g. mucho dinero
	h. un empleo muy bueno
	i. un examen parcial
	j. a la universidad los sábados

 B. Work with a partner. Using **tener que** + *infinitive*, say
what the following people have to do, according to each
circumstance.

1. Silvia tiene un examen parcial mañana.
2. John tiene una amiga de Madrid que no habla inglés.
3. Nosotros necesitamos dinero.
4. Yo necesito escribir y no tengo pluma.
5. Necesito hablar con Marta y ella no está en su casa por la
   mañana.

Para conversar

Entrevista. With a partner, take turns asking and
answering these questions.

1. ¿Tú tienes mi número de teléfono? ¿Tienes mi dirección?
2. ¿El (La) profesor(-a) tiene tu número de teléfono? ¿Tiene
   tu número de seguro social?
3. ¿Tú y tus amigos vienen a la universidad los sábados?
   ¿Vienen los domingos?
4. ¿Tú tienes problemas económicos? ¿Tienes que trabajar
   más?
5. ¿A qué hora vienes tú a tu primera clase?
6. ¿Qué días vienes a la universidad?
7. ¿Tienes compañero(-a) de cuarto o vives solo(-a)?
8. ¿Tu mejor amigo(-a) tiene conocimiento de
   computadoras? ¿Y tú?

6 The personal a *(La a personal)*

The preposition **a** is used in Spanish before a direct object[1] referring to a specific person or persons. It is called "the personal **a**" and has no equivalent in English.

Yo llamo **a** mi amiga.	Nosotros llamamos **a** los estudiantes.
D.O.	D.O.
I call my friend.	*We call the students.*
D.O.	D.O.

The personal **a** is *not* used when the direct object is not a person.

Yo llamo un taxi.	*I call a taxi.*
Nosotros llevamos los libros a la biblioteca.	*We take the books to the library.*

The verb **tener** generally does not take the personal **a**, even if the direct object is a person.

Yo tengo muchos amigos.	*I have many friends.*
—¿Tú llevas **a** tu novia a la universidad?	*"Do you take your girlfriend to the university?"*
—Yo no tengo novia. Llevo **a** Jorge y **a** Luis.	*"I don't have a girlfriend. I take Jorge and Luis."*

👁 **ATENCIÓN:** When there is a series of direct object nouns referring to people, the personal **a** is repeated: **Llevo *a* Jorge y *a* Luis.**

Práctica

Use the personal **a** when needed to complete the following exchanges. Then act them out with a partner.

1. —¿Tu amigo lleva _____ Rosa a la biblioteca?

   —No, lleva _____ su novia.

2. —¿Cuántos compañeros de cuarto tienes?

   —Tengo _____ dos compañeros de cuarto.

3. —¿Usted llama _____ Amelia o _____ Rogelio?

   —Llamo _____ Rogelio.

4. —¿Rafael lleva _____ su novia a tomar algo?

   —Sí, lleva _____ su novia y _____ Mariana.

5. —¿Adónde lleva usted _____ los libros?

   —A la biblioteca.

6. —¿Qué lees?

   —Leo _____ mi libro de español.

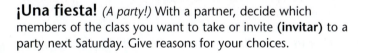

Para conversar

¡Una fiesta! *(A party!)* With a partner, decide which members of the class you want to take or invite **(invitar)** to a party next Saturday. Give reasons for your choices.

Estructuras: Compruebe Self-Test

---

[1]See **Lección 6** for further explanation of the direct object.

Así somos

¿Qué dice Ud.?

 What would you say in the following situations? What might the other person say? Act out the scenes with a partner. Take turns playing each role.

1. Describe your best *(mejor)* friend as completely as possible. Add any pertinent information about him/her you deem important.

2. You have agreed to pick up a classmate on your way to school. Inform him/her at what time you come to class in the morning and get the following information:
   a. where he/she lives
   b. at what time he/she returns *(regresar)* home in the evening.

3. Your phone rings and you answer it. The call is for you. You and the caller, a friend, make plans for him/her to come to your house to study.

4. You tell a friend three things you have to do tomorrow afternoon.

5. Ask your friend if he/she wants to have something to drink after studying.

Para conocernos mejor

 To do this activity, work with a classmate whom you would like to get to know. Take turns asking each other these questions.

1. ¿Vives con tus padres? ¿Dónde vive tu mejor (best) amigo(-a)?

2. ¿Tú vienes a la universidad los sábados? ¿Qué días vienes? ¿Vienes por la mañana o por la tarde?

3. ¿Tienes conocimiento de computadoras? ¿Recibes muchos mensajes electrónicos? ¿De quiénes?

4. ¿Tienes que estudiar mañana? ¿A qué hora?

5. ¿Tienes exámenes parciales en tus clases? ¿Son difíciles?

6. ¿Deseas comer o beber algo después de la clase?

Una encuesta

 Interview your classmates to identify who fits the following descriptions. Include your instructor, but remember to use the **Ud.** form when addressing him/her. After finishing the survey, get together with two or three classmates and discuss the results.

Nombre

1. **Debe estudiar más.** _____

2. **Bebe mucho café.** _____

3. **Es un poco terco(-a).** _____

4. **Es pesimista.** _____

5. **Vive en un apartamento.** _____

6. **Es impaciente.** _____

7. **Es un poco egoísta.** _____

8. **Lee el periódico por la mañana.** _____

9. **Corre todos los días.** _____

10. **Vende sus libros.** _____

Al escuchar...

Estrategia

Taking a phone call. In **Lecciones 1 y 2** you were asked to listen for a certain purpose. In "real" life you also listen for different purposes:

- to get specific information (say, your flight departure information at the airport)
- to follow the general trend of an argument (in a lecture)
- to sustain a social exchange with someone on some topic(s)

Here you will be listening to maintain a telephone conversation with someone who, in turn, has some purpose in calling. You'll need to interact with the caller appropriately (that is, reply according to the purpose of the call).

Al conversar...

Estrategia

Paying attention to your speaking behaviors. In **Lección 2** you were given one idea for how to respond appropriately in Spanish when you don't understand what's been said. That's a strategy that you also use in your mother tongue. Now make a list of some other strategies you use when conversing with someone.

Para escuchar

Your instructor will read some information about Fernando. After reading it twice, he/she will make statements about Fernando. On a sheet of paper, write numbers one to six and indicate whether each statement is true (**verdadero**) or false (**falso**).

Para crear

 Get together in groups of three and "create" the scenario for these photos. Who are the people in them? Give them names. What is the relationship they have with each other? Where are they from? What might they say to each other?

¡Vamos a leer!

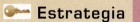 Estrategia

Antes de leer

 A. Bringing your own experiences to a new reading. Aurora Paz and Sergio Guzmán have recently met in a chat room. Before you read the following reply from Aurora to Sergio, get together in pairs and discuss:

- the kind of information you would provide to a new cyberfriend about yourself.
- the questions you would ask a new cyberfriend in order to get to know him or her better.

Then go to activity B to get a preview of the specific kind of information that Aurora includes in her e-mail to Sergio.

B. As you read the e-mail, find the answers to the following questions.

1. ¿Qué desea Sergio?
2. ¿Aurora es rubia?
3. ¿Qué características positivas tiene?
4. ¿Qué dice la mamá de Aurora?
5. ¿Qué actividades tiene Aurora todos los días?
6. Los sábados, ¿trabaja o sale con sus amigos?
7. ¿Qué ciudades puertorriqueñas menciona Aurora?

A leer

El mensaje de Aurora

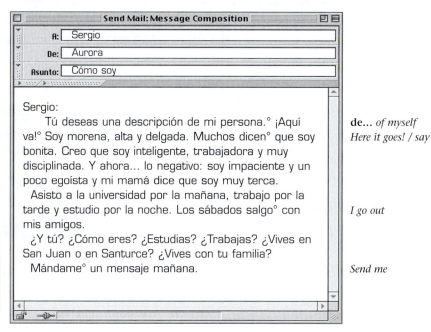

Send Mail: Message Composition

A: Sergio
De: Aurora
Asunto: Cómo soy

Sergio:
    Tú deseas una descripción de mi persona.° ¡Aquí va!° Soy morena, alta y delgada. Muchos dicen° que soy bonita. Creo que soy inteligente, trabajadora y muy disciplinada. Y ahora... lo negativo: soy impaciente y un poco egoísta y mi mamá dice que soy muy terca.
  Asisto a la universidad por la mañana, trabajo por la tarde y estudio por la noche. Los sábados salgo° con mis amigos.
    ¿Y tú? ¿Cómo eres? ¿Estudias? ¿Trabajas? ¿Vives en San Juan o en Santurce? ¿Vives con tu familia?
  Mándame° un mensaje mañana.

de... *of myself*
Here it goes! / say

I go out

Send me

> ☀ **LEARNING TIP**
>
> As with speaking and pronunciation, paying attention to the words and structures used by the writer of a Spanish text will help you to improve your ability to communicate when you speak or write in Spanish.

Después de leer... desde su mundo

 In groups of three or four, talk about your chat-room habits.

¡Vamos a escribir!

Tu mensaje electrónico. You also have a new cyberacquaintance. You will write the text of an online message to send to this person.

 Estrategia

Antes de escribir

Analyzing language models. Your writing assignment is very similar to the text that you read in **¡Vamos a leer!** in this lesson. Revisit that reading now with the purpose of analyzing it as a writing model for your own development as a writer in Spanish. As you reread it, ask yourself the following questions:

1. What is the main idea that groups together the sentences in each paragraph?

2. How is she describing herself in the first paragraph? How would you describe yourself?

3. What activities does she talk about in the second paragraph? What new verbs does she use?

4. What questions does she ask Sergio on the third paragraph? What questions would you ask?

A escribir el mensaje electrónico

In addition to applying your analysis of the contents and structures used by Aurora when writing to Sergio, in your message you should incorporate any ideas from the brainstorming session that you carried out before reading Aurora's message. Write your **primer borrador** *(first draft)* of the message.

 Estrategia

Después de escribir

Before writing the final version, your instructor might want you to exchange your first draft with a classmate and peer edit each other's work using the following guidelines:

- noun-adjective-article agreement (in gender and number)
- use of the personal **a**
- subject-verb agreement (in person and number)

PANORAMA

Los puertorriqueños en los Estados Unidos

- Los puertorriqueños son el segundo grupo más grande *(largest)* de hispanos en los Estados Unidos. Como Puerto Rico es un Estado Libre Asociado a este país, los puertorriqueños son ciudadanos estadounidenses y no necesitan pasaporte ni visa para entrar en el país. En total, más de 2.700.000 puertorriqueños viven en los Estados Unidos, el 70% de ellos en Nueva York y Nueva Jersey. Más puertorriqueños viven en Nueva York que en San Juan, la capital de Puerto Rico.

Nueva York: epicentro de la vida puertorriqueña en los Estados Unidos

Mural *neoyorriqueño,* The Barrio (East Harlem)

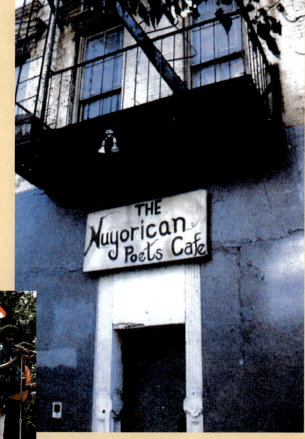

El Nuyorican Poets Café, una de varias *(several)* instituciones neoyorriqueñas

El desfile puertorriqueño de Nueva York, segundo domingo de junio

• La mayoría de los puertorriqueños llegaron *(arrived)* a este país después de la Segunda Guerra Mundial *(Second World War)* y, para muchos, fue *(it was)* muy difícil adaptarse a la vida de la gran ciudad. En las últimas décadas, han llegado de Puerto Rico miles de profesionales, artistas y gente de negocios *(businesspeople)*. Hoy hay puertorriqueños famosos en todos los campos. Son buenos ejemplos de estos éxitos Nydia Velázquez y José Serrano, congresistas; la familia Unanue, dueños de los famosos productos Goya; Mark Anthony, Ricky Martin y Chayanne, cantantes; Jennifer López, Benicio del Toro y muchos más, artistas de Hollywood; Félix (Tito) Trinidad, ex triple campeón de boxeo, etc.

La política

Nydia Velázquez (1953–), primera mujer puertorriqueña elegida al Congreso de EE.UU. (1992–presente)

Antonia C. Novello (1944–), primera mujer Directora general de salud pública *(U.S. Surgeon General)*, 1990–1993

Otras influencias hispanas en la cultura estadounidense

Las estadísticas

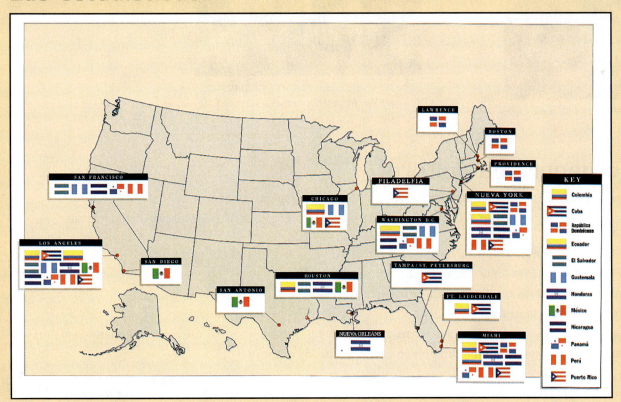

La comunidad latina en los Estados Unidos

Personalidades

La literatura

Julia Álvarez, escritora dominicana

El mundo del espectáculo

Shakira, cantante colombiana

Antonio Banderas, actor español

Los negocios

Isabel Allende, escritora chilena

Roberto Álvarez, dominicano, propietario *(owner)* de los restaurantes El Jaleo y Café Atlántico en Washington, D.C.

Nuestro panorama cultural

In groups of three, answer the following questions about your home state, region, or country.

1. ¿Hay diversidad cultural y étnica en la ciudad donde Ud. vive? ¿Qué grupos hay? ¿Qué nacionalidades están representadas?
2. Un norteamericano, ¿necesita visa para viajar a Canadá?
3. ¿Hay muchos puertorriqueños en la ciudad donde Ud. vive?
4. En su ciudad, ¿celebran el cuatro de julio con desfiles?
5. ¿Cuál es la música típica de su país?
6. Además *(Besides)* de las personalidades mencionadas, ¿puede Ud. *(can you)* nombrar otros artistas puertorriqueños?
7. ¿Qué familias norteamericanas son importantes en el mundo de los negocios?

For the next class: Go to the World Wide Web and find photos from your hometown, state, region, or country. Use the questions from **Nuestro panorama cultural** above as guidelines for choosing them. Be ready to present the photos to your classmates.

SELF-TEST
Lecciones 1-3

Take this test. When you have finished, check your answers in the answer key provided in Appendix D. Then use a red pen to correct any mistakes you may have made. Are you ready?

Lección 1

A. The alphabet. Spell the following last names in Spanish.

1. Vargas	4. Peña	7. Dávila
2. Mena	5. Juárez	8. Félix
3. Botero	6. Chávez	9. Quiroz

B. Cardinal numbers (0–30). Write the following numbers in Spanish.

1. 11	7. 28
2. 17	8. 19
3. 30	9. 12
4. 20	10. 14
5. 15	11. 16
6. 13	12. 22

C. Colors. What colors come to mind when you think of the following?

1. grass	5. coal
2. a pumpkin	6. a plum
3. a banana	7. a tree trunk
4. rosy cheeks	8. the American flag

D. Days of the week. Give the days of the week that come *before* the ones mentioned here.

1. lunes
2. jueves
3. sábado
4. miércoles
5. domingo
6. viernes
7. martes

E. Months and seasons. Give the months and seasons that come *before* the ones mentioned here.

1. diciembre	4. febrero	7. invierno
2. abril	5. junio	8. verano
3. agosto	6. octubre	9. enero

F. Subject pronouns and the present indicative of the verb *ser*. Complete the following dialogue, using the present indicative of the verb **ser**.

—¿De dónde _____ ustedes?

—Nosotros _____ de California. ¿De dónde _____ tú?

—Yo _____ de Tejas.

—¿Y Carlos y Amelia?

—Carlos _____ de Arizona y Amelia _____ de Nuevo México.

—¿De dónde _____ los profesores?

—De Nueva Jersey.

G. Just words . . . Match each question in column A with the best response in column B.

A	B
1. ¿Cómo están Uds.?	a. No, martes.
2. ¿Cómo te llamas?	b. Sí, es mi cumpleaños.
3. ¿Qué hay de nuevo?	c. Cuatro-dos-seis-cinco-ocho-nueve-cero.
4. ¿Hay una fiesta hoy?	d. De Tejas.
5. ¿Uds. son norteamericanos?	e. Bien, gracias.
6. ¿De dónde eres tú?	f. No, estudiantes.
7. ¿Qué día es hoy?	g. No, somos mexicanos.
8. ¿Hoy es lunes?	h. Ana María Belgrano.
9. ¿Cuál es tu número de teléfono?	i. Miércoles.
10. ¿Uds. son profesores?	j. Nada.

H. Culture. Answer the following questions, based on information from this lesson.

1. ¿Cuál es un nombre muy popular en España y en Latinoamérica?
2. ¿Cuál es el sobrenombre de María Teresa? ¿Y de Francisco?
3. ¿Cuántos millones de hispanos hay en los Estados Unidos?
4. ¿Quién es Sandra Cisneros?

Lección 2

A. Gender and number and definite articles. Write **el, la, los,** or **las** before each noun.

1. _____ pizarra
2. _____ luz
3. _____ lápices
4. _____ día
5. _____ lección
6. _____ relojes
7. _____ mapa
8. _____ universidades
9. _____ pared
10. _____ bolígrafos
11. _____ amistad (friendship)
12. _____ problemas

B. Gender and number and indefinite articles. Write **un, una, unos,** or **unas** before each noun.

1. _____ programas
2. _____ borradores
3. _____ mano
4. _____ hombres
5. _____ mujer

6. _____ secretario
7. _____ profesores
8. _____ papel
9. _____ decisión
10. _____ ciudad

C. Cardinal numbers (31–100). Write the following numbers in Spanish.

1. 38
2. 100
3. 91
4. 85
5. 72

6. 57
7. 46
8. 63
9. 77

D. Telling time. Use the cues given to say at what time the following classes are.

1. la clase de español / 9:10 A.M.
2. la clase de inglés / 1:15 P.M.
3. la clase de literatura / 8:25 P.M.

E. Present indicative of -ar verbs and negative and interrogative sentences. Complete the following dialogues, using the verbs given.

1. —¿Dónde _____ (trabajar) tú?
   —Yo _____ (trabajar) en la universidad.
   —¿A qué hora _____ (regresar) a tu casa?
   —A las cuatro.

2. —¿Uds. _____ (estudiar) por la mañana?
   —No, nosotros _____ (estudiar) por la tarde.
   —¿Cuántas clases _____ (tomar) ustedes?
   —Yo _____ (tomar) cuatro y Estrella _____ (tomar) cinco.

3. —¿Qué _____ (necesitar) Carlos y Aurora?
   —Carlos _____ (necesitar) lápices y Aurora _____ (necesitar) libros.

4. —¿Tú _____ (desear) llamar más tarde, Anita?
   —Sí, yo _____ (desear) llamar a las cinco.

5. —¿Uds. _____ (hablar) inglés en clase?
   —No, nosotros _____ (hablar) español.

F. Possession with *de*. Form sentences with the items given.

1. la señorita / estudiantes / norteamericanos
2. Amanda / profesor / mexicano
3. Paco / amigos / de California

G. Just words . . . Complete the following sentences using vocabulary from **Lección 2.**

1. Estudiamos en la _____.
2. Mi _____ es: Calle Olmos, número 96.
3. ¿Cómo se _____ *"door"* en español?
4. Necesito el cesto de _____.
5. ¿_____ estudias? ¿Los sábados?
6. En Roma hablan _____ y en París hablan _____.
7. El español es un _____ difícil.
8. Necesitas practicar _____ los días.
9. ¡En ese _____, yo hablo chino!
10. Pedro habla un _____ de portugués.

H. Culture. Answer the following questions, based on information from this lesson.

1. Si usamos el sistema de 24 horas, ¿qué hora es cuando decimos *(when we say)* "las diecinueve horas"?
2. ¿Qué usan en España y en Latinoamérica los estudiantes de primaria y de secundaria?
3. ¿Cuántos cubanos viven en Miami?
4. ¿Qué es "la Pequeña Habana"?

Lección 3

A. Possessive adjectives. Complete these sentences with the appropriate possessive adjectives. Make sure they agree with the subjects.

1. Yo necesito _____ libro y _____ bolígrafos.
2. Nosotros hablamos con _____ profesora y ellos hablan con _____ profesor.
3. ¿Tú vives con _____ padres *(parents)*?
4. Jorge come con _____ amigos.
5. Nosotros vivimos en _____ casa con _____ padres.
6. ¿Usted necesita _____ computadora, Srta. Mejías?

B. Cardinal numbers (101–1,000). Write the following numbers in Spanish.

1. 195
2. 286
3. 371
4. 460
5. 553
6. 644
7. 732
8. 827
9. 918
10. 1.513

C. Descriptive adjectives. Change the articles and the adjectives according to the nouns in parentheses.

1. El chico es alto. *(chica)*
2. La pizarra es pequeña. *(escritorios)*
3. Los chicos son norteamericanos. *(chicas)*
4. Es un hombre muy simpático. *(mujer)*
5. Necesito los lápices rojos. *(plumas)*

D. Present indicative of regular *-er* and *-ir* verbs. Complete the following sentences, using the verbs in the list.

deber	creer	vender	comer	escribir
abrir	aprender	leer	recibir	beber

1. Nosotros _____ mucho en la clase de español.
2. ¿Tú _____ en la cafetería?
3. Yo _____ que Elena habla portugués.
4. ¿Ustedes _____ muchos libros?
5. Carlos _____ café.
6. Usted _____ estudiar más.
7. Ellos _____ sus libros por *(for)* treinta dólares.
8. Yo _____ las ventanas.
9. Ellos _____ mensajes electrónicos.
10. Nosotros _____ con lápiz.

E. The verbs *tener* and *venir*. Complete the following sentences using the present indicative of **tener** or **venir.**

1. Yo no _____ a la universidad los viernes porque no _____ clases.
2. ¿Tú _____ la dirección de Julio? Él no _____ a clase los lunes.
3. Nosotros _____ a la biblioteca con Amanda porque no _____ auto *(car)*.
4. Rogelio _____ a las ocho y ellos _____ a las diez.
5. ¿Ellos _____ tu número de teléfono?

F. The personal *a*. Form sentences, using the elements provided. Include the personal **a** when necessary.

1. yo / llamar / Rosa / a las tres
2. nosotros / llevar / los libros / a la universidad
3. ellos / llevar / Julio / y su novia / a la biblioteca
4. nosotros / tener / muchos amigos

G. Just words . . . Match the questions in column A with the answers in column B.

A	B
1. ¿Ana es tu novia?	a. No, soy realista.
2. ¿Tienes problemas económicos?	b. Sí, ¡y muy simpática!
3. ¿Estudian hoy?	c. Menéndez.
4. ¿Cómo estás?	d. No, es muy guapo.
5. ¿Es bonita?	e. Secretaria.
6. ¿Está Jorge?	f. Sí, necesito dinero.
7. ¿Eres pesimista?	g. No, es rubia.
8. ¿Es feo?	h. No, es muy antipática.
9. ¿Es simpática?	i. No, mañana.
10. ¿Cuál es su apellido?	j. El anuncio.
11. ¿Estado civil?	k. Más o menos.
12. ¿Ocupación?	l. No, es bajo.
13. ¿Es morena?	m. No, es una amiga.
14. ¿Es alto?	n. Soltero.
15. ¿Qué leen?	o. Con él habla.

H. Culture. Answer the following questions, based on information from this lesson.

1. ¿Cómo contestan el teléfono en México?
2. ¿Cuál es un sinónimo de "español"?
3. ¿Qué no necesitan los puertorriqueños para entrar en los Estados Unidos?
4. ¿Quién es Shakira?

Costumbres y tradiciones
Julia visita la Ciudad de México

O B J E T I V O S

Comunicación

You will learn vocabulary related to planning weekend activities, needs and preferences, and states of mind.

Pronunciación

The Spanish **b, v, d,** and **g** (before **a, o,** or **u**)

Estructuras

- Pronouns as objects of prepositions
- Contractions
- Present indicative of the irregular verbs **ir, dar,** and **estar**
- **Ir a** + *infinitive*
- Present indicative of **e:ie** stem-changing verbs
- Expressions with **tener**

Cultura

- Relationships
- Customs
- Certain Hispanic celebrations

Panorama hispánico

- México

Estrategias

Listening: Listening to voice mail
Speaking: Strategies that you already use when speaking English
Reading: Identifying text formats
Writing: Pre-organizing using outlines

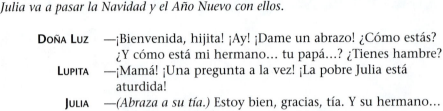

Julia Lara, una chica mexicoamericana que vive en Colorado con su familia, visita México por primera vez. Acaba de llegar del aeropuerto con sus primos y ahora está en la casa de sus tíos, que están muy contentos con la llegada de la muchacha. Julia va a pasar la Navidad y el Año Nuevo con ellos.

DOÑA LUZ —¡Bienvenida, hijita! ¡Ay! ¡Dame un abrazo! ¿Cómo estás? ¿Y cómo está mi hermano… tu papá…? ¿Tienes hambre?

LUPITA —¡Mamá! ¡Una pregunta a la vez! ¡La pobre Julia está aturdida!

JULIA —*(Abraza a su tía.)* Estoy bien, gracias, tía. Y su hermano… está bien, también. Y no tengo hambre, pero tengo mucha sed…

DOÑA LUZ —*(A su hijo Mario)* Mario, una soda para tu prima.

JULIA —Prefiero un vaso de agua, tía.

DON RODOLFO —¿Cómo estás, sobrina? ¿Qué tal el viaje?

JULIA —Muy bien, tío. Estoy un poco cansada, pero estoy muy contenta de estar aquí, con ustedes.

Por la noche, Julia está en el cuarto de Lupita. Las dos primas conversan.

LUPITA —Mañana vamos a ir al parque de Chapultepec y por la noche vamos a ir al cine con unos amigos.

JULIA —¡Perfecto! También quiero ir a una tienda por la tarde. Oye, ¿qué vamos a hacer pasado mañana?

LUPITA —Pasado mañana damos una fiesta aquí en casa. Es el santo de mi abuelo.

JULIA —Ah sí, don Gustavo.

LUPITA —Sí, él vive con nosotros. Mamá va a preparar mucha comida y vamos a tener mariachis…

JULIA —¡Entonces quiero sacar muchas fotos! ¿Vamos a bailar?

LUPITA —Sí… Muchos de nuestros amigos van a venir a la fiesta y van a querer bailar contigo.

JULIA —¿Cuántas personas están invitadas?

LUPITA —Unas cincuenta… o más, porque muchos vecinos van a venir también…

JULIA —¿Y cuándo empiezan las posadas?

LUPITA —La semana que viene. Este fin de semana pensamos ir a una discoteca de la Zona Rosa… Oye… es tarde.

JULIA —Tienes razón. ¡Son las once! ¡Pero no tengo sueño! Quiero platicar un rato más…

¿Quién lo dice?

Identify the person who said the following in the dialogues.

1. Pasado mañana damos una fiesta aquí en casa. _____

2. Entonces quiero sacar muchas fotos. _____

3. Mario, una soda para tu prima. _____

4. ¡Pero no tengo sueño! Quiero platicar un rato más. _____

5. ¡Bienvenida, hijita! ¡Ay! ¡Dame un abrazo! _____

6. ¡La pobre Julia está aturdida! _____

7. ¡Mamá! ¡Una pregunta a la vez! _____

8. ¿Cómo estás, sobrina? ¿Qué tal el viaje? _____

9. Y su hermano está bien, también. _____

a. Doña Luz

b. Lupita

c. Julia

d. Don Rodolfo

Para conversar

With a partner, take turns asking and answering the following questions. Base your answers on the dialogue and on your own circumstances.

1. ¿Dónde va a pasar Julia la Navidad? ¿Dónde vas a pasar tú la Navidad?

2. ¿Julia tiene hambre o tiene sed? ¿Y tú?

3. ¿Qué quiere beber Julia? ¿Qué quieres beber tú?

4. ¿Adónde van a ir Julia y Lupita mañana? ¿Adónde vas a ir tú?

5. ¿Es el santo o el cumpleaños del abuelo de Lupita? ¿Cuándo es tu cumpleaños?

6. ¿Quiénes van a venir a la fiesta? ¿Tú vas a dar una fiesta?

7. ¿Cuándo empiezan las posadas? ¿Adónde vas a ir tú la semana que viene?

8. ¿Julia tiene sueño? ¿Y tú?

Vocabulario

Cognados

el aeropuerto airport
la discoteca discotheque
la familia family
la foto, fotografía photo, photograph

el parque park
la persona person
la soda soda[1]
la tradición tradition

Nombres

el abrazo hug
la abuela grandmother
el abuelo grandfather
el agua water
el Año Nuevo New Year
el cine movies, movie theatre
la comida food
la costumbre custom
el cuarto, la habitación room
la hermana sister
el hermano brother
la hija daughter
el hijo son
la llegada arrival
la Navidad Christmas
la pregunta question
el (la) primo(-a) cousin
el santo saint's day
la semana week
la sobrina niece
el sobrino nephew
la tía aunt
la tienda store
el tío uncle
el vaso glass
el (la) vecino(-a) neighbor
la vez time (in a series)
el viaje trip

Verbos

abrazar to hug
bailar to dance
dar to give
empezar, comenzar (e:ie) to begin, to start
hacer (yo hago) to do
ir to go
llegar to arrive
pasar to spend (time)
pensar (e:ie) to think
pensar + *infinitive* to plan (to do something)
preferir (e:ie) to prefer
preparar to prepare
querer (e:ie) to want, to wish
visitar to visit

Adjetivos

aturdido(-a) dazed, confused
bienvenido(-a) welcome
cansado(-a) tired
contento(-a) happy
invitado(-a) invited
pobre poor

Otras palabras y expresiones

a la vez at a time
acabar de + *infinitive* to have just (done something)
ahora now
contigo with you (*familiar*)
dame give me
don a title of respect, used with a man's first name
doña a title of respect, used with a lady's first name
en casa at home
entonces then (in that case)
este fin de semana this weekend
hijita (darling) daughter (*a term of endearment*)
pasado mañana the day after tomorrow
por primera vez for the first time
que that, who
sacar (tomar) una foto to take a picture
la semana que viene, la semana próxima next week
tener hambre to be hungry
tener razón to be right
tener sed to be thirsty
tener sueño to be sleepy
un poco a little
un rato a while

---

[1]Also **la gaseosa** (*Colombia*), **el refresco** (*Caribbean and other regions*)

VOCABULARIO ADICIONAL

Actividades para un fin de semana

ir a un concierto *(concert)*

ir a la montaña *(mountain)*

ir al museo *(museum)*

ir al parque de diversiones *(amusement park)*

ir a un partido (juego) de... *(game)*

ir a la playa *(beach)*

ir al teatro *(theatre)*

ir al zoológico *(zoo)*

Para describir cómo estamos

aburrido(-a) *bored*
alegre *joyful*
animado(-a) *animated*
enfermo(-a) *sick*
enojado(-a), enfadado(-a) *angry*
entusiasmado(-a) *enthused*
frustrado(-a) *frustrated*
nervioso(-a) *nervous*
ocupado(-a) *busy*
preocupado(-a) *worried*
triste *sad*

La fiesta de Navidad *(Christmas)*

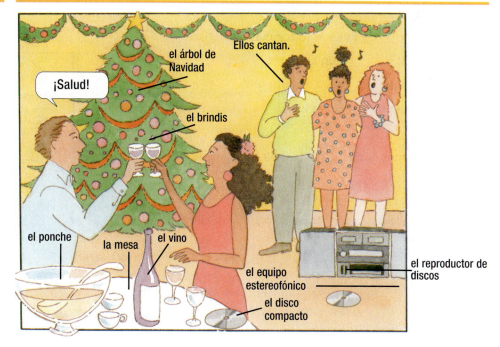

¡Salud!
Ellos cantan.
el árbol de Navidad
el brindis
el ponche
la mesa
el vino
el equipo estereofónico
el reproductor de discos
el disco compacto

Práctica

A. Match the questions in column A with the responses in column B.

A	B
___ 1. ¿La Sra. Pérez es tu abuela?	a. A las nueve.
___ 2. ¿Qué quieres beber?	b. En su cuarto.
___ 3. ¿Adónde vamos a ir?	c. No, no estamos invitados.
___ 4. ¿Dónde está tu prima?	d. La semana que viene.
___ 5. ¿Elena es tu sobrina?	e. No, pasado mañana.
___ 6. ¿Cuándo llega tu tío?	f. No, preferimos conversar.
___ 7. ¿La fiesta es mañana?	g. Al cine.
___ 8. ¿A qué hora comienza la fiesta?	h. En México.
	i. Sí, es la mamá de mi papá.
___ 9. ¿Quieren bailar?	j. Sí, es la hija de mi hermana.
___ 10. ¿Van Uds. a la fiesta?	
___ 11. ¿Dónde vas a pasar la Navidad?	k. No, estoy un poco cansado.
___ 12. ¿No vas a trabajar?	l. Un vaso de agua.

B. Complete the following sentences, using vocabulary from this lesson.

1. Voy a _____ muchas fotografías.
2. ¡Bienvenida! ¡ _____ un abrazo!
3. Hoy vamos al _____ de Chapultepec.
4. Vamos a ir a una _____ a bailar.
5. ¡Feliz Año _____ !
6. La Sra. Fuentes es mi _____ ; es la hermana de mi mamá.
7. Nosotros _____ir a la universidad el sábado.
8. _____ Oscar y _____ María van a ir a México la semana que viene.
9. Mamá va a _____ mucha comida para la fiesta.
10. ¡_____ Julia! Está cansada…

C. Write the words or phrases that correspond to the following.

1. opuesto de **alegre**: _____
2. enojado: _____
3. Mount Everest, por ejemplo: _____
4. lugar (place) donde comemos: _____
5. Disneylandia, por ejemplo: _____
6. que tiene mucho entusiasmo: _____
7. partido: _____
8. lugar donde hay muchos animales: _____
9. el Louvre, por ejemplo: _____
10. cuarto: _____

Para conversar

Planes. With a partner, tell each other about what you plan to do and what you don't plan to do at different times in the near future.

> **MODELO:** (No) pienso ir a…

Vocabulario: Compruebe
Self-Test

A. The Spanish b and v

The Spanish **b** and **v** are pronounced exactly alike. Both sound like a weak English *b*, as in the word *Abe*. In Spanish, they are even weaker when pronounced between vowels. The lips don't quite touch. Never pronounce these consonants like the English *v*. Listen to your instructor and repeat the following words.

> **B**eto **viv**e en **B**ogotá.
> **B**ien**v**enida a **B**oli**v**ia.
> Don Gusta**v**o es mi a**b**uelo.

B. The Spanish d

The Spanish **d** is slightly softer than the *d* in the English word *day*. When pronounced between two vowels or at the end of a word, it is similar to the *th* in the English word *they*. Listen to your instructor and repeat the following words.

> **D**oña **D**elia es **d**e Colora**d**o.
> ¿Uste**d**es están cansa**d**os?
> **D**avi**d** está invita**d**o.

C. The Spanish g (before a, o, or u)

- When followed by **a**, **o**, or **u**, the Spanish **g** is similar to the *g* in the English word *guy*. Listen to your instructor and repeat the following words.

> **G**ustavo es **g**ordo.

- When pronounced between vowels, the Spanish **g** is much softer. Repeat after your instructor.

> Mi ami**g**o es uru**g**uayo.

- In the combinations **gue** and **gui**, the **u** is silent. Repeat after your instructor.

> **G**uillermo **G**uevara toca la **g**uitarra.

Ubíquese... y búsquelo

As part of her visit to Mexico City, Julia's family is taking her to the **Parque de Chapultepec.** Go to **www.college.hmco.com** to research the **Parque.** What attractions will Julia find there? What are some other parks in Mexico City that she could visit? In the next class, team up with two classmates to discuss your findings.

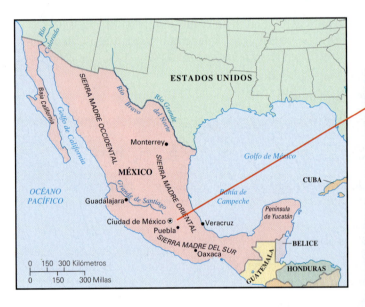

¿Lo sabía Ud.?

- En España y en Latinoamérica, no existe tanta *(as much)* separación entre *(among)* generaciones como en los Estados Unidos. Los niños, los padres y los abuelos frecuentemente van juntos a fiestas y a celebraciones.

- En los países *(countries)* hispanos, las chicas y los muchachos generalmente van en grupos a fiestas, al teatro y a conciertos.

- Los hispanos generalmente celebran el cumpleaños y también el día de su "santo", que corresponde al santo de su nombre en el calendario católico. Por ejemplo, si un niño nace *(is born)* en junio y sus padres lo llaman Miguel, celebra su cumpleaños en junio y celebra el día de su "santo" el 29 de septiembre, que es el día de San Miguel.

- En México, durante la época de Navidad, celebran las posadas, que representan el viaje de María y José desde Nazaret a Belén y su búsqueda *(search)* de alojamiento *(lodging)*. Empiezan el 16 de diciembre y terminan el 24 de diciembre.

- En español se dice "¡Salud!" *(Cheers!)* al brindar. En España, también dicen "Salud, amor y pesetas" *(Health, love, and pesetas[1])*.

- Muchos productos americanos, como la Coca-Cola por ejemplo, son muy populares en los países hispanos.

---

[1]Pesetas were the former monetary units in Spain before the use of euros.

Para comparar

1. En este país, ¿los chicos prefieren salir en grupos o en parejas?

2. En este país, ¿las personas celebran el día de su santo?

3. ¿Qué productos extranjeros *(foreign)* son populares en este país?

4. ¿Celebran las posadas en algún barrio mexicano en la ciudad donde Ud. vive?

En imágenes *Fiestas y celebraciones solemnes en México y en Centroamérica*

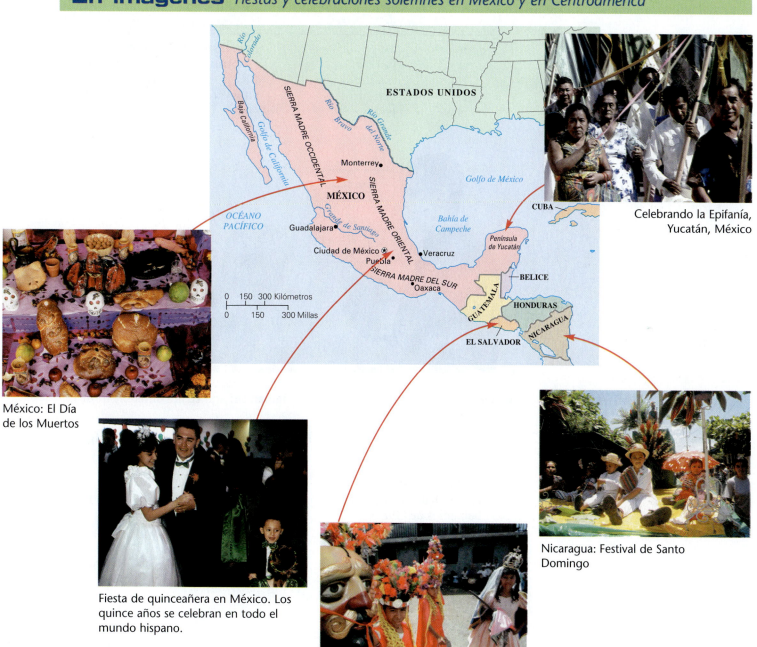

México: El Día de los Muertos

Celebrando la Epifanía, Yucatán, México

Fiesta de quinceañera en México. Los quince años se celebran en todo el mundo hispano.

Festival, El Salvador

Nicaragua: Festival de Santo Domingo

Estructuras

1 Pronouns as objects of prepositions (Pronombres usados como objetos de preposición)

■ The object of a preposition is the noun or pronoun that immediately follows it: **La fiesta es para María (ella). Ellos van con nosotros.**

Singular		Plural	
mí	*me*	nosotros(-as)	*us*
ti	*you* (fam.)	vosotros(-as)	*you* (fam.)
Ud.	*you* (form.)	Uds.	*you* (form.)
él	*him*	ellos	*them* (masc.)
ella	*her*	ellas	*them* (fem.)

■ Only the first- and second-person singular, **mí** and **ti**, are different from regular subject pronouns.

■ **Mí** and **ti** combine with **con** to become **conmigo** *(with me)* and **contigo** *(with you),* respectively.

—¿Hablan de **mí**?
—No, no hablamos de **ti**; hablamos de **ella**.

"Are you talking about me?"
"No, we are not talking about you; we're talking about her."

—¿Estudias **conmigo** o con Carlos?
—No estudio **contigo**; estudio **con él**.

"Are you studying with me or with Carlos?"
"I'm not studying with you; I'm studying with him."

Práctica

Complete the following dialogues, using the Spanish equivalent of the words in parentheses. Then act them out with a partner, adding a sentence or two to each dialogue.

1. —¿Carlos habla _____? *(with me)*
   —No, no habla _____; habla _____. *(with you / with her)*

2. —¿Para quién son los libros, Paco?
   ¿_____ o _____? *(For him / for her)*
   —Son _____. *(for me)*
   —¿_____? *(For you)*
   —Sí, señor.

3. —¿El vino es _____? *(for you, pl.)*
   —No, es _____. *(for them, fem.)*

Para conversar

¡Habla con tu compañero! Interview a classmate, using the following questions and two questions of your own. When you have finished, switch roles. Use the appropriate prepositions and pronouns in your responses.

1. ¿Hablas con tus amigos en la clase?
2. ¿Deseas estudiar español conmigo?
3. ¿Trabajas para tus padres?
4. ¿Vives cerca de *(near)* tus abuelos?
5. ¿Hablas mucho con tus amigos por teléfono?
6. ¿Tus amigos vienen a la universidad contigo?

2 Contractions *(Contracciones)*

There are only two contractions in Spanish: **al** and **del**. Both the preposition **a** *(to, toward)* and the personal **a** followed by the article **el** contract to **al**.

Llamo	a	+	el	profesor.
Llamo		**al**		profesor.

The preposition **de** *(of, from)* followed by the article **el** contracts to **del**.

Tiene los libros	de	+	el	profesor.
Tiene los libros		**del**		profesor.

—¿Llevas **al** amigo de Ana?   *"Are you taking Ana's friend?"*
—No, llevo **a las** primas de Eva.   *"No, I'm taking Eva's cousins."*

—¿La casa es **de la** Sra. Vega?   *"Is it Mrs. Vega's house?"*
—No, es **del** Sr. Parra.   *"No, it's Mr. Parra's."*

ATENCIÓN: A + **el** and **de** + **el** must always be contracted to **al** and **del**. None of the other combinations (de la, de las, de los, a la, a las, a los) is contracted: **Llaman a los hijos de los profesores.**

LEARNING TIP

Practice "seeing" yourself coming from and going to certain places: **Vengo del hotel; voy al cine.**

Práctica

A. Complete the following dialogues, using **de la, de las, del, de los, a la, a las, al,** or **a los.** Then act them out with a partner.

1. —¿De dónde vienes? ¿_____ aeropuerto?
   —No, vengo _____ discoteca.

2. —¿A qué hora llamas _____ chicas?
   —_____ dos.

3. —¿Los mapas son _____ Sr. Vega?
   —No, son _____ Srta. Ruiz.

4. —¿Tienes que ir _____ apartamento de Julia?
   —No, tengo que ir _____ biblioteca.

5. —¿Adónde llevas _____ chicos?
   —_____ clase _____ Sr. Peña.

B. With a partner, take turns asking and answering the following questions, using the cues provided.

1. ¿De quién son los libros?   (profesor)
2. ¿De quién es el escritorio?   (Srta. Paz)
3. ¿A quiénes llevas a la universidad?   (chicos)
4. ¿A quién invitan ustedes?   (Sr. Vega)
5. ¿A quiénes llaman los chicos?   (muchachas)
6. ¿Adónde llevan a las muchachas?   (parque)
7. ¿De dónde vienen ustedes?   (aeropuerto)
8. ¿Los libros son de los muchachos?   (no, muchachas)

Para conversar

¿Qué pasa aquí? In a hotel lobby, you and your partner observe what is going on. Take turns asking each other who is calling whom, where people are coming from, how they relate to each other, etc.

3 Present indicative of the irregular verbs **ir, dar,** and **estar**
*(Presente de indicativo de los verbos irregulares **ir, dar** y **estar**)*

1–69

	ir to go	dar to give	estar to be
yo	voy	doy	estoy
tú	vas	das	estás
Ud. él ella	va	da	está
nosotros(-as)	vamos	damos	estamos
vosotros(-as)	vais	dais	estáis
Uds. ellos ellas	van	dan	están

—Susana **da** una fiesta hoy. ¿Tú **vas**?
—No, no **voy** porque **estoy** muy cansada.
—Entonces llevo a tu hermana. ¿Dónde **está**?
—**Está** en la universidad. Viene a las tres.

"Susana is giving a party today. Are you going?"
"No, I'm not going because I am very tired."
"Then I'm taking your sister. Where is she?"
"She is at the university. She is coming at three o'clock."

■ The verb **estar,** *to be,* is used here to indicate current condition (**Estoy muy cansada.**) and location (**Está en la universidad.**). **Ser,** another equivalent of the English verb *to be,* has been used up to now to refer to origin (**Él es de México.**), nationality (**Ellas son mexicanas.**), characteristics (**Jorge es rubio.**), profession (**Elsa es profesora.**), and time (**Son las doce.**).

■ Other frequent uses of **dar** are **dar un examen, dar una conferencia** *(lecture),* and **dar una orden** *(order).*

Práctica

A. Complete the following conversation, using the appropriate forms of the verbs **ir, dar,** and **estar.** Then act out the dialogue with a partner.

JOSÉ —Rosa, ¿tú _____ a la fiesta que _____ Estrella el sábado?

ROSA —Sí, _____ con Inés. ¿Tú _____ también?

JOSÉ —Sí. Oye, ¿estudiamos esta noche? El Dr. Vargas y la Dra. Soto _____ exámenes mañana.

ROSA —Ay, José, _____ muy cansada.

JOSÉ —Pero, Rosa, ¡tú siempre _____ cansada!

ROSA —No siempre. ¿Por qué no estudias con Jorge y Raúl? Ellos no _____ al cine esta noche.

JOSÉ —Buena idea. ¿Dónde _____ ellos ahora?

ROSA —_____ en la tienda.

B. Complete the following statements in a logical manner.

1. Roberto está en el parque y nosotros...

2. Yo doy una fiesta esta noche y tú...

3. Tú vas al museo y yo...

4. Yo estoy muy enojado(-a) y ellos...

5. Nosotros damos una fiesta de Navidad y él...

6. Ellos van hoy y nosotros...

7. Ella está nerviosa y su novio...

8. Julia está aburrida y yo...

Para conversar

A. ¡Habla con tu compañero! Interview a classmate, using the following questions. When you have finished, switch roles.

1. ¿Cómo estás?

2. ¿Quién no está en clase hoy?

3. ¿Está muy ocupado(-a) el profesor (la profesora)?

4. ¿El profesor (La profesora) da exámenes fáciles o difíciles?

5. ¿Adónde vas los sábados por la noche con tus amigos?

6. ¿Van Uds. a un club? (¿A cuál?)

7. ¿Das muchas fiestas en tu casa?

8. ¿Das una fiesta de fin de año? ¿De Navidad?

B. ¿Adónde vamos? Imagining that you or you and one classmate are walking around town, walk around the class. You will bump into several of your classmates. Ask them where they are going now. Here is a list of places that people go to:

la playa	el concierto
el parque de diversiones	el museo
el teatro	el parque
el cine	la tienda

MODELO: —¡Hola! ¿Adónde vas?
—*Voy al cine. ¿Y tú?*
—*Yo voy a la tienda.*

After everyone sits down, the instructor will ask where everyone is going.

4 Ir a + *infinitive* (*Ir a + infinitivo*)

Ir a + *infinitive* is used to express future action. It is equivalent to the English expression *to be going (to)* + *infinitive*. The "formula" is as follows:

ir *(conjugated)*	**+ a +**	*infinitive*
Voy *I am going*	**a**	**trabajar.** *to work.*

—¿Con quién **vas a bailar** en la fiesta? — *"With whom are you going to dance at the party?"*

—**Voy a bailar** contigo. — *"I'm going to dance with you."*

—¿Uds. **van a cantar?** — *"Are you going to sing?"*

—No, **vamos a bailar.** — *"No, we're going to dance."*

Práctica

What do you think these people are going to do? Consider where they are and what time of day it is.

> **MODELO:** —José / en la tienda / por la tarde
> —*José va a trabajar en la tienda por la tarde.*

1. Yo / en mi casa / por la noche
2. Los estudiantes / en la clase / por la mañana
3. Nosotros / en la discoteca / por la noche
4. Tú / en la cafetería / a las doce
5. Susana / en su casa / por la mañana
6. Uds. / en la fiesta / por la noche

Para conversar

 A. ¡Habla con tu compañero! Interview a classmate, using the following questions. When you have finished, switch roles.

1. ¿Dónde vas a comer hoy? ¿Con quién vas a comer?
2. ¿A qué hora van a comer Uds.?
3. ¿Qué van a comer? ¿Qué van a tomar?
4. ¿Qué vas a hacer *(to do)* mañana por la tarde?
5. ¿Qué van a estudiar tú y tus amigos?
6. ¿Qué van a hacer Uds. por la noche?
7. ¿Dónde vas a trabajar mañana?
8. ¿Tu amigo(-a) va a trabajar también?

 B. ¿Qué van a hacer? What are these people going to do? With a partner, take turns asking and answering questions, using the information in the illustrations.

> **MODELO:** —¿Con quién va a bailar Marisol?
> —*Va a bailar con Tito.*

Marisol

1. Roberto

2. Elisa

3. Julio y Estrella

4. Daniel

5. Eduardo

6. Graciela

5 Present indicative of **e:ie** stem-changing verbs (*Presente de indicativo de los verbos que cambian en la raíz* **e:ie**)

▪ Some Spanish verbs undergo a stem change in the present indicative. For these verbs, when **e** is the last stem vowel and it is stressed, it changes to **ie** as follows.

preferir		to prefer	
yo	prefiero	nosotros(-as)	preferimos
tú	prefieres	vosotros(-as)	preferís
Ud. / él / ella	prefiere	Uds. / ellos / ellas	prefieren

—¿A qué hora **piensas** ir a la fiesta?
—**Prefiero** ir a las diez. ¿Y tú?
—Yo **no quiero** ir. Estoy cansado.

—¿A qué hora **empiezan** a[1] estudiar Uds.?
—**Empezamos** a las tres.

"What time are you planning to go to the party?"
"I prefer to go at ten. And you?"
"I don't want to go. I'm tired."

"What time do you start to study?"
"We start at three."

▪ Note that the stem vowel is not stressed in the verb forms used with **nosotros(-as)** and **vosotros(-as)**; therefore, the **e** does not change to **ie**.

▪ Stem-changing verbs have the same endings as regular **-ar, -er,** and **-ir** verbs.

▪ Some verbs that undergo this change:

cerrar *to close*
comenzar *to begin, to start*
empezar *to begin, to start*
entender *to understand*
pensar *to think*

pensar (+ **infinitive**) *to plan (to do something)*
perder *to lose*
querer *to want, to wish, to love*

Siempre **pierdo** dinero en Las Vegas.

---

[1]The preposition **a** is used after **empezar** and **comenzar** when they are followed by an infinitive.

Práctica

A. Complete the following dialogues, using the verbs given. Then act them out with a partner, expanding each dialogue by adding one or two sentences.

1. preferir — ¿Dónde _____ comer Uds.? ¿En la cafetería o en su casa?
   — (Nosotros)_____ comer en nuestra casa.

2. querer — ¿Qué _____ comer Uds.?
   — Rosa _____ comer pollo y Oscar y yo _____ comer langosta (*lobster*).

3. pensar — ¿Adónde _____ ir Uds. el domingo?
   — _____ ir al partido de fútbol.

4. cerrar — ¿No _____ (ellos) la cafetería los sábados?
   — No, creo que no _____ la cafetería los sábados.

5. perder — Cuando Uds. van a Las Vegas, ¿_____ mucho dinero?
   — Sí, _____ mucho.

6. empezar — ¿A qué hora _____ Uds. a trabajar?
   — Nosotros _____ a las ocho y Luis _____ a las nueve.

B. You have just enrolled at a new university, and some current students are helping to orient you. Compare their routines and preferences with your own.

1. Comenzamos las clases a las nueve.
2. No entendemos inglés.
3. Pensamos trabajar mañana.
4. Queremos ir al zoológico.
5. Preferimos beber ponche.
6. No cerramos las ventanas por la noche.

Para conversar

¡Habla con tu compañero! Interview a classmate, using the following questions. When you have finished, switch roles.

1. ¿Entiendes una conversación en español? ¿Entiendes la lección?
2. ¿Quieres beber algo? ¿Prefieres Coca-Cola o Sprite?
3. ¿Quieres comer en tu casa o en la cafetería? ¿Qué quieres comer?
4. ¿Piensas ir a un baile el sábado? ¿Adónde piensas ir el domingo?
5. ¿Prefieres ir al cine o al teatro? ¿Te gusta ir a la playa? ¿Al parque?
6. ¿Qué piensas hacer hoy? ¿Y mañana?

Now get together with another classmate and tell each other about your respective partners.

6 Expressions with **tener** (*Expresiones con* **tener**)

 Many useful idiomatic expressions that use *to be* + *adjective* in English are formed with **tener** + *noun* in Spanish.

tener (mucho) frío	*to be (very) cold*
tener (mucha) sed	*to be (very) thirsty*
tener (mucha) hambre	*to be (very) hungry*
tener (mucho) calor	*to be (very) hot*
tener (mucho) sueño	*to be (very) sleepy*
tener (mucha) prisa	*to be in a (great) hurry*
tener (mucho) miedo	*to be (quite) afraid, scared*
tener cuidado	*to be careful*
tener razón	*to be right*
no tener razón[1]	*to be wrong*
tener... años de edad	*to be . . . years old*

—¿Tienes calor?	*"Are you hot?"*
—Sí, y también **tengo** mucha **sed.**	*"Yes, and I'm also very thirsty."*
—¿Deseas comer pollo?	*"Do you want to eat chicken?"*
—No, gracias, no **tengo hambre.**	*"No, thank you, I'm not hungry."*
—¿Cuántos **años tienes?**	*"How old are you?"*
—**Tengo** diecinueve **años.**	*"I'm nineteen years old."*
—Tenemos que trabajar más.	*"We have to work harder (more)."*
—**Tienes razón**...	*"You're right..."*

👁 **ATENCIÓN** Note that Spanish uses **mucho(-a)** *(adjective)* + *noun* (as in **mucha hambre**) the way English uses *very* + *adjective* (as in *very hungry*).

¿Cuantos años **tiene**, señora?

Tengo 29 años.

---

[1]Incorrectness is also conveyed by the expression **estar equivocado(-a)**.

Práctica

A. ¿Qué tienen?

1. Jorge

2. Yo

3. Tú

4. La profesora

5. Ud.

6. Felipe

7. Marisa y Elena

8. Ella

B. Which expression with **tener** would you use in each of the following situations?

1. You are in the Sahara desert in the middle of summer.
2. A big dog is chasing you.
3. You have only a minute to get to your next class.
4. You are in Alaska in the middle of winter.
5. You haven't eaten for an entire day.
6. You got up at four A.M. and it is now midnight.
7. You just ran for two hours in the sun.
8. You are blowing out thirty candles on your birthday cake.

Para conversar

A. ¡Habla con tu compañero! Interview a classmate, using the following questions. When you have finished, switch roles.

1. ¿Qué bebes cuando tienes sed? ¿Y cuando tienes frío?
2. ¿Qué comes cuando tienes hambre?
3. ¿Cuántos años tienes?
4. ¿Cuántos años tiene tu mamá? ¿Y tu papá?
5. En tu familia, ¿quién tiene razón siempre? ¿Y en la clase?
6. ¿Tienes miedo a veces *(sometimes)*?

B. **Tenemos huéspedes** *(We have guests)*. Imagine that Mr. and Mrs. Vega and their two children, Anita and Luisito, are staying with you and your partner. Take turns asking them individually and/or collectively whether they are hungry, thirsty, etc. When possible, ask them also if they want a drink, etc.

Estructuras:
www **Compruebe**
Self-Test

Así somos

¿Qué dice Ud.?

 What would you say in the following situations? What might the other person say? Act out the scenes with a partner. Take turns playing each role.

1. Someone offers you something to eat. Decline, saying that you are not hungry because you have just been eating.

2. You are planning a weekend with a friend. Ask where he/she wants to go; offer as many choices as possible.

3. A friend of yours is obviously upset. Try to find out what's wrong by asking him/her whether he/she is angry, nervous, etc.

4. You have three days off. Tell a friend what you are going to do for fun and ask him/her what he/she is going to do.

5. You are talking to an acquaintance from Mexico. Tell him/her what you and your friends do when you give a party.

Para conocernos mejor

 To do this activity, work with a classmate whom you would like to get to know. Take turns asking and answering these questions.

1. ¿Cuántos años tienes? ¿Cuándo es tu cumpleaños?

2. ¿Estás invitado(-a) a una fiesta? ¿Asistes a muchas fiestas?

3. En una fiesta, ¿prefieres bailar o platicar con un amigo? ¿Bailas bien?

4. ¿Dónde vas a pasar el Año Nuevo? ¿Vas a dar una fiesta?

5. ¿Qué piensas hacer este fin de semana? ¿Adónde piensas ir?

6. ¿Prefieres ir a un museo o a un parque de diversiones? ¿A la playa o a la montaña?

7. ¿Tienes hambre o acabas de comer? ¿Quieres beber algo?

8. ¿Tienes hermanos? ¿Tienes muchos primos? ¿Tienes sobrinos?

9. ¿Estás contento(-a) o triste hoy? ¿Estás cansado(-a)?

10. ¿Dónde vas a estar mañana por la mañana? ¿Y por la tarde?

Una encuesta

 Interview your classmates to identify who fits the following descriptions. Include your instructor, but remember to use the **Ud.** form when addressing him/her. After finishing the survey, get together with two or three classmates and discuss the results.

	Nombre
1. **Está preocupado(-a) hoy.**	_____
2. **Va a estar muy ocupado(-a) mañana.**	_____
3. **Piensa ir a un juego de béisbol.**	_____
4. **Va a la tienda los sábados.**	_____
5. **Tiene muchos discos compactos.**	_____
6. **Tiene un equipo estereofónico muy bueno.**	_____
7. **Da fiestas de Navidad en su casa.**	_____
8. **Piensa que debe estudiar más.**	_____
9. **Bebe vino con la comida.**	_____
10. **Bebe mucha agua.**	_____

Al escuchar...

 **Estrategia**

 Listening to voice mail. A relative of your Spanish-speaking housemate has left a voice mail (**un mensaje telefónico**) on your phone system. As the memory is very limited, you will need to erase it as soon as you're done with it. You are leaving a note to your housemate with the information that she needs. Listen to the message as many times as necessary. Here are some questions you might want to review before and while you write down the specifics:

1. ¿Quién llama? _____
2. ¿Quiénes vienen? _____
3. ¿Cuándo vienen? _____
4. ¿Dónde van a estar? _____
5. ¿Qué quieren hacer el sábado? _____

Al conversar...

 **Estrategia**

Strategies that you already use when speaking in English. When conversing, you can ask for additional information by using interrogative words. Remember them all! Here are some examples:

1. —Ana viene.
   —¿Cuándo? ¿Con quién? ¿A qué hora? ¿De dónde?

2. —Necesito dinero.
   —¿Cuánto? ¿Para qué? *(What for?)*

3. —Quiero libros.
   —¿Cuántos? ¿Cuáles?

Para escuchar

Your instructor will read some information about Carlos. After reading it twice, he/she will make statements about Carlos and his aunt, doña Marta. On a sheet of paper, write numbers one to six and indicate whether each statement is true (**verdadero**) or false (**falso**).

Para crear

Get together in groups of three or four and "create" the scenario for this photo. Who are the people in it? Give them names and describe them. What is their relationship to each other? What kind of party is it? Add any other pertinent details.

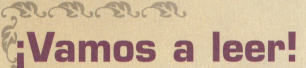

¡Vamos a leer!

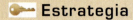

Antes de leer

A. **Identifying text formats.** Look at the reading below. Have you come across similar types of texts? Where did this reading possibly appear? What is the title? Who is featured? Why? What might be said about them? Use this information to help you decipher the specifics of this reading.

B. As you read the **Sociales** section of the newspaper, find the answers to the following questions.

1. ¿Qué día va a dar una fiesta María Isabel? ¿Qué va a celebrar?

2. ¿Dónde va a tener lugar la fiesta?

3. ¿A qué ciudad va de vacaciones la Sra. Maldonado?

4. ¿Qué fiestas va a pasar allí *(there)*? ¿Con quiénes?

5. ¿Adónde va a ir después?

6. ¿Qué anuncia el matrimonio Peña-Mirabal? ¿Cuándo va a ser bautizado el niño?

7. ¿Quién es la esposa del doctor Valverde?

8. ¿Adónde va a ir de luna de miel la pareja?

A leer

SOCIALES

La señorita María Isabel Paz Roldán va a dar una fiesta el sábado, 20 de agosto, para celebrar su cumpleaños. La fiesta va a tener lugar° en la residencia de sus padres. ¡Feliz cumpleaños, María Isabel!

take place

La señora Delia Maldonado va de vacaciones a la ciudad de Guadalajara, donde piensa pasar las fiestas de Navidad en compañía de sus hermanos. Después de las fiestas piensa visitar las hermosas° playas de Cancún. Le deseamos un buen viaje.

beautiful

El matrimonio Peña-Mirabal anuncia la llegada de su hijo Juan Carlos, nacido° el 18 de agosto. El niño va a ser bautizado° el mes próximo. ¡Felicitamos a los nuevos papás!

born
baptized

En la Basílica de Guadalupe celebran su boda el doctor Raúl Valverde y la bellísima° señorita Alina Carreras. La feliz pareja° va a pasar su luna de miel° en Acapulco. ¡Muchas felicidades al nuevo matrimonio!

beautiful
happy couple / honeymoon

Después de leer... desde su mundo

 In groups of three or four, talk about your plans for several holidays in the year.

¡Vamos a escribir!

Una invitación. You will write an e-mail in which you invite a friend to spend a weekend with you.

 Estrategia | ## Antes de escribir

Pre-organizing using outlines. Create a very schematic outline (**bosquejo**) of the contents of that e-mail.

1. **Introduction.** When will it be? When should your friend arrive? When would you suggest that he or she go back?
2. Jot down the general plans and schedule of activities for the weekend.
3. Mention a couple of specifics further illustrating what the general activities in 2 above are going to be.
4. Communicate any special requests to your guest.
5. You may end the e-mail by saying, "**Bueno, nos vemos el día...**"

A escribir la invitación

Write your **primer borrador** of the message.

Estrategia | ## Después de escribir

Before writing the final version, your instructor might want you to exchange your first draft with a classmate and peer edit each other's work, using the following guidelines:

- use of the personal **a**
- use of **ir a** + *infinitive*
- formation of **e:ie** stem-changing verbs
- formation of **ir, dar,** and **estar**

LEARNING TIP
Don't ever feel shy about asking for correction. That's how learning takes place.

México

- México, con más de cien millones de habitantes, ocupa por su población el primer lugar entre los países del mundo hispano, y tiene casi tres veces el área de Tejas. Su capital, la Ciudad de México, D.F. (Distrito Federal), con unos 24 millones de habitantes, es el centro urbano más grande del mundo.

- La economía tradicional del país está basada en el petróleo y la agricultura, pero en las últimas décadas la industria, el turismo y el dinero que los emigrantes en los Estados Unidos envían a su casa, son la principal fuente de ingreso *(source of income)*.

- La importancia del turismo se debe a *(is due to)* la abundancia de bellezas naturales y de reliquias históricas y al servicio eficiente de sus centros turísticos. Playas famosas como Acapulco, Cancún y Puerto Vallarta; ruinas arquitectónicas como Teotihuacán, Chichén Itzá y Tulúm, y la arquitectura de muchas ciudades atraen a turistas de todo el mundo. En México, D.F. coexisten restos arquitectónicos de la ciudad prehistórica Tenochtitlán, fundada en 1325 por los aztecas, edificios coloniales y modernas estructuras.

Pasado...

La Plaza de las Tres Culturas, en Tlatelolco (hoy parte de la Ciudad de México), ciudad azteca fundada en el siglo XIV *(14th century)*.

La pirámide del Mago, parte de la ciudad maya de Uxmal (Yucatán), de los siglos VII a XIII

La catedral de Querétaro, ciudad colonial

...y presente

• Otras ciudades de gran interés turístico son Guadalajara, la segunda ciudad más grande del país, origen del mariachi y del tequila; Guanajuato, famosa por sus momias, y San Miguel de Allende, residencia de artistas de todo el mundo.

• En el mundo del arte, se destacan *(stand out)* pintores como Diego Rivera, José Clemente Orozco, David Alfaro Siqueiros y Frida Kahlo. Su música es popular en todo el mundo y las obras *(works)* de muchos de sus escritores están traducidas a muchas lenguas. Las telenovelas mexicanas son populares en muchos países, incluyendo aquéllos *(those)* donde no se habla español. Otro producto mexicano que ahora es internacional es su comida. En los Estados Unidos la salsa mexicana se vende hoy más que el *"ketchup,"* y los tacos, las enchiladas, los burritos y el guacamole son parte de los menús de muchas escuelas.

El Paseo de la Reforma, en la Ciudad de México, es muestra del urbanismo *(city planning)* francés introducido por el emperador Maximiliano de Habsburgo (1832–1867).

El centro histórico de Oaxaca sigue siendo *(continues to be)* el punto de encuentro *(meeting place)* del pueblo *(town)*.

Centro bursátil *(stock trading)*, Ciudad de México

Mural de Diego Rivera
(1886–1957)

Frida Kahlo (1907–1954),
pintora mexicana y esposa
de Diego Rivera

Octavio Paz
(1914–1998),
pensador e
intérprete de la
cultura mexicana,
Premio Nobel de
Literatura, 1990

Elena Poniatowska
(1933–), escritora
mexicana

Nuestro panorama cultural

In groups of three, answer the following questions about your home state, region, or country.

1. ¿Qué culturas indígenas existen en su país?

2. ¿Qué centros turísticos hay en el estado donde Ud. vive?

3. ¿Qué pintores famosos hay en su país?

4. ¿Cuál es la capital del estado donde Ud. vive?

5. ¿Qué tradiciones celebran Ud. y su familia en diciembre?

6. ¿Qué tipos de música tienen su origen en las ciudades de Nueva Orleáns y Nashville?

For the next class: Go to the World Wide Web and find photos from your hometown, state, region, or country. Use the questions from **Nuestro panorama cultural** above as guidelines for choosing them. Be ready to present the photos to your classmates.

Las comidas
En un restaurante

O B J E T I V O S

Comunicación
You will learn vocabulary related to restaurants, menus, ordering meals, and paying the bill. You will also learn to talk about the weather.

Pronunciación
The Spanish **p**, **t**, **c** (in the combinations **ca**, **co**, **cu**), and **q**

Estructuras
- Comparative forms
- Irregular comparative forms
- Present indicative of **o:ue** stem-changing verbs
- Present progressive
- Uses of **ser** and **estar**
- Weather expressions

Cultura
- Customs related to mealtimes and restaurants
- Currency of Hispanic countries
- Some regional foods and dishes

Panorama hispánico
- Guatemala
- El Salvador
- Aportaciones hispanas a la cocina norteamericana

Estrategias
Listening: Listening for what you're looking for
Speaking: Understanding and getting understood
Reading: Expanding your vocabulary through reading
Writing: Solidifying and repurposing what you learn

En un restaurante

Fernando Madera es de El Salvador, pero vive en la Ciudad de Guatemala. Es contador y trabaja en una fábrica. Fernando es casado y su esposa Cristina es guatemalteca, de la ciudad de Antigua. Él es delgado y de estatura mediana. No es muy guapo, pero es inteligente y simpático. Cristina es un poco más baja que él, y es muy hermosa.

En este momento están en un restaurante. Cristina está leyendo el menú.

CRISTINA —Arroz con pollo… biftec con papa al horno o puré de papas, ensalada… pescado frito…

FERNANDO —Yo a veces almuerzo aquí. Preparan una ensalada de camarones muy rica. También tienen langosta…

CRISTINA —La langosta cuesta 80 quetzales.[1] Es un poco cara…

El camarero viene a la mesa.

CAMARERO —¿Qué desean comer?

CRISTINA —Pollo a la parrilla con ensalada y una papa al horno. Para beber, agua mineral. (*A Fernando*) Tengo que contar calorías.

CAMARERO —(*Anota el pedido.*) Muy bien, señora. ¿Y usted, señor?

FERNANDO —Tráigame biftec con papas fritas y sopa de verduras. Para beber, vino tinto. (*A Cristina*) Las papas fritas son más sabrosas que las papas asadas…

El mozo va hacia la cocina.

CRISTINA —Voy a llamar a mamá para ver qué están haciendo los niños. Estoy un poco preocupada…

FERNANDO —¡Cristina! ¡Están en su casa, con su abuela! ¡Están bien! ¡Eres imposible!

Cristina habla por teléfono y después vuelve a la mesa.

CRISTINA —Amanda está estudiando, Fernandito está durmiendo y mamá está mirando su telenovela. Hay un mensaje electrónico de tu hermano. Lo están pasando muy bien en Cancún. Hace sol, pero no hace calor…

FERNANDO —¡Perfecto! Oye, voy a pedir flan con crema de postre.

CRISTINA —Y yo voy a pedir helado de chocolate…

FERNANDO —¿No estás contando calorías?

CRISTINA —Sí, pero el helado no tiene muchas calorías. Además… hoy es un día especial.

FERNANDO —¿Un día especial…?

CRISTINA —¡Sí! Estamos solos… podemos conversar… Creo que voy a pedir un pedazo de torta y después, café. Mañana vuelvo a mi dieta…

Fernando paga la cuenta y deja una buena propina.

---

[1]Guatemalan currency. Rate of exchange can vary.

¿Quién lo dice?

Identify the person who said the following in the dialogue.

1. Tráigame biftec con papas fritas y sopa de verduras. _____

2. Mañana vuelvo a mi dieta. _____

3. Voy a llamar a mamá para ver qué están haciendo los niños. _____

4. Las papas fritas son más sabrosas que la papa al horno. _____

5. Yo a veces almuerzo aquí. Preparan una ensalada de camarones muy rica. _____

6. ¡Están bien! ¡Eres imposible! _____

7. ¿Que desean comer? _____

8. Pollo a la parrilla con ensalada y una papa al horno. _____

9. Tengo que contar calorías. _____

a. Cristina   b. Fernando

c. Camarero

Para conversar

With a partner, take turns asking and answering the following questions. Base your answers on the dialogue and on your own circumstances.

1. ¿Fernando es contador o profesor? ¿Y tú?

2. ¿Dónde trabaja Fernando? ¿Tú trabajas? ¿Dónde?

3. ¿Cómo es Fernando? ¿Tú eres bajo(-a), alto(-a) o de estatura mediana?

4. ¿Qué está leyendo Cristina? ¿Tú lees mucho?

5. ¿Cuánto cuesta la langosta? ¿Tú comes langosta o prefieres los camarones?

6. ¿Qué va a comer Cristina y qué va a beber? ¿Qué bebes tú en las comidas?

7. ¿Por qué prefiere Fernando comer papas fritas? ¿Tú prefieres papas fritas o al horno?

8. ¿A quién va a llamar Cristina? ¿Para qué? ¿A quién vas a llamar tú mañana?

9. ¿Qué están haciendo los niños? ¿Qué está haciendo la mamá de Cristina?

10. ¿Qué va a pedir Cristina de postre? ¿Cuándo vuelve a su dieta? ¿Y tú? ¿Qué comes de postre generalmente?

Cognados

las calorías calories
el chocolate chocolate
la crema cream
la dieta diet

la ensalada salad
especial special
guatemalteco(-a) Guatemalan

imposible impossible
el menú menu
la sopa soup

Nombres

el agua mineral mineral water
el arroz rice
el biftec, el bistec steak
el (la) camarero(-a), el mozo
  waiter, waitress
los camarones shrimp
la cocina kitchen
la comida meal
el (la) contador(-a) accountant
la cuenta bill, check
la esposa, la mujer wife
el esposo, el marido husband
la fábrica, la factoría factory
el flan caramel custard
el helado ice cream
la langosta lobster
el (la) niño(-a) child
la papa potato
el pedazo, el trozo piece
el pedido order
el pescado fish
el pollo chicken
la propina tip
el puré de papas mashed potatoes
la telenovela soap opera
la torta cake
la verdura, la legumbre vegetable

Verbos

almorzar (o:ue) to have lunch
contar (o:ue) to count
costar (o:ue) to cost
dejar to leave behind
dormir (o:ue) to sleep
mirar to look (at), to watch (*i.e. TV*)
pagar to pay
pedir (e:i) to order
poder (o:ue) can, to be able to
volver (o:ue), regresar to return

Adjetivos

caro(-a) expensive
frito(-a) fried
hermoso(-a) beautiful
rico(-a), sabroso(-a) tasty
solo(-a) alone
tinto red (*when referring to wine*)

Otras palabras y expresiones

a la parrilla grilled
además besides
al horno baked, cooked in the oven
de estatura mediana of medium
  height
de postre for dessert
en este momento at this moment
Hace calor. It's hot.
Hace sol. It's sunny.
hacia towards
para beber to drink
para ver to see
pasarlo bien to have a good time
tráigame bring me

> **LEARNING TIP**
>
> To organize your Spanish study sessions, create standard checklists that will provide a habitual structure. What categories should you include? These will depend on your style of learning. Pay attention to how you approach specific aspects of language learning and build your own studying strategies on those.

VOCABULARIO ADICIONAL

la hamburguesa

el refresco

el perro caliente

el champán

el té

el pastel

el jamón   los frijoles   el queso   la cerveza

Para comer

el arroz con leche rice pudding
el cordero lamb
los frijoles beans
el jamón ham
el lechón pork
el pavo turkey
el queso cheese
la sopa de fideos noodle soup

Bebidas (Drinks)

la cerveza beer
el chocolate caliente hot chocolate
el jugo de frutas fruit juice
la leche milk
el té frío (helado) iced tea

Para poner la mesa (To set the table)

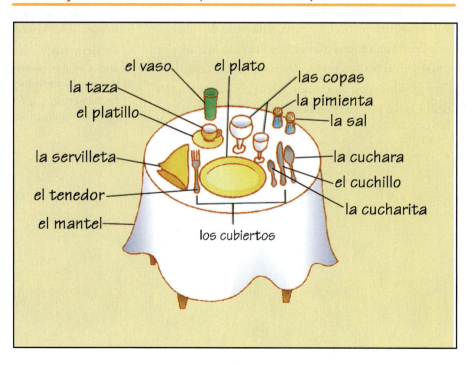

el vaso   el plato   las copas
la taza   la pimienta
el platillo   la sal
la servilleta   la cuchara
el tenedor   el cuchillo
el mantel   la cucharita
los cubiertos

Práctica

A. Write the words or phrases that correspond to the following.

1. lo que cuenta una persona que está a dieta _____

2. persona de Guatemala _____

3. opuesto de **posible** _____

4. Perrier, por ejemplo _____

5. factoría _____

6. marido _____

7. trozo _____

8. salmón, por ejemplo _____

9. regresar _____

10. rico _____

B. Choose the word or phrase that best completes each sentence.

1. Para beber quiero (cordero, cerveza, queso).

2. De postre queremos (pavo, lechón, arroz con leche).

3. Necesito (un cuchillo, una cuchara, un tenedor) para la sopa.

4. ¿Dónde está (el mantel, la cocina, el camarero)? Voy a poner la mesa.

5. Quiero (té, jugo, refresco) de frutas.

6. Voy a tomar (un plato, una copa, una taza) de café.

7. ¿Vienes con tus amigos o vienes (solo, caro, bajo)?

8. ¿Prefieres vino blanco o vino (rojo, delgado, tinto)?

9. Quiero un sándwich de (jamón, pastel, frijoles) y queso.

10. Necesito la sal y la (servilleta, pimienta, cucharita) para el biftec.

C. Complete the following exchanges, using vocabulary from this lesson.

1. —¿Quieres _____ caliente?

   —No, prefiero _____ helado.

2. —¿Qué quieren de _____ ?

   —Flan con _____ y helado.

3. —¿Qué vas a pedir?

   —Pescado _____ y _____ de papas, ¿y tú?

   —Pollo a la _____ , una papa al _____ y verduras.

4. —¿Qué desea comer, señora?

   —Sopa de _____ , langosta y biftec.

5. —¿Dónde están los niños en _____ momento?

   —En el zoológico. Ellos lo _____ muy bien allí.

6. —¿Tú miras la _____ *Todos tus hijos*?

   —No, yo no _____ mirar televisión. Estoy muy ocupada.

Para conversar

Tráigame... With a partner, take turns playing a customer and a waiter (waitress). The waiter (waitress) recommends things to eat, things for dessert, and things to drink (**Yo le recomiendo...**). The customer has other ideas and orders something else (**No, tráigame...**).

Vocabulario:
Compruebe
Self-Test

A. The Spanish p

The Spanish **p** is pronounced like the English *p* in the word *sparks*, but with no expulsion of air. Listen to your instructor and repeat the following phrases.

Paco **p**refiere **p**apas fritas.

Mi es**p**osa está un **p**oco **p**reocu**p**ada.

Piden **p**ollo y **p**astel.

B. The Spanish t

The Spanish **t** is pronounced by placing the tongue against the upper teeth, as in the English word *stop*. Listen to your instructor and repeat the following phrases.

Cris**t**ina es**t**á en Gua**t**emala.

También **t**ienen **t**or**t**a.

Ti**t**o es**t**á a die**t**a.

C. The Spanish c

The Spanish sound for the letter **c** in the combinations **ca**, **co**, and **cu** is /k/, pronounced as in the English word *scar*, but with no expulsion of air. Listen to your instructor and repeat the following phrases.

Carlos **c**ome **c**amarones.

¿**C**uánto **c**uesta el **c**afé?

Carmen A**c**osta está en **C**an**c**ún.

D. The Spanish q

The Spanish **q** is always followed by a **u**; it is pronounced like the *c* in the English word *come*, but without any expulsion of air. Listen to your instructor and repeat the following phrases.

¿**Q**ué **q**uiere **Q**ui**q**ue?

Ro**q**ue **Q**uintana come **q**ueso.

¿**Q**uién **q**uiere **q**uesadillas?

Ubíquese... y búsquelo

You are helping Fernando show his mother, who is visiting from El Salvador, around Guatemala City, and you are looking for a good restaurant. Go to **www.college.hmco.com** and research some of Guatemala City's restaurants online and find one where you would like to eat. Which restaurant did you choose? What kinds of foods or dishes do they serve there? Can you locate your restaurant on the city map that appears on this page? In the next class, team up with two classmates to discuss your findings.

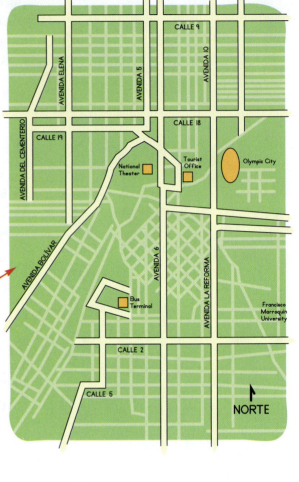

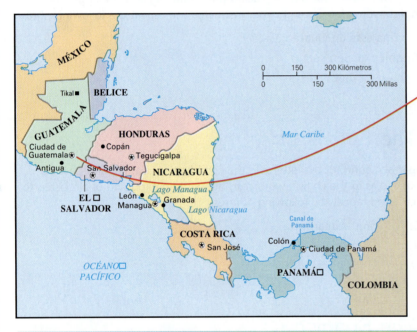

¿Lo sabía Ud.?

- En los países de habla hispana, el café se sirve después del postre, nunca durante la comida. Generalmente es café tipo expreso, y se sirve en tazas muy pequeñas.

- Después de comer, los hispanos generalmente se quedan sentados (*remain seated*) alrededor de la mesa y conversan. A esto se le llama "hacer la sobremesa".

- En los países de habla hispana, la propina que se ofrece en los restaurantes generalmente es del 10%, pero hay variación según el país y el tipo de restaurante. Con frecuencia la propina está incluida en la cuenta. Si Ud. no está seguro de esto, debe preguntar (*ask*), **¿Está incluido el servicio?**

- En la mayoría de los países de habla hispana hay restaurantes que tienen terraza donde se puede (*one can*) comer al aire libre (*outdoors*).

- El **quetzal** es la unidad monetaria de Guatemala. Argentina, Chile, Colombia, Cuba,[1] México, República Dominicana y Uruguay usan el peso. Otras unidades monetarias de los países de habla hispana son: el **boliviano** en Bolivia, el **colón** en Costa Rica y El Salvador,[1] el **dólar** en Ecuador, Panamá y Puerto Rico, el **lempira** en Honduras, el **córdoba** en Nicaragua, el **nuevo sol** en Perú, el **guaraní** en Paraguay, el **bolívar** en Venezuela y el **euro** en España. El valor de estas monedas no es estable y su equivalencia con el dólar varía frecuentemente.

[1]Dollars are legal tender in these countries.

Para comparar

1. ¿Se bebe mucho café en este país? ¿Qué tipo de café es muy popular ahora?
2. Generalmente, ¿cuánto se deja de propina en un restaurante en este país?
3. En la ciudad donde Ud. vive, ¿hay restaurantes al aire libre?

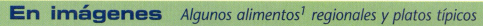

En imágenes *Algunos alimentos¹ regionales y platos típicos*

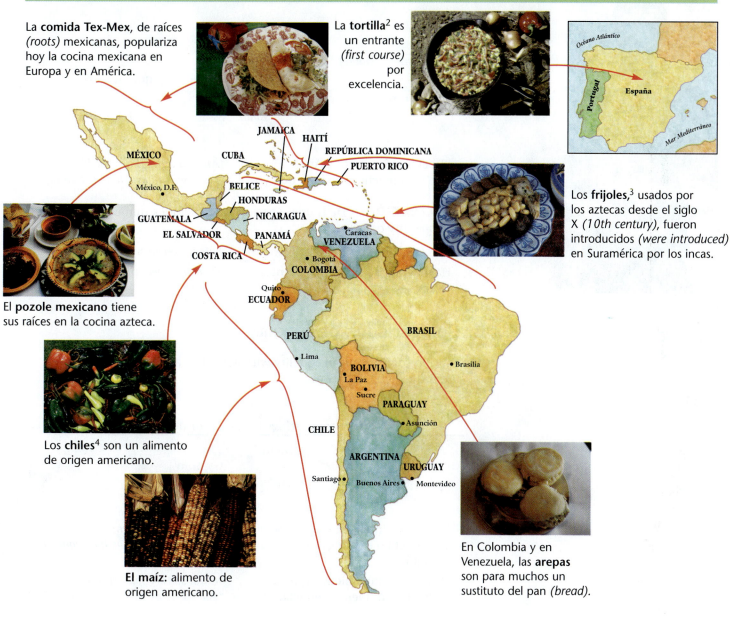

La **comida Tex-Mex**, de raíces *(roots)* mexicanas, populariza hoy la cocina mexicana en Europa y en América.

La **tortilla**² es un entrante *(first course)* por excelencia.

Los **frijoles**,³ usados por los aztecas desde el siglo X *(10th century)*, fueron introducidos *(were introduced)* en Suramérica por los incas.

El **pozole mexicano** tiene sus raíces en la cocina azteca.

Los **chiles**⁴ son un alimento de origen americano.

El maíz: alimento de origen americano.

En Colombia y en Venezuela, las **arepas** son para muchos un sustituto del pan *(bread)*.

---

¹**alimentos** = *food*
²**tortilla española** *(América)*
³**habichuelas** *(Puerto Rico)*, **porotos** *(Venezuela)*, **judías** *(España)*
⁴**ají (ajíes)** *(América del Sur, Puerto Rico)*, **guindillas** *(España)*

1 Comparative forms (*Formas comparativas*)

A. Comparisons of inequality

In Spanish, the comparative of inequality of most adjectives, adverbs, and nouns is formed by placing **más** (*more*) or **menos** (*less*) before the adjective, the adverb, or the noun and **que** (*than*) after it.

> Yo tengo **menos dinero que** Bill Gates.

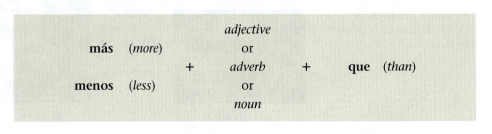

más	(*more*)			*adjective* or			
		+		*adverb*	+	**que**	(*than*)
menos	(*less*)			or *noun*			

—¿Tú eres **más alta que** Ana?   "*Are you taller than Ana?*"
—Sí, ella es mucho **más baja que** yo.   "*Yes, she is much shorter than I.*"

👁 **ATENCIÓN:**   **De** is used instead of **que** before a numerical expression of quantity or amount.

Luis tiene **más de** treinta años.   *Luis is over thirty years old.*

Hay **menos de** veinte estudiantes aquí.   *There are fewer than twenty students here.*

B. Comparisons of equality

To form comparisons of equality with adjectives and adverbs in Spanish, use the adverb **tan… como**.

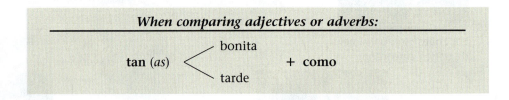

When comparing adjectives or adverbs:

tan (*as*) ⟨ bonita / tarde ⟩ + **como**

—Luis es **tan** inteligente **como** Sergio.   "*Luis is as intelligent as Sergio.*"
—Sí, pero él no es **tan** guapo **como** Sergio.   "*Yes, but he is not as handsome as Sergio.*"
—Carol habla muy bien el español.   "*Carol speaks Spanish very well.*"
—Tú hablas **tan** bien **como** ella.   "*You speak as well as she (does).*"

C. The superlative

The superlative construction is similar to the comparative. It is formed by placing the definite article before the person or thing being compared.

definite article	+	(noun)	+	más or menos	+	adjective	+	de

—¿Quieres ir a Antigua?   *"Do you want to go to Antigua?"*
—Sí, es **la ciudad más hermosa** de Guatemala.   *"Yes, it's the most beautiful city in Guatemala."*

—Juan no es muy inteligente.   *"Juan is not very intelligent."*
—No, es **el**[1] **menos inteligente de** la familia.   *"No, he is the least intelligent (one) in the family."*

👁 **ATENCIÓN:** Note that the Spanish **de** translates to the English *in* after a superlative.

Es la ciudad más hermosa **de** Guatemala.   *It's the most beautiful city in Guatemala.*

Es la chica más bonita **de** la clase.   *She is the prettiest girl in the class.*

Práctica

 A. With a partner, compare the people in the picture below to each other.

1. María es _____ Rosa.
2. Rosa es _____ María.
3. Carlos es _____ Rosa y que María.
4. Carlos es _____ Juan.
5. Juan es _____ Carlos.
6. Juan es _____ María.
7. Juan es el _____ de todos.
8. Carlos es el _____ de todos.

B. Establish comparisons between the following people and things, using the adjectives provided and adding any necessary words.

1. Michael Jordan / Danny De Vito (alto)
2. El Salvador / Canadá (pequeño) (*small*)
3. La clase de español / inglés (difícil)
4. Julia Roberts / Penélope Cruz (bonita)
5. Guatemala / Argentina (grande) (*big*)
6. Jim Carrey / Antonio Banderas (guapo)

Now find a partner and take turns comparing more people and things.

----

[1]As in English, the noun may be omitted.

Para conversar

A. ¡A conocernos mejor! With a partner, take turns asking each other the following questions.

1. ¿Tú eres tan inteligente como tus padres? ¿Quién es el (la) más inteligente de la familia? ¿Tú eres más inteligente que tu mejor (*best*) amigo(-a)?

2. ¿Tú eres más alto(-a) que yo? ¿Tú eres más alto(-a) que tu mamá? ¿Quién es el más alto de la familia?

3. ¿Tú bailas tan bien como Ricky Martin? ¿Cantas tan bien como él?

4. ¿Tú eres tan guapo como Brad Pitt? (¿Tan bonita como Jennifer López?) ¿Quién es el más guapo de tus amigos? ¿La más bonita de tus amigas?

B. ¡Vamos a comparar! (*Let's compare!*) In groups of three or four, make comparisons between each one of you and other members of the class. You might want to include the instructor. Decide who is the tallest, the most intelligent, the most charming, etc.

2 Irregular comparative forms (*Formas comparativas irregulares*)

The following adjectives and adverbs have irregular comparative and superlative forms in Spanish.

Adjective	Adverb	Comparative	Superlative
bueno	bien	mejor	el (la) mejor
malo	mal	peor	el (la) peor
grande		mayor	el (la) mayor
pequeño		menor	el (la) menor

—El restaurante El Dorado es muy **malo**.
—Sí, pero la cafetería de la universidad es **peor**.

—Eva es una **buena** estudiante.
—Sí, es **la mejor** de la clase.

"The El Dorado Restaurant is very bad."
"Yes, but the university's cafeteria is worse."

"Eva is a good student."
"Yes, she's the best in the class."

When the adjectives **grande** and **pequeño** refer to size, the regular forms are generally used.

Tu casa es **más grande** que la de Carolina.

Your house is bigger than Carolina's.

When these adjectives refer to age, the irregular forms are used.

Ella es **mucho mayor** que yo.
Teresa es **menor** que Carlos.
Ella es **la menor** de todos.

She is much older than I.
Teresa is younger than Carlos.
She is the youngest of all.

> Yo soy un poco **mayor** que mi novio.

LEARNING TIP

Think of hotels and restaurants in your city. Which ones are the best? The worst? Compare some of your friends and relatives to you. Who are older? Who are younger?

Práctica

Answer the following questions with complete sentences.

1. Mi sobrina tiene siete años y mi sobrino tiene cinco. ¿Quién es mayor? ¿Quién es menor?

2. Mi tío tiene cuarenta años y mi tía tiene treinta y ocho. ¿Quién es menor? ¿Quién es mayor?

3. ¿Quién habla mejor el español, tú o el profesor (la profesora)?

4. Pedro tiene una "B" en inglés; Antonio tiene una "C"; y José tiene una "F". ¿Quién es el peor estudiante? ¿Quién es el mejor estudiante?

Now write three original comparative situations, using the ones you have just completed as models. When you have finished, take turns giving and responding to situations with a partner.

Para conversar

Habla con tu compañero. Interview a classmate, using the following questions. When you have finished, switch roles.

1. ¿Tú eres mayor o menor que tu mejor amigo(-a)?

2. ¿Tu mamá es menor que tu papá?

3. ¿Quién cocina (*cooks*) mejor, tú o tu mamá?

4. ¿Quién crees tú que es el (la) mejor estudiante de la clase?

5. ¿Cuál crees tú que es la mejor película (*film*) del año? ¿Y la peor?

6. De los restaurantes de la ciudad donde vives, ¿cuál es el mejor? ¿Y el peor?

7. ¿Cuál crees tú que es la mejor universidad de tu país?

8. ¿Quiénes crees tú que manejan (*drive*) mejor: los hombres o las mujeres?

3 Present indicative of **o:ue** stem-changing verbs *(Presente de indicativo de los verbos que cambian en la raíz o:ue)*

poder	*to be able*
puedo	podemos
puedes	podéis
puede	pueden

Some verbs undergo a stem change in the present indicative. For these verbs, when **o** is the last stem vowel and it is stressed, it changes to **ue**.

—¿**Puedes** ir conmigo al restaurante?   *"Can you go with me to the restaurant?"*

—No, no **puedo**. No tengo dinero.   *"No, I can't. I don't have (any) money."*

Other verbs that undergo this change:[1]

almorzar *to have lunch*	**llover** (impersonal) *to rain*
contar *to tell, to count*	**morir** *to die*
costar *to cost*	**recordar** *to remember*
dormir *to sleep*	**volar** *to fly*
encontrar *to find*	**volver** *to return*

Aquí **llueve** mucho.

---

[1]For a complete list of stem-changing verbs, see Appendix B.

—¿A qué hora **vuelven** Uds.?   *"At what time are you returning?"*
—**Volvemos** a las doce.   *"We'll return at twelve o'clock."*
—Entonces **almorzamos** a las doce   *"Then we'll have lunch at*
    y media.   *twelve-thirty."*

Note that the stem vowel is not stressed in the verb forms used with
nosotros(-as) and **vosotros(-as)**; therefore, the **o** does not change to **ue**.

Práctica

A. Marité is talking to her roommate, who is sound asleep.
Complete the story, supplying the missing (**o:ue**) verbs.
Then read it aloud.

MARITÉ   —¡Teresa, me voy! No _____ mis
libros. ¿Dónde están? No _____ ir a
mi clase sin (*without*) mis libros. ¡Oye! Hoy
_____ con Pedro en la cafetería; no
tengo dinero y los sándwiches en la cafetería
_____ tres dólares. ¡Ay, Teresa!, hoy
tengo que llamar a Marta y no _____
su número de teléfono. ¡Teresa!, ¿tú
_____ el número de Marta? ¡Oye!
¿Roberto _____ a San Salvador hoy?
¿Vas al aeropuerto con él? (*Mira por la
ventana.*) ¡Ay, cómo _____! Necesito
tu impermeable (*raincoat*). ¡Ah!, hoy
_____ a casa a las cinco. (*Abre la
puerta de Teresa.*) ¡Teresa! ¡Teresa! ¿Por qué no
contestas (*answer*)?

TERESA   —(*Mmm...*) Nunca _____ dormir
cuando tú estás en casa.

MARITÉ   —Tú _____ mucho. No necesitas
dormir más. Me voy. Nos vemos.

B. Arnaldo is very nosy and is always asking questions. Here
are the answers. What are his questions?

1. ¿ _____? Mi equipo estereofónico cuesta $1.000.
2. ¿ _____? Nosotros almorzamos en el restaurante.
3. ¿ _____? Volvemos a casa a las cinco.
4. ¿ _____? No, yo no duermo mucho.
5. ¿ _____? No, no recuerdo el número de teléfono de Ana.
6. ¿ _____? Vuelo a Guatemala los domingos.
7. ¿ _____? No, no puedo ir a tu casa esta noche.

C. With a classmate, prepare four or five questions to ask your
instructor, using stem-changing (**o:ue**) verbs.

Para conversar

A. Habla con tu compañero. Interview a classmate,
using the following questions. When you have finished,
switch roles.

1. ¿Almuerzas en la cafetería, en tu casa o en un
restaurante? ¿Con quién almuerzas? ¿A qué hora?
2. ¿Cuánto cuesta un sándwich de jamón y queso en la
cafetería? ¿Y uno de ensalada de pollo? ¿Son caros?
¿Son buenos?
3. ¿Duermes bien? ¿Cuántas horas duermes? ¿Cuentas
ovejas (*sheep*) para dormir?
4. ¿Hasta (*Up to*) qué número puedes contar en español?
5. ¿Encuentras fácil o difícil la clase de español? ¿Recuerdas
todo el vocabulario? ¿Te gusta el español?
6. ¿A qué hora vuelves a tu casa hoy? ¿A qué hora vuelves
mañana? Generalmente, ¿vuelves temprano (*early*)?
7. ¿Llueve mucho en tu ciudad? ¿En qué mes llueve más?
¿Tú vienes a la universidad cuando llueve mucho?
8. ¿Recuerdas el número de teléfono de tus amigos? ¿Y el
de tus padres?

B. Compañeros de cuarto. You are interviewing a
prospective roommate. Tell him/her how much the
apartment costs and ask pertinent questions about his/her
schedule and routine. Give details about yours.

4 Present progressive *(Estar + gerundio)*

 The present progressive describes an action that is in progress. It is formed with the present tense of **estar** and the **gerundio**, which is equivalent to the English present participle (the *-ing* form of the verb).

Gerundio		
hablar	**comer**	**escribir**
habl **-ando**	com **-iendo**	escrib **-iendo**
speaking	*eating*	*writing*
	Yo estoy comiendo.	
	I am eating.	

—¿Qué **estás tomando**? "*What are you drinking?*"
—**Estoy tomando** chocolate caliente. "*I am drinking hot chocolate. And*
　　Y tú, ¿qué **estás comiendo**? *you, what are you eating?*"
—**Estoy comiendo** un pedazo de pastel. "*I'm eating a piece of pie.*"

—¿Qué **están haciendo** los niños? "*What are the children doing?*"
—**Están escribiendo**. "*They are writing.*"

The following forms are irregular:

pedir: **pidiendo**　　　　　　　dormir: **durmiendo**
decir: **diciendo**　　　　　　　traer: **trayendo**
servir: **sirviendo**　　　　　　leer: **leyendo**

—¿Daniel **está leyendo**? "*Is Daniel reading?*"
—No, **está durmiendo**. "*No, he's sleeping.*"

—¿Qué **está sirviendo** el camarero? "*What is the waiter serving?*"
—**Está sirviendo** las bebidas. "*He's serving the drinks.*"

—¿Qué **está pidiendo** Daniel? "*What is Daniel ordering?*"
—Vino tinto. "*Red wine.*"

Note that, as shown with **traer** and **leer**, the **i** of **-iendo** becomes **y** between vowels.

ATENCIÓN: In Spanish, the present progressive is never used to indicate a future action. The present tense is used in future expressions that would require the present progressive in English.

　Trabajo mañana.　　*I'm working tomorrow.*

Some verbs, such as **ser**, **estar**, **ir**, and **venir**, are rarely used in the progressive construction.

Práctica

 A. With a partner, take turns asking each other what the following people are doing (**haciendo**).

1. Tú...

2. Yo...

3. Raúl y Sara...

4. Eva...

5. La profesora...

6. Nosotros... y el chico...

 B. Complete the following dialogues, using the present progressive of the verbs given. Then act them out with a partner, adding a sentence or two to each dialogue.

1. comer   —¿Qué _____ tú?
            —Yo _____ ensalada.

2. leer   —¿Qué libro _____ Uds.?
            —_____ *Don Quijote*.

3. servir   —¿Qué _____ Uds.?
            —Yo _____ refrescos y Luisa
            _____ vino.

4. decir   —¿Qué _____ Juan Carlos?
            —_____ que está muy
            preocupado.

5. estudiar —¿José _____?
   dormir   —No, _____.

 C. With a partner, discuss what you think these people are doing. Give two or three possibilities for each situation.

1. la secretaria / en la oficina
2. los estudiantes / en la clase
3. los chicos / en la cafetería
4. el profesor / en la universidad
5. los muchachos y las muchachas / en la fiesta
6. el Sr. Vega / en su cuarto
7. el camarero / en el restaurante
8. la Srta. Barrios / en su apartamento

Para conversar

¿Qué están haciendo? The instructor will play the role of house-parent in a dorm. He/She will leave the classroom for one minute, then return and ask each student what he/she is doing. Each person will claim to be doing something worthwhile and accuse another student of doing something naughty. The student will deny it and say he/she is doing something else.

HINT: **fumar** *to smoke*

5 Uses of **ser** and **estar**
(Usos de **ser** y **estar**)

The English verb *to be* has two Spanish equivalents, **ser** and **estar**. As a general rule, **ser** expresses *who* or *what* the subject is *essentially*, and **estar** indicates *state* or *condition*. **Ser** and **estar** are *not* interchangeable.

A. Uses of *ser*

Ser expresses a fundamental quality and identifies the essence of a person or thing.

■ It describes the basic nature or character of a person or thing. It is also used with expressions of age that do not refer to a specific number of years.

> Amanda **es** hermosa y muy inteligente. **Es** joven (*young*), pero **es** muy madura.

■ It is used to denote nationality, origin, and profession or trade.

> Amanda **es** guatemalteca. **Es** de la ciudad de Guatemala. **Es** estudiante.

■ It is used to indicate relationship or possession.

> Amanda **es** la sobrina del Sr. Álvarez.
>
> Los discos compactos **son** de Amanda.

■ It is used with expression of time and with dates.

> **Son** las cuatro y cuarto de la tarde.
>
> Hoy **es** miércoles, cuatro de abril.

■ It is used with events as the equivalent of *taking place*.

> La fiesta **es** en la casa de Amanda.

■ It describes the material that things are made of.

> La mesa **es** de metal.

Práctica

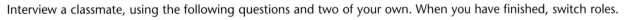

Interview a classmate, using the following questions and two of your own. When you have finished, switch roles.

1. ¿Eres norteamericano(-a)? ¿De dónde eres?
2. ¿De qué ciudad eres?
3. ¿Cómo es tu mamá?
4. ¿Quién es tu mejor amigo(-a)?
5. ¿Es alto(-a) o bajo(-a)?
6. ¿Eres optimista?
7. ¿Dónde son tus clases?
8. ¿Qué día es hoy?
9. ¿Qué fecha es hoy?
10. ¿Qué hora es?

B. Uses of *estar*

Estar is used to express more transitory qualities and often implies the possibility of change.

■ It indicates place or location.

Mi prima no **está** aquí. ¿**Está** en el restaurante?

■ It is used to indicate condition.

Mis amigos **están** muy cansados.

El contador **está** enfermo.

■ With personal reactions, it describes what is perceived through the senses—that is, how a person or thing seems, looks, tastes, or feels.

El ponche **está** muy sabroso.

■ It is used in the present progressive tense.

Yo **estoy** estudiando y Ana **está** leyendo.

LEARNING TIP

Remember to "stay" with **each use**, creating as many examples as possible and always personalizing them (*Yes it's all about you!*) For example: **Yo estoy** en la universidad, mi mamá **está** en casa, mis amigos **están** en la cafetería, etc.

Práctica

A. Imagine that you and a friend are at a party at a club, and answer the following questions. Work with a partner.

1. ¿En qué calle está el club?
2. ¿Los amigos de Uds. están en el club?
3. ¿Sus amigos están contentos o tristes?
4. ¿Cómo está la comida? ¿Rica?
5. ¿Quiénes están bailando?
6. ¿Tu mamá está en la fiesta?
6. ¿Tú estás conversando?
7. ¿Lo estás pasando bien?

B. Complete the following dialogues, using the appropriate forms of **ser** or **estar**. Then act them out with a partner.

1. —¿De dónde _____ tu mamá?
   ¿_____ guatemalteca?
   —Sí, pero ahora _____ en San Salvador.
   —¿Tu mamá _____ profesora?
   —No, _____ contadora.

2. —¿Olga _____ tu prima?
   —No, _____ mi hermana.
   —¿Cómo _____ ella?
   —_____ alta, morena y delgada.
   _____ muy bonita.
   —¿Dónde _____ ella ahora?
   —_____ en su casa.

3. —¿Qué hora _____?
   —_____ las siete.
   —¿Dónde _____ la fiesta de Navidad?
   —_____ en el club. ¿Tú vas a ir?
   —No, _____ muy cansada.

4. —¿Qué _____ comiendo tú?
   —_____ comiendo arroz con pollo.
   —¿ _____ rico?
   —Sí, _____ muy sabroso.

5. —¿Ése (*That*) _____ tu escritorio?
   —Sí, _____ mi escritorio.
   —¿ _____ de metal?
   —No, _____ de madera (*wood*).

6. —¡Oye! ¿Qué día _____ hoy?
   —Hoy _____ jueves.

C. Answer the following questions according to what you see in the illustration. Take turns responding with a partner.

1. ¿Qué día es hoy? ¿Qué fecha es hoy? ¿Qué hora es?
3. ¿Ud. cree que Eva es la esposa o la mamá de Luis?
2. ¿Luis es casado o soltero?
4. ¿Eva es bonita o fea? ¿Cómo es Luis?
5. ¿Dónde están Eva y Luis?
6. ¿Qué está comiendo Luis? ¿Está sabrosa la langosta?
7. ¿Quién es José?
8. ¿Qué está sirviendo José?
9. ¿En qué está pensando José? ¿Dónde es la fiesta?
10. ¿Isabel está contenta o triste?

Para conversar

¿Quién es? With two or three other students, prepare a description of a famous person. Include as much information as possible (nationality, profession, physical characteristics, etc.). Read your description to the rest of the class and see who can identify your subject.

6 Weather expressions
(Expresiones para describir el tiempo)

In the following expressions, Spanish uses the verb **hacer**, *to make*, followed by a noun.

Es el 13 de agosto. Eva está en Phoenix, Arizona. **Hace sol** y **hace** mucho **calor**.

Es el 20 de enero. Luis está en Alaska. **Hace** mucho **frío**.

Ana y Raúl están en Chicago en octubre. Hoy **hace** mucho **viento**.

Está **lloviendo**.

To ask about the weather, say, "**¿Qué tiempo hace?**" (*What's the weather like?*).

—**¿Qué tiempo hace** hoy?   *"What's the weather like today?"*
—**Hace** buen (mal) tiempo.   *"The weather is good (bad)."*

The following words used to describe the weather do not combine with **hacer**; they are impersonal verbs used only in the infinitive, present participle, past participle, and third person singular forms of all tenses.

llover (o:ue) *to rain*	**Llueve.** *It rains.*
nevar (e:ie) *to snow*	**Nieva.** *It snows.*

Other weather-related words are **lluvia** (*rain*) and **niebla** (*fog*).

—**¿Hace frío** en Guatemala?   *"Is it cold in Guatemala?"*
—No, Guatemala es el país de   *"No, Guatemala is the country of*
   la eterna primavera.   *eternal spring."*

—¿Vas a volar hoy a San Salvador?   *"Are you going to fly to San Salvador*
                                       today?"
—No, porque **hay niebla**.   *"No, because it's foggy."*

Está **nevando**.

Práctica

A. Study the words in the following list, then complete the dialogues.

el paraguas *umbrella*
el impermeable *raincoat*
el sombrero *hat*
el abrigo *coat*
el suéter *sweater*

1. —¿Necesitas un paraguas?
   —Sí, porque en Oregón _____ mucho.

2. —¿No necesitas un abrigo?
   —No, porque _____.

3. —¿Por qué no quieres llevar el suéter?
   —¡Porque _____!

4. —¿Vas a llevar el sombrero?
   —Sí, porque _____.

5. —¿Necesitas un suéter y un abrigo?
   —Sí, porque _____.

6. —¿Un impermeable? ¿Por qué? ¿Está lloviendo?
   —No, pero _____.

7. —¡Qué lluvia! Necesito un _____ y un
   _____.
   —¡Yo también!

B. Say what the weather will be like in different locations at different times of the year.
1. Portland, Oregón—el 2 de enero
2. Anchorage, Alaska—el 25 de diciembre
3. Phoenix, Arizona—el 13 de agosto
4. Londres (*London*)—el 5 de febrero
5. Chicago—el 6 de marzo

Para conversar

A. De visita (*Visiting*). A visiting professor from Guatemala is planning a weekend visit to your hometown. What questions is he or she likely to ask about the weather there and what clothes to bring? How will you respond? Act out the scene with a partner. Say at least five lines each.

B. El pronóstico del tiempo (*The weather forecast*). You and a classmate are in charge of preparing the weather report for a local TV station. Discuss the weather in your area today.

Sol	Nublado	Cubierto	Posibilidad de lluvia
Lluvia	Tormenta	Nieve	

💡 LEARNING TIP

Note that when talking about weather conditions, the normal Spanish sentence structure is modified. Instead of the general *subject + verb + object* structure, one uses **Hace** or **Hay** (impersonal forms of **hacer** and **haber**—that is, in this construction the verb is not conjugated) + the particular weather expression, or just the impersonal weather-related verb such as **Llueve** or **Nieva**. The repertory of sentence structures in Spanish, just as in English, goes beyond the basic one you know. Start recognizing any variant structure (syntactic) patterns.

Estructuras:
Compruebe
Self-Test

Así somos

¿Qué dice Ud.?

 What would you say in the following situations? What might the other person say? Act out the scenes with a partner. Take turns playing each role.

1. You describe your mother and a friend describes his/hers. Make comparisons between them.

2. You and a friend are at a restaurant. Order a complete meal, including drinks and dessert.

3. You tell your dining companion that you can pay the bill and ask if he/she can leave the tip.

4. You are cooking a gourmet dinner. Ask your roommate to set the table. Name the utensils and other items you want. Your roommate doesn't know where things are.

5. You are hosting a party at your home. Some of your guests have brought children. Offer a selection of beverages.

Para conocernos mejor

 To do this activity, work with a classmate whom you would like to get to know. Take turns asking and answering these questions.

1. ¿Prefieres comer una hamburguesa o un perro caliente? ¿Prefieres beber leche, té helado o chocolate caliente?

2. ¿Tú almuerzas en un restaurante a veces? ¿Cuál es el mejor restaurante de tu ciudad? ¿Es muy caro?

3. Generalmente, ¿almuerzas con tu familia? ¿Vives con tus padres o vives solo(-a)?

4. ¿Eres el más alto (la más alta) de tu familia? ¿Quién es el más bajo?

5. ¿Tu mamá es mayor o menor que tu papá? ¿Cuál de los dos tiene razón siempre (always)?

6. ¿Quién es tu mejor amigo(-a)? ¿Cómo es? ¿Dónde está ahora?

7. ¿Qué tiempo hace hoy? Cuando llueve, ¿prefieres usar (to wear) impermeable o paraguas? Cuando hace frío, ¿usas abrigo o suéter?

8. ¿Te gusta vivir en un lugar donde hace frío o donde hace calor? En la ciudad donde viven tus padres, ¿generalmente hace buen tiempo o mal tiempo?

Una encuesta

 Interview your classmates to identify who fits the following descriptions. Include your instructor, but remember to use the **Ud.** form when addressing him/her. After finishing the survey, get together with two or three classmates and discuss the results.

Nombre

1. *Come perros calientes.* _____

2. *Prefiere las hamburguesas de McDonalds.* _____

3. *Toma agua mineral.* _____

4. *Toma vino con las comidas.* _____

5. *Tiene una hermana mayor que él/ella.* _____

6. *Vuelve a casa muy tarde.* _____

7. *Mira telenovelas.* _____

8. *Duerme más de ocho horas.* _____

Al escuchar...

🔑 Estrategia

Listening for what you're looking for. The TV in your living room is on. You're busy preparing dinner, when you start listening to a commercial about a new restaurant near where you live. You want to know what it's like, its menu, lunch and dinner hours, specific location, prices of dishes, etc. Listen attentively with the purpose of jotting down the following specifics:

1. ¿Cuál es el nombre del restaurante? ¿Dónde está situado (*located*)?
2. ¿Qué tipo de comida preparan allí (*there*)? ¿Cuáles son algunas de las especialidades?
3. ¿A qué hora es el almuerzo? ¿A qué hora es la cena?
4. ¿Cómo son los precios del restaurante?
5. ¿Es necesario hacer reservaciones para el almuerzo o para la cena?

Al conversar...

🔑 Estrategia

Understanding and getting understood. Try to communicate orally as much as you can, bearing in mind what's at stake: to understand and to respond appropriately so you are, in turn, understood. You will be rewarded with gained personal resourcefulness as you become more and more proficient in Spanish.

Para escuchar

Your instructor will read some information about **el santo de José Luis**. After reading it twice, he/she will make some statements about it. On a sheet of paper, write numbers one to seven and indicate whether each statement is true (**verdadero**) or false (**falso**).

Para crear

Get together in groups of three and "create" the scenario for this photo. Who are the people in it? Are they celebrating? What? What are they ordering? What are they going to do later? etc.

¡Vamos a leer!

 Estrategia | **Antes de leer**

A. Expanding your vocabulary through reading. Just as in English, a purpose of reading in any language is to increase your vocabulary. Food and health are basic subjects. Make it your goal for this exercise to learn at least five new words. Given this goal:

1. Scan the text looking for words which are related to food and write them down.

2. Reread the sentence in which each word appears and write its probable meaning.

B. As you read the article, find the answers to the following questions.

1. ¿Qué porcentaje de la energía de la dieta debe venir de los hidratos de carbono?

2. ¿Qué porcentaje debe venir de las proteínas y de las grasas?

3. ¿Qué otros elementos debe proporcionar (*furnish*) la dieta?

4. ¿Cuántas raciones de alimentos lácteos debemos consumir diariamente (*daily*)?

5. ¿A cuántas tazas de cerezas (*cherries*) o fresas (*strawberries*) equivale una rodaja de piña (*slice of pineapple*)?

6. ¿Cuáles son los alimentos proteicos? ¿Qué farináceos podemos comer?

A leer

¿Qué hemos de comer cada día?

Según los expertos el 55–60% de la energía de la dieta debe proceder de los **hidratos de carbono**, el 10–15% de las **proteínas** y el 30–35% de las **grasas**. Además, la dieta ha de proporcionar la cantidad de **fibra, vitaminas y minerales** que nuestro organismo necesite. Pero, ¿con qué alimentos se cubren estas cantidades?

■ 2–4 raciones de lácteos diarios: Una ración = un vaso de leche, o 2 yogures, o 40 g de queso duro, o 80–100 g de queso fresco.

■ 2 raciones de frutas: Una ración = una pieza de fruta, o una taza de cerezas o fresas, o una rodaja de piña o de melón.

■ 2 raciones de alimentos proteicos:
Una ración = 100–125 g de carne, o 1/4 de pollo, o dos huevos, o 130–150 g de pescado blanco, o 100–120 g de pescado azul.

■ 3-5 raciones de farináceos: Una ración = 60–100 g de pasta, o arroz, o 80–100 g de legumbres, o 60–80 g de pan.

■ 2 raciones de verduras: Una ración = 2 tomates, o 2 zanahorias, o un plato de ensalada.

■ 3-5 cucharadas de aceite de oliva.

Después de leer... desde su mundo

 In groups of three or four, discuss your preferences for specific dishes and foods.

¡Vamos a escribir!

Un menú sabroso. You are planning to invite two classmates to an evening of fine and healthy dining at your place! Write an e-mail in which you inform them what awaits them on that special evening.

 Estrategia | ## Antes de escribir

Solidifying and repurposing what you learn. You were asked to use the reading activity for the goal of increasing your vocabulary on the basic subjects of food and health. Try to incorporate these new words in your writing assignment. To prepare your e-mail, do the following:

1. Interview two classmates about their food preferences and general eating habits. Take notes.
   a. Your dinner should include a first course, a main course, drinks, and dessert. Ask about the kinds of food and drinks that they like.
   b. Ask for their preferred sources of carbohydrates, protein, fiber, etc.
2. Based on your notes, organize your invitation. What will you be communicating in each paragraph? In addition, inform your guests about the specifics of the dinner: what day and at what time it will be, where your place is, and any special requests you have.

A escribir la invitación

Write your **primer borrador** of the message. You may want to begin your message by inviting your friends to the occasion:

Estimados *(Dear)* amigos:

Quiero invitarlos *(I want to invite you)* a cenar en casa el día…

 Estrategia | ## Después de escribir

Before writing the final version your instructor might want you to exchange your first draft with a classmate and peer edit each other's work, using the following guidelines:

- use of the personal **a**
- use of **ir a** + *infinitive*
- formation of **ser, tener, venir, ir, dar,** and **estar**
- formation of any **e:ie** and **o:ue** stem-changing verbs used
- use of **ser** and **estar**

Guatemala

- Guatemala es uno de los países centroamericanos que fue *(was)* parte del imperio maya. Aunque el español es el idioma oficial, sólo lo habla el 60% de la población; el resto habla alguna lengua maya.

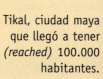

- Guatemala es un país de volcanes, montañas y bellos paisajes. Su clima es muy agradable y por eso se conoce como "el país de la eterna primavera". En Guatemala encontramos selvas tropicales *(jungles)*, hermosas playas e innumerables centros arqueológicos. Uno de los más famosos es la ciudad maya de Tikal, que por su valor arqueológico fue declarada Patrimonio de la Humanidad por la UNESCO.

- La economía del país se basa en la agricultura. Los principales productos de exportación son café, bananas, algodón *(cotton)* y madera. En sus bosques hay numerosos pájaros *(birds)*, entre ellos el quetzal, que le da nombre a la moneda del país, y que es el símbolo nacional de Guatemala.

- Una ciudad muy interesante de este país es Antigua, que fue la capital hasta 1776. Ciudad de Guatemala, la capital actual es, en su mayor parte, una ciudad moderna, aunque todavía hay algunas construcciones antiguas.

- Entre las personas famosas de este país podemos citar al escritor Miguel Ángel Asturias, que recibió el Premio Nobel de Literatura en 1967, y a la activista Rigoberta Menchú, ganadora del Premio Nobel de la Paz en 1992.

Monumentos de la civilización maya

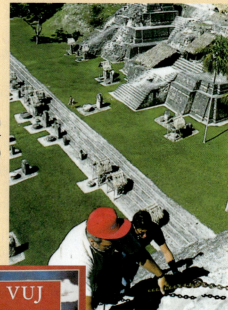

Tikal, ciudad maya que llegó a tener *(reached)* 100.000 habitantes.

El *Popol-Vuh,* uno de los pocos *(few)* libros de los mayas que aún se conservan.

Letras y derechos[1] humanos

Izquierda: Miguel Ángel Asturias (1899–1974), Premio Nobel de Literatura,1967
Derecha: Rigoberta Menchú (1959–), Premio Nobel de la Paz, 1992

[1]derechos = *rights*

El Salvador

- El Salvador es el país más pequeño de Centroamérica, pero es el más densamente poblado. Tiene más de seis millones de habitantes en un área aproximadamente del tamaño (*size*) del estado de Massachusetts.

- En El Salvador hay más de 200 volcanes y por eso lo llaman "la tierra (*land*) de los volcanes". El país tiene unos 300 kilómetros de costa, y sus playas están entre las más hermosas de América. El "surfing" es el deporte que más se practica en las playas.

- El clima del país es tropical, con dos estaciones: la estación de las lluvias (de mayo a octubre) y la estación de la seca (*dry season*) (de noviembre a abril).

- La capital de El Salvador es San Salvador, la ciudad más industrializada de América Central. Los principales productos industriales que se producen en el país son textiles y artículos de cuero, madera y metal. La agricultura también es importante en El Salvador; entre los productos agrícolas que exporta el país están el café y las bananas.

La campiña[1] salvadoreña

El volcán Izalco

Del conflicto a la democracia

El arzobispo (*archbishop*) Oscar Romero, baja (*casualty*) de la guerra civil de los años ochenta (80s)

Las elecciones: mujer salvadoreña depositando su voto en una urna electoral.

---

[1]**campiña** = *countryside*

Aportaciones[1] hispanas a la cocina[2] norteamericana

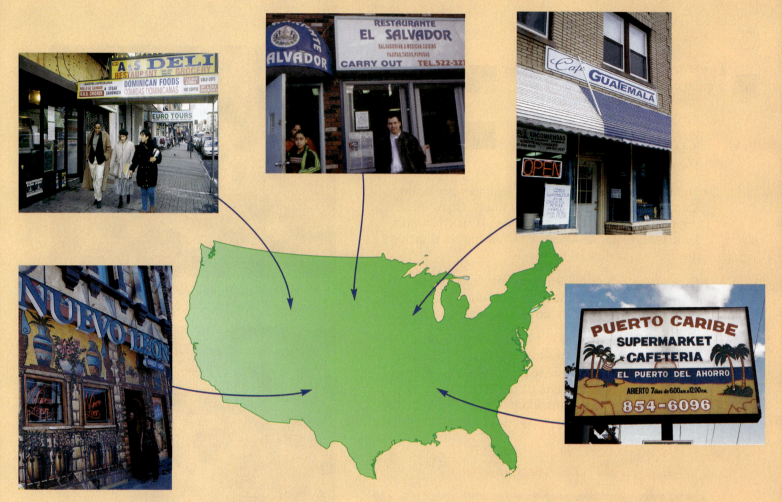

Nuestro panorama cultural

In groups of three, answer the following questions about your state, region, or country.

1. ¿Cuáles son los edificios más antiguos de su ciudad?
2. ¿Cuáles son algunas de las ciudades más antiguas de su país?
3. ¿Qué frutas se cultivan en la región donde Ud. vive?

For the next class: Go to the World Wide Web and find photos from your hometown, state, region, or country. Use the questions from **Nuestro panorama cultural** above as guidelines for choosing them. Be ready to present the photos to your classmates.

---

[1]**Aportaciones** = *Contributions*
[2]**cocina** = *cuisine*

Los quehaceres de la casa
Hoy llega tía Nora

OBJETIVOS

Comunicación

You will learn vocabulary related to household chores, family relationships, and various parts of a house.

Pronunciación

The Spanish **j**, **g** (before **e** or **i**), and **h**

Estructuras

- Demonstrative adjectives and pronouns
- Present indicative of **e:i** stem-changing verbs
- Affirmative and negative expressions
- Verbs with irregular first-person forms
- **Saber** vs. **conocer**
- Direct object pronouns

Cultura

- Use of last names and maiden names
- Alphabetization of names
- Concept of family
- Housekeeping and gender roles

Panorama hispánico

- Honduras
- Nicaragua
- El concepto de la "república bananera"

Estrategias

Listening: Listening in order to report
Speaking: Restating authentic speech in your own words
Reading: Purpose in rereading
Writing: Summarizing

Hoy llega tía Nora

 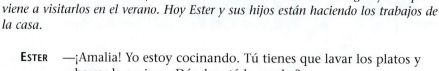

La familia Núñez Arzuaga, de Tegucigalpa, Honduras, está esperando la llegada de doña Nora, la hermana mayor del señor Núñez. Ella vive en Managua y siempre viene a visitarlos en el verano. Hoy Ester y sus hijos están haciendo los trabajos de la casa.

ESTER —¡Amalia! Yo estoy cocinando. Tú tienes que lavar los platos y barrer la cocina. ¿Dónde está la escoba?

AMALIA —¿Y qué va a hacer Celia mientras yo hago todo el trabajo? ¡Ella nunca hace nada!

CELIA —¡Ja! ¡Eso no es verdad! Yo estoy planchando las camisas de papá…

ESTER —Sí, y después va a hacer las camas y va a cambiar las sábanas.

AMALIA —¿Y Daniel? ¿Está haciendo algo? Él nunca nos ayuda.

ESTER —Él está arreglando su cuarto…

CELIA —¡Ay, mamá! ¿Desde cuándo? Para él, arreglar su cuarto es esconderlo todo debajo de la cama.

ESTER —Pues esta vez tiene que poner las cosas en su lugar, porque tu tía Nora va a usar ese cuarto y Daniel va a dormir en el sofá de la sala.

AMALIA —¿Quién va a hacer las compras en el mercado?

ESTER —Tu papá. (*Llama a su esposo.*) ¡Pedro! Tienes que ir al Mercado Municipal. Y a ver si esta vez consigues carne buena… Aquí tengo la lista…

PEDRO —¡No la necesito! Yo sé lo que tengo que comprar. En seguida vuelvo. (*Sale del cuarto.*)

ESTER —¡Quién sabe lo que va a traer! (*Suspira.*) ¡Qué trabajo tenemos cuando mi cuñada viene a visitarnos…!

AMALIA —El año próximo, nosotros podemos visitarla a ella. Yo quiero conocer Managua.

CELIA —¡Estoy de acuerdo! Yo también quiero ir a Managua.

AMALIA —¿Papá va a ir a buscar a tía Nora a la parada de autobuses?

ESTER —No, ella dice que es mejor tomar un taxi…

CELIA —¡Tocan a la puerta! (*Mira por la ventana.*) ¡Es tía Nora! (*Recoge un montón de revistas.*) ¡Daniel! ¡Rápido! ¡Todo esto va debajo de la cama!

¿Quién lo dice?

Identify the person who said the following in the dialogue.

1. Yo sé lo que tengo que comprar. _____

2. Y a ver si esta vez consigues carne buena. _____

3. ¿Y qué va a hacer Celia mientras yo hago todo el trabajo? _____

4. ¡Pedro! Tienes que ir al Mercado Municipal. _____

5. ¿Papá va a ir a buscar a tía Nora a la parada de autobuses? _____

6. Yo estoy planchando las camisas de papá. _____

7. No, ella dice que es mejor tomar un taxi. _____

8. ¿Quién va a hacer las compras en el mercado? _____

9. ¡Qué trabajo tenemos cuando mi cuñada viene a visitarnos! _____

a. Ester

b. Amalia

c. Celia

d. Pedro

Para conversar

With a partner, take turns asking and answering the following questions. Base your answers on the dialogue and on your own circumstances.

1. ¿De dónde es la familia Núñez Arzuaga? ¿De dónde es tu familia?

2. ¿Qué están haciendo Ester y sus hijos? ¿Qué trabajos de la casa no te gusta hacer?

3. ¿Qué tiene que hacer Amalia? ¿Qué tienes que hacer tú hoy?

4. ¿Qué está haciendo Celia? ¿Tú planchas la ropa?

5. ¿Qué va a hacer Celia después? ¿Qué días cambias las sábanas de tu casa?

6. ¿Dónde va a dormir Nora? ¿Y Daniel? ¿Dónde duermes tú?

7. ¿Quién va a hacer las compras en el mercado? En tu familia, ¿quién hace las compras?

8. ¿Qué ciudad quiere conocer Amalia? ¿Qué ciudad quieres conocer tú?

9. ¿Va a ir Pedro a la parada de autobuses a buscar a Nora? ¿Tú vienes a la universidad en autobús?

10. ¿Dónde va a poner Daniel las revistas? ¿Qué revistas te gusta leer?

Vocabulario

Cognados

el autobús, el bus, el ómnibus bus
la lista list

el sofá sofa
el taxi taxi

Nombres

la cama bed
la camisa shirt
la carne meat
la cosa thing
la cuñada sister-in-law
el cuñado brother-in-law
la escoba broom
el lugar place
el mercado market
la parada de autobuses bus stop
los quehaceres (trabajos) de la casa housework
la revista magazine
la sábana sheet
la verdad truth

Verbos

arreglar to tidy up, to fix
ayudar to help
barrer to sweep
buscar to get, to pick up, to look for
cambiar to change
cocinar to cook
comprar to buy
conocer (yo conozco) to know, to be acquainted with
conseguir (e:i) to get, to obtain
decir (e:i) (yo digo) to say, to tell
esconder to hide
esperar to wait for, to expect
lavar los platos, fregar (e:ie) to wash dishes
planchar to iron
poner (yo pongo) to put
recoger to pick up
saber (yo sé) to know (a fact; how to)
salir (yo salgo) to leave, to go out
suspirar to sigh
tomar to take (i.e. a taxi or a bus)
traer (yo traigo) to bring
usar to use

Adjetivos

próximo(-a) next
todo(-a) all

Otras palabras y expresiones

algo something, anything
debajo (de) under
desde since
en seguida right away
En seguida vuelvo. I'll be right back.
ese, esa that
eso that (neutral)
esta vez this time
estar de acuerdo to agree, to be in agreement
esto this (neutral)
hacer las compras to do the shopping
lo que what, that which
mirar por la ventana to look out the window
nunca never
pues... well . . .
¡Rápido! Quick!
siempre always
tocar a la puerta to knock on the door
un montón de a bunch of

 LEARNING TIP

Especially when learning concrete actions (verbs) such as **arreglar, barrer, recoger, cocinar, lavar, planchar,** etc., you might want to reinforce their meaning in your mind by stating which ones you do and what is done by other people. For example: **Yo arreglo mi cuarto. Mi mamá plancha la ropa.**

VOCABULARIO ADICIONAL

Otros quehaceres de la casa

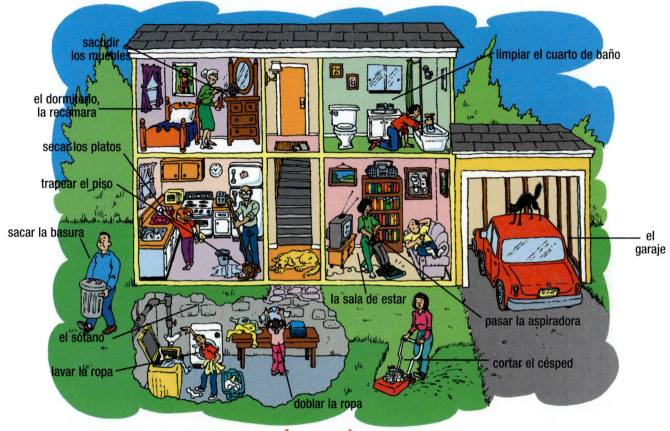

- sacudir los muebles
- el dormitorio, la recámara
- secar los platos
- trapear el piso
- sacar la basura
- el sótano
- lavar la ropa
- doblar la ropa
- limpiar el cuarto de baño
- el garaje
- pasar la aspiradora
- la sala de estar
- cortar el césped

La casa

- **el comedor** dining room
- **el dormitorio, la recámara** (*Méx.*) bedroom
- **el garaje** garage
- **el (cuarto de) baño** bathroom
- **la sala de estar** family room
- **el sótano** basement

Los parientes

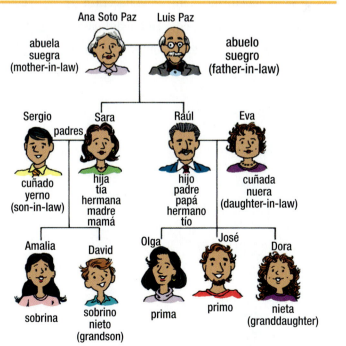

Ana Soto Paz — Luis Paz

abuela
suegra
(mother-in-law)

abuelo
suegro
(father-in-law)

Sergio — Sara (padres) — Raúl — Eva

cuñado
yerno
(son-in-law)

hija
tía
hermana
madre
mamá

hijo
padre
papá
hermano
tío

cuñada
nuera
(daughter-in-law)

Amalia — David — Olga — José — Dora

sobrina

sobrino
nieto
(grandson)

prima

primo

nieta
(granddaughter)

Práctica

A. Write the words or phrases that correspond to the following.

1. ómnibus _____

2. la hermana de mi esposo _____

3. *Newsweek*, por ejemplo _____

4. comprar _____

5. opuesto de **llevar** _____

6. opuesto de **siempre** _____

7. parte de la casa donde comemos _____

8. recámara _____

9. lavar los platos _____

10. la usamos para barrer _____

B. Complete the following sentences, using vocabulary from the lesson.

1. Necesito las _____ para mi cama.

2. Tengo que lavar y _____ las camisas.

3. Tocan a la _____. Voy a abrir.

4. Voy al mercado. En _____ vuelvo.

5. Elsa cree que Julio es inteligente, pero yo no estoy de _____.

6. Estoy muy ocupado. Tengo que hacer un _____ de cosas.

7. Voy a _____ el césped. ¿Tú puedes pasar la _____?

8. Teresa va a _____ los muebles y Susana va a _____ el piso. _____ vez vamos a hacer _____ el trabajo.

C. Match the questions in column A with the responses in column B.

A	B
___ 1. ¿Qué hace Rosa?	a. Debajo del sofá.
___ 2. ¿Qué vas a comprar?	b. En la sala de estar.
___ 3. ¿Qué no te gusta hacer?	c. De lo que tiene que hacer.
	d. Sí, desde las seis.
___ 4. ¿Beto está en la parada de autobuses?	e. Los quehaceres de la casa.
___ 5. ¿Dónde escondes las revistas?	f. Sí, aquí tengo la lista.
___ 6. ¿Cuándo viene tu cuñado?	g. Está arreglando su cuarto.
	h. La semana próxima.
___ 7. ¿De qué está hablando Ana?	i. Sí, está esperando a Nora.
___ 8. ¿Dónde vas a poner el sofá?	j. Carne.
___ 9. ¿Felipe está aquí?	
___ 10. ¿Vas a ir al mercado?	

Para conversar

A. Relaciones familiares. With a partner, look at the family tree on page 155 and ask each other questions about the relationship of the people in the illustration.

HINT: ¿Cuál es la relación que existe entre _____ y _____?

B. ¿Quién puede ayudarme? With a partner, take turns asking for help and saying that you can't help. Say what you have to do.

MODELO: —¿Puedes ayudarme a…?
—*No puedo; tengo que…*

Vocabulario:
www **Compruebe**
Self-Test

A. The Spanish j

The Spanish **j** sounds somewhat like the *h* in the English word *hit*. It is never pronounced like the English *j* in *John* or *James*. Listen to your instructor and repeat the following phrases.

Julia y **J**avier traba**j**an hoy.

Juan **J**osé viene el **j**ueves.

Juana de**j**a a su hi**j**o aquí.

B. The Spanish g (before e or i)

When followed by **e** or **i**, the Spanish **g** sounds like the Spanish **j** mentioned above. Listen to your instructor and repeat the following phrases.

Gerardo reco**g**e a **G**enaro.

Eva **G**il es inteli**g**ente.

El **g**eneral **G**inés está en Ar**g**entina.

C. The Spanish h

The Spanish **h** is always silent. Listen to your instructor and repeat the following phrases.

Humberto **H**ernández es de **H**onduras.

Tu **h**ermano está en el **h**otel.

Hilda es la **h**ija de **H**ugo.

Ubíquese... y búsquelo

Pedro has been sent to the market to prepare for Nora's visit. Go to **www.college.hmco.com** and research markets in Tegucigalpa. What kind of market would Pedro be likely to visit to do his shopping? Are there other types of markets in Tegucigalpa? What kinds of things do they sell there? In the next class, team up with two classmates to discuss your findings.

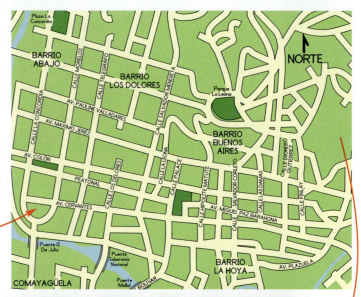

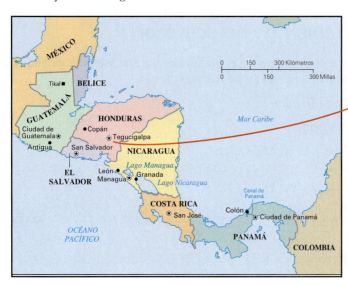

¿Lo sabía Ud.?

- En la mayoría de los países de habla hispana, cuando una mujer se casa (*gets married*) retiene su apellido de soltera (*maiden name*). Puede también añadir (*add*) el apellido de su esposo. Por ejemplo, Ana Soto está casada con Luis Paz y su nombre completo es Ana Soto (de) Paz. La mayoría de los hispanos usan dos apellidos: el del padre y el de la madre, en ese orden. Por ejemplo, el nombre completo de Raúl (el hijo de Ana y Luis) es Raúl Paz Soto.

- En una guía telefónica (*phone book*) en español, alfabetizan (*they alphabetize*) los nombres según (*according to*) los dos apellidos; por ejemplo:

  Peña Aguilar, Sara Luisa
  Peña Gómez, Raúl

- En los países de habla hispana, el concepto de familia es más amplio e incluye a todos los parientes: tíos, primos, sobrinos, etc. Generalmente, la relación entre ellos es muy estrecha (*close*).

- Actualmente muchos hombres hispanos, especialmente los más jóvenes, ayudan a sus esposas con los trabajos de la casa. Esto es debido a que a menudo los dos trabajan fuera de la casa.

Para comparar

1. Cuando las mujeres americanas se casan, ¿usan el apellido del esposo? ¿Usan su apellido de soltera?

2. ¿Cuáles son sus dos apellidos?

3. Generalmente, ¿con qué miembros de la familia tienen los americanos una relación estrecha?

4. Generalmente, ¿ayudan los hombres norteamericanos a sus esposas con los quehaceres de la casa?

En imágenes   *Quehaceres y tiendas*

Cola (*Line*) en la caja (*cashier*) de una tienda centroamericana.

Colmado (*Small grocery store*), Puerto Rico

1 Demonstrative adjectives and pronouns (Los adjetivos y los pronombres demostrativos)

aquel hombre

aquella chica

esa chica

esta chica

A. Demonstrative adjectives

Demonstrative adjectives point out persons or things. Like all other adjectives, they agree in gender and number with the nouns they modify. The forms of the demonstrative adjectives are as follows.

Masculine		Feminine		
Singular	*Plural*	*Singular*	*Plural*	
este	estos	esta	estas	*this, these*
ese	esos	esa	esas	*that, those*
aquel	aquellos	aquella	aquellas	*that, those* (at a distance in space or time)

—¿Qué vas a fregar?   *"What are you going to wash?"*
—**Este** plato, **esas** tazas y **aquellos** vasos. *"This dish, those cups, and those glasses (over there)."*

B. Demonstrative pronouns

The forms of the demonstrative pronouns are as follows.

Masculine		Feminine		Neuter	
Singular	*Plural*	*Singular*	*Plural*		
éste	éstos	ésta	éstas	esto	*this* (one), *these*
ése	ésos	ésa	ésas	eso	*that* (one), *those*
aquél	aquéllos	aquélla	aquéllas	aquello	*that* (one), *those* (at a distance)

—¿Quieres **esta** camisa o **ésa**?

"Do you want this shirt or that one?"

—No quiero **ésta** ni **ésa**; quiero **aquélla**.

"I don't want this one or that one; I want that one over there."

LEARNING TIP

Pronouns refer to something already mentioned. Their use is especially useful when, in conversation or writing, you need to refer again to something or someone that you have already talked about.

■ The masculine and feminine demonstrative pronouns are the same as the demonstrative adjectives, except that they have a written accent.

■ Each demonstrative pronoun has a neuter form. They are **esto**, **eso**, and **aquello**. The neuter forms, which do not change in number or gender, are used to refer to situations, ideas, and nonspecific objects or things, equivalent to the English *this, that matter; this, that business;* and *this, that stuff.*

—¿Entiendes **eso**?
—No, es muy difícil.

"Do you understand that?"
"No, it's very difficult."

—¿Qué es **esto**?
—¿Quién sabe?

"What's this?
"Who knows?"

Práctica

A. Amalia and Celia are still trying to do housework. With a partner, complete this conversation using demonstrative adjectives. Then play the roles of the two girls.

AMALIA —Celia, ¿tú necesitas _____ (these) sábanas que están aquí?

CELIA —Sí, y también _____ (those) camisas.

AMALIA —Tienes que fregar _____ (these) vasos y _____ (those) platos.

CELIA —Y tú tienes que sacudir _____ (this) mesa y _____ (this) escritorio.

AMALIA —¿Dónde vamos a poner _____ (that over there) sofá?

CELIA —En la sala de estar. Y _____ (this) vez, Daniel tiene que ayudar.

AMALIA —Es verdad. ¡Ah! ¿Dónde quieres poner _____ (those over there) revistas?

CELIA —En _____ (that over there) mesa. Oye… ¿qué es _____ (that) que está debajo del sofá?

AMALIA —¿Quién sabe?

B. With a partner, play the roles of two friends. Take turns asking and answering the questions. The one who answers always rejects the objects indicated and wants the ones far from both.

1. ¿Quieres estas revistas?
2. ¿Vas a usar esta aspiradora?
3. ¿Vas a lavar este mantel?
4. ¿Vas a fregar estos vasos?

¿Qué es **esto**?

Para conversar

Habla con tu compañero. With a partner, take turns asking each other who the other students in the class are. Respond, using the appropriate demonstrative adjectives, and a description.

MODELO: —¿Quién es Sandra?
—Es aquella chica rubia.

2 Present indicative of **e:i** stem-changing verbs (*Presente de indicativo de los verbos que cambian en la raíz **e:i**)

servir *to serve*	
sirvo	servimos
sirves	servís
sirve	sirven

■ Some **-ir** verbs undergo a special stem change in the present indicative. For these verbs, when **e** is the last stem vowel and it is stressed, it changes to **i.**

—¿Qué **sirven** Uds. en sus fiestas?   *"What do you serve at your parties?"*
—**Servimos** champán.   *"We serve champagne."*

■ Note that the stem vowel is not stressed in the **nosotros(-as)** and **vosotros(-as)** verb forms; therefore, the **e** does not change to **i.**

■ Other verbs that undergo this change:[1]

conseguir   *to get, to obtain*   **pedir**   *to ask for, to request, to order*
decir   *to say, to tell*   **seguir**   *to follow, to continue*

■ The verb **decir** undergoes the same change, but in addition it has an irregular first-person singular form: **yo digo.**

■ Note that in the present tense **seguir** and **conseguir** drop the **u** before **a** or **o: yo sigo, yo consigo.**

Summary of the present indicative of stem-changing verbs

e:ie	o:ue		e:i
cerrar	almorzar	morir	conseguir
comenzar	contar	mostrar	decir
empezar	costar	poder	pedir
entender	dormir	recordar	seguir
pensar	encontrar	volar	servir
perder	llover	volver	
preferir			
querer			

Add to this list as you learn other stem-changing verbs.

Práctica

A. Form complete sentences by combining the words in the three columns in sequence, starting with A. Use each subject and each verb at least once.

A	B	C
yo	decir	la comida
nosotros	servir	un cuarto
Amalia y Celia	pedir	que necesitamos un sofá nuevo
mis padres	conseguir	revistas
tú	seguir	información sobre Honduras
mi cuñado		a mis amigos
		estudiando español

[1]For a complete list of stem-changing verbs, see Appendix B.

B. Complete the following dialogues, using the verbs given. Then act them out with a partner, adding a sentence or two to each dialogue.

1. decir —¿Tú _____ que ese sofá es caro?

—Sí, yo _____ que es caro, pero Carmen _____ que es barato (*inexpensive*).

2. servir —¿Qué _____ Uds. en sus fiestas?

—_____ pollo y refrescos. ¿Qué _____ tú?

—Yo _____ sándwiches y cerveza.

3. pedir —¿Qué _____ Uds. cuando van a un restaurante mexicano?

—Yo _____ tacos y Ernesto _____ enchiladas.

4. conseguir —Yo no _____ trabajo.

—Tú no _____ trabajo porque no hablas dos idiomas.

Para conversar

A. Habla con tu compañero. Interview a class-mate, using the following questions. When you have finished, switch roles.

1. ¿En qué restaurante de tu ciudad sirven buena comida mexicana? ¿Italiana? En un restaurante, ¿qué pides para beber?

2. ¿A qué hora sirven la cena (*dinner*) en tu casa? ¿Quién cocina?

3. ¿Tú consigues revistas en español? ¿Dónde consiguen los estudiantes libros en español?

4. En general, ¿sigues la moda (*fashion*)? ¿Y tus amigos?

5. ¿Tú dices que el español es fácil o difícil? ¿Tú siempre dices la verdad?

B. Para comer y beber. With a partner, take turns asking each other two things: what you order when you go to ethnic restaurants and what you serve to eat and drink at your parties.

---

3 Affirmative and negative expressions (*Expresiones afirmativas y negativas*)

Affirmative	Negative
algo *something, anything*	**nada** *nothing, not anything*
alguien *someone, somebody, anyone*	**nadie** *nobody, no one, not anyone*
alguno(-a), algún *any, some*	**ninguno(-a), ningún** *no, none, not any*
a veces *sometimes*	**nunca, jamás** *never*
siempre *always*	
también *also, too*	**tampoco** *neither, not either*
o *or*	**ni... ni** *neither . . . nor*
o... o *either . . . or*	

No tengo hambre.

¡Yo **tampoco**!

—¿Necesita Ud. **algo** más?
—No, no necesito **nada** más.

—¿Tienes **algunos** amigos de Nicaragua?
—No, no tengo **ningún** amigo nicaragüense.[1]

—¿Hay **alguien** en tu cuarto?
—No, no hay **nadie.**

—¿Quieres café o té?
—Yo no bebo **ni** café **ni** té.

"Do you need anything else?"
"No, I don't need anything else."

"Do you have any friends from Nicaragua?"
"No, I don't have any Nicaraguan friends."

"Is there anybody in your room?"
"No, there's no one."

"Do you want coffee or tea?"
"I don't drink either coffee or tea."

---

[1]In some cases before an **e** or **i**, the **u** is not silent. To indicate this, a **diéresis** (two dots) is added over the **u** (**pingüino, Mayagüez**).

👁 **ATENCIÓN:** Note that **alguno(-a)** may be used in the plural forms, but **ninguno(-a)** is not pluralized.

👁 **ATENCIÓN:** **No** is never used as an adjective, as it sometimes is in English (*No person could do all that.*).

▪ **Alguno** and **ninguno** drop the -o before a masculine singular noun: *algún* niño, *ningún* niño; but *alguna* niña, *ninguna* niña.

▪ Spanish sentences frequently use a double negative form to express a degree of negation: the adverb **no** is placed before the verb and the second negative word either follows the verb or appears at the end of the sentence. If, however, the negative word precedes the verb, **no** is never used.

> **No** hablo español **nunca**.
> *or:* **Nunca** hablo español.   } *I never speak Spanish.*

> **No** compro **nada nunca**.
> *or:* **Nunca** compro **nada**.   } *I never buy anything.*

▪ Note that Spanish often uses several negatives in one sentence.
> Yo **no** quiero **nada tampoco**.   *I don't want anything either.*

Práctica

Your friend Oscar always gets the facts wrong when he talks about other people. Set him straight!

> **MODELO:**   Ana necesita algo.
> *Ana no necesita nada.*

1. Delia siempre va a Managua.
2. En esa ciudad hay muchos lugares bonitos.
3. Silvia a veces sale con Eduardo y Eva sale con él también.
4. Doña Teresa nunca dobla la ropa.
5. No hay nadie en el baño.
6. Marta tiene algunas amigas hondureñas.
7. Raquel limpia el baño o la cocina.
8. Pedro necesita algo más.
9. La suegra de Luis nunca habla con nadie.
10. Siempre hay alguien en la casa de Ernesto.

Para conversar

A. Habla con tu compañero. Interview a classmate, using the following questions in the negative. Use the expressions you have just learned. When you have finished, switch roles.

1. ¿Quieres ir a Nicaragua o a Honduras?
2. ¿Tienes algunos amigos en Managua?
3. Yo no hablo portugués. ¿Y tú?
4. ¿Siempre vas a restaurantes chinos?
5. ¿Siempre vienes con alguien aquí?
6. ¿Compras algo cuando vas de vacaciones?

B. Siempre... a veces... nunca. With a partner, tell each other four things that you always do, four things that you sometimes do, and four things that you never do. Compare notes.

C. Quejas *(Complaints).* With a partner, write a list of complaints frequently heard on campus. Use the expressions you have just learned.

> **MODELO:**   Nunca podemos comer nada en la cafetería.

4 Verbs with irregular first-person forms
(Verbos irregulares en la primera persona)

The following verbs are irregular in the first-person singular of the present tense.

Verb	yo form	Regular forms
salir (*to go out*)	**salgo**	sales, sale, salimos, salís, salen
hacer (*to do, make*)	**hago**	haces, hace, hacemos, hacéis, hacen
poner (*to put, place*)	**pongo**	pones, pone, ponemos, ponéis, ponen
traer (*to bring*)	**traigo**	traes, trae, traemos, traéis, traen
conducir (*to drive*)	**conduzco**	conduces, conduce, conducimos, conducís, conducen
traducir (*to translate*)	**traduzco**	traduces, traduce, traducimos, traducís, traducen
conocer (*to know*)	**conozco**	conoces, conoce, conocemos, conocéis, conocen
caber (*to fit*)	**quepo**	cabes, cabe, cabemos, cabéis, caben
ver (*to see*)	**veo**	ves, ve, vemos, veis, ven
saber (*to know*)	**sé**	sabes, sabe, sabemos, sabéis, saben

Yo sé cuál es el mejor restaurante de la ciudad. Es La Fragata

—¿Qué haces los domingos?   *"What do you do on Sundays?"*
—No **hago** nada.   *"I don't do anything."*

—¿Estás mirando por la ventana?   *"Are you looking out the window?"*
—Sí, pero no **veo** nada.   *"Yes, but I don't see anything."*

Práctica

A. Compare this information about Celia to you, by completing the following sentences.

1. Celia sale de su casa a las siete y yo…

2. Celia conduce un Ford y yo…

3. Celia ve a sus amigos los sábados y yo…

4. Celia conoce a muchos estudiantes y yo…

5. Celia trae a su hermana a la universidad y yo…

6. Celia cabe en un coche (*car*) muy pequeño y yo…

7. Celia sabe hablar portugués y yo…

8. Celia no hace nada los domingos y yo…

B. Read this paragraph about Amalia's preparations for her trip to Nicaragua and then rewrite it as if you were Amalia, starting with **Yo…**

Amalia sale para Nicaragua esta noche. Va con su amiga Susan. Conduce al banco para comprar cheques de viajero (*traveler's checks*), regresa a su casa, pone todos los documentos en su bolso de mano (*handbag*) y después hace las maletas (*packs*). Como sabe que hay mucho tráfico, sale de su casa a las cinco para ir al aeropuerto. Cuando llega al aeropuerto, ve que Susan está esperando.

Para conversar

Habla con tu compañero. Your classmate is traveling to Tegucigalpa. Here is a list of questions you want to ask in order to help him/her prepare for the trip.

1. ¿Conoces Tegucigalpa? ¿Sabes a qué distancia está de los Estados Unidos?

2. ¿Sabes cuál es la moneda (*currency*) de Honduras? ¿Sabes a cómo está el cambio de moneda (*rate of exchange*)?

3. ¿Haces la reservación del hotel antes de salir de viaje? ¿Dónde pones el pasaporte?

4. El día del viaje, ¿sales de casa con tiempo? ¿Conduces tu coche para ir al aeropuerto?

5. ¿Conoces a alguien en Tegucigalpa?

6. ¿Traes muchas cosas para tu familia? ¿Compras algo para ti?

 # 5 Saber vs. conocer

Spanish has two verbs that mean *to know*, **saber** and **conocer**.

 ### A. Saber means:

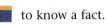 ■ to know something by heart.

Yo **sé** un poema de Rubén Darío.

■ to know a fact.

Yo **sé** que Rubén Darío es un poeta nicaragüense.

■ to know how to do something.

Yo **sé** bailar salsa.

 ### B. Conocer means:

 ■ to be familiar or acquainted with a person.

Nosotros **conocemos** a Ester Núñez.

■ to be acquainted with a place.

Ellos **conocen** Honduras.

■ to be acquainted with an artist or writer's work.

¿Tú **conoces** la poesía de Rubén Darío?

*Yo no **sé** bailar muy bien.*

Práctica

 Complete the following dialogues, using **saber** or **conocer** as appropriate. Then act them out with a partner.

1. —Yo _____ al abuelo de Olga.
   —¿Tú _____ dónde vive?
   —No, pero _____ su número de teléfono.

2. —Tú _____ Brasil, ¿no?
   —Sí, pero no _____ hablar portugués.

3. —¿Tú _____ los poemas de Bécquer?
   —Sí, _____ muchos de memoria (*by heart*).

4. —¿Tú _____ qué hora es?
   —Sí, son las ocho.

5. —Jorge conduce muy mal.
   —Sí, no _____ conducir bien.

Para conversar

A. Habla con tu compañero. Interview a classmate, using the following questions. When you have finished, switch roles.

1. ¿Cuántos idiomas sabes hablar? ¿Cuáles son?

2. ¿Conoces a los padres de tu mejor amigo(-a)?

3. ¿Sabes dónde viven?

4. ¿Qué sabes hacer?

5. ¿Sabes tocar (*play*) el piano? ¿la guitarra? ¿el violín?

6. ¿Sabes preparar una sangría?

7. ¿Conoces un buen restaurante? ¿Dónde está?

8. ¿Conoces a un actor famoso? ¿Quién es? ¿Cómo es?

9. ¿Conoces las novelas de Hemingway? ¿Cuáles?

10. ¿Sabes bailar salsa? ¿Qué sabes bailar?

B. ¿Qué sabes? o ¿Qué conoces? With a partner, talk about the places you are familiar with and the ones you want to know, some people you know, facts you know about your college, city or state, and things you know how to do. Compare notes!

6 Direct object pronouns *(Pronombres usados como complemento directo)*

A. The direct object

In addition to a subject, most sentences have an object that directly receives the action of the verb.

Ellos compran el libro.
S.   V.   D.O.

In the preceding sentence, the subject (**Ellos**) performs the action, while **el libro**, the direct object, directly receives the action of the verb. The direct object of a sentence may be either a person or a thing.

The direct object can be easily identified as the answer to the questions *whom?* and *what?* about what the subject is doing.

Ellos compran **el libro**.   *What are they buying?*
Pepe visita a **su primo**.   *Whom is Pepe visiting?*

Direct object pronouns may be used in place of the direct object.

B. Forms of the direct object pronouns

	Singular		*Plural*
me	*me*	nos	*us*
te	*you* (fam.)	os	*you* (fam.)
lo	{ *you* (form., masc.) / *him, it* (masc.) }	los	{ *you* (form., masc.) / *them* (masc.) }
la	{ *you* (form., fem.) / *her, it* (fem.) }	las	{ *you* (form., fem.) / *them* (fem.) }

—¿Tienes **la lista**?   *"Do you have the list?"*
—Sí,   **la** tengo.   *"Yes, I have it."*

—¿Seca Ud. **los platos**?   *"Do you dry the dishes?"*
—Sí,   **los** seco.   *"Yes, I dry them."*

C. Position of direct object pronouns

In Spanish, object pronouns are normally placed before a conjugated verb.

                    D.O.   D.O.
Ellos sirven **la comida**.   *They serve the meal.*
Ellos   **la** sirven.   *They serve it.*

In negative sentences, the **no** must precede the object pronoun.

	D.O.		
Ellos sirven	**la comida**.		*They serve the meal.*
Ellos	**la**	sirven.	*They serve it.*
Ellos **no**	**la**	sirven.	*They don't serve it.*

When an infinitive is used with a conjugated verb, the direct object pronoun may either be attached to the infinitive or be placed before the conjugated verb. The same principle applies with the present participle in progressive constructions.

Puedo leer**lo**.
Lo puedo leer. } *I can read it.*

Estoy leyéndo**lo**.
Lo estoy leyendo. } *I am reading it.*

👁 **ATENCIÓN:** When a direct object pronoun is attached to a present participle (**leyéndolo**), an accent mark is added to maintain the correct stress.

Práctica

A. Complete the following dialogue, using the appropriate direct object pronouns. Then act it out with a partner.

JULIO —¿Tú me puedes llevar a casa hoy?

DELIA—Sí, puedo llevar_____ a las tres.

JULIO —¡Ah! Necesito la maleta (*suitcase*) de mamá. ¿Tú _____ tienes?

DELIA—Sí, yo _____ tengo. ¿Tú quieres llevar_____ a Tegucigalpa?

JULIO —Sí. También necesito comprar cheques de viajero…

DELIA—Podemos comprar_____ esta tarde.

JULIO —Rosa y yo tenemos que estar en el aeropuerto a las ocho de la noche. ¿Tú _____ puedes llevar?

DELIA—Sí, yo _____ puedo llevar…

JULIO —¡Ah! Las sobrinas de Rosa quieren ir al aeropuerto con nosotros. ¿Tú _____ puedes traer a mi casa a las siete?

DELIA —¡No! ¡Yo no tengo un servicio de taxi!

B. You and your roommates are doing chores. Volunteer to do the following tasks yourself.

MODELO: —¿Quién lava las sábanas?
                —*Yo las lavo.*

1. ¿Quién barre el garaje?
2. ¿Quién friega los platos?
3. ¿Quién limpia el cuarto de baño?
4. ¿Quién corta el césped?
5. ¿Quién pasa la aspiradora?
6. ¿Quién sacude los muebles?
7. ¿Quién va a lavar la ropa?
8. ¿Quién prepara la comida?

💡 **LEARNING TIP**

Save a small part of your study sessions to learn things through repetition. This will help embed the material in your long-term memory.

C. With a partner, take turns answering the following questions, basing your answers on the illustrations. Use direct object pronouns in your responses.

1. ¿A qué hora llama Sara a Luis?
2. ¿Cuándo tiene que llamar Luis a Sara?
3. ¿Pepe puede llevar a los chicos a casa?
4. ¿Dónde tiene Pepe los libros?

5. ¿Quién abre la puerta?
6. ¿Quién sirve el café?
7. ¿Quién bebe el refresco?
8. ¿Quién tiene las cartas?

Para conversar

 A. Habla con tu compañero. You and your partner play the roles of two roommates that are planning their weekend activities. Take turns answering the following questions, using appropriate direct object pronouns.

1. ¿Quieres dar la fiesta el viernes o el sábado?
2. ¿Vamos a invitar a los chicos de la clase?
3. ¿Tú puedes comprar las bebidas?
4. Mi auto no funciona. ¿Puedes llevarme al mercado?
5. Vamos a tener que limpiar la casa. ¿Quién puede ayudarnos?
6. ¿Quién va a preparar el postre?
7. Yo no puedo ir contigo a la iglesia (church) el domingo. ¿Alguien puede llevarte?
8. Mis amigos y yo queremos ver el partido de fútbol por la tarde. ¿Y tú?

B. ¿Quién lo hace? With a partner, ask each other who does what around the house with other members of the family, etc.

MODELO: —¿Quién friega los platos?
—*Mi mamá los friega.*

www

**Estructuras:
Compruebe**
Self-Test

Así somos

¿Qué dice Ud.?

What would you say in the following situations? What might the other person say? Act out the scenes with a partner. Take turns playing each role.

1. You and your roommate are trying to divide household chores. Volunteer for those chores that you want to do.

2. Tell a friend about two or three members of your family and make comparisons between them and yourself. Talk about age, physical characteristics, etc.

3. You complain about chores that certain people in your family don't do.

4. You are trying to sell or rent your house or apartment. Describe it to a prospective buyer, by giving as many details as possible.

Para conocernos mejor

To do this activity, work with a classmate whom you would like to get to know. Take turns asking and answering these questions.

1. ¿Te gusta hacer los quehaceres de la casa? ¿Cuáles no te gusta hacer?

2. En tu casa, ¿quién friega los platos? ¿Quién barre la cocina? ¿Quién saca la basura?

3. ¿Te ayuda alguien a arreglar tu cuarto? ¿Quién? ¿Siempre pones las cosas en su lugar?

4. ¿Te gusta hacer las compras en el mercado? ¿Qué días las haces?

5. ¿Prefieres pasar la aspiradora o trapear el piso?

6. ¿Prefieres cortar el césped o limpiar el baño?

7. ¿Algunos de tus parientes viven en otras ciudades? ¿Vas a visitarlos? ¿Ellos te visitan?

8. ¿Tienes primos? ¿Tienes sobrinos? ¿Tienes cuñados?

9. ¿Tú sabes tocar algún instrumento musical? ¿Te gusta el piano o prefieres la guitarra?

10. ¿Qué ciudades norteamericanas conoces? ¿Cuáles quieres conocer?

Una encuesta

Interview your classmates to identify who fits the following descriptions. Include your instructor, but remember to use the **Ud.** form when addressing him/her. After finishing the survey, get together with two or three classmates and discuss the results.

	Nombre
1. *Visita a sus suegros los domingos.*	_____
2. *Es el (la) nieto(-a) favorito(-a) de sus abuelos.*	_____
3. *Tiene muchos parientes.*	_____
4. *Toma un taxi a veces.*	_____
5. *Conduce muy bien.*	_____
6. *Sabe bailar salsa.*	_____
7. *Piensa ir de viaje el año próximo.*	_____
8. *Esconde cosas debajo de la cama.*	_____

Al escuchar...

Estrategia

 Listening in order to report. Here is a simulated but quite realistic situation. Everybody in your household has been discussing the need for extra cleaning help as you are all very busy. You will be listening to a commercial on cleaning services. Take mental notes from this radio commercial to discuss it with your housemates when you return home. You will need this information to carry out the following **Al conversar...** activity.

Al conversar...

Estrategia

 Restating authentic speech in your own words. Get together with two classmates. Today they happen to be your housemates also! You all heard the radio commercial. Through a conversation, each should present aspects of what they heard, the choices, what each wants, and come to some decision on what steps to take on that information.

Para escuchar

Your instructor will read some information about Isabel and Jorge. After reading it twice, he/she will make statements about them. On a sheet of paper, write numbers one to six and indicate whether each statement is true (**verdadero**) or false (**falso**).

Para crear

 In groups of three or four, look at the photo and use your imagination to create a story about the people in the picture. Give them names and ages. What is their relationship to each other? What are they doing?

¡Vamos a leer!

 Estrategia | **Antes de leer**

A. Purpose in rereading. When you set out to read a magazine or newspaper you can scan its contents, for example, by previewing the table of contents or by leafing through the pages. Then you can zero in on the articles or information that you'd like to read first or in depth. When rereading some text, you may have other, perhaps more specific purposes.

1. Read the following interview with Andy García to find out what the interview is about and to answer the questions below.

2. Then reread the interview with the purpose of summarizing it.

B. As you read the article find the answers to the following questions.

1. ¿Qué dice Andy García de Miami?
2. ¿Cuántos primos tienen sus hijos en Miami?
3. ¿Qué otra persona de su familia vive allí (*there*)?
4. ¿Qué placer le dan sus hijos?
5. ¿Qué usa como ejemplo para sus hijos?
6. ¿Cuál es el legado más importante que aspira a dejarles?
7. ¿Cuál es el principal deber de un padre?

A leer

Con el son en las venas

Fragmento de una entrevista con Andy García en la revista Selecciones.

often — **Selecciones:** Viene a Miami a menudo,° ¿qué significa esta ciudad para usted?

García: Es mi centro, el núcleo familiar para mí y mis hijos. Si no estoy trabajando en el verano, siempre vengo porque las muchachas están de vacaciones. Aquí mis hijos tienen 21 primos, en un radio de diez manzanas.° Para mí es muy importante mantener esa conexión porque vivimos lejos.° Mi madre aún vive aquí, y además hay una alta concentración de cultura cubana e hispana, que disfruto° mucho. Además, tengo amigos y me gusta compartir con ellos.

city blocks
far
I enjoy

Selecciones: ¿Qué es lo que más gusto° le ha dado en la vida?

joy

García: Mi familia y mis hijos son los que me dan el placer más grande. Verlos florecer, verlos crecer° y tener una buena relación con ellos. Como padre, ésa es la relación más fuerte y verdadera que tengo en mi vida.°

grow
life

Selecciones: ¿Qué lección de sus padres trata de transmitirles a sus hijos?

García: Obviamente, les inculco los valores que me dieron mis padres. Quizá° lo más importante es que trato de darles un ejemplo con mi propia° vida.

Perhaps
own

Selecciones: ¿Cuál es el legado más importante que aspira a dejarles?

García: Haber sido° un buen padre. Estar cuando me necesitan y ser parte de su vida. Ése es el principal deber° de un padre.

Having been
duty

Después de leer... desde su mundo

 Interview a classmate about his or her family. You may want to adapt some of the questions asked of Andy García to your classmate's circumstances.

¡Vamos a escribir!

Un resumen *(A summary).* You will summarize the interview with Andy García about his family life.

Estrategia | **Antes de escribir**

Summarizing. Besides being helpful, summarizing allows you to take charge of your learning by: (1) allowing you to put things on your own terms; and (2) by helping you to discern what you know from what you don't. You might want to address what you don't know right away or later on, depending on its immediate relevance to your purpose.

1. Summarize the interview with Andy García in your own words. Make sure you include only the main themes.
2. Support the main ideas so your statements make sense to a reader. An important device you can use is to quote someone's speech.

MODELOS: En la entrevista se dice que *(it is said that)* . . .

El entrevistador *(interviewer)* pregunta: "¿...?"

Andy García dice que...

A escribir el resumen

Write your **primer borrador** of the summary.

Estrategia | **Después de escribir**

 Before writing the final version your instructor might want you to exchange your first draft with a classmate and peer edit each other's work using some of the following guidelines:

• use of the personal **a**
• direct object pronouns
• subject-verb agreement
• article-adjective-noun agreement
• use of **ser** and **estar**

Honduras

- Cuando Colón llegó a la costa de esta región de Centroamérica, quedó sorprendido por la profundidad (*depth*) de las aguas junto a la tierra, así que llamó al lugar Honduras. Aquí floreció el gran imperio maya unos 500 años antes de la llegada de los conquistadores. Hoy Honduras, con un área un poco mayor que la del estado de Tennessee, tiene más de 5 millones y medio de habitantes, de los cuales el 90% son mestizos de indios y españoles y un 7% son indios puros.

- Honduras es el único país centroamericano que no tiene volcanes, pero esto no es favorable para el país, pues las tierras volcánicas son, por lo general, fértiles y buenas para la agricultura. Como la economía del país se basa en la agricultura, y el 60% de la población depende de esta actividad, Honduras es hoy uno de los países más pobres de América. Sin embargo, Honduras tiene el mayor bosque de pinos, que cubre un área casi del tamaño del estado de Connecticut.

- La capital de Honduras es Tegucigalpa, palabra compuesta de dos voces indígenas que significan colina de plata (*silver*). La mayor atracción turística del país es Copán, una ciudad maya que existió hace unos dos mil años y de la que sólo quedan ruinas. Estas ruinas no son tan grandes como las de Tikal, en Guatemala, pero son muy hermosas.

La ciudad capital

La imaginación artística

De la escuela pictórica paisajista (*landscape painting*) a la cinematografía hondureña.

Pintura *(Painting)* de José Antonio Velázquez, *San Antonio de Oriente,* ciudad clave *(key)* para comprender *(understand)* la obra del autor.

Max Hernández, fotógrafo de fama internacional

Vista panorámica de Tegucigalpa

Nicaragua

- Nicaragua, con un área un poco mayor que la del estado de Nueva York, es el país más extenso de la América Central, pero menos de una décima parte de su territorio es cultivable. Nicaragua es la tierra de los lagos (*lakes*) y de los volcanes. Dos grandes lagos, el Nicaragua y el Managua, casi dividen el país en dos. El lago Nicaragua es el mayor lago de agua dulce (*fresh*) de centroamérica, y en él hay tiburones (*sharks*) y otros peces que sólo viven en agua salada en otras regiones.

- La mayor parte de su población vive en el oeste del país, junto a los lagos Nicaragua y Managua, y al océano Pacífico. Allí están las tres ciudades más importantes del país: Managua, la capital, León y Granada. La mitad de su territorio próxima al océano Atlántico está muy poco poblada porque en su mayor parte no es cultivable.

- La economía de Nicaragua se basa en la agricultura, y sus principales productos de exportación son café, algodón (*cotton*), carne de res (*beef*) y madera (*wood*). El país tiene una selva virgen mucho más extensa que la de Costa Rica, pero lamentablemente no está debidamente (*duly*) protegida contra su explotación excesiva.

- Nicaragua tiene las condiciones naturales necesarias para atraer el turismo, pero la inestabilidad política y la falta (*lack*) de buenas comunicaciones mantienen el país fuera de las rutas turísticas.

Impacto universal de las letras nicaragüenses

Rubén Darío (1867–1916), iniciador del Modernismo, movimiento literario iberoamericano

Ernesto Cardenal (1925–), poeta y teólogo (*theologian*) de la liberación

Ciudades

Vista de Granada, ciudad de arquitecturas colonial y neoclásica.

Vista de Managua, paradójica "ciudad campestre" (*countrylike city*).

El concepto de la "república bananera"[1]

Lavando y pesando
(weighing) bananas

Publicidad *(Advertisement)* de la empresa Chiquita, exportadora
de bananas *(plátanos)* a EE.UU.

Nuestro panorama cultural

In groups of three, answer the following questions about your home state, region, or country.

1. ¿Vive Ud. cerca del mar o de algún río o lago?
2. ¿Es muy poblada la zona donde Ud. vive? ¿Cuál es la región más poblada de su estado?
3. ¿Tiene productos agrícolas su región? ¿Cuáles son los productos típicos de su región?
4. ¿Los turistas visitan mucho su región? ¿Cuáles son las atracciones principales?
5. ¿Tiene un artista favorito? ¿Quién es? ¿Conoce Ud. algunos artistas de su región o de su comunidad?
6. ¿Qué personas de su ciudad son famosas?

For the next class: Go to the World Wide Web and find photos from your hometown, state, or country. Use the questions from **Nuestro panorama cultural** above as guidelines for choosing them. Be ready to present the photos to your classmates.

---

[1] **"república bananera"** = *"Banana republic"*

SELF-TEST
Lecciones 4-6

Take this test. When you have finished, check your answers in the answer key provided in Appendix D. Then use a red pen to correct any mistakes you may have made. Are you ready?

Lección 4

A. Pronouns as objects of prepositions. Complete the following sentences, using the Spanish equivalent of the words in parentheses.

1. La comida es para _____. (*me*)
2. Eduardo habla mucho de _____. (*you, fam.*)
3. Hay dos libros para _____. (*them*)
4. Los vasos son para _____. (*us*)
5. ¿Quieres comer _____? (*with me*)
6. Voy a dejar (*leave*) los discos compactos _____. (*with you, fam.*)

B. Contractions. Complete the following sentences, using the Spanish equivalent of the words in parentheses.

1. Necesito llamar _____. (*Mr. Estrada*)
2. Yo vengo _____. (*from the hospital*)
3. ¿Tú vienes _____? (*from the beach*)
4. Eduardo lleva _____ a la fiesta. (*the girls*)
5. El vaso es _____. (*Mr. Soto's*)

C. Present indicative of the irregular verbs ir, dar, and estar. Complete the following sentences, using the present indicative of **ir, dar,** or **estar,** as appropriate.

1. Yo no _____ al concierto con mis amigos.
2. Nosotros _____ una fiesta aquí hoy.
3. Mi hermana _____ en su casa.
4. ¿Dónde _____ el ponche?
5. Las chicas _____ a la fiesta con sus amigos.
6. Tus primos no _____ mucho dinero para los pobres (*poor*).
7. Yo _____ cansado.
8. ¿Adónde _____ tus padres hoy?
9. ¿Dónde _____ tú ahora?
10. Yo no _____ mi número de teléfono.

D. Ir a + infinitive. Form sentences that tell what is and is not going to happen. Use the given elements.

1. yo / no hablar / con mi mamá / hoy
2. mis hijos / estudiar / en Guadalajara
3. mi amiga / leer / libro

4. Uds. / traer / los discos compactos

5. tú / bailar / en la fiesta

6. nosotros / no brindar / con vino

E. Present indicative of e:ie stem-changing verbs. Complete the following sentences, using the present indicative of the verbs in the list, as necessary.

entender	cerrar	empezar	preferir
pensar	querer	perder	comenzar

1. Mi primo no _____ beber café.

2. Nosotros no _____ la Lección 2.

3. Ella siempre _____ mucho dinero en Las Vegas.

4. ¿Tú _____ la ventana?

5. Las clases _____ hoy.

6. Nosotros _____ a bailar ahora.

7. Yo no _____ trabajar el domingo.

8. Luis y yo _____ beber café.

F. Expressions with tener. Write the Spanish equivalent of the words in parentheses.

1. Mis primos _____. (*are in a hurry*)

2. Yo _____, pero _____. (*am not hungry / am very thirsty*)

3. Nosotros vamos a abrir la ventana porque _____. (*we are hot*)

4. Las chicas _____. (*are very sleepy*)

5. ¿Tú _____, Anita? (*are afraid*)

6. Ud. _____, Srta. Peña, María _____. (*are right / is ten years old*)

G. Just words . . . Choose the word or phrase that best completes each sentence.

1. Yo voy a (dar, pasar, abrazar) cinco días en Puerto Rico.

2. Las dos chicas hablan (entonces, a la vez, bienvenidas).

3. La fiesta (prepara, piensa, empieza) a las nueve de la noche.

4. Tengo sed. Quiero (comida, abrazo, agua).

5. Mi (abuela, hija, tía) Marta es la hermana de mi mamá.

6. Voy a hablar con mi (sobrino, cuarto, habitación).

7. Quiero ir a un (teatro, concierto, partido) de fútbol.

8. Estamos (cansados, aturdidos, invitados) a la fiesta de Navidad.

9. Trabaja mucho; siempre está (triste, ocupado, aburrido).

10. Voy a (bailar, pensar, sacar) una foto.

H. Culture. Circle the correct answer, based on information from this lesson.

1. En Latinoamérica y en España (existe, no existe) mucha separación entre las generaciones.

2. Además del cumpleaños, muchos hispanos celebran su (baile, santo).

3. La segunda ciudad más grande de México es (Guanajuato, Guadalajara).

4. Diego Rivera es un famoso (pintor, músico) mexicano.

Lección 5

A. Comparative forms. Form sentences, using the elements provided. Use the comparative or the superlative, as appropriate.

1. mi hermano / estudiante / más / inteligente / clase
2. la Lección 2 / menos / interesante / la Lección 7
3. mi novia / más / bonita / tu novia
4. mi primo / más / guapo / familia
5. el profesor Paz / tener / menos / veinte estudiantes
6. mi sobrino / tan / alto / yo

B. Irregular comparative forms. Complete the following sentences, using regular or irregular comparative forms, as appropriate.

1. Un hotel es _____ que una casa.
2. El profesor Alvarado habla español _____ que sus estudiantes.
3. Eva tiene "A" en literatura; Beto tiene "C" y Cora tiene "F".
   Eva es la _____ estudiante y Cora es la _____ estudiante.
4. Yo tengo treinta años y Raquel tiene doce años. Yo soy _____ que Raquel;
   ella es _____ que yo.
5. Un libro es _____ que un escritorio.

C. Present indicative of o:ue stem-changing verbs. Complete the following sentences, using the present indicative of the verbs in the list, as appropriate.

recordar	almorzar	costar	dormir
contar	volver	poder	llover

1. ¿Cuánto _____ el libro?
2. Ellos no _____ ir hoy.
3. ¿_____ Ud. cuál es el número de teléfono de Claudia?
4. Yo _____ de uno a veinte en francés.
5. Tengo hambre. ¿A qué hora _____ (nosotros)?
6. ¿Cuándo _____ tú a Guatemala?
7. En Oregón _____ mucho.
8. ¿_____ usted bien, señora?

D. Present progressive. Write sentences saying what *is happening,* using the verbs in the list.

pedir	comer	hablar	leer	decir	dormir

1. ella / que nosotros necesitamos más dinero
2. yo / con mi abuela en español
3. nosotros / un libro muy bueno
4. ¿qué / tú? / ¿Biftec?
5. Luis / en su cuarto
6. los chicos / dinero

E. Uses of ser and estar. Form sentences, using the elements provided and the appropriate forms of **ser** or **estar**. Add the necessary connectors.

1. Elsa / mamá / Marcela
2. restaurante Miramar / calle Siete
3. ¡Mmmm! / el pollo / delicioso
4. Roberto / de México / pero ahora / en Guatemala
5. café / frío
6. escritorio / metal
7. hoy / lunes
8. Elvira / profesora de español
9. fiesta / casa / Armando
10. Mariana / muy inteligente
11. ellos / cansados
12. mi suegra / guatemalteca

F. Weather expressions. Complete the following sentences appropriately.

1. Necesito un paraguas. _____ mucho en este momento.
2. ¿No te vas a poner el abrigo? ¡Brrr! _____.
3. No necesito el suéter. ¡_____!
4. En Alaska _____ mucho en el invierno.
5. Necesitas el sombrero. Hoy _____.
6. No quiero vivir en Oregón porque allí llueve mucho y no me gusta la _____.

G. Just words . . . Choose the word or phrase that does not belong in each group.

1. frito   al horno   de postre
2. lechón   trozo   pedazo
3. torta   pescado   helado
4. esposo   primo   marido
5. verdura   pollo   legumbre
6. camarones   langosta   arroz
7. cuchara   tenedor   cuenta
8. mantel   vaso   copa
9. rico   hermoso   sabroso
10. pavo   cordero   leche
11. platillo   sal   pimienta
12. fábrica   camarero   factoría

H. Culture. Complete the following sentences, based on the information from this lesson.

1. En los países hispanos, el café se sirve después del _____.
2. Con frecuencia, la _____ está incluida en la cuenta.
3. Guatemala es el país de la eterna _____.
4. El Salvador es el país más _____ de Centroamérica.

Lección 6

A. Demonstrative adjectives and pronouns. Complete the following sentences, using the appropriate demonstrative adjectives and pronouns.

1. Yo necesito _____ escritorio, _____ silla y _____ mapas. (this / this / those)

2. _____ señor es el profesor de inglés y _____ chicas son sus estudiantes. Ellas estudian tres horas por día. _____ es muy importante. (*That over there / those over there / That*)

B. Present indicative of e:ie stem-changing verbs. Complete the following sentences, using the present indicative of the verbs in the list, as needed.

    decir (2)   servir   seguir   pedir (2)   conseguir

1. ¿A qué hora _____ ustedes la cena?
2. Nosotros siempre _____ biftec cuando vamos a ese restaurante. ¿Qué _____ tú?
3. Yo _____ libros en español en la universidad.
4. ¿Los chicos _____ en la clase de español?
5. Yo siempre _____ que Alejandro es guapo, pero Elba _____ que es feo.

C. Affirmative and negative expressions. Change the following sentences to the affirmative.

1. Ellos no van a querer nada.
2. No hay nadie en la clase.
3. No tengo ningún amigo español.
4. Ellos nunca dicen nada.
5. Yo tampoco ceno a las nueve.
6. Jamás tiene los libros que necesita.
7. No puedes ir ni al cine ni al teatro.
8. Ellos nunca quieren nada tampoco.

D. Verbs with irregular first-person forms. Complete the following sentences, using the present indicative of the verbs in the list, as needed.

    traducir   hacer   conocer   saber   salir
    poner   caber   ver   traer   conducir

1. Yo _____ un Ford, modelo 2000.
2. Yo no _____ dónde está el hotel.
3. Yo no _____ en este taxi. ¡Hay ocho personas!
4. Yo siempre _____ de mi casa a las siete de la mañana.
5. Yo _____ las lecciones del inglés al portugués.
6. Yo no _____ los pasaportes. ¿Dónde están?
7. Yo no _____ nada los domingos.
8. Yo nunca _____ las sillas aquí.
9. Yo no _____ California.
10. Yo _____ a mi amigo Carlos a la universidad.

E. **Saber** vs. **conocer.** Form sentences, using **saber** or **conocer.**

1. nosotros / que ella es su novia
2. yo / a Teresa / pero / no / dónde vive
3. Peter / Madrid / pero / no / hablar español
4. los chicos / no / los poemas / de memoria

F. **Direct object pronouns.** Answer the following questions in the negative. Substitute direct object pronouns for the direct objects.

1. ¿Tú quieres comprar el libro?
2. ¿Tú llamas a tus amigos todos los días?
3. ¿Uds. sirven la cena a las siete?
4. ¿Tú tienes los pasaportes de Héctor?
5. ¿Sergio te va a llevar a la fiesta?
6. ¿Ustedes pueden llevarme a la casa de mis padres? (*Use* **tú** *form.*)
7. ¿Tú conoces a las primas de Isabel?
8. ¿Tú necesitas las sábanas blancas?
9. ¿El profesor los lleva a Uds. a la biblioteca?
10. ¿Tú puedes llevarnos a mí y a Jorge a la casa del profesor?

G. **Just words . . .** Match the questions in column A with the answers in column B.

A	B
1. ¿Para qué quieres la escoba?	a. Sí, es la esposa de mi hermano.
2. ¿Qué estás planchando?	b. Sí, y tú puedes doblarla.
3. ¿Tocan a la puerta?	c. Sí, pero yo no estoy de acuerdo.
4. ¿Qué vas a comprar en el mercado?	d. La revista de Eva.
5. ¿Elisa es tu cuñada?	e. Porque estoy triste…
6. ¿Qué estás leyendo?	f. ¡Nunca!
7. ¿Cuándo viene Julián?	g. Sí, voy a abrir.
8. ¿Ana dice que él es guapo?	h. Sí, es la hija de mi hermana Nora.
9. ¿Vas a lavar la ropa?	i. Los muebles de mi dormitorio.
10. ¿Cuándo te ayuda Luis?	j. Para barrer la cocina.
11. ¿Por qué suspiras?	k. La semana próxima.
12. ¿Qué vas a sacudir?	l. Para la sala de estar.
13. ¿Es tu sobrina?	m. Las camisas de papá.
14. ¿Para dónde es el sofá?	n. Sí, ¡y yo soy su nieta favorita!
15. ¿La Sra. Paz es tu abuela?	o. Carne.

H. **Culture.** Answer the following questions, based on the information from this lesson.

1. En los países de habla hispana, ¿qué retiene una mujer cuando se casa?
2. ¿Qué gran imperio floreció en Honduras 500 años antes de la llegada de los españoles?
3. Honduras no tiene volcanes. ¿Por qué no es esto favorable para el país?
4. ¿Cuál es la capital de Honduras?
5. ¿Cuál es la mayor atracción turística de Honduras?

En un hotel
Una familia panameña en Costa Rica

OBJETIVOS

Comunicación
You will learn vocabulary related to checking in at a hotel, asking about accommodations, and about tourism.

Pronunciación
The Spanish **ll** and **ñ**

Estructuras
- Indirect object pronouns
- Constructions with **gustar**
- Time expressions with **hacer**
- Preterit of regular verbs
- Ordinal numbers

Cultura
- Travel and currency
- Types of accommodations
- Customs related to travel
- Floor-numbering conventions

Panorama hispánico
- Costa Rica
- Panamá

🔑 Estrategias
Listening: Listening to authentic language
Speaking: Simplifying ideas through paraphrasing
Reading: Guessing meaning from context
Writing: Selecting topics and organizing the information

Rubén Saldaña, su esposa Beatriz y sus hijas Paola y Ariana están en un hotel en San José, la capital de Costa Rica. El Sr. Saldaña es un hombre de negocios y su esposa es maestra. Paola y Ariana son adolescentes.

EMPLEADO —¿En qué puedo servirle, señor?

RUBÉN —Me llamo Rubén Saldaña. Mi familia y yo necesitamos una habitación para cuatro personas, con dos camas dobles. Tenemos reservación. Yo llamé anteayer para confirmarla.

EMPLEADO —A ver… Rubén Saldaña… Sí, señor. Su habitación está en el tercer piso.

ARIANA —¿Los cuartos tienen televisor? Yo quiero ver mi programa favorito.

PAOLA —¿Tienen servicio de Internet? Yo necesito mandarle un mensaje instantáneo a Carolina. Hace mucho tiempo que no hablamos.

BEATRIZ —Hablaste con ella ayer. ¡Y anoche le mandaste una tarjeta postal! Ahora tenemos que llevar el equipaje al cuarto.

EMPLEADO —Tiene que dejarnos el número de su tarjeta,[1] señor. El botones puede llevar las maletas a su cuarto. (*Le da la llave.*) Aquí tiene la llave. Debe dejarla con nosotros, en la recepción, si sale del hotel.

RUBÉN —¿El hotel tiene servicio de habitación?

EMPLEADO —Sí, señor. Sirven la cena hasta las once de la noche.

BEATRIZ —Rubén… ya cenamos… ¡Y tú comiste muchísmo!

RUBÉN —Sí, pero me gusta comer algo antes de dormir…

BEATRIZ —Vamos a nuestro cuarto. ¿Dónde está el ascensor? Estoy cansada.

ARIANA —Yo voy a usar la escalera. Necesito hacer ejercicio.

PAOLA —¿El hotel tiene piscina? Yo quiero nadar un rato.

En el cuarto

ARIANA —Mamá, ¿el cuarto tiene aire acondicionado? Tengo calor.

PAOLA —No me gusta la cama. El colchón no es muy cómodo…

RUBÉN —Es tarde. Vamos a dormir. Mañana vamos a ir al jardín Lankester y al parque Braulio Carrillo.

ARIANA —¡Pero papá! ¡Estamos de vacaciones! Yo quiero mirar televisión hasta tarde…

BEATRIZ —Ariana tiene razón. A ver, Rubén… ¿Qué programas te gustan?

RUBÉN —Bueno…

ARIANA —A Paola y a mí nos gusta la película que pasan en el canal cuatro.

RUBÉN —Bueno… a mí me gusta más mirar las noticias…

BEATRIZ —A las chicas les gusta la película… ¡Y a mí también! Yo la vi el mes pasado.

RUBÉN —Buenas noches…

BEATRIZ —¿Por qué no miras la película con nosotras? Te prometo que te va a gustar. Es una comedia romántica…

RUBÉN —Hasta mañana…

---

[1]**Tarjeta** here means **tarjeta de crédito** = *credit card*. To be introduced in **Lección 8**.

¿Quién lo dice?

Identify the person who said the following in the dialogues.

1. El botones puede llevar las maletas a su cuarto. _____

2. A mí me gusta más mirar las noticias. _____

3. Yo quiero mirar televisión hasta tarde. _____

4. Rubén… ya cenamos… ¡Y tú comiste muchísimo! _____

5. No me gusta la cama. El colchón no es muy cómodo. _____

6. ¿En qué puedo servirle, señor? _____

7. ¿El hotel tiene servicio de habitación? _____

8. Yo necesito mandarle un mensaje instantáneo a Carolina. _____

9. ¿Por qué no miras la película con nosotras? _____

10. Yo voy a usar la escalera. Necesito hacer ejercicio. _____

a. el empleado

b. Rubén

c. Ariana

d. Paola

e. Beatriz

LEARNING TIP
Take advantage of any opportunity you may have to interact in conversation with a native Spanish speaker.

Para conversar

With a partner, take turns asking and answering the following questions. Base your answers on the dialogue and on your own circumstances.

1. ¿Dónde están Rubén Saldaña y su familia? ¿Tú conoces Costa Rica? ¿Adónde vas de vacaciones generalmente?

2. ¿Qué pide la familia Saldaña en el hotel? En tu cuarto, ¿tienes una cama doble o sencilla?

3. ¿En qué piso está la habitación de la familia Saldaña? En un hotel, ¿prefieres una habitación en el primer piso o en el décimo (*tenth*) piso?

4. ¿A quién quiere mandarle un mensaje instantáneo Paola? Cuando tú estás viajando, ¿les mandas mensajes electrónicos a tus amigos? ¿Les mandas tarjetas postales?

5. ¿Quién lleva las maletas al cuarto? En un hotel, ¿tú llevas tus maletas al cuarto o las lleva el botones?

6. En el hotel, ¿hasta qué hora sirven la cena? ¿A qué hora cenas tú?

7. ¿Ariana va a usar la escalera o el ascensor? ¿Por qué? ¿Tú prefieres usar el elevador o la escalera mecánica (*escalator*)?

8. ¿Qué quiere hacer Paola en la piscina? ¿Tienes piscina en tu casa? ¿Sabes nadar?

9. ¿Qué dice Paola del colchón? ¿Tu colchón es cómodo?

10. ¿Qué quieren mirar Beatriz y las chicas? ¿Qué quiere mirar Rubén? ¿Tú prefieres mirar una película o las noticias?

Cognados

la comedia comedy	**el hotel** hotel	**el servicio** service
doble double	**instantáneo(-a)** instant	**las vacaciones**[1] vacation
favorito(-a) favorite	**la reservación, la reserva** reservation	

Nombres

el (la) adolescente teenager
el aire acondicionado air conditioner
el ascensor, el elevador elevator
el botones bellhop
el canal channel
la cena dinner, supper
el colchón mattress
el equipaje luggage
la escalera stairs
el hombre de negocios[2] business-man
el Internet, la Red World Wide Web
el jardín garden
la llave key
el (la) maestro(-a) teacher
la maleta, la valija suitcase
la noticia piece of news
la película movie, film
la piscina, la alberca (*Méx.*) swimming pool
el piso floor
el servicio de habitación (cuarto) room service
la tarjeta postal postcard
el televisor TV set

Verbos

cenar to have dinner, to dine
confirmar to confirm
gustar to like, to be pleasing to
mandar, enviar to send
nadar to swim
prometer to promise

Adjetivos

cómodo(-a) comfortable
pasado(-a) last
tercero(-a) third

Otras palabras y expresiones

anoche last night
anteayer the day before yesterday
antes (de) before
ayer yesterday
¿En qué puedo servirle? How may I help (serve) you?
estar de vacaciones to be on vacation
Hace mucho tiempo que no hablamos. We haven't talked for a long time.
hacer ejercicio to exercise
hasta until
muchísimo a lot
mucho tiempo a long time
pasar (dar) una película to show a movie
ya already

Venga este fin de semana

Lagunas de **TORREMOLINOS**

Km.79, *nueva Autopista a Puerto Quetzal*

---

[1]**Vacaciones** is always used in the plural in Spanish.
[2]**la mujer de negocios** = *businesswoman*

VOCABULARIO ADICIONAL

En el hotel

Para hablar de turismo

¿A cómo está el cambio de moneda? What is the rate of exchange?

la aduana customs

cancelar to cancel

con vista a overlooking

el consulado consulate

desocupar el cuarto to vacate the room

la embajada embassy

la escalera mecánica escalator

libre vacant

la lista de espera waiting list

el mar sea

el pasaporte passport

pasar por la aduana to go through customs

la habitación sencilla single room

la tarjeta de turista tourist card

viajar to travel

Práctica

A. Write the words or phrases that correspond to the following:

1. persona de 15 años, por ejemplo _____

2. elevador _____

3. valija _____

4. alberca _____

5. opuesto de **cancelar**_____

6. opuesto de **mañana** _____

7. documento que usamos para viajar_____

8. bañera _____

9. opuesto de **drama** _____

10. la primera comida del día _____

B. Circle the word or phrase that doesn't belong in each group.

1. almuerzo / cena / escalera

2. jardín / conserje / botones

3. ducha / llave / bañadera

4. equipaje / jabón / toalla

5. almorzar / cenar / nadar

6. recepción / inodoro / reservación

7. cama / canal / colchón

8. televisor / película / maestro

9. pasado / doble / sencillo

10. hacer ejercicio / prometer / correr

C. Complete the following sentences, using vocabulary from this lesson.

1. El hotel tiene aire _____.

2. Hace mucho _____ que no hablamos.

3. ¿En qué _____ servirle, señora?

4. Vamos a _____ de vacaciones en agosto.

5. ¿A cómo está el _____ de _____?

6. Tenemos que pasar por la _____ con el equipaje.

7. Quiero una habitación con _____ al mar.

8. Mi cuarto está en el tercer _____.

9. ¿Vas a llevar la cámara _____ o la cámara de _____?

10. Él es un hombre de _____ y su esposa es maestra.

**Vocabulario:
Compruebe**
Self-Test

A. The Spanish ll

In most countries, the Spanish ll has a sound similar to the *y* in the English word *yes*. Listen to your instructor and repeat the following sentences.

Me llamo Raúl Allende.

Ellos llevan las llaves.

El Dr. Llanes vive en la calle Portillo.

Las llamas llegaron del Callao.

B. The Spanish ñ

The Spanish ñ is similar to the *ny* in the English word *canyon*. Listen to your instructor and repeat the following sentences.

El señor Saldaña está en España.

La señorita Núñez viene mañana.

La señora Peña tiene treinta años.

La niña sueña con ir a la montaña.

José Luis Núñez Allende
Gerente

Tienda El Caballito
Ropa para niños

Teléfono: Calle Íñigo, 432
4-22-45-28   Barranquilla

Ubíquese... y búsquelo

The Saldaña family is staying in a hotel in San José while they visit Costa Rica. Go to **www.college.hmco.com** to find some information about hotels in San José. Find some hotels that you could recommend to the Saldañas, taking location, price, and amenities into account. In the next class, team up with two classmates to discuss your findings.

¿Lo sabía Ud.?

- La moneda (*currency*) que utilizan con más frecuencia los latinoamericanos cuando viajan fuera de su país es el dólar norteamericano. Esto se debe a que (*is due to the fact that*) es fácil cambiar dólares en la mayoría de los principales bancos de los países hispanoamericanos.

- Lo que en los Estados Unidos es el primer piso es la planta baja en los países hispanos. Entonces, el primer piso en España, por ejemplo, corresponde al segundo piso en los Estados Unidos.

- Las pensiones son muy populares en los países de habla hispana. Son más económicas que los hoteles y generalmente el precio incluye el cuarto y las comidas.

- En muchos países hispanos hay hoteles donde las habitaciones no tienen baño privado. Generalmente tienen uno o dos baños por piso. Cuando uno hace una reservación, es una buena idea preguntar "¿El cuarto tiene baño privado?". Esto debe hacerse, especialmente, en los pueblos pequeños.

- En muchos países hispanos es necesario tener una cédula (*document*) de identidad como identificación y es necesario llevarla en todo momento.

💡 LEARNING TIP

Embrace whatever cultural aspects you learn about Spanish-speaking people and societies on their own terms. Contrast them with your own cultural values, but try not to judge them up-front as better or worse than your own.

Para comparar

1. ¿Se puede cambiar dinero de otros países en los bancos de los Estados Unidos?

2. ¿Hay pensiones en los Estados Unidos? ¿Los *bed and breakfast* son equivalentes a las pensiones?

3. ¿Qué documento de identificación es el equivalente, en su país, a la cédula de identidad?

4. ¿Tienen baño privado todos los hoteles en su país? ¿Y los *bed and breakfast*?

En imágenes *Hoteles para viajes de negocios y de gran turismo*

Habitación ultramoderna de un hotel en una gran ciudad

Hoteles en Acapulco, famosa ciudad turística

Botones de un hotel en Asunción, Paraguay

1 Indirect object pronouns *(Pronombres usados como complemento indirecto)*

 In addition to a subject and a direct object, a sentence may have an indirect object.

| Él **te** da **el libro**. | He gives you the book. |
| I.O.   D.O. | I.O.   D.O. |

An indirect object describes *to whom* or *for whom* an action is done. An indirect object pronoun can be used in place of an indirect object. In Spanish, the indirect object pronoun includes the meaning *to* or *for*: **Yo *les* mando los libros (a los estudiantes)**.

The forms of the indirect object pronouns are as follows. Notice that the indirect object pronouns are the same as the direct object pronouns, except in the third person.

	Singular		Plural
me	*(to, for) me*	**nos**	*(to, for) us*
te	*(to, for) you* (fam.)	**os**	*(to, for) you* (fam.)
le	*(to, for) you* (form.) *(to, for) him* *(to, for) her*	**les**	*(to, for) you* (form.) *(to, for) them* (masc., fem.)

Indirect object pronouns are usually placed in front of the conjugated verb.

—¿Qué **te** dice tu papá en la tarjeta?

—**Me** dice que viene por unos días.

"What does your Dad say to you in the postcard?"

"He tells me (says to me) that he is coming for a few days."

—¿En qué idioma **les** hablan sus padres a ustedes?

—Ellos **nos** hablan en español.

"In what language do your parents speak to you?"

"They speak to us in Spanish."

¡Guau, guau!

Siempre **les** habla en español.

In sentences with a conjugated verb followed by an infinitive, the indirect object pronoun may either be placed in front of the conjugated verb or be attached to the infinitive.

Le quiero dar dinero.
Quiero dar**le** dinero. } *I want to give him money.*

When used in sentences with the present progressive, an indirect object pronoun may either be placed in front of the conjugated verb or be attached to the present participle.

Nos está diciendo	que viene hoy.	*He is telling us that*
Está diciéndo**nos**[1]	que viene hoy.	*he is coming today.*

ATENCIÓN: The indirect object pronouns **le** and **les** sometimes require clarification when the person to whom they refer is not specified. Spanish provides clarification (or emphasis) by using the preposition **a** + *personal pronoun or noun.*

Le doy el pasaje.	*I am giving the ticket . . .*
	(to him? to her? to you?)
but: **Le** doy el pasaje **a ella**.	*I am giving the ticket to her.*

Note, however, that the prepositional phrase is optional, while the indirect object pronoun must always be used.

Le traigo un libro a **Roberto**.	*I am bringing a book to Roberto.*
¿**Les** vas a dar el dinero **a ellas**?	*Are you going to give the money to them?*

Práctica

A. You are at a hotel waiting for a friend to arrive and you overhear some people making the following comments. Complete their sentences with the appropriate indirect object pronouns.

1. _____ dan las llaves. (a nosotros)
2. _____ doy el equipaje. (a ellos)
3. _____ doy la maleta. (a él)
4. _____ doy las tarjetas postales. (a ella)
5. _____ traigo la cámara fotográfica. (a Uds.)
6. _____ piden el pasaporte. (a ella)
7. _____ traigo la cámara de video. (a ti)
8. _____ traen el periódico. (a él)
9. _____ decimos "gracias". (a ellos)
10. _____ dan las bebidas. (a mí)

B. Add the appropriate indirect object pronouns to the following exchanges, and then act them out with a partner.

1. —¿Quién _____ va a traer las tarjetas de turista a Uds.?
   —Rogelio, y yo voy a dar_____ el pasaporte a él.

2. —¿ _____ vas a escribir a tus padres, Rosita?
   —Sí, _____ voy a mandar una tarjeta postal.

3. —¿En qué idioma _____ hablan tus padres a ti?
   —_____ hablan en portugués.

4. —¿Qué _____ vas a traer a Sergio y a mí, tía Isabel?
   —_____ voy a traer dos cámaras fotográficas.
   —¿Y a Elsa?
   —A ella voy a traer_____ una cámara de video.

---

[1]When an indirect object pronoun is attached to a present participle, an accent mark is added to maintain the correct stress.

C. With a partner, take turns asking each other what the people depicted here do or are going to do. Remember to use the appropriate indirect object pronouns in your questions and answers.

Eva y Sara

Juan

1. dar

Olga

Andrés

2. dar

Ana

Paco

3. dar

Paco   sus padres

4. dar

el camarero

Pedro

5. traer

el camarero

Nora   Luis

6. traer

D. The following people are going on a trip and need certain items. Say who is going to give, bring, or buy the things they need.

> **MODELO:**   Oscar necesita un mapa.
> *El papá de Oscar le va a traer (comprar, dar) el mapa.*

tu mamá	el amigo de…	mi hermano
nuestros amigos	el papá de…	la abuela de…
los chicos	el novio de…	su esposo(-a)

1. Yo necesito las maletas.
2. Teresa necesita el pasaporte.
3. Tú necesitas una valija.
4. Ana y yo necesitamos ropa.

5. Carlos necesita una cámara de video.
6. Los chicos necesitan una cámara fotográfica.
7. Olga y Pedro necesitan dinero.
8. Ud. necesita una tarjeta postal.

Para conversar

A. Habla con tu compañero. You are going on a trip to Panamá to visit your aunt and uncle. Discuss with a classmate what you are doing now and what you are going to do once you get there.

1. ¿Les estás escribiendo a tus tíos de Panamá?
2. ¿Qué les estás diciendo?
3. ¿Qué les vas a llevar a tus tíos?
4. ¿Tu papá te va a dar su cámara fotográfica?
5. ¿Nos vas a escribir desde (*from*) Panamá?
6. ¿Me vas a dejar la llave de tu casa?
7. ¿Qué les vas a traer a tus padres?
8. ¿Qué me vas a traer a mí?

B. De Costa Rica. You and your partner are going on a trip to Costa Rica. Ask each other what you are going to bring people as gifts.

1. a tu mamá
2. a tus hermanos
3. a tu mejor amigo(-a)
4. a tus compañeros de clase
5. a tus tíos favoritos

2 Constructions with **gustar** (*Construcciones con* **gustar**)

The verb **gustar** means *to like* (literally, *to be pleasing to*). **Gustar** is always used with an indirect object pronoun (**me** in the following example).

Me gusta tu casa.	I like your house.
I.O. V. S.	S. V. D.O.
	Your house is pleasing to me.
	S. V. I.O.

The two most commonly used forms of **gustar** are the third-person singular form, **gusta**, used if the subject is singular or if **gustar** is followed by one or more infinitives; and the third-person plural form, **gustan**, used if the subject is plural.

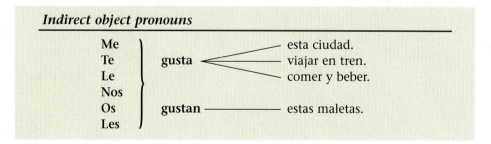

Indirect object pronouns

Me / Te / Le / Nos / Os / Les → gusta → esta ciudad. / viajar en tren. / comer y beber.
→ gustan → estas maletas.

Note that the verb **gustar** agrees with the *subject* of the sentence—that is, with the person or thing being liked.

Me gusta **Lima**. — *I like Lima.*
No me gust**an** **esas maletas**. — *I don't like those suitcases.*

👁 **ATENCIÓN:** When what is liked is an activity, **gustar** is followed by the infinitive.

Me gusta **ir** al cine. — *I like to go to the movies.*

Bla, bla, bla...

Le gusta hablar por teléfono.

The person who does the liking is the indirect object.

Me gustan los hoteles de esta ciudad.
  I.O.

—¿**Te** gusta Panamá?   *"Do you like Panamá?"*
—Sí, **me** gusta **mucho** Panamá,   *"Yes, I like Panamá very much,*
  pero **me** gusta **más** Guatemala.   *but I like Guatemala better."*

—A Eva **le** gusta México y **a**   *"Eva likes México and we*
  nosotros nos gusta Costa Rica.   *like Costa Rica."*

ATENCIÓN: Note that the words **mucho** and **más** (*better*) immediately follow **gustar**.

The preposition **a** + *noun* or *pronoun* may be used to emphasize or specify the name of the person referred to by the indirect object pronoun.

A Eva (**A ella**) **le** gusta nadar   *Eva (She) likes to swim and*
  y **a mí** me gusta bailar.   *I like to dance.*

Práctica

 A. You have used certain constructions with **gustar** (**me gusta, te gusta**). To review, get together with a partner and ask each other whether or not you like the following things.

1. la comida mexicana (italiana) (china)
2. la cerveza (el vino)
3. el rojo (el azul)
4. la playa (la montaña)
5. nadar (correr)
6. ir al cine (ir al teatro)
7. cantar (bailar)
8. el béisbol (el tenis)

If you address someone as **usted**, **le** is used instead of **te**. Now choose questions from the list above to ask your instructor.

B. Rewrite the following sentences, using constructions with **gustar**.

MODELO: Yo prefiero Punta Arenas.
              A mí **me gusta más** *Punta Arenas.*

1. Yo prefiero las ciudades grandes.
2. Marcelo prefiere los hoteles pequeños.
3. Ellos prefieren pasar las vacaciones en México.
4. ¿Ud. prefiere viajar en ómnibus o en avión (*plane*)?
5. Adela prefiere ir al zoólogico.
6. Nosotras preferimos ir al teatro.
7. ¿Uds. prefieren la comida italiana?
8. Nosotros preferimos comer comida mexicana.

C. Interview a classmate to find out what the following members of his or her family like and don't like to do on weekends. When you have finished, switch roles.

MODELO: —A tus hermanas, ¿qué les gusta hacer? ¿Qué no les gusta hacer?
    —*A mi hermana le gusta muchísimo ir a bailar. No le gusta trabajar.*

1. a ti
2. a tus hermanos
3. a tu padre

4. a Uds.
5. a tus primos
6. a tu mamá

D. Look at the illustrations below and say what these people like (or don't like) and what they like (or don't like) to do.

MODELO:

A Juan le gusta leer.

1. _____

2. _____

3. _____

4. _____

5. _____

6. _____

7. _____

Para conversar

 A. Habla con tu compañero. Interview a classmate, using the following questions. When you have finished, switch roles.

1. ¿Dónde te gusta pasar tus vacaciones?
2. ¿Te gustan más las ciudades grandes o las ciudades pequeñas?
3. ¿Te gusta más ir a un museo o a un parque de diversiones?
4. ¿Qué les gusta hacer a tus amigos los fines de semana?
5. ¿A Uds. les gusta bailar? ¿cantar?
6. ¿A tu mejor amiga le gustan las canciones de Enrique Iglesias?
7. ¿Qué estación del año te gusta más?
8. ¿Qué te gusta hacer cuando llueve?

B. ¿Y a usted? With a partner, prepare four questions to ask your instructor about his or her likes and dislikes.

C. Para comparar. Compare your likes and dislikes with those of two classmates. Consider your tastes in food, music, weekend activities, classes, and travel.

3 Time expressions with **hacer** (*Expresiones de tiempo con el verbo **hacer***)

■ English uses the present perfect progressive or the present perfect tense to express how long something has been going on.

> *I have been living here for twenty years.*

■ Spanish uses the following construction.

> **Hace** + *length of time* + **que** + *verb* (in the present tense)
> Hace   veinte años   que   vivo aquí.

—¿**Cuánto tiempo hace que** Ud. estudia español? | *"How long have you been studying Spanish?"*
—**Hace** tres meses **que** estudio español. | *"I have been studying Spanish for three months."*

—¿Tienes mucha hambre? | *"Are you very hungry?"*
—¡Sí! **Hace** ocho horas **que** no como. | *"Yes! I haven't eaten for eight hours."*

 ATENCIÓN: To ask how long something has been going on, use the expression ¿**Cuánto tiempo hace que...?**

 LEARNING TIP

Note that just as with some weather expressions (**hace calor**, **hace frío**, etc.), **hace** is used with time expressions in Spanish (**hace mucho tiempo**, **hace tres meses**, and so on).

¿Cuánto tiempo hace que no tiene vacaciones?

¡Le sugerimos un viaje a Costa Rica!

Práctica

Tell how long each action depicted below has been going on. Use **hace... que** and the length of time specified.

1. veinte minutos

2. tres años

3. una hora

4. dos horas

5. siete horas

6. quince días

Para conversar

 A. Habla con tu compañero. Interview a classmate, using the following questions and two questions of your own. When you have finished, switch roles.

1. ¿Cuánto tiempo hace que vives en la misma (*same*) casa?
2. ¿Cuánto tiempo hace que estudias aquí?
3. ¿Cuánto tiempo hace que trabajas en esta ciudad?
4. ¿Cuánto tiempo hace que hablas español?
5. ¿Cuánto tiempo hace que no comes?
6. ¿Cuánto tiempo hace que no ves a tus padres?
7. ¿Cuánto tiempo hace que conoces a tu mejor amigo(-a)?
8. ¿Cuánto tiempo hace que no tienes vacaciones?

B. Queremos saber... In groups of three, prepare six questions to ask your instructor, using time expressions with **hacer**. You may want to use the verb **enseñar** (*to teach*) in your questions.

4 Preterit of regular verbs (Pretérito de verbos regulares)

Spanish has two simple past tenses: the preterit and the imperfect. (The imperfect tense will be studied in **Lección 10.**) The preterit tense is used to refer to actions or states that the speaker views as completed in the past.

The preterit of regular verbs is formed as follows. Note that the endings for the **-er** and **-ir** verbs are the same.

-ar *verbs*	-er *verbs*	-ir *verbs*
tomar *to take*	comer *to eat*	escribir *to write*
tomé	comí	escribí
tomaste	comiste	escribiste
tomó	comió	escribió
tomamos	comimos	escribimos
tomasteis	comisteis	escribisteis
tomaron	comieron	escribieron

—¿**Hablaste** con Silvia ayer?   *"Did you speak with Silvia yesterday?"*

—Sí, **comí** con ella en la cafetería.   *"Yes, I ate with her in the cafeteria."*

—¿Le **escribió** Roberto?   *"Did Roberto write to her?"*

—Sí, **recibió** una tarjeta de él ayer.   *"Yes, she received a card from him yesterday."*

The first-person plural of **-ar** and **-ir** verbs is identical to the present tense forms.

—¿A qué hora salieron Uds.?   *"What time did you leave?"*

—**Salimos** de casa a las seis y no **llegamos** hasta las siete.   *"We left home at six, and we didn't arrive until seven."*

Verbs ending in **-gar**, **-car**, and **-zar** change **g** to **gu**, **c** to **qu**, and **z** to **c** before **-é** in the first-person singular of the preterit: **pagar → pagué**; **buscar** (*to look for*) **→ busqué**; **empezar → empecé**.

—¿A qué hora **llegaste** al hotel?   *"What time did you arrive at the hotel?"*

—**Llegué** a las ocho y **empecé** a trabajar enseguida.   *"I arrived at eight and I started to work right away."*

Certain **-er** and **-ir** verbs with the stem ending in a vowel change **i** to **y** in the third-person singular and plural endings: **leer → leyó, leyeron**; **creer → creyó, creyeron**.

Él lo **leyó** en el periódico, pero no lo **creyó**.

■ Verbs of the **-ar** and **-er** groups that are stem-changing in the present indicative are regular in the preterit.

Rosa **volvió** a las seis y **cerró**   *Rosa returned at six o'clock*
   las puertas.   *and closed the doors.*

■ Spanish has no equivalent for the English word *did* used as an auxiliary verb in questions and negative sentences.

—¿Encontraste el dinero?   *"Did you find the money?"*
—No lo busqué.   *"I didn't look for it."*

Práctica

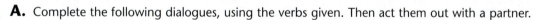

A. Complete the following dialogues, using the verbs given. Then act them out with a partner.

1. hablar / hablar /   —¿Tú _____ por teléfono con tus suegros ayer?
    llamar / charlar   —Sí, _____ con ellos. Los _____ por la mañana y _____ hasta las once.

2. volver / volver /   —¿A qué hora _____ Uds.?
    volver / volver   —Yo _____ a las cuatro y Mario _____ a las seis. ¿A qué hora _____ tú?
                       —A las siete.

3. recibir / mandar /   —¿_____ (tú) las tarjetas que yo te _____?
    recibir   —No, no las _____.

4. llegar / llegar /   —¿A qué hora _____ Ud., señorita?
    comenzar   — _____ a las nueve y _____ a trabajar a las nueve y media.

5. cerrar / cerrar /   —¿ _____ Uds. las puertas?
    abrir   —Sí, _____ las puertas y _____ las ventanas.

B. With a partner, ask each other questions about what the following people purchased and how much each item cost.

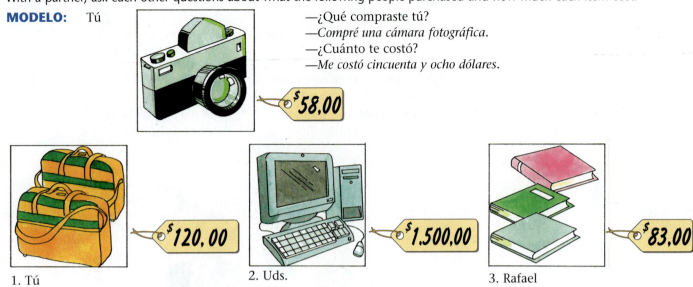

MODELO: Tú

—¿Qué compraste tú?
—*Compré una cámara fotográfica.*
—¿Cuánto te costó?
—*Me costó cincuenta y ocho dólares.*

$58.00

$120,00   1. Tú

$1.500,00   2. Uds.

$83,00   3. Rafael

$1,20   4. Ana y Eva

$40,00   5. Alicia

Para conversar

A. Habla con tu compañero. With a partner, take turns asking and answering the following questions.

1. ¿Qué comiste ayer?
2. ¿Qué bebiste?
3. ¿Estudiaste español anoche?
4. ¿A qué hora saliste de tu casa?
5. ¿A qué hora llegaste a tu primera clase?
6. ¿Trabajaron tus amigos ayer?
7. ¿Dónde almorzó tu mejor amigo(-a)?
8. ¿A qué hora volviste a tu casa?
9. ¿Leíste el periódico ayer?
10. ¿A qué hora cenaste ayer?

B. ¿Qué hiciste tú…? With a partner, use the verbs listed to ask each other what you did yesterday and last night (**anoche**).

MODELO: —¿Dónde almorzaste ayer?
            —*Almorcé en la cafetería.*

almorzar	leer	practicar
cenar	llegar	salir
cerrar	mandar	trabajar
conversar	mirar	ver
volver	pagar	buscar
escribir		

5 Ordinal numbers *(Números ordinales)*

primero(-a)[1]	*first*	**sexto(-a)**	*sixth*
segundo(-a)[1]	*second*	**séptimo(-a)**	*seventh*
tercero(-a)[1]	*third*	**octavo(-a)**	*eighth*
cuarto(-a)	*fourth*	**noveno(-a)**	*ninth*
quinto(-a)	*fifth*	**décimo(-a)**	*tenth*

Ordinal numbers agree in gender and number with the nouns they modify.

el segundo **chico**   la segunda **chica**
los primeros **días**   las primeras **semanas**

Ordinal numbers are seldom used after **décimo** (*tenth*).

👁 **ATENCIÓN:** The ordinal numbers **primero** and **tercero** drop the final **-o** before masculine singular nouns.

el **primer**[2] día   el **tercer**[3] año

—Nosotros estamos en el **segundo** piso. ¿Y Uds.?   *"We are on the second floor. And you?"*

—Estamos en el **tercer** piso.   *"We are on the third floor."*

¿Estás en el **décimo** piso?

¡Sí, y no hay ascensor!

Práctica

Complete the following sentences with the appropriate ordinal numbers.

1. Según la Biblia, Adán fue (*was*) el _____ hombre y Eva fue la _____ mujer.

2. Febrero es el _____ mes del año y mayo es el _____ mes.

3. En el calendario hispano el miércoles es el _____ día de la semana y el domingo es el _____ día.

4. El Día de Acción de Gracias es el _____ jueves de noviembre.

5. El _____ mes del año es junio y el _____ mes es octubre.

---

[1]abbreviated 1°, 2°, 3°, and so on
[2]abbreviated 1ᵉʳ
[3]abbreviated 3ᵉʳ

Para conversar

¿En qué piso están? Imagine that the whole class is staying at a hotel in Costa Rica. Your classmates were assigned rooms on different floors. With a partner, take turns saying who is on what floor.

Estructuras: Compruebe Self-Test

Así somos

Multi Media

¿Qué dice Ud.?

What would you say in the following situations? What might the other person say? Act out the scenes with a partner. Take turns playing each role.

1. You have just checked into a hotel. You want to know what time they serve breakfast, and whether they have room service.

2. You are a hotel clerk. Someone calls to reserve a single room with a private bathroom, but it is July, and you don't have any. Tell the person you can put his or her name on a waiting list but don't have any vacant rooms.

3. You tell a traveling companion that you want to go to your room for a while because they are showing a good movie on channel four.

4. You are checking in at a hotel in Costa Rica. Ask about prices and accommodations. Make sure you get a room with an ocean view.

5. You ask the concierge two questions: what time you have to vacate the room and where the American embassy or consulate is.

6. You are a hotel employee and ask a guest what you can do for him/her.

Para conocernos mejor

To do this activity, work with a classmate whom you would like to get to know. Take turns asking each other these questions.

1. Cuando viajas, ¿haces reservaciones para el hotel antes de salir de viaje? ¿Prefieres una habitación interior o con vista a la calle (al mar)? ¿Cuál es tu hotel favorito?

2. ¿Prefieres un cuarto en el segundo piso o en el décimo piso? Si el cuarto no tiene baño privado, ¿lo aceptas?

3. Cuando viajas, ¿les mandas tarjetas postales a tus amigos? ¿Sacas muchas fotografías cuando viajas? ¿Prefieres llevar una cámara fotográfica o una cámara de video?

4. ¿Prefieres cenar en tu cuarto si el hotel tiene servicio de habitación o te gusta más ir a un restaurante? ¿Cuál es tu restaurante favorito? ¿Es muy caro?

5. Cuando estás de viaje, ¿miras televisión? ¿Qué tipos de programas te gustan más? ¿Tienes un canal favorito? ¿Cuál? ¿Viste alguna película anoche? ¿Te gustó?

6. ¿Qué lugares te gusta visitar cuando estás de vacaciones? ¿Te gusta más viajar solo(-a), con tus amigos o con tu familia? ¿Cuándo son tus próximas vacaciones? ¿Adónde piensas ir? ¿Cuánto tiempo hace que no viajas?

Una encuesta

Interview your classmates to identify who fits the following descriptions. Include your instructor, but remember to use the **Ud.** form when addressing him/her. After finishing the survey, get together with two or three classmates and discuss the results.

	Nombre
1. *Tiene hermanos adolescentes.*	_____
2. *Tiene un televisor en su cuarto.*	_____
3. *Usa mucho el teléfono celular.*	_____
4. *Habló con sus padres ayer.*	_____
5. *Comió mucho anoche.*	_____
6. *Le escribió una carta (letter) a un amigo la semana pasada.*	_____
7. *Vio una película anoche.*	_____
8. *Volvió a su casa muy tarde ayer.*	_____

Al escuchar...

Estrategia

Listening to authentic language. When listening to authentic programs and commercials, listen as attentively as you can, but *don't feel frustrated* if you don't understand everything. As a beginning learner of Spanish, it will be obviously more difficult for you to understand all the details. However, with time and continued practice your comprehension level *will* improve.

You will listen three times to a fragment from a Costa Rican TV program on local tourism.

1. Escuche por primera vez y conteste: ¿De qué trata (*deals with*) este fragmento?

2. Escuche por segunda vez y conteste:

    a. ¿Cuántas habitaciones tiene el hotel?

    b. ¿Dónde está el hotel? ¿Cuántas personas trabajan en el hotel?

    c. ¿Qué tipos de restaurantes hay en la zona?

3. Escuche por tercera vez y conteste: ¿Hacia qué lugar dan (*overlook*) las habitaciones del hotel?

Al conversar...

Estrategia

Simplifying ideas through paraphrasing. An important skill in conversation is to be able to bring the interaction to a manageable level so you can participate. Hence, paraphrasing and simplifying ideas is the first step in engaging with others in discussions of "big" ideas.

Take some time to paraphrase the complex sentences that you will hear. Keep in mind that your goal is to express an *approximate* message of each one. These sentences are on topics that you have covered through **Lección 7**.

Para escuchar

Your instructor will read some information about Diego and Alberto. After reading it twice, he/she will make statements about them. On a sheet of paper, write numbers one to six and indicate whether each statement is true (**verdadero**) or false (**falso**).

Para crear

Get together in groups of three and "create" the scenario for this photo. Who are the people in it? Give them names and say where they are coming from and where they are going. Where are they going to stay? What places of interest are they going to visit? What kind of accommodations do they want? etc.

De viaje *(Traveling)*

Get together with a couple of your classmates and plan a trip to a Spanish-speaking country. Visit a Web site to obtain information about the country you are going to visit. Find out about hotels, rate of exchange, places of interest, and so on. Discuss how and when you will be leaving, how much spending money you'll bring, what cities and special sites you intend to visit, and what you will need to take with you.

¡Vamos a leer!

 Estrategia | **Antes de leer**

 A. **Guessing meaning from context.** You will read a brief article on Costa Rican tourism. In pairs, guess the meaning of the highlighted words, in these sentences.

1. El presidente inauguró un terminal de **cruceros** en la costa del Caribe.
2. Ampliamos la operación del muelle: en lugar de un crucero, ahora el muelle **atiende** dos cruceros.
3. El ministerio de Turismo dice que van a **ingresar** 500.000 visitantes por mar.
4. En cada crucero viaja un **promedio** de 2.000 pasajeros.

B. As you read the article find the answers to the following questions.

1. ¿Qué inauguró el presidente costarricense? ¿Qué se propone incrementar?
2. ¿Cuánto costó la obra?
3. ¿Qué capacidad tiene el muelle? ¿Cuántos barcos van a llegar este año?
4. ¿Cuántos cruceros van a usar el nuevo muelle?
5. Como promedio, ¿cuántas personas viajan en cada crucero?
6. ¿Con qué lugares turísticos tratan de competir los costarricenses?

A leer

Costa Rica busca aumentar la entrada de cruceros

San José (AP).— El presidente costarricense inauguró el lunes un nuevo terminal de cruceros en la costa del Caribe del país, que busca incrementar la llegada de turistas a esa zona.

La obra costó un poco más de 3 millones y va a permitir recibir dos cruceros de forma simultánea en Puerto Limón, a 160 kilómetros de San José.

"Inauguramos la operación del muelle de cruceros ampliado y con capacidad para atender dos cruceros... Con ello reducimos el tiempo de espera y mejoramos la condición de Limón como destino turístico," destacó° el presidente.

emphasized

Aumentan las visitas de cruceros

Las visitas de cruceros a Costa Rica se aumentaron en los últimos años; este año van a llegar unos 255 barcos, 45 más que en el 2001.

Para la temporada siguiente sólo para Puerto Limón ya está confirmada la llegada de 122 cruceros que van a utilizar el nuevo muelle.° *dock*

El ministerio de Turismo (ICT) dice que este año van a ingresar al país unos 500,000 visitantes por los puertos tanto del Caribe como del Pacífico. En cada crucero viajan como promedio 2.000 personas.

Con la remodelación del muelle caribeño, las autoridades costarricenses intentan competir en mejores condiciones con Colón, en Panamá, Cartagena, en Colombia, Cancún, en México y todas las islas caribeñas, principales destinos de las rutas de cruceros.

Del periódico *El Nuevo Día* (Puerto Rico)

Después de leer... desde su mundo

 In groups of three or four, discuss your preferred vacation (**vacaciones preferidas**). Find out more details about your classmates' travel and accommodation preferences.

¡Vamos a escribir!

Una carta *(A letter).* You will be writing an e-mail to a friend from Costa Rica that you met in a chat room. He/She will be visiting you and wants to know something about your area.

Estrategia Antes de escribir

Selecting topics and organizing the information. The multi-paragraph composition has to be organized so your reader may follow your exposition from beginning to end. This generally means that each paragraph revolves around one distinct idea (the topic sentence or **tema**), and that the ideas follow a logical course and transition well from one to the next.

1. Decide on the area (your region, state, or hometown) you will write about. Start by researching online or print resources and then select two to four topics about which you wish to write.

2. Brainstorm:

    a. What specifics are you presenting under each topic? Remember to *simplify* any complex sentence or idea that you can't yet create yourself.

    b. How will you organize these topics?

A escribir la carta

Write your **primer borrador** of the message. Start and end the letter with two of the following formulas:

Saludos:

Querido(-a) _____:

Estimado(-a) _____: (especially a man to another man)

Despedidas:

Saludos de,

Afectuosamente,

Estrategia Después de escribir

Before writing the final version your instructor might want you to exchange your first draft with a classmate and peer edit each other's work using the following guidelines:

- formation of regular preterits
- formation of all present-tense verbs
- subject-verb agreement
- noun-adjective agreement

Costa Rica

- Costa Rica, llamada "la Suiza de América" por su estabilidad política, es una nación progresista y democrática. El país no tiene ejército (*army*), y la educación es obligatoria y gratuita (*free*). El 95% de su población sabe leer y escribir. La mayoría de los ticos (como se les llama a los costarricenses) es de origen español.

- Costa Rica es un país muy pequeño. Su economía es una de las mejores de Centroamérica, aunque el 60% de sus ingresos proviene de la agricultura. El país principalmente produce café, bananas, caña de azúcar (*sugar cane*) y flores. Su segunda fuente de ingresos es el ecoturismo. El país tiene 24 parques nacionales y reservas ecológicas que ocupan más del 15% de su superficie. En sus selvas tropicales viven más de 100.000 especies de flora y de fauna, entre ellas, unas 2.000 variedades de orquídeas y una gran cantidad de pájaros (*birds*) y de mariposas (*butterflies*).

- San José, la capital, no tiene altos edificios como las otras capitales centroamericanas, pero tiene lugares muy interesantes como El Teatro Nacional, el Museo de Jade, el Museo del Oro, el Parque Nacional de Diversiones, el Jardín Botánico de Lankester, etc.

- Los ticos aman el baile y la música y por eso abundan las discotecas y los festivales. En la música popular se notan sus raíces (*roots*) españolas, y sus instrumentos musicales más populares (la guitarra, la mandolina y el acordeón) también llegaron de España.

Riquezas[1] naturales

Jungla en Costa Rica

El Jardín de Lankester

Niñez[2] y educación costarricenses

Estudiantes en un laboratorio

Niños en una carreta típica

[1]**Riquezas** = *Riches; Resources*
[2]**Niñez** = *Childhood*

Panamá

- Panamá está situado en el istmo que une la América del Norte con la América del Sur. El país es un poco más pequeño que Carolina del Sur. Panamá fue (*was*) una provincia de Colombia hasta 1903 y, por lo tanto, es la república hispanoamericana de más reciente creación.

- La principal fuente de ingreso del país proviene del famoso Canal de Panamá, que divide su territorio y une los océanos Atlántico y Pacífico. El Canal comenzó a construirse en 1880 por una compañía francesa, pero en 1907 Estados Unidos se hizo cargo (*took charge*) del proyecto hasta terminarlo en 1914. El Canal fue propiedad de los Estados Unidos hasta 1999. Ahora pertenece (*it belongs*) a Panamá. Junto al Canal están las dos ciudades más grandes del país: Ciudad de Panamá, su capital, y Colón, la segunda ciudad más importante del país.

- Los turistas están comenzando a descubrir las bellezas ecológicas de Panamá, especialmente sus selvas tropicales, la gran cantidad de arrecifes (*reefs*) de coral de sus costas y la extraordinaria variedad de peces (*fish*) que viven en ellos. De ahí el nombre del país, Panamá, que significa "lugar de muchos peces".

- La cultura panameña es una mezcla (*mixture*) de las tradiciones españolas, africanas, indias y norteamericanas, como muestra su variada música que incluye la cumbia, el jazz, la salsa y el "reggae". Entre los deportes (*sports*), el más popular es el béisbol.

Instantáneas[1] diversas

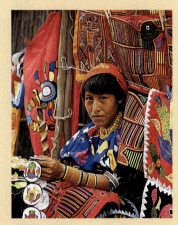

A la izquierda (*left*), el Canal de Panamá; a la derecha (*right*), mujer cuna, grupo indígena conocido por su autosuficiencia (*self-sufficiency*) y perspectiva democrática.

Panamá en el pasado

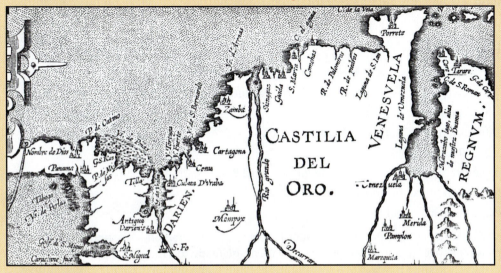

Los territorios del actual (*present-day*) Panamá fueron llamados (*were named*) **Castilla del Oro** por el Rey Fernando de España (1508).

[1]**Instantáneas** = *Snapshots*

Rubén Blades, cantante (singer), compositor y autor.
Fue candidato a la presidencia en 1994.

Oscar Arias (1941–), presidente de Costa Rica
(1986–1990), Premio Nobel de la Paz (1987).

Mireya Moscoso, primera mujer elegida
presidenta de Panamá (1999).

Nuestro panorama cultural

In groups of three, answer the following questions about your home state, region, or country.

1. ¿Es obligatoria la educación en su país? ¿Hasta qué nivel o grado? ¿Es gratuita?
2. ¿Cuáles son algunos animales y plantas típicos de su región?
3. ¿La capital de su estado tiene edificios altos? ¿Cuáles son los lugares de interés?
4. ¿Su país tiene canales? ¿Dónde están?
5. ¿Qué deportes son populares donde Ud. vive? ¿Qué deportes le gustan a Ud.?
6. ¿Conoce a algunos ganadores del Premio Nobel de su país? ¿Quiénes son?
7. ¿Qué tipos de vegetación y de climas hay en su país?

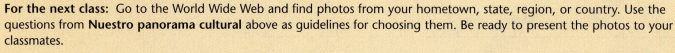

For the next class: Go to the World Wide Web and find photos from your hometown, state, region, or country. Use the questions from **Nuestro panorama cultural** above as guidelines for choosing them. Be ready to present the photos to your classmates.

Haciendo diligencias
Un martes trece

O B J E T I V O S

Comunicación

You will learn vocabulary related to banking and running errands. You will also be able to talk about flowers and pets.

Pronunciación

The Spanish **l**, **r**, **rr**, and **z**

Estructuras

- Direct and indirect object pronouns used together
- Preterit of **ser**, **ir**, and **dar**
- Preterit of **e:i** and **o:u** stem-changing verbs
- Uses of **por** and **para**
- Formation of adverbs

Cultura

- Banks and banking
- Bad-luck day
- Living with parents until marriage

Panorama hispánico

- Puerto Rico

Estrategias

Listening: Guessing meaning from context
Speaking: Paraphrasing practice I
Reading: Rereading critically
Writing: Writing journal entries

En una casa de la Avenida Ponce de León, en San Juan, Puerto Rico, vive la familia Burgos Trinidad: Sara y Luis Burgos y su hijo Edwin. Edwin tiene mucho sueño hoy porque anoche no durmió muy bien. Ahora está desayunando y hablando con su mamá. Le está contando todo lo que le pasó ayer.

MAMÁ —¿Fuiste a la tintorería a recoger tus pantalones?

EDWIN —Sí… Ése fue mi primer problema… Estacioné la motocicleta frente a una boca de incendios y un policía me dio una multa.

MAMÁ —¡Pobrecito! Y después… ¿fuiste al banco?

EDWIN —Sí, deposité dinero en mi cuenta de ahorros y en mi cuenta corriente. Después pedí un préstamo, pero no me lo dieron.

MAMÁ —Tu papá tampoco consiguió el préstamo que pidió… ¡Qué mala suerte!

EDWIN —Después compré dos peces de colores para Martita pero… murieron… Creo que les di demasiada comida…

MAMÁ —Probablemente. ¿Compraste el regalo para tu novia?

EDWIN —Sí, pero no se lo di.

MAMÁ —¿Por qué no? Le compraste un diccionario, ¿no? Un buen regalo para una chica que estudia para maestra…

EDWIN —Sí pero su ex novio le regaló una enciclopedia. En fin… fui a la florería y le compré un ramo de rosas.

MAMÁ —¡Perfecto! Estoy segura de que le encantaron.

EDWIN —Bueno… desgraciadamente es alérgica a las flores…

MAMÁ —¡Ay, Edwin! ¡Qué desastre!

EDWIN —¡Eso no es todo! Ahora tengo que ahorrar dinero para comprar una motocicleta.

MAMÁ —Pero tú tienes una moto casi nueva…

EDWIN —¡Se la presté a Raúl y se la robaron!

MAMÁ —¡Ay, bendito![1] ¡Ya sé por qué ocurrió todo eso! ¡Ayer fue martes trece!

EDWIN —Ay, mamá… Yo no soy supersticioso… ¡Pero el próximo martes trece no salgo de casa!

---

[1]**¡Ay, bendito!** = *Oh, my goodness!* (A common phrase in Puerto Rico)

¿Quién lo dice?

Identify the person who said the following in the dialogue.

1. ¿Fuiste a la tintorería a recoger tus pantalones? _____

2. Después pedí un préstamo, pero no me lo dieron. _____

3. Tu papá tampoco consiguió el préstamo que pidió. _____

4. ¿Compraste el regalo para tu novia? _____

5. Después compré dos peces de colores para Martita. _____

6. Sí, pero su ex novio le regaló una enciclopedia. _____

7. En fin... fui a la florería y le compré un ramo de rosas. _____

8. Pero tú tienes una moto casi nueva. _____

9. ¡Ya sé porque ocurrió todo eso! ¡Ayer fue martes trece! _____

10. ¡Pero el próximo martes trece no salgo de casa! _____

a. Mamá

b. Edwin

Para conversar

With a partner, take turns asking and answering the following questions. Base your answers on the dialogue and on your own circumstances.

1. ¿Edwin durmió bien anoche? ¿Cómo dormiste tú?

2. ¿Qué le está contando Edwin a su mamá? ¿A quién le cuentas tú tus problemas?

3. ¿Para qué fue Edwin a la tintorería? ¿Qué ropa mandas tú a la tintorería?

4. ¿Por qué le dio el policía una multa a Edwin? ¿Te dieron una multa alguna vez (ever)?

5. ¿En qué cuentas depositó Edwin dinero? ¿Qué cuentas tienes tú en el banco?

6. ¿Consiguió el papá de Edwin el préstamo que pidió? ¿Tú piensas pedir un préstamo?

7. ¿Qué compró Edwin para Martita? ¿Qué les pasó a los peces? ¿Tú tienes animales? ¿Cuáles?

8. ¿Qué compró Edwin en la florería? ¿Te gustan las rosas?

9. ¿Para qué tiene que ahorrar dinero Edwin? ¿Tú puedes ahorrar? ¿Para qué?

10. ¿Qué no piensa hacer Edwin el próximo martes trece? ¿Tú eres supersticioso(-a)?

Cognados

alérgico(-a) allergic
el banco bank
el desastre disaster
el diccionario dictionary

la enciclopedia encyclopedia
la motocicleta, la moto motorcycle
el policía[1] policeman

probablemente probably
la rosa rose
supersticioso(-a) superstitious

Nombres

la boca de incendios, el hidrante fire hydrant
la cuenta account
___ **corriente** checking account
___ **de ahorros** savings account
la flor flower
la florería flower shop
el incendio, el fuego fire
la multa fine, ticket
los pantalones pants, trousers
el pez de color goldfish
el (la) pobrecito(-a) poor thing
el préstamo loan
el ramo bouquet
el regalo present
la suerte luck
la tintorería dry cleaner's

Verbos

ahorrar to save *(i.e. money)*
contar (o:ue) to tell *(i.e. a story)*
depositar to deposit
estacionar, aparcar, parquear to park
pasar, ocurrir to happen
prestar to lend
regalar to give (as a gift)
robar to steal

Adjetivos

demasiado(-a) too
seguro(-a) sure

Otras palabras y expresiones

casi almost
dar (poner) una multa to fine
desgraciadamente, por desgracia, desafortunadamente unfortunately
en fin... anyway . . .
encantarle a uno to love
frente a in front of
hacer diligencias to run errands
pedir (solicitar) un préstamo to apply for a loan
¡Qué mala suerte! Such bad luck!
salir de casa to leave the house
todo all, everything

💡 LEARNING TIP

You are learning standard Spanish for the most part. As is the case in English, different regions of the Spanish-speaking world use different words for common things. In "Un martes trece," Edwin and his mother would normally use the following Puerto Rican terms: **motocicleta = motora, florería = floristería,** and **policía = guardia.**

---

[1]**policewoman** = *la agente de policía*

VOCABULARIO ADICIONAL

En el banco

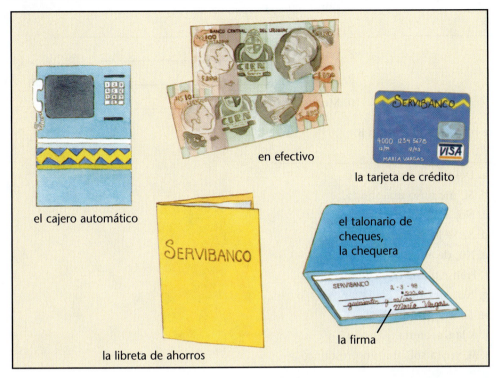

en efectivo

la tarjeta de crédito

el cajero automático

el talonario de cheques, la chequera

SERVIBANCO

la firma

la libreta de ahorros

a plazos on installments
al contado in cash
el cheque de viajero traveler's check
abrir una cuenta to open an account
cobrar un cheque to cash a check
la cuenta conjunta joint account
fechar to date (*a check, a letter, etc.*)
firmar to sign
gratis free of charge

Otras flores

la camelia camellia
el clavel carnation
el geranio geranium
la lila lilac
la margarita daisy
la orquídea orchid
el pensamiento pansy
el tulipán tulip
la violeta violet

el loro

el mono

el canario

el conejo

la tortuga

el gato

el perro

el conejillo de Indias

Vocabulario

Práctica

A. Write the words or phrases that correspond to the following:

1. que tiene alergia _____

2. lugar donde venden flores _____

3. fuego _____

4. aparcar _____

5. pasar _____

6. por desgracia _____

7. gustarle mucho a uno _____

8. poner la fecha _____

9. chequera _____

10. Morris, por ejemplo _____

B. Match the questions in column A with the responses in column B.

A	B
1. ¿Cuál es tu flor favorita?	a. Del cajero automático.
2. ¿Vas a ir al banco?	b. Sí, me puso una multa.
3. ¿Dónde estacionaste la moto?	c. No, a plazos.
4. ¿Hablaste con el policía?	d. Sí, se lo di anoche.
5. ¿Compraste el regalo para Olga?	e. No, de ahorros.
6. ¿Adónde llevaste los pantalones?	f. Frente a una boca de incendios.
7. ¿De dónde sacaste el dinero?	g. No, un canario.
8. ¿Tienes cuenta corriente?	h. La margarita.
9. ¿Lo compraste al contado?	i. A la tintorería.
10. ¿Tienes un loro?	j. Sí, voy a solicitar un préstamo.

C. Complete the following sentences, using vocabulary from this lesson.

1. Por _____ me robaron la motocicleta. ¡Qué mala _____!

2. Hoy tengo que hacer muchas _____. Voy a salir de _____ a las ocho.

3. Mi esposa y yo vamos a _____ una cuenta _____.

4. Le regalé un _____ de rosas y unos _____ de colores.

5. Van a comprar la _____ *Británica* y un diccionario.

6. No va a hacer nada el martes _____ porque es muy _____.

7. Carlitos no puede ir a la fiesta porque está enfermo. ¡_____!

8. Me gusta muchísimo Puerto Rico. Me _____.

9. Creo que puedes ahorrar dinero allí, pero no estoy _____.

10. Voy a _____ el cheque y voy a _____ el dinero en el banco.

Para conversar

 ¡Cuántas diligencias! With a partner play the roles of two roommates who were supposed to run several errands yesterday. You ask each other whether or not you did certain things, including follow-up questions as much as possible (**¿Fuiste a…?, ¿Compraste…?**, etc.)

www Vocabulario: **Compruebe** Self-Test

A. The Spanish l

The Spanish **l** is pronounced like the l in the English word *lean*. The tip of the tongue must touch the palate. Listen to your instructor and repeat the following sentences.

Laura y Si**l**via **l**e dan e**l** rega**l**o.

Luis vue**l**a a **l**a capita**l** e**l l**unes.

E**l** po**l**icía **l**e dio una mu**l**ta a **L**o**l**a.

B. The Spanish r

The Spanish **r** sounds something like the *dd* in the English word *ladder*. Listen to your instructor and repeat the following sentences.

Sa**r**a Bu**r**gos fue a la tinto**r**e**r**ía.

El teat**r**o ab**r**e a las t**r**es y cua**r**to.

Te**r**esa Ve**r**a comp**r**ó flo**r**es en la flo**r**e**r**ía.

C. The Spanish rr

The Spanish **rr** is spelled **r** at the beginning of the words and **rr** between vowels. It is a strong trill. Listen to your instructor and repeat the following sentences.

Rosa **R**omero está abu**rr**ida.

El a**rr**oz está **r**ico.

Roberto **R**eyes come con **R**ita.

D. The Spanish z

In Latin America the Spanish **z** is pronounced like the *ss* in the English word *pressing*. In Spain it is pronounced like the *th* in the English word *think*. Avoid using the buzzing sound of the English *z* in the words *zoo* and *zebra*. Listen to your instructor and repeat the following sentences.

La ta**z**a a**z**ul es de **Z**oila.

El lápi**z** es del mo**z**o.

Zulema Pére**z** fue al **z**oológico.

ASPECTOS

Ubíquese... y búsquelo

You are in Metropolitan San Juan using the **Tren Urbano**, a new rail transit system, as your means of transportation. Go to **www.college.hmco.com** to find out about some of the places for sightseeing and for running different errands at several **Tren Urbano** stations. In the next class, team up with two classmates to discuss your findings.

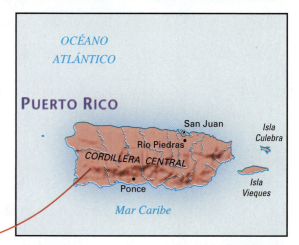

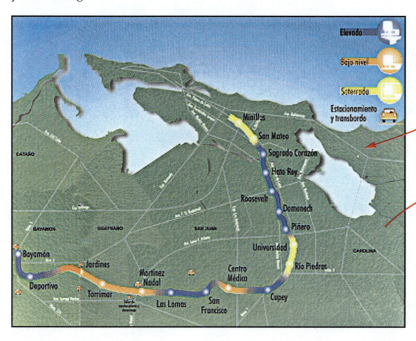

¿Lo sabía Ud.?

- Cada nación latinoamericana tiene un banco central encargado de *(in charge of)* emitir el dinero y de controlar la actividad de los bancos comerciales. En algunos países hay también sucursales *(branches)* de bancos extranjeros. El uso de cheques no es tan común en América Latina como en los Estados Unidos y en Canadá, pero muchos bancos tienen sus propias *(own)* tarjetas de crédito.

- En los países hispanos el día de "mala suerte" es el martes trece y no el viernes trece. Dice un dicho, "Martes trece ni te cases ni te embarques". *(Don't get married or get in a boat [travel] on Tuesday the 13th).*

- En los países hispanos por lo general los jóvenes *(young people)* viven con su familia hasta que se casan *(get married)*, pero esto está cambiando un poco, especialmente en las ciudades grandes.

Para comparar

1. En este país, ¿qué institución está encargada de emitir el dinero?
2. En este país, ¿toman muy en serio la idea de que el viernes trece es un día de mala suerte?
3. Generalmente, ¿los jóvenes de este país prefieren vivir solos o con su familia?

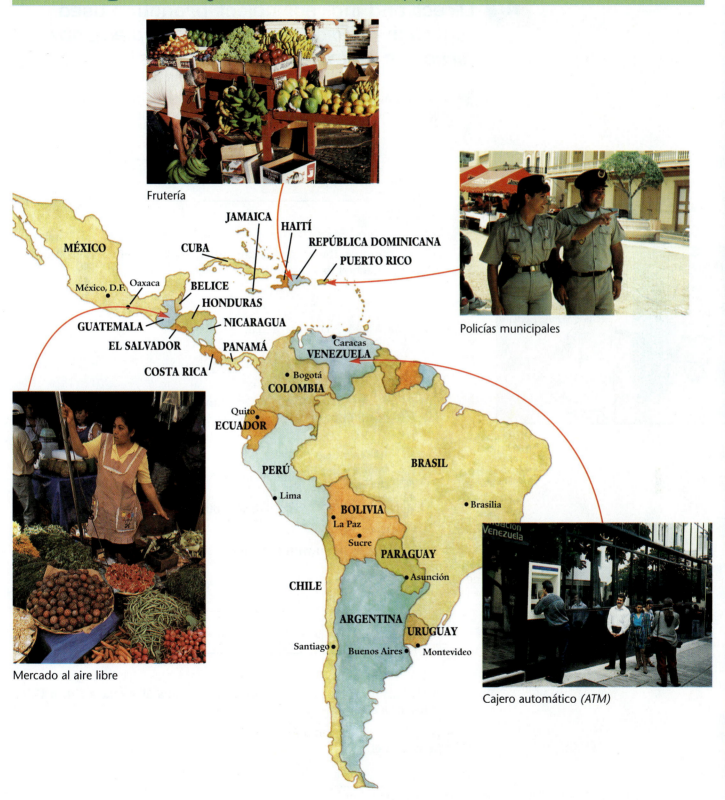

Frutería

JAMAICA

HAITÍ

MÉXICO

CUBA

REPÚBLICA DOMINICANA

PUERTO RICO

México, D.F. Oaxaca

BELICE

HONDURAS

GUATEMALA

NICARAGUA

EL SALVADOR

PANAMÁ

COSTA RICA

Caracas
VENEZUELA

Bogotá
COLOMBIA

Quito
ECUADOR

PERÚ

BRASIL

Lima

BOLIVIA

Brasilia

La Paz

Sucre

PARAGUAY

CHILE

Asunción

ARGENTINA

URUGUAY

Santiago

Buenos Aires

Montevideo

Policías municipales

Mercado al aire libre

Cajero automático *(ATM)*

Estructuras

1 ## Direct and indirect object pronouns used together *(Pronombres de complemento directo e indirecto usados juntos)*

■ When an indirect object pronoun and a direct object pronoun are used together, the indirect object pronoun always comes first.

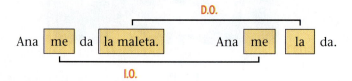

■ With an infinitive, the pronouns can either be placed before the conjugated verb or be attached to the infinitive.

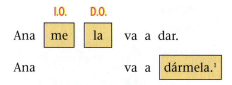

■ With the present progressive, the pronouns can either be placed before the conjugated verb or be attached to the gerund.

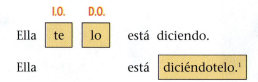

■ If both pronouns begin with **l**, the indirect object pronoun (**le** or **les**) is changed to **se**.

For clarification, it is sometimes necessary to add **a él**, **a ella**, **a Ud.**, **a Uds.**, **a ellos**, or **a ellas**.

—¿A quién le da la cuenta Ana?
—**Se la** da **a él**.

---

[1]Note the use of the written accent, which follows the rules for accentuation. See Appendix A.

Práctica

 A. Complete the following exchanges, using direct and indirect object pronouns. Then act them out with a partner, adding a sentence or two to each dialogue.

1. —¿Le dejaste la chequera a Raúl?

   —Sí, _____ dejé en su escritorio.

2. —¿Nos van a traer los cheques?

   —Sí, _____ van a traer ahora.

3. —¿El banco les va a dar el préstamo a Uds.?

   —Sí, va a dar _____ hoy.

4. —¿El empleado te trae el talonario de cheques?

   —Sí, _____ trae.

5. —¿Me vas a dar las tarjetas de crédito?

   —No, no _____ puedo dar. Lo siento.

6. —¿Le vas a prestar el dinero a Mario?

   —Sí, _____ voy a prestar.

B. You have a friend who is always willing to help others. Explain how, using the information provided.

MODELO: Yo necesito un diccionario. (comprar)
*Mi amigo **me lo** compra.*

1. Tú necesitas los cheques. (traer)
2. Yo necesito dos tarjetas. (comprar)
3. Nosotros necesitamos un préstamo. (dar)
4. Elsa necesita cheques de viajero. (comprar)
5. Mis hermanos necesitan dinero. (prestar)
6. Ud. necesita la chequera. (traer)
7. Yo quiero el talonario de cheques. (buscar)
8. Mi prima quiere unas flores. (comprar)

 C. Based on the illustrations, take turns asking and answering questions about what the following people want and whether you can help them. Use the verbs **mandar**, **dar**, **prestar**, **comprar**, and **traer**.

MODELO:
—¿Qué quiere Elisa?
—Quiere dinero. ¿Tú se lo puedes mandar?
—No, lo siento. Yo no puedo mandárselo.

Elisa

1.

Carlos

2.

Ana y Paco

3.

Javier

4.

Lidia

5.

Lucía

D. You are in a bad mood, and people keep asking you to do things you don't want to do. Tell them you can't do the favors they are requesting.

> **MODELO:** —¿Puedes traerme las violetas?
> — *No, no puedo traér**telas**.*

1. ¿Puedes comprarle el regalo a mamá?
2. ¿Puedes buscarme la chequera?
3. ¿Puedes llevarle las flores a Luisa?
4. ¿Puedes darle los cheques de viajero a Raúl?
5. ¿Puedes traernos los pantalones de la tintorería?
6. ¿Puedes comprarnos un perro?

E. Now repeat Exercise D, following the model below.

> **MODELO:** —¿Puedes traerme las violetas?
> —*No, no **te las** puedo traer.*

SI USTED NECESITA
¡¡CREDITO!!
Gustosamente se lo damos.
Flores, Arreglos, Regalos

Para conversar

A. Habla con tu compañero. Interview a classmate, using the following questions and two questions of your own. When you have finished, switch roles.

1. Cuando tú necesitas dinero, ¿a quién se lo pides?
2. Cuando tú les pides dinero a tus padres, ¿te lo dan?
3. Si yo necesito tu libro de español, ¿me lo prestas?
4. Si Uds. no entienden algo, ¿se lo preguntan (*ask*) a su profesor(-a)?
5. Si tú y yo somos amigos(-as) y yo necesito tu coche, ¿tú me lo prestas?
6. Necesito tu pluma. ¿Puedes prestármela?
7. Necesito cheques de viajero. ¿Tú me los puedes conseguir?
8. Yo no tengo el número de teléfono del profesor (de la profesora). ¿Tú se lo puedes pedir?

B. ¿Qué necesitamos? In groups of three, talk about what each of you needs. Then ask a member of the group whether he/she can lend you, give you, or send you the needed item.

2 Preterit of **ser**, **ir**, and **dar**
*(Pretérito de los verbos **ser**, **ir** y **dar**)*

■ The preterit forms of **ser**, **ir**, and **dar** are irregular.

ser *to be*	**ir** *to go*	**dar** *to give*
fui	fui	di
fuiste	fuiste	diste
fue	fue	dio
fuimos	fuimos	dimos
fuisteis	fuisteis	disteis
fueron	fueron	dieron

■ Note that **ser** and **ir** have identical forms in the preterit.

—Ayer **fue** el cumpleaños de Lucía, ¿no?	*"Yesterday was Lucía's birthday, right?"*
—Sí, Ana y yo **fuimos** a su casa y le **dimos** los regalos.	*"Yes, Ana and I went to her house and gave her the presents."*
—¿**Fuiste** a la fiesta que **dio** Sara?	*"Did you go to the party that Sara gave?"*
—Sí, **fui**. **Fue** la mejor fiesta del año.	*"Yes, I went. It was the best party of the year."*

Práctica

Complete the following exchanges, using the preterit of **ser**, **ir**, or **dar** as appropriate. Then act them out with a partner, adding a sentence or two to each dialogue.

1. —¿Adónde _____ tú ayer?

   — _____ a la tienda. Compré un pantalón y se lo _____ a mi esposo.

2. —¿ _____ Uds. a casa de tía Eva ayer?

   —Sí, _____ y le _____ el libro que tú mandaste para ella.

3. —¿Uds. _____ estudiantes del Dr. Paz?

   —Carlos _____ su estudiante, pero Raquel y yo _____ estudiantes de la Dra. Guerra.

4. —¿A quién le _____ (tú) la orquídea?

   —Se la _____ a Susana.

5. —¿Adónde _____ Uds. anoche?

   — _____ al teatro. Los padres de Dora nos _____ el dinero para ir.

Para conversar

Habla con tu compañero. Interview a classmate, using the following questions. When you have finished, switch roles.

1. ¿Quién fue tu profesor(-a) favorito(-a) el año pasado? ¿La clase fue fácil o difícil?

2. ¿Fuiste a la cafetería ayer? ¿A qué hora? ¿Alguien fue contigo o fuiste solo(-a)?

3. ¿Adónde fuiste el sábado? ¿Con quién fuiste?

4. ¿Tus amigos fueron a visitarte o tú fuiste a visitarlos a ellos?

5. ¿Dieron tus amigos una fiesta para celebrar tu cumpleaños? ¿Cuándo la dieron? ¿Dónde?

6. ¿Diste una fiesta el viernes pasado? ¿Alguien dio una fiesta el sábado?

7. ¿A quién le diste un abrazo ayer? ¿Alguien te dio un beso (*kiss*)?

8. ¿Quién fue tu primer amor?

3 Preterit of **e:i** and **o:u** stem-changing verbs (*Pretérito de los verbos que cambian en la raíz: **e:i** y **o:u***)

◼ Verbs of the **-ir** conjugation that have a stem change in the present tense change **e** to **i** and **o** to **u** in the third-person singular and plural of the preterit.[1]

preferir	*to prefer*	**dormir**	*to sleep*
preferí	preferimos	dormí	dormimos
preferiste	preferisteis	dormiste	dormisteis
prefirió	prefirieron	durmió	durmieron

◼ Other verbs that follow the same pattern:

pedir	seguir
mentir *(to lie)*	conseguir
servir	morir
repetir *(to repeat)*	

—¿Cómo **durmieron** Uds. anoche?   *"How did you sleep last night?"*
—Nosotros **dormimos** bien, pero   *"We slept well, but Paco didn't*
  Paco no **durmió** muy bien.   *sleep very well."*

—¿Qué **pidieron** ellos?   *"What did they order?"*
—Raúl **pidió** camarones y Rosa   *"Raúl ordered shrimp and Rosa*
  pidió langosta.   *ordered lobster."*

—Beba dice que Ada salió con   *"Beba says that Ada went out with*
  tu novio.   *your boyfriend."*
—Te **mintió**.   *"She lied to you."*

¿**Durmió** bien anoche, señorita...?

---

[1]Remember that the **-ar** and **-er** stem-changing verbs are regular in the preterit: **él cerró, ellos volvieron**. Exceptions are **poder** and **querer**, which are explained in **Lección 9**.

Práctica

 A. With a partner, take turns describing what the following people did last night. Use the verbs given (or similar).

1. Arturo (preferir)

2. Ernesto (pedir)

3. Paco (seguir)

4. Rosa (dormir)

5. el mozo (servir)

6. Pilar (conseguir)

B. Find out what Andrés did yesterday by adding the correct form of the missing verbs.

1. Yo _____ (ir) a visitar a mi padre y le _____ (pedir) dinero.
2. _____ (Conseguir) revistas en español.
3. _____ (Salir) con otra chica y le _____ (mentir) a mi novia.
4. Nosotros _____ (ir) a un restaurante y yo _____ (pedir) pollo frito; ella _____ (pedir) langosta.
5. Yo _____ (volver) a mi casa y _____ (dormir) dos horas.
6. Mis padres me _____ (invitar) a una fiesta, pero yo _____ (preferir) no ir.
7. Por la noche, yo _____ (dar) una fiesta y _____ (servir) ponche.

Para conversar

A. Queremos saber... Now, using the information above, prepare questions to ask your classmates about what Andrés did.

 B. ¡Qué mala suerte! With two classmates, imagine that you have a friend who had really bad luck last Friday the 13th. Brainstorm to come up with all the bad things that happened to him. Use the verbs studied in this section.

4 Uses of **por** and **para**   *(Usos de por y para)*

A. Uses of *por*

The preposition **por** is used to express the following concepts.

- motion or approximate location *(through, around, along, by)*

Luis salió **por** la ventana.	*Luis went out through the window.*
Enrique va **por** la calle Juárez.	*Enrique is going down Juárez Street.*
Gustavo pasó **por** el hotel.	*Gustavo went by the hotel.*

- cause or motive of an action *(because of, on account of, on behalf of)*

Llegamos tarde **por** la lluvia.	*We were late because of the rain.*
Lo hago **por** ellos.	*I do it on their behalf.*

- means, manner, unit of measure *(by, for, per)*

Siempre viajamos **por** tren.	*We always travel by train.*
Van a 100 kilómetros **por** hora.	*They're going 100 kilometers per hour.*

- in exchange for

Te doy 50 dólares **por** esa cámara.	*I'll give you 50 dollars for that camera.*

- period of time during which an action takes place *(during, in, for)*

Ella trabaja **por** la mañana.	*She works in the morning.*
Va a estar aquí **por** dos meses.	*He's going to be here for two months.*

- in search of, for

Voy a venir **por** ti a las siete.	*I'll come by for you at seven.*

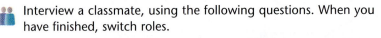

Práctica

Interview a classmate, using the following questions. When you have finished, switch roles.

1. ¿Tienes una clase por la mañana? ¿Y por la noche?
2. Antes de ir a clase, ¿vas por tus amigos? ¿Alguien viene por ti?
3. ¿Cuánto pagaste por tu libro de español?
4. ¿Pasaste por mi casa anoche?
5. Si tú pierdes la llave de tu casa, ¿entras por la ventana?
6. ¿Tus padres hacen mucho por ti?
7. ¿Tú les escribes a tus padres o prefieres llamarlos por teléfono?
8. ¿Prefieres viajar por tren o por avión *(plane)*? ¿Por qué?

Podemos estar con Uds. **por** un mes.

B. Uses of *para*

The preposition **para** is used to express the following concepts.

🔲 destination

Mañana salgo **para** San Juan.	*Tomorrow I am leaving for San Juan.*
¿A qué hora hay autobuses **para** Río Piedras?	*What time are there buses for Río Piedras?*

🔲 goal for a point in the future (*by* or *for* a certain time)

Quiero el dinero **para** el sábado.	*I want the money for Saturday.*
Debo estar allí **para** el mes de noviembre.	*I must be there by the month of November.*

🔲 whom or what something is for

Compré una mesa **para** mi cuarto.	*I bought a table for my room.*
Compramos los libros **para** Fernando.	*We bought the books for Fernando.*

🔲 *in order to*

Necesito mil dólares **para** pagar el viaje.	*I need a thousand dollars in order to pay for the trip.*
Vamos al teatro **para** celebrar mi cumpleaños.	*We are going to the theater (in order) to celebrate my birthday.*

🔲 objective or goal

Mi novio estudia **para** médico.	*My boyfriend is studying to be a doctor.*

Práctica

A. Look at the illustrations and describe what is happening, using **por** or **para**.

1. Fuimos _____ a la capital.

2. Daniel salió _____.

3. La torta es _____.

4. Luisa va a estar en San Juan _____.

5. Jorge pagó _____ el vino.

6. Eva sale mañana _____.

B. Imagine that you and your partner are planning a trip to Puerto Rico. Take turns asking and answering the following questions.

1. ¿Cuánto dinero necesitan Uds. para pagar el viaje?
2. ¿Van a pedirles dinero a sus padres para el viaje?
3. ¿Para qué día quieren los pasajes *(tickets)*?
4. ¿A qué hora sale el avión para San Juan?
5. ¿Por cuánto tiempo piensan estar en Puerto Rico?
6. ¿Van a traer regalos para su familia?
7. ¿Van Uds. a Puerto Rico para practicar el español?
8. John estudia para profesor de español y quiere visitar San Juan. ¿Puede ir con Uds.?

C. Complete the following description of a trip to Mexico, using **por** and **para**.

Roberto y yo salimos _____ Cancún la semana próxima. Vamos a viajar _____ avión. Tenemos pasajes _____ el sábado _____ la mañana. Pagamos tres mil dólares _____ el pasaje, pero como pensamos pasar _____ Guatemala, donde vamos a estar _____ unos días, no es muy caro. Mañana _____ la tarde vamos a la tienda _____ comprar algunos regalos _____ nuestros amigos mexicanos. Desde Guatemala vamos a llamar _____ teléfono a nuestros amigos en Cancún y ellos van a ir al aeropuerto _____ nosotros.

Para conversar

 De viaje. Plan a trip to Puerto Rico with a classmate. Using the paragraph in Exercise C as a model, describe your travel plans.

"Una rosa para mi amor...".

5 Formation of adverbs (La formación de los adverbios)

■ Most Spanish adverbs are formed by adding **-mente** (the equivalent of the English *-ly*) to the adjective.

especial	*special*	especial**mente**	*especially*
reciente	*recent*	reciente**mente**	*recently*
general	*general*	general**mente**	*generally*
probable	*probable*	probable**mente**	*probably*

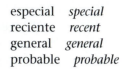
Camina **lentamente.**

■ Adjectives ending in **-o** change the **-o** to **-a** before adding **-mente**.

lento	*slow*	lent**amente**	*slowly*
rápido	*rapid*	rápid**amente**	*rapidly*
desafortunado	*unfortunate*	desafortunad**amente**	*unfortunately*

■ If two or more adverbs are used together, both change the **-o** to **-a**, but only the last adverb takes the **-mente** ending.

—Habló clara y **lentamente.**   *He spoke clearly and slowly.*

■ If the adjective has an accent, the adverb retains it.

fácil   **fácilmente**

Práctica

A. Change the following adjectives to adverbs.

1. fácil
2. feliz
3. claro *(clear)*
4. raro *(rare)*
5. necesario
6. frecuente *(frequent)*
7. triste
8. trágico *(tragic)*
9. alegre *(merry)*
10. desgraciado

B. Complete the following sentences with appropriate adverbs.

1. Ellos hablaron _____ y _____.
2. Mis padres vienen a verme _____.
3. Jaime llegó _____.
4. El muchacho me habló _____.
5. _____ me levanto a las siete.
6. Los muchachos cantan _____.
7. _____ no tengo dinero.
8. Compré estas flores _____ para ti.
9. _____ no voy a poder ir a San Juan con ellos.
10. _____ están en casa por la noche.

C. Interview a classmate, using the following questions and two of your own. Include adverbs in your responses. When you have finished, switch roles.

1. ¿A qué hora te levantas tú?
2. ¿Tú y tu familia van de compras juntos?
3. ¿Tú ves a tus abuelos a menudo *(often)*?
4. ¿Vas al teatro a menudo?
5. ¿Tú tienes mucho dinero?

Para conversar

Lo que hacemos. With a partner, discuss what you frequently do, rarely do, and what, unfortunately, you can't do.

Estructuras: **Compruebe** Self-Test

Así somos

¿Qué dice Ud.?

What would you say in the following situations? What might the other person say? Act out the scenes with a partner. Take turns playing each role.

1. Mention four transactions that people can make at a bank.

2. You ask Mrs. López if she got the loan that she asked for at the bank.

3. You work at a pet store. Tell a customer what pets you have for sale.

4. A young man wants to send flowers to his girlfriend. Make suggestions about what kind of flowers to send.

5. You are talking to a friend about your activities last week. Mention several things you did and places you went to.

Para conocernos mejor

To do this activity, work with a classmate whom you would like to get to know. Take turns asking each other these questions.

1. ¿A qué hora desayunaste esta mañana? ¿Qué comiste? ¿Qué tomaste? ¿Desayunaste solo(-a)?

2. ¿Fuiste a la tintorería la semana pasada? Generalmente, ¿llevas tu ropa a la tintorería o la lavas en tu casa?

3. ¿Fuiste al banco la semana pasada? ¿Depositaste dinero? ¿Sacaste dinero del cajero automático? ¿Abriste una cuenta?

4. ¿Compraste algún regalo el mes pasado? ¿Para quién? ¿Le gustó a esa persona el regalo?

5. ¿Compras flores frecuentemente? ¿Cuáles son tus flores favoritas?

6. ¿Tú eres alérgico(-a) a los animales? ¿A las flores? ¿A algún tipo de comida?

7. ¿Te gustan los animales? ¿Tienes alguna mascota? ¿Qué animales prefieres?

8. ¿Te gustan las motocicletas? ¿Tienes una? Muchas personas dicen que las motocicletas son peligrosas *(dangerous)*; ¿tú piensas lo mismo?

Una encuesta

Interview your classmates to identify who fits the following descriptions. Include your instructor, but remember to use the **Ud.** form when addressing him/her. After finishing the survey, get together with two or three classmates and discuss the results.

	Nombre
1. No durmió muy bien anoche.	_____
2. Le cuenta sus problemas a su mejor amigo(-a).	_____
3. Tiene peces de colores.	_____
4. Lleva su ropa a la tintorería.	_____
5. Tiene que hacer muchas diligencias.	_____
6. Depositó dinero en su cuenta corriente.	_____
7. Sacó dinero del cajero automático ayer.	_____
8. Les presta dinero a sus amigos.	_____

Al escuchar...

🗝 Estrategia

Guessing meaning from context. When you listen to speech, you can resort to informed guesswork to figure out the approximate meaning of an unknown word or phrase. You will listen to three commercials on different products and services. Guess the meaning of the following words or phrases.

Commercial 1:   1. mándale   2. va a quedar encantada

Commercial 2:   1. perrito   2. gatito   3. venga   4. cuidarlos

Commercial 3:   1. bancarios   2. estamos a su disposición

Al conversar...

🗝 Estrategia

Paraphrasing practice I. In **Al conversar...** of **Lección 7**, you were introduced to the technique of simplifying statements in your own words. The following is the first of four paraphrasing practices in *¿Cómo se dice..?*

Listen to the following sentences and think of ways of restating them in your own words.

Para escuchar

Your instructor will read some information about Gonzalo. After reading it twice, he/she will make statements about Gonzalo. On a sheet of paper, write numbers one to six and indicate whether each statement is true **(verdadero)** or false **(falso)**.

Para crear

Get together in groups of three and "create" the scenario for this photo. Who are the people? Give them names. Talk about what the employees and the customers do and want to do. Include as many banking transactions as possible.

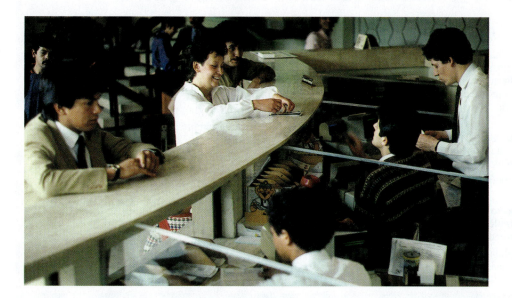

¡Vamos a leer!

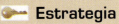 **Estrategia**

Antes de leer

A. Rereading critically. Read the following text and answer the questions below to check your understanding. Then reread the text before answering the questions in **Después de leer... desde su mundo.** These questions require critical reading and engage you personally with the text. Try to *interact* with readings by asking questions of your own.

B. As you read the article, find the answers to the following questions.

1. ¿Por qué es importante en su vida el día de la semana en que Ud. nació?
2. ¿Qué debe aprender a hacer una mujer que nació el lunes? ¿Y un hombre?
3. ¿Qué debe recordar una mujer que nació un martes? ¿Qué debe aprender a hacer un hombre que nació ese día?
4. ¿Qué debe hacer una mujer que nació un miércoles? ¿Y un hombre?
5. Si una mujer nació un jueves, ¿qué debe combatir? ¿Qué debe aceptar un hombre que nació ese día?
6. ¿Qué gran poder tiene una mujer que nació un viernes? ¿Qué debe aprender a aceptar un hombre que nació ese día?
7. ¿Qué deben hacer las mujeres y los hombres que nacieron un sábado?
8. ¿Qué le va a ser difícil a una mujer que nació un domingo? ¿Por qué no debe preocuparse un hombre que nació ese día?

A leer

El día de la semana en que nació marcó su suerte

Según el profesor Waffman, mucho de lo que sucede en su vida depende del día de su nacimiento.

Si nació un lunes...
Ella: Sus problemas se deben a hechos° anteriores, pero luego se estabilizan. Si aprende a confiar,° será feliz.
Él: Tiene excelentes posibilidades de éxito en su vida si sabe aprovecharlas° y no lo deja todo para último momento.

Si nació un martes...
Ella: Recuerde que su mejor defensa está en el cariño° que da y que recibe.
Él: Aprenda a comprender y a compartir° para vivir en armonía.

Si nació un miércoles...
Ella: Tendrá problemas en su vida conyugal, pero no van a durar si usted resuelve las tensiones diarias.
Él: Tiene posibilidades de éxito personal y profesional. Evite las situaciones que ponen en peligro su felicidad.

Si nació un jueves...
Ella: Trate de combatir la depresión y escuche los consejos° de personas realistas.
Él: Para lograr los objetivos deseados, trabaje y acepte las cosas como vienen. No se desespere, pues todo llega.

Si nació un viernes...
Ella: Usted tiene un gran poder de recuperación.
Él: Planee el futuro junto a la mujer que ama. En el plano profesional tendrá éxito si acepta la realidad como es.

Si nació un sábado...
Ella: Usted puede encontrar la felicidad si sabe aprovechar todas las oportunidades.
Él: Si quiere conseguir la felicidad, use sus habilidades para destacarse.°

Si nació un domingo...
Ella: El triunfo profesional le va a ser difícil.
Él: No se preocupe por los conflictos familiares que no están vinculados con usted.

events
trust

to take advantge of them

love

share

advice

to stand out

Adaptado de *Vanidades* (Hispanoamérica)

Después de leer... desde su mundo

 A. Find out what day of the week you were born. Scan through until you locate what the text says about that day. In pairs, answer the question: **¿Es cierto lo que se dice** *(that which is said)* **de tu día?**

 B. Now read the descriptions for every day for your gender. In pairs, answer the question: **Los consejos que te dan para el día en que naciste, ¿son apropiados para ti?**

¡Vamos a escribir!

Querido diario. You neglected to write in your diary for the last couple of days. Today you sit down and catch up on your writing. Include errands, people you saw, interesting things you did, etc., on those days.

Estrategia

Antes de escribir

Writing journal entries. Diary or journal writing is a very different type of writing. You are free to express yourself however you want, for however long you want. Sometimes journal writing is the beginning of wonderful and significant brainstorming sessions!

A escribir el diario

Write your journal entries for the couple of days you skipped.

Estrategia

Después de escribir

 Before writing a possible final version your instructor might want you to exchange your first draft with a classmate and peer edit each other's work using the following guidelines:

- formation of verbs in the preterit
- subject-verb agreement
- use of **por** and **para**
- noun-adjective agreement

PANORAMA

Puerto Rico

- Puerto Rico, "la isla del encanto", es la menor de las islas que forman el archipiélago de las Antillas Mayores. Los indios la llamaban *Borinquen,* y aún hoy muchos la llaman así, y llaman *boricuas* a sus habitantes.

- Puerto Rico es una de las áreas más densamente pobladas del mundo. En la pequeña isla, con menos de 3.500 millas cuadradas de superficie, viven cerca de *(around)* 4 millones de habitantes. El país tiene solamente unas 100 millas de largo. Desde 1952 Puerto Rico es un Estado Libre Asociado de los Estados Unidos.

- San Juan, la capital de la isla, es la ciudad más grande y más poblada de Puerto Rico. Su parte antigua, el Viejo San Juan, es un centro de atracción turística por sus hermosas plazas, sus interesantes museos, sus edificios coloniales y las fortalezas *(fortresses)* de El Morro y San Cristóbal. El Morro fue construido por los españoles durante la época colonial para defender el puerto de los ataques de los corsarios *(privateers)* y piratas. Hoy también muchos turistas visitan San Juan por su intensa vida nocturna. Ponce es la segunda ciudad más importante del país. Fuera de la capital, son puntos de interés turístico las hermosas playas y el Yunque, un bosque *(forest)* tropical situado al este de San Juan. En el bosque hay más de 225 especies de árboles y muchas especies de animales.

- Igual que en Cuba, se nota la influencia de España, de África y de los Estados Unidos en el arte y en la música. De los deportes, el más popular es el béisbol. Muchos puertorriqueños se han distinguido en el mundo del espectáculo y en la literatura. Tito Puente, Raúl Juliá, Ricky Martin, Jennifer López y Benicio del Toro son artistas muy conocidos. Julia de Burgos ha alcanzado *(has achieved)* fama internacional como poeta.

El Viejo San Juan, designado Patrimonio de la Humanidad *(World Heritage)* por la UNESCO *(United Nations Educational, Scientific, and Cultural Organization)*

La playa Culebra, en Puerto Rico

El radiotelescopio de Arecibo, uno de los más grandes del mundo

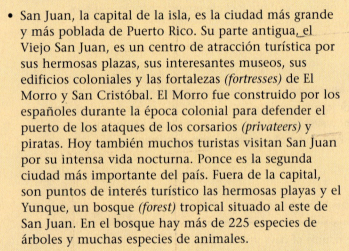

Imágenes de la historia y de la economía puertorriqueñas

Villa prehispánica reconstruida, Parque Ceremonial de Tibes, Ponce

La industria farmacéutica fue muy importante durante los últimos treinta años del siglo XX.

Pintura *(Painting)* de la explosión del barco estadounidense *Maine*, en La Habana, Cuba. Este incidente dio inicio a *(triggered)* la Guerra Hispano-Estadounidense *(Spanish American War)*, por la cual *(due to which)* Puerto Rico pasa a ser *(becomes)* territorio de los Estados Unidos (1898).

La industria del cultivo de la caña de azúcar *(sugar cane)* fue la principal desde 1900 hasta 1970.

Luis Muñoz Marín (1898–1980), gobernador de 1948 a 1964, hizo realidad *(made possible)* el actual estado *(status)* constitucional del Puerto Rico de hoy: el Estado Libre Asociado a los Estados Unidos (1952).

Otras personalidades

Benicio del Toro (1967–), actor

Tito Trinidad (1973–), cinco veces *(times)* campeón mundial *(world champion)* de boxeo

Nuestro panorama cultural

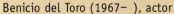

In groups of three, answer the following questions about your home state, region, or country.

1. ¿Cuáles son algunas de las actividades típicas de la vida nocturna en su ciudad?
2. ¿Cuáles son las industrias de la región donde Ud. vive?
3. ¿Conoce Ud. a algunos latinos famosos?
4. ¿Ha estado *(Have you been)* alguna vez en Puerto Rico?
5. ¿Qué tipos de música y de bailes le gustan a Ud.?

For the next class: Go to the World Wide Web and find photos from your hometown, state, region, or country. Use the questions from **Nuestro panorama cultural** above as guidelines for choosing them. Be ready to present the photos to your classmates.

Una cena de cumpleaños
Guantanamera

Comunicación
You will learn vocabulary related to shopping for groceries, meal preparation, and daily routines.

Pronunciación
La entonación

Estructuras
- Reflexive constructions
- Some uses of the definite article
- Possessive pronouns
- Irregular preterits
- **Hace…** meaning *ago*

Cultura
- Roles of senior family members
- Specialty stores and open-air markets
- Intergenerational attitudes among family members

Panorama hispánico
- Cuba
- La República Dominicana

Estrategias
Listening: Dealing with fast speech
Speaking: Using pauses to manage conversation
Reading: Activating background knowledge and rereading for writing I
Writing: Writing recipes

En el Mar Caribe hay una isla que comparten dos países: Haití y la República Dominicana. La capital de la República Dominicana es Santo Domingo. A esta ciudad llegaron muchos cubanos hace muchos años, después de la revolución castrista.[1] Entre ellos, vinieron Rogelio Peña, su esposa Isabel y sus hijos, César y Graciela. La esposa de don Rogelio falleció hace tres años, de modo que él vive con su hija, su yerno y sus nietos, Mario y Magali. Hoy don Rogelio cumple setenta años y su familia está preparando una cena para festejar su cumpleaños.

GRACIELA	—Magali, ¿trajiste el arroz y los frijoles para preparar el congrí?[2] Tu tío César va a hacer el lechón asado.
MAGALI	—Sí, y traje lechuga, tomates, cebollas, pepinos y zanahorias para la ensalada. Lo puse todo en el refrigerador.
GRACIELA	—¿Y tú, Mario? ¿Qué hiciste?
MARIO	—Yo tuve que levantarme muy temprano para ir a la pescadería para comprar un pargo, el pescado que le gusta a abuelo.
MAGALI	—¡Ay, pobrecito! Yo me levanté a las cinco, a pesar de que anoche no me acosté hasta las once.
MARIO	—Porque estuviste hablando con Ramón hasta muy tarde… ¡Ah! ¿Te acordaste de comprar las frutas para la ensalada? Necesito naranjas, mangos, plátanos, manzanas y uvas. Es mi receta especial.
MAGALI	—Es la receta de la señora Torales…
MARIO	—¡Pero yo la mejoré! Yo le pongo azúcar, y la sirvo con crema…
MAGALI	—¡Ay, caramba! Me olvidé de comprar café, dulce de leche, pan y mantequilla, y leche para el flan.
GRACIELA	—Y dos latas de salsa de tomate… Aquí tengo mi lista…
MAGALI	—Yo dejé la mía en el supermercado. Mamá, ¿a qué hora es la cena?
GRACIELA	—A las ocho. ¡Ay! Todavía tengo que bañarme, lavarme la cabeza y vestirme.
MAGALI	—Yo también. Oye… ¿dónde está abuelo? Voy a ver si está en su cuarto.

En el cuarto de don Rogelio

MAGALI	—¿Qué estás haciendo, abuelo?
DON ROGELIO	—Estoy leyendo unos poemas de José Martí.
MAGALI	—Extrañas Cuba, ¿verdad?
DON ROGELIO	—Mucho. Extraño los lugares donde pasé mi infancia y mi juventud: La Habana, Camagüey… Pinar del Río…
MAGALI	—Abuelo, ¿por qué no tocas la guitarra y cantamos nuestra canción favorita?

Don Rogelio toma su guitarra y los dos cantan "La Guantanamera".

"Yo soy un hombre sincero,
de donde crece la palma…"

[1]De Fidel Castro, líder de la revolución
[2]comida típica cubana

¿Quién lo dice?

Identify the person who said the following in the dialogues.

1. Yo tuve que levantarme muy temprano para ir a la pescadería. _____

2. Extraño los lugares donde pasé mi infancia y mi juventud. _____

3. Tu tío César va a hacer el lechón asado. _____

4. Yo le pongo azúcar y la sirvo con crema. _____

5. ¿Qué estás haciendo, abuelo? _____

6. ¡Ay, pobrecito! Yo me levanté a las cinco. _____

7. Estoy leyendo unos poemas de José Martí. _____

8. Todavía tengo que bañarme, lavarme la cabeza y vestirme. _____

a. Graciela

b. Magali

c. Mario

d. Don Rogelio

Para conversar

 With a partner, take turns asking and answering the following questions. Base your answers on the dialogue and on your circumstances.

1. ¿Cuántos años cumple don Rogelio? ¿Cuántos años vas a cumplir tú? ¿Siempre festejas tu cumpleaños?

2. ¿Qué trajo Magali para preparar el congrí? ¿Tú preparas alguna comida típica? ¿Te gusta cocinar?

3. ¿Qué trajo Magali para la ensalada? ¿Tú comes mucha ensalada? ¿Qué ingredientes usas para la ensalada?

4. ¿A qué hora tuvo que levantarse Mario? ¿Adónde fue? ¿Qué compró? ¿Tú compras pescado a veces? ¿Dónde lo compras?

5. ¿A qué hora se levantó Magali? ¿A qué hora se acostó? ¿Con quién estuvo hablando? ¿Con quién hablaste tú anoche?

6. ¿Qué frutas necesita Mario? ¿Qué frutas te gustan a ti?

7. ¿Qué se olvidó de comprar Magali? ¿Tú prefieres mantequilla o margarina? ¿Tú tomas café con leche?

8. ¿Dónde está don Rogelio? ¿Qué está haciendo? ¿Te gusta leer poemas? ¿Quién es tu poeta favorito?

9. ¿Qué extraña don Rogelio? ¿Qué ciudades recuerda? ¿Dónde pasaste tú tu niñez?

10. ¿Qué instrumento toca don Rogelio? ¿Tú tocas algún instrumento? ¿Cuál es tu favorito?

Cognados

la fruta fruit	**el mango** mango	**sincero(-a)** sincere
la guitarra guitar	**la palma** palm, palm tree	**el supermercado** supermarket
la isla island	**la revolución** revolution	**el tomate** tomato

Nombres

el azúcar sugar
la canción song
la cebolla onion
la infancia childhood
la juventud youth
la lata, el bote *(Méx.)* can
la lechuga lettuce
la mantequilla butter
la manzana apple
la naranja orange
el país country
el pan bread
el pepino cucumber
la pescadería fish store
el plátano, la banana banana
la receta recipe
la salsa sauce
las uvas grapes
la zanahoria carrot

Verbos

acordarse (o:ue) (de) to remember
acostarse (o:ue) to go to bed
bañarse to bathe
compartir to share
crecer (yo crezco) to grow
cumplir to turn (. . . years old)
extrañar to miss
fallecer (yo fallezco) to pass away
festejar, celebrar to celebrate
levantarse to get up
mejorar to improve
olvidarse (de) to forget
tocar to play *(i.e. a musical instrument)*
vestirse (e:i) to get dressed

Adjetivo

asado(-a) barbecued, roasted

Otras palabras y expresiones

a pesar de que in spite of the fact that
de modo que, de manera que so
entre among, between
lavarse la cabeza to wash one's hair
temprano early

Una adivinanza°

A un naranjo° me subí;°
naranjas encontré;
naranjas no comí;
naranjas no dejé.
¿Cuántas naranjas había° en el árbol?[2]

riddle

orange tree / I climbed

were there

---

[2] Dos naranjas.

VOCABULARIO ADICIONAL

Para hacer compras

la carnicería meat market
la farmacia pharmacy
la ferretería hardware store
la joyería jewelry store
la panadería bakery
la zapatería shoe store

Instrumentos musicales

el piano piano
la trompeta trumpet

Cosas del supermercado

Vocabulario

Práctica

A. Write the words or phrases that correspond to the following.

1. fruta cítrica _____
2. banana _____
3. celebrar _____
4. de modo que _____
5. durazno _____

6. lugar donde compramos pescado _____
7. lugar donde compramos carne _____
8. similar a la mantequilla _____
9. lugar donde compramos pan _____
10. lugar donde compramos medicinas _____

B. Select the word or phrase that does not belong in each group.

1. niñez / juventud / contrabajo
2. uvas / lata / sandía
3. mar / piña / isla
4. morir / fallecer / extrañar

5. lechuga / fresas / apio
6. país / pepino / cebolla
7. lavarse la cabeza / bañarse / acordarse
8. compartir / levantarse / acostarse

C. Complete the following sentences, using vocabulary from this lesson.

1. Tengo que ir al _____ para comprar frutas.
2. Él _____ el piano y el violín.
3. Vamos a _____ el cumpleaños de mi hermano.
4. Necesito un _____ de salsa de _____ .
5. Voy a pedir lechón _____ , a _____ de que no me gusta mucho.
6. Necesito _____ y _____ para la ensalada.
7. Tengo que comprar papel _____ para el baño.
8. Yo no le pongo _____ al café.
9. Yo puedo bañarme y _____ en cinco minutos.
10. Jorge tocó el clarinete y Amelia cantó una _____ cubana.

Para conversar

¿Qué te olvidaste de traer? With a partner, play the roles of two roommates who ask each other whether or not they brought certain items from the supermarket. Each one will answer saying that he/she did not bring the particular item, but another, and indicate where he/she put those items: in the refrigerator, on the table, or in the pantry (**la alacena**).

MODELO: —¿Trajiste… ?
—No, pero traje… . Lo/La/Los/Las puse en…

Vocabulario:
Compruebe
Self-Test

La entonación

Intonation refers to the variations in the pitch of your voice when you are talking. Intonation patterns in Spanish are different from those in English. Note the following regarding Spanish intonation.

1. For normal statements, the pitch generally rises on the first stressed syllable.

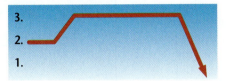

Yo compré el regalo para Elena.

2. For questions eliciting information, the pitch is highest on the stressed syllable of the interrogative pronoun.

¿Cómo está tu mamá?

3. For questions that can be answered with **sí** or **no**, the pitch is generally highest on the last stressed syllable.

¿Fuiste al mercado ayer?

4. In exclamations, the pitch is highest on the first stressed syllable.

¡Qué bonita es esa alfombra!

Práctica

Listen to your instructor and repeat the following sentences, imitating closely your instructor's intonation.

1. Yo me levanté a las cinco.
2. ¿A qué hora es la cena?
3. ¿Trajiste el arroz y los frijoles?
4. ¡Qué bien canta Magali!

Ubíquese... y búsquelo

Besides La Habana, don Rogelio mentions two other places that he misses from his youth in Cuba: Camagüey and Pinar del Río. Go to **www.college.hmco.com** to figure out what they are and where they are in relation to La Habana. Which one would you rather visit? Why? In the next class, team up with two classmates to discuss your findings.

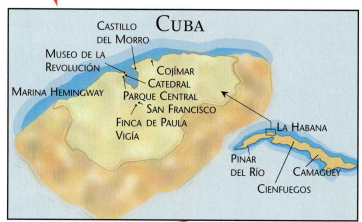

¿Lo sabía Ud.?

- En los países hispanos frecuentemente hay dos o más generaciones que viven en la misma *(same)* casa. Los abuelos, por ejemplo, muchas veces viven con sus hijos y contribuyen al cuidado *(care)* de los niños. Muy raramente las personas mayores viven en una casa de ancianos *(nursing home)*.

- Aunque en la actualidad los supermercados son muy populares en los países de habla hispana, todavía es costumbre comprar en pequeñas tiendas especializadas en uno o dos productos: panaderías, pescaderías, etc. La mayoría de los pueblos tienen un mercado central, con pequeñas tiendas. Mucha gente todavía prefiere comprar en estos mercados donde los precios generalmente son más bajos y los clientes pueden regatear *(bargain)* con los vendedores *(merchants)*.

Para comparar

1. En este país, ¿las personas mayores generalmente viven con sus hijos o en casas de ancianos?

2. En este país, ¿contribuyen los abuelos al cuidado de los nietos?

3. ¿Hay en su ciudad pequeñas tiendas que se especializan en dos o más productos? ¿Hay mercados al aire libre?

En imágenes... *Vínculos[1] familiares entre generaciones*

Familia dominicana sentada (*seated*) a la mesa durante la cena de Navidad

Abuelo y nieto dominicanos

Tres generaciones de cubanos

[1]**Vínculos** = *Ties, Bonds*

Estructuras

 1 ## Reflexive constructions (*Construcciones reflexivas*)

A. Reflexive pronouns

Subjects		Reflexive pronouns
yo	**me**	*myself, to (for) myself*
tú	**te**	*yourself, to (for) yourself* (**tú** form)
nosotros(-as)	**nos**	*ourselves, to (for) ourselves*
vosotros(-as)	**os**	*yourselves, to (for) yourselves* (**vosotros** form)
Ud.		*yourself, to (for) yourself* (**Ud.** form)
Uds.		*yourselves, to (for) yourselves* (**Uds.** form)
él		*himself, to (for) himself*
ella	**se**	*herself, to (for) herself*
		itself, to (for) itself
ellos, ellas		*themselves, to (for) themselves*

■ Reflexive pronouns are used whenever the direct or indirect object is the same as the subject of the sentence.

■ Note that except for **se**, the reflexive pronouns have the same forms as the direct and indirect object pronouns.

■ The third-person singular and plural **se** is invariable.

■ Reflexive pronouns are positioned in the sentence in the same manner as object pronouns. They are placed in front of a conjugated verb: **Yo *me* levanto**; or they may be attached to an infinitive or to a present participle: **Yo voy a levantar*me*. Yo estoy levantándo*me*.**

B. Reflexive verbs

■ Many verbs can be made reflexive in Spanish, that is, they can be made to act upon the subject, by the use of a reflexive pronoun.

lavarse *to wash oneself*	
Yo **me lavo**	*I wash (myself)*
Tú **te lavas**	*You wash (yourself)* (**tú** form)
Ud. **se lava**	*You wash (yourself)* (**Ud.** form)
Él **se lava**	*He washes (himself)*
Ella **se lava**	*She washes (herself)*
Nosotros(-as) **nos lavamos**	*We wash (ourselves)*
Vosotros(-as) **os laváis**	*You wash (yourselves)* (**vosotros** form)
Uds. **se lavan**	*You wash (yourselves)* (**Uds.** form)
Ellos **se lavan**	*They* (masc.) *wash (themselves)*
Ellas **se lavan**	*They* (fem.) *wash (themselves)*

Julia baña al perro.

Julia se baña.

Elsa acuesta a su hijo a las siete.

Elsa se acuesta a las diez.

In addition to the verbs included in the vocabulary list, the following verbs are commonly used in reflexive constructions.

afeitarse[1]   *to shave*
despertarse (e:ie)   *to wake up*
desvestirse (e:i)   *to get undressed*
preocuparse (por)   *to worry (about)*
sentarse (e:ie)   *to sit (down)*
sentirse (e:ie)   *to feel* (mood or physical condition)

—¿A qué hora **se acuestan** Uds.?	*"What time do you go to bed?"*
—Yo **me acuesto** a las diez y Ana **se acuesta** a las doce.	*"I go to bed at ten and Ana goes to bed at twelve."*
—¿Cómo **te sientes?**	*"How do you feel?"*
—**Me siento** bien, gracias.	*"I feel fine, thank you."*

👁 **ATENCIÓN:** The Spanish reflexives are seldom translated using the reflexive pronouns in English: **Yo me acuesto** = *I go to bed.*

---

[1]**peinarse** = *to comb one's hair*

The following verbs have different meanings when they are used with reflexive pronouns.

acostar (o:ue) *to put to bed*	**acostarse** *to go to bed*
dormir (o:ue) *to sleep*	**dormirse** *to fall asleep*
ir *to go*	**irse** *to go away, leave*
levantar *to raise, lift*	**levantarse** *to get up*
llamar *to call*	**llamarse** *to be called*
poner *to put, place*	**ponerse** *to put on*
probar (o:ue) *to try; to taste*	**probarse** *to try on*
quitar *to take away*	**quitarse** *to take off*

—¿**Te** vas a **acostar**?
—Sí, pero primero voy a **acostar** a los niños.

"Are you going to go to bed?"
"Yes, but first, I'm going to put the children to bed."

—¿A qué hora **se levantaron** Uds.?
—**Nos levantamos** muy temprano.

"What time did you get up?"
"We got up very early."

—¿Ya **te vas**?
—Sí, tengo que ir al mercado.

"Are you leaving already?"
"Yes, I have to go to the market."

Summary of Personal Pronouns

Subject	Direct object	Indirect object	Reflexive	Object of prepositions
yo	me	me	me	mí
tú	te	te	te	ti
usted *(fem.)*	la			usted
usted *(masc.)*	lo	le	se	usted
él	lo			él
ella	la			ella
nosotros(-as)	nos	nos	nos	nosotros(-as)
vosotros(-as)	os	os	os	vosotros(-as)
ustedes *(fem.)*	las			ustedes
ustedes *(masc.)*	los	les	se	ustedes
ellos	los			ellos
ellas	las			ellas

Práctica

A. Say what you and your relatives normally do by adding the correct form of the missing verbs.

1. Mi tía siempre _____ (despertarse) tarde.

2. Yo _____ (levantarse) muy temprano.

3. Mi padre _____ (afeitarse) en el baño.

4. Nosotros _____ (bañarse) por la mañana.

5. Mi hermana _____ (lavarse) la cabeza todos los días.

6. Mis primos _____ (vestirse) en diez minutos.

7. Yo _____ (desvestirse) y _____ (acostarse).

8. Mi mamá _____ (preocuparse) mucho cuando yo llego tarde.

9. En la cafetería, yo _____ (sentarse) con mis amigos.

10. Ellos _____ (probarse) los pantalones.

B. Say what these people are doing.

1. María _____ bien.

2. Los estudiantes _____ en la clase.

3. Juan le _____ el dinero al niño.

4. Pepito _____ el suéter.

5. Yo _____ la _____ en la clase.

6. Yo _____ a las seis.

7. Rosa _____
el _____ en la _____.

8. Rosa _____
el _____.

9. Sergio _____ a Eva.

10. El muchacho _____ Sergio _____.

 C. With a partner, take turns saying what these people do according to the time and the circumstances.

1. A las seis de la mañana, yo _____.

2. En el baño, Carlos _____ con champú.

3. Antes de salir, tú te bañas y te _____.

4. En la tienda, antes de comprar un vestido (dress), Rocío _____.

5. Cuando hace mucho frío, yo _____ un suéter.

6. Frente al espejo (mirror), mi hermana _____.

7. Mi papá _____ con una máquina de afeitar (razor).

8. Cuando yo vuelvo a mi casa muy tarde, mis padres _____.

9. En la clase, cuando están aburridos, los estudiantes _____.

10. A las once de la noche, Uds. _____.

Para conversar

 A. Habla con tu compañero. Interview a classmate, using the following questions and two questions of your own. When you have finished, switch roles.

1. ¿A qué hora te levantas tú generalmente? ¿Y los sábados? ¿A qué hora te levantaste hoy?
2. ¿A qué hora te acuestas? ¿A qué hora te acostaste anoche? ¿Dormiste bien?
3. ¿Puedes bañarte y vestirte en diez minutos? ¿Te lavas la cabeza cuando te bañas? ¿Te bañas por la mañana o por la tarde?
4. ¿Te miras en el espejo para peinarte?
5. ¿Te acordaste de traer el libro de español hoy? ¿A veces te olvidas de traerlo?
6. ¿Cómo se llama tu mejor amigo(-a)? ¿Cómo se llama tu abuelo? ¿Y tu abuela?
7. ¿Se preocupan tus padres por ti? ¿Tú te preocupas por alguien? ¿Por quién?
8. ¿Qué te pones cuando hace frío, un suéter o un abrigo? Cuando llueve, ¿te pones un impermeable o usas un paraguas?

B. Nuestra rutina diaria. With a partner, ask each other about your daily routines, beginning in the morning until the time you go to bed. Compare notes.

2 Some uses of the definite article (Algunos usos del artículo definido)

The definite article has the following uses in Spanish.

The possessive adjective is often replaced by the definite article. An indirect object pronoun or a reflexive pronoun (if the subject performs the action upon himself or herself) usually indicates who the possessor is. Note the use of the definite article in Spanish in the following specific situations indicating possession.

With parts of the body

Voy a cortar**le el pelo.**	*I'm going to cut his hair.*
Me lavé **las manos.**	*I washed my hands.*

With articles of clothing and personal belongings

¿**Te** quitaste **el abrigo?**	*Did you take off your coat?*
Ellos **se** quitaron **el suéter.**	*They took off their sweaters.*

👁 **ATENCIÓN:** The number of the subject and verb generally does not affect the number of the thing possessed. Spanish uses the singular to indicate that each person has only one of any particular object.

Ellas se quitaron **el abrigo.**   *They took off their coats.*
(Each one has one coat.)

but: Ellas se quitaron **los zapatos.**   *They took off their shoes.*
(Each one has two shoes.)

The definite article is used with abstract and generic nouns.

Me gusta **el té**, pero prefiero **el café**.	*I like tea, but I prefer coffee.*
Las madres siempre se preocupan por sus hijos.	*Mothers always worry about their children.*
La educación es muy importante.	*Education is very important.*

The definite article is used with certain nouns, including **cárcel** (*jail*), **iglesia** (*church*), and **escuela** when they are preceded by a preposition.

—¿Vas a **la iglesia** los domingos?	*"Do you go to church on Sundays?"*
—No, voy a **la iglesia** los sábados.	*"No, I go to church on Saturdays."*
—¿Dónde están los chicos?	*"Where are the children?"*
—Están en **la escuela**.	*"They're at school."*
—¿Jorge está en **la cárcel?**	*"Is Jorge in jail?"*
—Sí, lo visito todas las semanas.	*"Yes, I visit him every week."*

Remember that the definite article is also used with days of the week, when indicating titles in indirect address, and when telling time.

El Sr. Vega viene **el sábado** a **las tres** de la tarde.	*Mr. Vega is coming on Saturday at three o'clock in the afternoon.*

El café colombiano es el mejor. Beba café **Don Francisco**

Práctica

Supply the Spanish equivalents of the words in parentheses. Then act out the dialogues with a partner.

1. —¿Qué están haciendo _____ Paz y _____ Díaz? *(Miss / Mrs.)*
   —Se están poniendo _____ . *(their coats)*

2. —¿Qué estás haciendo, Paquito?
   —Me estoy lavando _____ . *(my hands)*

3. —_____ son más inteligentes que _____ . *(Women / men)*
   —_____ siempre dicen eso. *(Women)*

4. —¿Él está en _____ ? *(school)*
   —Sí, pero su hermano está en _____ . *(church)*

5. —¿Qué dice _____ Peña? *(Dr.)*
   —Ella dice que _____ es muy importante. *(education)*

6. —¿Cuándo llega _____ Roca? *(Mister)*
   —_____ , _____ cinco. *(On Thursday / at)*

Para conversar

Habla con tu compañero. With a partner, take turns asking each other the following questions.

1. ¿Qué te gusta más, el pescado o la carne? ¿Te gustan más las manzanas o las uvas?

2. ¿Qué te gusta más, el café o el té? ¿El agua mineral o los refrescos?

3. ¿Te lavas la cabeza todos los días? ¿Qué champú usas?

4. ¿Te quitas los zapatos cuando llegas a tu casa? ¿Te cambias de ropa?

5. ¿Te gustan los idiomas extranjeros *(foreign)*? ¿Te gusta más el francés o el español?

6. ¿Vas a la iglesia los domingos? ¿A qué hora vas? ¿Con quién vas?

7. ¿Qué es más importante para ti, el amor o el dinero?

8. ¿Quiénes conducen mejor, los hombres o las mujeres? ¿Quiénes son más eficientes?

3 Possessive pronouns (Pronombres posesivos)

	Singular		Plural		
	Masculine	Feminine	Masculine	Feminine	
	el mío	la mía	los míos	las mías	*mine*
	el tuyo	la tuya	los tuyos	las tuyas	*yours* (fam.)
	el suyo	la suya	los suyos	las suyas	*yours* (form.) / *his* / *hers*
	el nuestro	la nuestra	los nuestros	las nuestras	*ours*
	el vuestro	la vuestra	los vuestros	las vuestras	*yours* (fam.)
	el suyo	la suya	los suyos	las suyas	*yours* (form.) / *theirs*

LEARNING TIP

Remember that pronouns are especially useful when, in conversation or writing, you need to refer again to an idea or something or someone that you have already introduced. For example: **La novia de Luis es de Perú. La mía es de Chile.**

In Spanish, possessive pronouns agree in gender and number with the thing possessed. They are generally used with the definite article.

—Aquí están **mis maletas.** ¿Dónde están **las tuyas?**
"Here are my suitcases. Where are yours?"
—**Las mías** están en mi cuarto.
"Mine are in my room."

—**Nuestro profesor** es de Colombia.
"Our professor is from Colombia."
—**El nuestro** es de Venezuela.
"Ours is from Venezuela."

—**Mi apartamento** está en la calle Palma.
"My apartment is on Palma Street."
—**El mío** está en la calle Estrella.
"Mine is on Estrella Street."

ATENCIÓN: After the verb **ser**, the definite article is frequently omitted.

—¿Estos billetes son **suyos**, señor?
"Are these tickets yours, sir?"
—No, no son **míos.**
"No, they're not mine."

Because the third-person forms of the possessive pronouns (**el suyo, la suya, los suyos, las suyas**) can be ambiguous, they can be replaced by the pronouns below for clarification.

el de	Ud.		
la de	él	el [libro]	de él
los de	ella	el	**de él**
las de	Uds.		
	ellos	Es **suyo.** (*unclarified*)	
	ellas	Es **el de él.** (*clarified*)	

—Estas maletas son de Eva y de Jorge, ¿no?
"These suitcases are Eva's and Jorge's, aren't they?"
—Bueno, la maleta azul es **de ella** y la maleta marrón es **de él.**
"Well, the blue suitcase is hers, and the brown suitcase is his."

—¿El piano es **de Uds.?**
"Is the piano yours?"
—No, es **de ellos.**
"No, it's theirs."

Práctica

A. Provide the correct possessive pronoun for each subject.

> **MODELO:** Yo tengo una tarjeta postal. Es…
> Yo *tengo una tarjeta postal. Es mía.*

1. Mario tiene una revista. Es…
2. Nosotros tenemos dos guitarras. Son…
3. Tú tienes un violín. Es…
4. Inés tiene dos diccionarios. Son…
5. Yo tengo dos casas. Son…
6. Ud. tiene un perro. Es…
7. Ellas tienen los abrigos. Son…
8. Paco tiene una trompeta. Es…

B. Complete the following dialogue using the correct possessive pronoun.

1. —Mis revistas están aquí. ¿Dónde están _____, Anita?   *(yours)*
   —_____ están en mi cuarto, pero Pedro no tiene _____.   *(Mine / his)*
2. —Yo no tengo maletas, pero Ana me va a prestar una de _____.   *(hers)*
   —O yo puedo prestarte una de _____.   *(mine)*
   —¡Pero tú vas a necesitar todas _____!   *(yours)*
   —Yo tengo tres maletas…

3. —Mis hijos están en Santo Domingo. ¿Dónde están _____, señor Fuentes?   *(yours)*
   —_____ están en La Habana.   *(Mine)*

C. With a partner, make comparisons between the objects and people described and those in your own experience. Use appropriate possessive pronouns when asking each other questions.

> **MODELO:** —El hermano de Teresa tiene quince años. ¿Y el tuyo?
> —*El mío tiene dieciocho.*

1. Los mejores amigos de Rosa son de Cuba.
2. El apartamento de Ana tiene cuatro cuartos.
3. Los padres de Ramiro viven en Pinar del Río.
4. El cumpleaños de Jorge es en septiembre.
5. Las maletas de Alina son verdes.
6. La hermana de Rafael es muy bonita.
7. El idioma de Hans es alemán.
8. Las primas de Enrique son dominicanas.

Para conversar

Así es la vida *(Such is life).* In groups of three, compare some aspects of your lives, such as your room or apartment, relatives, classes, jobs, and so on.

4 Irregular preterits (Pretéritos irregulares)

The following Spanish verbs are irregular in the preterit.

tener:	tuve, tuviste, tuvo, tuvimos, tuvisteis, tuvieron
estar:	estuve, estuviste, estuvo, estuvimos, estuvisteis, estuvieron
poder:	pude, pudiste, pudo, pudimos, pudisteis, pudieron
poner:	puse, pusiste, puso, pusimos, pusisteis, pusieron
saber:	supe, supiste, supo, supimos, supisteis, supieron
hacer:	hice, hiciste, hizo,[1] hicimos, hicisteis, hicieron
venir:	vine, viniste, vino, vinimos, vinisteis, vinieron
querer:	quise, quisiste, quiso, quisimos, quisisteis, quisieron
decir:	dije, dijiste, dijo, dijimos, dijisteis, dijeron[2]
traer:	traje, trajiste, trajo, trajimos, trajisteis, trajeron[2]
conducir:	conduje, condujiste, condujo, condujimos, condujisteis, condujeron[2]
traducir:	traduje, tradujiste, tradujo, tradujimos, tradujisteis, tradujeron[2]

---

[1]Note that in the third-person singular form, **c** changes to **z** in order to maintain the soft sound.
[2]Note that in the third-person plural ending of these verbs, the **i** is omitted.

Papá, hoy **conduje** tu auto…

—¿Por qué no **viniste** anoche?
—No **pude**; **tuve** que trabajar. Y tú, ¿qué **hiciste**?
—Yo **estuve** en casa toda la noche.

"Why didn't you come last night?"
"I wasn't able to; I had to work. And you, what did you do?"
"I was home all night."

—¿Qué me **trajeron** Uds.?
—Te **trajimos** una cámara.
—¿Dónde la **pusieron**?
—La **pusimos** en tu cuarto.

"What did you bring me?"
"We brought you a camera."
"Where did you put it?"
"We put it in your room."

👁 **ATENCIÓN:** The preterit of **hay** (impersonal form of **haber**) is **hubo** *(there was, there were)*.

Anoche **hubo** un concierto.   *Last night there was a concert.*

Práctica

A. Elsa and David are arguing. Complete their dialogue, using the preterit of the verbs given. Then act it out with a partner.

ELSA —¿Dónde _____ (estar) (tú) anoche? ¡_____ (Venir) muy tarde!

DAVID —¡Te lo _____ (decir)! _____ (Estar) en casa de mamá. _____ (Tener) que hablar con papá. No te llamé porque no _____ (poder).

ELSA —¿No _____ (poder) o no _____ (querer)?

DAVID —Bueno. ¿Dónde _____ (poner) tú los documentos que yo _____ (traducir) ayer en la oficina?

ELSA —¡Tú no _____ (traer) ningún documento!

DAVID —No… los empleados los _____ (traer) cuando _____ (venir) ayer.

ELSA —Ellos no me _____ (decir) nada. ¡Son unos idiotas!

B. Read what the following people typically do. Then, using your imagination, say what everyone did differently yesterday.

1. Yo estoy en mi casa por la mañana.
2. Tú vienes a la universidad a las diez de la mañana.
3. Paquito hace ejercicio por la tarde.
4. Julio tiene que trabajar en el mercado.
5. Nosotros traemos a nuestros hijos a la escuela.
6. Ellos traducen las lecciones al inglés.
7. María se pone el suéter azul.
8. Yo conduzco mi coche.

Para conversar

A. Habla con tu compañero. With a partner, take turns asking each other the following questions.

1. ¿Qué tuviste que hacer ayer? ¿Tuviste mucho trabajo? ¿Estuviste muy ocupado(-a)?
2. ¿Qué hicieron tú y tus amigos ayer? ¿Qué hicieron el sábado?
3. ¿Dónde estuvieron tú y tu familia anoche? ¿Qué hicieron tus padres?
4. ¿Hubo una fiesta en tu casa el mes pasado? ¿Quiénes vinieron?
5. ¿Tuviste que limpiar la casa ayer? ¿Alguien te ayudó? ¿Quién?
6. ¿Viniste a clase la semana pasada? ¿Viniste solo(-a)? ¿Qué días viniste?
7. ¿Pudiste venir temprano a la universidad ayer? ¿A qué hora viniste? ¿Alguien vino contigo?
8. ¿Condujiste tu auto ayer o viniste en autobús?

B. ¿Qué hiciste? In groups of three, ask each other about what you did yesterday, last night, or last week. Use irregular preterit forms in your questions. Ask for as many details as possible.

5 Hace... meaning *ago*
(Hace... *como equivalente de* ago)

In sentences using the preterit and in some cases the imperfect, **hace** + *period of time* is the equivalent of the English *ago*. When **hace** is placed at the beginning of the sentence, the construction is as follows.

> **Hace** + *period of time* + **que**
> **Hace** + dos años + **que** la conocí.

—¿Cuánto tiempo hace que conociste a tu novia?

"How long ago did you meet your girlfriend?"

—**Hace tres años que** la conocí.

"I met her three years ago."

—**Hace diez años que** ellos vinieron a los Estados Unidos. ¿Y tú?

"They came to the United States ten years ago. And you?"

—Yo llegué **hace cuatro años.**

"I arrived four years ago."

ATENCIÓN: Note that it is also possible to say: **Yo llegué hace cuatro años.**

Práctica

Say how long ago everything happened, according to the information provided.

1. Preparamos la ensalada de frutas a las dos. Son las dos y media.
2. Ellos fueron a Santo Domingo en agosto. Estamos en diciembre.
3. Tú viste a tu abuelo el lunes. Hoy es viernes.
4. Empecé a trabajar a las diez. Son las diez y cuarto.
5. Yo vine de Cuba el 15 de junio. Hoy es el 30 de junio.
6. Carlos compró la batería en el año 2000. Estamos en el año 2006.

Para conversar

¡Hace mucho tiempo! With a partner, take turns asking each other how long ago you did each of the following things.

1. ir a la playa
2. ir al dentista
3. dar una fiesta
4. ir de compras
5. ir al cine
6. empezar a estudiar español
7. ver a tus padres
8. ir de vacaciones
9. llamar a tu mejor amigo(-a)
10. levantarte

Estructuras:
Compruebe
Self-Test

Así somos

¿Qué dice Ud.?

 What would you say in the following situations? What might the other person say? Act out the scenes with a partner. Take turns playing each role.

1. You and your roommate are going to decide what you need from the grocery store. Don't forget to include fruits and vegetables.

2. You are talking to a prospective roommate and want to know about his/her daily routine. Ask him/her pertinent questions.

3. You are in Santo Domingo. Your Dominican friend is going to accompany you downtown to do some shopping. Tell him/her which stores you have to go to. You want to buy nails, shoes, a bracelet, medicine, etc. Say what time you want to leave.

4. Last night you called your friend Fernando and he wasn't home. Ask him where he was, what he had to do, whether or not he was able to speak with his parents, and what they said about the party.

Para conocernos mejor

 To do this activity, work with a classmate whom you would like to get to know. Take turns asking and answering these questions.

1. ¿Cuánto tiempo hace que empezaste a estudiar en esta universidad? ¿Te gusta la universidad? ¿Tienes muchos amigos aquí?

2. ¿Tu español está mejorando? ¿El profesor (La profesora) comparte tu opinión? ¿Sabes algún poema en español? ¿Alguna canción?

3. ¿Hiciste algo de interés anteayer? ¿Adónde fuiste? ¿Con quién estuviste? ¿Tuviste que trabajar?

4. ¿Qué hiciste anoche para cenar? ¿Tienes alguna receta especial? ¿Dónde la conseguiste?

5. ¿A qué hora te despertaste hoy? ¿A qué hora te levantas generalmente? ¿Te gusta acostarte temprano o tarde?

6. Generalmente, ¿te bañas por la mañana o por la tarde? ¿Qué jabón usas? ¿Necesitas mucho tiempo para vestirte?

7. ¿Tomas café? ¿Le pones azúcar y crema? ¿Lo tomas después de las comidas o con las comidas?

8. ¿Dónde creciste? ¿Extrañas el lugar donde pasaste tu niñez? ¿Extrañas a tus amigos de la escuela?

Una encuesta

 Interview your classmates to identify who fits the following descriptions. Include your instructor, but remember to use the **Ud.** form when addressing him/her. After finishing the survey, get together with two or three classmates and discuss the results.

	Nombre
1. *Es una persona muy sincera.*	_____
2. *Es popular entre sus amigos.*	_____
3. *Toca un instrumento musical.*	_____
4. *No vino a clase la semana pasada.*	_____
5. *Estuvo en la iglesia el domingo.*	_____
6. *Se despierta muy temprano.*	_____
7. *Se afeita todos los días.*	_____
8. *Se duerme mirando la televisión.*	_____

Al escuchar...

Estrategia

Dealing with fast speech. Classroom-level speech is the first step to understanding authentic language. To get a sense of the continuum in rates of speech, listen to the following conversation several times, each time enacted at a progressively slower pace. In the course of the recordings, answer the following questions when you feel you can provide the answer or a good guess.

1. ¿Qué festejan hoy Ester y Raúl?
2. ¿Qué necesita Ester para la ensalada?
3. ¿Qué va a comprar Raúl en la pescadería?
4. ¿Quién va a traer el postre?
5. ¿Para qué debe ir Raúl a la joyería?

Al conversar...

Estrategia

Using pauses to manage conversation. In addition to asking for repetition or clarification (**Lección 2**), and restating something you hear in your own words (**Lecciones 7** and **8**), you need to learn how to create pauses during a conversation in order to organize your thoughts and reply. The following words and expressions, which you have already seen in the dialogues, are commonly used as pause-taking devices.

- **Bueno...** and **A ver...** (**Lecciones 1** and **3**, respectively) = expressing understanding
- **Oye...** (**Óyeme...**) (**Lecciones 1** and **2**) or **Mira...** *(Look)* = asking for your listener's attention
- **¡Caramba!** (**Lección 2**) = reacting to what you hear
- **Este..., eh...** (**uh..., ummm...**) = fillers
- **Es decir...** *(That is to say...)* = correcting or clarifying what you are saying

Para escuchar

Your instructor will read some information about the Sánchez family. After reading it twice, he/she will make statements about them. On a sheet of paper, write numbers one to six and indicate whether each statement is true (**verdadero**) or false (**falso**).

Para crear

Get together in groups of three or four and "create" the scenario for this photo. Who are the people? What are they buying? What do they like to eat? Are they going to have a party?, etc.

¡Vamos a leer!

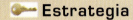 **Estrategia**

Antes de leer

A. Activating background knowledge. You will be reading a recipe for **flan**, one of the most widespread dessert dishes in the Spanish-speaking world. Knowing that this is a baked dessert, think of the ingredients that you may find in the recipe. Then scan through the recipe to find how many of these ingredients are used in making **flan**.

B. As you read, try to find the answers to the following questions.

1. ¿Cuáles son los ingredientes del flan?
2. ¿Qué necesitamos para el caramelo?
3. ¿Qué hacemos con el azúcar?
4. ¿Qué color va a tener el azúcar?
5. ¿Con qué cubrimos el molde?
6. Después de batir los huevos, ¿qué agregamos (*add*)?
7. ¿Cómo debemos cocinar el flan? ¿A qué temperatura?
8. ¿Qué tenemos que hacer para saber si ya está cocinado?
9. ¿Qué hacemos después de sacarlo del horno?
10. ¿Qué debemos hacer antes de servirlo?

A leer

Sección de cocina

Si Ud. quiere servir un postre sabroso y elegante en su próxima fiesta, le ofrecemos una magnífica idea: sirva un flan, que es sin lugar a dudas el postre más popular entre los hispanos. Siga las instrucciones de doña Laura, que le dice cómo prepararlo.

❀**FLAN**
Ingredientes:
Para el flan
2 tazas de leche evaporada
4 huevos
8 cucharadas de azúcar
1 cucharadita de vainilla

Para el caramelo
3 cucharadas de azúcar

melt
golden
let it cool / Beat
Add / stir it
double boiler / oven
clean

turn over

Preparación: En el molde donde va a hacer el flan, poner[1] a derretir° al fuego tres cucharadas de azúcar. Después de unos minutos el azúcar va a tener un color dorado.° Mover el molde para cubrirlo todo con el caramelo y dejarlo enfriar.° Batir° los huevos. Agregar° el azúcar y la vainilla y revolverlo° bien. Ponerlo todo en el molde y cocinarlo a Baño María° en el horno° a 350 grados por una hora. (Para saber si ya está cocinado, introducir un cuchillo en el flan, y si sale limpio,° ya está listo.) Sacarlo del horno y dejarlo enfriar. Ponerlo en el refrigerador. Antes de servirlo, voltear° el molde en un plato.

---

[1]In Spanish the infinitive is often used as commands to give instructions or directions.

🔑 **Estrategia** **Después de leer... desde su mundo**

Rereading for writing I. In **¡Vamos a escribir!**, you will be asked to write your own recipe. Reread the recipe for flan, paying attention to the vocabulary and grammar constructions you will need in order to create your recipe.

¡Vamos a escribir!

Una receta. You will be sharing with the class how you make one of your favorite dishes!

🔑 **Estrategia** **Antes de escribir**

Writing recipes. You want to share one of your favorite recipes with a Spanish-speaking friend. With the help of a good bilingual dictionary, make a list of the words you will need to use.

A escribir la receta

Write your **primer borrador** of the recipe, using the flan recipe in **¡Vamos a leer!** as a model.

🔑 **Estrategia** **Después de escribir**

 A. Before writing the final version, your instructor might want you to exchange your first draft with a classmate and peer edit each other's work using the following guidelines:

- reflexive constructions
- use of infinitives in cooking instructions
- subject-verb agreement
- noun-adjective agreement

B. Del libro de cocina de... ¡la clase de español! Prepare a cookbook with the recipes from the entire class.

 C. ¡Una fiesta para comer y charlar! Confer as a class to set aside a day or an evening to gather socially and cook recipes from your class cookbook! Take the opportunity to mingle and chat in Spanish with your classmates.

Cuba

- Cuba es la mayor de las islas del archipiélago de las Antillas. Su figura es similar a la de un cocodrilo y, como es larga y estrecha *(narrow)*, tiene extensas costas en las cuales hay playas de gran belleza *(beauty)*. Muchos llaman a Cuba "la Perla de las Antillas".

- Hoy Cuba exporta azúcar, níquel, tabaco y frutas. El tabaco cubano tiene fama mundial. Sin embargo, las principales fuentes de ingreso del país son el turismo y el dinero que les envían a sus familiares más de un millón de cubanos que viven en el extranjero.

- La Habana es la capital y la ciudad más grande del Caribe. La Habana vieja *(old)*, su sección antigua, se caracteriza por sus iglesias, plazas, fortalezas, y edificios coloniales, como la Catedral y su plaza, y las fortalezas de El Morro y la Cabaña. En la Habana nació José Martí, escritor, poeta y el más famoso de los patriotas cubanos. De su libro *Versos sencillos* proviene la letra de la canción "La Guantanamera".

- La música cubana o afrocubana es muy popular en todo el mundo. De Cuba salieron el son, el danzón, la rumba, la conga, el cha cha cha, el mambo y, en buena parte, la salsa. Muchos músicos y cantantes cubanos triunfan hoy en el extranjero *(abroad)*; entre ellos, Gloria Estefan y Jon Secada. El deporte más popular en el país es el béisbol, que los cubanos llaman "la pelota". En la actualidad varios "peloteros" cubanos juegan en las Grandes Ligas de los Estados Unidos. Los más famosos son Rafael Palmeiro y los hermanos Liván y Orlando (el Duke) Hernández. Por otra parte, son exponentes de la cultura cubana actual escritores de fama internacional como Guillermo Cabrera Infante, Zoé Valdés y Daína Chaviano.

La Habana

La Catedral (construida entre 1748 y 1767), La Habana Vieja

La Universidad de la Habana, fundada en 1728

Vista de La Habana hacia finales *(toward the end)* del siglo XX

La República Dominicana

- La República Dominicana ocupa las dos terceras partes de la isla que Colón descubrió en su primer viaje y a la que llamó La Española. La parte occidental de la isla está ocupada por la República de Haití. La extensión de la República Dominicana es más o menos igual a la mitad (*half*) de la superficie de Kentucky. Su economía se basa en la agricultura, pero el turismo comienza a ser una buena fuente de ingresos para el país. Sus principales atracciones son sus construcciones coloniales y sus hermosas playas, como las de los centros turísticos de La Romana y Puerto Plata, donde se puede disfrutar de muchas actividades al aire libre.

- La música típica del país es el merengue, pero además son populares otros ritmos del Caribe como la rumba y la salsa. Como en Cuba y en Puerto Rico, el béisbol es el deporte más popular de la isla. La República Dominicana es el país extranjero mejor representado en las Grandes Ligas. El más conocido de todos los jugadores dominicanos es Sammy Sosa.

- Casi la mitad de la población del país vive en la capital, Santo Domingo, la primera ciudad europea fundada en el Nuevo Mundo. Aquí se encuentran algunas de las construcciones coloniales más antiguas de América, como las ruinas del Monasterio de San Francisco y la Catedral de Santa María la Menor, la más antigua del continente americano, donde muchos creen que están enterrados (*buried*) los restos de Cristóbal Colón.

Pórtico *(Entrance)* de la Catedral Santa María de la Encarnación, primera de América, construida (built) de 1520 a 1540

Celia Cruz (1925–2003), cubana y
legendaria Reina *(Queen)* de la Salsa

José Martí (1853–1895),
cubano, es uno de los grandes
escritores de Latinoamérica

Oscar de la Renta (1936–),
dominicano, diseñador de modas
(fashion designer) de fama mundial

Juan Luis Guerra (1956–),
dominicano, es un famoso
compositor y cantante
(singer) de merengue

Nuestro panorama cultural

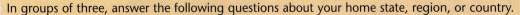

In groups of three, answer the following questions about your home state, region, or country.

1. ¿ Qué productos exporta su país?
2. ¿Hay centros religiosos históricos en su país? ¿Dónde están?
3. ¿Hay fortalezas históricas en su país?
4. ¿Vive algún miembro de su familia en el extranjero? ¿Dónde vive?
5. ¿Cuáles son algunos diseñadores de moda famosos de su país?
6. ¿Qué ritmos son autóctonos de *(originate in)* su país o región? ¿Cuál prefiere Ud.?

For the next class: Go to the World Wide Web and find photos from your hometown, state, region, or country. Use the questions from **Nuestro panorama cultural** above as guidelines for choosing them. Be ready to present the photos to your classmates.

SELF-TEST
Lecciones 7-9

Take this test. When you have finished, check your answers in the answer key provided in Appendix D. Then use a red pen to correct any mistakes you may have made. Are you ready?

Lección 7

A. Indirect object pronouns. Rewrite the following sentences, using indirect object pronouns to replace the words in italics.

1. Ella trae las llaves *para ellos*.
2. Yo voy a preparar la cena *para ti*.
3. El botones trae el equipaje *para Ud*.
4. Ana va a comprar las tarjetas *para mí*.
5. Él trae el desayuno *para nosotros*.
6. Traen las maletas *para ellas*.

B. Constructions with gustar. Tell who likes what.

1. Nosotros / más / esta película
2. Ellos / mucho / ese hotel
3. Tú / nadar
4. Yo / hacer ejercicio
5. Ella / no / usar la escalera mecánica

C. Time expressions with hacer. Form sentences with the elements provided, using the expression **hace... que.** Follow the model.

> **MODELO:** una hora / él / trabajar
> *Hace una hora que él trabaja.*

1. dos días / yo / no dormir
2. un mes / tú / no llamarme
3. media hora / nosotras / estar / aquí
4. un año / ellos / vivir / Panamá
5. doce horas / Eva / no comer

D. Preterit of regular verbs. Rewrite the following sentences to describe things that already happened.

1. Mañana Leo y yo vamos a comprar las valijas. (ayer)
2. La semana próxima yo voy a viajar. (la semana pasada)
3. Hoy ella va a cancelar la reservación. (ayer)
4. ¿Van a confirmar Uds. el viaje hoy? (ayer)
5. Esta tarde ellos van a hablar con el empleado. (al mediodía)
6. Voy a darle las maletas ahora. (anoche)

E. Ordinal numbers. Complete the following sentences.

1. Marzo es el _____ mes del año.
2. Mayo es el _____ mes del año.
3. Abril es el _____ mes del año.
4. El _____ mes del año es octubre.
5. Agosto es el _____ mes del año.
6. Enero es el _____ mes del año.

F. Just words… Complete the following sentences, using vocabulary from **Lección 7**.

1. El cuarto tiene _____ acondicionado.
2. El _____ lleva el equipaje al cuarto.
3. No voy a usar la escalera. Voy a usar el _____.
4. Sirven el _____ a las siete de la mañana y el _____ al mediodía.
5. El baño tiene ducha y _____.
6. No tiene una habitación sencilla; tiene una habitación _____.
7. Ayer compré una _____ de video.
8. En este hotel no hay servicio de _____.
9. Voy a _____ en la piscina.
10. ¿En qué puedo _____, señor?
11. ¿A cómo está el _____ de moneda?
12. Ud. tiene que _____ el número de su tarjeta.

G. Culture. Complete the following sentences, based on the **Panorama hispánico** section.

1. La segunda fuente de ingresos de Costa Rica es el _____.
2. En Costa Rica la educación es _____ y gratuita.
3. El Canal de Panamá une los océanos _____ y _____.
4. El Canal de Panamá fue propiedad de _____ hasta 1999.

Lección 8

A. Direct and indirect object pronouns used together. Answer the following questions, using the cues provided, substituting direct object pronouns for the underlined words, and making any necessary changes.

1. ¿Cuándo le van a mandar las flores a Elena? (mañana)
2. ¿Quién te va a comprar el perro? (mi mamá)
3. ¿Quién les va a prestar el dinero a Uds.? (Luis)
4. ¿Cuándo me vas a traer la chequera? (esta tarde)
5. ¿Quién les va a dar el diccionario a Uds.? (la profesora)

B. Preterit of ir, ser, and dar. Complete the following sentences, using the preterit of ir, ser, or dar.

1. Nosotros _____ al banco y le _____ el dinero al empleado.
2. Ellos _____ mis estudiantes el año pasado.
3. ¿A quién le _____ tú la cuenta?
4. Ayer, yo _____ a la florería y compré rosas.
5. Ellos no nos _____ el préstamo.
6. Ellas _____ de vacaciones a México.
7. La doctora Vega _____ mi profesora.
8. Yo _____ al hotel y le _____ las maletas al botones.

C. Preterit of e:i and o:u stem-changing verbs. Complete the following sentences, using the preterit tense of the verbs listed below, as needed.

mentir	dormir	seguir	conseguir
pedir	repetir	morir	servir

1. ¿ _____ ellos en el hotel el jueves?
2. Los chicos _____ a sus amigos a la tienda.
3. Nosotros _____ sándwiches de jamón y queso.
4. Ella me _____ . No tiene veinte años.
5. ¿No _____ Ud. el dinero para ir de vacaciones?
6. ¿Qué le _____ los niños a Santa Claus?
7. El hombre _____ en un accidente.
8. Ella me _____ la pregunta.

D. Uses of por and para. Complete the following sentences with por or para, as needed.

1. Voy a llamar a Ana _____ teléfono _____ decirle que necesito el dinero _____ el sábado _____ la mañana.
2. Mañana salimos _____ San Juan. Vamos _____ tren y pensamos estar allí _____ dos semanas. Vamos a visitar a Pedro, que estudia _____ médico.

E. Formation of adverbs. Give the Spanish equivalent of the adverbs in parentheses.

1. Me gustan las flores, _____ las rosas. *(especially)*

2. Yo _____ voy a conciertos. *(frequently)*

3. El profesor habló _____ y _____. *(slowly and clearly)*

4. Vino a verme _____. *(recently)*

5. _____ voy al banco los sábados. *(Generally)*

6. _____ no tengo dinero. *(Unfortunately)*

F. Just words . . . Choose the word that best completes each sentence.

1. Voy a llevar los pantalones a la (tintorería, florería).

2. Fui al banco para pedir un (fuego, préstamo).

3. Me (pasaron, robaron) la motocicleta ayer.

4. El policía me puso (una multa, un ramo) anoche.

5. No tengo que pagar por los cheques porque son (seguros, gratis).

6. Estas (margaritas, violetas) son moradas.

7. Tienes que (contar, fechar) el cheque.

8. Voy a comprarle un (incendio, regalo) para su cumpleaños.

9. Me gusta mucho ese loro. Me (encanta, solicita).

10. Le voy a (prestar, aparcar) 100 dólares.

G. Culture. Complete the following sentences, based on the **Panorama hispánico** section.

1. La capital de Puerto Rico es _____.

2. _____ es la segunda ciudad más importante del país.

3. Puerto Rico forma parte del archipiélago de las _____.

4. El deporte más popular de Puerto Rico es el _____.

Lección 9

A. **Reflexive constructions.** Form sentences with the elements provided, using reflexive constructions.

1. Tú / vestirse / muy bien
2. Ellos / afeitarse / todos los días
3. Nosotros / acostarse / a las once
4. ¿Uds. / preocuparse / por sus hijos?
5. Yo / ponerse / la camisa
6. Juan / sentarse / aquí
7. Ella / lavarse / la cabeza todos los días
8. Él / quitarse / el suéter
9. Yo no / acordarse / de eso
10. Uds. / irse
11. ¿Cómo / llamarse / tú?
12. Daniel no / despertarse / hasta las diez

B. **Some uses of the definite article.** Form sentences with the elements given, adding the necessary connectors. Use verbs in the present tense. Follow the model.

> **MODELO:** yo / ponerse / los pantalones
> *Yo me pongo los pantalones.*

1. ¿Tú / quitarse / abrigo?
2. ellos / estar / escuela
3. mi mamá / lavarme / cabeza
4. Uds. / no lavarse / manos
5. padres / preocuparse / por / sus hijos
6. nosotros / preferir / café
7. educación / ser / lo más importante

C. **Possessive pronouns.** Give the Spanish equivalent of the pronouns in parentheses.

1. El vestido de Nora está aquí. _____ está en mi cuarto. (*Mine*)
2. Mis revistas están aquí. ¿Dónde están _____, Sr. Vega? (*yours*)
3. Ellos van a enviar sus cartas (*letters*) hoy. ¿Cuándo vamos a enviar _____? (*ours*)
4. No tengo maletas. ¿Puedes prestarme _____, Anita? (*yours*)
5. Aquí están los regalos de Jorge. ¿Dónde están _____? (*ours*)
6. Juan necesita tu cuaderno, Eva. _____ está en la universidad. (*His*)

D. Irregular preterits. Complete the following sentences, using the preterit of the verbs given.

1. Yo _____ (tener) una fiesta anoche y todos mis amigos _____ (estar) allí.
2. Ellos _____ (traer) las fresas y las _____ (poner) en la mesa.
3. María _____ (venir) anoche y _____ (traducir) los documentos.
4. Él no _____ (poder) ir porque _____ (tener) que trabajar.
5. Nosotros no les _____ (decir) nada.
6. ¿Cuándo lo _____ (tú) (saber)? ¿Anoche?
7. Ellos no _____ (venir) porque no _____ (querer).
8. ¿Ellas _____ (conducir) tu coche?
9. Andrés _____ (hacer) todo el trabajo.

E. Hace... meaning *ago*. Answer the following questions, using the cues provided.

1. ¿Cuánto tiempo hace que conociste a tu mejor amigo(-a)? (cuatro años)

2. ¿Cuánto tiempo hace que tú y tus amigos fueron de vacaciones? (seis meses)

3. ¿Cuánto tiempo hace que Uds. fueron a la playa? (tres días)

4. ¿Cuánto tiempo hace que tus padres volvieron de Cuba? (una semana)

5. ¿Cuánto tiempo hace que llegaste a tu casa? (quince minutos)

F. Just words . . . Match the questions in column A with the answers in column B.

A	B
1. ¿Qué le pones al café?	a. La guitarra.
2. ¿Cuántos años cumples?	b En el supermercado.
3. ¿Qué instrumento tocas?	c. Mi país.
4. ¿Quieres mantequilla?	d. No, tarde.
5. ¿Qué extrañas?	e. No, margarina.
6. ¿Qué le pones a la ensalada?	f. No, me olvidé de traerla.
7. ¿Dónde compraste los mangos?	g. No, el piano.
8. ¿Él sabe tocar el violín?	h. Azúcar.
9. ¿Te acostaste temprano?	i. Aceite y vinagre.
10. ¿Trajiste la receta?	j. Veinte.

G. Culture. Complete the following sentences, based on the **Panorama hispánico** section.

1. Cuba es la _____ de las islas de las Antillas.
2. El _____ cubano tiene fama mundial.
3. La música típica de la República Dominicana es el _____.
4. Santo Domingo fue la _____ ciudad fundada en el Nuevo Mundo.

Buscando apartamento
Marisol se queja de todo

Marisol se queja de todo

Silvia, Marisol y Cristina son tres chicas de Mérida, Venezuela, que vinieron a Caracas el mes pasado para asistir a la universidad. Silvia y Marisol son primas, pero ellas conocieron a Cristina cuando estaban en la escuela. Ahora están en una pensión pero quieren mudarse a un apartamento.

SILVIA	—¿Llamó Cristina?
MARISOL	—Sí, y me dijo que podía encontrarse con nosotras a las tres para ver el apartamento.
SILVIA	—¿Te dio la dirección?
MARISOL	—Sí, aquí la tengo. Nosotras podemos ir en el metro y Hugo dijo que él iba a llevar a Cristina en su coche.
SILVIA	—El apartamento tiene que estar amueblado porque no tenemos muebles.
MARISOL	—Bueno… tenemos bolsas de dormir.
SILVIA	—Vamos, que es tarde. ¿Dónde pusiste la llave?
MARISOL	—Te la di esta mañana… ¡Ah no! Está en mi bolso.

En el apartamento

ENCARGADO	—Ésta es la sala comedor. Como ven, es muy amplia. Tiene un sofá, una mesa y cuatro sillas.
MARISOL	—*(A Cristina)* Podemos tener solamente un invitado a la vez.
CRISTINA	—¡Shh! Vamos a ver el resto del apartamento.
SILVIA	—*(Al encargado)* ¿El alquiler incluye la electricidad, el agua y el teléfono?
ENCARGADO	—No, el teléfono, no. ¿Quiere ver el cuarto de baño?
SILVIA	—Sí *(Desde el baño)*… Es muy chico…
MARISOL	—¿Te acuerdas de la criada que tenían mis padres cuando nosotras éramos chicas? Su cuarto era más grande que este apartamento.
CRISTINA	—Yo sé que a ti te gustó el apartamento que vimos anteayer…
MARISOL	—Sí… yo no quería ver éste porque tampoco me gusta el barrio donde está y el otro estaba más cerca de la universidad. Éste está muy lejos.

Silvia viene adonde están las chicas.

SILVIA	—¿No hay una cómoda en el dormitorio? Y hay solamente una mesita de noche.
MARISOL	—Cuando veníamos para acá vi un edificio de apartamentos mucho mejor que éste. Y había algunos desocupados…
CRISTINA	—¡Ay… Marisol! Siempre la misma. Cuando eras chica también te quejabas de todo.
SILVIA	—¡Yo estoy de acuerdo con Marisol! Ahora mismo voy a escribirle a papá para tratar de convencerlo de que necesitamos más dinero.
MARISOL	—¡Chévere![1]
ENCARGADO	—Entonces, ¿no piensan alquilar el apartamento?
MARISOL	—¡Le vamos a avisar…!

---

[1]¡**Chévere!** = *Great!* (used in Venezuela and the Caribbean)

¿Quién lo dice?

Identify the person who said the following in the dialogue.

1. Cuando eras chica también te quejabas de todo. _____
2. Cuando veníamos para acá vi un edificio de apartamentos mucho mejor que éste. _____
3. Vamos, que es tarde. ¿Dónde pusiste la llave? _____
4. Yo sé que a ti te gustó el apartamento que vimos anteayer. _____
5. Entonces, ¿no piensan alquilar el apartamento? _____
6. El apartamento tiene que estar amueblado porque no tenemos muebles. _____
7. Bueno… tenemos bolsas de dormir. _____
8. Ésta es la sala comedor. Como ven, es muy amplia. _____

a. Silvia

b. Marisol

c. el encargado

d. Cristina

Para conversar

 With a partner, take turns asking and answering the following questions. Base your answers on the dialogue and on your own circumstances.

1. ¿De qué ciudad vinieron Silvia, Marisol y Cristina? ¿De qué ciudad eres tú?
2. ¿Dónde conocieron Silvia y Marisol a Cristina? ¿Dónde conociste tú a tu mejor amigo(-a)?
3. ¿A qué hora dijo Cristina que podía encontrarse con sus amigas? ¿Tú te vas a encontrar con alguien mañana?
4. ¿Cómo van a ir las chicas al apartamento? ¿Cómo vienes tú a la universidad?
5. ¿Dónde puso Marisol la llave? ¿Tú pierdes tus llaves a veces?
6. ¿Qué incluye el alquiler? ¿Tú tienes casa o alquilas un apartamento?
7. ¿Cómo es el baño del apartamento? ¿Cúantos baños hay en tu casa o apartamento?
8. ¿Marisol conocía a Cristina cuando las dos eran chicas? ¿Tú conocías a tu mejor amigo(-a) cuando eras chico(-a)?
9. ¿Qué dice Marisol del barrio donde está el apartamento? ¿A ti te gusta tu barrio?
10. ¿Qué va a hacer Silvia enseguida? Cuando tú necesitas dinero, ¿a quién se lo pides?

Cognados

la **electricidad** electricity
el **resto** rest

Nombres

el **alquiler** rent
el **barrio**, la **vecindad** neighborhood
la **bolsa (el saco) de dormir** sleeping bag
el **bolso**, la **cartera** handbag
el **coche**, el **carro**, el **auto**, el **automóvil** car
la **cómoda** chest of drawers
la **criada** maid
el **edificio** building
el (la) **encargado(-a)** super
la **escuela**[1] school
el (la) **invitado(-a)** guest
la **mesita de noche** night table
el **metro**, el **subterráneo** subway
los **muebles** furniture
la **pensión** boarding house

Verbos

alquilar to rent
avisar to let know, to advise
conocer to meet *(for the first time)*
convencer to convince
encontrarse (o:ue) to meet *(someone somewhere)*
incluir[2] to include
mudarse to move *(from one house to another)*
quejarse to complain

Adjetivos

amplio(-a) large, ample
amueblado(-a) furnished
chico(-a) small
desocupado(-a) vacant
mismo(-a) same

Otras palabras y expresiones

acá here
cerca close, near
desde from
lejos far
solamente, **sólo** only

LEARNING TIP

Exercise your memory so that it may aid you in learning Spanish. Think of combining several new vocabulary items in funny or otherwise memorable statements, and visualize these statements in your mind. This will help you remember the new words.

---

[1]**escuela primaria** = *elementary school*; **escuela secundaria** = *secondary school*
[2]Present indicative: **incluyo, incluyes, incluye, incluímos, incluís, incluyen**

VOCABULARIO ADICIONAL

El salón de estar

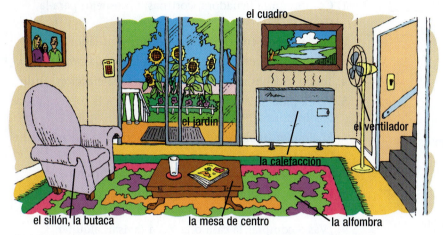

el cuadro

el jardín

el ventilador

la calefacción

el sillón, la butaca

la mesa de centro

la alfombra

El dormitorio

la cortina

el espejo

la lámpara

la funda

la almohada

el tocador

la sobrecama

Aparatos electrodomésticos y batería de cocina *(Home appliances and cookware)*

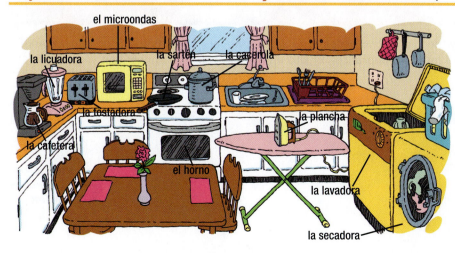

el microondas

la licuadora

la sartén

la cacerola

la tostadora

la plancha

la cafetera

el horno

la lavadora

la secadora

Práctica

A. Write the words or phrases that correspond to the following:

1. barrio _____
2. metro _____
3. coche _____
4. bolso _____
5. sólo _____

6. que no está ocupado _____
7. la usamos para planchar _____
8. sillón _____
9. la usamos para hacer café _____
10. que tiene muebles _____

B. Match the questions in column A with the responses in column B.

A	B
___ 1. ¿Qué compraste para tu casa?	a. No, en la secadora.
___ 2. ¿Qué vas a comprar para la sala?	b. La criada.
___ 3. ¿La ropa está en la lavadora?	c. No, muy cerca.
___ 4. ¿Vas a usar la cacerola?	d. En la escuela secundaria.
___ 5. ¿Está lejos?	e. Con el encargado.
___ 6. ¿Están en un hotel?	f. Sábanas y fundas.
___ 7. ¿Quién limpió el baño?	g. No, me voy a mudar.
___ 8. ¿Con quién hablaste?	h. No, la sartén.
___ 9. ¿Dónde lo conociste?	i. No, en una pensión.
___ 10. ¿No te gusta tu casa?	j. Una mesa de centro.

C. Select the word or phrase that best completes each sentence.

1. Compré (una licuadora, cortinas, un espejo) para la ventana de la sala.
2. Puse el pollo en el (tocador, horno, ventilador).
3. La almohada está en mi (cama, microondas, tostadora).
4. Tengo muchas rosas en mi (lámpara, calefacción, jardín).
5. Voy a pasarle la aspiradora (al cuadro, a la sobrecama, a la alfombra).
6. El alquiler (incluye, se queja, convence) la electricidad y el agua.
7. Me voy a sentar en esa (cómoda, silla, cartera).
8. Ese edificio tiene muchos apartamentos (desocupados, mismos, asados).
9. ¿Vas a comprar la casa o la vas a (avisar, alquilar, convencer)?
10. Voy a tratar de llamarte (desde, hacia, entre) mi casa.

Para conversar

Mañana nos mudamos. With a partner, play the roles of two people who are moving into a new house or apartment. Ask each other whether or not you have certain pieces of furniture, appliances, or kitchen utensils. You each answer that you do, and mention what you have to buy.

> **MODELO:** —¿Tenemos...?
> —*Sí, tenemos..., pero tenemos que comprar...*

Vocabulario:
Compruebe
Self-Test

Pronunciation in context

In this lesson, there are some new words or phrases that may be challenging to pronounce. For further pronunciation practice of Spanish sounds, listen to your instructor and repeat the following sentences.

1. **Ahora** están en una **pensión**.

2. **Hugo** dijo que él iba a **llevar** a Cristina.

3. Podemos tener un solo **invitado** a la vez.

4. El **alquiler** incluye la **electricidad**.

5. A ti te gustó el apartamento que vimos **anteayer**.

6. Cuando **veníamos** para acá, vi un **edificio** de apartamentos.

7. Voy a tratar de **convencerlo**.

8. ¿No piensan **alquilar** el apartamento?

Las aventuras de Marcelo

Ubíquese... y búsquelo

Silvia, Marisol, and Cristina will be attending school in the **Ciudad Universitaria** neighborhood. They want to live close to school or be able to reach it by the **Metro de Caracas.** Using the map of Caracas and the metro map, go to www.college.hmco.com to search for likely neighborhoods where the three roommates could live. In the next class, team up with two classmates to discuss your findings.

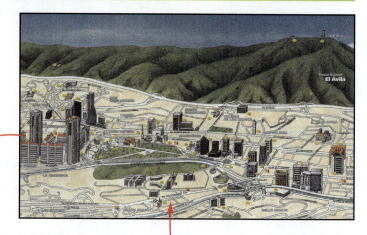

¿Lo sabía Ud.?

• En las grandes ciudades españolas y latinoamericanas, la mayoría de la gente vive en apartamentos, que en España se llaman "pisos". Los apartamentos se alquilan o se compran. Muchos edificios tienen oficinas o tiendas en la planta baja y apartamentos en los otros pisos.

• La palabra "barrio" tiene una connotación negativa en muchos lugares de los Estados Unidos, pero en los países hispanos equivale simplemente al inglés *neighborhood.*

• En los países hispanos, muchas familias de la clase alta y de la clase media tienen criadas. Frecuentemente la criada vive en la casa donde trabaja. Cuando lleva muchos años trabajando en la misma casa, es considerada prácticamente como un miembro de la familia.

Para comparar

1. En la ciudad donde Ud. vive, ¿la mayoría de la gente vive en casas o en apartamentos?

2. ¿Le gusta a Ud. el barrio donde vive?

3. En general, ¿las familias de este país tienen criadas?

En imágenes *Algunos tipos de vivienda[1] en el mundo hispano*

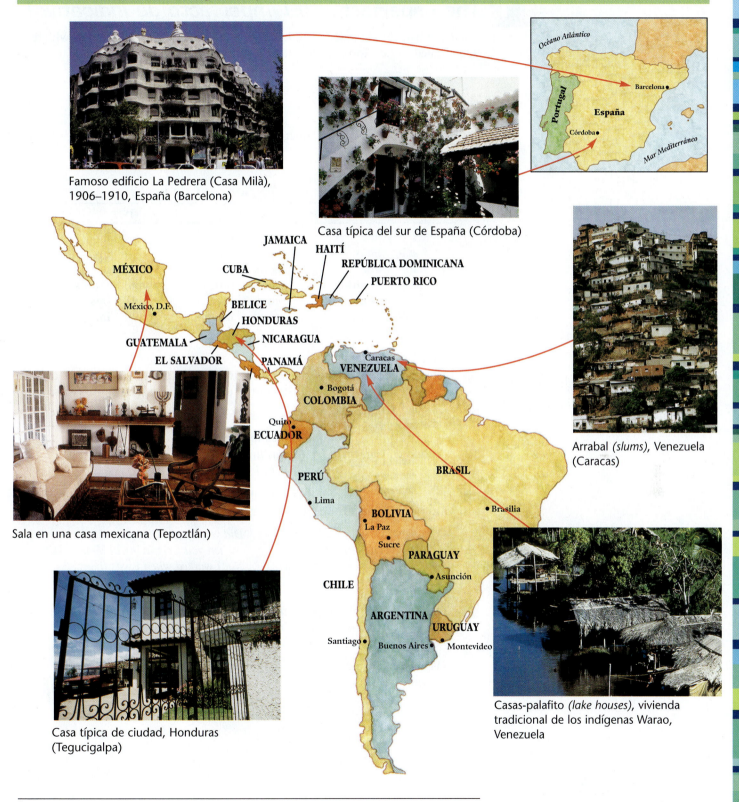

Famoso edificio La Pedrera (Casa Milà), 1906–1910, España (Barcelona)

Casa típica del sur de España (Córdoba)

Arrabal *(slums)*, Venezuela (Caracas)

Sala en una casa mexicana (Tepoztlán)

Casa típica de ciudad, Honduras (Tegucigalpa)

Casas-palafito *(lake houses)*, vivienda tradicional de los indígenas Warao, Venezuela

[1]**vivienda** = *housing*

Estructuras

1 The imperfect *(El imperfecto de indicativo)*

There are two simple past tenses in the Spanish indicative: the preterit, which you studied in **Lecciones 7, 8,** and **9,** and the imperfect.

A. Regular forms

To form the regular imperfect, add the following endings to the verb stem.

-ar *verbs*		-er *and* -ir *verbs*		
hablar		**comer**		**vivir**
habl-	**aba**	com-	**ía**	viv-	**ía**
habl-	**abas**	com-	**ías**	viv-	**ías**
habl-	**aba**	com-	**ía**	viv-	**ía**
habl-	**ábamos**	com-	**íamos**	viv-	**íamos**
habl-	**abais**	com-	**íais**	viv-	**íais**
habl-	**aban**	com-	**ían**	viv-	**ían**

Note that the endings of the **-er** and **-ir** verbs are the same, and that there is a written accent on the first **í** of the endings of the **-er** and **-ir** verbs.

The Spanish imperfect tense is equivalent to three English forms.

Yo **vivía** en Caracas.
I used to live in Caracas.
I was living in Caracas.
I lived in Caracas.

The imperfect is used to refer to habitual or repeated actions in the past, with no reference to when they began or ended.

—¿Tú **asistías** a la universidad cuando **vivías** en Venezuela?
"Did you attend the university when you were living in Venezuela?"

—No, **trabajaba** cuando vivía en Venezuela.
"No, I worked when I was living in Venezuela."

The imperfect is also used to refer to actions, events, or conditions that the speaker views as *in the process* of happening in the past, again with no reference to when they began or ended.

—**Veníamos** para casa cuando vimos a Raúl.
We were coming home when we saw Raúl.

B. Irregular forms

Only three verbs are irregular in the imperfect tense: **ser**, **ver**, and **ir**.

ser	ver	ir
era	veía	iba
eras	veías	ibas
era	veía	iba
éramos	veíamos	íbamos
erais	veíais	ibais
eran	veían	iban

—¿**Ibas** mucho a casa de tus abuelos cuando **eras** niño?

"Did you often go to your grandparents' house when you were a child?"

—Sí, los **veía** todos los sábados.

"Yes, I used to see them every Saturday."

—¿Adónde **iban** Uds. de vacaciones cuando eran niños?

"Where did you go on vacation when you were children?"

—**Íbamos** a la playa o a las montañas.

"We used to go to the beach or to the mountains."

Práctica

A. Ten years ago, María wrote this composition about herself and her family. Rewrite her composition, using the imperfect tense.

Mi familia y yo vivimos en Caracas. Mi padre trabaja para la compañía Sandoval y mi madre enseña en la universidad. Es una profesora excelente. Mis hermanos y yo asistimos a la escuela. Generalmente pasamos las vacaciones en isla Margarita. Allí vamos a la playa y nadamos. Mis abuelos viven en Maracaibo y no los vemos mucho, pero siempre les escribimos.

B. Now write a paragraph about your own childhood, using Exercise A as a model.

C. Compare your teenage years with those of a classmate by taking turns completing the following sentences.

1. Cuando yo era adolescente...
2. Mi familia y yo siempre...
3. Mis abuelos...
4. Mi mejor amigo(-a)...
5. Frecuentemente nosotros...
6. Cuando yo tenía dieciséis años...
7. En la escuela, yo...
8. Todos los fines de semana, mis amigos y yo...
9. En el verano...
10. Cuando yo quería salir con mis amigos, mis padres...

Para conversar

A. Habla con tu compañero. Interview a classmate, using the following questions and two of your own. When you have finished, switch roles.

1. ¿Dónde vivías tú cuando eras niño(-a)?
2. ¿Vivías en una casa o en un apartamento?
3. ¿Te gustaba estudiar?
4. ¿Eras buen estudiante?
5. ¿Adónde iban tú y tu familia de vacaciones?
6. ¿Qué les gustaba hacer?
7. ¿Preferías pasar las vacaciones en el campo *(country)* o en la ciudad?
8. ¿Qué hacías cuando ibas de vacaciones?
9. ¿Veías mucho a tus abuelos?
10. ¿Vivías cerca de tus abuelos?

B. Recuerdos. Get together with a partner and compare your high school years. Ask pertinent questions.

2 The preterit contrasted with the imperfect
(El pretérito contrastado con el imperfecto)

The difference between the preterit and the imperfect can be visualized in the following way:

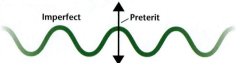

The wavy line representing the imperfect shows an action or event taking place over a period of time in the past. There is no reference to when the action began or ended. The vertical line representing the preterit shows an action or event as completed in the past.

In many instances, the choice between the preterit and the imperfect depends on how the speaker views the action or event. The following table summarizes some of the most important uses of both tenses.

Preterit	*Imperfect*
1. Reports past actions that the speaker views as finished and completed. Yo **estuve** allí el año pasado. Ayer **compré** una bolsa de dormir.	1. Describes past actions in the process of happening, with no reference to their beginning or end. **Iba** a la biblioteca cuando lo vi.
2. Sums up a condition or state viewed as a whole (and no longer in effect). Me **sentí** mal todo el día.	2. Refers to repeated or habitual actions or events: *used to* . . . Cuando **era** niña **iba**[1] de vacaciones a Montevideo.
	3. Describes a physical, mental, or emotional state or condition in the past. Me **sentía** muy mal.
	4. Expresses time in the past. **Eran** las ocho de la noche cuando llegaron a su casa.
	5. Is generally used in indirect discourse. Me dijo que **podía** encontrarse con nosotras.
	6. Describes age in the past. Cuando **tenía** veinte años, vivía en Chile.
	7. Describes or sets the stage in the past. **Hacía** frío y **llovía**.

[1]Note that this use of the imperfect also corresponds to the English *would* used to describe a repeated action in the past: *When I was a child, I used to go to Montevideo on vacation.* = *When I was a child,* **I would** *go to Montevideo on vacation.*

Preterit or Imperfect . . . ?

Práctica

A. Complete the following dialogues. Then act them out with a partner.

1. —¿Cuántos años _____ (tener) tú cuando _____ (venir) a vivir a Caracas?
   —_____ (Tener) doce años.

2. —¿Qué te _____ (decir) el encargado ayer?
   —Me _____ (decir) que yo _____ (deber) volver mañana.

3. —¿Qué tiempo _____ (hacer) cuando Uds. _____ (salir) de casa esta mañana?
   —_____ (Hacer) frío y _____ (nevar).

4. —¿Adónde _____ (ir) Uds. de vacaciones cuando _____ (ser) niños?
   —Siempre _____ (ir) a la playa, pero un verano mis padres _____ (decidir) alquilar una casa
   en las montañas y ésas _____ (ser) nuestras mejores vacaciones.

5. —¿Qué hora _____ (ser) cuando tú _____ (llegar) a casa ayer?
   —_____ (Ser) las ocho.
   —¿ _____ (Ir) a la tienda?
   —Sí, _____ (ir) con Nora. Cuando nosotras _____ (ir) para la tienda, _____ (ver) un accidente en la calle.
   —¿ _____ (Morir) alguien?
   —No, por suerte no _____ (morir) nadie.

B. This interview takes place in Caracas. Play the role of a reporter interviewing a famous star from Spain.

—_____

—Yo nací (*I was born*)[1] en Sevilla, y no te digo cuándo.

—_____

—Yo tenía diez años cuando nos fuimos a vivir a Madrid.

—_____

—Cuando era niña era fea y un poco gorda.

—_____

—Sí, tenía un perro que se llamaba Chispita.

—_____

—Cuando era niña me gustaba ir a la playa y nadar.

—_____

—Estudié en la Escuela de Arte Dramático.

—_____

—Empecé a trabajar en televisión en 1995.

—_____

—Vine a Caracas en el año 2000.

—_____

—Sí, el año pasado estuve en París y trabajé en un club nocturno.

—_____

—Estuve allí por tres meses.

 C. With a partner, go to the illustration on page 281 and prepare questions about what Beto's day was like. Take turns asking and answering the questions.

D. Preterit versus imperfect. As you know, the preterit *advances* the story, while the imperfect adds information about what was happening at that moment. With a partner, create clauses using the imperfect tense to provide descriptions, to talk about what was going on when something else took place, to tell what someone was saying, etc. Be creative! Then get together with another group to compare stories.

MODELO: Me levanté a las seis y miré por la ventana. *Estaba nevando y no había nadie en la calle.*

1. Desayuné con mi familia. Comimos cereal con leche y panqueques.
2. Me bañé y me vestí. Salí de mi casa a las siete.
3. Decidí ir a la universidad a pie. Fui por el parque. En el parque vi a Marisol. Hablamos por unos diez minutos.
4. Llegué a la universidad a las ocho.
5. El profesor de historia nos dio un examen muy difícil.
6. A las once y media, almorcé en la cafetería. La comida no me gustó.
7. A la una, comencé a sentirme enfermo.
8. Volví a mi casa y hablé con mi mamá.
9. No cené. Me acosté a las nueve, pero no pude dormir en toda la noche.

Para conversar

A. Habla con tu compañero. Interview a classmate, using the following questions and two of your own. When you have finished, switch roles.

1. ¿Cuántos años tenías cuando aprendiste a nadar?
2. ¿Adónde ibas de vacaciones?
3. ¿Te divertías durante el verano?
4. ¿Qué te gustaba hacer cuando eras niño(-a)?
5. ¿Cómo era tu primer(-a) novio(-a)?
6. ¿Qué hiciste ayer?
7. ¿A qué hora te levantaste esta mañana?
8. ¿Qué tiempo hacía cuando saliste de tu casa?
9. ¿Qué hora era cuando llegaste a la universidad?
10. ¿Tomaste una clase de inglés el año pasado?

B. Cuando era adolescente... In groups of four or five, prepare five to six questions to ask your instructor about his or her life as a teenager.

---

[1]**Nacer** is a regular verb in the preterit.

3 Verbs that change meaning in the preterit (Verbos que cambian de significado en el pretérito)

¿Tú no **sabías** que Juan era casado?

No, lo supe ayer cuando **conocí** a su esposa.

Some Spanish verbs change meaning when they are used in the preterit. Note the usage of the verbs in the following examples.

conocer: conocí (preterit) — *I met*
conocía (imperfect) — *I knew (was acquainted or familiar with)*

Anoche **conocí** a una chica muy simpática. *(met her for the first time)*
Yo no **conocía** la ciudad. *(I wasn't familiar with the city.)*

saber: supe (preterit) — *I found out, I learned*
sabía (imperfect) — *I knew*

Lo **supe** cuando él me lo dijo. *(I found it out.)*
Yo no **sabía** que te gustaba. *(I wasn't aware of it.)*

no querer: no quise (preterit) — *I refused*
no quería (imperfect) — *I didn't want*

Raúl **no quiso** ir. *(didn't want to and refused)*
Rita **no quería** ir, pero después decidió ir. *(didn't want to at the time)*

—¿Tú **conocías** al cuñado de Carmen? — *"Did you know Carmen's brother-in-law?"*
—No, lo **conocí** anoche. — *"No, I met him last night."*
—¿Y Roberto? ¿No vino? — *"And Roberto? Didn't he come?"*
—No, **no quiso** venir. — *"No, he refused to come."*
—Yo tampoco **quería** venir, pero vine para traer a Anita. — *"I didn't want to come either, but I came to bring Anita."*

Práctica

Act out the following scene from a soap opera with a partner, providing the missing verbs.

ADRIÁN —¿Tú _____ que Rosaura estaba embarazada *(pregnant)*?

SARA —No, lo _____ anoche.

ADRIÁN —¡Qué horrible! Dicen que su esposo es un idiota. Los padres de ella no _____ ir a la boda *(wedding)*. Ese día se fueron a Europa.

SARA —Pero, ¿dónde _____ Rosaura a Lorenzo?

ADRIÁN —En una fiesta. Rosaura no _____ ir, pero Olga la llevó.

SARA —¿Olga _____ a Lorenzo?

ADRIÁN —Sí, Olga es la ex esposa de Lorenzo...

Para conversar

A. Habla con tu compañero. Interview a classmate, using the following questions and at least two of your own.

1. ¿Conocías tú al profesor (a la profesora) antes de empezar esta clase?
2. ¿Cuándo lo (la) conociste?
3. ¿Sabías tú la nacionalidad del profesor (de la profesora)?
4. ¿Cuándo la supiste?
5. Yo no quería venir a clase hoy. ¿Y tú?
6. La última vez *(last time)* que no viniste a clase, ¿fue porque no pudiste o porque no quisiste?
7. ¿Cuándo conociste a tu mejor amigo(-a) o novio(-a)?
8. De niño(-a), ¿conocías a alguien interesante? ¿A quién?
9. ¿Cuándo supiste que Santa Claus no traía los regalos?
10. De niño(-a), ¿qué cosas no querías comer?

B. La próxima escena. With a partner, write and act out the scene that follows the one you read in the **Práctica**. Some words you might use: **divorciarse, el (la) amante** *(lover),* **irse de casa, los problemas económicos,** etc.

4 The relative pronouns **que** and **quien** *(Los pronombres relativos **que** y **quien**)*

Relative pronouns are used to combine two sentences that have a common element, usually a noun or a pronoun.

A. The relative pronoun *que*

 Note that the relative pronoun **que** not only helps to combine the two sentences in each example, but also replaces the nouns **el dinero** and **la chica** in the combined sentences.

The relative pronoun **que** is invariable and is used for both persons and things. It is the Spanish equivalent of *that, which,* and *who*. Unlike its English equivalent, the Spanish **que** is never omitted.

—¿Para quién es el sofá **que** compraste?

"For whom is the sofa that you bought?"

—Es para la señora **que** alquiló el apartamento.

"It is for the lady who rented the apartment."

B. The relative pronoun *quien*

—¿La muchacha **con quien** hablabas es americana?

"Is the girl with whom you were talking an American?"

—No, es venezolana.

"No, she's a Venezuelan."

—¿Quiénes son esos señores?

"Who are those gentlemen?"

—Son los señores **de quienes** te habló José.

"They are the gentlemen about whom José spoke to you."

The relative pronoun **quien** is used only with persons.

The plural of **quien** is **quienes**. **Quien** does not change for gender.

Quien is generally used after prepositions, i.e., **con quien, de quienes**.

Quien is the Spanish equivalent of *whom* and *that*.

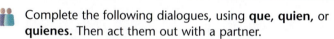

Práctica

Complete the following dialogues, using **que, quien,** or **quienes**. Then act them out with a partner.

1. —¿Quién es el señor _____ alquiló el apartamento?
   —Es el papá de Marisa, la chica con _____ trabajo.

2. —¿Dónde están las sillas _____ compré ayer?
   —En la cocina.

3. —Las chicas con _____ salimos anoche llamaron esta mañana.
   —¿Qué dijeron?
   —Que nos van a traer los libros _____ necesitamos.

4. —¿Con quién vas al museo?
   —Con María Luisa, la chica de _____ te hablé.

5. —¿Ella es la muchacha _____ trabaja contigo?
   —No, es la chica con _____ estudio.

Para conversar

Habla con tu compañero. Interview a classmate, using the following questions. When you have finished, switch roles.

1. ¿Cómo se llama la persona a quien más admiras?

2. ¿Cómo se llama el profesor o la profesora que enseña tu clase favorita?

3. ¿Quiénes son las personas que viven contigo?

4. ¿Cómo se llaman las personas con quienes vas a salir el sábado?

5. ¿Quién es la persona que más te quiere?

6. ¿Cuál es la comida que más te gusta?

7. ¿Cuál es el color que más te gusta?

8. ¿Dónde está el banco en el que tienes tu cuenta corriente? (¿Y tu cuenta de ahorros?)

Estructuras:
Compruebe
Self-Test

Así somos

¿Qué dice Ud.?

 What would you say in the following situations? What might the other person say? Act out the scenes with a partner. Take turns playing each role.

1. You are talking to a real estate agent. You are looking for a house in a good neighborhood, with five bedrooms, air conditioning, and a three-car garage.

2. You and your friend are going to share an apartment. Describe one that you have just seen, and tell him/her why you should take the apartment. Your friend doesn't think it is a good idea.

3. You are going to give a bridal shower for a friend who has nothing. Decide what appliances and other necessities you think that your guests can buy.

4. You ask the super of an apartment building if the rent includes electricity, water, and phone.

Para conocernos mejor

 To do this activity, work with a classmate whom you would like to get to know. Take turns asking and answering these questions.

1. La escuela secundaria a la que tú asistías, ¿estaba cerca o lejos de tu casa? ¿Cómo ibas a la escuela? ¿A qué hora empezaban las clases? ¿Almorzabas en la cafetería con tus amigos?

2. ¿Dónde te encontrabas con tus amigos los fines de semana? ¿Qué hacían? ¿Iban al cine a veces?

3. ¿Tú vives en una casa o en un apartamento? ¿Cuántos dormitorios tiene? ¿Te gusta tu barrio? ¿Vives cerca o lejos de la universidad?

4. ¿Qué muebles tienes en tu dormitorio? ¿Qué muebles hay en la sala? ¿Qué aparatos electrodomésticos hay en la cocina?

5. ¿Qué tuviste que hacer ayer? ¿Qué hora era cuando saliste de tu casa esta mañana? ¿Qué tiempo hacía? ¿A qué hora piensas volver a tu casa hoy?

Una encuesta

 Interview your classmates to identify who fits the following descriptions. Include your instructor, but remember to use the **Ud.** form when addressing him/her. After finishing the survey, get together with two or three classmates and discuss the results.

	Nombre
1. *Tiene alfombra en toda su casa.*	_____
2. *Tiene un tocador en su dormitorio.*	_____
3. *Tiene un ventilador en su cuarto.*	_____
4. *Usa dos almohadas para dormir.*	_____
5. *Tiene una bolsa de dormir.*	_____
6. *Tiene invitados frecuentemente.*	_____
7. *Compró un coche el año pasado.*	_____
8. *Tenía una criada cuando era niño(-a).*	_____

Al escuchar...

Estrategia

 Training yourself to listen for units of meaning. One of the most challenging aspects of listening to native speech as a beginning Spanish learner is telling where a word or a part of a sentence ends and the next one begins. Developing this skill takes repeated exposure to the language. You will listen to several sentences that are transcribed below without spacing between words. Mark the divisions between the words and take note of how many times you listen to the recording in order to complete the activity.

1. elapartamentoquevimosenesteedificionotienecalefacción
2. nopiensanalquilareseapartamentoporquenoestáamueblado
3. megustamáselotroapartamentoporqueestácercadelmetro
4. levanaavisarmañanasipuedemudarseestasemana
5. ellosquedaronenencontrarseenlauniversidadalauna

Al conversar...

Estrategia

 Paraphrasing practice II. Listen to the five sentences on track 2-76 and think of ways of restating them in your own words.

Para escuchar

Your instructor will read some information about the Lara family. After reading it twice, he/she will make statements about it. On a sheet of paper, write numbers one to six and indicate whether each statement is true (**verdadero**) or false (**falso**).

Para crear

Get together in groups of three or four and "create" the scenario for this photo. Imagine that the couple is talking to a real estate agent (woman with a laptop) about renting an apartment. What do they want? What is everybody saying? Add any other pertinent details.

¡Vamos a leer!

🔑 **Estrategia** | **Antes de leer**

A. Activating background knowledge. You will be reading classified ads for places for rent and for sale. Think of the likely vocabulary that you may find in this kind of classified ad. Then scan through the ads to find how many of these words are or are not present.

B. As you read the ads, find the answers to the following questions.

1. ¿Cómo es el apartamento que se alquila?
2. ¿Qué se puede ver desde el apartamento?
3. ¿Cuántos dormitorios tiene? ¿Qué más tiene?
4. ¿Tiene aire acondicionado?
5. ¿Qué está incluido en el alquiler?
6. ¿A qué hora se puede llamar para tener información?
7. ¿Dónde está situada la casa?
8. ¿Qué tiene además de jardín y piscina?
9. ¿Qué comodidades tiene la casa?
10. ¿Para cuántos coches es el garaje?

A leer

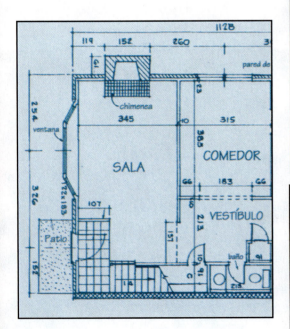

SE ALQUILA:

- Apartamento amplio y cómodo, con vista panorámica de la ciudad.
- Tres dormitorios, sala-comedor, cocina y dos baños.
- Calefacción y aire acondicionado. Electricidad y agua incluidas en el alquiler.
- Situado a cinco minutos del metro. Lugar de estacionamiento.

Información: Edificio Rivera
Teléfono 342-2704   Llamar de 8 a 5

Se vende:

- Casa en barrio residencial, con jardín, piscina y patio con árboles frutales.
- Cuatro habitaciones, sala y comedor, dos baños completos y cocina grande con horno y microondas.
- Instalaciones para lavadora y secadora. Garaje para dos coches.

Precio razonable. **Para verla**, llame al tel. 483-7590 de 2 a 5.

Estrategia | Después de leer... desde su mundo

Rereading for writing II. In **¡Vamos a escribir!,** you will be asked to write classified ads for a house and an apartment. Reread the ads, paying attention to the vocabulary and grammar constructions that you will need in order to create your own classified ads.

¡Vamos a escribir!

Avisos clasificados. You will be writing classified ads about a couple of unusual real estate properties!

Estrategia | Antes de escribir

Writing classified ads. Imagine that you own a real estate agency (**agencia de bienes raíces** or **agencia inmobiliaria,** in Spain). Prepare two ads:

• For rent: an inexpensive but very functional apartment
• For sale: the most beautiful but impractical house you can create

With the help of a good bilingual dictionary, make a list of the words you will need to use.

A escribir los avisos clasificados

Write your **primer borrador** of the ads, using the models provided in **¡Vamos a leer!**

Estrategia | Después de escribir

 Prepare an oral presentation on your two properties. Your instructor might want to organize a contest for the most efficient apartment and for the most original house.

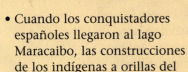

Venezuela

- Cuando los conquistadores españoles llegaron al lago Maracaibo, las construcciones de los indígenas a orillas del lago les recordaron las de Venecia, y por eso llamaron al país Venezuela, nombre que significa "pequeña Venecia".

- Venezuela tiene dos veces el área de California, más de 350.000 millas cuadradas, y más de 23 millones de habitantes.

- El país es uno de los diez mayores exportadores de petróleo del mundo. Más de la octava parte del petróleo importado por los Estados Unidos viene de Venezuela. La mayor parte de su gran reserva de petróleo se encuentra debajo del lago Maracaibo. Este lago es el mayor de Venezuela y de toda la América del Sur.

- La principal atracción turística del país es el Salto Ángel, diecisiete veces más alto que las cataratas del Niágara.

- Caracas, la capital de Venezuela, es el centro gubernamental, financiero, cultural y artístico del país. Es una ciudad en que se mezclan lo ultramoderno con lo antiguo, y el lujo *(luxury)* con la pobreza *(poverty)*. En Caracas nació Simón Bolívar, llamado el Libertador de América porque luchó *(fought)* por la independencia de cinco países de América del Sur: Colombia, Venezuela, Ecuador, Perú y Bolivia. Otras ciudades importantes del país son Maracaibo, el centro petrolero de Venezuela, Valencia y Barquisimeto.

- Venezuela es la patria del gran novelista Rómulo Gallegos. La música típica venezolana es el joropo, pero son populares todos los ritmos caribeños.

La industria petrolera

Pozos *(Wells)* petroleros en el lago Maracaibo

Personalidades del *glamour*

Carolina Herrera, diseñadora de modas *(fashion designer)*

Miss Venezuela, Srta. Universo 1996

Caracas, gran metrópoli latinoamericana

Salida *(Exit)* de una estación del metro

El Caracas moderno

Parque en la ciudad de Caracas

La Universidad Central (la UCV)

Riquezas naturales venezolanas

Isla Margarita

Salto Ángel, las cataratas *(waterfalls)* más altas del mundo

Parque Nacional Mochima

Nuestro panorama cultural

In groups of three, answer the following questions about your home state, region, or country.

1. ¿Cuáles son los lagos más grandes de su país?
2. ¿Cuáles son algunos de los parques nacionales de su país? ¿En qué estado están?
3. ¿Hay transportación pública en su ciudad? Donde Ud. vive, ¿cuál es la forma más eficiente de viajar?
4. ¿Hay muchas universidades en su región? ¿Cuál es la más grande?
5. ¿Le gustan los concursos de belleza? ¿Qué tipo de concursos hay donde Ud. vive?

For the next class: Go to the World Wide Web and find photos from your hometown, state, region, or country. Use the questions from **Nuestro panorama cultural** above as guidelines for choosing them. Be ready to present the photos to your classmates.

En una agencia de viajes
¿Dónde pasamos la luna de miel?

OBJETIVOS

Comunicación
You will learn vocabulary related to travel.

Pronunciación
Pronunciation in context

Estructuras
- The subjunctive mood
- The subjunctive with verbs of volition
- The subjunctive with verbs of emotion

Cultura
- Engagements
- Marriage
- Role of godparents

Panorama hispánico
- Colombia

Estrategias
Listening: Recognizing "functional vocabulary"
Speaking: Learning handy phrases as vocabulary
Reading: Recognizing your specific needs and addressing them
Writing: Describing your perfect trip

¿Dónde pasamos la luna de miel?

Gustavo Cisneros y Victoria Villareal son de Chía, un pueblo que está cerca de Bogotá. Hoy están en una agencia de viajes de la ciudad capital. Planean casarse el mes que viene y quieren decidir dónde van a pasar la luna de miel. La mamá de Gustavo, que es argentina, espera que vayan a Buenos Aires. Los padrinos de Victoria les sugieren que viajen a Costa Rica porque a ellos les encanta ese país.

VICTORIA —Mi amor, si tú quieres ir a Buenos Aires, no hay problema. A mí me encantan las ciudades grandes.

GUSTAVO —Bueno… la verdad es que yo quiero conocer los bosques de Costa Rica… Estos folletos describen unos paquetes buenísimos, que incluyen los pasajes, el hospedaje y algunas excursiones.

VICTORIA —Sí, pero éstos que yo tengo también describen viajes muy interesantes que incluyen Río de Janeiro… ¡Ah! El agente nos está llamando. Ojalá que podamos reservar los pasajes hoy.

Con el agente de viajes

GUSTAVO —Vamos a necesitar que usted nos aconseje sobre cuál es el lugar ideal para pasar la luna de miel. Espero que nos dé buenas ideas.

AGENTE —Yo les recomiendo que hagan un crucero por el Mediterráneo. ¡Viajar en barco es muy romántico! Y después, una semana en Italia.

GUSTAVO —Bueno… temo que eso sea un poco caro. Mi prometida y yo preferimos quedarnos en este continente…

AGENTE —¡Tengo una idea brillante! Les sugiero que visiten Canadá. Pueden ir en avión hasta Toronto y después viajar en tren hasta Vancouver…

VICTORIA —Sí, todo eso es muy bonito, ¡pero no tenemos tanto dinero! Queremos dos pasajes de ida y vuelta a San José, en clase turista. ¿Tienen vuelos directos? Preferimos no hacer escala en ninguna parte…

AGENTE —Sí, señorita. ¡Excelente idea!

GUSTAVO —¿Estás segura, mi amor?

VICTORIA —Sí, estoy segura, pero el año próximo… ¡me llevas a Buenos Aires!

¿Quién lo dice?

Identify the person who said the following in the dialogue.

1. Bueno… temo que eso sea un poco caro. _____

2. Les sugiero que visiten Canadá. _____

3. Mi prometida y yo preferimos quedarnos en este continente. _____

4. A mí me encantan las ciudades grandes. _____

5. Pueden ir en avión hasta Toronto. _____

6. Estos folletos describen unos paquetes buenísimos. _____

7. Queremos dos pasajes de ida y vuelta a San José, en clase turista. _____

8. Yo les recomiendo que hagan un crucero por el Mediterráneo. _____

9. Mi amor, si tú quieres ir a Buenos Aires, no hay problema. _____

a. Victoria

b. Gustavo

c. el agente

Para conversar

 With a partner, take turns asking and answering the following questions. Base your answers on the dialogue and on your own circumstances.

1. ¿Cuándo planean casarse Victoria y Gustavo? ¿Algún amigo tuyo planea casarse pronto? ¿Quién? ¿Cuándo?

2. ¿Qué están tratando de decidir Gustavo y Victoria? ¿Cuál crees tú que es un buen lugar para pasar la luna de miel?

3. ¿Qué les sugieren los padrinos de Victoria? ¿Qué país (lugar) te encanta a ti?

4. ¿Qué incluyen los paquetes que describen los folletos? Antes de viajar, ¿tú tratas de conseguir información sobre los lugares adonde piensas viajar? ¿Dónde consigues esa información?

5. ¿Qué espera Victoria que puedan hacer hoy? ¿Con cuánta anticipación (How far in advance) reservas tú los pasajes?

6. ¿Qué les recomienda el agente que hagan? ¿Tú prefieres hacer un crucero por el Mediterráneo o un viaje en tren por Canadá?

7. ¿Qué decide hacer Victoria? ¿Tú viajas en clase turista o en primera clase? ¿Por qué?

8. ¿Por qué prefieren Victoria y Gustavo un vuelo directo? ¿Tú prefieres un vuelo directo o un vuelo con escala? ¿Por qué?

Vocabulario

Cognados

la agencia agency	**directo(-a)** direct	**ideal** ideal
argentino(-a) Argentinian	**excelente** excellent	**interesante** interesting
el continente continent	**la excursión** excursion	**romántico(-a)** romantic

Nombres

la agencia de viajes travel agency
el avión plane
el barco ship
el bosque, la selva forest, jungle
la clase turista tourist class
el folleto brochure
el hospedaje lodging
la luna moon
    _____ **de miel** honeymoon
el padrino[1] godfather
el paquete package
el pasaje, el billete ticket
    _____ **de ida** one-way ticket
    _____ **de ida y vuelta** round-trip ticket
el (la) prometido(-a) fiancé(e)
el pueblo town
el tren train
el vuelo flight

Verbos

aconsejar to advise
casarse to get married
describir to describe
esperar to hope
planear to plan
quedarse to stay
sugerir (e:ie) to suggest
temer to fear, to be afraid

Adjetivos

brillante brilliant
buenísimo(-a) extremely good
tanto(-a) so much

Otras palabras y expresiones

en ninguna parte, en ningún lado nowhere
hacer escala to make a stopover
hacer un crucero to take a cruise
el mes que viene the coming month, next month
ojalá I hope (God grant)
sobre about

 LEARNING TIP

Remember to learn new vocabulary words in meaningful contexts. Construct sentences in which you use several related vocabulary items.

---

[1]**la madrina** = _godmother_

VOCABULARIO ADICIONAL

En el aeropuerto

la puerta de salida

la tarjeta de embarque

la viajera

el turista

En el avión

la sección de fumar

la sección de no fumar

el asiento de ventanilla

el asiento de pasillo

el auxiliar de vuelo

la azafata[1]

De viaje

la aerolínea airline

¡Buen viaje! Have a nice trip!

la entrada entrance

facturar el equipaje to check luggage

hospedarse to stay, to lodge (*i.e., at a hotel*)

pagar exceso de equipaje to pay excess baggage

la primera clase first class

la salida exit, departure

tener... de retraso (atraso) to be ... behind schedule

---

[1]only feminine

Vocabulario

Práctica

A. Write the words or phrases that correspond to the following:

1. Asia, por ejemplo _____

2. muy bueno _____

3. pasaje _____

4. hacer una descripción _____

5. no irse _____

6. en ninguna parte _____

7. el mes próximo _____

8. lo que le decimos a una persona que va a viajar_____

9. auxiliar de vuelo _____

10. persona que viaja _____

B. Select the word or phrase that does not belong in each group.

1. aconsejar / sugerir / temer

2. ventanilla / tarjeta / pasillo

3. avión / barco / folleto

4. amiga / novia / prometida

5. hospedaje / hotel / tren

6. viajar / quedarse / hacer un crucero

7. bosque / casarse / luna de miel

8. brillante / hacer escala / vuelo directo

C. Complete the following sentences, using vocabulary from this lesson.

1. Trabaja en una agencia de _____.

2. Sandra es _____; es de Buenos Aires.

3. ¿Uds. viajan en primera clase o en clase _____?

4. Quiero un billete de ida y _____ en la sección de no _____.

5. Tiene que darle la tarjeta de _____ a la auxiliar de _____.

6. ¿En qué hotel van a _____ Uds.?

7. ¿Cuál es la _____ de salida?

8. ¿Vas a México? ¡Buen _____!

9. El avión tiene quince minutos de _____. Va a llegar tarde.

10. Ésta no es la salida; es la _____.

Para conversar

 ¡Buen viaje! With a partner, play the roles of two travelers planning every step of a trip, from going to the travel agency and deciding where they will travel, to buying the tickets and then getting to the airport and boarding the plane. Give details.

 **Vocabulario:
Compruebe**
Self-Test

Pronunciation in context

In this lesson, there are some new words or phrases that may be challenging to pronounce. For further pronunciation practice of Spanish sounds, listen to your instructor and repeat the following sentences.

1. Gustavo **Cisneros** y Victoria **Villarreal** están en una **agencia** de viajes.

2. Quieren **decidir** dónde van a pasar la luna de miel.

3. Los padrinos les **sugieren** que viajen a Costa Rica.

4. Los **paquetes incluyen** los pasajes y el **hospedaje**.

5. **Ojalá** que podamos **reservar** los pasajes hoy.

6. Les **recomiendo** que hagan un **crucero** por el **Mediterráneo**.

7. ¡Tengo una **idea** brillante!

8. **Preferimos** no hacer escala en **ninguna** parte.

Las aventuras de Marcelo

Ubíquese... y búsquelo

After speaking with the travel agent, Gustavo and Victoria wish to do some local tourism in Bogotá. They go to La Candelaria, the old part of the city. There are historic landmarks, government buildings, and quaint streets to discover, and places to eat and to shop. Go to **www.college.hmco.com** to find out the places in La Candelaria that you would like to explore. In the next class, team up with two classmates to discuss your findings.

¿Lo sabía Ud.?

• En los países hispanos las parejas (*couples*) generalmente están comprometidas durante años porque no se casan hasta terminar los estudios o tener un buen puesto (*job*). Muchos esperan hasta tener un apartamento amueblado o una casa.

• En los países de habla hispana para que el matrimonio sea reconocido legalmente es necesario casarse por lo civil antes de realizar la ceremonia religiosa. Generalmente ambas (*both*) ceremonias tienen lugar el mismo día.

• Cuando se bautiza a un hijo o a una hija, los padres invitan a dos amigos o parientes para ser los padrinos de sus hijos. Los padrinos se convierten en **compadre** y **comadre** de los padres del niño (de la niña); el niño o niña que se bautiza es ahora el **ahijado** o **ahijada** de sus padrinos. La relación entre los compadres, los ahijados y los padrinos es generalmente muy estrecha. Los padrinos son considerados como parte de la familia.

Para comparar

1. Por lo general, ¿las parejas de este país están comprometidas por mucho tiempo antes de casarse?
2. En este país, ¿es necesario tener una ceremonia civil antes de casarse por la iglesia (*church*)?

En imágenes *De viaje: destinos, transportes, agentes de aeropuertos*

El *AVE* (Tren de Alta Velocidad) de Madrid a Sevilla, España

Facturando *(Checking in)* equipaje en el Aeropuerto Internacional de las Américas, República Dominicana

Tren para ir de Cuzco (capital del imperio Inca a la llegada de los españoles) a Machu Picchu, Perú

Mar del Plata, Argentina

Estructuras

1 The subjunctive mood *(El modo subjuntivo)*

A. Introduction to the subjunctive

Until now, you have been using verbs in the indicative mood. The indicative is used to express factual, definite events. By contrast, the subjunctive is used to reflect the speaker's feelings or attitudes toward events, or when the speaker views events as uncertain, unreal, or hypothetical.

■ The Spanish subjunctive is most often used in subordinate or dependent clauses.

■ The subjunctive is also used in English, although not as often as in Spanish. Consider the following sentence:

*I suggest that he **arrive** tomorrow.*

The expression that requires the use of the subjunctive is in the main clause, *I suggest*. The subjunctive appears in the subordinate clause, *that he **arrive** tomorrow*. The subjunctive is used because the action of arriving is not real; it is only what is *suggested* that he do.

B. Present subjunctive forms of regular verbs

■ To form the present subjunctive, add the following endings to the stem of the first-person singular of the present indicative after dropping the **o**.

-ar *verbs*	-er *verbs*	-ir *verbs*
habl **-e**	com **-a**	viv **-a**
habl **-es**	com **-as**	viv **-as**
habl **-e**	com **-a**	viv **-a**
habl **-emos**	com **-amos**	viv **-amos**
habl **-éis**	com **-áis**	viv **-áis**
habl **-en**	com **-an**	viv **-an**

■ Note that the endings for **-er** and **-ir** verbs are identical.

■ The following table shows how to form the first-person singular of the present subjunctive. The stem is the same for all persons.

Verb	First-person singular present indicative	Subjunctive stem	First-person singular present subjunctive
caminar	camino	camin-	**camine**
aprender	aprendo	aprend-	**aprenda**
escribir	escribo	escrib-	**escriba**
decir	digo	dig-	**diga**
hacer	hago	hag-	**haga**
traer	traigo	traig-	**traiga**
sacar	saco	sac-	**saque**[1]
llegar	llego	lleg-	**llegue**[1]
empezar	empiezo	empiez-	**empiece**[1]

---

[1]Remember that in verbs ending in **-gar**, **-car**, and **-zar**, **g** changes to **gu**, **c** changes to **qu**, and **z** changes to **c** before **e**.

Práctica

Give the present subjunctive of the following verbs.

1. *yo:* solicitar, recibir, traer, decir, caminar, comer, ver
2. *tú:* escribir, cobrar, decidir, regresar, venir, barrer, aparcar
3. *él:* aconsejar, hacer, mandar, salir, anotar, esperar
4. *nosotros:* cocinar, depositar, leer, poner, pagar
5. *ellos:* caminar, deber, robar, conocer, vender, salir, empezar

C. Subjunctive forms of stem-changing verbs

Verbs that end in **-ar** and **-er** undergo the same stem changes in the present subjunctive as in the present indicative.

recomendar (e:ie) *to recommend*		recordar (o:ue) *to remember*	
recomiende	recomendemos	recuerde	recordemos
recomiendes	recomendéis	recuerdes	recordéis
recomiende	recomienden	recuerde	recuerden

entender (e:ie) *to understand*		devolver (o:ue) *to return (something)*	
entienda	entendamos	devuelva	devolvamos
entiendas	entendáis	devuelvas	devolváis
entienda	entiendan	devuelva	devuelvan

In stem-changing verbs that end in **-ir**, the unstressed **e** changes to **i** and the unstressed **o** changes to **u** in the first- and second-person plural (**nosotros** and **vosotros**) forms. The other persons follow the same pattern as the indicative.

mentir (e:ie) *to lie*		dormir (o:ue) *to sleep*	
mienta	mintamos	duerma	durmamos
mientas	mintáis	duermas	durmáis
mienta	mientan	duerma	duerman

D. Verbs that are irregular in the subjunctive

The following verbs are irregular in the subjunctive.

dar	estar	saber	ser	ir
dé	esté	sepa	sea	vaya
des	estés	sepas	seas	vayas
dé	esté	sepa	sea	vaya
demos	estemos	sepamos	seamos	vayamos
deis	estéis	sepáis	seáis	vayáis
den	estén	sepan	sean	vayan

👁 **ATENCIÓN:** The subjunctive of **hay** (impersonal form of **haber**) is **haya**.

Práctica

Give the present subjunctive of the following verbs.

1. *yo:* dormir, mentir, recomendar, dar, pensar, ir

2. *tú:* volver, estar, ser, preferir, recordar, morir, ver, pedir

3. *él:* cerrar, saber, perder, probar, dar, servir, seguir

4. *nosotros:* sentir, ir, dar, dormir, perder, cerrar, saber, ser

5. *ellos:* estar, ser, recordar, saber, encontrar, repetir

E. Uses of the subjunctive

There are four main concepts that call for the use of the subjunctive in Spanish.

Volition: demands, wishes, advice, persuasion, and other attempts to impose will

Ella **quiere** que yo **viaje** hoy.	*She wants me to travel today.*
Te **aconsejo** que no **vayas** a esa agencia.	*I advise you not to go to that agency.*
Les **ruego** que no se **vayan**.	*I beg you not to leave.*

Emotion: pity, joy, fear, surprise, hope, and so on

Espero que **lleguen** temprano.	*I hope they arrive early.*
Siento que no **puedas** ir a Costa Rica.	*I'm sorry you can't go to Costa Rica.*
Me **sorprende** que no **vayas** a Río de Janeiro.	*It surprises me that you're not going to Río de Janeiro.*

Doubt: disbelief, denial, uncertainty, and negated facts

Dudo que se **casen** hoy.	*I doubt they'll get married today.*
No creo que ella sea **argentina**.	*I don't think she is Argentinian.*
No es verdad que Ana **esté** en Bogotá.	*It isn't true that Ana is in Bogotá.*

Unreality: indefiniteness and nonexistence

¿**Hay alguien** que **tenga** los pasajes?	*Is there anyone who has the tickets?*
No hay nadie que **quiera** ir.	*There's nobody that wants to go.*

2 The subjunctive with verbs of volition (El subjuntivo con verbos que indican voluntad o deseo)

All impositions of will, as well as indirect or implied commands, require the subjunctive in subordinate clauses. The subject in the main clause must be different from the subject in the subordinate clause.

Note the sentence structure for this use of the subjunctive in Spanish.

Él **quiere** que yo **estudie**.	
He wants	*me to study.*
main clause	subordinate clause

—¿Quiere que le **dé** el número de mi cuenta? — *"Do you want me to give you my account number?"*

—Sí, y también necesito que **firme** la tarjeta. — *"Yes, and I also need you to sign the card."*

—Roberto quiere que tú **vayas** a la fiesta. — *"Robert wants you to go to the party."*

—Sí, pero yo no quiero **ir**. — *"Yes, but I don't want to go."*

👁 **ATENCIÓN:** Notice that the infinitive is used after a verb of volition if there is no change of subject: **Yo no quiero *ir*.**

Some verbs of volition are:

aconsejar *to advise*	**querer (e:ie)** *to want*
desear *to want*	**recomendar (e:ie)** *to recommend*
mandar *to order*	**rogar (o:ue)** *to beg, plead*
necesitar *to need*	**sugerir (e:ie)** *to suggest*
pedir (e:i) *to ask for, request*	

¿Quieres que te **mande** una tarjeta postal?

Práctica

A. Tell the following people that you want them to do something other than what they'd like to do.

MODELO: Yo quiero viajar el martes. (el sábado)
Yo te sugiero que viajes el sábado.

1. Nosotros queremos ir en avión. (en tren)
2. Ellos quieren hablar con su padrino. (madrina)
3. Ana quiere casarse en mayo. (junio)
4. Uds. quieren quedarse una semana. (5 días)
5. Yo quiero hacer un crucero por el Mediterráneo. (Caribe)
6. Nosotros queremos empezar a las ocho. (a las diez)
7. Yo quiero volver en tren. (en coche)
8. Ellos quieren almorzar en la cafetería. (en un restaurante)

B. Describe what the following people want each person to do, using the present subjunctive.

Anita

1. Tito

2. Julia

MODELO: *La mamá de Anita*
quiere que ella estudie.

3. Beto

4. Los estudiantes

5. Hugo

C. Your friends are always coming to you with their problems. Tell them what you suggest, recommend, or advise for each situation.

MODELO: Mañana tengo un examen. ¿Qué me aconsejas que haga?
Te aconsejo que estudies mucho.

1. Yo no puedo lavar mis pantalones en casa. ¿Adónde me sugieres que los lleve?

2. Un Porsche es muy caro para mí. ¿Qué coche me recomiendas que compre?

3. A mi hermano le regalaron mil dólares. ¿Qué le sugieres que haga con el dinero?

4. Mi prima no tiene suficiente dinero para ir al teatro. ¿Le aconsejas que se lo pida prestado a su papá o a su novio?

5. Alguien nos robó las maletas. ¿Adónde nos aconsejas que vayamos?

6. Tengo hambre. ¿Qué me recomiendas que coma?

7. Mi tía está enferma. ¿Qué le aconsejas que haga?

8. Los chicos tienen sed. ¿Qué les sugieres que tomen?

9. A mi hermana no le gusta cocinar. ¿Qué le sugieres que haga?

10. Mañana es el cumpleaños de mi padre. ¿Qué me sugieres que le regale?

D. With a classmate, look at the list of errands that must be done tomorrow. Then take turns saying what you want each other to do, and give different reasons why you can't do it.

MODELO: Comprar la medicina para Ernesto.
—*Yo quiero que tú compres la medicina para Ernesto.*
—*Yo no puedo comprarla porque tengo que estudiar.*

1. *Llevar los pantalones a la tintorería.*
2. *Pagar los pasajes.*
3. *Depositar el cheque en el banco.*
4. *Llevar la motocicleta al taller* (shop).
5. *Comprar las bebidas para la fiesta.*
6. *Llevar los discos compactos a casa de Ana.*
7. *Alquilar un video.*
8. *Comprar los billetes para la excursión.*
9. *Ir a la oficina de turismo para pedir la lista de hoteles.*
10. *Comprar el regalo para Eva.*

Para conversar

 A. Todos me dan órdenes. Discuss with a classmate things that important people in your life (parents, relatives, friends, professors, etc.) want you to do. List at least five things, and then compare your results with another group.

B. Problemas y soluciones. Write two or three problems on a slip of paper. Then, form a small group with two or three classmates. Switch slips within the group and take turns offering solutions to each other's problems.

Un consejo

Si quieres que los demás te respeten...
¡empieza por respetar a los demás!

3 The subjunctive with verbs of emotion
(El subjuntivo con verbos de emoción)

In Spanish, the subjunctive is always used in subordinate clauses when the verb in the main clause expresses any kind of emotion, such as fear, joy, pity, hope, pleasure, surprise, anger, regret, sorrow, likes and dislikes, and so forth.

—**Siento** que Julia no **venga** hoy.   *"I'm sorry that Julia is not coming today."*

—**Espero** que pueda **venir** mañana.   *"I hope she can come tomorrow."*

—Ramón no tiene dinero para comprar un coche.   *"Ramón doesn't have money to buy a car."*

—**Ojalá** que **consiga** un préstamo.   *"I hope that he obtains a loan."*

👁 **ATENCIÓN:** **Ojalá** is always followed by the subjunctive.

Ojalá que no **traiga** a su perro

If there is no change of subject, the infinitive is used instead of the subjunctive.

Me alegro de estar aquí.
(**Yo** me alegro—**yo** estoy aquí.) } *I'm glad to be here.*

Some verbs and expressions that express emotion are:

alegrarse (de) *to be glad*	**sorprender** *to surprise*
esperar *to hope*	**temer** *to fear*
sentir (e:ie) *to be sorry, to regret*	**es una lástima** *it's a pity*
	ojalá *I hope*

Práctica

A. You are talking to a classmate. Say whether you are glad (**Me alegro de que...**) or sorry (**Siento que...**) about what is happening to your classmate and his or her family.

MODELO: Estoy enferma.
Siento que estés enferma.

1. Yo quiero salir, pero tengo que quedarme en casa.
2. Mi hermano y yo no nos sentimos bien.
3. Mi mamá estaba enferma, pero ahora está mejor.
4. Mi hijo es muy inteligente.
5. Mi hermana sabe cocinar muy bien.
6. No hay suficiente dinero en mi cuenta corriente.
7. Mis padres van a Barranquilla.
8. Mis profesores me dan muchos problemas.

B. Complete the following sentences to express how you feel, using the infinitive or the subjunctive as appropriate.

1. Yo me alegro mucho de...
2. Yo me alegro mucho de que mis amigos...
3. Yo temo no...
4. Yo temo que mi papá [mamá, hijo(-a)] no...
5. Yo siento...
6. Yo siento que el profesor (la profesora, los profesores)...
7. Yo espero...
8. Yo espero que mis padres (Ud.)...
9. Ojalá que...
10. Es una lástima que tú...

Para conversar

 ¿Qué tal nos va? In groups of three, tell each other about things that are going on in your life, some positive and some negative. Everyone should react appropriately.

Estructuras:
www Compruebe
Self-Test

Así somos

¿Qué dice Ud.?

 What would you say in the following situations? What might the other person say? Act out the scenes with a partner. Take turns playing each role.

1. Two of your friends are getting married and ask your advice about the wedding date, the reception, and where to spend their honeymoon. Give suggestions and recommendations.

2. At a travel agency you ask whether the package they offer includes the tickets, lodging, and excursions.

3. You tell your traveling companion that you have to check your luggage.

4. You tell a friend what you hope will happen in your life this year.

Para conocernos mejor

 To do this activity, work with a partner whom you would like to get to know. Take turns asking and answering these questions.

1. Cuando tú viajas, ¿dónde compras los pasajes? ¿Prefieres pasar tus vacaciones en una selva, en una playa o en una ciudad grande?

2. Generalmente, ¿cuánto tiempo tienes de vacaciones? ¿Prefieres tener vacaciones en el verano o en el invierno? ¿Qué te gusta hacer? ¿Adónde planeas ir en tus próximas vacaciones?

3. ¿Tú prefieres hacer un crucero o pasar una semana en un balneario (resort)? ¿Qué es más romántico para una luna de miel?

4. Si alguien no sabe adónde ir de vacaciones, ¿adónde le sugieres que vaya? ¿Le aconsejas que compre los pasajes en una agencia de viajes o por el Internet? ¿Por qué?

5. Cuando tú viajas, ¿llevas mucho equipaje? ¿Llevas cámara fotográfica o cámara de video cuando viajas? ¿Les mandas tarjetas postales a tus amigos?

Una encuesta

 Interview your classmates to identify who fits the following descriptions. Include your instructor, but remember to use the **Ud.** form when addressing him/her. After finishing the survey, get together with two or three classmates and discuss the results.

	Nombre
1. Planea viajar el mes que viene.	_____
2. Teme no poder ir a ningún lado en sus vacaciones.	_____
3. Nunca viaja en primera clase.	_____
4. Prefiere un asiento de ventanilla.	_____
5. Prefiere viajar en la sección de no fumar.	_____
6. Quiere ser auxiliar de vuelo.	_____
7. Es muy romántico(-a).	_____
8. Frecuentemente tiene ideas brillantes.	_____

Al escuchar...

Estrategia

 Recognizing "functional vocabulary." Different classes of words contribute to convey different aspects of meaning orally or in writing. For example, nouns, adjectives, and verbs provide the bulk of the "picture" that is being communicated in words. There are other classes of words that establish relationships among the elements in the picture. Examples of this other class of words or expressions in English are "by the way," "behind," "near," and "thus."

Listen to the following conversation on travel and write down as many of these kinds of words as you hear.

Al conversar...

Estrategia

Learning handy phrases as vocabulary. It is sometimes easier to learn certain common expressions as vocabulary items. Here are some that relate to expressing wishes and emotions.

To wish a friend well:

during an illness	¡Que te mejores!	*Get better!*
before a task	¡Que te vaya bien!	*May it all go well for you!*
before a fun activity	¡Que te diviertas!	*Have fun!*
before the weekend	¡(Que pases un) buen fin de semana!	*Have a good weekend!*

To react with certain emotions:

gladness	¡Cuánto me alegro!	*I'm so glad!*
doubt, apprehension	Temo que no.	*I'm afraid not.*
hope	Espero que sí.	*I hope so.*
regret	¡Cuánto lo siento!	*I'm so sorry.*
regret	¡Qué lástima!	*What a pity!*
surprise	¡Qué sorpresa!	*What a surprise!*

Discuss with a partner different situations in which you might use these phrases.

Para escuchar

Your instructor will read some information about Rocío and Rubén. After reading it twice, he/she will make statements about them. On a sheet of paper, write numbers one to six and indicate whether each statement is true (**verdadero**) or false (**falso**).

Para crear

 Get together in groups of three and "create" the scenario for this photo. Who are the people? Give them names. What is the relationship between them? Where do they want to travel? Why are they traveling? What kind of tickets are they buying? What places of interest are they going to visit? etc.

¡Vamos a leer!

 Estrategia | **Antes de leer**

A. Recognizing your specific needs and addressing them. When you read, you should learn to identify your needs with regard to vocabulary and grammar constructions. For example, do you understand the verb tenses, person, or mood?

   Before reading, answer the following question: What other needs do I have in order to accomplish my objectives regarding this text?

B. As you read the article, find the answers to the following questions.

1. Según el artículo, ¿qué vuelos se cancelan con más frecuencia? ¿Por qué?
2. ¿Por qué es mejor tomar un vuelo directo?
3. ¿Qué recomienda el artículo en relación con el equipaje?
4. ¿Qué cosas debemos tener en cuenta (*keep in mind*) al elegir un asiento?
5. ¿Qué debemos llevar en un bolso de mano? ¿Por qué es importante esto?
6. ¿Qué nos va a ayudar a pasar el tiempo mientras esperamos?
7. La última vez que Ud. viajó, ¿hizo Ud. algo de lo que se recomienda en el artículo? ¿Qué hizo?
8. ¿Qué recomendaciones cree Ud. que son las más importantes?

A leer

Si viaja en avión...

Si usted quiere viajar en avión, es mejor que aprenda a volar en forma confortable. Para eso, le sugerimos que...

last
1. ...trate de viajar durante las primeras horas del día, pues muchas veces las líneas aéreas cancelan los últimos° vuelos si no tienen suficientes pasajeros.

avoid
2. ...evite° las escalas en ruta porque frecuentemente causan retrasos.

3. ...compre maletas de buena calidad.

4. ...no escriba su dirección en la etiqueta de identificación del equipaje.

inside
5. ...ponga una tarjeta de identificación dentro° de la maleta.

different
6. ...consiga información sobre otros vuelos de regreso con distintas° compañías en caso de que cancelen su vuelo.

7. ...llegue al aeropuerto por lo menos dos horas antes de su vuelo para reservar asiento.

8. ...pida un asiento en la primera fila si quiere tener sitio° para estirar° las piernas.° *room / stretch / legs*

9. ...no escoja un asiento cerca de los lavabos porque el ir y venir de la gente no le va a permitir descansar.° *to rest* *choose*

10. ...lleve en su bolso de mano lo que necesita para poder pasar un día o dos sin usar lo que tiene en sus maletas.

11. ...lleve algo para leer o para escuchar° para no aburrirse mientras espera. *to listen to*

12. ...sea tolerante con los demás° y tenga paciencia para aceptar algunos inconvenientes. *others*

Y ahora... ¡le deseamos que tenga un buen viaje y que lo pase muy bien!

Después de leer... desde su mundo

In groups of three, talk about your favorite mode of traveling. Include the advantages (**ventajas**) and disadvantages (**desventajas**) of traveling by plane, car, ship, train, or bus. Do travelers have more problems nowadays? Why?

¡Vamos a escribir!

Un viaje perfecto. You will write about your perfect trip.

 Estrategia | **Antes de escribir**

Describing your perfect trip. Set your imagination free to create your ideal trip and then write about it.

1. In Spanish, brainstorm where you want to go, with whom you will be traveling, what type of accommodations and transportation you want, what you want to see or do, etc. You can do this in pairs or by yourself.

2. Incorporate the selecting and organizing stages introduced in **Lección 7**.

A escribir sobre un viaje perfecto

Write your **primer borrador** of the composition.

 Estrategia | **Después de escribir**

Before writing the final version your instructor might want you to exchange your draft with a classmate and peer edit each other's work using the following guidelines:

- use of the subjunctive or the indicative

- formation of the verbs in the subjunctive

- noun-adjective agreement

Colombia

- Colombia es la única nación nombrada en honor de Cristóbal Colón. Su extensión es algo mayor que las de los estados de California y Tejas juntos. Es el cuarto país suramericano en tamaño (*size*), y es el único con costas en el Pacífico y en el mar Caribe.

- Colombia produce y exporta café, bananas, flores y petróleo. El café colombiano tiene fama mundial por su alta calidad. Para el país, también es importante la ganadería (*livestock*), especialmente en la región de los llanos orientales. Colombia es también famosa por sus esmeraldas, consideradas las mejores del mundo. El 90% de todas las esmeraldas provienen de este país.

- La música típica de Colombia es muy variada. Incluye la cumbia y el vallenato, que han alcanzado fama internacional. Además, son populares todos los ritmos latinos y aún los norteamericanos. Shakira y Carlos Vives son cantantes populares en los Estados Unidos: ella cultiva el rock, y él, el vallenato.

- El deporte más popular en todo el país es el fútbol (*soccer*), y Colombia es uno de los cuatro países latinoamericanos donde se celebran las corridas de toros (*bullfights*).

- La cultura colombiana se destaca por el esmerado cultivo de la lengua española de sus más famosos escritores: Jorge Isaacs y Gabriel García Márquez, Premio Nobel de Literatura, entre otros. También ha ganado fama internacional el pintor y escultor Fernando Botero.

- La capital de Colombia es Bogotá, una ciudad rodeada (*surrounded*) de montañas, por lo que el transporte entre ella y el resto del país es principalmente por vía aérea. Bogotá es la base de Avianca, la primera y más antigua línea aérea de América. En Bogotá encontramos modernos rascacielos (*skyscrapers*) junto a (*next to*) iglesias y otros edificios muy antiguos, algunos del siglo XVI. En la ciudad hay muchos museos, pero el más famoso de ellos es el Museo del Oro, que tiene una de las mejores colecciones de la artesanía precolombina, incluidos unos 30.000 objetos de oro.

- Cerca de Bogotá están las famosas minas de sal de Zipaquirá, donde se encuentra la famosa Catedral de Sal, que tiene sus columnas, paredes y estatuas hechas (*made*) de sal.

Cartagena de Indias

Fundada en 1533, Cartagena de Indias es hoy Patrimonio de la Humanidad (*World Heritage*), así declarada (*thus declared*) por la UNESCO.

Del arte prehispánico al arte colombiano del siglo XX

Importante pieza de artesanía precolombina, Museo del Oro

Fernando Botero (1932–) junto a una de sus esculturas
Derecha: Su obra *La familia presidencial*

Vista panorámica de Bogotá

Nuestro panorama cultural

In groups of three, answer the following questions about your home state, region, or country.

1. ¿Cuál es el museo más famoso de su ciudad? ¿Del país?

2. ¿Le gusta el café? ¿Qué bebidas toman en su país en el desayuno? ¿En el almuerzo y en la cena?

3. ¿Su región tiene montañas? ¿Lagos? ¿Ríos? ¿Cuáles son las características físicas del estado donde Ud. vive?

4. En el lugar donde Ud. vive, ¿hay edificios antiguos o modernos? ¿O una mezcla de ambos *(both)*? ¿Es grande el pueblo donde vive?

For the next class: Go to the World Wide Web and find photos from your hometown, state, region, or country. Use the questions from **Nuestro panorama cultural** above as guidelines for choosing them. Be ready to present the photos to your classmates.

El automóvil
Se venden coches usados

Se venden coches usados

En el Distrito de Miraflores de Lima, Perú, vive la familia Ugarte, de Guayaquil, Ecuador. Liliana, una sobrina de la Sra. Ugarte, y su esposo Ramiro, están viviendo con ellos por un tiempo. Ramiro trabaja y va a asistir a la Universidad de San Marcos. Ahora están en el comedor, bebiendo café, leyendo el diario y hablando.

RAMIRO —Creo que voy a necesitar un carro si tengo que ir al trabajo después de mi última clase…

LILIANA —Bueno… aquí dice que se venden coches usados, pero dudo que podamos comprar uno con el dinero que tenemos.

RAMIRO —A ver… (*Mira el anuncio.*) Coche compacto de dos puertas, de cambios mecánicos… mmm… Me gustan más los carros automáticos.

Don José Ugarte entra en el comedor, se sirve una taza de café y se sienta a hablar con Liliana y Ramiro.

DON JOSÉ —Buenos días. ¿Están leyendo los avisos clasificados?

RAMIRO —Sí. Dígame, don José, ¿usted cree que necesitamos comprar un carro?

DON JOSÉ —Francamente, no creo que valga la pena. Escuchen lo que me pasó la semana pasada: El lunes por la mañana, mi auto no arrancó.

LILIANA —Porque necesitaba un acumulador nuevo, ¿no?

DON JOSÉ —No… Llamé una grúa, que llevó el coche al taller de mecánica. El arreglo me costó un ojo de la cara…

LILIANA —Pero tía Marta dice que usted sabe arreglar carros.

DON JOSÉ —No, no es verdad que yo sepa arreglar nada. Los coches modernos son muy complicados.

RAMIRO —¿Cuántas veces al mes va a una gasolinera para comprar gasolina, don José?

DON JOSÉ —Tres veces… cuatro… Eso es porque Marta me obliga a ir a pie a todas partes…

RAMIRO —(*Se ríe.*) En serio… ¿su carro se descompone a menudo?

DON JOSÉ —¡Sí! Funciona un día sí y otro no.

LILIANA —¡Ay! Tengo que ir al correo y después a la peluquería. Necesito un corte de pelo. ¿A qué hora se cierra el correo? ¿A las seis?

Caminan hacia la puerta de calle.

DON JOSÉ —Dudo que esté abierto hasta las seis, pero váyanse ahora. Si toman el ómnibus, a lo mejor pueden llegar. Sigan derecho por la calle Esperanza hasta llegar a la avenida José Larco. Doblen a la izquierda y ahí pueden tomar el ómnibus.

LILIANA —Vamos, Ramiro. Tenemos que acostumbrarnos a usar colectivos…

DON JOSÉ —(*Bromeando*) Si quieren, les vendo mi coche…

RAMIRO —No, gracias. ¡Prefiero una bicicleta!

¿Quién lo dice?

Identify the person who said the following in the dialogue.

1. Me gustan más los carros automáticos. _____

2. Eso es porque Marta me obliga a ir a pie a todas partes. _____

3. Pero tía Marta dice que usted sabe arreglar carros. _____

4. No, gracias. ¡Prefiero una bicicleta! _____

5. ¿Usted cree que necesitamos comprar un carro? _____

6. Tenemos que acostumbrarnos a usar colectivos. _____

7. No, no es verdad que yo sepa arreglar nada. _____

8. ¡Ay! Tengo que ir al correo y después a la peluquería. _____

9. Llamé una grúa, que llevó el coche al taller de mecánica. _____

a. Ramiro

b. Liliana

c. don José

Para conversar

With a partner, take turns asking and answering the following questions. Base your answers on the dialogue and on your own circumstances.

1. ¿Adónde tiene que ir Ramiro después de su última clase? ¿Adónde vas tú después de esta clase?

2. ¿Liliana y Ramiro planean comprar un coche nuevo o usado? ¿Tú crees que es mejor comprar un coche nuevo o usado? ¿Por qué?

3. ¿Qué tipo de carro prefiere Ramiro? ¿Qué tipo prefieres tú?

4. ¿Don José cree que vale la pena comprar un coche? ¿Qué crees tú?

5. ¿Por qué tuvo que llamar una grúa don José? ¿Alguna vez tuviste que llamar una grúa?

6. ¿Le costó a don José mucho dinero el arreglo del coche? ¿Tú sabes arreglar coches?

7. ¿Cuántas veces al mes compra gasolina don José? ¿Tú tienes que comprar gasolina? (¿Cuántas veces al mes?)

8. ¿Qué dice don José que su esposa lo obliga a hacer? ¿Cómo vienes tú a la universidad?

9. ¿Adónde tiene que ir Liliana? ¿Por qué? ¿Adónde tienes que ir tú hoy?

10. ¿Qué duda don José? ¿Hasta qué hora está abierto el correo en tu barrio?

11. ¿A qué tienen que acostumbrarse Liliana y Ramiro? ¿Tú usas el autobús a veces (sometimes)?

12. ¿Qué dice don José que puede venderles? ¿Tú tienes bicicleta? ¿Cuándo la usas?

Cognados

automático(-a) automatic	**compacto(-a)** compact	**la gasolina** gasoline
la avenida avenue	**complicado(-a)** complicated	**moderno(-a)** modern
clasificado(-a) classified	**francamente** frankly	**usado(-a)** used

Nombres

el acumulador, la batería battery
el arreglo repair
la bicicleta bicycle
el colectivo bus
el comedor dining room
el correo, la oficina de correos post office
el corte de pelo haircut
la gasolinera, la estación de servicio gas (service) station
la grúa, el remolcador tow truck
la peluquería, el salón de belleza beauty salon
la puerta de calle front door
el taller de mecánica car repair shop

Verbos

acostumbrarse (a) to get used (to)
arrancar to start (*i.e. a motor*)
arreglar to repair
bromear to kid, to joke
caminar to walk
descomponerse to break down (*i.e. a motor*)
doblar to turn
dudar to doubt
entrar to enter, to come in
escuchar to listen (to)
funcionar to work, to function
obligar to force, to make
reírse[1] to laugh

Adjetivo

abierto(-a) open

Otras palabras y expresiones

a la izquierda[2] to the left
a lo mejor maybe
a menudo, frecuentemente often, frequently
a pie on foot
a todas partes, a todos lados everywhere
al mes, por mes a month, per month
costar un ojo de la cara to cost an arm and a leg
de cambios mecánicos standard shift
ir a pie, ir caminando to go on foot, to walk
por un tiempo for a while
seguir derecho to continue straight ahead
valer (merecer) la pena to be worth it

~~~~ Un dicho ~~~~

Quien ríe último, ríe mejor.

---

[1]Present indicative: **me río, te ríes, se ríe, nos reímos, os reís, se ríen**
[2]**a la derecha** = *to the right*

VOCABULARIO ADICIONAL

En el taller de mecánica

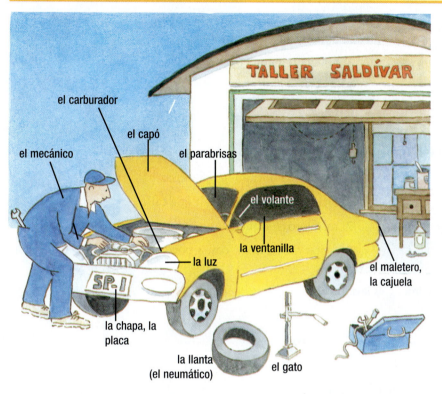

el carburador
el capó
el mecánico
el parabrisas
el volante
la ventanilla
la luz
el maletero, la cajuela
la chapa, la placa
la llanta (el neumático)
el gato

TALLER SALDÍVAR

Para hablar del coche

la bocina horn
la bolsa de aire air bag
descompuesto(-a) out of order, not working
el freno brake
lleno(-a) full
la milla mile
el neumático pinchado, la llanta pinchada flat tire
la pieza de repuesto spare part
el tanque tank
vacío(-a) empty

En la autopista *(highway)*

la velocidad máxima
el teléfono celular
la licencia para conducir
CIUDAD GRANDE 50 millas

Vocabulario

Práctica

A. Write the words or phrases that correspond to the following:

1. lugar donde se compra gasolina _____
2. batería _____
3. lo necesitamos para cambiar una llanta _____
4. correo _____
5. grúa _____

6. peluquería _____
7. opuesto de "a la izquierda" _____
8. frecuentemente _____
9. a todas partes _____
10. tener dudas _____

B. Select the word or phrase that does not belong in each group.

1. corte de pelo / arreglo / taller de mecánica
2. ir a pie / ir en coche / ir caminando
3. acostumbrarse / descomponerse / no funcionar
4. neumático / bocina / llanta

5. ventanilla / capó / parabrisas
6. bicicleta / carro / puerta de calle
7. maletero / cajuela / volante
8. costar muy caro / costar poco / costar un ojo de la cara

C. Complete the following sentences, using vocabulary from this lesson.

1. La _____ máxima en la autopista es de 65 _____ por hora.
2. Ellos tienen que _____ a levantarse temprano ahora que van a trabajar.
3. Yo siempre tengo mi teléfono _____ conmigo.
4. Cuando mi coche se descompone, lo llevo al _____ de mecánica.
5. ¿Tengo que doblar a la _____ o a la izquierda? ¿O tengo que seguir _____?
6. No vale la _____ arreglar el coche. Es mejor comprar uno nuevo.
7. Vamos a vivir en esta casa por un _____.
8. ¿Es una calle o una _____?
9. Estoy leyendo los avisos _____.
10. Francamente, yo _____ que tú puedas _____ a tu hijo a trabajar.

Para conversar

¿Vale la pena arreglarlo? With a partner, play the roles of two family members who are trying to decide what has to be done with a car that is frequently broken and is very old. Decide also who can fix it, how much it's going to cost, etc.

Vocabulario:
Compruebe
Self-Test

Pronunciation in context

In this lesson, there are some new words or phrases that may be challenging to pronounce. For further pronunciation practice of Spanish sounds, listen to your instructor and repeat the following sentences.

1. La familia **Ugarte** es de **Guayaquil**.

2. Es un coche **compacto** de cambios **mecánicos**.

3. **Necesitaba** un **acumulador** nuevo.

4. La grúa llevó el coche al **taller** de **mecánica**.

5. No es **verdad** que yo sepa **arreglar** nada.

6. ¿Su coche se **descompone** a **menudo**?

7. Tengo que ir al **correo** y después a la **peluquería**.

8. Doblen a **la izquierda** y **ahí** pueden tomar el ómnibus.

Las aventuras de Marcelo

No tengo coche porque no quiero contribuir a la contaminación del aire.[1]

---

[1]**contaminación del aire** = *air pollution*

Ubíquese... y búsquelo

The Ugarte family lives in Miraflores, Lima. Go to **www.college.hmco.com** to find out something about that section of town. In addition to working, Ramiro attends the University of San Marcos. Try to locate it within metropolitan Lima. In the next class, team up with two classmates to discuss your findings.

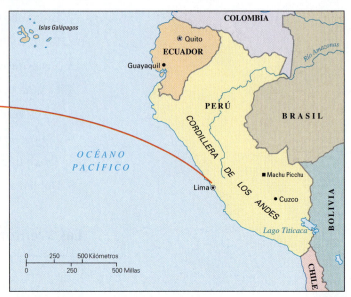

¿Lo sabía Ud.?

- En las grandes ciudades como Madrid, Bogotá, la Ciudad de México y Buenos Aires, hay muchísimos automóviles y autobuses, lo cual *(which)* está causando graves problemas de contaminación del aire. Sin embargo, en muchas zonas rurales de los países hispanos, particularmente en Hispanoamérica, hay muy pocos automóviles, ya que no hay carreteras, o las que existen están en muy malas condiciones.

- En la mayoría de los países hispanos, la gasolina y los automóviles son mucho más caros que en los Estados Unidos. Por esta razón es muy popular la motocicleta, especialmente entre la gente joven.

- En los países hispanos, se usa el sistema métrico decimal. Un kilómetro equivale a 0,6 millas; un galón equivale a 3,8 litros.

Para comparar

1. ¿En qué ciudades de este país hay mucha contaminación del aire?

2. ¿Qué medio de transporte prefiere usar la gente joven en la ciudad donde Ud. vive?

En imágenes   *El coche, las motocicletas... ¡y el tránsito!*[1]

Congestión de tráfico, San José, Costa Rica

MÉXICO

México, D.F. • Oaxaca

JAMAICA

HAITÍ

CUBA

REPÚBLICA DOMINICANA

PUERTO RICO

BELICE

HONDURAS

GUATEMALA

NICARAGUA

EL SALVADOR   PANAMÁ

COSTA RICA

Caracas
VENEZUELA

• Bogotá
COLOMBIA

Quito •
ECUADOR

PERÚ

• Lima

BRASIL

• Brasilia

BOLIVIA
La Paz •
Sucre •

PARAGUAY

• Asunción

CHILE

ARGENTINA   URUGUAY

Santiago •

Buenos Aires •   • Montevideo

Mujer en moto, Lima, Perú. En la ciudad, la
motocicleta es otro medio de transporte personal
motorizado.

Embotellamiento de tráfico *(Traffic jam)*, Buenos
Aires, Argentina

[1]**tránsito** = *traffic*

Estructuras

1 The **Ud.** and **Uds.** commands *(Formas del imperativo para Ud. y Uds.)*

The command forms for **Ud.** and **Uds.**[1] are identical to the corresponding present subjunctive forms.

A. Regular forms

Endings of the Formal Commands			
		Ud.	Uds.
-ar verbs	cantar	cant -e	cant -en
-er verbs	beber	beb -a	beb -an
-ir verbs	vivir	viv -a	viv -an

LEARNING TIP

Think of as many **-ar** verbs as you can and use them to give commands: *Estudie* **más.** *Cierre* **la puerta.** Repeat this activity using **-er** and **-ir** verbs.

—¿Cuándo volvemos? — *"When do we return?"*
—**Vuelvan** mañana y **traigan** los documentos. — *"Come back tomorrow and bring the documents."*

—¿Sigo derecho? — *"Do I keep going straight ahead?"*
—No, no **siga** derecho. **Doble** a la izquierda. — *"No, don't keep going straight ahead. Turn left."*

ATENCIÓN: To give a negative **Ud./Uds.** command, place **no** in front of the verb: **No siga** derecho.

B. Irregular forms

The command forms of the following verbs are irregular.

	dar	estar	ser	ir
Ud.	dé	esté	sea	vaya
Uds.	den	estén	sean	vayan

Este año, vaya de vacaciones a Ecuador.

—¿Adónde tengo que ir? — *"Where do I have to go?"*
—**Vaya** a la gasolinera. — *"Go to the gas station."*

—¿A qué hora tenemos que estar aquí? — *"At what time do we have to be here?"*
—**Estén** aquí a las ocho. ¡**Sean** puntuales! — *"Be here at eight. Be punctual!"*

---

[1]**Tú** commands will be studied in **Lección 13.**

Práctica

What commands would these people give?

1. Don José a sus sobrinos:

   a. leer los anuncios de coches
   b. ir al correo
   c. seguir derecho por la calle Lima
   d. doblar a la izquierda en la calle 8
   e. tomar el ómnibus allí
   f. no volver muy tarde

2. El cliente (*customer*) al mecánico:

   a. cambiar la llanta pinchada
   b. revisar el carburador
   c. pedir una pieza de repuesto
   d. poner un acumulador nuevo
   e. arreglar las luces
   f. instalar una bomba de agua nueva

> Si toma, no maneje.
>
> Si maneja, no tome.

Para conversar

 ¿Cómo vamos? Claudia and Silvia, two girls from Quito, have decided to visit a few places of interest in Lima, but don't know how to get to them. Using the map, you and your partner are going to give them directions. (Note: In Peru, **jirón** = **calle**.)

1. del Hotel Lima a la Plaza San Martín
2. de la Plaza San Martín a la Universidad de San Marcos
3. de la Universidad de San Marcos al Palacio de Justicia
4. del Palacio de Justicia al Centro Cívico
5. del Centro Cívico al Museo de Arte Italiano
6. del Museo de Arte Italiano a la Plaza Grau
7. de la Plaza Grau a la Embajada de los Estados Unidos
8. de la embajada al hotel

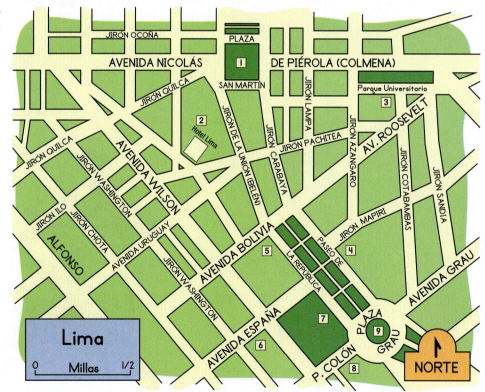

1. Plaza San Martín
2. Hotel Lima
3. Universidad de San Marcos
4. Palacio de Justicia
5. Centro Cívico
6. Embajada de los Estados Unidos
7. Museo de Arte Italiano
8. Museo Nacional de Arte
9. Plaza Grau

C. Position of object pronouns with direct commands

 In all direct *affirmative* commands, the object pronouns are placed *after* the verb and attached to it.

Ud. *form*		Uds. *form*	
Hága**lo.**	*Do it.*	Cómpren**lo.**	*Buy it.*
Dí**gales.**	*Tell them.*	Dí**ganle.**	*Tell him/her.*
Tráiga**nosla.**	*Bring it to us.*	Tráiga**nselo.**	*Bring it to him/her.*
Quéde**se.**	*Stay.*	Quéden**se.**	*Stay.*

👁 **ATENCIÓN:** Note the use of the written accent, which follows the rules for accentuation. See Appendix A.

In all *negative* commands, the pronouns are placed *in front of the verb*.

Ud. *form*		Uds. *form*	
No **lo** haga.	*Don't do it.*	No **lo** hagan.	*Don't do it.*
No **le** hable.	*Don't speak to him/her.*	No **le** hablen.	*Don't speak to him/her.*
No **se lo** dé.	*Don't give it to him/her.*	No **se lo** den.	*Don't give it to him/her.*

Remember that when an indirect and a direct object pronoun are used together in the same sentence, the indirect object always precedes the direct object.

Práctica

A. Using the direct commands, tell your younger brothers to do the following.

1. Levantarse a las siete, bañarse y vestirse.
2. Hacer unos sándwiches y ponerlos en el refrigerador.
3. Escribirle una carta a su madrina.
4. Mandarle un paquete a Teresa.
5. Llamar a la Dra. Peña, pero no llamarla antes de las tres.
6. Comprarle el regalo a mamá, pero no dárselo hoy.
7. Decirle a Marta que la fiesta es mañana, pero no decírselo a Raúl.
8. No acostarse muy tarde.

B. With a partner, take turns telling two people what to do about the items given.

> **MODELO:**   los avisos clasificados
> *Léanlos.*

1. el tanque
2. la bicicleta
3. la grúa
4. el gato
5. el coche descompuesto
6. la bomba de agua
7. las llantas
8. el teléfono celular

C. You are having dinner at a fancy restaurant. Tell the waiter what you want or don't want him to do.

> **MODELO:**   ¿Le traigo el menú?
> *Sí, tráigamelo, por favor.*
> *(No, no me lo traiga.)*

1. ¿Le traigo la lista de vinos?
2. ¿Le sirvo la ensalada primero?
3. ¿Le pongo pimienta a la ensalada?
4. ¿Abro la botella de vino ahora?
5. ¿Le traigo el postre?
6. ¿Le sirvo el café?
7. ¿Le traigo la cuenta ahora?

Para conversar

Querida Zulema... You and your partner are going to be the "ghost" advice columnist behind Zulema. Decide what advice you are going to give each of the following people. Be sure to use commands.

Zulema

1. Tengo 29 años y vivo con mis padres. Quiero comprarme un coche, pero mi padre dice que no vale la pena y no quiere prestarme el dinero. ¿Qué hago?

Incomprendida

2. Mi esposa y yo le compramos a nuestro vecino un coche usado que funciona un día sí y otro no. ¡Siempre está en el taller! Queremos que nos devuelva *(return)* el dinero, pero él se niega. ¿Qué podemos hacer?

Dos víctimas

3. Pienso dar una fiesta solamente para adultos. Invité a mis vecinos y ellos insisten en traer a sus dos niños. ¿Cómo les pido que no los traigan?

Tímida

4. Yo quiero ir a pasar una semana en Lima, donde vive mi novia, pero tengo un amigo que siempre insiste en ir conmigo a todas partes. Esta vez yo prefiero ir solo. ¿Cómo se lo digo para no ofenderlo?

Preocupado

2 The subjunctive to express doubt, disbelief, and denial *(Uso del subjuntivo para expresar duda, incredulidad y negación)*

A. Doubt

In Spanish, the subjunctive is always used in a subordinate clause when the verb of the main clause expresses doubt or uncertainty.

—Vamos al correo. | *"Let's go to the post office."*
—**Dudo** que **esté** abierto a esta hora. | *"I doubt that it's open at this time."*
—Estoy seguro de que abren a las ocho. | *"I'm sure that they open at eight."*

👁 **ATENCIÓN:** When *no doubt* is expressed and the speaker is certain of the reality (**Estoy seguro[-a]**, **No dudo**), the indicative is used: **Estoy seguro** de que **abren** a las ocho.

B. Disbelief

The verb **creer** is followed by the subjunctive in negative sentences, where it expresses disbelief.

—¿Uds. van a la peluquería hoy? | *"Are you going to the beauty parlor today?"*
—No..., **no creo** que **tengamos** tiempo... | *"No..., I don't think we'll have time..."*
—Yo creo que pueden ir, si salen temprano. | *"I think you can go if you leave early."*

👁 **ATENCIÓN:** **Creer** is followed by the indicative when it expresses belief or conviction: **Yo creo** que **pueden** ir.

C. Denial

LEARNING TIP

Make a list of descriptive adjectives and think of them as being applied to you. Then indicate whether each statement is true or not. For example: *Es verdad que yo soy muy alto.* (*No es verdad que yo sea muy alto.*)

When the main clause expresses denial of what is said in the subordinate clause, the subjunctive is used.

—¡Tú siempre llegas tarde! | *"You always arrive late!"*
—**No es verdad** que siempre **llegue** tarde. No niego que a veces llego un poco tarde, pero a veces soy puntual. | *"It's not true that I always arrive late. I don't deny that sometimes I arrive a little late, but sometimes I'm punctual."*

👁 **ATENCIÓN:** When the main clause does *not* deny, but rather confirms what is said in the subordinate clause, the indicative is used: **No niego** que a veces **llego** un poco tarde.

Práctica

A. Say whether the following statements are true or not. If a statement is false, correct it.

1. Texas es más grande que Maine.
2. Hace más calor en Alaska que en Arizona.
3. Quito es la capital de Perú.
4. El 25 de diciembre celebramos la independencia de nuestro país.
5. Necesitamos un documento de identidad para comprar un coche.
6. Arreglan coches en un taller de mecánica.
7. Una bicicleta es más cara que un auto.
8. Los coches modernos tienen bolsas de aire.

B. You and a friend are spending the weekend in a very small town. Your friend wants to know about things to do, places to go, and so on. Answer, expressing belief or disbelief, doubt, or certainty.

1. ¿Tú crees que hay habitaciones libres en el hotel?
2. ¿Tú crees que un cuarto cuesta menos de cien dólares la noche?
3. ¿Tú crees que aceptan cheques de viajero en el hotel?
4. ¿Tú crees que hay un aeropuerto aquí?
5. ¿Podemos alquilar un coche?
6. Son las siete; ¿tú crees que el correo está abierto?
7. Vamos al centro. Quiero ir a una tienda elegante.
8. Tengo el pelo muy largo. Dicen que aquí hay peluquerías excelentes.
9. Quiero ir a cenar a un restaurante francés.
10. ¿Tú crees que vamos a volver aquí algún día?

C. Complete the following sentences logically, using the subjunctive or the indicative as appropriate.

1. Yo dudo que en mi cuenta de ahorros…
2. Estoy seguro(-a) de que el banco…
3. No creo que la oficina de correos…
4. Estoy seguro(-a) de que la estación del metro…
5. No es verdad que yo…
6. Yo no niego que mis padres…
7. Creo que un Cadillac…
8. No dudo que un buen mecánico…
9. Es verdad que nosotros…
10. No es cierto que mi coche…

Para conversar

 Habla con tu compañero. With a partner, take turns asking each other the following questions.

1. ¿Tú crees que un Honda cuesta mucho más que un Chevrolet?
2. ¿Es verdad que un Cadillac cuesta un ojo de la cara?
3. ¿Es verdad que los coches modernos son muy complicados?
4. ¿Tú crees que un coche automático gasta menos gasolina que un coche de cambios mecánicos?
5. ¿Crees que pronto los coches no van a necesitar gasolina o dudas que esto pueda pasar?
6. ¿Crees que las estaciones de servicio están abiertas a esta hora?
7. Si tu coche se descompone, ¿crees que puedes arreglarlo?
8. ¿Crees que tu mamá sabe cambiar una llanta?
9. ¿Es verdad que tú vienes a la universidad a pie?
10. ¿Es verdad que tú lees los anuncios clasificados todos los días?

 # 3 Constructions with se
(Construcciones con se)

In Spanish the pronoun **se** + *the third-person singular or plural form of the verb* is used as an impersonal construction. It is equivalent to the English passive voice, in which the person doing the action is not specified. It is also equivalent to English constructions that use the impersonal subjects *one, they, people,* and *you* (indefinite). The impersonal construction is widely used in Spanish.

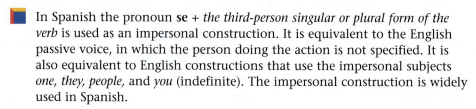

Se habla español en Lima.	*Spanish is spoken in Lima.*
	They speak Spanish in Lima.

—¿A qué hora **se abren** las peluquerías?
—**Se abren** a las nueve de la mañana.

"What time do the beauty salons open?"
"They open at nine A.M."

—**Se dice** que la gasolina es barata aquí.
—Sí, pero los coches son muy caros.

"It's said that gasoline is inexpensive here."
"Yes, but cars are very expensive."

The impersonal **se** is often used in ads, instructions, or directions.

 -Ọ-LEARNING TIP

Think about different ads, instructions or directions you see around you and express them in Spanish. For example:
For rent: **Se alquila.**

FOR SALE   NO SMOKING   EXIT TO THE RIGHT

Práctica

In groups of three, draw signs with the following information on them.

1. No parking
2. Exit to the left
3. Spanish spoken here
4. No littering (*to litter:* **tirar basura**)
5. Apartments for rent
6. No swimming
7. Cars for sale

Para conversar

El turista necesita saber… With a partner, act out a scene between a tourist in Lima and a resident of the city who responds to the tourist's questions about the city. Use constructions with **se** in your conversation.

1. … el horario *(schedule)* de los bancos, del correo y de las tiendas.
2. … qué idiomas habla la gente.
3. … qué y dónde comen.
4. … si venden objetos de oro *(gold)* y de plata *(silver)*.
5. … dónde alquilan coches.

Aquí se habla español

Estructuras:
Compruebe
Self-Test

Así somos

¿Qué dice Ud.?

 What would you say in the following situations? What might the other person say? Act out the scenes with a partner. Take turns playing each role.

1. You have a flat tire, and you think the brakes on your car are out of order. You want your mechanic to check them.
2. Tell a tourist that he or she can buy gasoline at the service station located at the next corner (**esquina**).
3. You are a police officer, and you have stopped a motorist. The car doesn't have a license plate, and the lights aren't working. Ask to see the motorist's driver's license.
4. Your car won't start, and you're going to need a tow truck. Someone passes by as you fiddle with the ignition.
5. Your friend bought a car that was a lemon, and then spent three thousand dollars to have it fixed. You tell him it wasn't worth it.

Para conocernos mejor

 To do this activity, work with a classmate whom you would like to get to know. Take turns asking and answering these questions.

1. ¿Prefieres los coches automáticos o los coches de cambios mecánicos? ¿Los coches grandes o los compactos? ¿Los de dos puertas o los de cuatro puertas? ¿Prefieres comprar un coche nuevo o un coche usado?
2. ¿Qué haces tú cuando tu coche no arranca? Si tienes una llanta pinchada, ¿sabes cambiarla? ¿Tú crees que es fácil hacerlo? ¿Siempre llevas un gato en el maletero de tu coche? ¿Es verdad que tú sabes arreglar coches? Si un coche se descompone a menudo, ¿crees que vale la pena arreglarlo?
3. Cuando vienes a la universidad, ¿vienes en coche, en ómnibus o a pie? Si haces un viaje largo, ¿prefieres ir en avión o en coche?
4. ¿Cuántas veces al mes vas al correo? La oficina de correos, ¿está cerca o lejos de tu casa? ¿Tú sabes a qué hora se abre el correo? ¿A qué hora se cierra?
5. ¿A qué peluquería vas cuando necesitas un corte de pelo? ¿Vas a menudo? ¿Cuánto pagas? ¿Es verdad que un corte de pelo te cuesta a veces un ojo de la cara?

Una encuesta

 Interview your classmates to identify who fits the following descriptions. Include your instructor, but remember to use the **Ud.** form when addressing him/her. After finishing the survey, get together with two or three classmates and discuss the results.

	Nombre
1. Lleva su coche al taller a menudo.	_____
2. No le gusta conducir en la autopista.	_____
3. Camina todos los días.	_____
4. Va a todas partes en bicicleta.	_____
5. Vivió en otro estado (state) un tiempo.	_____
6. Va al salón de belleza dos veces al mes.	_____
7. Le gusta bromear con sus amigos.	_____
8. Escucha música clásica.	_____

Al escuchar...

🗝 Estrategia

Recognizing spatial markers. In **Lección 11** you reviewed functional words generally speaking. Now you are going to listen to a commercial from a car-towing business. Listen for spatial connectors and write them down. Next to the ones you believe are spatial connectors but have never heard, write an asterisk (*).

Al conversar...

🗝 Estrategia

Paraphrasing practice III. Listen to the sentences on track 3-13 and think of ways of restating them in your own words.

Para escuchar

Your instructor will read some information about Ignacio and Adriana. After reading it twice, he/she will make statements about them. On a sheet of paper, write numbers one to six and indicate whether each statement is true (**verdadero**) or false (**falso**).

Para crear

Get together in groups of three and "create" the scenario for this photo. Who are the people? Give them names. What kind of car do they want? What kind of car is the salesman (**vendedor**) trying to sell them? Discuss prices, etc.

¡Vamos a leer!

 Estrategia | **Antes de leer**

 A. Anticipating content. You will read a brochure giving practical advice for buying a car. Before reading the text, work with a partner and write down the questions that you would ask when buying a car.

B. As you read the brochure, compare your questions with those in the reading. Remember: There are no wrong answers!

C. As you read the text, find the answers to the following questions.

1. Antes de comprar un automóvil, ¿qué se debe determinar primero?

2. ¿Con cuántos comerciantes debe consultar antes de tomar una decisión?

3. ¿Qué ventajas (*advantages*) tiene hacer las preguntas que sugiere el artículo?

4. ¿De qué hay que asegurarse?

5. ¿Qué debe Ud. hacerle saber al vendedor?

6. ¿Qué debe hacer si el precio no le parece (*seem*) justo (*fair*)?

A leer

Cuando vaya a comprar un automóvil, ¡pregunte!

Ciertas preguntas le ahorrarán dinero.

Determine primero qué automóvil necesita y cuánto dinero puede invertir.

Consulte por lo menos con tres comerciantes de automóviles antes de decidir a cuál le comprará.

Pregunte:

• ¿Qué garantía tiene el automóvil?

• Si el automóvil se descompone, ¿quién va a componerlo?

• ¿El automóvil será aprobado en la inspección del Estado?

¡Pregunte el precio!

• ¿Qué precio de reventa° tendrá el automóvil cuando Ud. quiera venderlo?   *resale*

• ¿Está el automóvil en perfectas condiciones?

• ¿Le dejarán probar° el automóvil antes de entregárselo?   *test drive*

• Si el automóvil necesita ser reparado, ¿quién pagará la reparación?

Recuerde hacer estas preguntas y ahorrará mucho dinero.

Asegúrese de que el vendedor no lo engañe.° Muchos vendedores tratarán de engañarlo para hacer la venta.   *lo... doesn't deceive you*

Hágale saber al vendedor que Ud. ya conoce los precios de otros competidores.

Recuerde que los vendedores a veces pueden cambiar el precio. No cierre el trato° si el precio que le ofrecen no le parece correcto o justo.   *deal*

Recuerde, es su dinero.

Después de leer... desde su mundo

 Prepare a skit in which a partner and you enact a situation between a car dealer and a prospective buyer.

¡Vamos a escribir!

Diálogo dramático. You will write a brief dialogue based on a cartoon.

Estrategia | **Antes de escribir**

Writing and imagination. Look at the cartoon and write a dialogue between the mechanic and the driver. *Imagine:* What are their names? What walks of life do they come from? What are their personal, family, and social circumstances?

Before you start writing, brainstorm about the several possible situations you can create from the cartoon and imagine how each one came about. Think of an interesting ending to the dialogue.

A escribir un diálogo dramático

Write your **primer borrador** of your dialogue.

Estrategia | **Después de escribir**

Before writing the final version your instructor might want you to exchange your first draft with a classmate and peer edit each other's work using the following guidelines:

- question formation
- use of the subjunctive or the indicative
- use and formation of the preterit
- formation of the **Ud.** command

Perú

- Perú es el tercer país más grande de Suramérica. Su territorio es un poco menor que el de Alaska, y su población es de unos 28 millones de habitantes. La moneda del país es el nuevo sol. La principal fuente de riqueza del país continúa siendo la industria pesquera, a pesar de los grandes daños sufridos a consecuencia de El Niño. También son importantes para la economía de Perú las industrias minera y textil, y la agricultura. Perú exporta petróleo, oro *(gold)*, cobre *(copper)*, zinc, café y algodón *(cotton)*.

- Entre los animales típicos de la fauna de Perú están las llamas, alpacas y vicuñas. De su lana dependen muchas de las artesanías del país. La llama, además, se usa como animal de carga y para el transporte.

- Las principales atracciones turísticas del país son Cuzco, la antigua capital de los incas, y las impresionantes ruinas de Machu Picchu, situadas en las montañas cerca de Cuzco a una altura de 2.350 metros. Machu Picchu fue una fortaleza incaica que después de la conquista quedó perdida hasta 1911, cuando fue descubierta por el arqueólogo norteamericano Hiram Bingham.

- La capital de Perú, Lima, fue fundada en 1535 por el explorador español Francisco Pizarro, y es hoy el centro comercial e industrial del país. En su arquitectura se mezclan lo antiguo y lo moderno. En la ciudad se encuentran la Universidad de San Marcos (la más antigua de Suramérica), la iglesia de San Francisco (notable por la influencia árabe en su arquitectura), el Museo del Oro (con una gran cantidad de objetos precolombinos de oro y de plata) y el Museo Nacional de Antropología y Arqueología.

Vista de Machu Picchu, ciudadela *(fortress-city)* y palacio de retiro *(retreat)* de los reyes incas.

Plaza San Martín, Lima. José de San Martín (1778–1850) es considerado el libertador de Argentina, Chile y Perú.

Ecuador

- Ecuador debe su nombre a su posición geográfica. El país está situado justamente sobre la línea del ecuador. Su territorio, incluidas las islas Galápagos, es un poco menor que el de Nevada, y su población es de unos 13,5 millones de habitantes. La lengua oficial del país es el español, pero también se hablan algunas lenguas indígenas. Ecuador fue el primer país latinoamericano que le concedió el voto a la mujer, en el año 1929.

- La economía de Ecuador depende principalmente de la producción de petróleo, madera y pescado. Los bosques cubren casi la mitad del país, a pesar de la gran deforestación de los últimos años.

- Debido a la inestabilidad del sucre, su antigua moneda, en septiembre de 2000 el país adoptó el dólar de Estados Unidos como su moneda oficial.

- Quito, la capital de Ecuador, está situada en las laderas *(hillsides)* del volcán Pichincha, a más de 9.000 pies de altura sobre el nivel del mar. Por eso, aunque la ciudad está muy cerca de la línea del ecuador, su clima es templado *(mild)* y agradable. Quito es la capital más antigua de la América del Sur, y todavía mantiene su aspecto colonial, con sus calles estrechas *(narrow)* y sus viejas iglesias.

- A 22 millas de Quito, cerca de la villa de San Antonio, está el monumento La Mitad del Mundo, que marca el sitio exacto por donde pasa la línea del ecuador.

- La artesanía de Ecuador se caracteriza por los colores vivos y los diseños de sus tejidos y confecciones, que se venden en los mercados de artesanías. El más conocido de éstos es el de Otavalo.

- Las islas Galápagos, situadas frente a las costas de Ecuador, son una de las zonas ecológicas mejor conservadas del mundo. En ellas encontramos numerosas especies de animales y plantas, muchas de las cuales son exclusivas de allí. Las islas deben su nombre a sus tortugas gigantes, llamadas galápagos.

Iglesia de San Francisco, Quito [terminada *(finished)* en 1534]

Tortuga *(Turtle)* galápago, de las islas del mismo *(same)* nombre.

Historia y literatura peruanas

Izquierda: Dibujo *(Drawing)* del quipu, de un manuscrito colonial. El quipu se utilizaba para contar y quizás *(perhaps)* era también método de escritura de los incas. **Derecha:** Mario Vargas Llosa (1936–), escritor perteneciente *(belonging)* al llamado *(so-called)* boom literario latinoamericano [décadas de los sesenta (60s) y setenta (70s)], que incluye a escritores muy distintos *(different)* como Gabriel García Márquez, de Colombia; Carlos Fuentes, de México; Jorge Luis Borges, de Argentina y Pablo Neruda, de Chile.

Otros lugares de Ecuador

Otavalo, pueblo conocido *(known)* por su mercado y artesanías

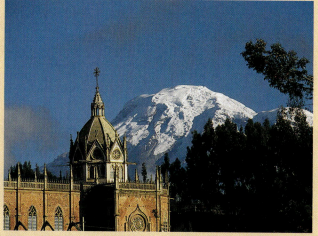

El Chimborazo, de una altitud *(height)* de 20.700 pies *(feet)* (o 6.310 metros) es la montaña más alta de Ecuador.

Nuestro panorama cultural

In groups of three, answer the following questions about your home state, region, or country.

1. ¿Hay algún tipo de arquitectura típica en su ciudad?
2. ¿Cómo es el clima en el lugar donde Ud. vive? ¿Le gusta?
3. ¿Va de compras muy a menudo? ¿Dónde prefiere hacer sus compras?
4. ¿Se hablan muchos idiomas en su ciudad? ¿Qué idiomas se hablan?
5. ¿Hay volcanes en su país? ¿Hay islas? ¿Dónde están?

For the next class: Go to the World Wide Web and find photos from your hometown, state, region, or country. Use the questions from **Nuestro panorama cultural** above as guidelines for choosing them. Be ready to present the photos to your classmates.

SELF-TEST
Lecciones 10–12

Take this test. When you have finished, check your answers in the answer key provided in Appendix D. Then use a red pen to correct any mistakes you may have made. Are you ready?

Lección 10

A. The imperfect. Complete the following exchanges, using the imperfect of the verbs in the list.

quejarse (1)   vivir (3)   gustar (1)   ser (4)   ir (1)   ver (1)

1. —¿Qué hora _____ cuando tú llegaste a casa?
   —_____ las dos y media.
2. —¿Dónde _____ tú cuando _____ chico?
   —Yo _____ en Lima, pero todos los años mi familia y yo _____ de vacaciones a Venezuela.
   —¿Tú _____ a tus abuelos frecuentemente?
   —No, porque ellos _____ en Chile.
3. —Cuando Rita _____ chica siempre se _____ de todo.
   —¿Por qué?
   —Porque a ella no le _____ nada.

B. The preterit contrasted with the imperfect. Complete the following sentences, using the preterit or the imperfect of the verbs in parentheses.

1. Anoche Alberto me _____ (decir) que _____ (necesitar) alquilar un apartamento, pero que no _____ (poder) ser muy caro porque él no _____ (tener) mucho dinero.
2. Ayer mi hermana y yo _____ (comprar) dos bolsas de dormir para las vacaciones. Cuando nosotras _____ (ser) niñas siempre _____ (llevar) bolsas de dormir cuando _____ (ir) de vacaciones.
3. Cuando yo _____ (tener) diez años, mi familia y yo _____ (venir) a los Estados Unidos a vivir. Nosotros _____ (hablar) inglés y español.
4. —¿Cómo te _____ (ir) anoche en la fiesta de Silvia?
   —No muy bien. (Yo) _____ (tener) que irme a las diez porque no me _____ (sentir) bien.
5. Cuando Amalia _____ (ir) a la biblioteca, _____ (ver) un accidente en la calle Quinta. Dos personas _____ (morir).

C. Verbs that change meaning in the preterit. Answer the following questions, using the cues provided.

1. ¿Dónde conoció Beto a Marisa? (en la universidad)

2. ¿Marisa conocía a la hermana de Beto? (sí)

3. ¿Tú querías venir a clase hoy? (no)

4. ¿Uds. sabían que hoy había examen? (no)

5. ¿Cuándo lo supieron? (anoche)

6. David se quedó en su casa hoy. ¿No quiso venir? (no)

D. The relative pronouns que and quien. Rewrite the following, using **que**, **quien**, or **quienes**.

1. Ésta es la señora. La señora vino ayer.

2. Éstos son los niños. Yo te hablé de los niños.

3. Ésa es la profesora. Nosotros compramos los libros para la profesora.

4. Ésa es la chica. La chica trajo la licuadora.

E. Just words . . . Complete the following sentences, using vocabulary from **Lección 10.**

1. No me gusta esta casa; me voy a _____ a otra.

2. El alquiler _____ el agua y la _____.

3. Necesitamos alquilar un apartamento _____ porque no tenemos muebles.

4. No vive cerca; vive muy _____.

5. Su cuarto no es _____. Es muy chico.

6. En este _____ no hay ningún apartamento _____. Todos están alquilados.

7. Necesito una mesa de _____ para la sala y una _____ de noche para el dormitorio.

8. La casa tiene aire acondicionado y _____.

9. Compré unas _____ para las ventanas y un _____ para el tocador.

10. Saqué la ropa de la lavadora y la puse en la _____.

F. Culture. Answer the following questions, based on the **Panorama hispánico** section.

1. ¿Cuál es la capital de Venezuela?

2. ¿Qué significa el nombre Venezuela?

3. ¿Cuál es el principal producto de exportación del país?

4. ¿Cuál es la principal atracción turística de Venezuela?

Lección 11

A. The subjunctive mood.
Give the present subjunctive of the following verbs, according to each subject.

1. estar: nosotros
2. caminar: tú
3. sacar: yo
4. sugerir: ella

5. dar: ellos
6. saber: usted
7. volver: tú
8. quejarse: yo

9. ser: ustedes
10. ir: usted
11. recoger: él
12. recibir: yo

B. The subjunctive with verbs of volition.
Complete the following exchanges, using the infinitive or the present subjunctive of the verbs in parentheses.

1. —¿Tú quieres _____ (ir) a Colombia?

   —Sí, pero mi esposa quiere que (nosotros) _____ (ir) a Chile.

2. —¿A qué hora me aconsejas que _____ (venir)?

   —Yo te sugiero que _____ (estar) aquí a las dos.

3. —¿Tienes que _____ (ir) a la agencia de viajes?

   —Sí, mi madre quiere que yo _____ (comprar) los pasajes hoy.

4. —Yo les recomiendo que _____ (hacer) un crucero por el Caribe.

   —No, nosotros preferimos _____ (visitar) Canadá.

5. —Yo te sugiero que _____ (viajar) en avión.

   —No, yo quiero _____ (viajar) en tren.

C. The subjunctive with verbs of emotion.
Rewrite the following sentences, according to the new beginnings.

1. Ellos van a hacer una excursión.

   Me alegro de que ellos...

2. Julio va a venir este verano.

   Espero que Julio...

3. ¿Tú sabes cuánto cuesta el vuelo?

   Me sorprende que tú...

4. Ada está enferma.

   Temo que Ada...

5. Nosotros no podemos ir en ese viaje.

   Es una lástima que nosotros...

6. Ellos van a Colombia.

   Ojalá que ellos...

D. Just words . . . Match the questions in column **A** with the answers in column **B**.

A	B
1. ¿Carmen es de Buenos Aires?	a. En Canadá.
2. ¿Vas a viajar en avión?	b. En un hotel.
3. ¿Van a hacer escala?	c. En Delta.
4. ¿Qué me sugieres?	d. Sí, tengo cinco maletas.
5. ¿En qué aerolínea viajan?	e. Que hagas un crucero.
6. ¿Quieres un asiento de pasillo?	f. No, en clase turista.
7. ¿Dónde te vas a hospedar?	g. Sí, es argentina.
8. ¿Viajas en primera clase?	h. No, el vuelo es directo.
9. ¿Tienes que pagar exceso de equipaje?	i. No, de ventanilla.
10. ¿Dónde vas a pasar la luna de miel?	j. No, en barco.

E. Culture. Complete the following sentences, based on the **Panorama hispánico** section.

1. Colombia es el único país con _____ en el Pacífico y en el mar Caribe.

2. El _____ colombiano tiene fama mundial.

3. Las _____ de Colombia son las mejores del mundo.

4. _____ es una famosa cantante colombiana.

5. _____ es la línea aérea más antigua de América.

Lección 12

A. The Ud. and Uds. commands. Complete the following sentences, using the Spanish equivalent of the words in parentheses.

1. _____ en la oficina de correos a las ocho, señoras. *(Be)*

2. Necesito el acumulador. _____ esta tarde, señor. *(Bring it to me)*

3. _____ por aquí, señoritas. *(Go out)*

4. ¿La licencia para conducir? _____ hoy, señora. *(Give it to him)*

5. _____ al taller de mecánica, señores. *(Go)*

6. _____ aquí, señor López. *(Stay)*

7. Necesitamos las piezas de repuesto. _____ mañana, señor. *(Send them to us)*

8. ¿Los neumáticos? No _____ allí, señor. *(put them)*

B. The subjunctive to express doubt, disbelief, and denial. Complete the following sentences, using the present subjunctive or the present indicative of the verbs in parentheses.

1. Yo no creo que ella _____ (ser) peruana.

2. Dudo que la gasolinera _____ (estar) abierta ahora.

3. No es verdad que Uds. _____ (necesitar) ir por la autopista.

4. Creo que Cuzco _____ (estar) a cien kilómetros de aquí.

5. Estoy seguro de que ellas _____ (encontrarse) en la peluquería.

6. Es verdad que yo _____ (necesitar) un corte de pelo.

7. No dudo que el arreglo _____ (costar) un ojo de la cara.

8. Yo no niego que no me _____ (gustar) conducir.

C. Constructions with se. Form questions with the elements given, adding the necessary connectors. Follow the model.

> **MODELO:** a qué hora / abrir / las tiendas
> *¿A qué hora se abren las tiendas?*

1. qué idiomas / hablar / Perú

2. a qué hora / cerrar / las gasolineras

3. a qué hora / abrir / la peluquería

4. dónde / vender / gasolina

5. por dónde / salir / de aquí

D. Just words . . . Choose the word or phrase in parentheses that best completes each sentence.

1. Voy a la (peluquería, estación de servicio) porque necesito un corte de pelo.

2. Voy a llamar una grúa porque mi coche no (bromea, arranca).

3. Prefiero los coches de (cambios mecánicos, abiertos).

4. Es muy caro. Me (costó, pagó) un ojo de la cara.

5. Tienes que (funcionar, doblar) a la izquierda.

6. No pude parar porque (los frenos, las bocinas) no funcionaban.

7. El número de la (chapa, luz) de mi coche es SB-456.

8. Ponga el gato en (la cajuela, el volante) del coche.

9. El tanque del auto está (vacío, descompuesto).

10. Yo le dije que no (valía, reía) la pena comprarlo.

E. Culture. Complete the following sentences, based on the **Panorama hispánico** section.

1. La moneda de Perú es el _____.

2. Las principales atracciones turísticas de Perú son _____ y _____.

3. Quito es la capital más _____ de la América del Sur.

4. Una de las zonas ecológicas mejor conservadas del mundo son las _____.

En un centro comercial
Vamos de compras

OBJETIVOS

Ángela y Rebeca Montoya son dos hermanas que viven con sus padres en Santiago, Chile. Asisten a la misma universidad, trabajan en la misma oficina y muchas veces salen juntas. Hoy, por ejemplo, van de compras con Fernando, el novio de Ángela y Gonzalo, el novio de Rebeca. Primero, los cuatro van a almorzar.

En un restaurante de comida rápida

ÁNGELA —Fernando, ¿qué te parece si Rebeca y yo vamos a los Almacenes París y Gonzalo y tú van a la zapatería?

FERNANDO —Buena idea. Yo quiero cambiar un par de botas que me quedan chicas y Gonzalo necesita zapatos.

GONZALO —También quiero ir a la librería, y después voy a tratar de encontrar algún disco compacto que le guste a mi hermanita.

REBECA —Oye, ¿no dijiste que necesitabas calcetines y zapatos de tenis? Cómpralos hoy, que tienes la oportunidad.

FERNANDO —Sí... y yo necesito una camiseta... Dime, Ángela, ¿cuánto tiempo crees tú que van a tardar en hacer sus compras?

ÁNGELA —Por lo menos dos horas, quizás tres... Yo tengo mi teléfono celular. Llámame para saber a qué hora nos encontramos.

FERNANDO —A ver... ¿cuál es tu número de teléfono...?

ÁNGELA —¡¿Qué?!

REBECA —*(Se ríe.)* No te preocupes. Él sabe tu número mejor que el suyo. ¡Vamos!

En la tienda

ÁNGELA —Ven acá, Rebeca. Mira esta falda. Hace juego con la blusa que compré ayer. Y este vestido... ¿no es precioso?

REBECA —¡Pruébatelo! Pero la falda te va a quedar grande. Busca una en talla mediana.

ÁNGELA —Aquí hay una. ¿Dónde está el probador?

REBECA —Allí, al lado de la caja. Yo tengo algunas cosas también... ¡Es que no tengo nada que ponerme!

En la zapatería

FERNANDO —*(Al empleado)* ¿Tienen botas como éstas que sean más anchas? Éstas son un poco estrechas... Yo calzo el número cuarenta.

GONZALO —*(Al empleado, que le está probando unos zapatos de tenis)* Éstos me quedan bien.

EMPLEADO —Y le van a durar, porque son de una marca muy buena.

A las cuatro, todos se encuentran a la salida del centro comercial. Ángela y Rebeca están cargadas de paquetes, pero Fernando y Gonzalo sólo tienen uno cada uno.

FERNANDO —*(A su novia)* No hay nadie que pueda comprar tanto como ustedes dos en un par de horas...

ÁNGELA —Hazme un favor... ¡Llama un taxi!

GONZALO —*(Bromeando)* ¡Necesitamos un camión!

REBECA —No exageres y ayúdame...

FERNANDO —¡Ahí viene uno libre! ¡Taxi!

¿Quién lo dice?

Identify the person who said the following in the dialogues.

1. También quiero ir a la librería. _____

2. Llámame para saber a qué hora nos encontramos. _____

3. ¡Pruébatelo! Pero la falda te va a quedar grande. _____

4. Yo quiero cambiar un par de botas que me quedan chicas. _____

5. Mira esta falda. Hace juego con la blusa que compré ayer. _____

6. No te preocupes. Él sabe tu número mejor que el suyo. _____

7. ¡Necesitamos un camión! _____

8. A ver… ¿cuál es tu número de teléfono? _____

a. Ángela

b. Fernando

c. Gonzalo

d. Rebeca

Para conversar

With a partner, take turns asking and answering the following questions. Base your answers on the dialogue and on your own circumstances.

1. ¿Con quiénes van de compras Ángela y Rebeca? ¿Con quién vas de compras tú?

2. ¿Qué quiere cambiar Fernando? ¿Tú prefieres usar botas o zapatos?

3. ¿Qué quiere comprar Fernando para su hermanita? ¿Tienes algún disco compacto en español?

4. ¿Cuánto tiempo van a tardar las chicas en hacer sus compras? Cuando tú vas de compras, ¿cuánto tiempo tardas generalmente?

5. ¿Qué quiere Ángela que haga Fernando? ¿Tú tienes teléfono celular?

6. ¿Con qué hace juego la falda? ¿Con qué hacen juego tus zapatos?

7. ¿Qué talla usa Ángela? ¿Qué talla usas tú?

8. ¿Qué problema tiene Rebeca? ¿Qué haces tú cuando no tienes nada que ponerte?

9. ¿Qué número calza Fernando? ¿Qué número calzas tú?

10. ¿Qué le dice Gonzalo de los tenis al empleado? ¿De qué marca son tus zapatos de tenis?

11. ¿Quiénes compraron más? Generalmente, ¿quiénes compran más, los hombres o las mujeres?

12. ¿Qué dice Gonzalo que necesitan para llevar todos los paquetes? ¿Tú exageras a veces?

Cognados

la **blusa** blouse
las **botas** boots
la **oficina** office

la **oportunidad** opportunity
el **par** pair

Nombres

el **almacén**, la **tienda por departamentos** department store
la **caja** cash register
los **calcetines** socks
el **camión** truck
la **camiseta** T-shirt
el **centro comercial** shopping mall
el (la) **empleado(-a)** clerk
la **falda** skirt
la **hermanita**[1] little sister
la **librería** bookstore
la **marca** brand
el **número** size (*i.e. of shoes*)
el **probador** fitting room
la **ropa** clothing
la **talla**, la **medida** size (in clothing)
el **vestido** dress
los **zapatos** shoes
_____ **de tenis** tennis shoes

Verbos

calzar to wear (a certain size shoe)
cambiar to exchange
durar to last
exagerar to exaggerate
parecer (yo parezco) to seem
preocuparse to worry
tardar to take (time to do something)

Adjetivos

ancho(-a) wide
estrecho(-a), **angosto(-a)** narrow
cargado(-a) (de) loaded (with)
juntos(-as) together
libre available, free
mediano(-a) medium
precioso(-a) pretty, beautiful
rápido quick, fast

Otras palabras y expresiones

al lado de next to
cada each
es que... the fact is . . .
hacer juego (con), **combinar (con)** to match
no tener nada que ponerse to have nothing to wear
por ejemplo for example
por lo menos at least
¿Qué les parece si...? What do you think about . . . ?
quedarle chico(-a) (grande) a uno to be too small (big) on one
quizás perhaps
vamos de compras let's go shopping

Un dicho

Aunque la mona se vista de seda, mona se queda.

You can't make a silk purse out of a sow's ear.
(Literally: The monkey, even if dressed in silk, is still a monkey.)

---

[1]el **hermanito** = *little brother*

VOCABULARIO ADICIONAL

Mirando vidrieras *(Window shopping)*

GRANDES REBAJAS
¡¡ TODOS LOS DEPARTAMENTOS !!

el vestido de noche
las pantimedias
la ropa interior
el traje
el camisón
el pañuelo
2
5-25
50
4
2.000
los calcetines
3,5
20
los guantes
15
50-250
la billetera, la cartera
la corbata

Diseños *(Designs)*

de rayas

de cuadros

estampado(-a)

de lunares

Joyas *(Jewelry)*

los aretes

el collar

el anillo

la pulsera

Más sobre las tiendas

barato(-a) inexpensive
el cuero leather
devolver (algo) to return (something)
la ganga bargain
la rebaja, la liquidación sale
rebajar to mark down

Tipos do tela

el algodón cotton
el hilo, el lino linen
la lana wool
el poliéster polyester
el rayón rayon
la seda silk

EL DEPARTMENTO DE CABALLEROS

EL DEPARTMENTO DE DAMAS

Práctica

A. Write the words or phrases that correspond to the following:

1. tienda donde venden libros _____

2. talla _____

3. opuesto de "ancho" _____

4. ni grande ni pequeño _____

5. hermoso _____

6. combinar _____

7. a lo mejor _____

8. hilo _____

9. rebaja _____

10. joya que se usa en el dedo _____

B. Match the questions in column A with the answers in column B.

A	B
___ 1. ¿Qué te vas a poner con la falda blanca?	a. El treinta y seis.
___ 2. ¿Te vas a poner las botas?	b. Sí, porque no tengo nada que ponerme.
___ 3. ¿Dónde trabaja Elena?	c. No, yo voy sola.
___ 4. ¿Qué número calzas?	d. No, una pulsera.
___ 5. ¿No te gusta el vestido?	e. En un centro comercial.
___ 6. ¿Tú y Roberto van juntos?	f. No, de seda.
___ 7. ¿Vas a comprar ropa?	g. La blusa roja.
___ 8. ¿Cuánto dinero necesitas?	h. No, lo voy a cambiar.
___ 9. ¿La camisa es de algodón?	i. Por lo menos cien dólares.
___ 10. ¿Eva te compró aretes?	j. No, los zapatos negros.

C. Select the word or phrase that best completes each sentence.

1. Pedro trabaja en una (marca, librería, billetera).

2. Ana necesita comprar (ropa interior, la caja, la medida).

3. ¿Conduce un coche o un (camisón, camión, pañuelo)?

4. ¿Puedes ayudarme a llevar estos (paquetes, probadores, departamentos)?

5. ¿Cuánto tiempo van a (parecer, tardar, durar) en hacer las compras?

6. Necesitamos un taxi. ¡Ah! Ahí viene uno (cargado, mismo, libre).

7. Ana vive (al lado de, cada, es que) mi casa.

8. Estela se va a poner el (vestido de noche, calcetín, anillo) negro para ir a la fiesta.

9. ¿La blusa es estampada o (de cuadros, una ganga, de seda)?

10. Yo calzo el seis y estos zapatos son el número ocho. Me quedan (bien, chicos, grandes).

Para conversar

Buenas ideas. Get together with a partner. Play the roles of two friends who are telling each other what clothes and footwear to buy for some members of their families. Include details like the material things are made of, etc. (**A tu..., cómprale... / regálale...**)

Vocabulario: Compruebe Self-Test

Pronunciation in context

In this lesson, there are some new words or phrases that may be challenging to pronounce. For further pronunciation practice of Spanish sounds, listen to your instructor and pronounce the following sentences.

1. ¿Qué te **parece** si Rebeca y yo vamos a los **Almacenes** París?

2. Quiero **cambiar** un par de botas que me **quedan** chicas.

3. ¿No **dijiste** que necesitabas **calcetines**?

4. Yo tengo mi **teléfono celular**.

5. **Hace juego** con la blusa que compré ayer.

6. Yo **calzo** el **número** cuarenta.

7. Le van a **durar** porque son de una marca muy buena.

8. Todos se **encuentran** a la salida del centro **comercial**.

Las aventuras de Marcelo

¡Es su medida...!

Ubíquese... y búsquelo

Ángela, Rebeca, and their boyfriends went to Almacenes París, a well-known department store in Santiago, Chile. There are several other malls and shopping centers that they (or you) could visit and shop at in metropolitan Santiago. Go to www.college.hmco.com to find out where these malls are. In the next class, team up with two classmates and report your findings. What stores can you find in the mall(s) that you searched? Are there special services that are convenient and activities other than shopping that you would like to do?

¿Lo sabía Ud.?

• En las ciudades hispanas hay excelentes tiendas donde se puede comprar ropa hecha *(ready-to-wear)*, pero muchas personas prefieren utilizar los servicios de un sastre *(tailor)* o de una modista *(dressmaker)*.

• Aunque ahora hay muchos grandes almacenes, todavía existen en los países hispanos muchas tiendas pequeñas especializadas en un solo producto. Por ejemplo, se vende **perfume** en la **perfumería**, **joyas** en la **joyería** y **relojes** en la **relojería.**

• Actualmente *(Nowadays)*, los empleados de las tiendas a menudo tutean *(use the tú form of address)* a los clientes en España y en algunos países de Hispanoamérica.

• En la mayoría de los países hispanos la talla de la ropa se basa en el sistema métrico. Por ejemplo, la medida *(measure)* del cuello *(collar)* y el largo de las mangas *(sleeves)* de una camisa se dan en centímetros. Una talla 10 para mujer en los Estados Unidos es equivalente a la 40 en muchos países hispanos. Estas equivalencias varían de país en país.

Para comparar

1. ¿Dónde prefieren comprar la ropa la mayoría de los norteamericanos?

2. En tu país, ¿la mayoría de las tiendas especializadas están en centros comerciales o en edificios independientes?

En imágenes... *De compras por el mundo hispano*

Mercado prehispánico, de México-Tenochtitlán, capital del imperio azteca a la llegada (upon arrival) de los españoles

El Rastro de Madrid, España, mercado al aire libre los domingos por la mañana

De compras en Buenos Aires

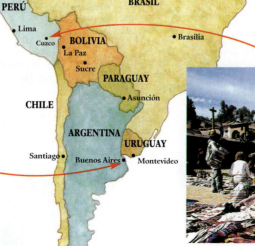

Mercado de Cuzco, Perú

Estructuras

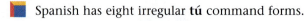

1 The familiar commands (tú)
(Las formas imperativas de tú)

Unlike other commands in Spanish, the familiar affirmative command does not use the subjunctive.

A. *Tú* commands[1]

 The affirmative command form for **tú** has exactly the same form as the third-person singular form of the present indicative.

Verb	Present Indicative	Familiar Command (tú)[1]
hablar	él habla	**habla** (tú)
comer	él come	**come** (tú)
abrir	él abre	**abre** (tú)
cerrar	él cierra	**cierra** (tú)
volver	él vuelve	**vuelve** (tú)

—Teresa, **trae** el vestido.   *"Teresa, bring the dress."*

—**Espera** un momento. Estoy ocupada.   *"Wait a moment. I'm busy."*

—Me voy.   *"I'm leaving."*

—**Vuelve** temprano y **cierra** la puerta de calle.   *"Return early and close the front door."*

Spanish has eight irregular **tú** command forms.

decir	**di**	salir	**sal**
hacer	**haz**	ser	**sé**
ir	**ve**	tener	**ten**
poner	**pon**	venir	**ven**

—Carlitos, **ven** aquí; **hazme** un favor. Ve a la casa de Rita y **dile** que la fiesta es hoy.   *"Carlitos, come here. Do me a favor. Go to Rita's house and tell her the party is today."*

—¿Dónde pongo el anillo?   *"Where shall I put the ring?"*

—**Ponlo** en el tocador.   *"Put it on the dresser."*

LEARNING TIP

To remember the eight verbs that are irregular in the **tú** command, memorize the following: **Ana, *sé* buena y *ve* al mercado con Rosa. *Ven* a casa y *ponlo* todo en el refrigerador. *Haz* una ensalada y *dile* a Luis que coma con ustedes. *Sal* con los niños, pero *ten* paciencia con ellos.**

As you say aloud and/or write down this text, visualizing it as a movie you are starring in will aid you in memorizing it.

---

[1]The affirmative command form for **vosotros** is formed by changing the final **r** of the infinitive to **d**: hablar → **hablad**, comer → **comed**, vivir → **vivid**.

B. Negative forms

The negative **tú**[1] commands use the corresponding forms of the present subjunctive.

hablar	no **hables** tú
vender	no **vendas** tú
decir	no **digas** tú

—¿Voy con Julia? — *"Shall I go with Julia?"*
—No, no **vayas** con ella. — *"No, don't go with her."*

—¿Pongo las faldas aquí? — *"Do I put the skirts here?"*
—No, no las **pongas** aquí. — *"No, don't put them here."*

👁 **ATENCIÓN:** Object and reflexive pronouns are positioned with familiar commands just as they are with the formal commands.

Pon**lo** aquí.	*Put it here.*
No **lo** pongas allí.	*Don't put it there.*
Vénde**nosla**.	*Sell it to us.*
No **nos la** vendas.	*Don't sell it to us.*

Práctica

A. Play the role of an older sibling giving instructions to a younger brother or sister, using the cues provided.

1. levantarse temprano
2. estudiar y no hablar por teléfono con sus amigos
3. hacer la tarea y no mirar televisión
4. escribirle una carta a la abuela
5. bañar al perro
6. ir al mercado y comprar frutas
7. recoger la ropa de la tintorería
8. llamar por teléfono a Carlos y decirle que traiga los discos compactos
9. lavar el mantel y las servilletas pero no lavar las sábanas
10. limpiar su cuarto
11. poner la mesa
12. barrer la cocina pero no pasarle la aspiradora a la alfombra

B. Juana always has a hard time deciding what to do. Give her some suggestions, using the cues provided.

MODELO: No sé qué clase tomar. (francés)
Toma una clase de francés.

1. No sé adónde ir esta noche. (cine)
2. No sé con quién salir. (Mauricio)
3. No sé qué hacer mañana. (ir de compras)
4. No sé qué comprar. (un traje de baño)
5. No sé qué regalarle a papá. (una corbata)
6. No sé qué comprarle a mamá. (un vestido)
7. No sé qué hacer para comer. (sopa y pollo)
8. No sé qué decirle a Jorge. (que te lleve al centro comercial)
9. No sé en qué banco poner mi dinero. (en el Banco Nacional)
10. No sé qué hacer con las botas. (cambiarlas)

---

[1]The negative **vosotros** commands also use the present subjunctive: **no habléis.**

C. Say two commands, one affirmative and one negative, that the following people would be likely to give.

1. una madre a su hijo de quince años

2. un(-a) estudiante a su compañero(-a) de cuarto

3. una muchacha a su novio

4. un hombre a su esposa

5. un profesor a un estudiante

D. Lucía and David are moving into their new apartment and some friends are helping them. Based on the illustration, what does Lucía tell each person to do? Use familiar commands.

Para conversar

De compras. With a partner, play the role of two friends who are at a shopping mall helping a third friend shop for clothes, shoes, jewelry, etc., and telling him/her what to do and what not to do.

2 ¿Qué? and ¿cuál? used with ser
(Qué y cuál usados con el verbo ser)

What translates as **¿qué?** when it is used as the subject of the verb and it asks for a definition.

—¿**Qué** es el pisco?   *"What is pisco?"*
—Es una bebida chilena.   *"It's a Chilean drink."*

What translates as **¿cuál?** when it is used as the subject of a verb and it asks for a choice. **Cuál** conveys the idea of selection from among several or many available objects, ideas, and so on.

—¿**Cuál** es su número de teléfono?   *"What is your phone number?"*
—792–4856.   *"792–4856."*

¿Cuál es tu playa favorita?

Práctica

Write the questions you would ask to get the following information. Use **qué** or **cuál**, as needed.

1. —_____

   —Mi apellido es Velázquez.

   —_____

   —Calle Rosales, número 420.

   —_____

   —835–2192.

2. —¿Quiere un pisco?

   —_____

   — Es una bebida chilena. ¿Quiere comer una cazuela de ave?

   —_____

   —Es un plato chileno que se prepara con pollo.

Para conversar

Habla con tu compañero. With a partner, ask each other the following questions.

1. ¿Cuál es la fecha de tu cumpleaños?
2. ¿Cuál es tu color favorito?
3. ¿Cuál es la estación del año que más te gusta?
4. ¿Cuál es tu programa de televisión favorito?
5. ¿Cuál es el título de tu libro favorito?
6. ¿Cuál es la ciudad más grande de tu estado?
7. ¿Cuál es la tienda que más te gusta?
8. ¿Cuál es tu día favorito?

3 The subjunctive to express indefiniteness and nonexistence   *(El subjuntivo para expresar lo indefinido y lo inexistente)*

The subjunctive is always used when the subordinate clause refers to someone or something that is indefinite, unspecified, or nonexistent.

Quiero una cartera que **haga** juego con estos zapatos.	*I want a purse that matches these shoes.*
Busco un disco compacto que le **guste** a Eva.	*I'm looking for a CD that Eva will like.*
No hay ninguna blusa que **sea** de mi talla.	*There is no blouse that's my size.*

If the subordinate clause refers to existing, definite, or specific persons or things, the indicative is used instead of the subjunctive.

Tengo una cartera que **hace** juego con estos zapatos.	*I have a purse that matches these shoes.*
Busco el disco que le **gusta** a Eva.	*I'm looking for the CD that Eva likes.*
Hay una blusa que **es** de mi talla.	*There is a blouse that's my size.*

Práctica

A. Indicate that there is nobody in your class to whom the circumstances below apply. Follow the model.

> **MODELO:** En mi clase...
>
> ... hay una chica que baila flamenco.
> *En mi clase no hay nadie que baile flamenco.*

En mi clase...

1. ... hay dos chicas que son de Paraguay.
2. ... hay un muchacho que conduce un Mercedes Benz.
3. ... hay un muchacho que habla francés.
4. ... hay tres estudiantes que tienen solamente quince años.
5. ... hay una chica que sabe tocar el violín.
6. ... hay dos muchachos que dan fiestas todos los sábados.
7. ... hay una chica que va a Europa todos los veranos.
8. ... hay dos muchachas que vienen a la universidad los domingos.
9. ... hay tres estudiantes que siempre están ocupados.
10. ... hay una chica que sale de su casa a las cinco de la mañana.

B. With a partner, play the roles of a newcomer to Santiago and a helpful long-time resident who is able to offer solutions to all of the newcomer's needs. Follow the model.

> **MODELO:** una casa – tener piscina
>
> —*Quiero (Necesito, Busco) una casa que tenga piscina.*
>
> —*En mi barrio hay una casa que tiene piscina.*

1. una casa – tener tres dormitorios
2. una casa – estar cerca de la universidad
3. una casa – no costar un ojo de la cara
4. un coche – tener aire acondicionado
5. muebles – ser baratos
6. un empleo – pagar bien
7. alguien – ayudarme a mudarme
8. un restaurante – servir hamburguesas

C. A friend of yours is planning to move to your city or town and wants some information about it. Answer his or her questions as completely as possible.

1. ¿Hay alguna casa en un buen barrio que sea barata?
2. ¿Hay alguna casa que tenga piscina?
3. ¿Hay algún apartamento que esté cerca del centro *(downtown)*?
4. Yo necesito una secretaria. ¿Conoces a alguien que sepa hablar alemán y japonés?
5. A mí me gusta la comida chilena. ¿Hay algún restaurante que sirva comida chilena?
6. A mis padres les gusta la comida mexicana. ¿Hay algún restaurante que sirva comida mexicana?

D. Complete the following sentences logically, using the subjunctive or indicative as appropriate.

1. Necesito unos zapatos que...
2. En esta tienda no hay ningún pantalón que...
3. Aquí venden unas botas que...
4. Rosa tiene una falda que...
5. Busco una tienda que...
6. En esta clase no hay nadie que...
7. Mi novio(-a) necesita un empleo que...
8. ¿Hay alguien aquí que...?

Para conversar

Díganme... You and your classmates want to know more about each other. Take turns asking whether there is anybody there who speaks German, vacations in a foreign country, needs new clothes, jewelry, etc.

**Estructuras:
Compruebe**
Self-Test

Así somos

¿Qué dice Ud.?

What would you say in the following situations? What might the other person say? Act out the scenes with a partner. Take turns playing each role.

1. You are shopping in a large department store. You need a pair of gloves, pantyhose, a wallet, and an evening gown. You also see a brown suit that you like, and you want to know how much it costs.

2. You are a clerk. A customer is admiring a pink nightgown. Ask her what size she wears, and tell her the fitting room is on the left next to the cash register.

3. A clerk at a shoe store wants to sell you a pair of boots. The ones he is showing you are too expensive and too tight on you.

4. Your friend is going to the store. Ask her to buy you a pair of socks and a T-shirt for your little sister.

Para conocernos mejor

To do this activity, work with a classmate whom you would like to get to know. Take turns asking and answering these questions.

1. ¿Prefieres comprar tu ropa en una boutique o en una tienda por departamentos? ¿Prefieres usar ropa de algodón, de seda o de rayón? ¿Gastas mucho dinero en ropa?

2. Para el cumpleaños de tu mejor amiga, ¿planeas regalarle aretes, un collar o una pulsera? ¿Recibiste muchos regalos en tu cumpleaños? ¿Cuál te gustó más? ¿Quién te lo regaló?

3. ¿Usas talla grande, pequeña o mediana? ¿Qué número calzas? ¿Tus zapatos son de cuero? Si te gustan mucho unos zapatos, pero te quedan anchos o estrechos, ¿los compras?

4. Si tienes la oportunidad de ir de compras o al cine, ¿adónde vas? ¿Prefieres ir de compras solo(-a) o con un(-a) amigo(-a)? ¿Vas de compras por lo menos una vez al mes? Generalmente, ¿la ropa te dura mucho tiempo?

Una encuesta

Interview your classmates to identify who fits the following descriptions. Include your instructor, but remember to use the **Ud.** form when addressing him/her. After finishing the survey, get together with two or three classmates and discuss the results.

	Nombre
1. Va de compras cada semana.	_____
2. Solamente va de compras cuando hay rebajas.	_____
3. Siempre dice que no tiene nada que ponerse.	_____
4. Usa pañuelos.	_____
5. Tiene mucho dinero en la cartera.	_____
6. Tiene mucho tiempo libre.	_____
7. Tiene una hermana preciosa.	_____
8. Trabaja en una oficina.	_____

Al escuchar...

🗝 Estrategia

  Listening for the order of events. Now you are going to hear a short narration. First, listen for the temporal markers used and write them down. Then identify the temporal markers that you have never heard with an asterisk (*).

Now listen to the narration again to identify the three main stages established or described.

Al conversar...

🗝 Estrategia

Discussing ideas. Here are three expressions that are useful for discussing ideas and, in particular, for introducing your opinions or point of view on a topic. The verbs following these expressions may be in the indicative or in the subjunctive, depending on whether you are expressing doubt or certainty.

(No) Me parece que...
(No) Creo que...
(No) Pienso que...

These expressions are for adding different ideas or changing the direction of a conversation.

Sin embargo,...	*However, . . .*
Por el contrario...	*On the contrary . . .*
Por otro lado...	*On the other hand . . .*

Here are six expressions that are useful when reacting to ideas.

De acuerdo.	*I'm in agreement.*
¡Ya lo creo!	*I'll say!*
No exactamente.	*Not exactly.*
No creo eso por lo siguiente:...	*I don't think so for the following reason: . . .*
No creo eso porque...	*I don't think so because . . .*
No estoy de acuerdo contigo (con Uds.) en eso (ese punto, ese caso, esa idea).	*I disagree with you on that (point, case, idea).*

Now let's put these expressions to practice!

1. For five minutes, discuss the following issue in groups of three: **¿Vivimos en una sociedad demasiado consumista** *(consumeristic)*?
2. Have a class debate. One team argues that we do not live in an overly consumeristic society; the other team argues the opposite: that our society is too consumeristic.

Para escuchar

Your instructor will read some information about Alejandro and Néstor. After reading it twice, he/she will make statements about them. On a sheet of paper, write numbers one to six and indicate whether each statement is true (**verdadero**) or false (**falso**).

Para crear

 Get together in groups of three of four and "create" the scenario for this photo. Who are these children? What is their relationship to each other? What are they wearing? Whose clothes are they wearing? Are they having fun? Etc.

¡Vamos a escribir!

Pidiendo un favor. You have a friend who can get any merchandise at 50% off. Write an e-mail asking whether he/she could purchase certain items for you. When you ask for a favor, you might want to offer to reciprocate somehow.

Estrategia | Antes de escribir

Preparing a written request. You are writing to a Spanish-speaking friend, asking him/her to help you out with your holiday shopping so you can buy more expensive gifts. Your e-mail should contain the following:

1. Opening statement, including a greeting.
2. Your situation and your request.
3. An explanation telling your friend how you plan to return such a great favor.
4. Closing statement, including a farewell.

Have a mini-brainstorming session.

1. Imagine a concrete personal situation and jot down the kinds of presents that you need to give to people.
2. Jot down the things that your friend likes, wants, or needs to do, so you can offer something in return for the favor.

A escribir el mensaje

Write the **primer borrador** of your request.

Estrategia | Después de escribir

 Before writing the final version, your instructor might want you to exchange your first draft with a classmate and peer edit each other's work using the following guidelines:

- formation of verbs
- use of the subjunctive and the indicative
- subject-verb agreement in both main and subordinate clauses

Rincón literario

Gabriela Mistral (Chile: 1889–1957)

Gabriela Mistral es una de las poetisas más famosas de Hispanoamérica. En su obra se refleja su amor por la humanidad, especialmente por los niños. Los temas principales de su poesía son la maternidad *(motherhood)*, el dolor *(pain)* del amor y la justicia. En 1945 recibió el Premio Nobel de Literatura, siendo *(being)* la primera entre los escritores latinoamericanos en recibirlo.

Gabriela Mistral no sólo *(not only)* fue una gran escritora, sino que *(but also)* también ocupó cargos *(positions)* importantes como educadora y como diplomática en varios países de América y de Europa.

Estrategia | Antes de leer

 A. Reading poems. With a partner, do the following activities.

1. Read the title of the poem. What do you think it means?

2. Three verbs plus their direct object pronouns are highlighted in this poem.

   a. Which of the poet's major themes might this poem represent?

   b. Whom do you think the direct object pronouns refer to in relation to the speaker in the poem (the poetic **yo**)?

3. This poem has the structure of a lullaby (**canción de cuna**). Certain words repeat throughout the stanzas (**estrofas**). What is the same in all the stanzas?

B. Read each stanza and answer the following questions.

1. Primera estrofa: ¿Desde dónde hasta dónde es la noche desamparo?

2. Segunda estrofa: ¿Cuándo hay en el cielo desamparo?

3. Tercera estrofa: ¿Cómo van los seres humanos *(human beings)* por el mundo?

A leer

Yo no tengo soledad

Es la noche desamparo°
de las sierras° hasta el mar.
Pero yo, la que **te mece,**°
¡yo no tengo soledad!°

Es el cielo desamparo
si la luna cae° al mar.
Pero yo, la que **te estrecha**°
¡yo no tengo soledad!

Es el mundo desamparo
y la carne° triste va.
Pero yo, la que **te oprime,**°
¡yo no tengo soledad!

abandonment

mountains

rocks

loneliness

falls

holds

flesh

te... *holds you tightly against*

Después de leer... reflexiones

Poetry should be recited aloud. Go to your in-text audio to listen to the poem. Try to learn it by heart.

Más sobre Gabriela Mistral

Gabriela Mistral es un *pseudónimo* o nombre de pluma (*pen name*). El verdadero nombre de la poetisa era Lucila Godoy. Nació en Vicuña, Chile. Dejó una amplia obra tanto en (*both in*) prosa como en (*and in*) verso, en la que se reflejan su bondad (*kindness*), su ternura (*tenderness*) y su amor por la humanidad. Además del libro *Ternura* (1924), donde muestra su inmenso amor por los niños y de donde es el siguiente poema, Gabriela Mistral escribió también otros libros de poemas famosos: *Desolación* (1922), *Tala* (1938) y *Lagar* (1954). Otros temas de su poesía son la soledad, la muerte y Dios.

Estrategia

Antes de leer

 A. **Poetic language.** In this poem, a mother rocks a baby. This action is compared to some natural phenomena. With a partner, identify the following: **¿Qué frases usa la poetisa para darnos esta impresión?**

B. As you read the poem find the answers to the following questions.

1. ¿A quién está dedicado este poema?
2. Mientras el **yo** del poema mece a su niño, ¿qué mecen el mar y el viento?
3. ¿Qué mece Dios Padre?
4. ¿Qué siente la madre que mece a su niño?

A leer

(3–31)

Meciendo

El mar sus millares° de olas°	*thousands / waves*
mece,° divino.	*rocks*
Oyendo a los mares amantes°	*loving*
mezo a mi niño.	
El viento errabundo° en la noche	*wandering*
mece los trigos.°	*wheat*
Oyendo a los mares amantes	
mezo a mi niño.	
Dios° Padre sus miles de mundos	*God*
mece sin ruido.°	**sin...** *silently*
Sintiendo su mano en la sombra°	*shadow*
mezo a mi niño.	

Después de leer... reflexiones

 In groups of three, have a conversation using the following questions as guidelines.

1. ¿Por qué sentimos ternura al mecer a un niño?
2. ¿Qué sensación recordamos al pensar en el mar y en las olas?
3. ¿Experimentamos alguna vez una noche de tranquilidad y de silencio, lejos de los ruidos de la ciudad?
4. El **yo** del poema "siente" una "mano en la sombra". ¿Sentimos algunas veces una presencia que no podemos explicar?
5. ¿En qué ocasiones nos sentimos parte de la naturaleza?

Chile

- Chile es un país largo y estrecho. El país tiene dos veces el área de Montana y su población es de unos 16 millones de habitantes. De éstos, el 80% vive en las ciudades, y en Santiago, la capital, vive casi la tercera parte de los habitantes del país. En Chile encontramos algunas de las montañas más altas de Suramérica, y por eso son muy populares los deportes de invierno. La cordillera de los Andes atraviesa *(goes through)* el país de norte a sur. Por sus bellos paisajes de montaña, algunos llaman a Chile "la Suiza de América del Sur".

- La educación es muy importante para los chilenos, y el 95% de ellos saben leer y escribir. Hasta 1970, la economía de Chile dependía principalmente de la exportación de cobre, pero hoy en día el país exporta, además de minerales, productos agrícolas, pescados y mariscos, y productos industriales. Por su gran producción y exportación de frutas, algunos llaman a Chile "la frutería del mundo". Sus vinos tienen fama internacional, y sus exportaciones de pescado y mariscos están entre las primeras del mundo.

- Chile forma parte del tratado de libre comercio MERCOSUR, y tiene también tratados similares con Canadá, la Unión Europea y los Estados Unidos.

- Santiago, la capital, es el centro industrial y cultural del país. Aunque Santiago es una ciudad moderna, aún conserva algunos edificios de la época colonial. Entre sus centros de atracción turística están el Museo Precolombino, el Parque de Artesanías y los mercados de artesanía. En Viña del Mar, el más conocido de los balnearios *(resorts)* de Chile, todos los años se celebra el Festival Internacional OTI de la Voz y la Canción.

- Chile es la cuna de Pablo Neruda, Premio Nobel de Literatura en 1971, y de Gabriela Mistral, Premio Nobel de Literatura en 1945, dos de los poetas hispanos más famosos del siglo pasado. Otra escritora chilena de gran fama es Isabel Allende, autora de *La casa de los espíritus* y muchas otras novelas.

Vista panorámica de la capital, Santiago de Chile

Tierra de grandes escritores,...

Pablo Neruda (1904–1973), famoso poeta chileno, Premio Nobel de 1971

Isabel Allende, escritora chilena, autora de la novela *La casa de los espíritus,* entre otras.

... música ... y de voluntad[1] democrática ejemplar

Este nativo toca la quena, un tipo de flauta. Durante la dictadura de Pinochet, se prohibió tocar este instrumento.

Chile, después del dictador Augusto Pinochet: manifestación *(demonstration)* de protesta

---

[1]**voluntad** = *will*

Instantáneas del vertiginoso¹ mundo mercantil capitalino²

La Bolsa de Santiago

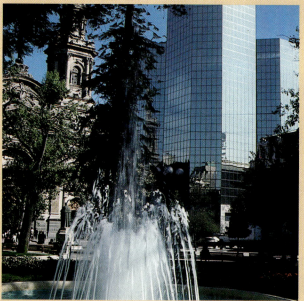

Modernos edificios bancarios y de comercio

Paisajes andinos y campestres³

Viñedos *(Vineyards)*. Actualmente *(Presently)* el vino chileno se exporta a unos 100 países de 5 continentes.

La cordillera de Paine en los Andes, Chile

Nuestro panorama cultural

In groups of three, answer the following questions about your home state, region, or country.

1. En la región donde Ud. vive, ¿hay oportunidades de hacer actividades al aire libre? ¿Hay más cosas que hacer en el verano o en el invierno?

2. ¿Hay viñedos en su país?

3. ¿Hay festivales anuales en su ciudad o en su país? ¿Cuándo son y cómo se celebran?

4. ¿Ha leído recientemente obras de algún autor popular? ¿De quién? ¿De qué tratan esas obras?

5. ¿Su país tiene mercados al aire libre? ¿Qué venden?

For the next class: Go to the World Wide Web and find photos from your hometown, state, region, or country. Use the questions from **Nuestro panorama cultural** above as guidelines for choosing them. Be ready to present the photos to your classmates.

---

¹**vertiginoso** = *bustling*   ²**capitalino** = *of the capital*   ³**campestres** = *rural, country*

Las carreras universitarias
En un café al aire libre

O B J E T I V O S

Comunicación

You will learn vocabulary related to college activities and careers.

Pronunciación

Pronunciation in context

Estructuras

- The subjunctive or indicative after certain conjunctions
- The past participle
- The present perfect and the past perfect (pluperfect)

Cultura

- Aspects of higher education
- Grading system

Panorama hispánico

- Argentina

Estrategias

Listening: Guessing meaning practice I
Speaking: Paraphrasing practice IV
Writing: Writing a presentation
Rincón literario: Approaching the reading with specific tasks in mind

En un café al aire libre

Mónica Valenzuela, una chica norteamericana de ascendencia mexicana, se graduó de la escuela secundaria en mayo y decidió escapar del calor de Arizona y volar a Buenos Aires. Allí visita a su amiga porteña,[1] Norma Benedetti, que había pasado un año con ella y su familia. Mónica tuvo que llevar suéteres y un abrigo porque el 21 de junio empieza el invierno en Argentina. Hoy las dos muchachas están sentadas en un café de la avenida de Mayo, mirando pasar a la gente y hablando de sus planes para el futuro.

MÓNICA —Tú empezaste a asistir a la Facultad de Medicina en marzo, ¿no? ¿Qué tal te va?

NORMA —Me va bastante bien. Las clases son interesantísimas y pronto vamos a comenzar a trabajar en el hospital.

MÓNICA —Yo empiezo las clases en septiembre. Ya estoy matriculada en inglés, matemáticas, química, sicología y sociología. ¡Cinco requisitos!

NORMA —¿Qué otras materias son requisito?

MÓNICA —Física, biología, comunicación pública… Depende en parte de la especialización del estudiante… Oye, ¿no vamos a encontrarnos con tu hermano?

NORMA —Más tarde. Cuando él termine su última clase, me va a llamar.

MÓNICA —¡Ay! Tengo que llamar a mi mamá en cuanto lleguemos a tu casa esta noche, para que me diga si puede comprarme los libros que voy a necesitar.

NORMA —¿Ya has decidido cuál va a ser tu especialización?

MÓNICA —Bueno… todavía no he tomado ninguna decisión… Mi padre se enoja conmigo porque cuando él tenía mi edad, ya había decidido ser médico. Me gusta el periodismo, pero a veces quiero ser abogada… o arquitecta, o escritora…

NORMA —Bueno, cuando empieces a tomar clases, vas a darte cuenta de cuáles te gustan.

MÓNICA —Hasta ahora, lo único que me ha gustado siempre ha sido ir al gimnasio.

NORMA —Bueno… eso no te va a servir de mucho, ¡a menos que quieras ser profesora de educación física!

MÓNICA —¡Me has dado una magnífica idea! ¡Profesora de educación física! ¡Y quizás experta en nutrición! ¿Por qué no corremos en Palermo[2] mañana, en caso de que tenga que ponerme en forma?

NORMA —¡No, no, no! Ya te he dicho que el único ejercicio que yo hago es ir de la sala de estar a mi cuarto… ¿Por qué no invitas a mi hermano? A él le encanta correr.

MÓNICA —¡Perfecto! Se lo voy a proponer en cuanto lo vea.

NORMA —¡Bárbaro![3] Con tal de que no insistas en que yo corra…

---

[1] **porteña** = from Buenos Aires; literally, from the port (of Buenos Aires)
[2] A big park
[3] **¡Bárbaro!** (Argentina) = Great!

¿Quién lo dice?

Identify the person who said the following in the dialogue.

1. Oye, ¿no vamos a encontrarnos con tu hermano? _____
2. Me gusta el periodismo, pero a veces quiero ser abogada. _____
3. Pronto vamos a comenzar a trabajar en el hospital. _____
4. Lo único que me ha gustado siempre ha sido ir al gimnasio. _____
5. ¿Por qué no invitas a mi hermano? A él le encanta correr. _____
6. Con tal de que no insistas en que yo corra... _____
7. ¡Me has dado una magnífica idea! ¡Profesora de educación física! _____
8. El único ejercicio que yo hago es ir de la sala de estar a mi cuarto. _____

a. Mónica

b. Norma

Para conversar

With a partner, take turns asking and answering the following questions. Base your answers on the dialogue and on your own circumstances.

1. ¿En qué mes se graduó Mónica de la escuela secundaria? ¿Cuándo te graduaste tú?
2. ¿Dónde están sentadas las chicas y de qué están hablando? ¿Con quién hablas tú de tus planes para el futuro?
3. ¿Qué empezó a hacer Norma en marzo? ¿Cuándo empezaste tú a asistir a la universidad?
4. ¿Cómo le va a Norma en las clases? ¿Cómo te va a ti en las tuyas?
5. ¿Cuántos requisitos está tomando Mónica? ¿Cuántos estás tomando tú?
6. ¿Cuándo va a llamar Mónica a su mamá? ¿Qué vas a hacer tú en cuanto llegues a tu casa?
7. ¿Ha decidido Mónica cuál va a ser su especialización? ¿Cuál va a ser tu especialización?
8. ¿Por qué se enoja el padre de Mónica con ella a veces? ¿Quién se enoja a veces contigo?
9. ¿Qué es lo único que siempre le ha gustado a Mónica? ¿Qué es lo que siempre te ha gustado a ti?
10. ¿Qué quiere hacer Mónica mañana? ¿Tú corres para ponerte en forma?
11. ¿Cuál es el único ejercicio que hace Norma? ¿Tú crees que es mejor caminar o correr?
12. ¿A quién va a invitar Mónica? ¿Tú prefieres hacer ejercicio solo(-a) o con un(-a) amigo(-a)?

Cognados

el (la) **arquitecto(-a)** architect
la **biología** biology
el (la) **experto(-a)** expert
la **física** physics

el **futuro** future
el **gimnasio** gym
las **matemáticas** math, mathematics

la **nutrición** nutrition
la **sicología** psychology
la **sociología** sociology

Nombres

el (la) **abogado(-a)** lawyer
la **ascendencia** ancestry
la **carrera** career
el **calor** heat
la **edad** age
la **educación física** physical education
el (la) **escritor(-a)** writer
la **especialización** major
la **facultad** college, school
la **materia, la asignatura** subject (in school)
el (la) **médico(-a)** doctor, M.D.
el **periodismo** journalism
la **química** chemistry
el **requisito** requirement

Verbos

comparar to compare
depender to depend
enojarse to get angry
escapar to escape
graduarse to graduate
insistir (en) to insist (on)
matricularse to register
proponer (yo propongo) to propose
terminar to finish, to end

Adjetivos

magnífico(-a) excellent, great
matriculado(-a) registered
sentado(-a) seated, sitting
universitario(-a) (having to do with) college

Otras palabras y expresiones

a menos que unless
bastante quite
con tal (de) que provided that, as long as
darse cuenta (de) to realize
en caso de que in case
en parte in part
hasta ahora up to now
lo único the only thing
no servir de mucho not to be much good
ponerse en forma to get in shape
pronto soon
¿Qué tal te va? How's it going for you?
si if
tomar una decisión to make a decision

~~~ Un dicho ~~~

El hombre propone y
Dios dispone.

VOCABULARIO ADICIONAL

Para hablar de los estudios

el laboratorio

la investigación

la ciencia

la administración de empresas

Es importante estudiar los mercados globales.

el título

la nota

quedar suspendido

la administración de empresas business administration
aprobar (o:ue) to pass (an exam or course)
la beca scholarship
el (la) bibliotecario(-a) librarian
la ciencia science
el (la) consejero(-a) advisor
la contabilidad accounting
entregar to turn in, to deliver
el horario schedule
la investigación research
mantener to maintain (conj. like **tener**)
la matrícula registration, tuition
el promedio grade point average
quedar suspendido(-a) to fail (an exam or course)
sacar to get, to receive (a grade)

Profesiones y oficios *(Trades)*

el (la) vendedor(-a) salesperson

el (la) carpintero(-a) carpenter

el (la) cocinero(-a) cook, chef

el (la) electricista(-a) electrician

el (la) ejecutivo(-a) executive

el (la) ingeniero(-a) engineer

el (la) plomero(-a) plumber

el (la) programador(-a) programmer

Vocabulario

Práctica

A. Write the words or phrases that correspond to the following:

1. materia _____

2. clases que todos los estudiantes deben tomar _____

3. opuesto de "empezar" _____

4. opuesto de "quedar suspendido" _____

5. persona que trabaja en una biblioteca _____

6. persona que cocina en un restaurante _____

7. persona que vende _____

8. la especialización de un futuro contador _____

B. Select the word or phrase that does not belong in each group.

1. tan pronto como / con tal que / en cuanto

2. hacer ejercicio / ponerse en forma / proponer

3. sentado / muy bueno / magnífico

4. plomero / bañadera / edad

5. enojarse / darse cuenta / entender

6. física / sicología / química

7. dar / entregar / escapar

8. comparar / tomar una decisión / decidir

C. Complete the following sentences, using the vocabulary from this lesson.

1. Es profesor de _____ física.

2. Elsa sabe mucho de vitaminas y proteínas porque es experta en _____ .

3. Hemingway fue un gran _____ norteamericano.

4. Esteban estudia en la _____ de Medicina.

5. ¿Cuál es tu _____ ? ¿Sicología?

6. Hasta _____ , no hay nadie que pueda enseñar la clase.

7. Lo _____ que sé es que no voy a _____ una "A" en esta clase.

8. Tiene una "A" y una "C". Su _____ es "B".

9. Vamos a ir a la biblioteca para hacer _____ .

10. Ese título no _____ de mucho.

11. Tengo que _____ un buen promedio, porque tengo una _____ .

12. Marisol estudia _____ de empresas.

Para conversar

Aquí, en los Estados Unidos... With a partner, play the roles of two counselors talking to two students from Argentina who are attending your college. Tell them what classes to take (**Pueden tomar...**) and suggest some extracurricular activities. Also, ask them what professions or trades they like.

Vocabulario:
Compruebe
Self-Test

Pronunciation in context

In this lesson, there are some new words and phrases that may be challenging to pronounce. For further pronunciation practice of Spanish sounds, listen to your instructor and repeat the following sentences.

1. Mónica **Valenzuela** es una chica norteamericana de **ascendencia** mexicana.

2. Ya estoy **matriculada** en **química** y **sicología**.

3. Depende de la **especialización** del estudiante.

4. Todavía no he tomado **ninguna decisión**.

5. Cuando él tenía mi **edad**, ya había **decidido** ser médico.

6. A veces quiero ser **abogada** o **arquitecta**.

7. Lo **único** que me ha gustado siempre ha sido ir al **gimnasio**.

8. Me has dado una **magnífica idea**.

Las aventuras de Marcelo

Ubíquese... y búsquelo

You plan to study abroad in Buenos Aires next summer or during the next academic year. Go to **www.college.hmco.com** and find information about programs available at colleges and universities in Buenos Aires. In the next class, team up with two classmates and discuss your findings. What institutions and what programs of study will best suit your career goals?

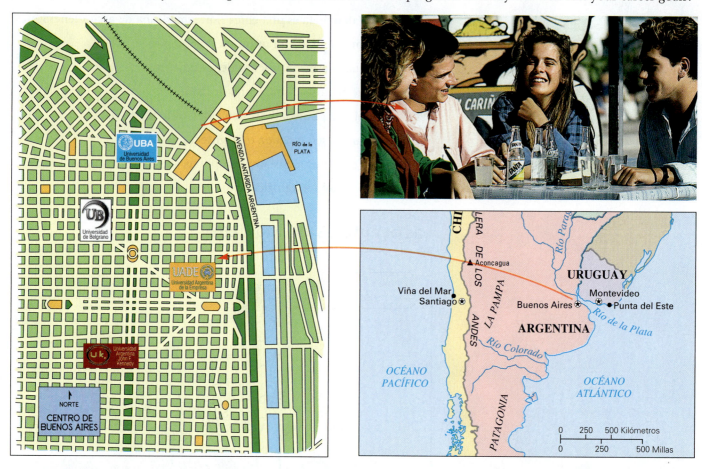

¿Lo sabía Ud.?

- En la mayoría de las universidades hispanas no existe el concepto de *"major"* usado en los Estados Unidos. Los estudiantes españoles y latinoamericanos toman muy pocas clases optativas *(electives),* ya que la mayoría comienza a especializarse en la universidad a partir de su primer año.

- En España y en Latinoamérica, las universidades se dividen en "facultades", donde los estudiantes toman clases directamente relacionadas con su especialización (por ejemplo, la Facultad de Medicina, la Facultad de Ingeniería, la Facultad de Arquitectura, etc.). No existen requisitos generales, pues éstos se toman en la escuela secundaria.

- En lugar de letras, el sistema de calificaciones *(grading system)* en las universidades hispanas usa números. Por lo general, se califica asignando notas de 1 a 5 en Hispanoamérica y de 1 a 10 en España. Una nota de 3 o de 6 es normalmente la nota mínima para aprobar una clase o un examen.

Para comparar

1. ¿Cuáles son algunos de los requisitos generales que se toman en las universidades de su país?

2. En su país, ¿cuál es la nota mínima para aprobar una clase o un examen?

En imágenes *Profesionales del mundo hispánico*

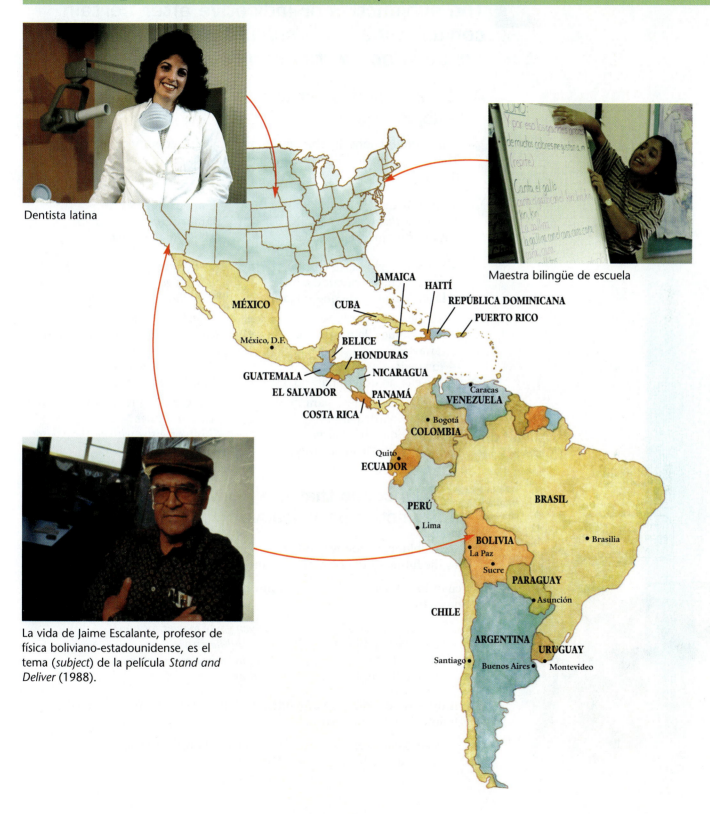

Dentista latina

Maestra bilingüe de escuela

JAMAICA
HAITÍ
MÉXICO · CUBA
REPÚBLICA DOMINICANA
PUERTO RICO
México, D.F. · BELICE
HONDURAS
GUATEMALA · NICARAGUA
EL SALVADOR · PANAMÁ
COSTA RICA · Caracas
VENEZUELA
· Bogotá
COLOMBIA
Quito ·
ECUADOR
PERÚ
BRASIL
· Lima
BOLIVIA · Brasilia
La Paz ·
Sucre ·
PARAGUAY
· Asunción
CHILE
ARGENTINA
URUGUAY
Santiago · · Buenos Aires · Montevideo

La vida de Jaime Escalante, profesor de física boliviano-estadounidense, es el tema (*subject*) de la película *Stand and Deliver* (1988).

Estructuras

1 **The subjunctive or indicative after certain conjunctions** *(El subjuntivo o el indicativo después de ciertas conjunciones)*

A. Conjunctions that are always followed by the subjunctive

Some conjunctions, by their meaning, imply uncertainty or condition. They are, therefore, always followed by the subjunctive. Here are some of them.

en caso de que *in case*
sin que *without*
con tal (de) que *provided that*

a menos que *unless*
para que *in order that*
antes de que *before*

—Voy a ir al gimnasio **con tal que** los chicos **vayan** conmigo.
—Llámelos **antes de que salgan.**

—No me van a dar la beca **a menos que** ella me **dé** una carta.

—Yo puedo dársela **en caso de que** ella no **quiera** hacerlo.

—Te voy a dar dinero **para que puedas** matricularte.
—No puedo matricularme **sin que** el consejero **firme** la tarjeta.

"I'm going to go to the gym provided the boys go with me."
"Call them before they leave."

"They're not going to give me the scholarship unless she gives me a letter."

"I can give it to you in case she doesn't want to do it."

"I'm going to give you money so that you can register."
"I can't register without the advisor signing the card."

B. Conjunctions that are followed by the subjunctive or indicative

Lo voy a comprar **en cuanto tenga** $40.000...

The subjunctive follows certain conjunctions when the main clause refers to the future or is a command. Some of these conjunctions are:

cuando *when*
hasta que *until*

tan pronto como, en cuanto *as soon as*

—¿Lo van a esperar?
—Sí, **hasta que llegue.**
—**En cuanto llegue**, díganle que me llame.

"Are you going to wait for him?"
"Yes, until he arrives."
"As soon as he arrives, tell him to call me."

If there is no indication of a future action, the conjunction of time is followed by the indicative.

—¿Siempre lo esperan?
—Sí, **hasta que llega.**

"Do you always wait for him?"
"Yes, until he arrives."

Práctica

A. Complete the following dialogue between two roommates who are expecting a houseguest, using **con tal que, sin que, en caso de que, a menos que, para que,** and **antes de que** and the verbs given. Then act it out with a partner, adding two original lines.

—Tenemos que limpiar el apartamento _____ (llegar) él.

—Yo voy a preparar unos sándwiches _____ (tener) hambre.

—Sí, ¿y por qué no compras unos refrescos _____ (poder) tomar algo en cuanto llegue?

—Bueno, pero yo no puedo ir al supermercado _____ tú me _____ (dar) el dinero.

—Está bien. Yo te voy a dar el dinero _____ tú me lo _____ (devolver) mañana.

—Voy ahora mismo. Voy a salir _____ me _____ (ver) Paco porque va a querer ir conmigo.

—_____

—_____

B. Change the following, according to the new beginning.

1. Todos los días yo llamo a mi amiga en cuanto llego a casa. Mañana,…

2. Generalmente esperamos al profesor hasta que llega. El próximo viernes,…

3. Todos los días, tan pronto como termina la clase, vamos a la cafetería. Esta tarde…

4. Ud. se lo dice a los estudiantes cuando los ve. Dígaselo a los estudiantes…

5. Cuando él va al laboratorio siempre se queda dos horas. La semana próxima…

Para conversar

Habla con tu compañero. With a partner, ask each other the following questions.

1. Generalmente, ¿qué haces en cuanto llegas a tu casa? ¿Qué vas a hacer hoy en cuanto llegues?

2. ¿Tú puedes pagar la matrícula sin que tus padres te presten el dinero?

3. ¿Qué promedio tienes que mantener para que te den una beca?

4. ¿Tú puedes estudiar conmigo antes de que el profesor nos dé el próximo examen?

5. Por lo general, ¿adónde vas cuando termina la clase? ¿Adónde vas a ir hoy cuando termine la clase?

6. ¿Con quién puedo dejar un mensaje en caso de que tú no estés cuando yo te llame?

LEARNING TIP

Personalize each of these statements by talking about what *you* usually do and what *you* are going to do. For example: *Todos los días* yo como algo en cuanto *llego* a casa.

2 The past participle   *(El participio pasado)*

A. Forms of the past participle

Past Participle Endings		
-ar *verbs*	-er *verbs*	-ir *verbs*
habl-**ado** *(spoken)*	com-**ido** *(eaten)*	decid-**ido** *(decided)*

 The following verbs have irregular past participles.

abrir	**abierto**	*opened*
cubrir	**cubierto**	*covered*
decir	**dicho**	*said*
hacer	**hecho**	*done, made*
escribir	**escrito**	*written*
morir	**muerto**	*died*
poner	**puesto**	*put*
romper	**roto**	*broken*
ver	**visto**	*seen*
volver	**vuelto**	*returned (somewhere)*
devolver	**devuelto**	*returned (something)*
envolver	**envuelto**	*wrapped*

 ATENCIÓN: Verbs ending in **-er** and **-ir** whose stem ends in a strong vowel require an accent mark on the **i** of the **-ido** ending.

creer	**creído**	*believed*
leer	**leído**	*read*
oír[1]	**oído**	*heard*
traer	**traído**	*brought*

Práctica

Supply the past participle of each of the following verbs.

1. tener	4. decir	7. cortar	10. cubrir	13. entrar	16. poner	19. ver	22. leer
2. traer	5. aprovechar	8. volver	11. cambiar	14. salir	17. abrir	20. aceptar	23. dar
3. cerrar	6. apretar	9. romper	12. sentir	15. hacer	18. escribir	21. devolver	24. sacar

B. Past participles used as adjectives

Restaurante "Don Pepe"

Abierto de 12:00 a 10:00
Cerrado los domingos.

In Spanish, most past participles may be used as adjectives. As such, they agree in number and gender with the nouns they modify.

La biblioteca está **abierta** hoy.	*The library is open today.*
El gimnasio está **abierto** hoy.	*The gym is open today.*
Las bibliotecas están **abiertas** hoy.	*The libraries are open today.*
No dejen los libros **abiertos**.	*Don't leave the books open.*
Le mandé dos tarjetas **escritas** en inglés.	*I sent him two cards written in English.*

[1]Present tense: **oigo, oyes, oye, oímos, oís, oyen.**

Práctica

Complete the description of each illustration, using the verb **estar** and the appropriate past participle.

1. El coche _____ en la esquina.

2. Los niños _____.

3. La puerta _____.

4. La ventana _____.

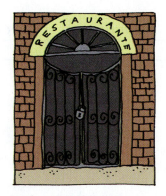

5. El restaurante _____.

Querido José:
¿Cómo estás?
Yo estoy muy
bien y
contenta.

6. La carta _____ en español.

7. Los vestidos _____ en México.

8. El cuaderno _____.

9. La señora _____ cerca de la ventana.

Para conversar

¿Cómo están...? In groups of three, talk about the state of the following things. After you finish, you may brainstorm and propose other possibilities.

1. En mi casa: la puerta, las ventanas, los muebles…

2. En la clase: el profesor, los estudiantes, los libros…

3. En la ciudad: el correo, los bancos, las tiendas…

3 The present perfect and the past perfect (pluperfect)   *(El pretérito perfecto y el pluscuamperfecto)*

A. The present perfect

■ The present perfect tense is formed by using the present indicative of the auxiliary verb **haber** with the past participle of the verb that expresses the action or state. This tense is equivalent to the English present perfect (*have + past participle, as in I have spoken.*).

Present indicative of **haber**	
he	hemos
has	habéis
ha	han

Formation of the Present Perfect Tense			
	hablar	**tener**	**venir**
yo	**he** hablado	**he** tenido	**he** venido
tú	**has** hablado	**has** tenido	**has** venido
Ud. él ella	**ha** hablado	**ha** tenido	**ha** venido
nosotros(-as)	**hemos** hablado	**hemos** tenido	**hemos** venido
vosotros(-as)	**habéis** hablado	**habéis** tenido	**habéis** venido
Uds. ellos ellas	**han** hablado	**han** tenido	**han** venido

—¿**Has pagado** más de mil dólares por la matrícula? | *"Have you paid more than one thousand dollars for the tuition?"*
—No, nunca **he pagado** tanto dinero. | *"No, I've never paid that much money."*

—¿**Has visto** a Teresa? | *"Have you seen Teresa?"*
—No, no la **he visto.** | *"No, I haven't seen her."*

■ Note that when the past participle is part of a perfect tense, it is invariable. The past participle only changes in form when it is used as an adjective.

Ella ha escrit**o** la cart**a.** | *She has written the letter.*

La cart**a** está escrit**a.** | *The letter is written.*

■ In the Spanish present perfect tense the auxiliary verb **haber** can never be separated from the past participle as it can in English.

Yo nunca **he estado** en Lima. | *I have never been in Lima.*

Remember that when reflexive or object pronouns are used with compound tenses, the pronouns are placed immediately before the auxiliary verb.

Le ha dado mucho dinero a su hijo.

He has given a lot of money to his son.

María y José **se** han ido.

María and José have left.

Práctica

A. Look at the following illustrations and describe what these people have done today, using the present perfect.

1. Tú

2. Tú y yo

3. Los chicos

4. Yo

5. Mi mamá

6. Uds.

B. With a partner, take turns asking each other what you have done lately.

MODELO: ir al cine / con quién
—*¿Has ido al cine últimamente?*
—*Sí, he ido.*
—*¿Con quién?*
—*Con mi novio(-a).*

1. comprar ropa / dónde
2. ver alguna película / cuál
3. dar alguna fiesta / dónde
4. mandar algún mensaje electrónico / a quién
5. tomar algún examen / en qué clase
6. visitar algún lugar interesante / cuál
7. escribir una carta / a quién
8. poner dinero en el banco / en cuál
9. leer un libro / cuál
10. recibir algún regalo / de quién

Para conversar

 Nuestras experiencias. With a partner, discuss five things that you or your family and friends have never done and five things you have done many times. Compare your own experiences with those of your partner.

MODELO: —Yo nunca he estado en Buenos Aires.
—Yo tampoco he estado en Buenos Aires.
(Yo he estado en Buenos Aires dos veces.)

B. The past perfect (pluperfect)

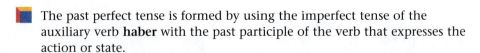 The past perfect tense is formed by using the imperfect tense of the auxiliary verb **haber** with the past participle of the verb that expresses the action or state.

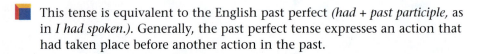 This tense is equivalent to the English past perfect (had + past participle, as in I had spoken.). Generally, the past perfect tense expresses an action that had taken place before another action in the past.

Imperfect of haber	
había	habíamos
habías	habíais
había	habían

Formation of the Past Perfect Tense			
	estudiar	beber	ir
yo	**había** estudiado	**había** bebido	**había** ido
tú	**habías** estudiado	**habías** bebido	**habías** ido
Ud. él ella	**había** estudiado	**había** bebido	**había** ido
nosotros(-as)	**habíamos** estudiado	**habíamos** bebido	**habíamos** ido
vosotros(-as)	**habíais** estudiado	**habíais** bebido	**habíais** ido
Uds. ellos ellas	**habían** estudiado	**habían** bebido	**habían** ido

—¿No hablaste con tu abogada? "Didn't you speak with your lawyer?"
—No, cuando yo llegué, ella ya se "No, when I arrived, she had already left."
   había ido.

Práctica

A. One of your brothers is never around when there is work to be done. Say what had already been done by the time he got home last night.

    MODELO: nosotros / lavar los platos
                         Cuando él llegó, nosotros ya habíamos lavado los platos.

1. yo / barrer la cocina
2. los chicos / pasarle la aspiradora a la alfombra
3. Roberto y yo / hacer la comida
4. Elsa / planchar la ropa
5. tú / limpiar el refrigerador
6. Carmen y Elena / bañar al perro
7. Anita / poner la mesa
8. Raúl y Carlos / comprar las bebidas
9. Mirta / lavar las sábanas
10. Raúl y yo / envolver los regalos

B. Complete the following sentences logically, using the pluperfect tense.

1. Antes de venir a esta universidad, yo nunca…
2. Antes de tomar esta clase, mis compañeros y yo nunca…
3. Hasta el año pasado, mis amigos y yo siempre…
4. Hasta el semestre pasado, los estudiantes de esta clase nunca…
5. Hasta que yo cumplí dieciséis años, yo nunca…
6. Hasta el verano pasado, mi familia y yo siempre…
7. Antes de vivir en esta ciudad, yo nunca…
8. Antes de cumplir dieciocho años, yo siempre…

Para conversar

A. Habla con tu compañero. With a partner, ask each other the following questions.

1. Cuando llegaste a tu casa anoche, ¿las otras personas ya habían cenado?
2. A las once de la noche, ¿ya te habías acostado?
3. Cuando te levantaste esta mañana, ¿alguien te había preparado el desayuno?
4. Cuando yo llegué a clase, ¿ya habías llegado tú?
5. Cuando llegaste a clase hoy, ¿ya habías hecho todos los ejercicios de esta lección?
6. ¿Ya habías tomado español antes de tomar esta clase?

B. Antes de cumplir los 16 años. With a partner, discuss things you had done before you turned sixteen. Then talk to another classmate and tell him/her about your partner's experience.

Estructuras:
Compruebe
Self-Test

Reservaciones las 24 Horas
7102 Pilaa Place, Honolulu, Hawaii 96825
Teléfono 942-0172 • Fax (808) 394-2717.
e-mail: bat.hawaii @ worldnet.att.net
VISA   MasterCard   American Express   Diners Club

Así somos

¿Qué dice Ud.?

What would you say in the following situations? What might the other person say? Act out the scenes with a partner. Take turns playing each role.

1. Carlos is a new classmate. Ask him what his major is, what his favorite subjects are, and when he plans to graduate. Ask also how he's doing in his classes.

2. You tell a friend that you want to take a physical education class because you realize you need to get in shape.

3. A freshman asks you what courses to take. Find out something about his or her interests and plans, and make sure he/she takes the appropriate courses. Be sure to mention some of your school's requirements.

4. You are talking to a friend about classes you like, classes you don't like, and the reasons why.

Para conocernos mejor

To do this activity, work with a classmate whom you would like to get to know. Take turns asking and answering these questions.

1. ¿Prefieres tomar una clase de matemáticas, una clase de nutrición o una clase de contabilidad? ¿Has tomado una clase de biología? ¿Cuál es tu asignatura favorita? ¿Cuál es la materia que menos te gusta?

2. ¿Has pensado en el futuro? ¿En qué año te vas a graduar? ¿Qué carrera te gusta? ¿Te gusta más la idea de ser ingeniero(-a), arquitecto(-a), bibliotecario(-a) o profesor(-a)?

3. ¿Qué tal te va en tus estudios hasta ahora? ¿Tienes un buen horario? ¿Qué requisitos has tomado? ¿Has aprobado todos tus exámenes o has quedado suspendido(-a) en alguno?

4. ¿Te enojas a veces con tus profesores? ¿Por qué? ¿Con qué otras personas te enojas a veces?

5. ¿Ya estás matriculado(-a) para el semestre que viene? ¿Qué clases vas a tomar?

Una encuesta

Interview your classmates to identify who fits the following descriptions. Include your instructor, but remember to use the **Ud.** form when addressing him/her. After finishing the survey, get together with two or three classmates and discuss the results.

Nombre

1. *Quiere ser ejecutivo(-a).* _____

2. *Cree que puede ser un(-a) buen(-a) vendedor(-a).* _____

3. *Está haciendo investigación para una clase.* _____

4. *Se va a graduar pronto.* _____

5. *Toma decisiones fácilmente.* _____

6. *Le gusta comparar notas con sus amigos.* _____

7. *Es un(-a) buen(-a) cocinero(-a).* _____

8. *Ha tenido que llamar a un plomero o a un electricista recientemente.* _____

Al escuchar...

Estrategia

Guessing meaning practice I. In **Lección 8** you learned that it is often necessary to guess meaning from context while listening. Now you will listen to three brief commercials on several institutions of higher learning. Guess the meaning of the following words or phrases.

Aviso 1:   1. diseñados   2. extranjeras   3. enseñanza   4. docente

Aviso 2:   1. calendario   2. a partir de   3. publicada   4. avanzados

Aviso 3:   1. aprendizaje   2. sustituir   3. a través de

Al conversar...

Estrategia

Paraphrasing practice IV. Listen to five sentences in your in-text audio (on track 3-44) and think of ways of restating them in your own words.

Para escuchar

Your instructor will read an e-mail that Daniel sends to Sergio. After reading it twice, he/she will make statements about Daniel. On a sheet of paper, write numbers one to six and indicate whether each statement is true (**verdadero**) or false (**falso**).

Para crear

 In groups of three or four, make up a story about four or five of the people in the photo. Say who they are, what subjects they are taking, their majors, their grade point averages, when they will graduate, and so forth.

¡Vamos a escribir!

Una presentación. You will write a presentation about yourself in which you describe your life as a student.

🔑 Estrategia | Antes de escribir

Writing a presentation. Start by brainstorming about your college life.

A. Brainstorming and selecting ideas. Brainstorm the following topics and then select the most important or interesting aspects to include in your presentation.

1. Jot down information about your studies: your major or course of study, the requirements and electives you are taking, etc.

2. Jot down information about your living situation and job, if you have one. For example, note whether you live on or off campus and the reasons why, your weekly routine or schedule, etc.

3. Jot down information about what you do when you are not in class, such as extracurricular activities and organizations you belong to.

4. Jot down your thoughts about what you like and don't like about campus life.

B. Organizing the presentation. Here are some possible ways in which you could organize your presentation:

1. Discuss your studies first, then your living situation and job, and finally other interesting aspects of your life.

2. Discuss personal preferences and how these affect your choices at school.

3. Discuss the major aspects of your week chronologically, say, from Monday through Sunday.

A escribir la presentación

Write the **primer borrador** of your presentation.

🔑 Estrategia | Después de escribir

 Before writing the final version your instructor might want you to exchange your first draft with a classmate and peer edit each other's work, using the following guidelines:

- formation of the subjunctive and the indicative verbs

- use of the subjunctive or the indicative, especially after conjunctions

- subject-verb agreement in both the main and subordinate clauses

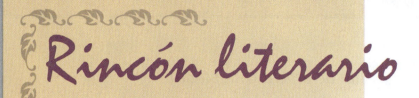

Rincón literario

Enrique Anderson-Imbert
(Argentina: 1910–2000)

Enrique Anderson-Imbert se conoce internacionalmente sobre todo como cuentista y crítico de literatura. En 1965 la Universidad de Harvard creó *(created)* la cátedra *(faculty appointment)* de literatura hispanoamericana para este distinguido estudioso y creador literario.

Anderson-Imbert escribió cuentos muy breves de tipo fantástico, en los que la realidad se mezcla con la fantasía. El cuento que Ud. va a leer muestra ambas *(shows both)* cualidades.

Antes de leer

A. **Approaching the reading with specific tasks in mind.** You will interact twice with this story, keeping in mind a different set of goals each time.

Estrategia

1. **To create context through guessing.** Read the first two sentences of the story. In pairs, list three possible things that could happen to Costa, the murderer, while waiting for the train.

2. **To create context by (pre)establishing key connections.** Skim the story and try to figure out why it was entitled "Sala de espera."

B. Now read the story and find the answers to the following questions.

1. ¿Qué hacen Costa y Wright y qué pasa después?
2. ¿Qué sucede en la sala de espera?
3. ¿Con quién conversa la señora?
4. ¿Por qué no puede Costa tomar el tren?
5. ¿Es lógico el final de este cuento? ¿Por qué?

A leer

Sala de espera (Adaptado)

Costa y Wright roban una casa. Costa asesina a Wright y se queda con° la valija llena de joyas y dinero. Va a la estación para escaparse en el primer tren. En la sala de espera, una señora se sienta a su izquierda y le da° conversación. Fastidiado,° Costa finge° con un bostezo que tiene sueño y que va a dormir, pero oye que la señora continúa conversando. Abre entonces los ojos y ve, sentado a la derecha, el fantasma° de Wright. La señora atraviesa° a Costa de lado a lado con la mirada y charla con el fantasma, quien contesta con simpatía.° Cuando llega el tren, Costa trata de levantarse, pero no puede. Está paralizado, mudo y observa atónito° cómo el fantasma toma tranquilamente la valija y camina con la señora hacia el andén,° ahora hablando y riéndose. Suben, y el tren parte.° Costa los sigue con los ojos. Viene un hombre y comienza a limpiar la sala de espera, que ahora está completamente desierta. Pasa la aspiradora por el asiento donde está Costa, invisible.

(De su colección *El gato Cheshire*)

se... keeps

engages him in
Annoyed / pretends

ghost
transfixes

charm

aghast

platform
leaves

Después de leer... reflexiones

A. In groups of four, discuss the following questions.

1. ¿Qué pensaron Ud. y sus compañeros(-as) que le iba a pasar a Costa en la sala de espera?

2. ¿Alguna de sus posibilidades se acerca a lo que le ocurrió a Costa según el desenlace *(according to the ending)* del cuento? Comparta sus ideas con la clase.

B. In pairs, write an equally surprising alternative ending to the story.

Frases célebres

Sobre la convivencia°

coexistence

El respeto al derecho ajeno° es la paz.

the other person's right

Benito Juárez (México: 1806–1872)

Si te sientes muy solo, busca la compañía de otras
almas° y frecuéntalas.° Pero no olvides que cada

souls / be with them

alma está especialmente construida para la soledad.°

solitude

Juan José Arreola (México: 1918–2001)

Argentina

- Argentina, por su extensión, es el país de habla española más grande del mundo, y ocupa el octavo lugar entre los países más extensos. Sin embargo, la población del país es de sólo unos 37 millones de habitantes, mientras México, con un territorio mucho menor, pasa de los 100 millones. Argentina es uno de los países menos densamente poblados del mundo. La mayor parte de sus habitantes son de origen europeo, principalmente italianos, alemanes, ingleses y españoles. La influencia de estas culturas se ve en la lengua, la arquitectura, las artes y en muchos aspectos de la vida diaria.

- La economía tradicional de Argentina se basa en la producción y exportación de carne y de cereales que se cultivan en grandes extensiones de terreno *(land)* fértil de sus llanuras o pampas. La economía actual, sin embargo, depende principalmente de la industria y del sector de servicios.

- Para muchos, Argentina es la tierra del tango, de Evita y de los gauchos, pero hoy la música argentina es muy variada, Evita es el símbolo de una época que no todos admiran, y los gauchos sólo se encuentran en las regiones aisladas del país y en los espectáculos para turistas.

La Patagonia, región de excepcional belleza natural

- La ciudad más importante del país es Buenos Aires, la capital, la ciudad más grande del mundo hispano después de México. En la capital vive casi la mitad de la población argentina. Buenos Aires ha sido llamada "el París de Suramérica" porque muchos de sus edificios tienen un estilo similar al de París. La ciudad tiene amplias avenidas, entre ellas la avenida Nueve de Julio, una de las más anchas del mundo. Su nombre recuerda el día de la independencia del país.

La Casa Rosada, palacio de gobierno. Al frente, estatua al general Belgrano (1770–1820) iniciador de la revolución de independencia (1810) y creador de la bandera argentina.

- Son atracciones turistícas de la capital El Museo de Bellas Artes, el Teatro Colón, la calle Florida (donde están algunas de las tiendas más elegantes del país) y el barrio de la Boca, famoso por su tradición italiana, sus casas de múltiples colores y su famoso **Caminito**, que inspiró uno de los tangos más populares. Atracciones turísticas en el resto del país son las cataratas de Iguazú, el famoso balneario Mar del Plata, el centro turístico de deportes invernales Bariloche y el glaciar Perito Moreno.

Cumbres[1] de la literatura mundial contemporánea

Jorge Luis Borges (1899–1986), maestro del relato *(short story)* y del ensayo *(essay)*

Julio Cortázar (1914–1984), máximo exponente *(representative)* de la literatura fantástica

Estampas[2] de la vida cotidiana porteña

Derecha: Galerías Pacífico, elegante centro comercial

Abajo: La famosa calle Florida, arteria *(artery)* comercial y cultural de la ciudad a partir de *(since)* 1900

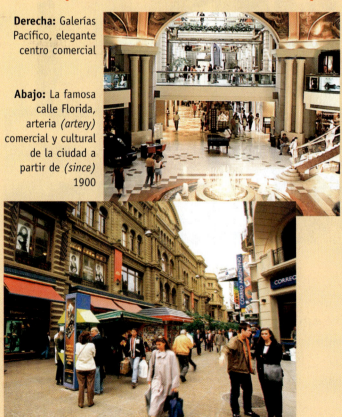

La avenida Nueve de Julio, una de las más anchas del mundo

---

[1]**Cumbres** = *Pinnacles*   [2]**Estampas** = *Images*

Mercedes Sosa (1937–), compositora de canciones de contenido filosófico y social. Su estilo *(style)* fusiona *(merges)* la música folklórica con corrientes *(currents)* populares contemporáneas.

Julio Bocca (1967–), primer bailarín *(dancer)* del American Ballet Theater (desde 1987), fundador *(founder)* de la Compañía de Ballet Argentino (1990) y de la Escuela de Comedia Musical (1998)

El tango se origina en los suburbios de la ciudad porteña a finales *(end)* del siglo XIX, adonde llegaban y se mezclaban inmigrantes de Europa y del interior *(provinces)*.

Nuestro panorama cultural

In groups of three, answer the following questions about your home state, region, or country.

1. ¿Puede Ud. nombrar algunos compositores famosos de su país?
2. ¿Qué otras culturas influyen en la formación cultural de su país? ¿Puede dar algunos ejemplos?
3. ¿De dónde vienen sus antepasados *(ancestors)*? ¿Son de diferentes países?
4. ¿Sabe bailar el tango o ha visto cómo se baila? ¿Le gusta?

For the next class: Go to the World Wide Web and find photos from your hometown, state, region, or country. Use the questions from **Nuestro panorama cultural** above as guidelines for choosing them. Be ready to present the photos to your classmates.

Problemas de salud
¿Qué síntomas tiene Adriana?

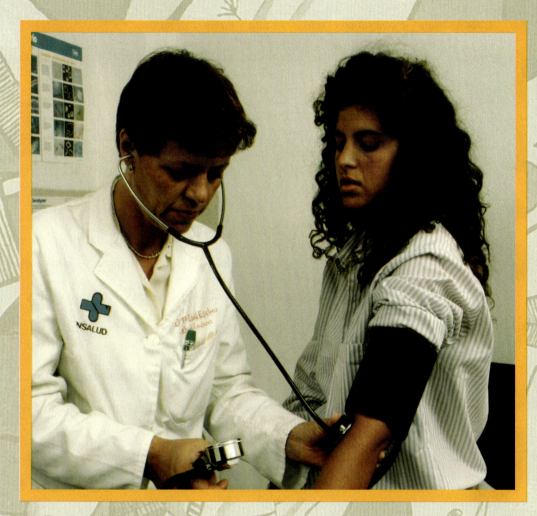

OBJETIVOS

Comunicación
You will learn vocabulary related to health problems.

Pronunciación
Pronunciation in context

Estructuras
- The future
- The conditional
- The future perfect and the conditional perfect

Cultura
- Hospitals and clinics
- Urban vs. rural medical care
- Over-the-counter drugs
- Conventional and traditional medicine

Panorama hispánico
- Paraguay
- Bolivia

Estrategias
Listening: Recognizing transitions
Speaking: Practicing extended conversation
Writing: Writing to persuade
Rincón literario: Poetic language and the dictionary

¿Qué síntomas tiene Adriana?

Multi Media

La familia Vargas, de Villarrica, Paraguay, vive ahora en Asunción, en una casa de tipo colonial, con árboles frutales en el patio y un jardín enorme. Adriana, la hija menor, está en la sala, hablando por teléfono con una compañera de la universidad.

ADRIANA —¿Anabel? Habla Adriana. Hoy no quiero ir a la facultad, de modo que le voy a decir a mi mamá que no me siento bien. ¿Te gustaría venir a visitarme esta tarde? Podríamos mirar la tele y comer algo. Bueno… ¡te espero a eso de las cuatro! ¡Chau!

Adriana se acuesta en el sofá de la sala y llama a su mamá.

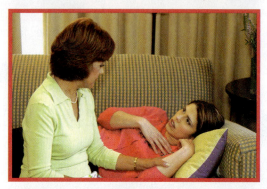

ADRIANA —Mamá… Tendré que quedarme en casa hoy. Creo que tengo catarro… o gripe… o pulmonía… Me duele la cabeza, me duele la garganta, ¡y tengo fiebre! (*Tose.*)

DOÑA EVA —¡Tienes tos! Sería una buena idea llevarte al médico. El doctor Viñas está en su consultorio…

ADRIANA —No, no será necesario que me vea. Me quedaré en casa, tomaré dos aspirinas y mañana estaré perfectamente bien. ¡Ya verás!

DOÑA EVA —Bueno, mi hija, pero tendrás que acostarte y tomar una taza de té bien caliente, con miel de abeja. Voy a llamar al médico para que te recete algún antibiótico.

Más tarde suena el timbre. La criada abre la puerta.

CRIADA —Señora, aquí hay un joven que quiere hablar con la señorita Adriana.

DOÑA EVA —¡Ignacio! ¡Qué gusto de verte! De haber sabido que venías, habría preparado algo para merendar. ¿Un cafecito?

IGNACIO —No, gracias, señora. ¡No se moleste! Vine a preguntarle a Adriana si le gustaría ir a una fiesta en la embajada de Bolivia esta noche.

DOÑA EVA —¡Ay, qué lástima! Adriana está enferma. Tiene una temperatura de 39 grados, creo… Supongo que lo que tiene es contagioso… ¡Menos mal que hoy es viernes! Para el lunes ya se habrá curado y podrá volver a la universidad.

ADRIANA —¡No, mamá! Para esta noche ya habré tomado un montón de remedios, y me sentiré mejor…

IGNACIO —No, Adriana… podrías empeorarte. Necesitas descansar… Voy a llamar a Carolina, a ver si ella puede ir conmigo. ¡Ojalá que te mejores pronto!

¿Quién lo dice?

Identify the person who said the following in the dialogues.

1. No, gracias, señora. ¡No se moleste! _____
2. ¡Ojalá que te mejores pronto! _____
3. Para el lunes ya se habrá curado y podrá volver a la universidad. _____
4. Mamá… Tendré que quedarme en casa hoy. _____
5. Voy a llamar a Carolina, a ver si ella puede ir conmigo. _____
6. ¡Ignacio! ¡Qué gusto de verte! _____
7. ¿Te gustaría venir a visitarme? _____
8. Señora, aquí hay un joven que quiere hablar con la señorita Adriana. _____
9. Sería una buena idea llevarte al médico. _____
10. Bueno… ¡te espero a eso de las cuatro! ¡Chau! _____

a. Adriana

b. doña Eva

c. criada

d. Ignacio

Para conversar

With a partner, take turns asking and answering the following questions. Base your answers on the dialogue and on your own circumstances.

1. ¿Qué hay en el patio de la familia Vargas? ¿Tu casa tiene árboles frutales?
2. Para no ir a la facultad, ¿qué le va a decir Adriana a su mamá? ¿Qué excusa das tú cuando no quieres venir a clase?
3. ¿Qué síntomas dice Adriana que tiene? ¿Qué síntomas tienes tú cuando tienes gripe?
4. ¿Qué tomará Adriana para mejorarse? ¿Qué tomas tú cuando te duele la cabeza?
5. ¿Qué dice la mamá de Adriana que su hija tendrá que tomar? ¿Qué le pones tú al té?
6. ¿Quién abre la puerta cuando suena el timbre? ¿Tú y tu familia tienen criada?
7. ¿Qué habría hecho doña Eva de haber sabido que Ignacio venía? ¿Tú meriendas a veces? ¿Qué comes?
8. ¿Qué quiere preguntarle Ignacio a Adriana? ¿Has ido a una fiesta últimamente?
9. ¿Cuándo dice doña Eva que Adriana podrá volver a la universidad? Si tú tienes algo contagioso, ¿vienes a la universidad?
10. ¿Qué dice Ignacio que Adriana necesita hacer? ¿Qué haces tú cuando no te sientes bien?

Cognados

el antibiótico antibiotic	**contagioso(-a)** contagious	**el síntoma** symptom
la aspirina aspirin	**enorme** enormous	**la temperatura** temperature
colonial colonial	**perfectamente** perfectly	**el tipo** type

Nombres

los árboles frutales fruit trees

el cafecito small (cup of) coffee

el catarro, el resfriado, el resfrío cold

el consultorio doctor's office

la fiebre fever

la garganta throat

el grado degree

la gripe influenza, flu

el (la) joven young man (woman)

la miel de abeja honey

el patio backyard

la pulmonía pneumonia

el remedio, la medicina medicine

la salud health

el timbre doorbell

la tos cough

Verbos

curarse to cure oneself, to get better

descansar to rest

doler[1] **(o:ue)** to hurt

empeorarse to get worse

mejorarse to get better

merendar (e:ie) to have an afternoon snack

molestarse to bother (doing something)

preguntar to ask (a question)

recetar to prescribe

sonar (o:ue) to ring

toser to cough

Otras palabras y expresiones

a eso de at about

bien caliente nice and hot

de haber sabido had I known

menos mal it's a good thing

¡Qué gusto de verte! How nice to see you!

¡Qué lástima! What a pity!

¡Ya verás! You'll see!

~~~~~ Un dicho ~~~~~

Es mejor prevenir que curar.

An ounce of prevention is worth a pound of cure.

---

[1]Same construction as **gustar: Me duele** la cabeza. **Me duelen** los pies.

VOCABULARIO ADICIONAL

El cuerpo

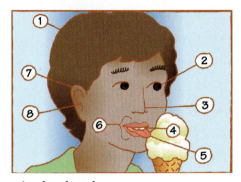

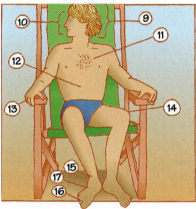

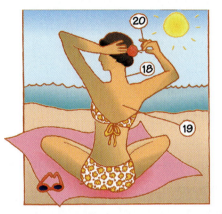

1. el pelo, el cabello
2. el ojo
3. la nariz
4. los dientes
5. la lengua
6. la boca
7. la oreja
8. el oído

9. la cabeza
10. la cara
11. el pecho
12. el estómago
13. la mano
14. la rodilla
15. el tobillo
16. el dedo del pie
17. el pie

18. el cuello
19. la espalda
20. el dedo

En el consultorio del médico

el chequeo, el examen check-up
embarazada pregnant
hacer una radiografía to take an X-ray
la inyección antitetánica tetanus shot
poner una inyección to give a shot
la receta prescription
la sala de rayos X X-ray room

En el hospital

el accidente accident
el ataque al corazón heart attack
la emergencia emergency
enyesar to put in a cast
romperse, quebrarse to break
la silla de ruedas wheelchair

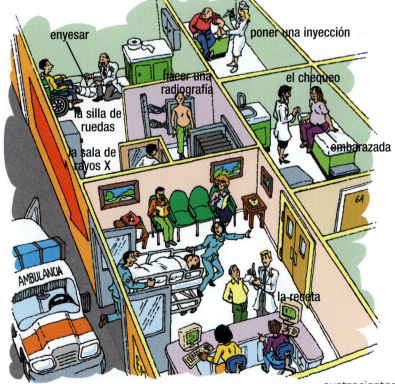

Práctica

A. Write the words or phrases that correspond to the following:

1. la penicilina, por ejemplo _____
2. la tomamos para el dolor de cabeza _____
3. muy grande _____
4. resfriado _____
5. medicina _____
6. opuesto de "mejorarse" _____
7. chequeo _____
8. lo que nos da el médico para comprar medicina _____
9. romperse _____
10. opuesto de "trabajar" _____

B. Select the word or phrase that does not belong in each group.

1. gripe / pulmonía / miel de abeja
2. grado / consultorio / fiebre
3. árbol frutal / puerta de calle / timbre
4. pies / tobillos / oídos
5. cabello / dientes / lengua
6. espalda / rodilla / cuello
7. comer / merendar / recetar
8. boca / nariz / dedo
9. ojo / oreja / pecho
10. estómago / cabeza / cara

C. Complete the following sentences, using vocabulary from this lesson.

1. La fiebre es un _____ de la gripe.
2. Se quebró la pierna y se la van a _____.
3. No puedo hablar porque me _____ la _____.
4. Marta está enferma. ¡Qué _____!
5. Está _____; va a tener el bebé *(baby)* en junio.
6. En el _____ de la casa hay _____ frutales.
7. La fiesta empieza a _____ de las nueve.
8. Quiero un cafecito bien _____.
9. ¡Qué _____ de verte!
10. Salió de la sala de _____ X en una silla de _____.

Para conversar

 ¡Ay! *(Ouch!)* With a partner, play the roles of a doctor and a patient who is a hypochondriac. The patient describes symptoms and says what he/she thinks the problem is (**Yo creo que tengo…**). The doctor tells the patient what to do or what he/she is going to prescribe (**Tiene que…/Le voy a recetar**).

Vocabulario:
Compruebe
Self-Test

Pronunciation in context

In this lesson, there are some new words or phrases that may be challenging to pronounce. For further pronunciation practice of Spanish sounds, listen to your instructor and repeat the following sentences.

1. Son de **Villarrica**, pero ahora **viven** en **Asunción**.

2. Tendré que **quedarme** en casa hoy.

3. El doctor **Viñas** está en su **consultorio**.

4. Voy a llamar al médico para que te **recete** algún **antibiótico**.

5. Hay un **joven** que quiere hablar con la señorita **Adriana**.

6. Tiene una **temperatura** de treinta y nueve grados.

7. Ya **habré** tomado un montón de **remedios**.

8. ¡**Ojalá** te mejores pronto!

Las aventuras de Marcelo

Ubíquese... y búsquelo

Ignacio comes to visit Adriana hoping that she can go with him to a dance at the Bolivian embassy in Asunción. Go to **www.college.hmco.com** to find out about embassies in Asunción. In the next class, team up with two classmates and report your findings. What embassies did you find? Did you find the embassy of your country? What are some of the services offered there?

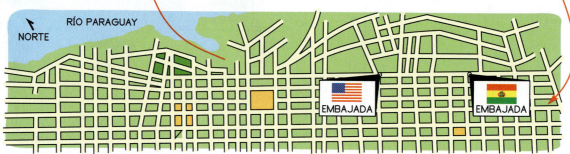

¿Lo sabía Ud.?

• En la mayoría de los países de habla hispana, los hospitales son gratis y subvencionados (*subsidized*) por el gobierno. Hay clínicas privadas para la gente de mejor posición económica que no quiere ir a un hospital público.

• Especialmente en las grandes ciudades hispanas, la medicina está muy adelantada (*advanced*), pero en muchos pueblos remotos no hay médicos ni hospitales. En ese caso, mucha gente recurre a (*turn to*) los servicios de un curandero (*healer*). Muchas mujeres tienen sus bebés con la ayuda de una partera (*midwife*).

• En España y en algunos países latinoamericanos, las farmacias venden principalmente medicinas. En algunos países hispanos es posible comprar ciertas medicinas —como la penicilina— sin tener receta médica.

Para comparar

1. En este país, ¿los hospitales son gratis?

2. La mayoría de las mujeres de este país, ¿tienen su bebé en un hospital o en casa, con la ayuda de una partera?

3. ¿En este país se pueden comprar antibióticos sin receta médica?

En imágenes *La medicina convencional y la tradicional (homeopática)*

Doctor atendiendo a un niño que está acompañado *(accompanied)* de la madre, Nueva Jersey

MÉXICO

México, D.F.

JAMAICA

CUBA

HAITÍ

REPÚBLICA DOMINICANA

PUERTO RICO

BELICE

HONDURAS

GUATEMALA

NICARAGUA

EL SALVADOR

PANAMÁ

COSTA RICA

Caracas
VENEZUELA

Bogotá
COLOMBIA

Quito
ECUADOR

PERÚ

Lima

BRASIL

Brasilia

BOLIVIA
La Paz
Sucre

PARAGUAY

Asunción

CHILE

ARGENTINA

URUGUAY

Santiago

Buenos Aires

Montevideo

Remedios naturales (hierbas medicinales) a la venta en un mercado de La Paz, Bolivia

Farmacia de Humacao, Puerto Rico

1 The future *(El futuro)*

 Most Spanish verbs are regular in the future tense. The infinitive serves as the stem of almost all of them, and the endings are the same for all three conjugations.

The Future Tense

Infinitive		Stem	Ending	
trabajar	yo	trabajar-	é	trabajaré
aprender	tú	aprender-	ás	aprenderás
escribir	Ud.	escribir-	á	escribirá
hablar	él	hablar-	á	hablará
decidir	ella	decidir-	á	decidirá
dar	nosotros(-as)	dar-	**emos**	dar**emos**
ir	vosotros(-as)	ir-	éis	iréis
caminar	Uds.	caminar-	án	caminarán
perder	ellos	perder-	án	perderán
recibir	ellas	recibir-	án	recibirán

👁 **ATENCIÓN:** Note that all the endings, except the one for the **nosotros** form, have written accents.

—¿**Irás** al médico?   *"Will you go to the doctor?"*
—Sí, y ya **verás** que pronto   *"Yes, and you'll see that soon I'll*
  me **sentiré** mejor.   *feel better."*

The English equivalent of the Spanish future is *will* or *shall* + a verb. As you have already learned, Spanish also uses the construction **ir a** + *infinitive* or the present tense with a time expression to express future action, very much like the English present tense or the expression *going to*.

Vamos a ir al estadio esta noche. ⎫ *We're going (We'll go) to*
or: **Iremos** al estadio esta noche.   ⎭ *the stadium tonight.*

Anita **toma** el examen mañana.   ⎫ *Anita is taking (will take)*
or: Anita **tomará** el examen mañana. ⎭ *the exam tomorrow.*

👁 **ATENCIÓN:** The Spanish future is *not* used to express willingness, as is the English future. In Spanish, this is expressed with the verb **querer**.

¿**Quieres** llamar a Tomás?   *Will you call Tomás?*

Un dicho
Dime con quién andas y te diré quién eres.

You are known by the company you keep.

A small number of verbs are irregular in the future. These verbs use a modified form of the infinitive as a stem, but have the same endings as the regular verbs.

Irregular Future Stems		
Infinitive	*Modified form (Stem)*	*First-person singular*
decir	dir-	**diré**
hacer	har-	**haré**
querer	querr-	**querré**
saber	sabr-	**sabré**
poder	podr-	**podré**
caber	cabr-	**cabré**
poner	pondr-	**pondré**
venir	vendr-	**vendré**
tener	tendr-	**tendré**
salir	saldr-	**saldré**
valer[1]	valdr-	**valdré**

> —¿Qué les **dirás** a tus padres?
> —Les **diré** que no **podremos** venir en enero y que **vendremos** en febrero.

> *"What will you tell your parents?"*
> *"I will tell them that we won't be able to come in January and that we will come in February."*

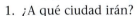 **ATENCIÓN:** The future of **hay** (impersonal form of **haber**) is **habrá**.

¿**Habrá** una fiesta? — *Will there be a party?*

LEARNING TIP

Remember that you must create activities that will place information in your long term memory. To help you do this, use each verb in short affirmative, interrogative, and negative sentences, varying the subjects. For example: *Eva dirá la verdad. ¿Tú dirás la verdad? Ellos no dirán la verdad.*

Práctica

A. Say what the following people will do after next week, using the future tense.

1. Jorge / ir al consultorio del médico
2. Mis padres / venir a visitarme / agosto
3. Ud. / ponerse / una inyección antitetánica
4. Uds. / pasar dos días / Asunción
5. Marta y yo / tener que hacer una radiografía
6. Yo tomar / medicina todos los días
7. Tú / visitar / un amigo en el hospital
8. Yo / salir para La Paz

B. Say what the following people *will do* in each situation.

1. Mauricio tiene pulmonía.
2. Eva y yo tenemos tos.
3. El doctor tiene dos pacientes que tienen gripe.
4. Yo tengo una temperatura de 103 grados de fiebre.
5. El médico cree que uno de sus pacientes se rompió una pierna.
6. A Paco y a Raquel les duele la garganta.

C. You and a friend will be attending a special program in Paraguay next year. Take turns asking and answering these questions about your trip.

1. ¿A qué ciudad irán?
2. ¿Cuándo saldrán de viaje?
3. ¿Viajarán en barco o en avión?
4. ¿Cuánto tiempo estarán estudiando?
5. ¿Podrán visitar muchas ciudades?
6. ¿Qué lugares visitarán?
7. ¿Les enviarán tarjetas postales a sus amigos?
8. ¿Cuánto dinero necesitarán para el viaje?
9. ¿Se lo pedirán a sus padres?
10. ¿Cuándo volverán?

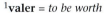

---

[1]**valer** = *to be worth*

Para conversar

 A. ¿Cuáles son tus planes? Now, use the questions in Exercise C as a model to ask a classmate about his or her upcoming travel plans.

 B. Tu horóscopo. You and your partner are in charge of the astrology section in a newspaper. Using the future tense, write predictions for each sign. Compare notes with other members of the class.

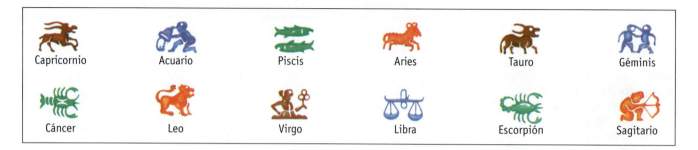

Capricornio   Acuario   Piscis   Aries   Tauro   Géminis

Cáncer   Leo   Virgo   Libra   Escorpión   Sagitario

2 The conditional (*El condicional*)

The conditional tense in Spanish is equivalent to the conditional in English, expressed by *should* or *would + a verb.*[1] Like the future tense, the conditional uses the infinitive as the stem and has only one set of endings for all three conjugations.

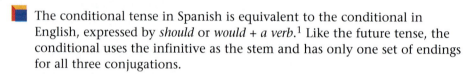

Infinitive		*Stem*		*Ending*
trabajar	yo	trabajar-	ía	trabajaría
aprender	tú	aprender-	ías	aprenderías
escribir	Ud.	escribir-	ía	escribiría
ir	él	ir-	ía	iría
ser	ella	ser-	ía	sería
dar	nosotros(-as)	dar-	íamos	daríamos
hablar	vosotros(-as)	hablar-	íais	hablaríais
servir	Uds.	servir-	ían	servirían
estar	ellos	estar-	ían	estarían
preferir	ellas	preferir-	ían	preferirían

No sé... yo no lo **lavaría** aquí

All of the conditional endings have written accents.

—Él dijo que **tomaría** esta medicina.   *"He said that he would take this medicine."*

—Sí, y también dijo que **hablaría** con el médico.   *"Yes, and he also said that he would speak with the doctor."*

The conditional is also used as the future of a past action. The future states what *will* happen; the conditional states what *would* happen.

---

[1]The conditional is never used in Spanish as an equivalent of *used to.*
Cuando era pequeño siempre **iba a la playa.** *When I was little I would always go to the beach.*

Future	*Conditional*
(states what *will* happen)	(states what *would* happen)
Él **dice** que **estará** aquí mañana.	Él **dijo** que **estaría** aquí mañana.
He says that he will be here tomorrow.	*He said that he would be here tomorrow.*

The verbs that have irregular stems in the future tense are also irregular in the conditional. The endings are the same as those for regular verbs.

Irregular Conditional Stems

Infinitive	*Modified form (Stem)*	*First-person singular*
decir	dir-	**diría**
hacer	har-	**haría**
querer	querr-	**querría**
saber	sabr-	**sabría**
poder	podr-	**podría**
caber	cabr-	**cabría**
poner	pondr-	**pondría**
venir	vendr-	**vendría**
tener	tendr-	**tendría**
salir	saldr-	**saldría**
valer	valdr-	**valdría**

LEARNING TIP

Take all the affirmative and negative statements you created with verbs in the future, and change them to the conditional by starting with **"Yo te dije que…"** For example: **Yo te dije que** *Eva diría* **la verdad.**

—¿A qué hora te dijo que **vendría**?   *"What time did he tell you he would come?"*

—Dijo que **saldría** de casa a las dos.   *"He said he would leave home at two."*

ATENCIÓN: The conditional of **hay** (impersonal form of **haber**) is **habría**.

Dijo que **habría** un examen mañana.   *He said there would be an exam tomorrow.*

Práctica

A. Nobody would do the things that Carlos does. With a partner, take turns saying what the following people would do instead.

   MODELO: Carlos come en la cafetería. (yo)
   Yo no comería en la cafetería; comería en mi casa.

Carlos…

1. se levanta a las cinco. (Uds.)
2. estudia por la mañana. (Ana y Luis)
3. viene a la universidad en ómnibus. (nosotros)
4. toma clases de alemán. (yo)
5. se baña por la noche. (Elsa)
6. se acuesta a las nueve de la noche. (Ud.)
7. va a las montañas los fines de semana. (ellos)
8. sale con Margarita. (tú)

B. Describe what you would do in the following situations, using the conditional.

1. Su amigo(-a) le pide consejos sobre la carrera que debe seguir.
2. Su equipo de fútbol americano favorito juega hoy.
3. Un compañero quiere que Ud. lo ayude con su informe.
4. Sus amigos lo (la) invitan a ir al cine esta noche y Ud. tiene que trabajar mañana.
5. Una persona muy antipática lo (la) invita a salir.
6. Usted tiene que estar en la universidad a las siete de la mañana.
7. Usted tiene una beca y necesita mantener un buen promedio.
8. Ud. va a matricularse y no sabe qué asignaturas debe tomar.

Para conversar

 A. Buenos consejos. Using the following advice from a magazine article, take turns with your partner indicating what each person in the list said he/she would or wouldn't do after reading it.

Buenos consejos para conservar la salud

Debe

✔ comer más vegetales y frutas
✔ dormir lo suficiente
✔ visitar al médico periódicamente
✔ hacer ejercicio
✔ consumir menos calorías
✔ aprender a relajarse
✔ evitar la tensión *(stress)*
✔ pensar positivamente
✔ tener una dieta balanceada
✔ controlar su peso *(weight)*

No debe

✘ fumar
✘ consumir mucho alcohol
✘ consumir mucha sal o azúcar
✘ usar drogas
✘ comer mucha grasa
✘ trabajar en exceso

1. El Sr. Vega toma diez cervezas todos los días.
2. La Srta. Díaz está siempre sentada, mirando la televisión.
3. Elsa come muchos dulces *(sweets)*.
4. El Dr. Álvarez trabaja catorce horas cada día.
5. La Sra. Carreras duerme sólo cuatro horas cada noche.
6. Estela se preocupa constantemente por todo.
7. Adela siempre come papas fritas, hamburguesas, mantequilla, pollo frito, etc.
8. Hace cinco años que Carlos no va a ver a su médico.
9. La dieta de Eduardo es de 5.000 calorías al día.
10. Raúl pesa *(weighs)* 300 libras *(pounds)*.
11. Raquel solamente come carne y pastas.
12. A Jorge le gustan mucho los cigarrillos.

 B. ¡Gané la lotería! With a partner, take turns telling each other what you would do if you won a million dollars in the lottery. Say at least five things each, and then compare your responses with those of other classmates.

3 The future perfect and the conditional perfect (*El futuro perfecto y el condicional perfecto*)

A. The future perfect

 The future perfect in Spanish corresponds closely in formation and meaning to the same tense in English. The Spanish future perfect is formed with the future tense of the auxiliary verb **haber** + *the past participle* of the main verb.

Future tense of **haber**	
habré	habremos
habrás	habréis
habrá	habrán

Formation of the Future Perfect Tense		
yo	**habré terminado**	*I will have finished*
tú	**habrás vuelto**	*you will have returned*
Ud. él ella	**habrá comido**	*you (he, she) will have eaten*
nosotros(-as)	**habremos escrito**	*we will have written*
vosotros(-as)	**habréis dicho**	*you (fam.) will have said*
Uds. ellos ellas	**habrán salido**	*you (they) will have left*

Like its English equivalent, the future perfect is used to indicate an action that will have taken place by a certain time in the future.

—¿Tus padres estarán aquí para el dos de junio? "*Will your parents be here by June second?*"

—Sí, para esa fecha ya **habrán vuelto** de Madrid. "*Yes, by that date they will have returned from Madrid.*"

¿Habrás terminado para las seis?

Práctica

 Complete the following dialogues, using the future perfect forms of the verbs listed. Then act them out with a partner.

acostarse	salir
cenar	terminar (2)
limpiar	volver (2)

1. —Esta noche a las once voy a llamar a Quique.
   —¿Estás loco(-a)? Para esa hora él ya _____.
   Llámalo mañana a las siete.
   —Para esa hora ya _____ de su casa.

2. —¿Uds. _____ de México para el 4 de julio?
   —No, no _____ todavía. Vamos a estar allí
   hasta agosto.

3. —Tú y yo podemos salir para España el 12 de diciembre
   porque ya estaremos de vacaciones.
   —Bueno, tú _____ las clases para entonces, pero
   yo no las _____ todavía.

4. —No podemos traer a mis amigos esta noche porque la
   casa está muy sucia (*dirty*).
   —No te preocupes. Para cuando Uds. vengan, las chicas
   ya la _____.

5. —¿Quieres cenar con nosotros hoy?
   —Gracias, pero para cuando yo vuelva, Uds.
   ya _____.

Para conversar

Para entonces. With a partner, discuss things that you will or will not have done by the following times.

1. para las once de la noche
2. para mañana a las cinco de la mañana
3. para mañana a las seis de la tarde
4. para el sábado próximo
5. para junio del año próximo
6. para el año 2008
7. para diciembre
8. para el mes próximo

B. The conditional perfect

 The conditional perfect is formed with the conditional tense of the auxiliary verb **haber** + *the past participle* of the main verb.

Yo **habría comprado** una talla más grande.

Conditional tense of **haber**	
habría	habríamos
habrías	habríais
habría	habrían

Formation of the Conditional Perfect Tense		
yo	**habría vuelto**	*I would have returned*
tú	**habrías comido**	*you would have eaten*
Ud. él ella	**habría salido**	*you (he, she) would have left*
nosotros(-as)	**habríamos estudiado**	*we would have studied*
vosotros(-as)	**habríais hecho**	*you (fam.) would have done*
Uds. ellos ellas	**habrían muerto**	*you (they) would have died*

3–58

Like the English conditional perfect, the Spanish conditional perfect is used to indicate an action that would have taken place but didn't.

—Lo llevé al hospital en mi coche.

"I took him to the hospital in my car."

—Yo **habría llamado** una ambulancia.

"I would have called an ambulance."

Práctica

Last summer, my family, a friend, and I took a trip to New York. Based on what I tell you about our trip, say what you and each member of your family would have done differently, if anything.

> **MODELO:** Mi padre llevó tres maletas.
> *Mi padre habría llevado una maleta.*

1. Nosotros fuimos a Nueva York.
2. Viajamos en tren.
3. Yo me senté en la sección de no fumar.
4. Mi mamá preparó sándwiches para el viaje.
5. Mi amigo y yo bebimos refrescos en el café del tren.
6. En Nueva York, mi amigo se quedó en casa de su abuelo.
7. Nosotros nos quedamos en un hotel.
8. Mis padres fueron a ver una comedia musical.
9. Yo fui a bailar.
10. Nosotros visitamos el Museo de Arte Moderno.
11. Mi amigo visitó la Estatua de la Libertad.
12. Estuvimos en Nueva York por dos semanas.

Para conversar

¡No los esperábamos! You and your family had unannounced guests last Saturday. You were not prepared! Say what you and other members of your family would have done, had you known that they were coming.

> **MODELO:** mi mamá
> *Mi mamá habría limpiado la casa.*

1. yo
2. mi papá
3. mi hermana y yo
4. mis hermanos
5. mis padres
6. mi mamá y yo
7. la criada

Summary of the Tenses of the Indicative

Simple Tenses

	-ar	-er	-ir
Presente	hablo	como	vivo
Pretérito	hablé	comí	viví
Imperfecto	hablaba	comía	vivía
Futuro	hablaré	comeré	viviré
Condicional	hablaría	comería	viviría

Compound Tenses

	-ar	-er	-ir
Pretérito perfecto	**he** hablado	**he** comido	**he** vivido
Pretérito plus-cuamperfecto	**había** hablado	**había** comido	**había** vivido
Futuro perfecto	**habré** hablado	**habré** comido	**habré** vivido
Condicional perfecto	**habría** hablado	**habría** comido	**habría** vivido

Estructuras:
Compruebe
Self-Test

Así somos

¿Qué dice Ud.?

 What would you say in the following situations? What might the other person say? Act out the scenes with a partner. Take turns playing each role.

1. You tell a friend that you were sick but the doctor has prescribed some medicine, and you are now feeling perfectly well.

2. You tell a friend that an ambulance has taken his dad to the emergency room because he had a heart attack.

3. You inform a man that his son has had an accident. Add that you asked the doctor how he is and he is O.K.

4. Someone offers to do something for you. Tell him/her not to bother.

Para conocernos mejor

 To do this activity, work with a classmate whom you would like to get to know. Take turns asking and answering these questions.

1. ¿Has tenido algún problema últimamente? ¿Cuántas veces al año vas al médico? ¿Cuándo fue la última vez que te hicieron un chequeo? ¿Cómo se llama tu médico? ¿Cómo te sientes hoy?

2. ¿Tú te quedas en tu casa cuando estás enfermo(-a)? ¿Has tenido pulmonía alguna vez? ¿Cuándo fue la última vez que tuviste catarro? ¿Qué hiciste?

3. ¿Tú eres alérgico(-a) a alguna medicina? ¿Qué tomas cuando tienes tos? ¿Tu médico te receta antibióticos a veces? ¿Cuáles?

4. ¿Te han enyesado una pierna o un brazo alguna vez? ¿Cuándo fue la última vez que te hicieron una radiografía? ¿De qué parte del cuerpo? ¿Te pusieron alguna inyección antitetánica? ¿Cuándo?

5. ¿Te habrás acostado para las once de la noche? ¿Tomarás algo antes de acostarte? ¿Qué?

Una encuesta

 Interview your classmates to identify who fits the following descriptions. Include your instructor, but remember to use the **Ud.** form when addressing him/her. After finishing the survey, get together with two or three classmates and discuss the results.

	Nombre
1. *Necesita descansar más.*	_____
2. *Tiene muy buena salud.*	_____
3. *Le gusta la miel de abeja.*	_____
4. *Tiene árboles frutales en su patio.*	_____
5. *Merienda todos los días.*	_____
6. *Generalmente llega a su casa a eso de las seis.*	_____
7. *Le gustaría ir a una fiesta el sábado.*	_____
8. *Preferiría vivir en otro país.*	_____

Al escuchar...

Estrategia

 Recognizing transitions. There are certain words that establish transitions between one idea and the next. You already know many of these (lesson number where introduced follows):

en ese caso (**2**), entonces (**4**), además (**5**), en fin (**8**), a pesar de (esto, lo anterior) (**9**), de (este) modo (**9**), es que (**13**), por ejemplo (**13**), si (**14**), de haber(lo) sabido (**15**)

Now you are going to listen to a dialogue between Rosa and Sergio. Listen specifically for the transitional markers and write them on a piece of paper. There will be at least ten answers. Using an asterisk (*), identify the transitional markers that you have never heard.

Al conversar...

Estrategia

Practicing extended conversation. As you continue your study of Spanish, it is important that you develop your conversational skills beyond brief oral exchanges. To work on this, get together with a partner and practice expanding on a simple statement by adding as much information as possible to it. For example, on the topic **Hoy voy al médico**, you should be able to talk about time of appointment, symptoms, how long you have had the problem, etc.

Now think of three other simple statements on which to expand.

Para escuchar

Your instructor will read some information about Alejandro. After reading it twice, he/she will make statements about him. On a sheet of paper, write numbers one to six and indicate whether each statement is true (**verdadero**) or false (**falso**).

Para crear

Get together in groups of three or four and "create" the scenario for this photo. Who are the people? Give them names. What is their relationship to each other? What symptoms is the patient describing? What is the doctor saying? What will he prescribe?, etc.

¡Vamos a escribir!

Una notita para excusarse. You will write a note to your instructor, explaining that you cannot take an exam because you are sick. Describe your symptoms and try to persuade your instructor to allow you to take a make-up exam. Express your willingness to cooperate with your instructor's busy schedule!

Estrategia — Antes de escribir

A. **Writing to persuade.** One of the functions of writing is persuading someone to agree with your point of view. The best preparation you can do is to think through the possible scenarios and assess possible outcomes in order to prepare a convincing presentation. You should also consider the appropriate tone in conveying your position.

B. Brainstorm about:
1. the symptoms you have
2. why you should be granted a second chance
3. your availability to take a make-up exam

A escribir la notita

Write the **primer borrador** of your excuse note.

Estrategia — Después de escribir

 Before writing the final version, your instructor might want you to exchange your first draft with a classmate and peer edit each other's work, using the following guidelines:

- use of the subjunctive or the indicative, especially after conjunctions
- subject-verb agreement in both the main and the subordinate clauses
- formation and uses of the future, the conditional, the future perfect, and the conditional perfect

Rincón literario

Hugo Rodríguez-Alcalá
(Paraguay: 1917–)

El autor paraguayo Hugo Rodríguez-Alcalá escribe poesía, cuentos y ensayos. Publicó sus dos primeros libros en 1939: *Poemas* y *Estampas de la guerra*. Este último influyó más tarde en la literatura de su país, evocadora de la Guerra del Chaco, librada (*fought*) con Bolivia.

Este escritor ha publicado gran número de estudios literarios en revistas del norte y del sur del continente a partir de 1950, pero la mayoría de sus libros han aparecido en México. Entre los más importantes figuran el libro de poemas *Abril que cruza el mundo* y el libro dedicado al gran escritor mexicano Juan Rulfo, *El arte de Juan Rulfo*.

Hugo Rodríguez-Alcalá fue catedrático de la Universidad de California en Riverside, y durante su estancia allí, escribió varios libros de poemas donde refleja su vivencia en este estado. El siguiente poema es un ejemplo de esta poesía.

🔑 **Estrategia**   ## Antes de leer

A. Poetic language and the dictionary. Poets use very precise language. Sometimes a poet uses a rather obscure word to create a specific effect. Go to your dictionary, find the definition of the following words, and write them down. Then, give a simpler approximate word you know that conveys the same general concept.

	Definition	Similar simpler term
columbrar		
tembloroso		
(a la) vera		
verter		

 B. Sharing background knowledge. In pairs, talk about the flowers and the trees you have in your garden or have seen in parks. Talk about flowers you would like to give or receive.

C. Previewing key structural elements upon scanning. Read the first stanza of the poem. You will find the use of the direct object pronoun **lo**. In pairs, guess what is the object that this pronoun refers to.

A leer

Jacarandá en California

Cuando regreso a la casa
y **lo columbro** de lejos,
vestido... dressed up — todo vestido de gala°
y enamorado del viento,

con el lila de sus ramos
tembloroso de deseo,
se me figura impaciente,
sailboat — como si fuera un velero°
soltar... untie lines — queriendo soltar amarras°
sky — y navegar por el cielo.°

Bajo del coche y avanzo
por la escalera de piedra,° — *stone*
y a su **vera** me detengo
para admirar su belleza.

Y él se me antoja° que — *se... it seems to me*
inclina
su copa de primavera
y que a mis pies, saludando,
vierte sus flores más
   tiernas.

Después de leer... reflexiones

 A. Recitation. Listen to "Jacarandá en California" being recited in your in-text audio. Then answer the following questions:

1. ¿Qué ve el poeta de lejos al regresar a su casa?
2. ¿De qué dice que está enamorado el árbol?
3. ¿Qué se le figura al poeta que es el árbol?
4. ¿Qué dice que quiere hacer el árbol?
5. ¿Qué admira el poeta?
6. ¿Qué hace el árbol para saludar al poeta?

B. Expressing feelings. With a partner, talk about how you feel when you are close to nature. **(Cuando estoy cerca de la naturaleza...)** Words you might include: **paz** (*peace*), **tranquilidad** (*tranquility*).

Frases célebres

Sobre la libertad

¿De qué se hace un tirano?° De la vileza° de muchos y de la cobardía° de todos.

tyrant / vileness
cowardice

Enrique José Varona (Cuba: 1849–1933)

Mi único amor siempre ha sido el de la patria;° mi única ambición su libertad.

homeland

Simón Bolívar (Venezuela: 1783–1830)

Libertad es el derecho° que todo hombre tiene a ser honrado° y a pensar y a hablar sin hipocresía.

right
honest, honorable

José Martí (Cuba: 1853–1895)

P A N O R A M A

Paraguay

- Paraguay es casi tan grande como el estado de California, pero su población es de menos de 6 millones de habitantes. La mayoría de los paraguayos hablan dos idiomas: el español y el guaraní.

- Paraguay es un país principalmente agrícola y su economía depende de sus bosques y sus fértiles tierras (*lands*). Sin embargo, desde la construcción de la planta hidroeléctrica de Itaipú, el país ha comenzado a industrializarse y empieza a convertirse en un centro de atracción turística. Itaipú, la mayor planta hidroeléctrica del mundo, obra del esfuerzo conjunto de Brasil y Paraguay, ha hecho de este país el mayor exportador de energía hidroeléctrica. Esta planta produce tanta energía como 10 plantas nucleares, y 6 veces más que la represa (*dam*) de Aswan en Egipto. Más importante aún, la planta evita la emisión de más de 67 millones de toneladas de dióxido de carbono al año.

- Al igual que Bolivia, Paraguay no tiene salida al mar, pero tiene más de 1.800 millas de ríos navegables, que son sus principales vías de transporte. En la frontera de Paraguay, Argentina y Brasil están las famosas cataratas de Iguazú, nombre guaraní que significa "agua grande". La mayor parte de los turistas que llegan a Paraguay, solamente van hasta el lado paraguayo de las cataratas y a la planta de Itaipú, pero los que visitan el resto del país, disfrutan sus múltiples bellezas naturales y admiran su artesanía.

- Asunción, la capital de Paraguay, es también su principal puerto. Desde allí salen los barcos que, a través del río Paraná, transportan los productos del país hasta el río de la Plata. Asunción es una ciudad de más de 2 millones de habitantes en la que se mezclan los edificios coloniales con modernas construcciones.

Ruinas de las misiones jesuitas, que aparecen en la película *The Mission* de 1986 (con Robert DeNiro y Jeremy Irons).

Cataratas de Iguazú, las más caudalosas del mundo, en la frontera *(border)* de Paraguay, Argentina y Brasil.

Multi Media

www

Bolivia

- Bolivia, llamada así en honor del Libertador Simón Bolívar, es un país de superlativos. Tiene la capital (La Paz), el aeropuerto y el lago[1] navegable más altos del mundo, y unas de las ruinas más antiguas. En realidad, La Paz es una de las dos capitales de Bolivia; la otra es Sucre. La Paz, situada a 12.000 pies de altura, es la capital administrativa, y Sucre, la capital política. El lago Titicaca está a 12.500 pies de altura y es, después del lago Maracaibo, el segundo más grande de América del Sur. El país es tan grande como los estados de California y Texas juntos, pero apenas puede explotar sus riquezas naturales porque no tiene salida al mar y su territorio es muy montañoso.

- Los indios quechua y aymará, que constituyen más de la mitad de su población, mantienen su cultura y sus lenguas tradicionales. El resto de la población lo constituyen las personas de ascendencia europea (un 15% de la población) y los mestizos producto de la integración de las razas indígenas y europeas. La mayor parte de los habitantes del país vive en el altiplano (*plateau*).

- Bolivia es uno de los más atractivos destinos turísticos por sus bellísimos paisajes andinos, que le han valido el nombre de "el Tibet de América", y por las ruinas doblemente milenarias de Tiahuanaco.

- Otras ciudades importantes, además de las capitales, son Santa Cruz de la Sierra, Oruro y Potosí.

A 3.600 metros sobre *(above)* el nivel del mar, La Paz es la ciudad capital más alta del mundo y es la sede *(seat)* del gobierno y el centro administrativo, financiero y comercial del país.

---

[1] el lago Titicaca

Expresiones musicales autóctonas[1]

Luis Bordón, arpista *(harpist)*. El arpa paraguaya es otro ejemplo del fenómeno de transculturación o mestizaje de Paraguay: la cultura europea y la indígena.

Maravillas del ingenio[2] y del trabajo humanos

Mineros de la plata *(silver)* de Potosí, Bolivia, nombre que dio origen a la palabra potosí, sinónimo poético de "gran riqueza" *(great wealth)*.

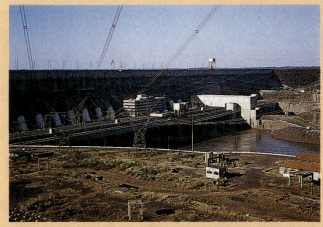

Represa *(Dam)* de Itaipú, la mayor planta hidroeléctrica del mundo (construida entre 1974 y 1991). En treinta años, la economía de la zona se ha transformado y la población ha aumentado considerablemente, debido a la represa.

Nuestro panorama cultural

In groups of three, answer the following questions about your home state, region, or country.

1. ¿Hay grandes cataratas en su país? ¿Dónde están?
2. ¿Hay represas en su país? ¿Hay plantas que producen formas alternativas de energía en su región?
3. ¿Qué tipos de artesanía de su país o de su región se conocen en otros países?

For the next class: Go to the World Wide Web and find photos of your hometown, state, region, or country. Use the questions from **Nuestro panorama cultural** above as guidelines for choosing them. Be ready to present the photos to your classmates.

---

[1]**autóctonas** = *native*
[2]**ingenio** = *creative powers*

SELF-TEST
Lecciones 13–15

Take this test. When you have finished, check your answers in the answer key provided in Appendix D. Then use a red pen to correct any mistakes you may have made. Are you ready?

Lección 13

A. Familiar commands (tú). Give the Spanish equivalent of the words in parentheses.

1. _____, Paco. ¿Pusiste el dinero en la billetera? *(Tell me)*
2. _____ el trabajo y luego _____ los baños, Ana. *(Do / clean)*
3. _____ de mi cuarto, Carlos. *(Leave)*
4. _____ con ella y _____ el vestido para Silvia, Pepe. *(Go / buy)*
5. ¿Los libros? _____ en la mesa, Dora. *(Put them)*
6. _____ conmigo. *(Come)*
7. _____ buena y _____ los aretes. *(Be / bring me)*
8. _____ paciencia. _____ unos minutos más. *(Have / Wait for me)*
9. _____ el camisón si no está en rebaja, Anita. *(Don't buy)*
10. ¿Los zapatos? _____ todavía *(yet)*, Julio. *(Don't exchange them)*
11. _____, querido. *(Don't go away)*
12. _____ a las seis y _____ hasta las once. *(Get up / work)*

B. Qué and cuál used with ser. Supply the questions that elicited the following responses. Begin each one with **qué** or **cuál**, as needed.

1. Mi número de teléfono es 862-4031.
2. El apellido de mi padre es Álvarez.
3. Una pulsera es una joya.
4. Las lecciones que necesitamos son la once y la doce.
5. Su dirección es calle Universidad, número treinta.
6. Una enchilada es un plato mexicano.

C. The subjunctive to express indefiniteness and nonexistence. Complete the following sentences, using the present subjunctive or the present indicative of the verbs given.

1. ¿Hay alguien aquí que _____ (saber) hablar español?
2. Tengo unos zapatos que Uds. _____ (tener) que devolver.
3. No conozco a nadie que _____ (ser) chileno.
4. ¿Ud. quiere una blusa que _____ (tener) rayas?
5. Necesito una falda que _____ (hacer) juego con esta blusa.
6. Aquí hay una chica que _____ (hablar) francés, pero no hay nadie que _____ (hablar) italiano.

D. Just words . . . Complete the following sentences, using the vocabulary from **Lección 13.**

1. Voy a ir al centro _____ para comprar unos _____ de tenis. Hoy tienen una gran _____.
2. No tengo nada que _____ ; por eso voy a _____ de compras.
3. Estas botas no son estrechas; son muy _____.
4. ¿Qué número _____ Ud.?
5. La caja está al _____ del probador.
6. Voy a devolver este vestido porque me _____ grande. Yo uso _____ mediana.
7. Ernesto está en el _____ de caballeros porque necesita comprar _____ interior.
8. No me gustan las camisas de _____. Prefiero las de cuadros.
9. Voy a la _____ para comprar unos libros.
10. Tengo que comprar un _____ de zapatos negros.
11. ¿Qué les _____ si vamos de compras hoy?
12. Esta cartera cuesta solamente diez dólares; es una _____.

E. Culture. Complete the following sentences, based on the **Panorama hispánico** section.

1. Chile es un país largo y _____.
2. Casi la _____ parte de los habitantes de Chile viven en la capital.
3. Viña del _____ es el balneario más conocido de Chile.
4. Chile es conocido como "la _____ del mundo".

Lección 14

A. The subjunctive or indicative after certain conjunctions. Complete the following sentences with the present subjunctive or the present indicative of the verbs given.

1. Tan pronto como Marta _____ (llegar) a casa, le voy a dar el dinero.
2. Voy a esperarlos hasta que _____ (volver).
3. Cuando ellos _____ (ir) a la facultad, siempre salen temprano.
4. Cuando lo _____ (ver), dile que me llame.
5. Vamos a hablar con ellos antes de que _____ (tomar) una decisión.
6. Ella va a ir al laboratorio con tal que tú _____ (ir) con ella.
7. No puedo matricularme a menos que tú me _____ (dar) el dinero.
8. En caso de que ella _____ (necesitar) el horario, yo puedo traérselo.
9. Voy a llamar a Raúl para que nos _____ (llevar) a la universidad.

B. The past participle. Give the past participle of the following verbs.

1. escribir
2. abrir
3. ver
4. hacer
5. romper
6. ir
7. hablar
8. comer
9. beber
10. recibir

C. Past participles used as adjectives. Give the Spanish equivalent of the words in parentheses.

1. Los informes están _____ en español. *(written)*
2. ¿Están _____ las puertas del gimnasio? *(open)*
3. Ese escritor está _____ . *(dead)*
4. El laboratorio está _____ . *(closed)*
5. Los trabajos ya están _____ . *(done)*

D. The present perfect. Complete the sentences with the present perfect tense of the verbs given.

1. El arquitecto no _____ (venir) hoy.
2. Los abogados no me _____ (decir) nada.
3. ¿Tú _____ (escribir) el informe de biología?
4. Yo no _____ (hacer) el trabajo todavía.
5. ¿Uds. _____ (hablar) con la bibliotecaria?
6. Nosotros nunca _____ (enojarse) con ellos.

E. The past perfect (pluperfect). Complete the following sentences with the past perfect tense of the verbs given.

1. Cuando yo llegué, la clase ya _____ (terminar).
2. Elsa dijo que ellos _____ (ir) al laboratorio.
3. El carpintero me _____ (decir) que venía hoy.
4. Yo ya _____ (terminar) el trabajo.
5. Nosotros todavía no nos _____ (matricular).
6. ¿Tú le _____ (preguntar) cuál era su especialización?

F. Just words . . . Match the questions in column A with the answers in column B.

A	B
1. ¿Adónde vas?	a. Administración de empresas.
2. ¿Qué materias estás tomando?	b. El año próximo.
3. ¿Quién es tu consejero?	c. No, es plomero.
4. ¿Qué tal te va?	d. Al laboratorio.
5. ¿Qué tienes que escribir?	e. Sí, para pagar la matrícula.
6. ¿Qué nota sacaste?	f. Física, química y sociología.
7. ¿Estudia periodismo?	g. No, quedé suspendido.
8. ¿Necesitas dinero?	h. El Dr. Peña.
9. ¿Aprobaste el examen?	i. Un informe para mi clase de biología.
10. ¿Es carpintero?	j. No muy bien.
11. ¿Qué carrera estudia?	k. Una "B".
12. ¿Cuándo te gradúas?	l. Sí, quiere trabajar para el *Times*.

G. Culture. Answer the following questions, based on the **Panorama hispánico** section.

1. ¿Cuál es la capital de Argentina?
2. ¿Cuál es la música típica de Argentina?
3. ¿Cómo ha sido llamada Buenos Aires?
4. ¿Qué cataratas famosas hay en Argentina?

Lección 15

A. The future. Rewrite the following sentences using the future tense.

1. Le vamos a decir que necesita descansar.
2. ¿Qué van a hacer Uds.?
3. No van a querer ir.
4. Lo voy a saber mañana.
5. No van a poder venir.
6. ¿Adónde vamos a ir?
7. ¿Dónde lo vas a poner?
8. Nosotros vamos a venir con él.
9. Voy a tener que preguntárselo.
10. Vamos a salir mañana.

B. The conditional. Rewrite the following sentences, using the conditional tense.

1. Yo voy a Paraguay.
2. Nosotros les recetamos antibióticos.
3. ¿Tú se lo dices?
4. Ellos hablan con Dora.
5. ¿Ud. lo pone en el consultorio?
6. ¿Uds. vienen el domingo?
7. Julio pide miel.
8. Nosotros lo hacemos hoy.
9. Tú no sales con ella.
10. Ella no va sola.

C. The future perfect. Complete the following sentences, using the future perfect of the verbs given.

1. Para mañana, el médico me _____ (decir) qué medicina debo tomar.
2. Para las cuatro de la tarde, ellos _____ (volver) del consultorio.
3. Para el domingo, yo _____ (mejorar).
4. Para las cinco, nosotras ya _____ (merendar).
5. ¿Tú me _____ (traer) la silla de ruedas para el mediodía?

D. The conditional perfect. Complete the following sentences, using the conditional perfect of the verbs given.

1. Yo _____ (tomar) aspirinas.
2. Ellos _____ (venir) a eso de las tres.
3. La enfermera te _____ (poner) una inyección antitetánica.
4. De haber sabido que estabas enferma, nosotros _____ (ir) a verte.
5. ¿Qué _____ (hacer) tú?

E. Just words . . . Choose the word or phrase in parentheses that best completes each sentence.

1. Ella es alérgica a la (radiografía, penicilina, clase).
2. Comemos con (los oídos, los dientes, el pecho).
3. Hablamos con (la espalda, los dedos, la lengua).
4. Vemos con (los ojos, la boca, las orejas).
5. Caminamos con (las manos, el cuello, los pies).
6. Tuvo un accidente. Lo llevaron al hospital en una (garganta, salud, ambulancia).
7. ¿Te (rompiste, atropellaste, evitaste) el brazo alguna vez?
8. Me dolía mucho (la pierna, el pelo, el consultorio).
9. Tenía ciento tres (fiebre, gripe, grados) de temperatura.
10. ¿Cuándo fue la última vez que le (cortaron, quebraron, pusieron) una inyección antitetánica?
11. ¿Por qué tomaste aspirina? ¿Tenías (dolor de cabeza, tos, frío)?
12. ¿Tienes Alka Seltzer? Es para (el pecho, el estómago, los dedos de los pies).
13. Va a tener un niño. Está (cansada, enferma, embarazada).
14. Raúl no se siente bien. El médico dice que tiene (pastillas, gripe, recetas).

F. Culture. Complete the following sentences, based on the **Panorama hispánico** section.

1. La mayoría de los paraguayos hablan dos idiomas, el español y el _____.
2. La represa de _____ es la mayor planta hidroeléctrica del mundo.
3. Paraguay y Bolivia no tienen salida al _____.
4. El _____ es el lago navegable más alto del mundo.
5. Bolivia tiene dos capitales: Sucre y _____.

Las actividades al aire libre
Ramón no es muy atlético

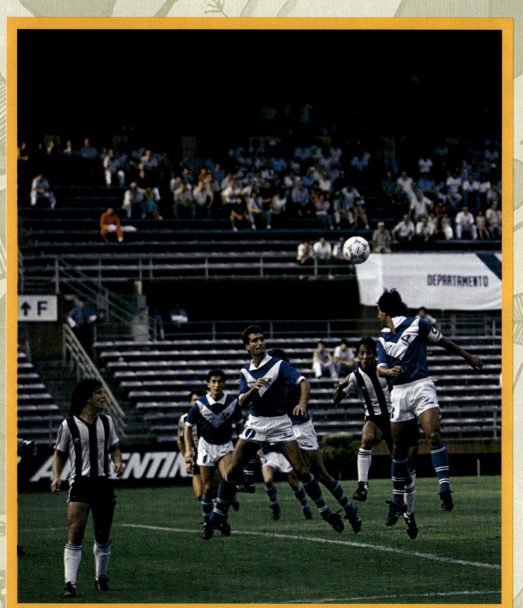

Ramón no es muy atlético

Ramón, Isabel, Néstor y Estrella son cuatro amigos inseparables que se conocen desde que estaban en el jardín de infantes en una escuelita de Montevideo. Hoy están en la casa de Isabel, charlando y tomando mate. Isabel y Estrella estaban leyendo la revista TodoVida *cuando los muchachos llegaron y ahora les están contando algo sobre un artículo.*

ISABEL —El artículo es sobre cómo viven los millonarios, especialmente cuando van de vacaciones… A esquiar a Bariloche, a escalar montañas en Chile, a hacer surfing en Río de Janeiro…

RAMÓN —Yo traté de hacer surfing una vez… ¡Casi me ahogo!

ESTRELLA —¡Ay, Ramón! Y aquella vez que fuimos a patinar, ¡te caíste como diez veces!

NÉSTOR —¡Dejen tranquilo al pobre Ramón! ¿Quieren ver el partido de fútbol el domingo? Juega Peñarol.[1]

ISABEL —¿En el estadio? ¿Podemos conseguir entradas?

NÉSTOR —No, en mi casa. Mis padres invitaron a unos amigos de ellos a un asado, y van a estar en el patio. ¡Tenemos el televisor a nuestra disposición!

RAMÓN —¡Y asado! ¿Y le pediste a tu mamá que hiciera empanadas[2]?

ESTRELLA —Bueno, si vamos a comer asado y empanadas, Isabel y yo aceptamos… ¡si ustedes van a misa con nosotras!

ISABEL —*(Mira la revista.)* Aquí hay otro artículo sobre Fernando Peñarreal, el campeón de tenis… ¡Es divino! ¡Y no hay nadie que haya viajado tanto como él… ni ganado tantos partidos!

ESTRELLA —Todas las chicas están enamoradas de él. ¡Y dicen que no es nada orgulloso! Los fines de semana le gusta ir a acampar con sus amigos… ¡Y sabe armar su propia tienda de campaña!

RAMÓN —Yo tengo una tienda de campaña, pero es de plástico…

NÉSTOR —¡Tengo una idea! ¿Por qué no vamos a pescar?

RAMÓN —¡¿Estás loco?! ¡Yo trabajo en una pescadería! Y mi papá me dijo que comprara pescado para la cena esta noche…

ISABEL —Además, ¡Estrella y yo nos aburriríamos como ostras! ¿Por qué no hacemos un picnic en Pocitos[3] mañana? Podemos nadar un poco, broncearnos, jugar al vólibol… ¡Es más divertido!

RAMÓN —¡Exactamente! Y, lo que es más importante, ¡es gratis!

NÉSTOR —*(Bromeando)* ¡Y yo te puedo enseñar a hacer surfing!

RAMÓN —No, gracias… ¡Dame otro mate!

---

[1]Famoso equipo de fútbol de Uruguay
[2]**empanadas** = *meat turnovers*
[3]Playa de Montevideo

¿Quién lo dice?

Identify the person who said the following in the dialogue.

1. Yo traté de hacer surfing una vez... ¡Casi me ahogo! _____
2. ¡Dejen tranquilo al pobre Ramón! _____
3. ¡Tenemos el televisor a nuestra disposición! _____
4. Todas las chicas están enamoradas de él. _____
5. Yo tengo una tienda de campaña, pero es de plástico... _____
6. El artículo es sobre cómo viven los millonarios, sobre todo cuando se van de vacaciones... _____
7. ¿Por qué no hacemos un picnic en Pocitos mañana? _____
8. Y aquella vez que fuimos a patinar, ¡te caíste como diez veces! _____

a. Isabel

b. Ramón

c. Estrella

d. Néstor

Para conversar

With a partner, take turns asking and answering the following questions. Base your answers on the dialogue and on your own circumstances.

1. ¿Desde cuándo se conocen los cuatro amigos? ¿Desde cuándo conoces tú a tu mejor amigo(-a)?
2. ¿Sobre qué es el artículo que están leyendo las chicas? ¿Qué tipo de artículos te interesa leer?
3. ¿Qué pasó cuando Ramón trató de hacer surfing? ¿A ti te gusta hacer surfing?
4. ¿Ramón sabe patinar? ¿Cuándo fue la última vez que fuiste a patinar?
5. ¿Dónde van a ver los chicos el partido de fútbol? ¿Qué deporte prefieres tú?
6. ¿Qué les gusta comer a Isabel y a Estrella? ¿Qué prefieres comer tú?
7. ¿Cómo se llama el campeón de tenis? ¿Quién es el campeón de tenis de este país?
8. ¿Qué le gusta hacer a Fernando Peñarreal los fines de semana? ¿Qué te gusta hacer a ti?
9. ¿Les gusta a las chicas la idea de ir a pescar? ¿Por qué? ¿Tú prefieres pescar o hacer un picnic?
10. ¿Qué puede enseñarle Néstor a Ramón? ¿Tú eres experto(-a) en algún deporte? ¿En cuál?

Cognados

la actividad activity	**divino(-a)** divine	**el plástico** plastic
el artículo article	**el estadio** stadium	**el tenis** tennis
atlético(-a) athletic	**millonario(-a)** millionaire	**el vóllibol** volleyball

Nombres

la actividad al aire libre outdoor activity

el asado barbecue

el (la) campeón(-ona) champion

la entrada ticket (to an event)

el fútbol soccer

el jardín de infantes (de infancia) kindergarten

la misa mass (Catholic service)

la ostra oyster

la tienda de campaña tent

Verbos

aburrirse to be bored

acampar to camp

ahogarse to drown

armar to pitch (a tent)

broncearse to get a tan

caerse (yo me caigo) to fall

escalar to climb

esquiar to ski

ganar to win

patinar to skate

pescar to fish, to catch (a fish)

Adjetivos

divertido(-a) fun

enamorado(-a) (de) in love (with)

loco(-a) crazy

orgulloso(-a) proud

propio(-a) own

Otras palabras y expresiones

a nuestra disposición at our disposal

aburrirse como una ostra to be bored to death

como about

dejar tranquilo to leave alone

hacer surfing to surf

hacer (tener) un picnic to have a picnic

ir a acampar to go camping

ir a pescar, ir de pesca to go fishing

no es nada orgulloso(-a) he (she) is not proud at all

una vez once

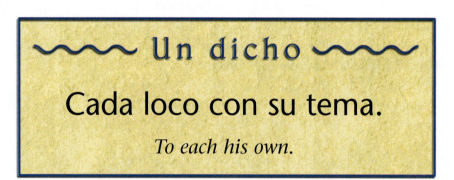

~ Un dicho ~

Cada loco con su tema.

To each his own.

VOCABULARIO ADICIONAL

Deportes y actividades al aire libre *(Sports and outdoor activities)*

el palo de golf

jugar¹ al golf

la escopeta

cazar

la raqueta

jugar¹ al tenis

el velero
el salvavidas
el mar
la arena
tomar el sol
el traje de baño

la nieve
el pino
la cabaña
la canoa

Norte
Oeste
Este
Sur

Más sobre las actividades al aire libre

el campo country, countryside
divertirse (e:ie) to have fun

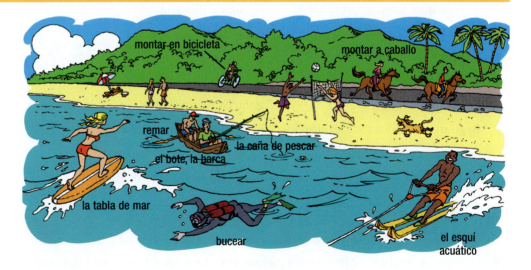

montar en bicicleta
montar a caballo
remar
la caña de pescar
el bote, la barca
la tabla de mar
bucear
el esquí acuático

---

¹Present indicative: **juego, juegas, juega, jugamos, jugáis, juegan**

Práctica

A. Write the words or phrases that correspond to the following:

1. lugar donde se juega al fútbol _____

2. opuesto de "perder" _____

3. opuesto de "divertirse" _____

4. se necesita para jugar al tenis _____

5. opuesto de "ciudad" _____

6. ceremonia católica _____

7. se necesita para jugar al golf _____

8. tipo de árbol _____

9. bote _____

10. persona que tiene un millón de dólares _____

C. Select the word or phrase that best completes each sentence.

1. Vamos a acampar. Necesitamos (la entrada, la tienda de campaña, el asado).

2. Voy a jugar al tenis. ¿Puedes prestarme tu (escopeta, campo, raqueta)?

3. Tiene cinco años. Asiste (a la escuela secundaria, a la Facultad de Medicina, al jardín de infantes).

4. Me gustan las actividades al aire (libre, loco, propio).

5. ¿Viven en el norte o en el (campo, sur, país)?

6. El pobre muchacho fue al río y casi se (divirtió, aburrió, ahogó).

7. Tenemos que (armar, patinar, ganar) la tienda de campaña.

8. Queremos (dejar, hacer, comprar) un picnic.

9. Déjame (orgulloso, divertido, tranquilo).

10. Tenemos la casa a nuestra (disposición, solución, conversación).

B. Match the questions in column A with the responses in column B.

A	B
___ 1. ¿Te aburriste?	a. Sí, pero no es nada orgulloso.
___ 2. ¿Luis tiene novia?	b. No, alquilaron una cabaña.
___ 3. Él es muy famoso, ¿verdad?	c. No, en bicicleta.
___ 4. ¿No vas a la playa?	d. De plástico.
___ 5. ¿Vas a montar a caballo?	e. No, no saben remar.
___ 6. ¿Van en canoa?	f. Sí, son los campeones.
___ 7. ¿Acamparon?	g. Sí, como una ostra.
___ 8. ¿Ganaron todos los partidos?	h. No, no tenemos entradas.
___ 9. ¿Van a ver el partido?	i. Sí, y está muy enamorado.
___ 10. ¿De qué es la mesa?	j. No, no tengo traje de baño.

Para conversar

 Una semana inolvidable. With a partner, play the roles of two activity directors for a children's camp. Discuss the activities that you will have for a week and equipment you will need.

 **Vocabulario: Compruebe** Self-Test

Pronunciación

Pronunciation in context

In this lesson, there are some new words or phrases that may be challenging to pronounce. For further pronunciation practice of Spanish sounds, listen to your instructor and repeat the following sentences.

1. Se conocen **desde** que estaban en el **jardín** de infantes.

2. Isabel y **Estrella** estaban leyendo una revista.

3. El **artículo** es sobre cómo viven los **millonarios.**

4. ¡Tenemos el televisor a nuestra **disposición!**

5. Fernando **Peñarreal** es el campeón de tenis.

6. Estrella y yo nos **aburriríamos** como ostras.

7. Podemos nadar un poco y **broncearnos.**

8. **¡Exactamente!** ¡Y yo te puedo enseñar a hacer surfing!

Las aventuras de Marcelo

Ubíquese... y búsquelo

Ramón will be out of town next weekend, and because he doesn't like sports, his three friends are going to take the opportunity to pack as many outdoor sports and activities into their weekend as possible. Go to **www.college.hmco.com** and research some of the things they can do in the Río de la Plata area, near Montevideo. How many kinds of sports and outdoor activities can you find for them to do? In the next class, team up with two classmates to discuss your findings.

¿Lo sabía Ud.?

• Tomar **mate** es una costumbre típica en Uruguay, Argentina, Paraguay y el sur de Brasil. El mate es una especie de té que se bebe en un recipiente especial con una bombilla *(straw)* que generalmente es de plata. Compartir con alguien el mate es una señal *(sign)* de amistad. En Uruguay se ve gente tomando mate en todas partes y a todas horas.

• Aunque el básquetbol, el vólibol, el ciclismo y la natación son muy populares en Uruguay, el fútbol es el deporte nacional. Generalmente se juega los domingos, día en que los estadios están llenos de fanáticos de este deporte. Los niños comienzan a jugar al fútbol desde pequeños.

• En cualquier reunión familiar, están siempre presentes el asado y las empanadas, comidas típicas de los países del Cono Sur *(Southern Cone)*. La comida italiana es también muy popular allí.

Para comparar

1. ¿Qué bebidas son muy populares en este país?
2. ¿Cuáles son los deportes favoritos de este país?
3. ¿Cuáles son las comidas típicas de este país?

En imágenes *Deportes y actividades al aire libre*

MÉXICO
México, D.F.
JAMAICA
CUBA
HAITÍ
REPÚBLICA DOMINICANA
PUERTO RICO
BELICE
HONDURAS
GUATEMALA
NICARAGUA
EL SALVADOR
PANAMÁ
COSTA RICA
Caracas
VENEZUELA
Bogotá
COLOMBIA
Quito
ECUADOR
PERÚ
Lima
BRASIL
Brasilia
BOLIVIA
La Paz
Sucre
PARAGUAY
Asunción
CHILE
ARGENTINA
URUGUAY
Santiago
Buenos Aires
Montevideo
Bariloche

Las artes marciales y los ejercicios aeróbicos, Ciudad de México

Antes del juego, pintura *(painting)* de Claudio Bravo, chileno (1936–)

Andinismo *(mountain climbing)* es el "alpinismo" cuando se practica en la cordillera *(mountain range)* de los Andes

Jugando al fútbol, equipo nacional uruguayo

Estructuras

1 The imperfect subjunctive (El imperfecto de subjuntivo)

A. Forms

To form the imperfect subjunctive of all Spanish verbs—regular and irregular—drop the **-ron** ending of the third-person plural of the preterit and add the following endings to the stem.[1]

LEARNING TIP

Review the forms of the preterit before you attempt to learn the forms of the imperfect subjunctive.

Imperfect Subjunctive Endings	
-ra form	
-ra	-´ramos
-ras	-rais
-ra	-ran

LEARNING TIP

Not all learning takes place in class or while you are "studying". To help you assimilate the use of this tense, do the following. Each time someone tells you or asks you to do something, think of what it was. For example: Someone asked you to call him. **(Me pidió que lo llamara.)** Make sure you use correct forms.

Formation of the Imperfect Subjunctive

Verb	Third-person plural preterit	Stem	First-person singular imperfect subjunctive
hablar	hablaron	habla-	**hablara**
aprender	aprendieron	aprendie-	**aprendiera**
vivir	vivieron	vivie-	**viviera**
dejar	dejaron	deja-	**dejara**
ir	fueron	fue-	**fuera**
saber	supieron	supie-	**supiera**
decir	dijeron	dije-	**dijera**
poner	pusieron	pusie-	**pusiera**
pedir	pidieron	pidie-	**pidiera**
estar	estuvieron	estuvie-	**estuviera**

ATENCIÓN: The **nosotros** form of the imperfect subjunctive always takes an accent on the vowel that precedes the **-ra** ending: **habláramos.**

Práctica

Give the imperfect subjunctive forms of the following verbs.

1. yo: ganar, volver, pedir, decir, recibir
2. tú: ser, dormir, querer, dar, conocer
3. él: ir, estar, poner, conducir, servir
4. nosotros: saber, poder, regresar, conseguir, hacer
5. ellos: tener, recetar, comenzar, seguir, mentir

---

[1]A second form of the imperfect subjunctive ends in **-se** rather than **-ra: hablase, hablases, hablase, hablásemos, hablaseis, hablasen.** The two forms are interchangeable, but the **-ra** form is more commonly used.

Te dije que no lo **insultaras.**

B. Uses

The imperfect subjunctive is used in a subordinate clause when the verb of the main clause is in the past and calls for the subjunctive.

—¿Qué te dijo René?
"What did René tell you?"
— Me dijo que **leyera** el artículo.
"He told me to read the article."

—¿Qué le pediste a tu mamá?
"What did you ask your Mom?"
—Le pedí que **hiciera** empanadas.
"I asked her to make empanadas."

When the verb of the main clause is in the present, but the subordinate clause refers to the past, the imperfect subjunctive is used.

—Es una lástima que no **fueras** al teatro ayer.
"It's a pity that you didn't go to the theater yesterday."
—No me sentía bien.
"I wasn't feeling well."

Práctica

A. Complete the following dialogues, using the imperfect subjunctive of the verbs given. Then act them out with a partner.

1. —¿Qué te dijo Cristina?

   —Me dijo que _____ (comprar) las entradas y se las _____ (traer) a su casa.

2. —¿Qué quería Eduardo?

   —Quería que nosotros lo _____ (llevar) al estadio y que _____ (ir) con él a esquiar.

3. —¿Por qué no te llevaron a escalar la montaña?

   —Porque temían que yo _____ (caerse) y _____ (romperse) una pierna.

4. —Yo quería que tú _____ (poner) la bolsa de dormir en la tienda de campaña.

   —Sí, pero yo no creí que tú la _____ (necesitar) hoy mismo.

5. —Siento que Uds. no _____ (poder) venir a la cabaña ayer.

   —Yo no me sentía bien. Le dije a Jorge que te _____ (llamar) y que te lo _____ (decir).

B. Describe all the things your parents did and did not want you to do at college, using the cues provided and the imperfect subjunctive.

Mis padres querían que yo…

1. *escribirles* todas las semanas
2. *llamarlos* por teléfono los domingos
3. *tomar* varias clases el primer semestre
4. *estudiar* mucho
5. *abrir* una cuenta corriente en el banco
6. *hacer* la tarea todos los días
7. *levantarme* temprano
8. *visitarlos* en las vacaciones

Mis padres no querían que yo…

1. *vivir* lejos de la universidad
2. *ir* a muchas fiestas
3. *comer* hamburguesas todos los días
4. *gastar* mucho
5. *pedirles* dinero extra todos los meses
6. *conducir* muy rápido
7. *olvidarme* de tomar la medicina
8. *acostarme* muy tarde

Para conversar

Esperanzas y temores. With a partner, talk about what your parents and other people in your life hoped you would do and what they feared you would do.

3 Some uses of the prepositions **a**, **de**, and **en** (*Algunos usos de las preposiciones* ***a***, ***de*** *y* ***en***)

A. A

The preposition **a** *(to, at, in)* expresses direction toward a point in space or a moment in time. It is used for the following purposes:

■ to indicate the time (hour) of day

A las cinco salimos para Montevideo.	*At five we leave for Montevideo.*

■ after verbs of motion, when followed by an infinitive, a noun, or a pronoun

Siempre venimos **a** pescar aquí.	*We always come to fish here.*

■ after the verbs **empezar**, **comenzar**, **enseñar**, and **aprender**, when followed by an infinitive

Ellos **empezaron a** esquiar.	*They started skiing.*
Yo puedo **enseñarte a** patinar.	*I can teach you to skate.*

■ after the verb **llegar**

¿Cuándo **llegaron a** Río?	*When did they arrive in Rio?*

■ before a direct object noun that refers to a specific person. It may also be used to personify an animal or a thing.

Yo no conozco **a** tu padrino.	*I don't know your godfather.*
Bañé **a** mi perro.	*I bathed my dog.*

> 👁 **ATENCIÓN:** If the direct object is not a definite person, the personal **a** is not used.
>
> | | |
> |---|---|
> | Busco un buen médico. | *I'm looking for a good doctor.* |

B. De

The preposition **de** *(of, from, about, with, in)* indicates possession, material, and origin. It is also used in the following ways:

■ to refer to a specific period of the day or night when telling time

Ayer buceamos hasta las tres **de** la tarde.	*Yesterday we dived until three in the afternoon.*

■ after the superlative to express *in* or *of*

Orlando es el más simpático **de** la familia.   *Orlando is the nicest in the family.*

■ to describe personal physical characteristics

Es morena, **de** ojos negros.   *She is brunette, with dark eyes.*

■ as a synonym for **sobre** or **acerca de** *(about)*

Hablaban **de** todo menos **de** deportes.   *They were talking about everything except about sports.*

C. En

The preposition **en** *(at, in, on, inside, over)* in general situates someone or something within an area of time or space. It is used for the following purposes:

■ to refer to a definite place

Están **en** el campo de golf.   *They are at the golf course.*

■ as a synonym for **sobre** *(on)*

Está sentada **en** la silla.   *She is sitting on the chair.*

■ to indicate means of transportation

Nunca he viajado **en** avión.   *I have never traveled by plane.*

Práctica

A. Complete the following letter, adding the missing prepositions.

Querida Alicia:

Como te prometí, te escribo en seguida. Ayer llegamos _____ Río. Es una _____ las ciudades más hermosas _____ Brasil. Llegamos _____ las tres _____ la tarde y fuimos _____ buscar hotel.

_____ el hotel conocimos _____ unos chicos muy simpáticos que nos invitaron a salir con ellos. Yo salí con Carlos, que es alto, moreno, _____ ojos verdes. Me ha dicho que me va _____ enseñar _____ bailar la samba. Espero aprender _____ bailar otros bailes también. Mañana vamos _____ ir _____ visitar el Pan de Azúcar. Vamos _____ ir _____ el coche _____ Carlos.

Bueno, _____ la próxima carta espero poder contarte más _____ mi vida _____ esta hermosa ciudad.

Isabel

B. Use the illustrations to complete the following sentences. Use appropriate prepositions.

1. Delia va a...

2. Sergio y Toña están...

3. Beatriz es rubia...

4. Teresa se quedó...

5. Rogelio quiere ir al club...

6. Tito salió de su casa...

7. Julio es... grupo.

8. Eva llega...

Para conversar

 Una cita. With a partner, talk about someone you met recently or someone you went out with. Include information about where you went, what time you left and returned home, what the person is like, and what you talked about.

3 The present perfect subjunctive (El pretérito perfecto de subjuntivo)

■ The present perfect subjunctive is formed with the present subjunctive of the auxiliary verb **haber** + *the past participle* of the main verb.

3–70

Present subjunctive of haber	
haya	hayamos
hayas	hayáis
haya	hayan

Formation of the Present Perfect Subjunctive

yo	**haya cambiado**
tú	**hayas temido**
Ud.	
él	**haya salido**
ella	
nosotros(-as)	**hayamos hecho**
vosotros(-as)	**hayáis puesto**
Uds.	
ellos	**hayan visto**
ellas	

The present perfect subjunctive is used in the same way as the present perfect tense in English, but only in sentences that require the subjunctive in the subordinate clause. It is used to describe events that have ended prior to the time indicated in the main clause.

—Me alegro de que **hayas venido.** *"I'm glad you have come."*

—Es una lástima que papá no **haya podido** venir conmigo. *"It is a pity that Dad has not been able to come with me."*

—¿Hay alguien aquí que **haya estado** en Punta del Este? *"Is there anyone here who has been in Punta del Este?"*

—No, no hay nadie que **haya viajado** a Uruguay. *"No, there's no one who has traveled to Uruguay."*

Práctica

A. Complete the following dialogues, using the present perfect subjunctive forms of the verbs given. Then act them out with a partner.

1. —¿Dices que no hay nadie que te _____ (ganar) jugando al tenis?

   —No es verdad que yo _____ (decir) eso.

2. —Dudo que Olga _____ (leer) ese artículo.

   —Bueno… si lo ha leído, no creo que lo _____ (entender).

3. —¿Dónde están los chicos?

   —No sé, pero espero que ya _____ (volver) a casa.

4. —Siento que tú no _____ (ir) a esquiar con tus amigos.

   —Y yo me alegro de que tú y yo _____ (poder) conversar un rato.

5. —¿Aquí hay alguien que _____ (hacer) un viaje a Uruguay?

   —No, no hay nadie que _____ (estar) allí.

B. Express your own feelings and those of the people mentioned, using the present perfect subjunctive.

1. Yo espero que el salvavidas…
2. Ojalá que mis padres…
3. Es una lástima que mi familia…
4. Mis padres no creen que yo…
5. No es verdad que mis amigos…
6. Me alegro mucho de que Ud.…
7. Yo siento que mi compañero de cuarto…
8. Yo espero que mi equipo…

Para conversar

Díganos… With a partner, prepare two questions to ask your classmates about their life experiences and what they have done. Use the present subjunctive and always begin with "¿Hay alguien aquí que…?"

Estructuras: Compruebe Self-Test

Así somos

¿Qué dice Ud.?

 What would you say in the following situations? What might the other person say? Act out the scenes with a partner. Take turns playing each role.

1. On your vacation, you learned how to swim and ride a horse, and you caught a fish. Someone asks whether you had a good time. Say what you did.

2. A friend invites you to go camping. You don't have a tent or a sleeping bag, and you want to know what else you will need.

3. You are trying to convince a friend to go camping. Tell him or her how much fun it can be and all the things you can do together.

Para conocernos mejor

 To do this activity, work with a classmate whom you would like to get to know. Take turns asking and answering these questions.

1. ¿Recuerdas a tus amigos del jardín de infantes? ¿Eres amigo(-a) de alguno de ellos todavía? ¿Qué te gusta hacer con los amigos que tienes ahora?

2. ¿Qué actividades al aire libre te gustan? ¿Prefieres acampar o alquilar una cabaña? ¿Te gusta más montar a caballo o en bicicleta? ¿Te gusta más cazar o pescar? ¿Has ido a bucear alguna vez?

3. ¿Prefieres ir a la montaña o a la playa? Cuando vas a la playa, ¿tomas el sol para broncearte o prefieres nadar todo el tiempo? ¿Te gusta hacer surfing? ¿Has trabajado de salvavidas alguna vez? ¿Te gustaría ir a pasear en velero?

4. ¿Cuál es tu deporte favorito? ¿Has jugado al golf alguna vez? ¿Prefieres el fútbol o el fútbol americano? ¿Qué crees que es más divertido, jugar al tenis o al béisbol? ¿Prefieres patinar o esquiar?

5. Si fueras a pescar, ¿te divertirías o te aburrirías como una ostra? ¿Qué cosas te aburren? ¿Cuál es tu actividad favorita para divertirte?

Una encuesta

 Interview your classmates to identify who fits the following descriptions. Include your instructor, but remember to use the **Ud.** form when addressing him/her. After finishing the survey, get together with two or three classmates and discuss the results.

Nombre

1. *Le gusta tomar el sol en la arena.* _____

2. *Le gusta escalar montañas.* _____

3. *Sabe nadar.* _____

4. *Tiene una tabla de mar.* _____

5. *Practica esquí acuático.* _____

6. *Tiene una cabaña a su disposición.* _____

7. *Es muy atlético(-a).* _____

8. *Tiene una escopeta para ir a cazar.* _____

Al escuchar...

Estrategia

Identifying word boundaries practice I. In **Lección 10** you practiced recognizing units of meaning, that is, detecting where one word ends and the next one begins. Developing this skill takes a lot of practice.

Imagine that you work at a radio station. You need to prepare the transcript of what you hear for a press conference. Listen to several sentences that appear transcribed below without spacing between words. Mark the divisions between words and punctuate the sentences.

Lanuevacampeonadetenisdeuruguayesmaríaalonsonadiehaganadotantospartidoscomoellamaríaesunajoven muyatractivaynoesnadaorgullosaademásdeltenisellapracticaotrosdeportescomoelesquíacuáticoyelgolf

Al conversar...

Estrategia

Transitioning between ideas. In **Lección 15** you practiced listening for Spanish transition words and expressions in a conversation. Now strive to use those markers in conversation.

Para escuchar

Your instructor will read some information about Héctor and Anabel. After reading it twice, he/she will make statements about them. On a sheet of paper, write numbers one to six and indicate whether each statement is true **(verdadero)** or false **(falso)**.

Para crear

Get together in groups of three or four and "create" the scenario for this photo. Say who each person is, how long they have been on vacation, how they are getting along, what they did already, and what their plans are for the next few days.

¡Vamos a escribir!

Un cuento breve. Using your imagination, write a short story about two friends who are spending their summer vacation together.

Estrategia Antes de escribir

Writing a short story. Fiction writers write because they love to, but they also go through a lot of effort to learn their craft and find their "voice." Think of two people (imagined or real) whose tastes differ dramatically when it comes to leisure activities and sports: one likes the outdoors while the other prefers city life. Write a brief story in which they discuss their plans for a vacation, make decisions, and finally spend their vacation together. Do the following:

1. Brainstorm about all outdoor and leisure activities that you know.
2. Imagine the personalities and tastes of your two characters and where they live.
3. Is there a conflict? If so, is it resolved?

A escribir un cuento breve

Write the **primer borrador** of your story.

Estrategia Después de escribir

 Before writing the final version, your instructor might want you to exchange your first draft with a classmate and peer edit each other's work, using the following guidelines.

- use of the imperfect subjunctive whenever necessary
- use of the present perfect subjunctive whenever necessary
- subject-verb agreement in both the main and the subordinate clauses
- uses of the prepositions **a**, **de**, and **en**

Rincón literario

Horacio Quiroga
(Uruguay: 1878–1935)

Horacio Quiroga es conocido por el dramatismo de sus cuentos y por su fino sentido del suspenso. En casi toda su obra vemos la influencia de las tragedias que experimentó en su vida. Sin embargo, en su cuento "Tres cartas… y un pie", que aparece a continuación, Quiroga experimenta con la comunicación epistolar (intercambio de cartas) para dar estructura a este relato *(story)* que, a diferencia de los demás, es humorístico.

◉— Estrategia | Antes de leer

 A. Skimming. The title of this story seems puzzling at first: Whatever has a foot to do with letters?! With a partner, skim through the reading and try to figure out a possible reason for this title.

 B. Creating your own suspense. Read the first letter from M.R. with a partner, and briefly discuss:

1. What kind of response do you think M.R. will get?

2. How or what would you yourself answer?

3. Imagine responses of M.R. to your version of the story and discuss.

C. As you reread the story, find the answers to the following questions.

1. ¿Por qué quiere M.R. que el autor publique con el nombre de él lo que ella escribió?

2. ¿Cómo se describe M.R.?

3. Según M.R., ¿qué hacen los hombres antes de subir a un tranvía?

4. Según M.R., algunos hombres prefieren ir cómodos. ¿Qué prefieren otros?

5. ¿Qué hace M.R. cuando un hombre se sienta a su lado?

6. Mientras algunos hombres parecen estar pensando en la luna, ¿qué hacen en realidad?

7. ¿Qué hace M.R. cuando el pie de su vecino está a medio camino del suyo?

8. Cuando los hombres se dan cuenta de su fracaso, ¿qué hacen quince de diecisiete veces?

9. ¿Qué dice M.R. que conviene evitar?

10. Cuando H.Q. le pregunta si alguna vez le ha sido difícil alejar su pie, ¿qué le contesta ella?

A leer

Tres cartas... y un pie (Adaptado)

Señor:

Le envío estas líneas, esperando que tenga la amabilidad de publicarlas con su nombre, pues sé que no las admitirían en un periódico firmadas por mí.

Dos veces por día tomo el tranvía y hace cinco años que hago el mismo recorrido. Tengo veinte años, soy alta, delgada y no mal parecida. Creo saber juzgar a la mayoría de los hombres.

Usted sabe que es costumbre de ustedes, antes de subir al tranvía, echar una ojeada hacia adentro para estudiar las caras de las mujeres. Después suben y se sientan. Pues bien, desde que el hombre se acerca al coche y mira hacia adentro, yo sé perfectamente qué clase de hombre es. Sé si es serio, o si quiere aprovechar bien los diez centavos, con una rápida conquista. Sé quiénes quieren ir cómodos, y nada más, y quiénes prefieren la incomodidad al lado de una chica.

Cuando el asiento a mi lado está vacío, sé cuáles son los indiferentes que se sentarán en cualquier lado y cuáles son los que dejarán siete asientos libres para buscar la incomodidad a mi lado. Cuando esto sucede, yo me corro hacia la ventanilla para dejarle amplio lugar a mi vecino.

¡Amplio lugar! Ésta es una simple expresión, pues si una persona lo observa, nota que el cuerpo del hombre empieza a deslizarse poco a poco hacia la ventanilla, donde está la chica que él no mira ni parece importarle en lo más mínimo. Así son: podría jurarse que están pensando en la luna. Entre tanto, el pie derecho (o el izquierdo) continúa deslizándose imperceptiblemente.

Confieso que en estos casos tampoco me aburro. Mi diversión consiste en lo siguiente: desde el momento en que el seductor ha apreciado con perfecta exactitud la distancia a recorrer con el pie, raramente baja los ojos. La gracia para él está en el contacto, no en la visión. Pues bien: cuando él está a medio camino, yo comienzo la maniobra que él ejecutó, también con aire distraído, solamente que en la dirección inversa. No mucho, diez centímetros son suficientes.

Imagínese la sorpresa de mi vecino cuando al llegar por fin al lugar exactamente localizado, no encuentra nada. Nada; su zapato está perfectamente solo. Es demasiado para él; echa una ojeada al piso primero, y a mi cara después… y se da cuenta.

De diecisiete veces, quince, el incómodo señor no insiste más. En los dos casos restantes tengo que recurrir a una mirada de advertencia. A veces basta con un movimiento de cabeza hacia él, pero sin mirarlo. El encuentro con la mirada de un hombre que podría interesarnos real y profundamente es algo que conviene evitar en estos casos.

Su segura servidora,

M.R.

Señorita:

Gracias por su amabilidad. Firmaré con mucho gusto sus impresiones, pero me interesaría, como coautor, saber lo siguiente: Aparte de los diecisiete casos que usted menciona, ¿no ha sentido nunca el menor enternecimiento por algún vecino? ¿No ha tenido jamás un vago sentimiento de abandono que le hiciera particularmente difícil alejar su propio pie?

Es lo que desearía saber,

H.Q.

Señor:

Sí, una vez, una sola vez en mi vida, he sentido ese enternecimiento por una persona, o esta falta de fuerzas en el pie a que usted se refiere. Esa persona era *usted*. Pero usted no supo aprovecharlo.

M.R.

Después de leer… reflexiones

 The central topic of this story is flirting and, specifically, playing footsie. In groups of three, talk about what kinds of things you do, in several circumstances, when you spot someone you find attractive.

PANORAMA

Uruguay

- Uruguay, el país más pequeño de Suramérica, está situado entre Brasil y Argentina, en la costa oriental *(east)* de este continente. Su nombre oficial es República Oriental del Uruguay. Su superficie es casi igual a la del estado de Washington, y más del 80% de su territorio se dedica a la agricultura y a la ganadería *(livestock)*, que son la base de la economía tradicional del país. Sin embargo, en las últimas décadas, el país se ha industrializado rápidamente gracias a la electricidad barata que producen sus plantas hidroeléctricas.

- En Uruguay, igual que en Argentina, se usa *vos* en lugar de *tú* en la conversación informal, y en la parte del país que limita con Brasil, la mayoría de sus residentes son bilingües: hablan español y portugués.

- Para los uruguayos, la carne es el plato esencial de su dieta, y el **mate**, su bebida nacional.

- El deporte nacional es el fútbol. Sus equipos han ganado varios campeonatos mundiales y olímpicos. Además, los uruguayos son amantes de la música y de las fiestas. Su carnaval *(Mardi Gras)* se celebra con música, bailes y desfiles por las calles de Montevideo, la capital.

La Plaza de la Independencia, en Montevideo. En su centro está el monumento al general Artigas, iniciador de la lucha de independencia en Uruguay (1811).

- Montevideo es una de las ciudades más cosmopolitas de Hispanoamérica, y es el centro administrativo, económico y cultural del país. Allí vive casi la mitad de su población, que es de unos 3 millones de habitantes. Otra ciudad importante de Uruguay es Punta del Este, uno de los centros turísticos más famosos de América Latina. Punta del Este está situada a unas dos horas de Montevideo, y es muy popular por sus hermosas playas y por los festivales de cine que allí se celebran.

Mercado al aire libre, Montevideo

Punta del Este, destino internacional de veraneo *(summer vacationing)*, popular centro turístico.

Brasil

- Brasil es el país más grande y más rico de América Latina. Limita con todos los países de Suramérica, excepto Chile y Ecuador. El idioma del país es el portugués, porque Brasil fue colonizado por Portugal.

- El país tiene muchos recursos naturales, incluidas extensas reservas de petróleo y de gas natural. Su principal producto agrícola es el café, pero también produce grandes cantidades de algodón y de azúcar, y su ganadería es muy importante.

- Desde 1960 la capital de Brasil es Brasilia, la ciudad más moderna del mundo. Aislada del interior del país, por la densa selva, la capital sigue prácticamente inaccesible excepto por avión y por eso Río de Janeiro, la antigua capital, y São Paulo siguen siendo las ciudades más importantes del país.

- El turismo tradicional de Brasil iba a Río de Janeiro atraído por su carnaval, el más famoso del mundo, su bello monumento al Cristo Redentor, conocido como el Cristo del Corcovado, el Pan de Azúcar, y sus populares y hermosas playas Copacabana e Ipanema. En las últimas décadas se han agregado al itinerario turístico los viajes por el Amazonas, las visitas a la selva, a Brasilia y a las cataratas de Iguazú.

La formación rocosa *(rock)* el Pan de Azúcar, de granito, tiene 400 metros de alto y es el símbolo de Río de Janeiro.

Brasilia, la capital de Brasil, es una ciudad creada y construida durante los años cincuenta y sesenta. Hoy en día *(Today)* viven allí dos millones de habitantes.

Intelectuales uruguayos

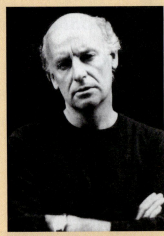

Eduardo Galeano (1940–),
periodista, ensayista e
historiador de América

Mario Benedetti (1920–),
poeta y escritor de ensayo y
de narrativa

Río de Janeiro (Brasil)... la Ciudad Maravillosa[1]

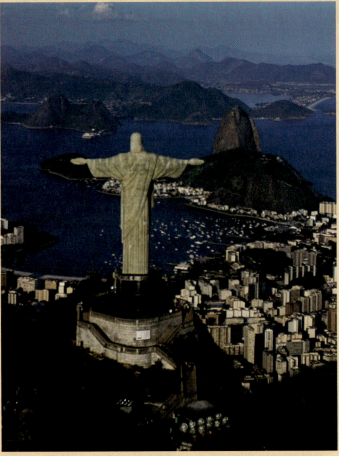

El Cristo Redentor o del Corcovado, monumento esculpido
(sculpted) en piedra, de 30 metros de alto, construido durante
la década de 1920, es otro símbolo de la ciudad.

El Carnaval de Río, uno de los más importantes del
mundo, se viene celebrando hace 200 años. Es el más
grande del mundo: dura *(it lasts)* 5 noches y en él se
dan cita *(come together)* unos 50.000 visitantes.

Nuestro panorama cultural

In groups of three, answer the following questions about your home state, region, or country.

1. ¿Hay variaciones regionales en el idioma que se habla en su país? En la región donde Ud. vive, ¿se dice o se pronuncian algunas expresiones de manera diferente a como se pronuncian en otras partes del país?

2. ¿Hay en su país alguna bebida nacional?

3. ¿Cuáles son algunos de los platos típicos de su país? ¿En qué tipos de alimentos se basa la dieta de su país?

4. ¿Los equipos de su país han ganado competencias o campeonatos mundiales? ¿Qué competencias?

5. ¿Cuáles son las playas más conocidas de su país?

For the next class: Go to the World Wide Web and find photos from your hometown, state, region, or country. Use the questions from **Nuestro panorama cultural** above as guidelines for choosing them. Be ready to present the photos to your classmates.

---

[1]Éste es el epíteto *(appelation, epithet)* con que se conoce a Río de Janeiro.

El mundo de los negocios
Dos entrevistas

La señora Vigo Acosta, jefa de personal de una compañía de importaciones de Madrid, está en su oficina, lista para entrevistar a dos candidatos para el puesto de supervisor del departamento de compras.

La primera entrevista es con Luis Menéndez Cancio, contador público especializado en mercadeo.

SRA. VIGO —Quiero que me hable de su experiencia en el mundo de los negocios, sobre todo en el puesto que desempeñaba en la Compañía Telelux.

LUIS —Muy bien. Yo era segundo jefe de compras de la compañía. Estaba encargado de la selección, evaluación y compra de los equipos electrónicos que vende la compañía: computadoras, impresoras, videograbadoras, fotocopiadoras, sistemas de comunicación telefónica, etc. Tenía seis empleados que trabajaban bajo mi supervisión.

SRA. VIGO —¡Mucha responsabilidad para un hombre tan joven como usted! ¿Y por qué dejó ese puesto, Sr. Menéndez?

LUIS —Porque pedí un aumento y no me lo dieron, a pesar de que, además de mi trabajo, servía de traductor de toda la correspondencia en inglés y, a veces, servía de intérprete.

SRA. VIGO —Entonces, ¿Ud. pensaba que el sueldo que le pagaban no compensaba todo su trabajo?

LUIS —Exactamente. Si me hubieran dado el aumento, habría continuado trabajando allí.

SRA. VIGO —Si le ofreciéramos el puesto, ¿cuándo podría empezar a trabajar?

LUIS —La semana próxima.

SRA. VIGO —Perfecto. Si hoy termino las entrevistas, espero poder avisarle sobre mi decisión mañana mismo.

La segunda entrevista es con Pablo Casas Ariet, que acaba de graduarse y tiene un título en filosofía.

SRA. VIGO —Espero que tenga conocimiento de ordenadores, Sr. Casas.

PABLO —No... Sé escribir a máquina... con dos dedos...

SRA. VIGO —¿No sabe usar un procesador de textos?

PABLO —No... pero creo que puedo mandar un fax...

SRA. VIGO —Gracias, Sr. Casas. En cuanto terminemos las entrevistas, le avisaremos.

PABLO —Bueno. ¡Ah! Si me llama y no estoy en casa, puede dejarme un mensaje en la máquina contestadora. A veces voy a visitar a mi tío, el señor José Ariet...

Pablo sale de la oficina. Elena, la secretaria de la Sra. Vigo, entra con unas carpetas que va a archivar.

ELENA —¿Le va a dar el puesto al Sr. Menéndez? Leí su resumé y las cartas de recomendación de sus antiguos jefes. ¡Quedé muy impresionada!

SRA. VIGO —¡Yo también! Voy a hablar con el Sr. Valdivia, que es el que tiene la última palabra. Si él está de acuerdo conmigo, le ofrecemos el puesto.

ELENA	—¿Y el Sr. Casas? Si hubiera estudiado administración de empresas en vez de filosofía… quizá…
SRA. VIGO	—Le vamos a ofrecer un puesto… el de asistente del Sr. Menéndez.
ELENA	—Porque parece muy inteligente y encantador… y puede aprender muy rápido, ¿verdad?
SRA. VIGO	—No… Porque su tío es uno de los principales accionistas de la compañía…

¿Quién lo dice?

Identify the person who said the following in the dialogues.

1. ¡Mucha responsabilidad para un hombre tan joven como usted! _____

2. Si me hubieran dado el aumento, habría continuado trabajando allí. _____

3. Parece muy inteligente y encantador. _____

4. Si él está de acuerdo conmigo, le ofrecemos el puesto. _____

5. Además de mi trabajo, servía de traductor de toda la correspondencia en inglés. _____

6. A veces voy a visitar a mi tío, el señor José Ariet. _____

7. ¿Le va a dar el puesto al Sr. Menéndez? _____

8. Sé escribir a máquina… con dos dedos… _____

a. Pablo   b. Elena

c. la Sra. Vigo   d. Luis

Para conversar

 With a partner, take turns asking and answering the following questions. Base your answers on the dialogue and on your own circumstances.

1. ¿Qué puesto tiene la Sra. Vigo? ¿Tú trabajas? ¿Dónde?

2. ¿De qué quiere la Sra. Vigo que le hable Luis? ¿Tú tienes experiencia en el mundo de los negocios?

3. ¿De qué estaba encargado Luis en la compañía Telelux? ¿De qué estás encargado(-a) tú en tu trabajo?

4. ¿Por qué dejó Luis el puesto? ¿Has recibido tú un aumento de sueldo últimamente?

5. ¿Qué habría hecho Luis si le hubieran dado el aumento? ¿Tú piensas seguir trabajando donde estás o vas a buscar otro trabajo?

6. ¿Qué título tiene Pablo Casas? ¿Qué título piensas obtener tú?

7. ¿Qué sabe hacer Pablo? ¿Qué sabes hacer tú?

8. ¿Dónde puede dejarle la Sra. Vigo un mensaje a Pablo? ¿Cuántos mensajes tienes tú en tu máquina contestadora hoy?

9. ¿Con qué quedó muy impresionada Elena? ¿Tú le has pedido una carta de recomendación a alguien? ¿A quién?

10. ¿Qué puesto le van a ofrecer a Pablo? ¿Tú has pedido algún puesto últimamente? ¿De qué?

Cognados

el (la) **asistente** assistant
el (la) **candidato(-a)** candidate
la **correspondencia** correspondence
la **decisión** decision
especializado(-a) specialized
la **evaluación** evaluation
exactamente exactly
el **fax (facsímile)** fax

la **filosofía** philosophy
la **importación** import
impresionado(-a) impressed
el (la) **intérprete** interpreter
el **personal** personnel
el (la) **presidente(-a)** president
la **recomendación** recommendation

la **responsabilidad** responsibility
el **resumé**, el **currículum vitae**
  résumé, curriculum vitae
la **selección** selection
la **supervisión** supervision
el (la) **supervisor(-a)** supervisor

Nombres

el (la) **accionista** shareholder
el **aumento** increase
la **carpeta** folder
la **carta** letter
la **compra** purchase
el (la) **contador(-a) público(-a)**
  certified public accountant
el **departamento de compras**
  purchasing department
la **entrevista** interview
el **equipo electrónico** electronic
  equipment
la **fotocopiadora** photocopy
  machine
el (la) **jefe(-a)** boss, chief
  _____ **de compras** purchasing
  manager
la **máquina contestadora**
  answering machine
el **mercadeo** marketing
el **mundo** world
el **negocio** business
la **palabra** word
el **procesador de textos** word
  processor
el **puesto** position, job
el **sistema de comunicación**
  telefónica telephone system
el **sueldo**, el **salario** salary
el (la) **traductor(-a)** translator
la **videograbadora** VCR

Verbos

archivar to file
compensar to compensate
continuar to continue
desempeñar to perform (a job)
entrevistar to interview
ofrecer (yo ofrezco) to offer

Adjetivos

antiguo(-a) former
encargado(-a) in charge
joven young
principal main
último(-a) last

Otras palabras y expresiones

bajo under
en vez de instead of
escribir a máquina to type
mañana mismo tomorrow and not
  a day later
quedar impresionado(-a) to be
  impressed
servir de to serve as
sobre todo above all, especially
tan so

VOCABULARIO ADICIONAL

La computadora

la computadora, el ordenador

la pantalla

Luis:
La reunión
es a las dos.

el correo electrónico

el teclado

el ratón

la microcomputadora, la
computadora portátil

la impresora

el disquete

Más sobre el mundo de los negocios

el agente de
bienes raíces

la compradora

el agente de
relaciones públicas

el empleado bancario

el gerente

la bolsista

BANCO

el (la) administrador(-a)
administrator

el (la) agente de bienes raíces real
estate agent

**el (la) agente de relaciones
públicas** public relations agent

el (la) agente de seguros insurance
agent

el (la) bolsista stockbroker

el (la) comprador(-a) buyer

el despacho office

el (la) empleado(-a) bancario(-a)
bank employee

el (la) gerente manager

Vocabulario

Práctica

A. Write the words or phrases that correspond to the following:

1. fax _____

2. George W. Bush, por ejemplo _____

3. persona que tiene acciones _____

4. opuesto de "primero" _____

5. oficina _____

6. opuesto de "venta" _____

7. persona que vende casas, por ejemplo _____

8. sueldo _____

9. seguir _____

10. persona que supervisa _____

B. Circle the word or phrase that doesn't belong in each group.

1. correspondencia / carta / compra

2. decisión / computadora / equipo electrónico

3. servir de / en vez de / en lugar de

4. teclado / ratón / carpeta

5. palabra / comprador / vendedor

6. traductor / intérprete / mercadeo

7. videograbadora / puesto / fotocopiadora

8. entrevista / teclado / disquete

C. Complete the following sentences, using vocabulary from this lesson.

1. Tenemos que _____ estas cartas.

2. El jefe quedó muy _____ con su resumé.

3. Elsa va a pedir un _____ de sueldo.

4. Carlos es _____ público y trabaja en el _____ de compras.

5. Voy a comprar una _____ contestadora para mi oficina.

6. Hoy vamos a _____ a varias personas para el puesto de gerente.

7. Ellos trabajan _____ las órdenes del _____ de compras.

8. Rita debe escribir estas cartas a _____ .

9. El _____ de seguros debe regresar mañana _____ .

10. Tomás trabaja en el banco. Es empleado _____ .

Para conversar

 Una entrevista. With a partner, play the roles of two friends who are helping a third friend get ready for an interview with a big company.

 **Vocabulario: Compruebe** Self-Test

Pronunciation in context

In this lesson, there are some new words and phrases that may be challenging to pronounce. For further pronunciation practice of Spanish sounds, listen to your instructor and repeat the following sentences.

1. Es jefa de **personal** de una **compañía** de **importaciones** de Madrid.

2. La primera **entrevista** es con Luis **Menéndez** Cancio.

3. Quiero que me hable de su **experiencia** en el mundo de los **negocios**.

4. Estaba encargado de la **selección**, **evaluación** y compra de los **equipos electrónicos**.

5. Servía de **traductor** de toda la **correspondencia** en inglés.

6. Acaba de graduarse y tiene un **título** en **filosofía**.

7. ¿No sabes **usar** un **procesador** de textos?

8. Es uno de los **principales accionistas** de la compañía.

Las aventuras de Marcelo

Ubíquese... y búsquelo

Luis Menéndez did quite a bit of job research around Spain before he came to interview with Mrs. Vigo in Madrid. Go to **www.college.hmco.com** to find out about some of the other job possibilities that Luis might have considered. What are Spain's main industries? Can you find certain regions that are known for particular industries or products? In the next class, team up with two classmates to discuss your findings.

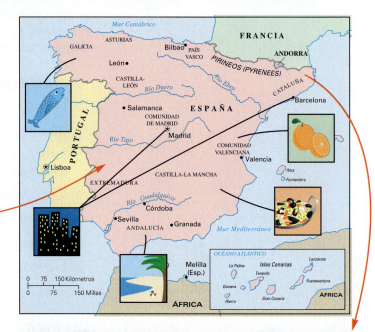

¿Lo sabía Ud.?

- El uso del "Internet" o la "Red", como se llama en español, es cada día más popular en el mundo hispano, y muchas instituciones (empresas y organizaciones) tienen su propia página (*home page*).

- En los países hispanos, las mujeres trabajan cada vez más fuera de su hogar (*home*) y tienen carreras y puestos importantes en el mundo de los negocios.

- En los países de habla hispana generalmente las transacciones comerciales son menos formales que en los Estados Unidos y tienen un toque (*touch*) más personal. Nuestro *"businesslike approach"* puede parecerles brusco a las personas del mundo hispano.

Para comparar

1. ¿Qué problemas tienen en este país las mujeres que trabajan fuera de su hogar, y son esposas y madres?

2. Las transacciones comerciales entre este país y los países de habla hispana, ¿son más o menos frecuentes hoy en día?

3. En general, ¿cuáles son algunas de las transacciones comerciales que se pueden hacer a través del Internet?

En imágenes   *El trabajo y la tecnología*

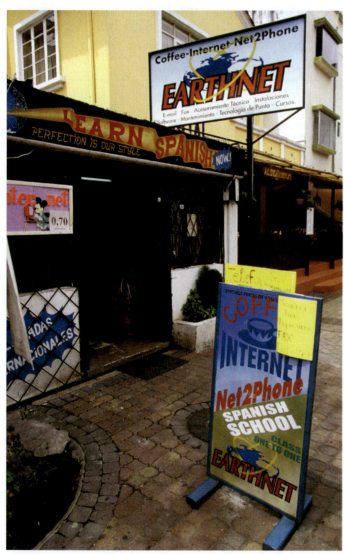

Internet café en Quito, Ecuador

La tecnología permite cada vez más trabajar desde la casa.

Asistenta[1] administrativa

---

[1]Traditionally, the grammatically neuter form **asistente** has been used both for men (**el asistente**) and women (**la asistente**). Today, many words of this kind (grammatically neuter) are adjusting to the social reality of a male and female work force. For example the grammatically feminine forms **asistenta**, **presidenta**, **médica** (masculine: **médico**), **arquitecta** (masculine: **arquitecto**), etc., are now used. However, in some other cases, such as **piloto**, the use of the grammatically feminine form is not yet widespread, in which case a female pilot is referred to as **la mujer piloto**.

Estructuras

1 The pluperfect subjunctive (El pluscuamperfecto de subjuntivo)

The pluperfect subjunctive is formed with the imperfect subjunctive of the auxiliary verb **haber** + *the past participle* of the main verb. It is used in the same way that the past perfect is used in English, but only in sentences in which the main clause calls for the subjunctive.

Imperfect subjunctive of haber

hubiera	hubiéramos
hubieras	hubierais
hubiera	hubieran

Formation of the Pluperfect Subjunctive

yo	**hubiera hablado**
tú	**hubieras comido**
Ud.	
él	**hubiera vivido**
ella	
nosotros(-as)	**hubiéramos visto**
vosotros(-as)	**hubierais hecho**
Uds.	
ellos	**hubieran vuelto**
ellas	

—Yo me alegré de que ellos le **hubieran dado** el puesto.
"I was glad that they had given him the job."

—Sí, porque él tenía mucha experiencia.
"Yes, because he had a lot of experience."

—¿No había nadie que **hubiera visto** al jefe de personal?
"Wasn't there anybody who had seen the personnel director?"

—Sí, Eva ya lo había visto.
"Yes, Eva had already seen him."

Práctica

A. Indicate what Mrs. Díaz, the supervisor, had expected everyone in the office to do by the time she got back from a business trip.

> **MODELO:** su secretaria / archivar la correspondencia
> *Ella esperaba que su secretaria hubiera archivado la correspondencia.*

1. yo / leer los resumés de los candidatos
2. Álvaro y yo / hacer la evaluación de la nueva empleada
3. tú / ir al despacho del Sr. Gómez
4. su asistente / devolver la microcomputadora nueva
5. Víctor y Omar / escribir las cartas de recomendación
6. la Sra. López / limpiar su oficina

B. With a partner, take turns deciding how Mrs. Díaz reacted **(se alegró, lamentó, sintió)** to what happened during her absence. Use the pluperfect subjunctive.

> **MODELO:** El presidente de la compañía le había dado un aumento de sueldo.
> *Ella se alegró de que el presidente le hubiera dado un aumento de sueldo.*

1. Su asistente había terminado todo el trabajo.
2. El jefe de compras se había enfermado.
3. Yo había hecho la selección de los equipos electrónicos.
4. Los traductores habían traducido todos los documentos.
5. Tú no habías entrevistado a los candidatos.
6. Su secretaria había renunciado (*resigned*).

Para conversar

 El año pasado... In groups of three, talk about the things that you hoped (**esperaba**) would happen, the things that you feared (**temía**) would happen, and the things that you were glad (**me alegré**) happened last year.

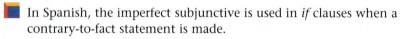

2 *If* clauses   *(Cláusulas con **si**)*

■ In Spanish, the imperfect subjunctive is used in *if* clauses when a contrary-to-fact statement is made.

—Si **tuviera** dinero, **compraría** una videograbadora.   *"If I had money, I would buy a VCR."*

—Usa tu tarjeta de crédito.   *"Use your credit card."*

■ Note that the imperfect subjunctive is used in the *if* clause and the conditional is used in the main clause. When a statement expresses a contrary-to-fact situation in the past, the pluperfect subjunctive is used in the *if* clause and the conditional perfect is used in the main clause.

—No pude comprar la impresora.   *"I wasn't able to buy the printer."*

—Si **hubieras ahorrado** dinero, **habrías podido** comprarla.   *"If you had saved money, you would have been able to buy it."*

■ The imperfect subjunctive is also used in *if* clauses that express an unlikely fact, or simply the Spanish equivalent of the English *if . . . were to . . .*

—Si me **ofrecieran** el puesto, lo aceptaría.   *"If they were to offer me the job, I would accept it."*

—No creo que te lo ofrezcan.   *"I don't think they will offer it to you."*

■ The imperfect subjunctive is also used after the expression **como si** (*as if*).

—Pepe se compró otra fotocopiadora.   *"Pepe bought himself another photocopy machine."*

—Ese hombre gasta dinero **como si fuera** millonario.   *"That man spends money as if he were a millionaire."*

■ When an *if* clause refers to something that is possible or likely to happen, the indicative is used.

—¿Me vas a comprar la fotocopiadora?   *"Are you going to buy me the photocopy machine?"*

—Si **tengo** dinero, te la compro.   *"If I have money, I'll buy it for you."*

👁 **ATENCIÓN:**   The present subjunctive is *never* used in an *if* clause.

Think of several ways in which you might finish these questions: **¿Qué haría yo si (no)...?** and **¿Qué habría hecho yo si (no)...?**

Práctica

A. Complete the following sentences, using the imperfect subjunctive, the pluperfect subjunctive, or the present indicative, as appropriate.

1. Si yo _____ (hablar) con el agente de bienes raíces antes, habría podido vender mi casa.

2. Si tú _____ (estudiar) inglés, podrás trabajar de intérprete.

3. Si nosotros _____ (encontrar) un comprador, podríamos vender el coche mañana mismo.

4. Si el presidente de la compañía _____ (leer) tu resumé, habría quedado muy impresionado.

5. Olga habla como si _____ (saber) mucho de mercadeo.

6. Si nosotros _____ (saber) lo que había pasado, te habríamos avisado.

7. Si ellos _____ (tener) la entrevista hoy, podremos ir.

8. Si tú _____ (querer), podrías ayudarme con mi informe.

9. Si todos los accionistas _____ (venir) mañana, podemos tener la reunión.

10. Si Pablo _____ (tener) experiencia, podría conseguir un puesto en el departamento de compras.

11. Esa mujer tiene cincuenta años, pero actúa como si _____ (ser) muy joven.

12. Si nosotros _____ (conseguir) bastante dinero, podemos mejorar el sistema de comunicación telefónica.

B. Say what the following people are going to go, would do, or would have done according to each situation.

MODELO: María quiere comprar una computadora, pero no tiene dinero.

Si María tuviera dinero, compraría una computadora.

1. Yo no trabajé mucho el año pasado y no me dieron un aumento de sueldo.

2. Teresa quiere hablar con el administrador, pero no tiene tiempo.

3. Nosotros queremos comprar un procesador de textos nuevo. Es posible que tengamos suficiente dinero.

4. Juan quiere que yo le dé la dirección del agente de seguros, pero yo no la sé.

5. Mi madre quería que yo fuera contador público, pero no me gustaban las matemáticas.

6. Tú quieres estudiar para programador(-a), pero no tienes computadora. Es posible que tus padres te regalen una.

7. Yo habría llevado a Marta a hablar con el gerente, pero tuve que trabajar.

8. Nosotros habríamos hablado con el bolsista, pero él no estaba en su oficina hoy.

Para conversar

 Si... With a partner, take turns asking each other what you would do or what would happen if the following were true.

MODELO: tener mucho dinero
—*¿Qué harías tú si tuvieras mucho dinero?*
—*Si yo tuviera mucho dinero, viajaría mucho.*

1. necesitar dinero
2. perder tus tarjetas de crédito
3. tener más tiempo libre
4. enseñar esta clase
5. querer aprender otro idioma
6. poder viajar a cualquier país
7. dar una gran fiesta
8. estar cansado(-a)
9. no sentirse bien
10. necesitar cartas de recomendación

MUSEO THYSSEN-BORNEMISZA

PASEO DEL PRADO, 8. 28014 MADRID. TEL.(91) 420 39 44

3 Summary of the uses of the subjunctive (*Resumen de los usos del subjuntivo*)

Use the subjunctive . . .

a. after verbs of volition (when there is change of subject).

Yo quiero que **él salga.**

b. after verbs of emotion (when there is change of subject).

Me alegro de que **tú estés** aquí.

Use the infinitive . . .

a. after verbs of volition (when there is no change of subject).

Yo quiero **salir.**

b. after verbs of emotion (when there is no change of subject).

Me alegro de **estar** aquí.

Use the subjunctive . . .

a. to express doubt, denial, and disbelief.

Dudo que **pueda** venir.
Niego que él **esté** aquí.
No creo que él **vaya** con Eva.

b. to refer to the indefinite or non-existent.

Busco una casa que **sea** cómoda.
No **había nadie** que lo **supiera.**

c. with certain conjunctions when referring to a future action.[1]

Lo **llamaré** cuando **llegue.**

d. in an *if* clause to refer to something contrary-to-fact or to something impossible or very improbable.

Si **pudiera,** iría.
Si el presidente me **invitara** a la Casa Blanca, yo aceptaría.

Use the indicative . . .

a. when there is no doubt, denial, or disbelief.

No dudo que **puede** venir.
No niego que él **está** aquí.
Creo que él **va** con Eva.

b. to refer to something specific.

Tengo una casa que **es** cómoda.
Había alguien que lo **sabía.**

c. with certain conjunctions when there is no indication of future action.

Lo **llamo** cuando **llego.**

d. in an *if* clause when not referring to anything that is contrary-to-fact, impossible, or very improbable.

Si **puedo,** iré.
Si Juan me **invita** a su casa, aceptaré.

---

[1]The subjunctive is always used after the conjunctions **con tal que, sin que, en caso de que, a menos que, para que,** and **antes de que,** which by their very meaning imply uncertainty or condition: **Puedo salir sin que los chicos me vean, a menos que estén en la sala.**

Subjunctive or Infinitive . . . ? / Subjunctive or Indicative . . . ?

Práctica

A. Complete the following dialogues using the subjunctive, indicative, or infinitive of the verbs given. Then act them out with a partner.

1. —¿Qué vas a hacer cuando _____ (llegar) a la oficina?
   —Yo quiero _____ (archivar) las carpetas, pero mi jefe quiere que _____ (trabajar) con el agente de relaciones públicas.

2. —No creo que _____ (valer) la pena continuar usando ese equipo.
   —Es verdad, pero dudo que nosotros _____ (poder) comprar uno nuevo.

3. —Yo espero _____ (poder) hablar con mi antiguo jefe hoy.
   —No creo que _____ (estar) en su oficina. Mándale un correo electrónico.

4. —¿Tú conoces a alguien que _____ (estar) especializado en mercadeo?
   —Sí, conozco a un hombre que _____ (trabajar) en la compañía Mirabal. Si tú _____ (querer), podemos ir a verlo mañana.
   —Si _____ (poder), iría, pero tengo que trabajar.

5. —Yo llamé al electricista para que _____ (venir) a arreglar las luces de la oficina.
   —Cuando él _____ (venir), quiero hablar con él.

B. Complete the following, according to your own thoughts and experience regarding college and family life.

1. Mis profesores quieren que yo...
2. Mis padres me aconsejan que...
3. Mi mejor amigo me sugirió que...
4. Yo habría sacado una "A" si...
5. Yo voy a llamar a mi amigo(-a) en cuanto...
6. Yo no tendría que pagar la matrícula si...
7. Yo no creo que mi profesor(-a) de español...
8. En mi clase de español no hay nadie que...
9. Yo dudo que mis amigos...
10. El verano próximo, yo espero...

Para conversar

Habla con tu compañero. With a partner, take turns asking each other the following questions.

1. ¿A quién llamarías si tu computadora no funcionara?
2. Tengo que arreglar mi computadora, ¿adónde me recomiendas que la lleve?
3. Si vas a comprar una computadora, ¿prefieres comprar una IBM o una Apple?
4. ¿Es cierto que siempre tienes un teléfono celular contigo?
5. ¿Crees que es una buena idea tener una microcomputadora?
6. ¿Qué esperas que tus padres te regalen para tu cumpleaños?
7. ¿Tú podrías comprar una casa sin que tus padres te ayudaran?
8. ¿Es verdad que gastas dinero como si fueras millonario(-a)?
9. ¿Siempre tratas de llegar a la clase antes de que llegue el profesor (la profesora)?
10. ¿Qué vas a hacer hoy tan pronto como llegues a tu casa?

Estructuras:
Compruebe
Self-Test

Así somos

¿Qué dice Ud.?

 What would you say in the following situations? What might the other person say? Act out the scenes with a partner. Take turns playing each role.

1. Someone wants you to help him get a job at the company where you work. Tell him that you work under the supervision of Mrs. Rojas, and she has the last word.

2. You complain to your boss, saying that the salary you get doesn't compensate for all the work you do because you have too many responsibilities.

3. You are interviewing a candidate. Tell him that you will let him know about your decision when you finish the interviews.

4. Tell a friend to leave you a message on your answering machine or to send you a fax.

Para conocernos mejor

 To do this activity, work with a classmate whom you would like to get to know. Take turns asking and answering these questions.

1. ¿Qué preferirías tú, ser empleado(-a) bancario(-a) o trabajar en una oficina? Si pudieras escoger una profesión, ¿cuál escogerías? ¿Por qué? ¿Qué es más importante para ti, tener un buen sueldo o desempeñar un trabajo que te guste?

2. ¿Crees que es importante que una persona tenga conocimiento de ordenadores? ¿Qué marca de computadora tienes tú? ¿Usas la computadora principalmente para escribir informes o para mandar y recibir mensajes?

3. Si tuvieras que escribir tu resumé para solicitar un trabajo, ¿qué podrías decir sobre tu experiencia? ¿Y sobre tu educación?

4. Si el sueldo que tú recibes no compensa el trabajo que tú haces, ¿continúas trabajando en el mismo lugar o tratas de conseguir otro trabajo? ¿Cuál crees tú que debe ser el sueldo mínimo?

5. ¿Vas a tratar de conseguir un trabajo en cuanto te gradúes o piensas tomarte unas vacaciones en vez de comenzar a trabajar enseguida?

Una encuesta

 Interview your classmates to identify who fits the following descriptions. Include your instructor, but remember to use the **Ud.** form when addressing him/her. After finishing the survey, get together with two or three classmates and discuss the results.

	Nombre
1. *A veces escribe a máquina.*	_____
2. *Usa la computadora todos los días.*	_____
3. *No sabe usar un procesador de textos.*	_____
4. *Sabe exactamente lo que va a hacer en cuanto se gradúe.*	_____
5. *Puede conseguir muy buenas cartas de recomendación.*	_____
6. *Tiene muchas responsabilidades en su trabajo.*	_____
7. *Tiene un jefe antipático.*	_____
8. *Siempre tiene la última palabra en una discusión.*	_____

Al escuchar...

Estrategia

Guessing meaning practice II. You will listen to several open-job position announcements. Guess the meaning of the following words or phrases.

Aviso 1:   1. estar dispuesto   2. dominar

Aviso 2:   1. ambos   2. capacidad   3. apartado

Aviso 3:   1. empresa   2. se encarga de   3. adiestramiento

Al conversar...

Estrategia

Giving a presentation. This section will focus on presentational skills, something that you may need if you plan to make your knowledge of Spanish a part of your career development. Here are some general guidelines for the delivery of a sound presentation:

- Know your subject as well as possible.
- Organize your presentation so that your audience is able to follow your thoughts easily.
- Establish a comfortable balance between following a script and improvising.
- Do a "dry-run" in front of people you know and get feedback from them.
- Rehearse further if you think that this will strengthen your actual delivery.

Imagine that you have been asked to present to the president of your college your ideas on how to improve the student-services organization. Set your objectives for the presentation and develop them by asking yourself the following questions: Who is my audience? Whom am I trying to persuade? What specific measures am I presenting to achieve my objectives? How am I going to persuade my audience about these measures?

Para escuchar

Your instructor will read some information about Alfredo. After reading it twice, he/she will make statements about Alfredo. On a sheet of paper, write numbers one to six and indicate whether each statement is true (**verdadero**) or false (**falso**).

Para crear

 In groups of three or four, look at the photo and use your imagination to create a story about the people in the picture. Who are they? Give them names and say where they work. What are their responsibilities? What do they do best? How much money do they make? What are their plans for their future?

¡Vamos a escribir!

Una carta de presentación. You will write a cover letter for a professional goal of your choice.

Estrategia | Antes de escribir

Writing cover letters and recommendations. When writing a professional letter, you need to know as much as you can about the position, the circumstances, and the person you are recommending. If you are writing a letter about yourself, organize your accomplishments according to your goals. For instance, you wouldn't write the same letter if you were applying for a job as a bank clerk as you would to get a position teaching English. In each letter, you need to emphasize different parts of your background, give them a different weight, or present them in a different order. Do the following:

1. Brainstorm about a specific goal for writing your cover letter or a letter recommending yourself for a concrete endeavor (it could be for applying to a program, a scholarship, a summer job, etc.)

2. Note your qualifications for this opportunity. These may include education, work, extracurricular experience, and any significant or pertinent personal circumstances, such as the fact that you know Spanish!

3. Organize your qualifications according to the persuasive effect that your letter needs to convey for you to succeed in your endeavor.

A escribir la carta de presentación

Write the **primer borrador** of your letter.

Estrategia | Después de escribir

 Before writing the final version, your instructor might want you to exchange your first draft with a classmate and peer edit each other's work using the following guidelines:

- use of the subjunctive or the indicative

- formation of the subjunctive and the indicative verbs

- subject-verb agreement in both the main and the subordinate clauses

Rincón literario

Julio Camba
(España: 1882–1962)

Julio Camba es un verdadero observador de culturas y sociedades, incluida la suya propia: España. Escritor humorístico y satírico, viajó por el mundo y escribió sus impresiones sobre la manera de ser de la gente, y sobre la vida y la cultura de los países que visitó. El artículo que ofrecemos a continuación es de su libro *La rana viajera*. Otros libros de Camba son *Alemania, Londres, Aventura de una peseta, Lúculo o el arte de comer* y *La ciudad automática*.

Antes de leer

Estrategia

A. Interacting with a reading. Training yourself to read includes, above all else, establishing a dialogue between what you read and what you think. This essay takes a critical look at the concept of punctuality. With a partner, discuss the personal issues that arise from meeting people who have a standard of punctuality that differs substantially from yours. You may want to use the following questions to guide your conversation.

1. ¿Es Ud. puntual o generalmente llega tarde?
2. Si Ud. tiene una cita y la persona llega tarde, ¿cuánto tiempo la espera?
3. Para Ud. ¿la puntualidad es importante o algo absurdo?

B. As you read the story, find the answers to the following questions.

1. ¿Por qué dice el autor que "después de almorzar" es algo demasiado elástico?
2. ¿Tiene el amigo del autor una hora exacta para almorzar?
3. ¿A qué hora dice el amigo del autor que estará sin falta en el café?
4. ¿Qué sucede (*happens*) al día siguiente a las ocho?
5. ¿Qué piensa el amigo del autor sobre la puntualidad?
6. ¿Por qué es una buena idea acudir (*to show up*) puntualmente a una cita?

A leer

El tiempo y el espacio (Adaptado)

Tengo algo urgente que discutir con un amigo. Por supuesto el amigo dice que hoy no puede ser.

—¿Mañana...?

—Muy bien. ¿A qué hora?

—A cualquier hora. Después de almorzar, por ejemplo... Yo digo que eso no es una hora. "Después de almorzar" es algo demasiado vago, demasiado elástico.

—¿A qué hora almuerza usted? —pregunto.

—A la hora de almorzar.

—Pero ¿qué hora es la hora de almorzar para usted? ¿El mediodía? ¿La una de la tarde? ¿Las dos...?

—Más o menos... —dice mi amigo—. Yo almuerzo de una a dos. A veces a las tres... De todos modos° a las cuatro siempre estoy libre.   *De... Anyway*

—Entonces, ¿a las cuatro?

—Sí, claro que, si llego unos minutos tarde —añade°— usted me puede esperar, ¿verdad? Quien dice a las cuatro, dice a las cuatro y media. En fin, de cuatro a cinco yo estoy sin falta° en el café.   *he adds* *sin... without fail*

Yo quiero ser exacto.

—¿A las cinco?

—Muy bien. A las cinco... Es decir,° de cinco a cinco y media... Uno no es un tren, ¡qué diablo!°   *Es... That is to say* *qué... what the heck*

—Pues podemos decir a las cinco y media —propongo yo. Entonces mi amigo tiene una idea brillante.

—¿Por qué no decimos a la hora del aperitivo? —sugiere.
Finalmente, decidimos reunirnos° de siete a ocho. Al día
siguiente son las ocho y, claro está, mi amigo no viene.
Llega a las ocho y media echando el bofe° y no me
encuentra.

to get together

echando... out of breath

—No es justo —exclama días después al encontrarnos en
   la calle—. Me hace usted fijar una hora, me hace usted
   correr, y no me espera ni diez minutos. Yo llego a las
   ocho y media en punto,° y usted no está esperándome.
Y lo más curioso es que la indignación de mi amigo es
auténtica. Para él, la puntualidad es algo completamente
absurdo.

en... on the dot

   Pero —digo yo— una cita° es una cosa que tiene que
estar tan limitada en el tiempo como en el espacio.

appointment

   De despreciar° el tiempo, podemos despreciar también
el espacio. Y de respetar el espacio, ¿por qué no
considerar también el tiempo?

De... If we scorn

—Pero con esa precisión, con esa exactitud,° la vida es
   imposible —opina mi amigo.

accuracy

—¿Cómo explicarle que esa exactitud y esa precisión
   sirven, al contrario, para simplificar la vida? ¿Cómo
   convencerle de que, llegando puntualmente a las citas,
   uno ahorra mucho tiempo para hacer otras cosas?

Después de leer... reflexiones

 In groups of four, debate the two positions in the essay: ¿Está Ud. de acuerdo con
el autor o con el amigo del autor? Defienda su postura (*position*) preferida o
la que le asigne su profesor(-a).

PANORAMA

España (I)

- España forma con Portugal la Península Ibérica, y es el tercer país europeo en cuanto a extensión. Con las Islas Baleares en el Mediterráneo, las Islas Canarias en el Atlántico, y Ceuta y Melilla en el continente africano, llega a una extensión de 770.750 kilómetros cuadrados. Por su situación entre el resto de Europa y África siempre ha poseído considerable valor *(value)* estratégico, y en su suelo se mezclaron *(mixed)* y fundieron *(melted)* diversos grupos étnicos provenientes *(coming)* de una gran variedad de civilizaciones; entre ellas, las más importantes fueron la romana, la judía y la árabe *(Arabic)*.

- El relieve de España varía desde las cordilleras hasta los valles, llanuras *(plains)* y extensas mesetas. En los Pirineos, que sirven de frontera con Francia, se encuentran algunos de los picos más altos de Europa. El clima de España es muy variado. Va desde la llamada "Iberia húmeda", por sus lluvias torrenciales, en las verdes y fértiles praderas del norte, hasta el clima seco *(dry)* y árido del sur.

- Por su clima y sus magníficas playas, España es uno de los países de más turismo en el mundo. Anualmente van más de 60 millones de turistas a España.

- El sistema de gobierno español es una monarquía constitucional. El actual rey *(king)* es Juan Carlos de Borbón. España es miembro de las Naciones Unidas desde el año 1955 y pertenece a la Unión Europea. Su moneda es el euro.

- Madrid, la capital, es una ciudad moderna, y hoy en día es uno de los centros de negocios más importantes del mundo. Es una ciudad de gran movimiento y se dice que "Madrid nunca duerme". Sus grandes avenidas, centros culturales, plazas y museos son puntos de atracción turística. A pesar de ser una gran metrópoli, Madrid conserva grandes extensiones de áreas verdes, como el parque del Buen Retiro, La Rosaleda, el Parque del Oeste y el Prado. En Madrid está el Museo del Prado, uno de los mejores del mundo. Allí se conserva la colección más grande de las obras de pintores españoles como Murillo, Velázquez, El Greco y Goya, entre otros.

- En el norte de España están Barcelona, la segunda ciudad más grande del país, Pamplona, conocida por sus encierros y sus corridas de toros el día de San Fermín, y Santiago de Compostela, punto de destino del Camino de Santiago, famoso por las peregrinaciones *(pilgrimages)* religiosas de la Edad Media.

La política: del pasado al presente

Arriba: Los Reyes de España y el príncipe Felipe reciben a Condoleeza Rice.
Izquierda: Mapa que señala *(marks)* los territorios que pertenecían al imperio de Carlos V *(Quinto)* de España (s. XVI).

El Imperio de Carlos V
1519-1556

Lugares del norte de España

La ciudad de San Sebastián, en el País Vasco *(Basque)*.

Iglesia de la Sagrada *(Holy)* Familia, del arquitecto catalán Antonio Gaudí, Barcelona.

Hostal de los Reyes Católicos (s. XVI), Santiago de Compostela, Galicia. Es parador[1] nacional de turismo desde 1954.

Monasterio de Monserrate (en catalán, *Montserrat*[2]), cerca de Barcelona, Cataluña.

[1]Literally, "that which stops." In Spain a **parador nacional** is an official designation for a building of historical significance that has been converted into a luxury hotel.
[2]Significa **monte serrado** *(serrated mountain)*.

Ávila: hace mil años que sus murallas *(walls)* rodean *(surround)* la ciudad.

Segovia: el Alcázar, palabra árabe que significa "castillo" *(castle)*, una de las muchas que se incorporaron al idioma español durante los ocho siglos de la dominación musulmana.

Madrid: la fuente de la Cibeles *(Sybil,* en inglés) diosa de la naturaleza y de la fertilidad en la antigüedad *[antiquity])* se instaló en 1782.

La Mancha, región conocida en todo el mundo gracias a la novela *Don Quijote de la Mancha,* de Miguel de Cervantes. En esa región hay numerosos molinos de viento *(windmills)*.

Nuestro panorama cultural

In groups of three, answer the following questions about your home state, region, or country.

1. ¿Qué tipo de sistema de gobierno hay en su país?
2. ¿Ha visitado algún puerto en su país? ¿Dónde está?
3. ¿Su ciudad tiene muchos parques y bosques? ¿Los visita Ud.?
4. ¿Sabe Ud. cuánto vale la moneda de su país, comparada con el euro?
5. ¿Hay muchos grupos étnicos en la ciudad donde Ud. vive? ¿Cuáles?
6. ¿Sabe Ud. cuál es el pico más alto de su país?
7. ¿Ha visto obras de algunos pintores españoles en los museos de su país? ¿En qué museo se encuentran algunas de sus obras favoritas?

For the next class: Go to the World Wide Web and find photos from your hometown, state, region, or country. Use the questions from **Nuestro panorama cultural** above as guidelines for choosing them. Be ready to present the photos to your classmates.

Teatro... cine... televisión...
El futuro director

OBJETIVOS

Comunicación
You will learn vocabulary related to media and the arts, communication, and entertainment.

Pronunciación
Pronunciation in context

Estructuras
- Uses of some prepositions after certain verbs
- Uses of **por** and **para** in certain expressions
- Some idiomatic expressions

Cultura
- Entertainment
- Theater, television, and film
- Latin entertainment in the Americas

Panorama hispánico
- España (II)

Estrategias
Listening: Identifying word boundaries practice II
Speaking: Expressing idiomatic language
Writing: Assessing your writing needs
Rincón literario: Using reference materials

El futuro director

Ángel Estévez Peña es un chico sevillano muy simpático que está comprometido con Marisol, una chica de Granada que conoció en la escuela secundaria. Los dos pertenecen a un grupo de teatro de aficionados y hoy están en la casa de Marisol, esperando al resto de los muchachos para ensayar una obra de teatro que van a presentar el mes que viene. Están sentados en un sofá, conversando.

MARISOL —Me gusta el teatro, pero creo que sería interesante filmar una película. Cuando era chica no me perdía una, especialmente si era una comedia musical o una película de misterio.

ÁNGEL —Yo prefería las de guerra, las de acción o las de ciencia ficción, especialmente si tenían efectos especiales…

MARISOL —¡Ay, Ángel! Los verdaderos actores y las grandes actrices no necesitamos efectos especiales si la trama es buena.

ÁNGEL —A mí me gustaría dirigir… seguir los pasos de Almodóvar, o de Spielberg, por ejemplo, o estar a cargo de la programación de un canal… o quizás ser crítico y tener mi propia columna en un periódico importante. ¡Yo creo que tendría éxito!

MARISOL —*(Bromeando)* Bueno… a mí me dijeron que tú criticabas a todo el mundo, así que eso te vendría de perillas…

ÁNGEL —*(Se ríe)* ¡Por eso no te hablo de mis ilusiones! ¡Porque te burlas de mí…!

MARISOL —No, guapo. Me gusta tomarte el pelo a veces, pero tú sabes que estoy loquita[1] por ti…

ÁNGEL —¡Y yo por ti! Oye, ¿a qué hora te dijeron los chicos que iban a estar aquí?

MARISOL —Bueno… eran las dos cuando hablé con Álvaro y él me dijo que estaban a veinte minutos de mi casa.

ÁNGEL —Entonces, no tenemos tiempo de ver un documental sobre el baile flamenco que ponen en el canal dos. ¿Por qué no lo grabamos?

MARISOL —No sabía que te interesaba el baile flamenco…

ÁNGEL —Bueno… al fin y al cabo tengo dos hermanas que son bailarinas… tus futuras cuñadas…

MARISOL —Es verdad. Oye, ¿y cuándo van a ser mis cuñadas…?

ÁNGEL —A ver… ¿a cuánto estamos hoy? A 15 de julio, ¿no? ¿Qué te parece si la boda es en diciembre…? Si quieres casarte con un futuro director de cine…

MARISOL —*(Lo abraza.)* ¡Sí! ¡Sí!

ÁNGEL —Tocan el timbre… Ya están aquí…

MARISOL —*(Que sigue en los brazos de su prometido)* ¡Que esperen…!

---

[1]Diminutive of **loca**

¿Quién lo dice?

Identify the person who said the following in the dialogue.

1. Tengo dos hermanas que son bailarinas. _____
2. ¿Cuándo van a ser mis cuñadas? _____
3. Me gusta tomarte el pelo a veces. _____
4. A mí me gustaría dirigir. _____
5. Eran las dos cuando hablé con Álvaro. _____
6. No sabía que te interesaba el baile flamenco… _____
7. ¿Qué te parece si la boda es en diciembre? _____
8. Yo prefería las de guerra, las de acción o las de ciencia ficción. _____

a. Marisol

b. Ángel

Para conversar

With a partner, take turns asking and answering the following questions. Base your answers on the dialogue and on your own circumstances.

1. ¿Con quién está comprometido Ángel Estévez? ¿Tienes algún amigo o alguna amiga que esté comprometido(-a)?
2. ¿Dónde conoció Ángel a su prometida? ¿Dónde conociste tú a tu mejor amigo(-a)?
3. ¿Qué van a ensayar Ángel y sus amigos? ¿Tú tomaste parte en una obra teatral alguna vez?
4. ¿Qué tipo de películas le gustaban a Marisol? ¿Qué tipo de películas te gustan a ti?
5. ¿A qué famoso director español admira Ángel? ¿Quién es tu director de cine favorito?
6. ¿Por qué dice Ángel que no le habla de sus ilusiones a Marisol? ¿A quién le tomas tú el pelo a veces?
7. ¿Qué documental quiere ver Ángel? ¿Qué tipo de documental te gusta a ti?
8. ¿Qué hacen las dos hermanas de Ángel? ¿Te gustaría ser bailarín (bailarina)?
9. ¿En qué mes va a ser la boda de Ángel y Marisol? ¿Estás invitado(-a) a alguna boda? ¿Cuándo?
10. ¿Qué hace Marisol cuando Ángel le propone matrimonio (*marriage*)? ¿A quién abrazas tú frecuentemente?

Cognados

la acción action
el actor actor
la actriz actress
el (la) crítico(-a) critic

la columna column
el (la) director(-a) director
el documental documentary
el efecto especial special effect

el grupo group
musical musical

Nombres

el (la) bailarín(-ina) dancer
la boda wedding
la ciencia ficción science fiction
el (la) director(-a) de cine movie director
la guerra war
la ilusión dream
la obra de teatro, la obra teatral play
la película de misterio mystery movie, murder mystery
la programación programming
el teatro de aficionados amateur theatre
la trama plot

Verbos

burlarse (de) to make fun (of)
criticar to criticize
dirigir to direct
ensayar to rehearse
filmar to film, to make (a movie)
grabar to tape
interesar to interest
perderse to miss (out on something)
pertenecer (yo pertenezco) to belong
presentar to present

Adjetivos

comprometido(-a) engaged
entrante next
verdadero(-a) real

Otras palabras y expresiones

¿A cuánto estamos hoy? What's the date today?
al fin y al cabo after all
así que so
estar a cargo to be in charge
estar loco(-a) por to be crazy about
el mes entrante next month
¡Que esperen! Let them wait!
seguir los pasos to follow in the footsteps
tener éxito to be successful
todo el mundo everybody
tomarle el pelo (a alguien) to pull someone's leg, to tease
venirle de perillas a uno to suit one to perfection

FESTIVAL DEL PRADO

SEFARAD III

VOCABULARIO ADICIONAL

Más sobre el cine

la **actuación** acting

el **avance** preview

la **banda sonora** soundtrack

la **cartelera** movie section

los **dibujos animados** cartoons

el **espectáculo** show

estrenar to show for the first time

el **estreno** première

el **festival de cine** film festival

el **guión, el libreto** script, screen-play

la **música** music

el **músico** musician

la **orquesta** orchestra

la **pantalla** movie screen

el **papel** role

la **película de suspenso** thriller

la **película del oeste (de vaqueros)** western movie

el **personaje** character

el (la) **productor(-a)** producer

el (la) **protagonista** protagonist, main character

el **reparto (la distribución) de papeles** casting, cast

Práctica

A. Write the words or phrases that correspond to the following:

1. persona que dirige una película _____

2. hombre que baila _____

3. obra de teatro _____

4. el mes que viene _____

5. mostrar una película por primera vez _____

6. estar encargado _____

7. personaje principal _____

8. Penélope Cruz, por ejemplo _____

9. persona que toca un instrumento musical _____

10. Antonio Banderas, por ejemplo _____

B. Match the questions in column A with the responses in column B.

A	B
___ 1. ¿Están comprometidos?	a. No, me lo perdí.
___ 2. ¿No puedes ver tu programa hoy?	b. Una obra teatral.
___ 3. ¿No fuiste al estreno?	c. A 14 de febrero.
___ 4. ¿Qué van a ensayar?	d. No, no me interesa.
___ 5. ¿Es una película del oeste?	e. Sí, toca el violín.
___ 6. ¿Oscar es músico?	f. No, lo voy a grabar.
___ 7. ¿Te gustan los dibujos animados?	g. Sí, te estoy tomando el pelo.
___ 8. ¿A cuánto estamos hoy?	h. Sí, con John Wayne.
___ 9. ¿Quieres ver esa película?	i. Sí, la boda es en mayo.
___ 10. ¿Te estás burlando de mí?	j. Sí, especialmente los de Walt Disney.

C. Complete the following sentences, using vocabulary from this lesson.

1. Me gustan las películas de _____ ficción.

2. Almodóvar es un famoso _____ de cine español.

3. Amalia es mi _____ ; nos vamos a casar en abril.

4. La _____ *de las Galaxias* es una película muy famosa.

5. Estoy enamorado de Nora. ¡Estoy _____ por ella!

6. ¿Los chicos me están esperando? ¡Que _____ !

7. Sergio va a ser abogado. Va a seguir los _____ de su papá.

8. Voy a leer la _____ para ver qué película pasan hoy.

9. Todo el _____ vino al _____ de esa película.

10. El reloj que me regaló mi padre me vino de _____ .

Para conversar

 Algunas ideas. With a partner, play the roles of two producers who are discussing the possibility of collaborating on a movie. Talk about different types of movies, whom you would like to get to direct the movie, where you would film it, and who would play the main roles. Add any necessary details.

 **Vocabulario: Compruebe** Self-Test

Pronunciation in context

In this lesson, there are some new words or phrases that may be challenging to pronounce. For further pronunciation practice of Spanish sounds, listen to your instructor and repeat the following sentences.

1. Yo prefería las de **guerra**, las de **acción** o las de **ciencia ficción**.

2. Las **verdaderas actrices** no necesitamos efectos **especiales**.

3. A mí me gustaría **dirigir**... seguir los pasos de **Almodóvar**.

4. Yo creo que tendría **éxito**.

5. ¡Por eso no te hablo de mis **ilusiones**!

6. Al fin y al cabo tengo dos **hermanas** que son **bailarinas**.

7. ¿Qué te **parece** si la boda es en diciembre?

8. **Sigue** en los brazos de su **prometido**.

Las aventuras de Marcelo

Ubíquese... y búsquelo

Marisol and Ángel are making plans for the weekend, and they want to find out what kinds of performances are going on in Granada. Go to **www.college.hmco.com** to find out about some of the venues in Granada that offer dance or theater performances or films. How many possible places can you find for them to go? In the next class, team up with two classmates to discuss your findings.

¿Lo sabía Ud.?

• En España, Cuba, México y Argentina, entre otros países, la producción de películas tiene gran importancia. Algunos directores hispanohablantes famosos son: Almodóvar y Buñuel, de España; Tomás Gutiérrez, de Cuba; Jaime Humberto Hermosillo, de México y Eduardo Mignogna de Argentina.

• Las películas americanas son muy populares en España y en el resto del mundo hispánico. Generalmente tienen subtítulos en español o están dobladas (*dubbed*). En el pasado muchos de los títulos en español eran completamente diferentes de los de inglés. Por ejemplo, la película *Where the heart is* se llamó **La fuerza del amor**, pero en la actualidad (*nowadays*) muchas veces dejan los títulos en inglés.

Para comparar

1. ¿Pasan películas extranjeras en los cines de su ciudad? ¿Están dobladas o tienen subtítulos?

2. ¿Tiene gran importancia la producción de películas en su país?

En imágenes *Expresiones artísticas y figuras del entretenimiento*

¡Ahora le toca a Ud.! *(Now it's your turn!)* Ahora le toca a Ud. identificar a los artistas, grupos y lugares que aparecen en este, el último **En imágenes.**[1]

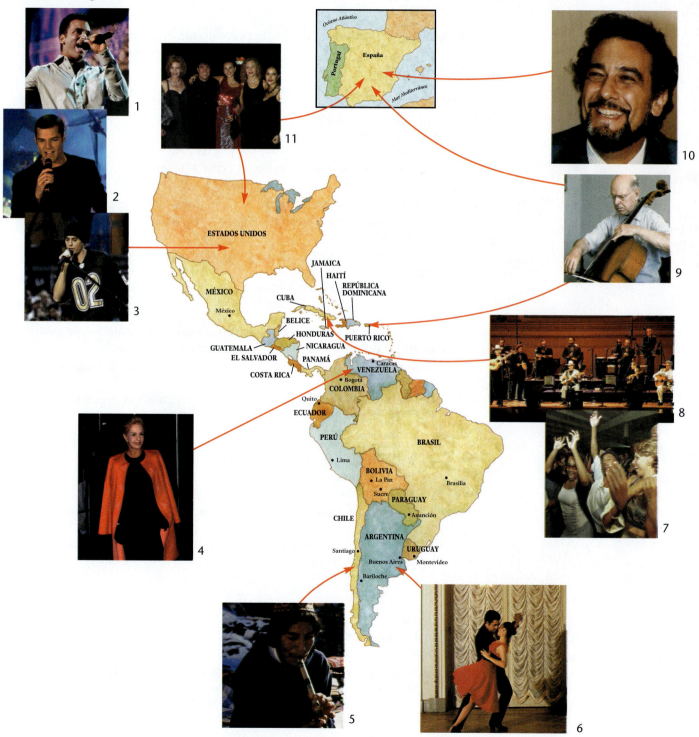

_____

[1]Consulte a su profesor(-a) para saber las respuestas a lo que no sabe.

Estructuras

1 Uses of some prepositions after certain verbs (Usos de algunas preposiciones con ciertos verbos)

In Spanish, some verbs are used with prepositions that have no equivalent to or are different from the ones used in English. The prepositions used most often are **a**, **de**, **con**, and **en**.

A

aprender a *to learn (how)*	**enseñar a** *to teach*
asistir a *to attend*	**invitar a** *to invite*
ayudar a *to help*	**ir a** *to go*
empezar (comenzar) a *to begin, to start*	**venir a** *to come*

—¿**Fuiste a** ensayar con Rafael?   *"Did you go to rehearse with Rafael?"*

—Sí, **empezamos a** ensayar anoche.   *"Yes, we started to rehearse last night."*

—Yo quiero **aprender a** bailar flamenco.   *"I want to learn how to dance flamenco."*

—Yo te puedo **enseñar a** bailarlo.   *"I can teach you how to dance it."*

De

acordarse de *to remember*	**enamorarse de** *to fall in love with*
alegrarse de *to be glad*	**olvidarse de** *to forget*

—No **te olvides de** llamar al productor.   *"Don't forget to call the producer."*

—Bueno..., y tú, **acuérdate de** leer el guión.   *"Okay . . . , and you, remember to read the script."*

Con

casarse con *to marry, to get married to*
comprometerse con *to get engaged to*
soñar (o:ue) con *to dream about (of)*

—Teresa **se comprometió con** Antonio.   *"Teresa got engaged to Antonio."*

—Debe estar muy contenta. Siempre **soñó con casarse con** un actor de cine.   *"She must be very happy. She always dreamed of marrying a movie actor."*

En

fijarse en *to notice*
insistir en *to insist on*
pensar en *to think about*

—¿**En** qué estás **pensando**?   *"What are you thinking about?"*

—Estoy **pensando en** la boda de Beatriz. Ella **insistió en** invitar a Pablo y él siempre causa problemas...   *"I am thinking about Beatriz's wedding. She insisted on inviting Pablo and he always causes problems . . . "*

Práctica

 A. Complete the following dialogues with the Spanish equivalent of the words in parentheses. Then act them out with a partner.

1. —¿_____ grabar el programa, Anita? (*Did you remember*)
   —Sí, pero _____ a Julio para que viniera a verlo. (*I forgot to call*)

2. —¿Dónde _____ flamenco, Rosita? (*did you learn to dance*)
   —En Sevilla. Y en Barcelona _____ la sardana. (*they taught me how to dance*)

3. —Hola, vengo _____ ir al estreno. (*to invite you*)
   —No puedo, porque tengo que _____ una clase de drama. (*to attend*)

4. —Rubén _____ Alicia, pero ella no _____ él. (*fell in love with / notice*)
   —No, ella _____ Mauricio. (*married*)

5. —¿Cuándo van a _____ filmar la película? (*start*)
   —El mes entrante.

 B. With a partner, take turns asking and answering questions about the people in the following situations.

1.

2.

3.

4.

5.

6.

Para conversar

 ¿Qué hacemos? With a partner, discuss the following:

1. things you would like to learn to do or can teach others to do
2. what time you start to work and to study
3. what you always (never) remember to do and what you always (never) forget to do
4. what you dream about doing
5. what you insist on doing

2 Uses of **por** and **para** in certain expressions (*Usos de **por** y **para** en ciertas expresiones*)

A. Expressions with **por**

The following idiomatic expressions use **por**:

por aquí cerca	*around here*
por desgracia	*unfortunately*
por eso	*that's why*
por fin	*finally*
por lo general	*generally*
por si acaso	*just in case*
por suerte	*luckily*
por supuesto	*of course*

—¿Conseguiste la banda sonora de la película?   *"Did you get the movie sound track?"*

—No, **por desgracia** no pude conseguirla.   *"No, unfortunately I wasn't able to get it."*

—Hay una tienda **por aquí cerca** que la tiene. ¿Quieres que te la compre?   *"There's a store around here that has it. Do you want me to buy it for you?"*

—**Por supuesto**.   *"Of course."*

B. Expressions with **para**

The following idiomatic expressions use **para**:

para eso	*for that* (said sarcastically or contemptuously)
para peor	*to make matters worse*
¿para qué?	*what for?*
para siempre	*forever*
sin qué ni para qué	*without rhyme or reason*

—¿**Para qué** te vas a poner un vestido tan elegante?   *"What are you going to wear such an elegant dress for?"*

—Para ir a cenar con Beto. Me va a llevar a comer una hamburguesa.   *"To go to a dinner with Beto. He's taking me out for a hamburger."*

—¿Y **para eso** te pones tu mejor vestido?   *"And for that you're wearing your best dress?"*

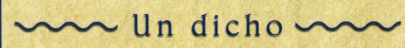

~~~~ Un dicho ~~~~

Hoy por ti, mañana por mí.
One hand washes the other

Práctica

Complete the following sentences, using the appropriate expressions with **por** or **para.**

1. Yo no tenía dinero para ir al estreno; _____ mi papá me dio cien dólares.
2. ¡Esa actriz es tan temperamental! Nadie la criticó, pero ella se enojó _____.
3. ¿ _____ aceptaste ese papel? No es muy importante.
4. Hoy ponen una película de suspenso en un cine que hay _____.
5. No creo que ellos puedan ir al festival de cine con nosotros, pero _____ los voy a invitar.
6. El espectáculo fue muy aburrido y, _____ ,cuando salí del teatro descubrí que me habían robado el auto.
7. ¡ _____ René pudo conseguir un puesto en la orquesta!
8. El productor invirtió mucho tiempo y mucho dinero en esa película, pero _____ no tuvo éxito.
9. Me ofrecieron el papel de protagonista y _____ lo acepté.
10. _____ vamos a ver películas musicales. Nos gustan mucho.
11. El día de la boda él le prometió amarla *(to love her)* _____.
12. Armando admiraba mucho a ese director y _____ quiso seguir sus pasos.

Para conversar

Habla con tu compañero. With a partner, take turns asking and answering the following questions using appropriate expressions with **por** or **para.**

1. ¿Qué programas de televisión ves tú los sábados?
2. ¿Tú piensas quedarte a vivir en este estado?
3. Si te ofrecieran un aumento de sueldo, ¿lo aceptarías?
4. ¿Hay algún restaurante mexicano cerca de la universidad?
5. ¿Sacaste una buena nota en el último examen?
6. Si el cielo está nublado *(cloudy)* cuando sales de tu casa, ¿llevas un paraguas?

3 Some idiomatic expressions (Algunas expresiones idiomáticas)

a más tardar *at the latest*

Van a estrenar la película la próxima semana **a más tardar**.	*The movie will be shown for the first time next week at the latest.*

a principios de *the first part of (a month, a year, etc.)*

El grupo musical de Sevilla viene **a principios de mes**.	*The musical group from Sevilla is coming during the first part of the month.*

dar las gracias *to express gratitude*

El actor **dio las gracias** cuando recibió el Oscar.	*The actor expressed his gratitude when he received the Oscar.*

darle rabia a uno *to be furious*

Me dio rabia cuando el crítico dijo que la película era mala.	*I became furious when the critic said (that) the movie was bad.*

de repente, de pronto *suddenly*

De repente decidieron cambiar la programación del canal.	*They suddenly decided to change the channel's programming.*

dejar plantado(-a) a alguien *to stand somebody up*

La novia **lo dejó plantado** en el altar.	*The bride stood him up at the altar.*

hacerse ilusiones *to dream, to fool oneself*

¡No **te hagas ilusiones**! Tú no puedes pertenecer a ese club tan exclusivo.	*Don't fool yourself! You can't belong to such an exclusive club.*

hoy en día *nowadays*

Hoy en día muchas películas tienen efectos especiales.	*Nowadays many movies have special effects.*

importarle a uno *to matter, to concern*

La trama es interesante. No **me importa** lo que digan los críticos.	*The plot is interesting. It doesn't matter to me what the critics say.*

llevar puesto(-a) *to have on, to be wearing (clothes)*

El vestido que la actriz **llevaba puesto** era horrible.	*The dress the actress was wearing was horrible.*

sin falta *without fail*

Elba es muy puntual, así que tenemos que estar allí a las seis **sin falta**.	*Elba is very puntual, so we have to be there at six o'clock without fail.*

tarde o temprano *sooner or later*

No te preocupes. **Tarde o temprano** él admitirá que tú tienes razón.	*Don't worry. Sooner or later he'll admit that you're right.*

Práctica

Complete the following sentences, using the appropriate idiomatic expressions.

1. Cuando yo era joven las cosas no eran así, pero _____ todo es diferente.
2. _____ cuando mi novio insiste en ver una película de guerra. No me gustan esas películas.
3. Lo esperé por tres horas y no vino. _____.
4. Tenemos que estar allí a las cinco _____. No podemos llegar más tarde.
5. Julián _____ un traje azul que le quedaba muy bien.
6. Ellos van a ir a verte el lunes, _____.
7. La actuación de esa actriz es magnífica. _____ le van a dar un Oscar.
8. Yo les _____ por todos los favores que me han hecho.
9. Ernesto se fue _____, sin decir adiós.
10. Clara va a hacer lo que ella quiera porque no _____ lo que tú digas.
11. Van a estrenar la obra _____ junio.
12. Mi padre me dice que no _____ porque él no me va a comprar un coche nuevo.

Para conversar

 Habla con tu compañero. With a partner, take turns asking and answering the following questions.

1. ¿Adónde tienes que ir mañana sin falta?
2. ¿A qué hora tienes que estar en la universidad, a más tardar?
3. Por lo general, ¿qué tienes que hacer a principios de mes?
4. ¿Qué llevabas puesto la última vez que fuiste a una fiesta?
5. ¿Qué tipo de música prefieren bailar los jóvenes hoy en día?
6. ¿Qué cosa te da rabia?
7. ¿A veces te haces ilusiones o eres una persona muy realista?
8. ¿Alguien te ha dejado plantado(-a) alguna vez? ¿Dónde?
9. ¿A quién tienes que darle las gracias? ¿Por qué?
10. ¿Qué va a pasar en tu vida tarde o temprano?

 **Estructuras:
Compruebe**
Self-Test

Así somos

¿Qué dice Ud.?

What would you say in the following situations? What might the other person say? Act out the scenes with a partner. Take turns playing each role.

1. Someone tells you that there are people waiting for you. Tell him/her "let them wait, because after all it's still early."

2. You tell a friend what kind of movies you like and what kind you don't like.

3. You talk about what you always remember to do and what you forget to do.

4. Talk about something that suits you to perfection.

Para conocernos mejor

To do this activity, work with a partner whom you would like to get to know. Take turns asking and answering these questions.

1. ¿Tú perteneces a algún club universitario? ¿A cuál? ¿Qué clubes de los que hay aquí te parecen interesantes? ¿A cuál te gustaría pertenecer?

2. Si te ofrecieran un papel en una obra teatral, ¿lo aceptarías? ¿Tendrías tiempo para ensayar o estás demasiado ocupado(-a)? ¿Preferirías el papel de protagonista o uno menos importante? ¿Crees que tienes talento para actuar?

3. ¿Vas al cine a menudo? ¿Con quién? ¿Qué tipo de películas te gusta ver? De las películas que has visto últimamente, ¿cuál crees que puede ganar un Oscar? Por lo general, ¿estás de acuerdo con la opinión de los críticos?

4. Si tú estuvieras a cargo de la programación de un canal de televisión, ¿qué tipo de programas pondrías? ¿Cuáles suprimirías (*would you eliminate*)? ¿Crees que hay demasiada violencia en la televisión? ¿Estás de acuerdo con la censura (*censorship*) en la televisión? ¿Por qué?

5. ¿Te gusta bailar? ¿Eres buen bailarín (buena bailarina)? ¿Qué tipo de música prefieres para bailar? ¿Y para escuchar? ¿Has visto alguna vez bailar flamenco? ¿Te gustaría aprender a bailarlo?

Una encuesta

Interview your classmates to identify who fits the following descriptions. Include your intructor, but remember to use the **Ud.** form when addressing him/her. After finishing the survey, get together with two or three classmates and discuss the results.

	Nombre
1. *Cree que tendría éxito como actor (actriz).*	_____
2. *Le gusta ver dibujos animados.*	_____
3. *Le gustan los documentales.*	_____
4. *Ha asistido a un festival de cine.*	_____
5. *Le gustaría tener su propia columna en un periódico.*	_____
6. *Le gustaría ser músico.*	_____
7. *Está comprometido(-a).*	_____
8. *A veces les toma el pelo a sus amigos.*	_____

Al escuchar...

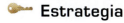 Estrategia

Identifying word boundaries practice II. Imagine that you are a soundtrack editor working in the Spanish movie close-captioning business. You need to prepare the transcript of what you hear. Listen to the segment of the soundtrack that appears transcribed below without spacing between words. Mark the divisions between words and punctuate the sentences.

llegóelmomentodecisivocristinanoteníalamenorideadesusituación
estertocóalapuertadelahabitacióndecristinaestabapálida
adelanteester
cristinadebodecirtelaverdadluisitonoestuhijo

Al conversar...

Estrategia

Expressing idiomatic language. As you develop your ability to express yourself in Spanish, make sure that you don't "think" in English, because you might try to "translate" idiomatic English word for word. Instead, think in simple, basic terms about what you want to say. For example:

1. Analyze the basic message behind *Can you give me a ride home?* You are actually asking the person to take you home in his or her car. In Spanish, the following sentence will do for that purpose: **¿Puedes llevarme a casa (en tu coche)?**

2. Similarly, the idiomatic phrase *Are we on for tonight?* really means you are asking the person whether you are going to meet tonight. In Spanish, you can say: **¿Vamos a encontrarnos esta noche?** or **¿Nos veremos esta noche?**

With a partner, try to express the following:

1. We had a ball!   3. I'll walk you home.   5. Keep quiet!

2. I need to get dinner ready.   4. I would rather take a taxi.

Para escuchar

Your instructor will read some information about Sara and Omar. After reading it twice, he/she will make statements about them. On a sheet of paper, write numbers one to six and indicate whether each statement is true (**verdadero**) or false (**falso**).

Para crear

 Get together in groups of three and "create" the scenario for this photo. Who are the people? Give them names. What is the relationship between them? What types of movies are they going to see? Are they going to enjoy the movies? What are they going to do afterwards?

¡Vamos a escribir!

Propuesta para una película (*A film proposal*). You will write a proposal to a movie company about the vision you have for a film.

Estrategia

Antes de escribir

Assessing your writing needs. Strategies are helpful guidelines, but in addition to all the strategies that have been presented, you will always come across specific needs that you will need to assess and find solutions to. This is called being *an independent learner,* the goal of education! As you tackle this lesson's writing project, the film proposal, use any number of strategies that your intuition tells you to put into practice.

A escribir la propuesta para una película

Write the **primer borrador** of your film proposal.

Estrategia

Después de escribir

 Before writing the final version, your instructor might want you to exchange your first draft with a classmate and peer edit each other's work using the following guidelines:

- use of the subjunctive or the indicative
- formation of the subjunctive and the indicative verbs
- uses of **por** and **para**
- use of other prepositions
- subject-verb agreement in both the main and the subordinate clauses
- use of idiomatic expressions

Rincón literario

Gustavo Adolfo Bécquer
(España: 1836–1870)

A Bécquer se le considera un precursor de la poesía moderna. Los temas principales de su poesía son el amor, la soledad y el misterio. Se le conoce mayormente por sus *Leyendas* y por sus *Rimas;* éstas últimas son muy breves y de máxima condensación lírica. Los textos que aparecen a continuación son dos de las famosas rimas de Bécquer.

Estrategia | **Antes de leer**

A. Using reference materials. During your studies, you will often need to learn more about the context in which a specific piece of literature was produced. For instance, while reading a nineteenth-century novel, you might need to look up the meaning of words that are not used anymore, or you may be missing a historical context from the times, or a personal anecdote about the author's life that will make all the difference in finding out what something really means.

Reread the author information for clues to understanding Bécquer's poems. Note that he often depicts extreme and passionate interpersonal dimensions and that these poems are charged with very strong feelings.

B. As you read the poems, find the answers to the following questions.

1. ¿Qué hace la mujer cuando pasa junto al poeta? ¿Qué se pregunta él?
2. ¿Qué dice el poeta que es su sonrisa?
3. ¿Qué daría el poeta por saber lo que ella ha dicho de él?
4. ¿Qué daría por saber lo que ha pensado de él?

A leer

Rimas

Rima XLIV

Alguna vez la encuentro por el mundo,
    y pasa junto a mí;
y pasa sonriéndose,° y yo digo:
    "¿Cómo puede reír?"

smiling

Luego asoma a mi labio otra sonrisa,
    máscara de dolor,
y entonces pienso: "¡Acaso° ella se ríe
    como me río yo!"

Perhaps

Rima LI

De lo poco de vida que me resta,
diera con gusto los mejores años
    por saber lo que a otros
de mí has hablado.

Y esta vida mortal…, y de la eterna
lo que me toque, si me toca algo,
    por saber lo que a solas
de mí has pensado.

Después de leer… reflexiones

In groups of three, discuss the following questions.

1. ¿Sonríe Ud. a veces cuando está triste? ¿Qué otros sentimientos escondemos (*do we hide*) a veces?

2. Si Ud. pudiera adivinar lo que otras personas piensan de Ud., ¿cree que esto sería una ventaja (*advantage*) o una desventaja (*disadvantage*)?

Frases célebres

Sobre la filosofía de la vida

Rico es el que posee, pero feliz, el que nada desea.
Cecilia Böhl de Faber (España: 1796–1877)

No puedo estar satisfecha de mí misma nunca, jamás.
Gertrudis Gómez de Avellaneda (Cuba: 1814–1873)

La mujer tiene destino propio: sus primeros deberes naturales son para consigo misma.
Emilia Pardo Bazán (España: 1851–1925)

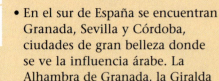

España (II)

- En el sur de España se encuentran Granada, Sevilla y Córdoba, ciudades de gran belleza donde se ve la influencia árabe. La Alhambra de Granada, la Giralda de Sevilla y la Mezquita *(Mosque)* de Córdoba son verdaderas joyas arquitectónicas. Sevilla tiene además el maravilloso Parque de María Luisa, donde se encuentra la gran Plaza de España. En esta plaza, construida enteramente de azulejos *(ceramic tiles)* de tipo andaluz, están representadas escenas históricas de las cincuenta provincias de España.

- Las playas de Andalucía, conocidas como la "Costa del Sol", están entre las más famosas atracciones turísticas del país, y son visitadas todo el año gracias a su clima cálido, aun en invierno.

- España es rica en tradiciones. Cada provincia tiene sus propios trajes regionales, música, artesanía y cocina típicas. La cocina y los vinos españoles son muy variados. Cada región tiene su especialidad: los jamones y chorizos *(sausages)* de Extremadura, la fabada asturiana, la famosa paella valenciana, el gazpacho[1] de

Andalucía y los vinos de Jerez han ganado fama internacional. Valencia, situada al este, junto al mar Mediterráneo, es conocida como la "Huerta de España" por su alta producción de frutas y verduras.

- Aunque no hay ninguna región española que no produzca su propio vino, Andalucía es la gran tierra del vino, por su gran calidad y variedad. Andalucía es famosa, además, por el cultivo del olivo y, en la música y en la danza, por el flamenco.

- España ha aportado *(exerted)* su influencia al mundo tanto en el campo de la ciencia como en el de la cultura, y ha obtenido premios Nobel en ambos campos. En la literatura, España se ha destacado desde la Edad Media. Entre sus numerosos escritores está Miguel de Cervantes, creador de *Don Quijote,* una de las obras literarias que más ha influido en todo el mundo. En la poesía, Antonio Machado, Juan Ramón Jiménez y Federico García Lorca son autores de fama internacional. Tres grandes pintores del siglo XX, conocidos mundialmente, son españoles: Salvador Dalí, Joan Miró y Pablo Picasso.

- Aunque es imposible expresar en pocas palabras la riqueza cultural que este país le ofrece al mundo, España será siempre conocida como "La tierra de don Quijote".

Literatura: los orígenes de la novela[2] moderna

Portada *(Title page)* de la primera edición del *Quijote,* primera parte (1605).

Los personajes principales de la novela: Sancho Panza, a la izquierda, y don Quijote, a la derecha. Plaza de España, Sevilla.

---

[1] *A type of cold soup*   [2] **novela** = *novel*

Pasado pluricultural:[1] crisol[2] de civilizaciones judía,[3] cristiana y musulmana[4]

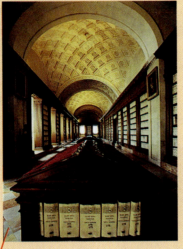

El Archivo General de Indias, en Sevilla, fue creado en 1785. Es el centro de documentación más importante para la historia colonial de la América hispánica.

La catedral de Sevilla, la tercera en tamaño después de la Basílica de San Pedro en Roma y de la de St. Paul en Londres, fue construida donde antes había una mezquita árabe.

La Giralda es el alminar *(minaret)* de la mezquita de Sevilla, destruida en 1401. Fue construida por los musulmanes entre 1170 y 1200 y fue convertida en campanario *(bell tower)* en el siglo XVI.

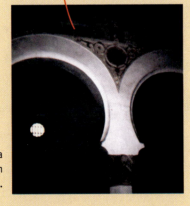

Ejemplo de ornamentación islámica con versos del *Corán*, Granada.

Sinagoga de Santa María la Blanca, Toledo,[5] construida en el siglo XIII.

---

[1]**pluricultural** = *multicultural*
[2]**crisol** = (fig.) *melting pot;* literally, *crucible*
[3]**judío(-a)** = *Jewish*
[4]**musulmán(-ana)** = *Muslim*
[5]Toledo no queda en el sur de España; más bien *(rather)* queda en el centro.

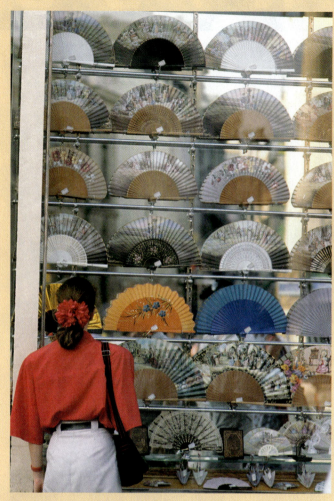

Artesano *(Artisan)* toledano trabajando la técnica del damasquinado *(damascene)*, traída por los árabes desde Damasco, Siria.

Abanicos en las vidrieras de una tienda andaluza.

Nuestro panorama cultural

In groups of three, answer the following questions about your home state, region, or country.

1. ¿Se produce vino en alguna región de su país? ¿En cuál?
2. ¿Su región tiene alguna comida típica? ¿Cuál?
3. ¿Su país tiene algunas costumbres especiales? ¿Cuáles, por ejemplo?
4. ¿Puede nombrar algunos escritores famosos de su país?
5. ¿Ha visto bailar el flamenco alguna vez? ¿Le gustó?

For the next class: Go to the World Wide Web and find photos from your hometown, state, region, or country. Use the questions from **Nuestro panorama cultural** above as guidelines for choosing them. Be ready to present the photos to your classmates.

SELF-TEST
Lecciones 16–18

Take this test. When you have finished, check your answers in the answer key provided in Appendix D. Then use a red pen to correct any mistakes you may have made. Are you ready?

Lección 16

A. The imperfect subjunctive. Rewrite the following sentences, using the new beginnings.

1. Quiere que vaya con ellos.
   Quería...
2. Les digo que no monten a caballo hoy.
   Les dije...
3. Me alegro de que él sea el campeón.
   Me alegré...
4. Temo que se ahoguen.
   Temí...
5. Necesito a alguien que me enseñe a esquiar.
   Necesitaba...
6. No creo que él sepa armar la tienda de campaña.
   No creí...
7. ¿Hay alguien aquí que tenga una caña de pescar?
   ¿Había...
8. No es verdad que necesitemos una raqueta.
   No era verdad...
9. No creo que esté tomando el sol.
   No creía...
10. Me alegro de que te sientas bien.
    Me alegré...

B. Some uses of the prepositions a, de, and en. Complete the following sentences, using **a, de,** or **en** as necessary.

1. Nora y Luisa fueron _____ Brasil _____ junio y ahora sólo hablan _____ su viaje. Dicen que cuando llegaron _____ Río conocieron _____ dos chicos muy simpáticos.
2. Ricardo está _____ el estadio desde las tres _____ la tarde. Va _____ volver _____ su casa _____ las cinco.
3. Anoche conocí _____ Teresa. Es una chica morena _____ ojos verdes y es la más simpática _____ su familia.
4. El mes pasado empecé _____ aprender _____ jugar al tenis.
5. A Rita no le gusta viajar _____ avión; prefiere viajar _____ tren.

C. The present perfect subjunctive. Complete these sentences with the present perfect subjunctive form of the verbs given.

1. Es una lástima que ellos no _____ (ir) al estadio hoy.

2. Me alegro de que tú _____ (aprender) a jugar al golf.

3. ¿Hay alguien aquí que _____ (leer) ese artículo?

4. Los padres de Clara esperan que ella no _____ (aburrirse) en la fiesta.

5. No creo que Ud. _____ (saber) armar la tienda de campaña.

6. No es verdad que nosotros nos _____ (divertir) en la fiesta.

D. Just words . . . Match the questions in column A with the answers in column B.

A	B
1. ¿Vas a cazar?	a. No, no saben remar.
2. ¿Él habla con todo el mundo?	b. De salvavidas.
3. ¿Se divirtió en la fiesta?	c. Dos entradas para el juego.
4. ¿Van a ir en bote?	d. México.
5. ¿Uds. acamparon?	e. Sí, no es nada orgulloso.
6. ¿Qué compraste?	f. Tomo el sol.
7. ¿Qué país está al sur de los Estados Unidos?	g. No, alquilamos una cabaña.
8. ¿Qué haces en la playa?	h. Esquiar y patinar.
9. ¿De qué trabaja?	i. Sí, necesito la escopeta.
10. ¿Qué actividades al aire libre te gustan más?	j. No, se aburrió como una ostra.

E. Culture. Answer the following questions, based on the **Panorama hispánico** section.

1. ¿Cuál es la capital de Uruguay?

2. ¿Cuál es la bebida nacional del país?

3. ¿Qué es Punta del Este?

4. ¿Qué idioma se habla en Brasil?

5. ¿Qué playas son famosas en Río de Janeiro?

Lección 17

A. The pluperfect subjunctive. Complete the following sentences with the pluperfect subjunctive of the verbs in parentheses.

1. No había nadie que _____ (ver) al presidente de la compañía.
2. Yo me alegré de que ellos no _____ (tener) que entrevistarme.
3. Ellos no creían que nosotros ya _____ (archivar) todos los documentos.
4. Yo temía que Ud. no le _____ (ofrecer) el puesto.
5. Ellos se alegraron de que yo _____ (escribir) las cartas a máquina.

B. *If* clauses. Complete the following sentences with the imperfect subjunctive, the pluperfect subjunctive, or the present indicative of the verbs given.

1. Si yo _____ (tener) tiempo, hablaré con el jefe.
2. Nosotros trabajaríamos con ellos si _____ (poder).
3. Si ellos _____ (ir) al despacho, habrían visto al supervisor.
4. Si Uds. _____ (necesitar) un traductor, pueden emplearlo.
5. Tú habrías hablado con el jefe de personal si lo _____ (ver).
6. Elsa habla como si lo _____ (saber) todo.

C. Summary of the uses of the subjunctive. Complete the following sentences, using the verbs in parentheses in the appropriate tense of the subjunctive or the indicative.

1. Yo quería que ellos me _____ (entrevistar) hoy.
2. Esperamos que tú _____ (poder) hablar mañana con los accionistas.
3. Dile que me _____ (avisar) esta tarde.
4. Yo no creo que nosotros _____ (poder) desempeñar ese puesto, pero creo que Carlos _____ (poder) hacerlo.
5. ¿Hay alguien aquí que _____ (haber) visto al gerente hoy?
6. Voy a usar la fotocopiadora en cuanto _____ (llegar) a la oficina.
7. Le di dinero para que _____ (poder) comprar la videograbadora.
8. No es verdad que nosotros le _____ (pagar) ese sueldo.

D. Just words . . . Complete the following sentences, using vocabulary from **Lección 17.**

1. Ayer pedí un _____ de sueldo y no me lo dieron.
2. Trabaja en el _____ de compras. Es contador _____.
3. Vamos a comprar _____ electrónicos y un _____ de textos para la oficina.
4. Ellos quedaron muy _____ con mis _____ de recomendación.
5. Él vende casas. Es agente de _____ raíces.
6. Ellos están _____ de hacer todas las entrevistas.
7. Le voy a _____ mañana sobre mi decisión.
8. Eduardo trabaja _____ la supervisión del agente de _____ públicas.
9. Todos los días recibo muchos _____ electrónicos.
10. Ricardo habla dos idiomas. Trabaja como intérprete y _____.

E. Culture. Complete the following sentences, based on the **Panorama hispánico** section.

1. España y _____ forman la Península Ibérica.
2. El sistema de gobierno español es una _____ constitucional.
3. La moneda de España es el _____.
4. La capital de España es _____.
5. En la capital está uno de los museos más famoso del mundo: el Museo del _____.

Lección 18

A. Uses of some prepositions after certain verbs. Complete the following sentences, using the verbs listed and the appropriate prepositions.

insistir   comprometerse   olvidarse   venir   enamorarase   soñar

1. Yo nunca _____ grabar ese programa.
2. Julio y Silvia _____ casarse muy pronto.
3. El director _____ que esa actriz sea la protagonista.
4. Nosotros _____ filmar todos los días.
5. Adela _____ Pepe en la fiesta de anoche.
6. Yo _____ Alicia la primera vez que la vi.

B. Uses of por and para in certain expressions. Complete the following sentences, using the appropriate expressions with **por** or **para.**

1. _____ no me dieron el papel principal en la película.
2. ¿_____ necesitas ir al teatro hoy? ¿Tienes que ensayar?
3. El actor se enojó _____.
4. Voy a comprarme un vestido nuevo _____ me invitan a la boda.
5. No tenemos que caminar mucho porque el teatro está _____.
6. El vendedor me dijo que la garantía del coche duraba _____.
7. Rosa admiraba mucho a esa actriz y _____ quería seguir sus pasos.
8. Trabajaron mucho, pero _____ tuvieron éxito.

C. Some idiomatic expressions. What idiomatic expressions would you use to complete the following sentences?

1. Le hice un gran favor y no _____.
2. Vamos a salir de viaje _____ mes.
3. Necesitamos el dinero para mañana _____.
4. ¡No _____! No vas a ser la protagonista de la telenovela.
5. El actor no vino al estreno. _____ a todo el mundo.
6. A ellos no _____ lo que yo pienso. No me hacen caso (*pay attention*).
7. Las películas de _____ no son tan buenas como las de antes.
8. El vestido que ella _____ era muy elegante.

D. Just words... Complete the following sentences, using vocabulary from **Lección 18.**

1. Pedro Almodóvar es un famoso _____ de cine.
2. Van a casarse. La _____ es a _____ de mes.
3. *The Sound of Music* es una _____ musical.
4. Se burla de mí. Siempre me _____ el pelo.
5. El dinero que mi padre me dio me vino de _____.
6. Yo no voy a abrirles la puerta ahora,¡_____!
7. Yo estoy a _____ de ese _____ musical.
8. ¿_____ estamos hoy?
9. No me gusta la _____ sonora de esa película.
10. John Wayne hacía películas del _____.

E. Culture. Complete the following sentences, based on the **Panorama hispánico** section.

1. Tres famosas ciudades en el sur de España son _____ , _____ y
_____.
2. En el Parque de María Luisa se encuentra la _____.
3. Los vinos de _____ tienen fama internacional.
4. Valencia es conocida como la _____.
5. El escritor _____ es el creador de Don Quijote.

APPENDIX A
SPANISH SOUNDS

 **Vowels**

There are five distinct vowels in Spanish: **a, e, i, o,** and **u.** Each vowel has only one basic, constant sound. The pronunciation of each vowel is constant, clear, and brief. The length of the sound is practically the same whether it is produced in a stressed or unstressed syllable.[1]

While producing the sounds of the English stressed vowels that most closely resemble the Spanish ones, the speaker changes the position of the tongue, lips, and lower jaw, so that the vowel actually starts as one sound and then glides into another. In Spanish, however, the tongue, lips, and jaw keep a constant position during the production of the sound.

> **English:** ban*a*na   **Spanish:** banana

The stress falls on the same vowel and syllable in both Spanish and English, but the English stressed *a* is longer than the Spanish stressed **a.**

> **English:** ban*a*na   **Spanish:** banana

Note also that the English stressed *a* has a sound different from the other *a*'s in the word, while the Spanish **a** sound remains constant.

a   The Spanish **a** sounds similar to the English *a* in the word *father.*

alta	casa	palma	Ana
cama	Panamá	alma	apagar

e   The Spanish **e** is pronounced like the English *e* in the word *eight.*

mes	entre	este	deje
ese	encender	teme	prender

i   The Spanish **i** has a sound similar to the English *ee* in the word *see.*

fin	ir	sí	sin	dividir	Trini	difícil

o   The Spanish **o** is similar to the English *o* in the word *no,* but without the glide.

toco	como	poco	roto
corto	corro	solo	loco

u   The Spanish **u** is pronounced like the English *oo* sound in the word *shoot* or the *ue* sound in the word *Sue.*

su	Lulú	Úrsula	cultura
un	luna	sucursal	Uruguay

Diphthongs and Triphthongs

When unstressed **i** or **u** falls next to another vowel in a syllable, it unites with that vowel to form what is called a *diphthong.* Both vowels are pronounced as one syllable. Their sounds do not change; they are only pronounced more rapidly and with a glide. For example:

tra**i**ga	L**i**d**i**a	tre**i**nta	s**i**ete	o**i**go	ad**i**ós
A**u**rora	ag**u**a	b**u**eno	antig**u**o	ci**u**dad	L**u**is

---

[1]In a stressed syllable, the prominence of the vowel is indicated by its loudness.

A triphthong is the union of three vowels: a stressed vowel between two unstressed ones (**i** or **u**) in the same syllable. For example: Para**guay**, estudi**éis**.

NOTE: Stressed **i** and **u** do not form diphthongs with other vowels, except in the combinations **iu** and **ui**. For example: **rí**-o, sa-**bí**-ais.

In syllabication, diphthongs and triphthongs are considered a single vowel; their components cannot be separated.

Consonants

p   Spanish **p** is pronounced in a manner similar to the English *p* sound, but without the puff of air that follows after the English sound is produced.

pesca	pude	puedo	parte	papá
postre	piña	puente	Paco	

k   The Spanish **k** sound, represented by the letters **k, c** before **a, o, u** or a consonant, and **qu**, is similar to the English *k* sound, but without the puff of air.

casa	comer	cuna	clima	acción	que
quinto	queso	aunque	kiosko	kilómetro	

t   Spanish **t** is produced by touching the back of the upper front teeth with the tip of the tongue. It has no puff of air as in the English *t*.

todo	antes	corto	Guatemala	diente
resto	tonto	roto	tanque	

d   The Spanish consonant **d** has two different sounds depending on its position. At the beginning of an utterance and after **n** or **l**, the tip of the tongue presses the back of the upper front teeth.

día	doma	dice	dolor	dar
anda	Aldo	caldo	el deseo	un domicilio

In all other positions the sound of **d** is similar to the *th* sound in the English word *they*, but softer.

medida	todo	nada	nadie	medio
puedo	moda	queda	nudo	

g   The Spanish consonant **g** is similar to the English *g* sound in the word *guy* except before **e** or **i**.

goma	glotón	gallo	gloria	lago	alga
gorrión	garra	guerra	angustia	algo	Dagoberto

j   The Spanish sound **j** (or **g** before **e** and **i**) is similar to a strongly exaggerated English *h* sound.

gemir	juez	jarro	gitano	agente
juego	giro	bajo	gente	

b, v   There is no difference in sound between Spanish **b** and **v**. Both letters are pronounced alike. At the beginning of an utterance or after **m** or **n**, **b** and **v** have a sound identical to the English *b* sound in the word *boy*.

vivir	beber	vamos	barco	enviar
hambre	batea	bueno	vestido	

When pronounced between vowels, the Spanish **b** and **v** sound is produced by bringing the lips together but not closing them, so that some air may pass through.

sábado	autobús	yo voy	su barco

y, ll   In most countries, Spanish **ll** and **y** have a sound similar to the English *y* sound in the word *yes*.

el llavero	trayecto	su yunta	milla
oye	el yeso	mayo	yema
un yelmo	trayectoria	llama	bella

NOTE: When it stands alone or is at the end of a word, Spanish **y** is pronounced like the vowel **i**.

rey	hoy	y	doy	buey
muy	voy	estoy	soy	

r   The sound of Spanish **r** is similar to the English *dd* sound in the word *ladder*.

crema	aroma	cara	arena	aro
harina	toro	oro	eres	portero

rr   Spanish **rr** and also **r** in an initial position and after **n**, **l**, or **s** are pronounced with a very strong trill. This trill is produced by bringing the tip of the tongue near the alveolar ridge and letting it vibrate freely while the air passes through the mouth.

rama	carro	Israel	cierra	roto
perro	alrededor	rizo	corre	Enrique

s   Spanish **s** is represented in most of the Spanish world by the letters **s**, **z**, and **c** before **e** or **i**. The sound is very similar to the English sibilant *s* in the word *sink*.

sale	sitio	presidente	signo
salsa	seda	suma	vaso
sobrino	ciudad	cima	canción
zapato	zarza	cerveza	centro

h   The letter **h** is silent in Spanish.

hoy	hora	hilo	ahora
humor	huevo	horror	almohada

ch   Spanish **ch** is pronounced like the English *ch* in the word *chief*.

hecho	chico	coche	Chile
mucho	muchacho	salchicha	

f   Spanish **f** is identical in sound to the English *f*.

difícil	feo	fuego	forma
fácil	fecha	foto	fueron

l   Spanish **l** is similar to the English *l* in the word *let*.

dolor	lata	ángel	lago	sueldo
los	pelo	lana	general	fácil

m   Spanish **m** is pronounced like the English *m* in the word *mother*.

mano	moda	mucho	muy
mismo	tampoco	multa	cómoda

n   In most cases, Spanish **n** has a sound similar to the English *n*.

nada	nunca	ninguno	norte
entra	tiene	sienta	

The sound of Spanish **n** is often affected by the sounds that occur around it. When it appears before **b, v,** or **p,** it is pronounced like an **m.**

tan bueno	toman vino	sin poder
un pobre	comen peras	siguen bebiendo

ñ Spanish **ñ** is similar to the English *ny* sound in the word *canyon.*

señor	otoño	ñoño	uña
leña	dueño	niños	años

x Spanish **x** has two pronunciations depending on its position. Between vowels the sound is similar to English *ks.*

examen	exacto	boxeo	éxito
oxidar	oxígeno	existencia	

When it occurs before a consonant, Spanish **x** sounds like *s.*

expresión	explicar	extraer	excusa
expreso	exquisito	extremo	

NOTE: When **x** appears in **México** or in other words of Mexican origin, it is pronounced like the Spanish letter **j.**

Rhythm

Rhythm is the variation of sound intensity that we usually associate with music. Spanish and English each regulate these variations in speech differently, because they have different patterns of syllable length. In Spanish the length of the stressed and unstressed syllables remains almost the same, while the English stressed syllables are considerably longer than unstressed ones. Pronounce the following Spanish words, enunciating each syllable clearly.

es-tu-dian-te	bue-no	Úr-su-la
com-po-si-ción	di-fí-cil	ki-ló-me-tro
po-li-cí-a	Pa-ra-guay	

Because the length of the Spanish syllables remains constant, the greater the number of syllables in a given word or phrase, the longer the phrase will be.

Linking

In spoken Spanish, the different words in a phrase or a sentence are not pronounced as isolated elements but are combined together. This is called *linking.*

Pepe come pan.		Pe-pe-co-me-pan
Tomás toma leche.	⟹	To-más-to-ma-le-che
Luis tiene la llave.		Luis-tie-ne-la-lla-ve
La mano de Roberto.		La-ma-no-de-Ro-ber-to

■ The final consonant of a word is pronounced together with the initial vowel of the following word.

Carlos anda		Car-lo-san-da
un ángel	⟹	u-nán-gel
el otoño		e-lo-to-ño
unos estudios interesantes		u-no-ses-tu-dio-sin-te-re-san-tes

■ A diphthong is formed between the final vowel of a word and the initial vowel of the following word. A triphthong is formed when there is a combination of three vowels (see rules for the formation of diphthongs and triphthongs on pages 507–508).

su hermana	suher-ma-na
tu escopeta	tues-co-pe-ta
Roberto y Luis	Ro-ber-toy-Luis
negocio importante	ne-go-cioim-por-tan-te
lluvia y nieve	llu-viay-nie-ve
ardua empresa	ar-duaem-pre-sa

■ When the final vowel of a word and the initial vowel of the following word are identical, they are pronounced slightly longer than one vowel.

Ana alcanza	A-n*a*l-can-za
lo olvido	l*o*l-vi-do
tiene eso	tie-n*e*-so
Ada atiende	Ad*a*-tien-de

The same rule applies when two identical vowels appear within a word.

crees	cr*e*s
Teherán	Te-rán
coordinación	c*o*r-di-na-ción

■ When the final consonant of a word and the initial consonant of the following word are the same, they are pronounced as one consonant with slightly longer than normal duration.

el lado	e-*l*a-do
Carlos salta	Car-lo-sal-ta
tienes sed	tie-ne-*s*ed

Intonation

Intonation is the rise and fall of pitch in the delivery of a phrase or a sentence. In general, Spanish pitch tends to change less than English, giving the impression that the language is less emphatic.

As a rule, the intonation for normal statements in Spanish starts in a low tone, rises to a higher one on the first stressed syllable, maintains that tone until the last stressed syllable, and then goes back to the initial low tone, with still another drop at the very end.

Tu amigo viene mañana.	José come pan.
Ada está en casa.	Carlos toma café.

Syllable Formation in Spanish

General rules for dividing words into syllables:

Vowels

■ A vowel or a vowel combination can constitute a syllable.

a-lum-no   a-bue-la   Eu-ro-pa

■ Diphthongs and triphthongs are considered single vowels and cannot be divided.

bai-le   puen-te   Dia-na   es-tu-diáis   an-ti-guo

■ Two strong vowels (**a, e, o**) do not form a diphthong and are separated into two syllables.

em-ple-ar   vol-te-ar   lo-a

■ A written accent on a weak vowel (**i** or **u**) breaks the diphthong, separating the vowels into two syllables.

trí-o   dú-o   Ma-rí-a

Consonants

■ A single consonant forms a syllable with the vowel that follows it.

po-der   ma-no   mi-nu-to

NOTE: Spanish **ch, ll,** and **rr** are considered single consonants: **a-ma-ri-llo, co-che, pe-rro.**

■ When two consonants appear between two vowels, they are separated into two syllables.

al-fa-be-to   cam-pe-ón   me-ter-se   mo-les-tia

EXCEPTION: When a consonant cluster composed of **b, c, d, f, g, p,** or **t** with **l** or **r** appears between two vowels, the cluster joins the following vowel: **so-bre, o-tros, ca-ble, te-lé-gra-fo.**

■ When three consonants appear between two vowels, only the last one goes with the following vowel.

ins-pec-tor   trans-por-te   trans-for-mar

EXCEPTION: When there is a cluster of three consonants in the combinations described in rule 2, the first consonant joins the preceding vowel and the cluster joins the following vowel: **es-cri-bir, ex-tran-je-ro, im-plo-rar, es-tre-cho.**

Accentuation

In Spanish, all words are stressed according to specific rules. Words that do not follow the rules must have a written accent to indicate the change of stress. The basic rules for accentuation are as follows.

■ Words ending in a vowel, **n,** or **s** are stressed on the next-to-last syllable.

hi-jo	**ca**-lle	**me**-sa	fa-**mo**-sos
flo-**re**-cen	**pla**-ya	**ve**-ces	

■ Words ending in a consonant, except **n** or **s,** are stressed on the last syllable.

ma-**yor**   a-**mor**   tro-pi-**cal**   na-**riz**   re-**loj**   co-rre-**dor**

■ All words that do not follow these rules must have a written accent.

ca-**fé**	**lá**-piz	**mú**-si-ca	sa-**lón**
án-gel	**lí**-qui-do	fran-**cés**	**Víc**-tor
sim-**pá**-ti-co	rin-**cón**	a-**zú**-car	de-**mó**-cra-ta
sa-**lió**	**dé**-bil	e-**xá**-me-nes	

■ Pronouns and adverbs of interrogation and exclamation have a written accent to distinguish them from relative pronouns.

¿Qué comes?	*What are you eating?*
La pera que él no comió.	*The pear that he did not eat.*
¿Quién está ahí?	*Who is there?*
El hombre a quien tú llamaste.	*The man whom you called.*
¿Dónde está él?	*Where is he?*
En el lugar donde trabaja.	*At the place where he works.*

■ Words that have the same spelling but different meanings take a written accent to differentiate one from the other.

el	*the*	él	*he, him*	te	*you*	té	*tea*
mi	*my*	mí	*me*	si	*if*	sí	*yes*
tu	*your*	tú	*you*	mas	*but*	más	*more*

APPENDIX B
VERBS

Regular Verbs

Model -ar, -er, -ir verbs

INFINITIVE

amar *(to love)*   comer *(to eat)*   vivir *(to live)*

PRESENT PARTICIPLE

amando *(loving)*   comiendo *(eating)*   viviendo *(living)*

PAST PARTICIPLE

amado *(loved)*   comido *(eaten)*   vivido *(lived)*

SIMPLE TENSES

Indicative Mood

PRESENT

(I love)		*(I eat)*		*(I live)*	
amo	amamos	como	comemos	vivo	vivimos
amas	amáis	comes	coméis	vives	vivís
ama	aman	come	comen	vive	viven

IMPERFECT

(I used to love)		*(I used to eat)*		*(I used to live)*	
amaba	amábamos	comía	comíamos	vivía	vivíamos
amabas	amabais	comías	comíais	vivías	vivíais
amaba	amaban	comía	comían	vivía	vivían

PRETERIT

(I loved)		*(I ate)*		*(I lived)*	
amé	amamos	comí	comimos	viví	vivimos
amaste	amasteis	comiste	comisteis	viviste	vivisteis
amó	amaron	comió	comieron	vivió	vivieron

FUTURE

(I will love)		*(I will eat)*		*(I will live)*	
amaré	amaremos	comeré	comeremos	viviré	viviremos
amarás	amaréis	comerás	comeréis	vivirás	viviréis
amará	amarán	comerá	comerán	vivirá	vivirán

CONDITIONAL

(I would love)		*(I would eat)*		*(I would live)*	
amaría	amaríamos	comería	comeríamos	viviría	viviríamos
amarías	amaríais	comerías	comeríais	vivirías	viviríais
amaría	amarían	comería	comerían	viviría	vivirían

Subjunctive Mood

PRESENT

([that] I [may] love)		*([that] I [may] eat)*		*([that] I [may] live)*	
ame	amemos	coma	comamos	viva	vivamos
ames	améis	comas	comáis	vivas	viváis
ame	amen	coma	coman	viva	vivan

IMPERFECT (two forms: -ra, -se)

([that] I [might] love)	*([that] I [might] eat)*	*([that] I [might] live)*
amara(-ase)	comiera(-iese)	viviera(-iese)
amaras(-ases)	comieras(-ieses)	vivieras(-ieses)
amara(-ase)	comiera(-iese)	viviera(-iese)
amáramos(-ásemos)	comiéramos(-iésemos)	viviéramos(-iésemos)
amarais(-aseis)	comierais(-ieseis)	vivierais(-ieseis)
amaran(-asen)	comieran(-iesen)	vivieran(-iesen)

Imperative Mood

(love)	*(eat)*	*(live)*
ama (tú)	come (tú)	vive (tú)
ame (Ud.)	coma (Ud.)	viva (Ud.)
amemos (nosotros)	comamos (nosotros)	vivamos (nosotros)
amad (vosotros)	comed (vosotros)	vivid (vosotros)
amen (Uds.)	coman (Uds.)	vivan (Uds.)

COMPOUND TENSES

PERFECT INFINITIVE

haber amado	haber comido	haber vivido

PERFECT PARTICIPLE

habiendo amado	habiendo comido	habiendo vivido

Indicative Mood

PRESENT PERFECT

(I have loved)	*(I have eaten)*	*(I have lived)*
he amado	he comido	he vivido
has amado	has comido	has vivido
ha amado	ha comido	ha vivido
hemos amado	hemos comido	hemos vivido
habéis amado	habéis comido	habéis vivido
han amado	han comido	han vivido

PLUPERFECT

(I had loved)	*(I had eaten)*	*(I had lived)*
había amado	había comido	había vivido
habías amado	habías comido	habías vivido
había amado	había comido	había vivido
habíamos amado	habíamos comido	habíamos vivido
habíais amado	habíais comido	habíais vivido
habían amado	habían comido	habían vivido

FUTURE PERFECT

(I will have loved)	*(I will have eaten)*	*(I will have lived)*
habré amado	habré comido	habré vivido
habrás amado	habrás comido	habrás vivido
habrá amado	habrá comido	habrá vivido
habremos amado	habremos comido	habremos vivido
habréis amado	habréis comido	habréis vivido
habrán amado	habrán comido	habrán vivido

CONDITIONAL PERFECT

(I would have loved)	*(I would have eaten)*	*(I would have lived)*
habría amado	habría comido	habría vivido
habrías amado	habrías comido	habrías vivido
habría amado	habría comido	habría vivido
habríamos amado	habríamos comido	habríamos vivido
habríais amado	habríais comido	habríais vivido
habrían amado	habrían comido	habrían vivido

Subjunctive Mood

PRESENT PERFECT

([that] I [may] have loved)	*([that] I [may] have eaten)*	*([that] I [may] have lived)*
haya amado	haya comido	haya vivido
hayas amado	hayas comido	hayas vivido
haya amado	haya comido	haya vivido
hayamos amado	hayamos comido	hayamos vivido
hayáis amado	hayáis comido	hayáis vivido
hayan amado	hayan comido	hayan vivido

PLUPERFECT (two forms: -ra, -se)

([that] I [might] have loved)	*([that] I [might] have eaten)*	*([that] I [might] have lived)*
hubiera(-iese) amado	hubiera(-iese) comido	hubiera(-iese) vivido
hubieras(-ieses) amado	hubieras(-ieses) comido	hubieras(-ieses) vivido
hubiera(-iese) amado	hubiera(-iese) comido	hubiera(-iese) vivido
hubiéramos(-iésemos) amado	hubiéramos(-iésemos) comido	hubiéramos(-iésemos) vivido
hubierais(-ieseis) amado	hubierais(-ieseis) comido	hubierais(-ieseis) vivido
hubieran(-iesen) amado	hubieran(-iesen) comido	hubieran(-iesen) vivido

Stem-Changing Verbs

The -ar and -er stem-changing verbs

Stem-changing verbs are those that have a spelling change in the root of the verb. Stem-changing verbs that end in **-ar** and **-er** change the stressed vowel **e** to **ie**, and the stressed **o** to **ue.** These changes occur in all persons, except the first- and second-persons plural, of the present indicative, present subjunctive, and imperative.

Infinitive	Indicative	Imperative	Subjunctive
cerrar	cierro	——	cierre
(to close)	cierras	cierra	cierres
	cierra	cierre	cierre
	cerramos	cerremos	cerremos
	cerráis	cerrad	cerréis
	cierran	cierren	cierren
perder	pierdo	——	pierda
(to lose)	pierdes	pierde	pierdas
	pierde	pierda	pierda
	perdemos	perdamos	perdamos
	perdéis	perded	perdáis
	pierden	pierdan	pierdan
contar	cuento	——	cuente
(to count;	cuentas	cuenta	cuentes
to tell)	cuenta	cuente	cuente
	contamos	contemos	contemos
	contáis	contad	contéis
	cuentan	cuenten	cuenten
volver	vuelvo	——	vuelva
(to return)	vuelves	vuelve	vuelvas
	vuelve	vuelva	vuelva
	volvemos	volvamos	volvamos
	volvéis	volved	volváis
	vuelven	vuelvan	vuelvan

Verbs that follow the same pattern:

acordarse	*to remember*	entender	*to understand*
acostar(se)	*to go to bed*	extender	*to stretch*
almorzar	*to have lunch*	llover	*to rain*
atravesar	*to go through*	mover	*to move*
cocer	*to cook*	mostrar	*to show*
colgar	*to hang*	negar	*to deny*
comenzar	*to begin*	nevar	*to snow*
confesar	*to confess*	pensar	*to think; to plan*
costar	*to cost*	probar	*to prove; to taste*
demostrar	*to demonstrate, show*	recordar	*to remember*
		rogar	*to beg*
despertar(se)	*to wake up*	sentar(se)	*to sit down*
empezar	*to begin*	soler	*to be in the habit of*
encender	*to light; to turn on*	soñar	*to dream*
encontrar	*to find*	torcer	*to twist*

The -ir stem-changing verbs

There are two types of stem-changing verbs that end in **-ir:** one type changes stressed **e** to **ie** in some tenses and to **i** in others, and stressed **o** to **ue** or **u**; the second type changes stressed **e** to **i** only in all the irregular tenses.

Type I: -**ir:** e > ie or i / o > ue or u

These changes occur as follows.

Present Indicative: All persons except the first- and second-persons plural change **e** to **ie** and **o** to **ue**. *Preterit:* Third-person singular and plural changes **e** to **i** and **o** to **u**. *Present Subjunctive:* All persons change **e** to **ie** and **o** to **ue**, except the first- and second-persons plural, which change **e** to **i** and **o** to **u**. *Imperfect Subjunctive:* All persons change **e** to **i** and **o** to **u**. *Imperative:* All persons except the first- and second-persons plural change **e** to **ie** and **o** to **ue**; first-person plural changes **e** to **i** and **o** to **u**. *Present Participle:* This form changes **e** to **i** and **o** to **u**.

Infinitive	Indicative		Imperative	Subjunctive	
sentir *(to feel)*	**PRESENT**	**PRETERIT**		**PRESENT**	**IMPERFECT**
	siento	sentí		sienta	sintiera(-iese)
	sientes	sentiste	siente	sientas	sintieras
PRESENT PARTICIPLE	siente	sintió	sienta	sienta	sintiera
sin**tiendo**	sentimos	sentimos	sintamos	sintamos	sintiéramos
	sentís	sentisteis	sentid	sintáis	sintierais
	sienten	sintieron	sientan	sientan	sintieran
dormir *(to sleep)*	duermo	dormí		duerma	durmiera(-iese)
	duermes	dormiste	duerme	duermas	durmieras
PRESENT PARTICIPLE	duerme	durmió	duerma	duerma	durmiera
dur**miendo**	dormimos	dormimos	durmamos	durmamos	durmiéramos
	dormís	dormisteis	dormid	durmáis	durmierais
	duermen	durmieron	duerman	duerman	durmieran

Other verbs that follow the same pattern:

advertir	*to warn*	herir	*to wound, hurt*
arrepentirse	*to repent*	mentir	*to lie*
consentir	*to consent; to pamper*	morir	*to die*
convertir(se)	*to turn into*	preferir	*to prefer*
discernir	*to discern*	referir	*to refer*
divertir(se)	*to amuse oneself*	sugerir	*to suggest*

Type II: -**ir:** e > i

The verbs in the second category are irregular in the same tenses as those of the first type. The only difference is that they have only one change: **e > i** in all irregular persons.

Infinitive	Indicative		Imperative	Subjunctive	
pedir *(to ask for, request)*	**PRESENT**	**PRETERIT**		**PRESENT**	**IMPERFECT**
	pido	pedí		pida	pidiera(-iese)
PRESENT	pides	pediste	pide	pidas	pidieras
PARTICIPLE	pide	pidió	pida	pida	pidiera
pidiendo	pedimos	pedimos	pidamos	pidamos	pidiéramos
	pedís	pedisteis	pedid	pidáis	pidierais
	piden	pidieron	pidan	pidan	pidieran

Verbs that follow this pattern:

concebir	*to conceive*	repetir	*to repeat*
competir	*to compete*	reñir	*to fight*
despedir(se)	*to say good-bye*	seguir	*to follow*
elegir	*to choose*	servir	*to serve*
impedir	*to prevent*	vestir(se)	*to dress*
perseguir	*to pursue*		

Orthographic-Changing Verbs

Some verbs undergo a change in the spelling of the stem in some tenses in order to maintain the sound of the final consonant. The most common ones are those with the consonants **g** and **c**. Remember that **g** and **c** in front of **e** or **i** have a soft sound, and in front of **a**, **o**, or **u** have a hard sound. In order to keep the soft sound in front of **a**, **o**, or **u**, **g** and **c** change to **j** and **z**, respectively. In order to keep the hard sound of **g** or **c** in front of **e** and **i**, **u** is added to the **g** (**gu**) and the **c** changes to **qu**. The most important verbs that are regular in all the tenses but change in spelling are the following.

1. Verbs ending in **-gar** change **g** to **gu** before **e** in the first person of the preterit and in all persons of the present subjunctive.

   pagar   *to pay*
   Preterit: pagué, pagaste, pagó, etc.
   Pres. Subj.:   pague, pagues, pague, paguemos, paguéis, paguen
   Verbs that follow the same pattern: **colgar, llegar, navegar, negar, regar, rogar, jugar.**

2. Verbs ending in **-ger** or **-gir** change **g** to **j** before **o** and **a** in the first person of the present indicative and in all the persons of the present subjunctive.

   proteger   *to protect*
   Pres. Ind.:   protejo, proteges, protege, etc.
   Pres. Subj.:   proteja, protejas, proteja, protejamos, protejáis, protejan
   Verbs that follow the same pattern: **coger, corregir, dirigir, elegir, escoger, exigir, recoger.**

3. Verbs ending in **-guar** change **gu** to **gü** before **e** in the first person of the preterit and in all persons of the present subjunctive.

   averiguar   *to find out*
   Preterit: averigüé, averiguaste, averiguó, etc.
   Pres. Subj.:   averigüe, averigües, averigüe, averigüemos, averigüéis, averigüen
   The verb **apaciguar** follows the same pattern.

4. Verbs ending in **-guir** change **gu** to **g** before **o** and **a** in the first person of the present indicative and in all persons of the present subjunctive.

   conseguir   *to get*
   Pres. Ind.:   consigo, consigues, consigue, etc.
   Pres. Subj.:   consiga, consigas, consiga, consigamos, consigáis, consigan
   Verbs that follow the same pattern: **distinguir, perseguir, proseguir, seguir.**

5. Verbs ending in **-car** change **c** to **qu** before **e** in the first person of the preterit and in all persons of the present subjunctive.

tocar *to touch; to play (a musical instrument)*
Preterit: to**qué**, tocaste, tocó, etc.
Pres. Subj.: to**que**, to**ques**, to**que**, to**quemos**, to**quéis**, to**quen**
Verbs that follow the same pattern: **atacar, buscar, comunicar, explicar, indicar, pescar, sacar.**

6. Verbs ending in **-cer** or **-cir** preceded by a consonant change **c** to **z** before **o** and **a** in the first person of the present indicative and in all persons of the present subjunctive.

torcer *to twist*
Pres. Ind.: tuerzo, tuerces, tuerce, etc.
Pres. Subj.: tuerza, tuerzas, tuerza, torzamos, torzáis, tuerzan
Verbs that follow the same pattern: **convencer, esparcir, vencer.**

7. Verbs ending in **-cer** or **-cir** preceded by a vowel change **c** to **zc** before **o** and **a** in the first person of the present indicative and in all persons of the present subjunctive.

conocer *to know, be acquainted with*
Pres. Ind.: conozco, conoces, conoce, etc.
Pres. Subj.: conozca, conozcas, conozca, conozcamos, conozcáis, conozcan
Verbs that follow the same pattern: **agradecer, aparecer, carecer, entristecer** *(to sadden),* **establecer, lucir, nacer, obedecer, ofrecer, padecer, parecer, pertenecer, reconocer, relucir.**

8. Verbs ending in **-zar** change **z** to **c** before **e** in the first person of the preterit and in all persons of the present subjunctive.

rezar *to pray*
Preterit: recé, rezaste, rezó, etc.
Pres. Subj.: rece, reces, rece, recemos, recéis, recen
Verbs that follow the same pattern: **abrazar, alcanzar, almorzar, comenzar, cruzar, empezar, forzar, gozar.**

9. Verbs ending in **-eer** change the unstressed **i** to **y** between vowels in the third-persons singular and plural of the preterit, in all persons of the imperfect subjunctive, and in the present participle.

creer *to believe*
Pres. Part: creyendo
Preterit: creí, creíste, creyó, creímos, creísteis, creyeron
Imp. Subj.: creyera(-ese), creyeras, creyera, creyéramos, creyerais, creyeran
Past Part.: creído
Verbs that follow the same pattern: **leer, poseer.**

10. Verbs ending in **-uir** change the unstressed **i** to **y** between vowels (except **-quir,** which has the silent **u**) in the following tenses and persons.

huir *to escape, flee*
Pres. Part.: huyendo
Pres. Ind.: huyo, huyes, huye, huimos, huís, huyen
Preterit: huí, huiste, huyó, huimos, huisteis, huyeron
Imperative: huye, huya, huyamos, huid, huyan
Pres. Subj.: huya, huyas, huya, huyamos, huyáis, huyan
Imp. Subj.: huyera(-ese), huyeras, huyera, huyéramos, huyerais, huyeran
Verbs that follow the same pattern: **atribuir, concluir, constituir, construir, contribuir, destituir, destruir, disminuir, distribuir, excluir, incluir, influir, instruir, restituir, sustituir.**

11. Verbs ending in **-eír** lose the **e** in the third-person singular and plural of the preterit, in all persons of the imperfect subjunctive, and in the present participle.

reír *to laugh*
Pres Ind.: río, ríes, ríe, reímos, reís, ríen
Preterit: reí, reíste, rio, reímos, reísteis, rieron
Pres. Subj.: ría, rías, ría, riamos, riáis, rían
Imp. Subj.: riera(-ese), rieras, riera, riéramos, rierais, rieran

Pres. Part.:   riendo
Verbs that follow the same pattern: **freír, sonreír.**

12. Verbs ending in **-iar** add a written accent to the **i**, except in the first- and second-persons plural of the present indicative and subjunctive.

fiar(se)   *to trust*
Pres. Ind.:   (me) fío, (te) fías, (se) fía, (nos) fiamos, (os) fiáis, (se) fían
Pres. Subj.:   (me) fíe, (te) fíes, (se) fíe, (nos) fiemos, (os) fiéis, (se) fíen
Verbs that follow the same pattern: **ampliar, criar, desviar, enfriar, enviar, guiar, telegrafiar, vaciar, variar.**

13. Verbs ending in **-uar** (except **-guar**) add a written accent to the **u**, except in the first- and second-persons plural of the present indicative and subjunctive.

actuar   *to act*
Pres. Ind.:   actúo, actúas, actúa, actuamos, actuáis, actúan
Pres. Subj.:   actúe, actúes, actúe, actuemos, actuéis, actúen
Verbs that follow the same pattern: **acentuar, continuar, efectuar, exceptuar, graduar, habituar, insinuar, situar.**

14. Verbs ending in **-ñir** lose the **i** of the diphthongs **ie** and **ió** in the third-person singular and plural of the preterit and all persons of the imperfect subjunctive. They also change the **e** of the stem to **i** in the same persons in the present indicative and present subjunctive.

teñir   *to dye*
Pres. Ind.:   tiño, tiñes, tiñe, teñimos, teñís, tiñen
Preterit: teñí, teñiste, tiñó, teñimos, teñisteis, tiñeron
Pres. Subj.:   tiña, tiñas, tiña, tiñamos, tiñáis, tiñan
Imp. Subj.:   tiñera(-ese), tiñeras, tiñera, tiñéramos, tiñerais, tiñeran
Verbs that follow the same pattern: **ceñir, constreñir, desteñir, estreñir, reñir.**

Some Common Irregular Verbs

Only those tenses with irregular forms are given below.

adquirir   *to acquire*
Pres. Ind.:   adquiero, adquieres, adquiere, adquirimos, adquirís, adquieren
Pres. Subj.:   adquiera, adquieras, adquiera, adquiramos, adquiráis, adquieran
Imperative: adquiere, adquiera, adquiramos, adquirid, adquieran

andar   *to walk*
Preterit: anduve, anduviste, anduvo, anduvimos, anduvisteis, anduvieron
Imp. Subj.:   anduviera (anduviese), anduvieras, anduviera, anduviéramos, anduvierais, anduvieran

avergonzarse   *to be ashamed, to be embarrassed*
Pres. Ind.:   me avergüenzo, te avergüenzas, se avergüenza, nos avergonzamos, os avergonzáis, se avergüenzan
Pres. Subj: me avergüence, te avergüences, se avergüence, nos avergoncemos, os avergoncéis, se avergüencen
Imperative: avergüénzate, avergüéncese, avergoncémonos, avergonzaos, avergüéncense

caber   *to fit, to have enough room*
Pres. Ind.:   quepo, cabes, cabe cabemos, cabéis, caben
Preterit: cupe, cupiste, cupo, cupimos, cupisteis, cupieron
Future: cabré, cabrás, cabrá, cabremos, cabréis, cabrán
Conditional: cabría, cabrías, cabría, cabríamos, cabríais, cabrían
Imperative: cabe, quepa, quepamos, cabed, quepan
Pres. Subj.:   quepa, quepas, quepa, quepamos, quepáis, quepan
Imp. Subj.:   cupiera (cupiese), cupieras, cupiera, cupiéramos, cupierais, cupieran

caer   *to fall*
Pres. Ind.:   caigo, caes, cae, caemos, caéis, caen
Preterit: caí, caíste, cayó, caímos, caísteis, cayeron
Imperative: cae, caiga, caigamos, caed, caigan

Pres. Subj.:	caiga, caigas, caiga, caigamos, caigáis, caigan
Imp. Subj.:	cayera (cayese), cayeras, cayera, cayéramos, cayerais, cayeran
Past Part.:	caído

conducir   *to guide, to drive*

Pres. Ind.:	conduzco, conduces, conduce, conducimos, conducís, conducen
Preterit:	conduje, condujiste, condujo, condujimos, condujisteis, condujeron
Imperative:	conduce, conduzca, conduzcamos, conducid, conduzcan
Pres. Subj.:	conduzca, conduzcas, conduzca, conduzcamos, conduzcáis, conduzcan
Imp. Subj.:	condujera (condujese), condujeras, condujera, condujéramos, condujerais, condujeran
	(All verbs ending in **-ducir** follow this pattern.)

convenir   *to agree (see **venir**)*

dar   *to give*

Pres. Ind.:	doy, das, da, damos, dais, dan
Preterit:	di, diste, dio, dimos, disteis, dieron
Imperative:	da, dé, demos, dad, den
Pres. Subj.:	dé, des, dé, demos, deis, den
Imp. Subj.:	diera (diese), dieras, diera, diéramos, dierais, dieran

decir   *to say, to tell*

Pres. Ind.:	digo, dices, dice, decimos, decís, dicen
Preterit:	dije, dijiste, dijo, dijimos, dijisteis, dijeron
Future:	diré, dirás, dirá, diremos, diréis, dirán
Conditional:	diría, dirías, diría, diríamos, diríais, dirían
Imperative:	di, diga, digamos, decid, digan
Pres. Subj.:	diga, digas, diga, digamos, digáis, digan
Imp. Subj.:	dijera (dijese), dijeras, dijera, dijéramos, dijerais, dijeran
Pres. Part.:	diciendo
Past Part.:	dicho

detener   *to stop; to hold; to arrest (see **tener**)*

entretener   *to entertain, amuse (see **tener**)*

errar   *to err; to miss*

Pres. Ind.:	yerro, yerras, yerra, erramos, erráis, yerran
Imperative:	yerra, yerre, erremos, errad, yerren
Pres. Subj.:	yerre, yerres, yerre, erremos, erréis, yerren

estar   *to be*

Pres. Ind.:	estoy, estás, está, estamos, estáis, están
Preterit:	estuve, estuviste, estuvo, estuvimos, estuvisteis, estuvieron
Imperative:	está, esté, estemos, estad, estén
Pres. Subj.:	esté, estés, esté, estemos, estéis, estén
Imp. Subj.:	estuviera (estuviese), estuvieras, estuviera, estuviéramos, estuvierais, estuvieran

haber   *to have*

Pres. Ind.:	he, has, ha, hemos, habéis, han
Preterit:	hube, hubiste, hubo, hubimos, hubisteis, hubieron
Future:	habré, habrás, habrá, habremos, habréis, habrán
Conditional:	habría, habrías, habría, habríamos, habríais, habrían
Pres. Subj.:	haya, hayas, haya, hayamos, hayáis, hayan
Imp. Subj.:	hubiera (hubiese), hubieras, hubiera, hubiéramos, hubierais, hubieran

hacer   *to do, to make*

Pres. Ind.:	hago, haces, hace, hacemos, hacéis, hacen
Preterit:	hice, hiciste, hizo, hicimos, hicisteis, hicieron
Future:	haré, harás, hará, haremos, haréis, harán
Imperative:	haz, haga, hagamos, haced, hagan
Pres. Subj.:	haga, hagas, haga, hagamos, hagáis, hagan
Imp. Subj.:	hiciera (hiciese), hicieras, hiciera, hiciéramos, hicierais, hicieran
Past Part.:	hecho

imponer   *to impose; to depose (see **poner**)*

ir   *to go*
Pres. Ind.:   voy, vas, va, vamos, vais, van
Imp. Ind.:   iba, ibas, iba, íbamos, ibais, iban
Preterit: fui, fuiste, fue, fuimos, fuisteis, fueron
Imperative: ve, vaya, vayamos, id, vayan
Pres. Subj.:   vaya, vayas, vaya, vayamos, vayáis, vayan
Imp. Subj.:   fuera (fuese), fueras, fuera, fuéramos, fuerais, fueran

jugar   *to play*
Pres. Ind.:   juego, juegas, juega, jugamos, jugáis, juegan
Imperative: juega, juegue, juguemos, jugad, jueguen
Pres. Subj.:   juegue, juegues, juegue, juguemos, juguéis, jueguen

obtener   *to obtain (see **tener**)*

oír   *to hear*
Pres. Ind.:   oigo, oyes, oye, oímos, oís, oyen
Preterit: oí, oíste, oyó, oímos, oísteis, oyeron
Imperative: oye, oiga, oigamos, oíd, oigan
Pres. Subj.:   oiga, oigas, oiga, oigamos, oigáis, oigan
Imp. Subj.:   oyera (oyese), oyeras, oyera, oyéramos, oyerais, oyeran
Pres. Part.:   oyendo
Past Part.:   oído

oler   *to smell*
Pres. Ind.:   huelo, hueles, huele, olemos, oléis, huelen
Imperative: huele, huela, olamos, oled, huelan
Pres. Subj.:   huela, huelas, huela, olamos, oláis, huelan

poder   *to be able to*
Preterit: pude, pudiste, pudo, pudimos, pudisteis, pudieron
Future: podré, podrás, podrá, podremos, podréis, podrán
Conditional: podría, podrías, podría, podríamos, podríais, podrían
Imperative: puede, pueda, podamos, poded, puedan
Pres. Subj.:   pueda, puedas, pueda, podamos, podáis, puedan
Imp. Subj.:   pudiera (pudiese), pudieras, pudiera, pudiéramos, pudierais, pudieran
Pres. Part.:   pudiendo

poner   *to place, to put*
Pres. Ind.:   pongo, pones, pone, ponemos, ponéis, ponen
Preterit: puse, pusiste, puso, pusimos, pusisteis, pusieron
Future: pondré, pondrás, pondrá, pondremos, pondréis, pondrán
Conditional: pondría, pondrías, pondría, pondríamos, pondríais, pondrían
Imperative: pon, ponga, pongamos, poned, pongan
Pres. Subj.:   ponga, pongas, ponga, pongamos, pongáis, pongan
Imp. Subj.:   pusiera (pusiese), pusieras, pusiera, pusiéramos, pusierais, pusieran
Past Part.:   puesto

querer   *to want, to wish; to like, to love*
Preterit: quise, quisiste, quiso, quisimos, quisisteis, quisieron
Future: querré, querrás, querrá, querremos, querréis, querrán
Conditional: querría, querrías, querría, querríamos, querríais, querrían
Imp. Subj.:   quisiera (quisiese), quisieras, quisiera, quisiéramos, quisierais, quisieran

resolver   *to decide on, to solve*
Past Part.:   resuelto

saber   *to know*
Pres. Ind.:   sé, sabes, sabe, sabemos, sabéis, saben
Preterit: supe, supiste, supo, supimos, supisteis, supieron
Future: sabré, sabrás, sabrá, sabremos, sabréis, sabrán
Conditional: sabría, sabrías, sabría, sabríamos, sabríais, sabrían
Imperative: sabe, sepa, sepamos, sabed, sepan
Pres. Subj.:   sepa, sepas, sepa, sepamos, sepáis, sepan
Imp. Subj.:   supiera (supiese), supieras, supiera, supiéramos, supierais, supieran

salir   *to leave; to go out*
Pres. Ind.:   salgo, sales, sale, salimos, salís, salen
Future: saldré, saldrás, saldrá, saldremos, saldréis, saldrán
Conditional: saldría, saldrías, saldría, saldríamos, saldríais, saldrían
Imperative: sal, salga, salgamos, salid, salgan
Pres. Subj.:   salga, salgas, salga, salgamos, salgáis, salgan

ser   *to be*
Pres. Ind.:   soy, eres, es, somos, sois, son
Imp. Ind.:   era, eras, era, éramos, erais, eran
Preterit: fui, fuiste, fue, fuimos, fuisteis, fueron
Imperative: sé, sea, seamos, sed, sean
Pres. Subj.:   sea, seas, sea, seamos, seáis, sean
Imp. Subj.:   fuera (fuese), fueras, fuera, fuéramos, fuerais, fueran

suponer   *to assume, to suppose (see* **poner***)*

tener   *to have*
Pres. Ind.:   tengo, tienes, tiene, tenemos, tenéis, tienen
Preterit: tuve, tuviste, tuvo, tuvimos, tuvisteis, tuvieron
Future: tendré, tendrás, tendrá, tendremos, tendréis, tendrán
Conditional: tendría, tendrías, tendría, tendríamos, tendríais, tendrían
Imperative: ten, tenga, tengamos, tened, tengan
Pres. Subj.:   tenga, tengas, tenga, tengamos, tengáis, tengan
Imp. Subj.:   tuviera (tuviese), tuvieras, tuviera, tuviéramos, tuvierais, tuvieran

traducir   *to translate (see* **conducir***)*

traer   *to bring*
Pres. Ind.:   traigo, traes, trae, traemos, traéis, traen
Preterit: traje, trajiste, trajo, trajimos, trajisteis, trajeron
Imperative: trae, traiga, traigamos, traed, traigan
Pres. Subj.:   traiga, traigas, traiga, traigamos, traigáis, traigan
Imp. Subj.:   trajera (trajese), trajeras, trajera, trajéramos, trajerais, trajeran
Pres. Part.:   trayendo
Past Part.:   traído

valer   *to be worth*
Pres. Ind.:   valgo, vales, vale, valemos, valéis, valen
Future: valdré, valdrás, valdrá, valdremos, valdréis, valdrán
Conditional: valdría, valdrías, valdría, valdríamos, valdríais, valdrían
Imperative: vale, valga, valgamos, valed, valgan
Pres. Subj.:   valga, valgas, valga, valgamos, valgáis, valgan

venir   *to come*
Pres. Ind.:   vengo, vienes, viene, venimos, venís, vienen
Preterit: vine, viniste, vino, vinimos, vinisteis, vinieron
Future: vendré, vendrás, vendrá, vendremos, vendréis, vendrán
Conditional: vendría, vendrías, vendría, vendríamos, vendríais, vendrían
Imperative: ven, venga, vengamos, venid, vengan
Pres. Subj.:   venga, vengas, venga, vengamos, vengáis, vengan
Imp. Subj.:   viniera (viniese), vinieras, viniera, viniéramos, vinierais, vinieran
Pres. Part.:   viniendo

ver   *to see*
Pres. Ind.:   veo, ves, ve, vemos, veis, ven
Imp. Ind.:   veía, veías, veía, veíamos, veíais, veían
Preterit: vi, viste, vio, vimos, visteis, vieron
Imperative: ve, vea, veamos, ved, vean
Pres. Subj.:   vea, veas, vea, veamos, veáis, vean
Imp. Subj.:   viera (viese), vieras, viera, viéramos, vierais, vieran
Past Part.:   visto

volver   *to return*
Past Part.:   vuelto

APPENDIX C
GLOSSARY OF GRAMMATICAL TERMS

adjective: A word that is used to describe a noun: *tall* girl, *difficult* lesson.

adverb: A word that modifies a verb, an adjective, or another adverb. It answers the questions "How?" "When?" "Where?": She walked *slowly*. She'll be here *tomorrow*. She is *here*.

agreement: A term applied to changes in form that nouns cause in the words that surround them. In Spanish, verb forms agree with their subjects in person and number (**yo** hab**lo**, **él** hab**la**, etc.). Spanish adjectives agree in gender and number with the noun they describe. Thus, a feminine plural noun requires a feminine plural ending in the adjective that describes it (cas**as** amarill**as**) and a masculine singular noun requires a masculine singular ending in the adjective (libr**o** negr**o**).

auxiliary verb: A verb that helps in the conjugation of another verb: I *have* finished. He *was* called. She *will* go. He *would* eat.

command form: The form of the verb used to give an order or a direction: *Go! Come* back! *Turn* to the right!

conjugation: The process by which the forms of the verb are presented in their different moods and tenses: I *am*, you *are*, he *is*, she *was*, we *were*, etc.

contraction: The combination of two or more words into one: *isn't, don't, can't.*

definite article: A word used before a noun indicating a definite person or thing: *the* woman, *the* money.

demonstrative: A word that refers to a definite person or object: *this, that, these, those.*

diphthong: A combination of two vowels forming one syllable. In Spanish, a diphthong is composed of one *strong* vowel (**a, e, o**) and one *weak* vowel (**u, i**) or two weak vowels: **ei, ua, ui.**

exclamation: A word used to express emotion: *How* strong! *What* beauty!

gender: A distinction of nouns, pronouns, and adjectives, based on whether they are masculine or feminine.

indefinite article: A word used before a noun that refers to an indefinite person or object: *a* child, *an* apple.

infinitive: The form of the verb generally preceded in English by the word *to* and showing no subject or number: *to do, to bring.*

interrogative: A word used in asking a question: *Who? What? Where?*

main clause: A group of words that includes a subject and a verb and by itself has complete meaning: *They saw me. I go now.*

noun: A word that names a person, place, or thing: *Ann, London, pencil.*

number: Refers to singular and plural: *chair, chairs.*

object: Generally a noun or a pronoun that is the receiver of the verb's action. A direct object answers the question "What?" or "Whom?": We know *her.* Take *it.* An indirect object answers the question "To whom?" or "To what?": Give *John* the money. Nouns and pronouns can also be objects of prepositions: The letter is *from Rick.* I'm thinking *about you.*

past participle: Past forms of a verb: *gone, worked, written.*

person: The form of the pronoun and of the verb that shows the person referred to: *I* (first-person singular), *you* (second-person singular), *she* (third-person singular), and so on.

possessive: A word that denotes ownership or possession: This is *our* house. The book isn't *mine.*

preposition: A word that introduces a noun or pronoun and indicates its function in the sentence: They were *with* us. She is *from* Nevada.

present participle: A verb form in English that ends in *-ing: eating, sleeping, working.* In Spanish, this form cannot be used as a noun or after a preposition.

pronoun: A word that is used to replace a noun: *she, them, us,* and so on. A **subject pronoun** refers to the person or thing spoken of: *They* work. An **object pronoun** receives the action of the verb: They arrested *us* (direct object pronoun). She spoke to *him* (indirect object pronoun). A pronoun can also be the object of a preposition: The children stayed with *us.*

reflexive pronoun: A pronoun that refers back to the subject: *myself, yourself, himself, herself, itself, ourselves,* and so on.

subject: The person, place, or thing spoken of: *Robert* works. *Our car* is new.

subordinate clause: A clause that has no complete meaning by itself but depends on a main clause: They knew *that I was here.*

tense: The group of forms in a verb that show the time in which the action of the verb takes place: *I go* (present indicative), *I'm going* (present progressive), *I went* (past), *I was going* (past progressive), *I will go* (future), *I would go* (conditional), *I have gone* (present perfect), *I had gone* (past perfect), *that I may go* (present subjunctive), and so on.

verb: A word that expresses an action or a state: We *sleep.* The baby *is* sick.

APPENDIX D
ANSWER KEY TO THE SELF-TESTS

Self-Test Lecciones 1–3

Lección 1

A. 1. ve-a-ere-ge-a-ese
2. eme-e-ene-a
3. be-o-te-e-ere-o
4. pe-e-eñe-a
5. jota-u-a-ere-e-zeta
6. ce-hache-a-ve-e-zeta
7. de-a-ve-i-ele-a
8. efe-e-ele-i-equis
9. cu-u-i-ere-o-zeta

B. 1. once 2. diecisiete 3. treinta 4. veinte
5. quince 6. trece 7. veintiocho
8. diecinueve 9. doce 10. catorce
11. dieciséis 12. veintidós

C. 1. verde 2. anaranjado 3. amarillo
4. rosado 5. negro 6. morado 7. marrón
(café) 8. rojo, blanco y azul

D. 1. domingo 2. miércoles 3. viernes
4. martes 5. sábado 6. jueves 7. lunes

E. 1. noviembre 2. marzo 3. julio 4. enero
5. mayo 6. septiembre 7. otoño
8. primavera 9. diciembre

F. son / somos / eres / soy / es / es / son

G. 1. e 2. h 3. j 4. b 5. g 6. d 7. i
8. a 9. c 10. f

H. 1. María
2. Marité / Paco
3. unos cuarenta millones
4. una escritora mexicoamericana

Lección 2

A. 1. la 2. la 3. los 4. el 5. la 6. los 7. el
8. las 9. la 10. los 11. la 12. los

B. 1. unos 2. unos 3. una 4. unos 5. una
6. un 7. unos 8. un 9. una 10. una

C. 1. treinta y ocho 6. cincuenta y siete
2. cien 7. cuarenta y seis
3. noventa y uno 8. sesenta y tres
4. ochenta y cinco 9. setenta y siete
5. setenta y dos

D. 1. La clase de español es a las nueve y
diez de la mañana. 2. La clase de inglés
es a la una y cuarto de la tarde. 3. La
clase de literatura es a las ocho y
veinticinco de la noche.

E. 1. trabajas / trabajo / regresas
2. estudian / estudiamos / toman /
tomo / toma
3. necesitan / necesita / necesita
4. deseas / deseo
5. hablan / hablamos

F. 1. Los estudiantes de la señorita son
norteamericanos. 2. El profesor de
Amanda es mexicano. 3. Los amigos de
Paco son de California.

G. 1. biblioteca 2. dirección (domicilio)
3. dice 4. quiere 5. Cuándo 6. italiano /
francés 7. idioma 8. todos 9. caso
10. poco

H. 1. las siete de la noche
2. uniforme
3. más de medio millón
4. un barrio cubano de Miami

Lección 3

A. 1. mi / mis 2. nuestra / su 3. tus 4. sus
5. nuestra / nuestros 6. su

B. 1. ciento noventa y cinco
2. doscientos ochenta y seis
3. trescientos setenta y uno
4. cuatrocientos sesenta
5. quinientos cincuenta y tres
6. seiscientos cuarenta y cuatro
7. setecientos treinta y dos
8. ochocientos veintisiete
9. novecientos dieciocho
10. mil quinientos trece

C. 1. La chica es alta.
2. Los escritorios son pequeños.
3. Las chicas son norteamericanas.
4. Es una mujer muy simpática.
5. Necesito las plumas rojas.

D. 1. aprendemos 2. comes 3. creo 4. leen
5. bebe 6. debe 7. venden 8. abro
9. reciben 10. escribimos

E. 1. vengo / tengo 2. tienes / viene
3. venimos / tenemos 4. viene / vienen
5. tienen

F. 1. Yo llamo a Rosa a las tres.
2. Nosotros llevamos los libros a la
universidad.
3. Ellos llevan a Julio y a su novia a la
biblioteca.
4. Nosotros tenemos muchos amigos.

G. 1. m 2. f 3. i 4. k 5. b 6. o 7. a
8. d 9. h 10. c 11. n 12. e 13. g
14. l 15. j

H. 1. Bueno. 2. castellano 3. Ni pasaporte
ni visa. 4. Una famosa cantante
colombiana.

Self-Test Lecciones 4–6

Lección 4

A. 1. mí 2. ti 3. ellos 4. nosotros
5. conmigo 6. contigo

B. 1. al Sr. Estrada 2. del hospital 3. de la
playa 4. a las chicas 5. del Sr. Soto

C. 1. voy 2. damos 3. está 4. está 5. van
6. dan 7. estoy 8. van 9. estás 10. doy

D. 1. Yo no voy a hablar con mi mamá
hoy. 2. Mis hijos van a estudiar en
Guadalajara. 3. Mi amiga va a leer un
libro. 4. Uds. van a traer los discos
compactos. 5. Tú vas a bailar en la
fiesta. 6. Nosotros no vamos a brindar
con vino.

E. 1. quiere 2. entendemos 3. pierde
4. cierras 5. empiezan (comienzan)
6. empezamos (comenzamos) 7. pienso
(quiero) 8. preferimos (queremos)

F. 1. tienen prisa 2. no tengo hambre /
tengo mucha sed 3. tenemos calor
4. tienen mucho sueño 5. tienes miedo
6. tiene razón / tiene diez años

G. 1. pasar 2. a la vez 3. empieza 4. agua
5. tía 6. sobrino 7. partido 8. invitados
9. ocupado 10. sacar

H. 1. no existe 2. santo 3. Guadalajara
4. pintor

Lección 5

A. 1. Mi hermano es el estudiante más
inteligente de la clase.
2. La Lección 2 es menos interesante que
la Lección 7.
3. Mi novia es más bonita que tu novia.
4. Mi primo es el más guapo de la familia.
5. El profesor Paz tiene menos de veinte
estudiantes.
6. Mi sobrino es tan alto como yo.

B. 1. más grande 2. mejor 3. mejor / peor
4. mayor / menor 5. más pequeño

C. 1. cuesta 2. pueden 3. Recuerda
4. cuento 5. almorzamos 6. vuelves
7. llueve 8. Duerme

D. 1. Ella está diciendo que nosotros
necesitamos más dinero.
2. Yo estoy hablando con mi abuela en
español.
3. Nosotros estamos leyendo un libro
muy bueno.
4. ¿Qué estás comiendo tú? ¿Biftec?
5. Luis está durmiendo en su cuarto.
6. Los chicos están pidiendo dinero.

E. 1. Elsa es la mamá de Marcela. 2. El
restaurante Miramar está en la calle Siete.
3. ¡Mmmm! El pollo está delicioso.
4. Roberto es de México, pero ahora está
en Guatemala. 5. El café está frío.
6. El escritorio es de metal. 7. Hoy es
lunes. 8. Elvira es profesora de español.
9. La fiesta es en la casa de Armando.
10. Mariana es muy inteligente.
11. Ellos están cansados. 12. Mi suegra
es guatemalteca.

F. 1. Está lloviendo 2. Hace frío 3. Hace
calor 4. nieva 5. hace sol 6. lluvia

G. 1. de postre 2. lechón 3. pescado
4. primo 5. pollo 6. arroz 7. cuenta
8. mantel 9. hermoso 10. leche
11. platillo 12. camarero

H. 1. postre 2. propina 3. primavera
4. pequeño

Lección 6

A. 1. este / esta / esos 2. Aquel / aquellas /
Eso

B. 1. sirven 2. pedimos / pides 3. consigo
4. siguen 5. digo / dice

C. 1. Ellos van a querer algo. 2. Hay
alguien en la clase. 3. Tengo algunos
amigos españoles. 4. Ellos siempre dicen
algo. 5. Yo también ceno a las nueve.
6. Siempre tiene los libros que necesita.
7. Puedes ir o al cine o al teatro. 8. Ellos
siempre quieren algo también.

D. 1. conduzco 2. sé 3. quepo 4. salgo
5. traduzco 6. veo 7. hago 8. pongo
9. conozco 10. traigo

E. 1. Nosotros sabemos que ella es su novia.
2. Yo conozco a Teresa, pero no sé dónde
vive. 3. Peter conoce Madrid, pero no
sabe hablar español. 4. Los chicos no
saben los poemas de memoria.

F. 1. No, no quiero comprarlo (no lo quiero
comprar). 2. No, no los llamo todos los
días. 3. No, no la servimos a las siete.
4. No, no los tengo. 5. No, no va a
llevarme (no me va a llevar) a la fiesta.
6. No, no podemos llevarte (no te
podemos llevar). 7. No, no las conozco.
8. No, no las necesito. 9. No, no nos
lleva. 10. No, no puedo llevarlos (no los
puedo llevar).

G. 1. j 2. m 3. g 4. o 5. a 6. d 7. k
8. c 9. b 10. f 11. e 12. i 13. h
14. l 15. n

H. 1. Su apellido de soltera. 2. El imperio
maya. 3. Porque las tierras volcánicas,
por lo general, son buenas para la
agricultura. 4. Tegucigalpa. 5. Copán.

Self-Test Lecciones 7–9

Lección 7

A. 1. Ella les trae las llaves. 2. Yo te voy
a preparar (voy a prepararte) la cena.
3. El botones le trae el equipaje. 4. Ana
me va a comprar (va a comprarme) las
tarjetas. 5. Él nos trae el desayuno.
6. Les traen las maletas.

B. 1. (A nosotros) nos gusta más esta
película. 2. A ellos les gusta mucho ese
hotel. 3. (A ti) te gusta nadar. 4. (A mí)
me gusta hacer ejercicio. 5. (A ella) no le
gusta usar la escalera mecánica.

C. 1. Hace dos días que yo no duermo.
2. Hace un mes que tú no me llamas.
3. Hace media hora que nosotras estamos
aquí. 4. Hace un año que ellos viven en
Panamá. 5. Hace doce horas que Eva no
come.

D. 1. Leo y yo compramos las valijas ayer.
2. La semana pasada yo viajé.
3. Ayer ella canceló la reservación.
4. ¿Confirmaron Uds. el viaje ayer?
5. Ellos hablaron con el empleado al
mediodía. 6. Anoche les di las maletas.

E. 1. tercer 2. quinto 3. cuarto 4. décimo
5. octavo 6. primer

F. 1. aire 2. botones 3. elevador (ascensor)
4. desayuno / almuerzo 5. bañadera
6. doble 7. cámara 8. habitación (cuarto)
9. nadar 10. servirle 11. cambio
12. dejar

G. 1. ecoturismo 2. obligatoria
3. Atlántico / Pacífico 4. los Estados
Unidos

Lección 8

A. 1. Se las van a mandar (Van a
mandárselas) mañana. 2. Mi mamá
me lo va a comprar (va a comprármelo).
3. Luis nos lo va a prestar (va a
prestárnoslo). 4. Te la voy a traer (voy a
traértela) esta tarde. 5. La profesora nos
lo va a dar (va a dárnoslo).

B. 1. fuimos / dimos 2. fueron 3. diste
4. fui 5. dieron 6. fueron 7. fue
8. fui / di

C. 1. Durmieron 2. siguieron 3. servimos
4. mintió 5. consiguió 6. pidieron
7. murió 8. repitió

D. 1. por / para / para / por 2. para / por /
por / para

E. 1. especialmente 2. frecuentemente
3. lenta / claramente 4. recientemente
5. Generalmente 6. Desafortunadamente

F. 1. tintorería 2. préstamo 3. robaron
4. una multa 5. gratis 6. violetas
7. fechar 8. regalo 9. encanta
10. prestar

G. 1. San Juan 2. Ponce 3. Antillas 4. béisbol

Lección 9

A. 1. Tú te vistes muy bien. 2. Ellos se afeitan todos los días. 3. Nosotros nos acostamos a las once. 4 ¿Uds. se preocupan por sus hijos? 5. Yo me pongo la camisa. 6. Juan se sienta aquí. 7. Ella se lava la cabeza todos los días. 8. Él se quita el suéter. 9. Yo no me acuerdo de eso. 10. Uds. se van. 11. ¿Cómo te llamas? 12. Daniel no se despierta hasta las diez.

B. 1. ¿Tú te quitas el abrigo? 2. Ellos están en la escuela. 3. Mi mamá me lava la cabeza. 4. Uds. no se lavan las manos. 5. Los padres se preocupan por sus hijos. 6. Nosotros preferimos el café. 7. La educación es lo más importante.

C. 1. El mío 2. las suyas 3. las nuestras 4. las tuyas 5. los nuestros 6. El suyo (El de él)

D. 1. tuve / estuvieron 2. trajeron / pusieron 3. vino / tradujo 4. pudo / tuvo 5. dijimos 6. supiste 7. vinieron / quisieron 8. condujeron 9. hizo

E. 1. Hace cuatro años que conocí a mi mejor amigo(-a). 2. Hace seis meses que mis amigos y yo fuimos de vacaciones. 3. Hace tres días que mi familia y yo fuimos a la playa. 4. Hace una semana que mis padres volvieron de Cuba. 5. Hace quince minutos que llegué a mi casa.

F. 1. h 2. j 3. a 4. e 5. c 6. i 7. b 8. g 9. d 10. f

G. 1. mayor 2. tabaco 3. merengue 4. primera

Self-Test Lecciones 10–12

Lección 10

A. 1. era / Eran 2. vivías / eras / vivía / íbamos / veías / vivían 3. era / quejaba 3. gustaba

B. 1. dijo / necesitaba / podía / tenía 2. compramos / éramos / llevábamos / íbamos 3. tenía / vinimos / hablábamos 4. fue / tuve / sentía 5. iba / vio / murieron

C. 1. La conoció en la universidad. 2. Sí, la conocía. 3. No, no quería venir. 4. No, no sabíamos que había examen hoy. 5. Lo supimos anoche. 6. No, él no quiso venir.

D. 1. Ésta es la señora que vino ayer. 2. Éstos son los niños de quienes te hablé. 3. Ésa es la profesora para quien compramos los libros. 4. Ésa es la chica que trajo la licuadora.

E. 1. mudar 2. incluye / electricidad 3. amueblado 4. lejos 5. amplio 6. edificio / desocupado 7. centro / mesita 8. calefacción 9. cortinas / espejo 10. secadora

F. 1. Caracas. 2. Significa "pequeña Venecia". 3. El petróleo. 4. El Salto Ángel.

Lección 11

A. 1. estemos 2. camines 3. saque 4. sugiera 5. den 6. sepa 7. vuelvas 8. me queje 9. sean 10. vaya 11. recoja 12. reciba

B. 1. ir / vayamos 2. venga / estés 3. ir / compre 4. hagan / visitar 5. viajes / viajar

C. 1. hagan una excursión. 2. vengan este verano. 3. sepas cuánto cuesta el vuelo. 4. esté enferma. 5. no podamos ir en ese viaje. 6. vayan a Colombia.

D. 1. g 2. j 3. h 4. e 5. c 6. i 7. b 8. f 9. d 10. a

E. 1. costas 2. café 3. esmeraldas 4. Shakira 5. Avianca

Lección 12

A. 1. Estén 2. Tráigamelo 3. Salgan 4. Désela 5. Vayan 6. Quédese 7. Mándenoslas 8. los ponga

B. 1. sea 2. esté 3. necesiten 4. está 5. se encuentran 6. necesito 7. cuesta 8. gusta

C. 1. ¿Qué idiomas se hablan en Perú? 2. ¿A qué hora se cierran las gasolineras? 3. ¿A qué hora se abre la peluquería? 4. ¿Dónde se vende gasolina? 5. ¿Por dónde se sale de aquí?

D. 1. peluquería 2. arranca 3. cambios mecánicos 4. costó 5. doblar 6. los frenos 7. chapa 8. la cajuela 9. vacío 10. valía

E. 1. nuevo sol 2. Cuzco / Machu Picchu 3. antigua 4. islas Galápagos

Self-Test Lecciones 13–15

Lección 13

A. 1. Dime 2. Haz / limpia 3. Vete 4. Ve / compra 5. Ponlos 6. Ven 7. Sé / tráeme 8. Ten / Espérame 9. No compres 10. No los cambies 11. No te vayas 12. Levántate / trabaja

B. 1. ¿Cuál es tu número de teléfono? 2. ¿Cuál es el apellido de tu padre? 3. ¿Qué es una pulsera? 4. ¿Cuáles son las lecciones que necesitan? 5. ¿Cuál es su dirección? 6. ¿Qué es una enchilada?

C. 1. sepa 2. tienen 3. sea 4. tenga 5. haga 6. habla / hable

D. 1. comercial / zapatos / liquidación (rebaja) 2. ponerme / ir 3. anchas 4. calza 5. lado 6. queda / talla 7. departamento / ropa 8. rayas 9. librería 10. par 11. parece 12. ganga

E. 1. estrecho 2. tercera 3. Mar 4. frutería

Lección 14

A. 1. llegue 2. vuelvan 3. van 4. veas 5. tomen 6. vayas 7. des 8. necesite 9. lleve

B. 1. escrito 2. abierto 3. visto 4. hecho 5. roto 6. ido 7. hablado 8. comido 9. bebido 10. recibido

C. 1. escritos 2. abiertas 3. muerto 4. cerrado 5. hechos

D. 1. ha venido 2. han dicho 3. has escrito 4. he hecho 5. han hablado 6. nos hemos enojado

E. 1. había terminado 2. habían ido 3. había dicho 4. había terminado 5. habíamos matriculado 6. habías preguntado

F. 1. d 2. f 3. h 4. j 5. i 6. k 7. l 8. e 9. g 10. c 11. a 12. b

G. 1. Buenos Aires. 2. El tango. 3. El París de Suramérica. 4. Las cataratas de Iguazú.

Lección 15

A. 1. Le diremos que necesita descansar.
2. ¿Qué harán Uds.? 3. No querrán ir.
4. Lo sabré mañana. 5. No podrán
venir. 6. ¿Adónde iremos? 7. ¿Dónde lo
pondrás? 8. Nosotros vendremos con él.
9. Tendré que preguntárselo.
10. Saldremos mañana.

B. 1. Yo iría a Paraguay. 2. Nosotros le
recetaríamos antibióticos. 3. ¿Tú se lo
dirías? 4. Ellos hablarían con Dora.
5. ¿Ud. lo pondría en el consultorio?
6. ¿Uds. vendrían el domingo? 7. Julio
pediría miel. 8. Nosotros lo haríamos
hoy. 9. Tú no saldrías con ella. 10. Ella
no iría sola.

C. 1. habrá dicho 2. habrán vuelto
3. habré mejorado 4. habremos
merendado 5. habrás traído

D. 1. habría tomado 2. habrían venido
3. habría puesto 4. habríamos ido
5. habrías hecho

E. 1. penicilina 2. los dientes 3. la lengua
4. los ojos 5. los pies 6. ambulancia
7. rompiste 8. la pierna 9. grados
10. pusieron 11. dolor de cabeza
12. el estómago 13. embarazada
14. gripe

F. 1. guaraní 2. Itaipú 3. mar 4. Titicaca
5. La Paz

Self-Test Lecciones 16–18

Lección 16

A. 1. que fuera con ellos. 2. que no
montaran a caballo hoy. 3. de que él
fuera el campeón. 4. que se ahogaran.
5. a alguien que me enseñara a esquiar.
6. que él supiera armar la tienda
de campaña. 7. alguien aquí que
tuviera una caña de pescar? 8. que
necesitáramos una raqueta. 9. que
estuviera tomando el sol. 10. de que te
sintieras bien.

B. 1. a / en / de / a / a 2. en / de / a / a / a
3. a / de / de 4. a / a 5. en / en

C. 1. hayan ido 2. hayas aprendido
3. haya leído 4. se haya aburrido
5. haya sabido 6. hayamos divertido

D. 1. i 2. e 3. j 4. a 5. g 6. c 7. d
8. f 9. b 10. h

E. 1. Montevideo. 2. El mate. 3. Un
famoso centro turístico. 4. Se habla
portugués. 5. Ipanema y Copacabana.

Lección 17

A. 1. hubiera visto 2. hubieran tenido
3. hubiéramos archivado 4. hubiera
ofrecido 5. hubiera escrito

B. 1. tengo 2. pudiéramos 3. hubieran ido
4. necesitan 5. hubieras visto 6. supiera

C. 1. entrevistaran 2. puedas 3. avise
4. podamos / puede 5. haya 6. llegue
7. pudiera 8. paguemos

D. 1. aumento 2. departamento /
público 3. equipos / procesador
4. impresionados / cartas 5. bienes
6. encargados 7. avisar 8. bajo /
relaciones 9. mensajes 10. traductor

E. 1. Portugal 2. monarquía 3. euro
4. Madrid 5. Prado

Lección 18

A. 1. me olvido de 2. sueñan con 3. insiste
en 4. venimos a 5. se comprometió con
6. me enamoré de

B. 1. Por desgracia 2. Para qué 3. sin qué
ni para qué 4. por si acaso 5. por aquí
cerca 6. para siempre 7. por eso
8. por suerte

C. 1. me dio las gracias 2. a principios de
3. sin falta 4. te hagas ilusiones 5. Dejó
plantado 6. les importa 7. hoy en día
8. llevaba puesto

D. 1. director 2. boda / principios
3. película 4. toma 5. perillas 6. que
esperen 7. cargo / grupo 8. A cuánto
9. bando 10. oeste

E. 1. Granada / Sevilla / Córdoba 2. Plaza
de España 3. Jerez 4. "Huerta de
España" 5. Miguel de Cervantes

APPENDIX E
PROFESSIONS AND TRADES

accountant **contador(-a)**
actor **actor**
actress **actriz**
administrator **administrador(-a)**
agent **agente**
architect **arquitecto(-a)**
artisan **artesano(-a)**
artist **artista**
baker **panadero(-a)**
bank officer **empleado(-a) bancario(-a)**
bank teller **cajero(-a)**
banker **banquero(-a)**
barber **barbero(-a)**
bartender **barman, cantinero(-a)**
bill collector **cobrador(-a)**
bookkeeper **tenedor(-a) de libros**
brickmason (bricklayer) **albañil**
butcher **carnicero(-a)**
buyer **comprador(-a)**
camera operator **camarógrafo(-a)**
carpenter **carpintero(-a)**
cashier **cajero(-a)**
chiropractor **quiropráctico(-a)**
clerk **dependiente(-a)** *(store)*, **oficinista** *(office)*
computer operator **computista**
construction worker **obrero(-a) de la construcción**
constructor **constructor(-a)**
contractor **contratista**
cook **cocinero(-a)**
copilot **copiloto** *(masc., fem.)*
counselor **consejero(-a)**
dancer **bailarín(-ina)**
decorator **decorador(-a)**
dental hygienist **higienista dental**
dentist **dentista**
designer **diseñador(-a)**
detective **detective**
dietician **especialista en dietética**
diplomat **diplomático(-a)**
director **director(-a)**
dockworker **obrero(-a) portuario(-a)**
doctor **doctor(-a), médico(-a)**
draftsman **dibujante**
dressmaker **modista**
driver **conductor(-a)**
economist **economista**
editor **editor(-a)**
electrician **electricista**
engineer **ingeniero(-a)**
engineering technician **ingeniero(-a) técnico(-a)**
eye doctor **oculista**
farmer **agricultor(-a)**

fashion designer **diseñador(-a) de alta costura**
fire fighter **bombero(-a)**
fisherman **pescador(-a)**
flight attendant **auxiliar de vuelo**
foreman **capataz, encargado(-a)**
funeral director **empresario(-a) de pompas fúnebres**
garbage collector **basurero(-a)**
gardener **jardinero(-a)**
guard **guardia**
guide **guía**
hairdresser **peluquero(-a)**
home economist **economista doméstico(-a)**
housekeeper **mayordomo, ama de llaves**
inspector **inspector(-a)**
instructor **instructor(-a)**
insurance agent **agente de seguros**
interior designer **diseñador(-a) de interiores**
interpreter **intérprete**
investigator **investigador(-a)**
janitor **conserje**
jeweler **joyero(-a)**
journalist **periodista**
judge **juez(-a)**
lawyer **abogado(-a)**
librarian **bibliotecario(-a)**
machinist **maquinista**
maid **criada**
mail carrier **cartero(-a)**
manager **gerente**
mechanic **mecánico(-a)**
midwife **comadrona, partera**
miner **minero(-a)**
model **modelo**
musician **músico(-a)**
nurse **enfermero(-a)**
optician **óptico(-a)**
optometrist **optometrista**
painter **pintor(-a)**
paramedic **paramédico(-a)**
pharmacist **farmacéutico(-a)**
photographer **fotógrafo(-a)**
physical therapist **terapista físico(-a)**
physician **médico(-a)**
pilot **piloto** *(masc., fem.)*, **aviador(-a)**
plumber **plomero(-a)**
police officer **policía, agente de policía**
printer **impresor(-a)**
psychologist **psicólogo(-a)**
public relations agent **agente de relaciones públicas**
real estate agent **agente de bienes raíces**

receptionist **recepcionista**
reporter **reportero(-a), periodista**
sailor **marinero(-a)**
sales representative **vendedor(-a)**
scientist **científico(-a)**
secretary **secretario(-a)**
security guard **guardia**
social worker **trabajador(-a) social**
sociologist **sociólogo(-a)**
soldier **soldado, militar**
stenographer **estenógrafo(-a)**
stockbroker **bolsista**
student **estudiante**
supervisor **supervisor(-a)**
surgeon **cirujano(-a)**
systems analyst **analista de sistemas**
tailor **sastre**
taxi driver **chofer de taxi, taxista**
teacher **maestro(-a)** *(elem. school)*, **profesor(-a)** *(high school and college)*
technician **técnico(-a)**
telephone operator **telefonista**
television and radio announcer **locutor(-a)**
television and radio technician **técnico(-a) de radio y televisión**
teller **cajero(-a)**
therapist **terapista**
travel agent **agente de viajes**
truck driver **camionero(-a)**
typist **mecanógrafo(-a), dactilógrafo(-a)**
undertaker **director(-a) de pompas fúnebres**
veterinarian **veterinario(-a)**
waiter **mozo, camarero**
waitress **camarera**
watchmaker **relojero(-a)**
worker **obrero(-a)**
writer **escritor(-a)**

VOCABULARY

The Spanish-English vocabulary contains all active and passive vocabulary that appears in the student text. Active vocabulary includes words and expressions that appear in the vocabulary lists that follow the dialogues and in charts and word lists that are part of the grammar explanations. Passive vocabulary consists of words and expressions that are given an English gloss in textual material throughout the book: readings, photo captions, exercises, activities, and authentic documents.

The English-Spanish Vocabulary contains both active and passive words and expressions. The following abbreviations are used in the vocabularies:

abbr.	abbreviation	*i.o.*	indirect object	*poet.*	poetic
adj.	adjective	*inf.*	infinitive	*prep.*	preposition
adv.	adverb	*lang.*	language	*pron.*	pronoun
aux.	auxiliary	*m.*	masculine noun	*p.p.*	past participle
d.o.	direct object	*Mex.*	Mexico	*sing.*	singular
f.	feminine noun	*obj.*	object	*Sp.*	Spain
fam.	familiar	*pl.*	plural	*Sp. Am.*	Spanish America
form.	formal				

Spanish-English

A

a at, 2; to, 16; in, 16
—— **casa** home
¿—— **cómo está el cambio de moneda?** What is the exchange rate?, 6
¿—— **cuánto estamos hoy?** What's the date today?, 18
—— **deshoras** untimely
—— **eso de** at about, 15
—— **la derecha (izquierda)** to the right (left), 12
—— **la parrilla** grilled, 5
—— **la vez** at a time
—— **lo mejor** maybe, 12
—— **más tardar** at the latest, 18
—— **menos que** unless, 14
—— **menudo** often, 12
—— **nuestra disposición** at our disposal, 16
—— **pesar de (que)** in spite of, 9
—— **pie** on foot, 12
—— **plazos** in installments, 11
—— **principios de** at the first part of, 18
¿—— **qué hora?** At what time?, 2

—— **(en) todas partes** everywhere, 12
—— **todos lados** everywhere, 12
—— **veces** sometimes, 6
—— **ver** let's see, 3
abierto(-a) *(p.p. of* **abrir** *and adj.)* open(ed), 14
abogado(-a) *(m., f.)* lawyer, 14
abrazar to hug, 4
abrazo *(m.)* hug, 4
abrigo *(m.)* coat
abril April, 1
abrir to open, 3
—— **una cuenta** to open an account, 8
abuela *(f.)* grandmother, 4
abuelo *(m.)* grandfather, 4
aburrido(-a) bored, 4
aburrirse (como una ostra) to be bored (to death), 16
acá here, 10
acabar de to have just, 4
acampar to camp, 16
accidente *(m.)* accident, 15
acción *(f.)* action, 18
accionista *(m., f.)* shareholder, 17
aceite *(m.)* oil, 9
—— **de oliva** *(m.)* olive oil
aceituna *(f.)* olive
aceptar to accept, 3

acercarse to approach
aconsejar to advise, 11
acontecimiento *(m.)* event
acordarse (o:ue) (de) to remember, 9
acostar (o:ue) to put to bed, 9
acostarse to go to bed, 9
acostumbrarse (a) to get used to, 12
actividad *(f.)* activity, 16
—— **al aire libre** *(f.)* outdoor activity, 16
actor *(m.)* actor, 18
actriz *(f.)* actress, 18
actualmente nowadays
actuación *(f.)* acting, 18
actuar to act
acumulador *(m.)* battery, 12
adelantado(-a) advanced
además besides, 5
adicional additional
adiós good-bye, 1
adjetivo *(m.)* adjective
administración de empresas *(f.)* business administration, 14
administrador(-a) administrator, 17
adolescente *(m., f.)* teenager, 7
¿adónde? where? (destination)
aduana *(f.)* customs, 7
advertencia *(f.)* warning
aerolínea *(f.)* airline, 11
aeropuerto *(m.)* airport, 4

afeitar(se) to shave, 9
agencia de viajes (*f.*) travel agency, 11
agente (*m., f.*) agent
   —— **de bienes raíces** (*m., f.*) real estate agent, 17
   —— **de policía** (*f.*) policewoman, 8
   —— **de relaciones públicas** (*m., f.*) public relations agent, 17
   —— **de seguros** (*m., f.*) insurance agent, 17
   —— **de viajes** (*m., f.*) travel agent, 11
agosto August, 1
agradecimiento (*m.*) gratefulness
agua (*f.*) water, 4
   —— **mineral** (*f.*) mineral water, 5
aguardar to wait
ahijado(-a) (*m., f.*) godson (daughter)
ahogarse to drown, 16
ahora now, 4
ahorrar to save, 8
ahorros (*m. pl.*) savings, 11
aire acondicionado (*m.*) air conditioning, 7
ajeno belonging to other people
al (*m. sing.*) (*contraction*) to the
   —— **aire libre** outdoor
   —— **contado** in cash, 8
   —— **fin y al cabo** after all, 18
   —— **horno** baked, cooked in the oven, 5
   —— **lado de** next to, 12
   —— **mes** a month, per month
   —— **teléfono** on the phone, 3
alacena (*f.*) pantry
alba (*f.*) dawn, daybreak
alberca (*f.*) swimming pool (*Mex.*), 7
alegrarse (de) to be glad, 11
alegre merry
alérgico(-a) allergic, 8
alfabetizar to alphabetize
alfabeto (*m.*) alphabet
alfombra (*f.*) carpet, 10
alforja (*f.*) saddlebag
algo something, anything, 6
algodón (*m.*) cotton, 13
alguien someone, somebody, anyone, 6
alguno(-a), algún any, some, 6
algunos(-as) some, 6
allí there
alma (*f.*) soul
almacén (*m.*) department store, 13
almohada (*f.*) pillow, 10
almorzar (o:ue) to have lunch, 5
almuerzo (*m.*) lunch, 7
alojamiento (*m.*) lodging
alquilar to rent, 10
alquiler (*m.*) rent, 10
altiplano (*m.*) plateau
alto(-a) tall, 3

alumno(-a) (*m., f.*) student
amable polite, courteous, 3
   Muy ——. Very kind (of you)., 1
amante (*adj.*) loving
amar to love
amarillo(-a) yellow, 1
ambos(-as) both
ambulancia (*f.*) ambulance, 15
americano(-a) American, 2
amigo(-a) (*m., f.*) friend, 1
amistad (*f.*) friendship
amor (*m.*) love
amplio(-a) large, ample, 10
amueblado(-a) furnished, 10
anaranjado(-a) orange, 1
ancho(-a) wide, 13
andén (*m.*) platform
angosto(-a) narrow, 13
anillo (*m.*) ring, 13
anoche last night, 7
anotar to write down, 2
anteayer the day before yesterday, 7
antes (de) before, 7
   —— **de que** before, 14
antibiótico (*m.*) antibiotic, 15
antiguo(-a) former, 17
antipático(-a) unpleasant, 3
antojársele a uno to seem to one
anuncio (*m.*) ad, 3
añadir to add
año (*m.*) year, 3
   —— **Nuevo** (*m.*) New Year, 4
aparato electrodoméstico (*m.*) home appliance, 10
aparcar to park, 8
apariencia (*f.*) appearance
apartamento (*m.*) apartment, 3
apellido (*m.*) last name, 3
   —— **de soltera** (*m.*) maiden name
apio (*m.*) celery, 9
aprender (a) to learn, 3
apretar (e:ie) to be tight, 15; to tie together
aprobar (o:ue) to pass (*an exam or course*), 14
aprovechar to take advantage of
aquel(los), aquella(s) (*adj.*) that, those (*distant*), 6
aquél(los), aquélla(s) (*pron.*) that one, those (*distant*), 6
aquello (*neuter pron.*) that, 6
aquí here, 3
   ¡—— **va!** Here it goes!
árbol (*m.*) tree
   —— **de Navidad** Christmas tree, 4
   —— **frutal** (*m.*) fruit tree, 15
archivar to file, 17
arena (*f.*) sand
arete (*m.*) earring, 13
argentino(-a) Argentinian, 11

armar to pitch (*a tent*), 16
arquitecto(-a) (*m., f.*) architect, 14
arrancar to start (*car*), 12
arreglar to tidy up, to fix, 6; to repair, 12
arreglo (*m.*) repair, 12
arroz (*m.*) rice, 5
   —— **con leche** (*m.*) rice pudding, 5
arte (*f.*) art
artículo (*m.*) article, 16
asado (*m.*) barbecue, 16
asado(-a) roasted, barbecued, 9
ascendencia (*f.*) ancestry, 14
ascensor (*m.*) elevator, 7
Así es la vida. Such is life.
así que so, 18
asiento (*m.*) seat
   —— **de pasillo** (*m.*) aisle seat, 11
   —— **de ventanilla** (*m.*) window seat, 11
asignatura (*f.*) (school) subject, 14
asistente (*m., f.*) assistant, 17
asistir (a) to attend, 3
aspiradora (*f.*) vacuum cleaner, 6
aspirina (*f.*) aspirin, 15
ataque al corazón (*m.*) heart attack, 15
atlético(-a) athletic, 16
atónito(-a) aghast
atravesar (e:ie) to go through
   —— **con la mirada** to look right through
aturdido(-a) dazed, confused, 4
aumento (*m.*) increase, 17
aunque although, 9
auto (*m.*) car, 10
autobús (*m.*) bus, 6
automático(-a) automatic, 12
automóvil (*m.*) car, 10
autopista (*f.*) freeway, highway, 12
auxiliar de vuelo (*m., f.*) flight attendant, 11
avance (*m.*) preview, 18
avenida (*f.*) avenue, 12
avergonzado(-a) ashamed
avión (*m.*) plane, 11
avisar to let know, to advise, 10
aviso (*m.*) ad, 3
   —— **clasificado** (*m.*) classified ad
ayer yesterday, 7
ayudar (a) to help, 6
azafata (*f.*) female flight attendant, 11
azúcar (*m.*) sugar, 9
azul blue, 1
azulejo (*m.*) tile

B

bailar to dance, 4
bailarín(-ina) (*m., f.*) dancer, 18
bajo(-a) (*adj.*) short, 3; (*prep.*) under
balneario (*m.*) resort

banana (*f.*) banana, 9
banco (*m.*) bank, 18
banda sonora (*f.*) sound track, 18
bandera (*f.*) flag
bañadera (*f.*) bathtub, 7
bañar(se) to bathe (oneself), 9
bañera (*f.*) bathtub, 7
baño (*m.*) bathroom, 6
barato(-a) inexpensive, 13
¡Bárbaro! Great!
barca (*f.*) boat, 16
barco (*m.*) ship, 11
barrer to sweep, 6
barrio (*m.*) neighborhood, 10
bastante quite, 14
batería (*f.*) drums, 9; battery, 12
—— de cocina (*f.*) cookware, 10
batir to beat
beber to drink, 3
—— algo to have something to drink, 3
bebida (*f.*) drink, 5
beca (*f.*) scholarship, 14
belleza (*f.*) beauty
besar to kiss
beso (*m.*) kiss
biblioteca (*f.*) library, 2
bibliotecario(-a) (*m., f.*) librarian, 14
bicicleta (*f.*) bicycle, 12
bien well, fine, 1
—— caliente nice and hot, 15
bienvenido(-a) welcome, 4
biftec (*m.*) steak, 5
billete (*m.*) ticket, 11
—— de ida (*m.*) one-way ticket, 11
—— de ida y vuelta (*m.*) round-trip ticket, 11
billetera (*f.*) wallet, 13
biología (*f.*) biology, 14
bisabuela (*f.*) great-grandmother
bisabuelo (*m.*) great-grandfather
bistec (*m.*) steak, 5
blanco(-a) white, 1
blusa (*f.*) blouse, 13
boca (*f.*) mouth, 15
—— de incendios (*f.*) fire hydrant, 8
bocina (*f.*) horn, 12
boda (*f.*) wedding, 18
bolígrafo (*m.*) pen, 2
bolsa de aire (*f.*) air bag, 12
bolsa de dormir (*f.*) sleeping bag, 10
bolso (*m.*) purse, handbag, 9
—— de mano (*m.*) carry-on bag
bombilla (*f.*) straw (*for mate*)
bondad (*f.*) kindness
bonito(-a) pretty, 3
borrador (*m.*) first draft
bosque (*m.*) forest, 11
bosquejo (*m.*) outline
bota (*f.*) boot, 13

bote (*m.*) (*Mex.*) can, 9; boat, 16
botones (*m.*) bellhop, 7
brillante brilliant, 11
bromear to joke, to kid, 12
broncearse to get a tan, 16
bucear to scuba dive, 16
buenísimo(-a) extremely good, 11
bueno(-a), buen good, 1
¡Buen viaje! Have a nice trip!, 11
buenas noches good evening, good night, 1
buenas tardes good afternoon, 1
bueno… well…, okay, 1
buenos días good morning, 1
burlarse de to make fun of, 18
burro(-a) (*m., f.*) donkey
bus (*m.*) bus, 16
buscar to get, to pick up, 6; to look for; to find
búsqueda (*f.*) search
butaca (*f.*) armchair, 10

C

caballería (*f.*) chivalry
caballero (*m.*) knight
cabaña (*f.*) cabin, 16
cabello (*m.*) hair, 15
caber to fit, 6
cabeza (*f.*) head, 15
cacerola (*f.*) saucepan, 10
cada (*invariable adj.*) each, 13
caer(se) to fall, 16
café (*m.*) brown, 1; coffee, 3; café, 3
cafecito (*m.*) small (cup of) coffee, 15
cafetera (*f.*) coffee maker, 10
cafetería (*f.*) cafeteria, 1
caja (*f.*) cash register, 13
cajero automático (*m.*) automatic teller, 8
cajuela (*f.*) trunk (*car*), 12
calcetines (*m. pl.*) socks, 13
calculadora (*f.*) calculator
calefacción (*f.*) heating, 10
callar to be silent
calle (*f.*) street, 2
calor (*m.*) heat, 14
caloría (*f.*) calorie, 5
calzar to wear (a certain size in shoes), 13
cama (*f.*) bed, 16
cámara (fotográfica) (*f.*) camera, 7
—— de video (*f.*) video camera, 7
camarero(-a) (*m., f.*) waiter, waitress, 5
camarones (*m. pl.*) shrimp, 5
cambiar to change, 6; to exchange, 13
cambio de moneda (*m.*) exchange rate
cambios mecánicos (*m. pl.*) standard shift, 12
camelia (*f.*) camellia, 8
caminar to walk, 12

camión (*m.*) truck, 13
camisa (*f.*) shirt, 6
camiseta (*f.*) T-shirt, 13
camisón (*m.*) nightgown, 13
campeón(-ona) (*m., f.*) champion, 16
campo (*m.*) country, 16
canal (*m.*) channel, 7
canario (*m.*) canary, 8
cancelar to cancel, 7
canción (*f.*) song, 9
—— infantil (*f.*) children's song
candidato(-a) (*m., f.*) candidate, 17
canoa (*f.*) canoe, 16
cansado(-a) tired, 4
cantar to sing, 4
caña de azúcar (*f.*) sugar cane
caña de pescar (*f.*) fishing rod, 16
capital (*f.*) capital (city)
capó (*m.*) hood, 12
capullo (*m.*) bud
cara (*f.*) face, 15
¡caramba! gee!, 2
carbón (*m.*) coal
carburador (*m.*) carburetor, 12
cárcel (*f.*) jail
cargado(-a) (de) loaded with, 13
cargo (*m.*) position
cariño (*m.*) love
carnaval (*m.*) Mardi Gras
carne (*f.*) meat, 6; flesh
—— de res (*f.*) beef
carnicería (*f.*) meat market, 9
caro(-a) expensive, 5
carpeta (*f.*) folder, 17
carpintero(-a) (*m., f.*) carpenter, 14
carrera (*f.*) career, 16
carro (*m.*) car, 10; carriage
carta (*f.*) letter, 17
cartelera (*f.*) movie (entertainment) section (of a newspaper), 18
cartera (*f.*) handbag, 9; wallet, 13
casa (*f.*) house, 2; home
—— de ancianos (*f.*) nursing home
casado(-a) married, 3
casarse (con) to get married (to), 11
casi almost, 8
catarro (*m.*) cold, 15
cátedra (*f.*) faculty appointment
catorce fourteen, 1
cazar to hunt, 16
cebolla (*f.*) onion, 9
cédula (*f.*) document
celebrar to celebrate, 9
cena (*f.*) dinner, 7
cenar to have dinner, to dine, 7
censura (*f.*) censorship
centro (*m.*) downtown
—— commercial (*m.*) shopping mall, 13
cerca close to, near, 10; around

—— **de** near
cereza (*f.*) cherry
cero zero, 1
cerradura (*f.*) lock
cerrar (e:ie) to close, 4
cerveza (*f.*) beer, 5
cesto de papeles (*m.*) wastebasket, 2
champán (*m.*) champagne, 5
chapa (*f.*) license plate, 12
Chau. Good-bye., 1
cheque (*m.*) check, 8
—— **de viajero** (*m.*) traveler's check, 8
chequeo (*m.*) checkup, 15
chequera (*f.*) checkbook, 8
¡Chévere! Great!
chica (*f.*) girl, young woman, 2
chico (*m.*) boy, young man, 2
chico(-a) small, 10
chino Chinese (*lang.*)
chocolate (*m.*) chocolate, 5
—— **caliente** (*m.*) hot chocolate, 5
chorizo (*m.*) sausage
cielo (*m.*) sky, heaven
cien, ciento one hundred, 2
ciencia (*f.*) science, 14
—— **ficción** (*f.*) science fiction, 18
cierto true
cinco five, 1
cincuenta fifty, 2
cine (*m.*) movie (theater), 4
cita (*f.*) appointment
ciudad (*f.*) city, 3
clarinete (*m.*) clarinet, 9
claro(-a) light; clear
clase (*f.*) class, 1
—— **optativa** (*f.*) elective
—— **turista** (*f.*) tourist class, 11
clasificado(-a) classified, 12
clavel (*m.*) carnation, 8
cliente (*m., f.*) customer
cobardía (*f.*) cowardice
cobrar un cheque to cash a check, 8
cobre (*m.*) copper
coche (*m.*) car, 10
cocina (*f.*) kitchen, 5
cocinar to cook, 6
cocinero(-a) (*m., f.*) cook, chef, 14
cognado (*m.*) cognate
col (*f.*) cabbage
cola (*f.*) tail
colchón (*m.*) mattress, 7
colega (*m., f.*) colleague
collar (*m.*) necklace, 13
colonial colonial, 15
color (*m.*) color, 1
colorado(-a) red
columna (*f.*) column, 18
combinar (con) to match, 13
comedia (*f.*) comedy, 7

comedor (*m.*) dining room, 6
comenzar (e:ie) (a) to begin, to start, 4
comer to eat, 3
—— **algo** to have something to eat, 3
comida (*f.*) food, 4; meal, 5
como since, 7; about, 16
—— **si** as if, 17
¿cómo? how?, 1; what?
¿—— **está usted?** How are you? (*form.*), 1
¿—— **estás?** How are you? (*fam.*), 1
¿—— **están ustedes?** How are you?, 1
¿—— **le va?** How is it going (for you)? (*form.*), 1
¿—— **se dice...?** How do you say . . . ?, 2
¿—— **se escribe...?** How do you write . . . ?
¿—— **se llama usted?** What's your name? (*form.*), 1
¿—— **te llamas tú?** What's your name? (*fam.*), 1
¿—— **te va?** How is it going (for you) (*fam.*)?
cómoda (*f.*) bureau, chest of drawers, 10
cómodo(-a) comfortable, 7
compacto(-a) compact, 12
compañero(-a) (*m., f.*) partner
—— **de clase** (*m., f.*) classmate, 4
—— **de cuarto** (*m., f.*) roommate, 3
compañía (*f.*) company, 3
comparar to compare, 14
comparativo(-a) comparative
compartir to share, 9
compensar to compensate, 17
complicado(-a) complicated, 12
compra (*f.*) purchase, 17
comprador(-a) (*m., f.*) buyer, 17
comprar to buy, 6
comprometerse con to get engaged to, 18
comprometido(-a) engaged, 18
computadora (*f.*) computer, 2
—— **portátil** (*f.*) laptop computer, 17
con with, 1
¿—— **cuánta anticipación?** How far in advance?
—— **él (ella) habla.** This is he (she) speaking., 3
—— **permiso.** Excuse me., 1
—— **razón** no wonder, 3
—— **tal (de) que** provided that, as long as, 14
—— **vista a** overlooking, 7
concierto (*m.*) concert, 4
concordancia (*f.*) agreement
condicional conditional
conducir to drive (*Sp.*), 6

conejillo de Indias (*m.*) Guinea pig, 8
conejo (*m.*) rabbit, 8
conferencia (*f.*) lecture
confiar to trust
confirmar to confirm, 7
conmigo with me, 2
conocer to know, to be acquainted, 6; to meet, 10
conocimiento (*m.*) knowledge, 3
conseguir (e:i) to get, to obtain, 6
consejero(-a) (*m., f.*) advisor, 14
consejo (*m.*) advice
consulado (*m.*) consulate, 7
consultorio (*m.*) doctor's office, 15
contabilidad (*f.*) accounting, 14
contado: al —— in cash, 8
contador(-a) (*m., f.*) accountant, 5
—— **público(-a)** (*m., f.*) certified public accountant, 17
contagioso(-a) contagious, 15
contaminación del aire (*f.*) smog
contar (o:ue) to count, 5; to tell, 18
contento(-a) happy, 4
contestar to answer, 3
contigo (*fam. sing.*) with you, 4
continente (*m.*) continent, 11
continuar to continue, 17
contra against
contrabajo (*m.*) bass, 9
contracción (*f.*) contraction
convencer to convince, 10
conversación (*f.*) conversation, 2
conversar to talk, to converse, 4
convivencia (*f.*) coexistence
copa (*f.*) glass, goblet, 5
corbata (*f.*) tie, 13
cordero (*m.*) lamb, 5
correo (*m.*) post office, 12
—— **electrónico** (*m.*) e-mail, 17
correr to run, 3
corrida de toros (*f.*) bullfight
correspondencia (*f.*) correspondence, 17
corsario (*m.*) privateer
cortar(se) to cut (oneself), 9
—— **el césped** to mow the lawn, 6
corte de pelo (*m.*) haircut, cut, 12
cortés polite, courteous, 3
cortina (*f.*) curtain, 10
cosa (*f.*) thing, 6
costar (o:ue) to cost, 5
—— **un ojo de la cara** to cost an arm and a leg, 12
costumbre (*f.*) custom, 4
crear to create
crecer to grow, 9
creer to believe, to think, 3
creído (*p.p. of* **creer**) believed, 14
crema (*f.*) cream, 5
crepúsculo (*m.*) twilight
criada (*f.*) maid, 10

criticar to criticize, 18
crítico(-a) (*m., f.*) critic, 18
cuaderno (*m.*) notebook, 2
cuadro (*m.*) picture, painting, 10
    de cuadros plaid, 13
¿cuál? what?, which?, 1
    **¿—— es tu (su) número de
      teléfono?** What is your telephone
      number?, 1
cuando when, 14
¿cuándo? when?, 2
¿cuánto(-a)? how much?
    ¿—— tiempo hace que...? How
      long . . . ?, 7
¿cuántos(-as)? how many?
cuarenta forty, 2
cuarto (*m.*) room, 4
    —— de baño (*m.*) bathroom, 6
    menos —— quarter of/to (*time*), 2
    y —— quarter after/past (*time*), 2
cuarto(-a) fourth, 7
cuatro four, 1
cuatrocientos(-as) four hundred, 3
cubano(-a) Cuban, 2
cubierto(-a) (*p.p. of* **cubrir** *and adj.*)
    covered, 14
cubiertos (*m. pl.*) silverware, 5
cubrir to cover
cuchara (*f.*) spoon, 5
cucharada (*f.*) spoonful
cucharita (*f.*) teaspoon, 5
cuchillo (*m.*) knife, 5
cuello (*m.*) neck, 15; collar
cuenta (*f.*) bill, check, 5; account, 8
    —— conjunta (*f.*) joint account, 8
    —— corriente (*f.*) checking
      account, 8
    —— de ahorros (*f.*) savings
      account, 8
cuero (*m.*) leather, 13
cuerpo (*m.*) body, 15
cuidado (*m.*) care
cumbre (*f.*) pinnacle
cumpleaños (*m.*) birthday, 1
cumplir... años to turn . . . years old, 9
cuñada (*f.*) sister-in-law, 6
cuñado (*m.*) brother-in-law, 6
curandero(-a) (*m, f.*) healer
curarse to cure oneself, to get better, 15
currículum vitae (*m.*) curriculum vitae, 17
curtido(-a) weatherbeaten

D

dar to give, 4
    —— alimento (a) to feed
    —— hacia to overlook
    —— la mano to shake hands

    —— las gracias to express
      gratitude, 18
    —— un beso to kiss
    —— una multa to give a ticket
      (fine), 8
    —— una película to show a
      movie, 7
    ——le rabia a uno to be furious, 18
    ——se cuenta (de) to realize, 14
datos personales (*m. pl.*) personal data
de from, 1; of, 1; about, with, in, 16
    —— acuerdo in agreement, 13
    —— acuerdo con according to
    —— cuadros plaid, 13
    —— estatura mediana of medium
      height, 5
    —— haber sabido had I known, 15
    —— la mañana A.M., 2
    —— la tarde P.M., 2
    —— lunares polka-dotted, 13
    —— manera que so, 9
    —— memoria by heart
    —— modo que so, 9
    —— nada. You're welcome., 1
    —— postre for dessert, 5
    —— pronto suddenly, 18
    —— rayas striped, 13
    —— repente suddenly, 18
    —— todos modos anyway
debajo de under, 6
deber (+ *infinitive*) must, should, 3
deberse a to be due to
debidamente duly
decidir to decide, 3
décimo(-a) tenth, 7
decir (e:i) to say, to tell, 6
decisión (*f.*) decision, 17
dedo (*m.*) finger, 15
    —— del pie (*m.*) toe, 15
dejar to leave behind, 5
    —— plantado(-a) a alguien to stand
      somebody up, 18
    —— tranquilo(-a) to leave alone, 16
deletrear to spell
deletreo (*m.*) spelling
delgado(-a) thin, slender, 3
demás: los (las) —— others
demasiado(-a)(s) too
demostrativo(-a) demonstrative
dentro inside
departamento (*m.*) department, section
    —— de (ropa para) caballeros (*m.*)
      men's department, 13
    —— de (ropa para) damas (*m.*)
      women's department, 13
depender to depend, 14
deporte (*m.*) sport, 16
depositar to deposit, 8
derecho (*m.*) right; **derecho(-a)** (*adj.*) right

    —— ajeno (*m.*) the other person's
      right
    a la derecha to the right, 12
derretir (e:i) to melt
desafortunadamente unfortunately, 8
desafortunado(-a) unfortunate, 8
desagradecido(-a) (*adj.*) ungrateful
desamparo (*m.*) abandonment
desastre (*m.*) disaster, 8
desayuno (*m.*) breakfast, 7
descansar to rest, 15
descomponerse to break down, 12
descompuesto(-a) (*p.p. of* **descomponer**
    and adj.) out of order, not working, 12
desconcertado(-a) bewildered
describir to describe, 11
desde since, 6; from, 10
desear to want, to wish, 11
desempeñar to perform (a job), 17
desesperanza (*f.*) despair
desfallecer to faint
desocupado(-a) vacant, 10
desocupar el cuarto to vacate the room, 7
despacho (*m.*) office, 17
despacio slowly
despedazar to tear
despedida (*f.*) farewell, 1
despertarse (e:ie) to wake up, 9
desposar to marry, to betroth
despreciar to scorn
después afterwards, 3
desvestirse (e:i) to get undressed, 9
destacar to emphasize
destacarse to stand out
detener to stop (something)
    ——se to stop
determinado(-a) definite
devolver (o:ue) **algo** to return
    (something), 13
devuelto(-a) (*p.p. of* **devolver** *and adj.*)
    returned, 14
día (*m.*) day, 1
diamante (*m.*) diamond
diariamente daily
diario (*m.*) newspaper, 3
dibujos animados (*m. pl.*) cartoons, 18
diccionario (*m.*) dictionary, 8
diciembre December, 1
dicho (*m.*) saying
dicho(-a) (*p.p. of* **decir** *and adj.*) said, told, 15
diecinueve nineteen, 1
dieciocho eighteen, 1
dieciséis sixteen, 1
diecisiete seventeen, 1
diente (*m.*) tooth, 15
dieta (*f.*) diet, 5
diez ten, 1
difícil difficult, 2
diligencia (*f.*) errand, 11

dinero (*m.*) money, 2
Dios God
dirección (*f.*) address, 2
directo(-a) direct, 11
director(-a) (*m., f.*) director, 18
—— **de cine** (*m., f.*) movie director, 18
dirigir to direct, 18
disco compacto (*m.*) compact disc (CD), 4
discoteca (*f.*) discotheque, 4
diseño (*m.*) design, 13
disfrutar to enjoy
disquete (*m.*) diskette, 17
distinto(-a) different
distribución de papeles (*f.*) casting, 18
divertido(-a) fun, 16
divertirse (e:ie) to have a good time, to enjoy oneself, 6
divino(-a) divine, 16
divorciado(-a) divorced, 3
doblado(-a) dubbed
doblar to turn, 12; to dub
—— **la ropa** to fold the clothes, 6
doble double, 7
doce twelve, 1
doctor(-a) (*m., f.*) doctor, 1
documental (*m.*) documentary, 18
doler (o:ue) to hurt, 15
dolor (*m.*) pain
domicilio (*m.*) address, 2
domingo (*m.*) Sunday, 1
don (*m.*) gift
¿dónde? where?, 1
dorado(-a) golden
dormir (o:ue) to sleep, 5
dormirse to fall asleep, 9
dormitorio (*m.*) bedroom, 6
dos two, 1
doscientos(-as) two hundred, 3
dramaturgo(-a) (*m., f.*) playwright
ducha (*f.*) shower, 7
dudar to doubt, 12
dulce fresh (*water*); sweet
dulces (*m. pl.*) sweets
durar to last, 13
durazno (*m.*) peach, 9

E

echar el bofe to be out of breath
económico(-a) financial, 3
edad (*f.*) age, 14
edificio (*m.*) building, 10
educación física (*f.*) physical education, 14
efectivo (*m.*) cash, 8
en —— in cash, 8
efecto especial (*m.*) special effect, 18
ejecutivo(-a) (*m., f.*) executive, 14
ejército (*m.*) army

el the (*m. sing.*), 2
—— **(la) que** he (she) who
él he, 1; him, 4
electricidad (*f.*) electricity, 10
electricista (*m., f.*) electrician, 14
elevador (*m.*) elevator, 7
ella she, 1; her, 4
ellas (*f. pl.*) they, 1; them, 4
ellos (*m. pl.*) they, 1; them, 4
embajada (*f.*) embassy, 7
embarazada pregnant, 15
embarcarse to get in a boat
emergencia (*f.*) emergency, 15
empanada (*f.*) meat turnover
empeorarse to get worse, 15
empezar (e:ie) (a) to begin, to start, 4
empleado(-a) (*m., f.*) clerk, 13
—— **bancario** (*m., f.*) bank employee, 17
empleo (*m.*) job, 3
empresarial (*adj.*) business
en in, at, 1; on, inside, over, 16
—— **casa** at home, 4
—— **caso de que** in case, 14
—— **cuanto** as soon as, 14
—— **cuanto a** regarding
—— **efectivo** in cash, 11
—— **ese caso** in that case, 2
—— **este momento** at this moment, 5
—— **fin...** anyway . . ., 8
—— **la actualidad** nowadays, 18
—— **ningún lado** nowhere, 11
—— **ninguna parte** nowhere, 11
—— **parte** in part, 14
¿ —— **qué puedo servirle?** How can I help you?, 7
—— **punto** on the dot
—— **seguida** right away, 6
—— **seguida vuelvo** I'll be right back, 6
¿ —— **serio?** seriously?, 2
—— **vez de** instead of, 17
enamorado(-a) (de) in love (with), 16
enamorarse de to fall in love with, 18
encantado(-a) charmed
encantador(-a) charming, 3
encantarle a uno to love, 8
encargado(-a) (*m., f.*) super(intendent), 10
encargado(-a) de in charge of, 17
enciclopedia (*f.*) encyclopedia, 8
encontrar (o:ue) to find, 5
encontrarse (con) to meet, 10
encuesta (*f.*) survey
enderezarse a to be for, to exist for
enero January, 1
enfriar to cool down
enojarse to get angry, 14
enorme enormous, 15
ensalada (*f.*) salad, 5

ensangrentado(-a) blood-stained
ensayar to rehearse, 18
ensayo (*m.*) essay
enseñar (a) to teach, 18
entablar to start
entender (e:ie) to understand, 4
enterrado(-a) buried
entonces then, in that case, 4
entrada (*f.*) entrance, 11; ticket (*to an event*), 16
entrante next, 18
—— **el mes** —— (*m.*) next month, 18
entrar to enter, to come in, 12
entre among, between, 9
entregar to turn in, to deliver, 14
entrevista (*f.*) interview, 17
entrevistar to interview, 17
enviar to send, 7
envolver (o:ue) to wrap, 14
envuelto(-a) (*p.p. of* **envolver** *and adj.*) wrapped, 14
enyesar to put in a cast, 15
equipaje (*m.*) luggage, 7
equipo electrónico (*m.*) electronic equipment, 17
equipo estereofónico (*m.*) stereo system, 4
equivocado(-a) wrong, 4
errabundo wandering
es decir that is to say
es que... the fact is . . . , 13
escalar to climb, 16
escalera (*f.*) stairs, 7
—— **mecánica** (*f.*) escalator, 7
escapar to escape, 14
esclavo(-a) (*m., f.*) slave
escoba (*f.*) broom, 6
escoger to choose
esconder to hide, 6
escopeta (*f.*) shotgun, 16
escribir to write, 3
—— **a máquina** to type, 17
escrito(-a) (*p.p. of* **escribir** *and adj.*) written, 14
escritor(-a) (*m., f.*) writer, 14
escritorio (*m.*) desk, 2
escuchar to listen (to)
escuela (*f.*) school, 10
—— **secundaria** (*f.*) high school, 18
ese(-os), esa(s) (*adj.*) that, those, (nearby), 6
ése(-os), ésa(s) (*pron.*) that one, those (*nearby*), 6
esfuerzo (*m.*) effort
eso (*neuter pron.*) that, 6
espada (*f.*) sword
espalda (*f.*) back, 15
España Spain
español (*m.*) Spanish (*lang.*), 2
especial special, 5
especialización (*f.*) major (*field of study*), 14

especializado(-a) specialized, 17
especialmente especially, 8
espectáculo (*m.*) show, 18
espejo (*m.*) mirror, 10
esperanza (*f.*) hope
esperar to wait (for), to expect, 6; to hope, 11
esposa (*f.*) wife, 5
esposo (*m.*) husband, 5
espuma (*f.*) foam
esquí acuático (*m.*) water ski, 16
esquiar to ski, 16
esquina (*f.*) corner
esta noche tonight, 2
estación (*f.*) season, 1; station, 12
—— de la seca (*f.*) dry season
—— de servicio (*f.*) gas (service) station, 12
estacionar to park, 8
estadio (*m.*) stadium, 16
estado (*m.*) state
—— civil (*m.*) marital status, 3
Estados Unidos (*m. pl.*) United States
estampado(-a) print (fabric), 13
estar to be, 4
—— a cargo to be in charge, 18
—— de acuerdo to agree, 6
—— de vacaciones to be on vacation, 7
—— equivocado(-a) to be wrong, 4
—— loco(-a) por to be crazy about, 18
—— muerto(-a) de hambre to be starving, 15
¿Está... (*name*)? Is . . . (*name*) there?, 3
estatura (*f.*) height, 5
este east, 16
este(-os), esta(s) (*adj.*) this, 6; these, 6
este fin de semana (*m.*) this weekend, 4
éste(-os) ésta(s) (*pron.*) this one; these, 6
estimarse to have self-esteem
estirar to stretch
esto (*neuter pron.*) this, 6
estómago (*m.*) stomach, 15
estrechar to hold
estrecho(-a) narrow, 13
estrenar to show for the first time, 18
estreno (*m.*) première, 18
estribillo (*m.*) refrain
estrofa (*f.*) stanza
estudiante (*m., f.*) student, 1
estudiar to study, 2
etapa (*f.*) period
evaluación (*f.*) evaluation, 17
evitar to avoid, 17
exactamente exactly, 17
exactitud (*f.*) accuracy
examen (*m.*) exam, 3; checkup, 15

—— parcial (de mitad de curso) (*m.*) midterm examination, 3
excelente excellent, 11
exceso de equipaje (*m.*) excess baggage, 11
excursión (*f.*) excursion, 11
exigir to demand
éxito (*m.*) success
experiencia (*f.*) experience, 3
experto(-a) (*m., f.*) expert, 14
expresión (*f.*) expression
extranjero(-a) foreign
en el extranjero abroad
extrañar to miss, 9
extraño(-a) (*m., f.*) stranger

F

fábrica (*f.*) factory, 5
fácil easy, 2
fácilmente easily
facsímile (*m.*) fax, 17
factoría (*f.*) factory, 5
facturar el equipaje to check luggage, 11
facultad (*f.*) college, school, 14
falda (*f.*) skirt, 13
fallecer to pass away, 9
falta (*f.*) lack
familia (*f.*) family, 4
fantasma (*m.*) ghost
farmacia (*f.*) pharmacy, 9
fastidiado(-a) annoyed
favorito(-a) favorite, 7
fax (*m.*) fax , 17
febrero February, 1
fecha de nacimiento (*f.*) date of birth, 3
fechar to date (*check or letter*), 8
feliz happy, 1
femenino(-a) feminine
feo(-a) ugly, 3
ferretería (*f.*) hardware store, 9
festejar to celebrate, 9
festival de cine (*m.*) film festival, 18
fiebre (*f.*) fever, 15
fiesta (*f.*) party, 1
fijarse en to notice, 18
filmar to film (make) a movie, 18
filosofía (*f.*) philosophy, 17
fin (*m.*) end
—— de semana (*m.*) weekend, 4
fingir to pretend
firma (*f.*) signature, 8
firmar to sign, 8
física (*f.*) physics, 14
flan (*m.*) caramel custard, 5
flauta (*f.*) flute, 9
flor (*f.*) flower, 8
florería (*f.*) flower shop, 8
folleto (*m.*) brochure, 11
fortaleza (*f.*) fortress

foto (*f.*) photo, photograph, 4
fotocopiadora (*f.*) photocopy machine, 17
fotografía (*f.*) photo, photograph, 4
francamente frankly, 12
francés (*m.*) French (*lang.*), 2
frecuentar to visit frequently
frecuente frequent
frecuentemente frequently, 12
fregar (e:ie) los platos to wash the dishes, 6
freno (*m.*) brake, 12
frente a in front of, 8
fresa (*f.*) strawberry, 9
frijoles (*m. pl.*) beans, 5
frito(-a) fried, 5
frondoso(-a) leafy
fruta (*f.*) fruit, 9
fuego (*m.*) fire, 8
fuente (*f.*) source
fuera (*adv.*) outside
fumar to smoke
funcionar to work, to function, 12
funda (*f.*) pillowcase, 10
fundir to melt
fusilar to shoot
fútbol (*m.*) soccer, 16
futuro (*m.*) future, 14

G

ganadería (*f.*) livestock
ganar to earn, 3; to win, 16
ganga (*f.*) bargain, 13
garaje (*m.*) garage, 6
garganta (*f.*) throat, 15
gasolina (*f.*) gasoline, 12
gasolinera (*f.*) gas (service) station, 12
gato (*m.*) cat, 8; car jack, 12
general general, 8
generalmente generally, 8
género (*m.*) gender
gente de negocio (*f.*) businesspeople
geranio (*m.*) geranium, 8
gerente (*m., f.*) manager, 17
gimnasio (*m.*) gym, 14
goma de borrar (*f.*) eraser, 2
gordo(-a) fat, 3
grabar to tape, 18
gracias thank you, thanks, 1
grado (*m.*) degree, 15
graduarse to graduate, 14
grande big
gratis free (of charge), 8
gratuito(-a) free
gripe (*f.*) flu, 15
gris gray, 1
grúa (*f.*) tow truck, 12
grupo (*m.*) group, 18
guante (*m.*) glove, 13

guapo(-a) handsome, good-looking, 3
guatemalteco(-a) (*m., f.*) Guatemalan, 5
guerra (*f.*) war, 18
guía telefónica (*f.*) telephone book
guión (*m.*) script, screenplay, 18
guitarra (*f.*) guitar, 9
gustar to like, to be pleasing to, 7
gusto (*m.*) pleasure, joy
    El —— **es mío.** The pleasure is
      mine., 1

H

haber (*aux.*) to have
habitación (*f.*) room, 4
    —— **doble** (*f.*) double room, 7
    —— **sencilla** (*f.*) single room, 7
hablar to speak, 2
hace + *time* + **que** + *verb* (*present*) to have
    been doing something for a length of
    time, 7
hace + *time* + **que** + *verb* (*preterit/imperfect*)
    to have done something in the past
    (ago), 9
hacer to do, 4; to make, 6
    —— **buen tiempo** to be good
      weather, 5
    —— **calor** to be hot, 5
    —— **diligencias** to run errands, 8
    —— **ejercicio** to exercise, 7
    —— **escala** to make a stopover, 11
    —— **frío** to be cold, 5
    —— **juego (con)** to match, 13
    —— **las compras** to do the
      shopping, 6
    —— **las maletas** to pack
    —— **mal tiempo** to be bad
      weather, 5
    —— **sol** to be sunny, 5
    —— **surfing** to surf, 16
    —— **un crucero** to take a cruise, 11
    —— **un picnic** to have a picnic, 16
    —— **una radiografía** to take an
      X-ray, 15
    —— **viento** to be windy, 5
    ——**se cargo** to take charge
    ——**se ilusiones** to dream, to fool
      oneself, 18
hacia towards, 5
hambre (*f.*) hunger, 4
    tener —— to be hungry, 4
hamburguesa (f.) hamburger, 5
hasta until, 7
    —— **ahora** up to now, 14
    —— **la vista.** Good-bye., 1
    —— **mañana.** See you tomorrow., 1
    —— **que** until, 14
hay there is, there are, 1
hecho (*m.*) happening

hecho(-a) (*p.p. of* **hacer** *and adj.*) done,
    made, 14
helado (*m.*) ice cream, 5
herir (e:ie) to hurt
hermana (*f.*) sister, 4
hermanastra (*f.*) stepsister, 6
hermanastro (*m.*) stepbrother, 6
hermanita(-o) (*m., f.*) little sister (brother),
    13
hermano (*m.*) brother, 4
hermoso(-a) beautiful, 5
hidrante (*m.*) fire hydrant, 8
hija (*f.*) daughter, 4
hijastra (*f.*) stepdaughter, 6
hijastro (*m.*) stepson, 6
hijito(-a) darling, 4
hijo (*m.*) son, 4
hijos (*m. pl.*) children
hilo (*m.*) linen, 13
historia (*f.*) history, 3
hogar (*m.*) home
hogareño(-a) family oriented
hoja (*f.*) leaf
    —— **de papel** (*f.*) sheet of paper, 2
hola hello, 1
hombre (*m.*) man
    —— **de negocios** (*m.*)
      businessman, 7
honrado(-a) honest, honorable
hora (*f.*) time (of day), 2; hour
    ¿A qué ——...? (At) what
      time . . . ?, 2
    ¿Qué —— es? What time is it?, 2
horario (*m.*) schedule, 14
horno (*m.*) oven, 10
hospedaje (*m.*) lodging, 11
hospedarse en to stay, to lodge
    (at a hotel), 11
hospital (*m.*) hospital, 2
hotel (*m.*) hotel, 7
hoy today, 1
    —— **en día** nowadays, 18

I

idea (*f.*) idea, 2
ideal (*adj.*) ideal, 11
idioma (*m.*) language, 2
iglesia (*f.*) church
igualmente likewise, 1
ilusión (*f.*) dream, 18
impaciencia (*f.*) lack of patience
    ——**s** (*f. pl.*) pressures
imperativo (*m.*) command
imperfecto (*m.*) imperfect
impermeable (*m.*) raincoat
importación (*f.*) import, 17
importarle a uno to matter, to concern
imposible impossible, 5

impresionado(-a) impressed, 17
impresora (*f.*) printer, 17
incendio (*m.*) fire, 8
incluir to include, 10
indeterminado(-a) indefinite
indicativo(-a) indicative
infancia (*f.*) childhood, 9
informe (*m.*) report, 3
ingeniero(-a) (*m., f.*) engineer, 14
inglés (*m.*) English (*lang.*), 2
ingreso(s) (*m.(pl.*)) income
insistir en to insist on, 14
instantáneo(-a) instant, 7
instrumento musical (*m.*) musical
    instrument, 9
inteligente intelligent, 3
interesante interesting, 11
interesar to interest, 18
Internet (*f.*) the World Wide Web, 7
intérprete (*m., f.*) interpreter, 17
interrogativo(-a) interrogative
investigación (*f.*) research, 14
invierno (*m.*) winter, 1
invitación (*f.*) invitation, 3
invitado(-a) (*m., f.*) guest, 10
invitado(-a) invited, 4
invitar (a) to invite, 18
inyección antitetánica (*f.*) tetanus shot,
    15
    poner una —— to give a shot, 15
ir to go, 4
    ir a + *infinitive* to be going (to) +
      infinitive, 4
    —— **a acampar** to go camping, 16
    —— **a pescar** to go fishing, 16
    —— **a pie** to go on foot, to walk, 12
    —— **caminando** to go on foot, to
      walk, 12
    —— **de pesca** to go fishing, 16
irse to go away, to leave, 9
isla (*f.*) island, 9
italiano (*m.*) Italian (*lang.*), 2
izquierdo(-a) left
    a la —— to (on, at) the left, 12

J

jabón (*m.*) soap, 7
jactarse (de) to brag (about)
jamás never, ever 6
jamón (*m.*) ham, 5
jardín (*m.*) garden, 13
    —— **de infantes (infancia)** (*m.*)
      kindergarten, 16
jefe(-a) (*m., f.*) boss, chief, 17
    —— **de compras** purchasing
      manager, 17
joven (*m., f.*) young man, young woman,
    15; (*adj.*) young, 17

jóvenes (*m., f.*) young people
joyas (*f. pl.*) jewels, jewelry, 13
joyería (*f.*) jewelry store, 9
juego (*m.*) game, 4
jueves (*m.*) Thursday, 1
jugar (u:ue) to play (*game, sport*)
— **al golf** to play golf, 16
— **al tenis** to play tennis, 16
jugo (*m.*) juice
— **de frutas** fruit juice, 5
julio July, 1
junio June, 1
juntos(-as) together, 7
justo(-a) fair
juventud (*f.*) youth, 9

L

la (*f. sing.*) the, 2; (*pron.*) her, it, you (*form.*), 6
labio (*m.*) lip
laboratorio (*m.*) laboratory, 14
labrador(-a) (*m., f.*) farmer
ladera (*f.*) hillside
lago (*m.*) lake
lámpara (*f.*) lamp, 10
lana (*f.*) wool, 13
langosta (*f.*) lobster, 5
lápiz (*m.*) pencil, 2
las (*f. pl.*) the, 2; (*pron.*) them, you (*form.*), 6
lástima (*f.*) pity, shame
es una — it's a pity, 11
¡Qué —! What a pity!, 15
lata (*f.*) can, 9
lavadora (*f.*) washing machine, 10
lavar(se) to wash (oneself), 9
— **la cabeza** to wash one's hair, 9
— **la ropa** to do the laundry, 6
— **los platos** to wash dishes, 6
le (to, for) her, (to, for) him, (to, for) you (*form.*), 7
leal loyal
leche (*f.*) milk, 5
lecho (*m.*) bed
lechón (*m.*) pork, 5
lechuga (*f.*) lettuce, 9
lector(-a) (*m., f.*) reader
leer to read, 3
legumbre (*f.*) vegetable, 5
leído (*p.p. of* **leer**) read, 14
lejano(-a) far away
lejos (*adv.*) far, 10
lengua (*f.*) language, 2; tongue, 15
lentamente slowly, 8
lento(-a) slow, 8
les (to, for) them, (to, for) you, (*form. pl.*), 7
levantar to lift, to raise, 9
—**se** to get up, 9
libertad (*f.*) liberty, freedom, 2

libra (*f.*) pound
libre vacant, 7; free, available, 13
librería (*f.*) bookstore, 13
libreta de ahorros (*f.*) savings passbook, 8
libreto (*m.*) script, screenplay, 18
libro (*m.*) book, 2
licencia para conducir (*f.*) driver's license, 12
licuadora (*f.*) blender, 10
liga (*f.*) league
ligero(-a) light
lila (*f.*) lilac, 8
limpiar el baño to clean the bathroom, 6
limpio(-a) clean
lino (*m.*) linen, 13
liquidación (*f.*) sale, 13
lista (*f.*) list
— **de espera** (*f.*) waiting list, 7
literatura (*f.*) literature, 3
llama (*f.*) flame
llamar to call, 3
—**se** to be called, 9
¿Cómo se llama usted? What is your name? (*form.*), 1
¿Cómo te llamas? What's your name? (*fam.*), 1
Me llamo... My name is . . . , 1
llano (*m.*) plain
llanta (*f.*) tire, 12
— **pinchada** (*f.*) flat tire, 12
llanura (*f.*) plain
llave (*f.*) key, 7
llegada (*f.*) arrival
llegar to arrive, 4
llenar to fill, to fill out, 3
lleno(-a) full, 12
llevar to take (*someone or something someplace*), 3
— **puesto(-a)** to have on, to be wearing (clothes), 18
llover (o:ue) to rain, 5
lluvia (*f.*) rain, 5
lo him, it, you (*form.*), 6
— **que** what, which, 6
— **siguiente** the following
— **soy.** Indeed I am.
— **+ *adj.*** that which is + *adj.*
loco(-a) crazy, 16
logro (*m.*) achievement
loquito(-a) crazy
loro (*m.*) parrot, 8
los (*m. pl.*) the, 2; (*pron.*) them, you (*form.*), 6
luchar to fight
lugar (*m.*) place, 6
— **de nacimiento** (*m.*) place of birth, 3
— **donde trabaja** (*m.*) place of employment, 3
lujo (*m.*) luxury

luna (*f.*) moon, 11
— **de miel** (*f.*) honeymoon, 11
lunares: de — polka-dotted, 13
lunes (*m.*) Monday, 1
luz (*f.*) light, 2; headlight, 12

M

madera (*f.*) wood
madrastra (*f.*) stepmother, 6
madre (*f.*) mother, 1
madrina (*f.*) godmother
maestro(-a) (*m., f.*) teacher (elementary school), 7
magnífico(-a) excellent, 14; great, 4
mal bad, badly
maleta (*f.*) suitcase, 7
maletero (*m.*) (car) trunk, 12
maletín (*m.*) briefcase
maligno(-a) evil
malo(-a) bad
mamá mom, 1
mancha (*f.*) blemish, spot
mandar to send, 7; to order
manejar to drive
manga (*f.*) sleeve
mango (*m.*) mango, 9
mano (*f.*) hand, 15
mantel (*m.*) tablecloth, 5
mantener to maintain, 14
— **la conversación** to keep the conversation going
mantequilla (*f.*) butter, 9
manzana (*f.*) apple, 9; (*Sp.*) city block
mañana (*f.*) tomorrow
— **mismo** tomorrow and not a day later, 17
mapa (*m.*) map, 2
máquina contestadora (*f.*) answering machine, 17
máquina de afeitar (*f.*) razor
mar (*m.*) sea, 7
marca (*f.*) brand, 13
margarina (*f.*) margarine, 9
margarita (*f.*) daisy, 8
marido (*m.*) husband, 5
mariposa (*f.*) butterfly
mariscos (*m. pl.*) shellfish, 8
marrón brown, 1
martes (*m.*) Tuesday, 1
marzo March, 1
más more, 2; plus
— **allá** beyond
— **o menos** more or less, 3
mascota (*f.*) pet, 8
masculino male
matemáticas (*f. pl.*) math, mathematics, 14
materia (*f.*) (school) subject, 14
maternidad (*f.*) motherhood
matrícula (*f.*) registration, tuition, 14

matricularse to register, 14
matrimonio (*m.*) marriage
mayo May, 1
mayor older, 5; bigger, 5
    el (la) —— the oldest, 5
me me, 6; (to, for) me, 7; (to) myself, 9
    —— llamo... My name is . . . , 1
mecánico (*m.*) mechanic, 12
mecer to rock
mediano(-a) medium, 13
medicina (*f.*) medicine, 15
médico(-a) (*m., f.*) physician, doctor, 14
medida (*f.*) size, 13; measure
medio(-a) half; **medio** (*m.*) means
    media hermana (*f.*) half sister, 6
    medio hermano (*m.*) half brother, 6
    y media half-past (*telling time*), 2
mejor best; better, 5
    el (la) —— the best, 5
mejorar to improve, 9
    ——se to get better, 15
melocotón (*m.*) peach, 9
menor younger, 5
    el (la) —— youngest, 5
menos to, till (*telling time*), 2; less, 5; minus
    —— mal it's a good thing, 15
mensaje electrónico (*m.*) e-mail, 3
menú (*m.*) menu, 5
mercadeo (*m.*) marketing, 17
mercado (*m.*) market, 6
merecer la pena to be worth it, 12
merendar (e:ie) to have an afternoon
    snack, 15
mes (*m.*) month, 1
mesa (*f.*) table, 4
    —— de centro (*f.*) coffee table, 10
mesita de noche (*f.*) night table, 10
meta (*f.*) goal
métrica (*f.*) meter (*poetry*)
metro (*m.*) subway, 10
mexicano(-a) Mexican, 1
mexicanoamericano(-a) Mexican
    American, 1
mezcla (*f.*) mixture
mezclar to mix
mi (*sing.*) my, 3
    —— amor my love, 3
    —— vida (*f.*) darling, (my life), 3
mí (*obj. of prep.*) me, 4
microcomputadora (*f.*) laptop
    computer, 17
microondas (*m.*) microwave, 10
miedo (*m.*) fear, 4
miel de abeja (*f.*) honey, 15
mientras while, 3
miércoles (*m.*) Wednesday, 1
mil one thousand, 3
milla (*f.*) mile, 12
millar (*m.*) thousand
millonario(-a) (*m., f.*) millionaire, 16

mío(s), mía(s) (*pron.*) mine, 9
mirar to look (at), 5; to watch (*i.e., TV*), 5
    —— por la ventana to look out the
    window, 6
    —— vidrieras to window shop, 13
mis (*pl.*) my, 3
misa (*f.*) mass (*Catholic service*), 16
mismo(-a) same, 10
misterio (*m.*) mystery
mitad (*f.*) half
mochila (*f.*) backpack, 2
moda (*f.*) fashion
moderno(-a) modern, 12
modista (*f.*) dressmaker
modo (*m.*) way
molestarse to bother (doing
    something), 15
momento (*m.*) moment, 3
moneda (*f.*) currency
mono (*m.*) monkey, 8
montaña (*f.*) mountain, 4
montar to ride, 16
    —— a caballo to ride a horse, 16
    —— en bicicleta to ride a
    bicycle, 16
monte (*m.*) mountain
montón (*m.*): **un montón de** a bunch of, 6
morado(-a) purple, 1
moreno(-a) dark, brunette, 3
morir (o:ue) to die, 5
mostrar (o:ue) to show
moto (*f.*) motorcycle, 8
motocicleta (*f.*) motorcycle, 8
mozo (*m.*) waiter, 5
muchacha (*f.*) girl, young woman, 2
muchacho (*m.*) boy, young man, 2
muchísimo a lot, 7
mucho(-a) much, 1
    Mucho gusto. How do you do? Nice
    to meet you., 1
    mucho tiempo a long time, 7
muchos(-as) many, 4
    Muchas gracias. Thank you very
    much., 1
mudarse to move (from one house to
    another), 10
muebles (*m. pl.*) furniture, 10
muelle (*m.*) dock
muerte (*f.*) death
muerto(-a) (*p.p. of* **morir** *and adj.*) died, 14
mujer (*f.*) wife, 5; woman
    —— de negocios (*f.*) businesswoman,
    7
multa (*f.*) fine, ticket, 8
mundo (*m.*) world, 17
museo (*m.*) museum, 4
música (*f.*) music
musical musical, 18
músico (*m.*) musician, 18
muy very, 1

    —— bien very well, 1

N

nacer to be born
nacido(-a) born
nacimiento (*m.*) birth
nacionalidad (*f.*) nationality
nada nothing, 1
nadar to swim, 7
nadie nobody, no one, not anyone, 6
naranja (*f.*) orange, 9
nariz (*f.*) nose, 15
Navidad (*f.*) Christmas, 4
necesario(-a) necessary, 3
necesitar to need, 2
negarse (e:ie) to refuse
negativo(-a) negative
negocio (*m.*) business, 17
negro(-a) black, 1
neumático (*m.*) tire, 12
    —— pinchado (*m.*) flat tire, 12
nevado(-a) snowed
nevar (e:ie) to snow, 5
ni nor, 6
    ——... ni... neither . . . nor . . . , 6
niebla (*f.*) fog, 5
nieta (*f.*) granddaughter, 6
nieto (*m.*) grandson, 6
nieve (*f.*) snow, 16
ninguno(-a), ningún no, none, not any, 6
niño(-a) (*m., f.*) child, 5
no no, not, 1
    ——... más que nothing but
    —— muy bien not very well, 1
noche (*f.*) evening, night, 3
nocturno (*m.*) nocturne
nombre (*m.*) (first) name, 1; noun
    —— de pluma (*m.*) pen name
norte north, 16
norteamericano(-a) North American, 2
nos us, 6; (to, for) us, 7; (to, for)
    ourselves, 9
    —— vemos. See you., 1
nosotros(-as) we, 1; us, 4
nota (*f.*) grade, 14
noticia(s) (*f. (pl.)*) (piece of) news, 7
novecientos(-as) nine hundred, 3
noveno(-a) ninth, 7
noventa ninety, 2
novia (*f.*) girlfriend, 3
noviembre November, 1
novio (*m.*) boyfriend, 3
nublado(-a) cloudy
nuera (*f.*) daughter-in-law, 5
nuestro(-a) our, 3; (*pron.*) ours, 9
nuestro(-as) our (*pl.*), 3
nueve nine, 1
nuevo(-a) new, 1

número (*m.*) number, 1; size (*of shoes*), 13
——— **de identidad** (*m.*) I.D. number, 3
——— **de la licencia de conducir** (*m.*) driver's license number, 3
——— **de seguro social** (*m.*) social security number, 3
——— **de teléfono** (*m.*) phone number, 1
nunca never, 6
nutrición (*f.*) nutrition, 14

O

o or, 6
———**... o...** either . . . or . . . , 6
objeto (*m.*) object
obligar to force, to make, 12
obra (*f.*) work (*of art*)
——— **teatral (de teatro)** (*f.*) play, 18
obrero(-a) (*adj.*) labor
ochenta eighty, 2
ocho eight, 1
ochocientos(-as) eight hundred, 3
octavo(-a) eighth, 7
octubre October, 1
ocultar to hide
ocupación (*f.*) occupation, 3
ocupado(-a) busy, 4
ocurrir to happen, 8
oeste west, 16
oficina (*f.*) office, 13
——— **de correos** (*f.*) post office, 12
oficio (*m.*) trade, 14
ofrecer to offer, 17
oído (*m.*) (*p.p. of* **oír**) heard, 14; ear (inner), 17
oír to hear
ojalá I hope, God grant, 11
ojo (*m.*) eye, 15
ola (f.) wave
olvidar(se) (de) to forget, 9
ómnibus (*m.*) bus, 6
once eleven, 1
oportunidad (*f.*) opportunity, 13
oprimir to hold tightly
optativo(-a) elective
optimista (*invariable adj.*) optimistic, 3
opuesto(-a) opposite
oración (*f.*) sentence
orden (*f.*) order
ordenador (*m.*) computer (*Sp.*), 3
oreja (*f.*) ear, 15
orgulloso(-a) proud, 16
no ser nada ——— not to be proud at all, 16
oro (*m.*) gold
orquesta (f.) orchestra, band, 18
orquídea (*f.*) orchid, 8

os you (*fam. pl.*), 6; (to, for) you, 7; (to) yourselves, 9
oscuro(-a) dark
ostra (*f.*) oyster, 16
otoño (*m.*) autumn, fall, 1
otro(-a) another, other, 2
otra vez again
oveja (*f.*) sheep
oye listen, 1

P

padrastro (*m.*) stepfather, 6
padre (*m.*) father, 1
padres (*m., pl.*) parents, 6
padrino (*m.*) godfather, 11
pagar to pay, 5
país (*m.*) country, 9
pájaro (*m.*) bird
palabra (*f.*) word, 17
palma (*f.*) palm, palm tree, 9
palo de golf (*m.*) golf club, 16
pan (*m.*) bread, 14
panadería (*f.*) bakery, 9
pantalla (*f.*) screen, 17; movie screen, 18
pantalones (*m. pl.*) pants, trousers, 8
pantimedias (*f. pl.*) pantyhose, 13
pañuelo (*m.*) handkerchief, 13
papa (*f.*) potato, 5
papá dad, 1
papel (*m.*) paper; role
——— **higiénico** (*m.*) toilet paper, 9
paquete (*m.*) package, 11
par (*m.*) pair, 13
para in order, 2; for, 3; to, in order to, 8; by, 8
——— **beber** to drink, 5
——— **eso** for that, 18
——— **peor** to make matters worse, 18
——— **que** in order that, 14
¿——— **qué?** What for?
——— **siempre** forever, 18
——— **ver** to see, 5
parabrisas (*m.*) windshield, 12
parada de autobuses (*f.*) bus stop, 6
paraguas (*m.*) umbrella
paraíso terrenal (*m.*) Garden of Eden
parecer to seem, 18
pared (*f.*) wall, 2
pareja (*f.*) couple
pariente (*m., f.*) relative, 6
parque (*m.*) park, 4
——— **de diversiones** (*m.*) amusement park, 4
parquear to park, 8
partera (*f.*) midwife
partido (*m.*) game, 4
partir to leave
pasado(-a) last, 7

pasado mañana the day after tomorrow, 4
pasaje (*m.*) ticket, 11
——— **de ida** (*m.*) one-way ticket, 11
——— **de ida y vuelta** (*m.*) round-trip ticket, 11
pasaporte (*m.*) passport, 7
pasar to spend (*time*), 4; to happen, 8
——— **la aspiradora** to vacuum, 6
——— **por la aduana** to go through customs, 7
——— **por las armas** to shoot
——— **una película** to show a movie, 7
pasarlo bien to have a good time, 5
Pase. Come in., 1
pastel (*m.*) pie, 5
patinar to skate, 16
patio (*m.*) backyard, 15
patria (*f.*) homeland
pavo (*m.*) turkey, 8
paz (*f.*) peace
pecho (*m.*) chest, 15
pedazo (*m.*) piece, 5
pedido (*m.*) order, 5
pedir (e:i) to order, 5; to ask for, to request, 6
——— **un préstamo** to apply for a loan, 8
película (*f.*) movie, 7
——— **de misterio** (*f.*) mystery, murder mystery, 18
——— **de suspenso** (*f.*) thriller, 18
——— **de vaqueros** (*f.*) western, 18
——— **del oeste** (*f.*) western, 18
peligroso(-a) dangerous
pelirrojo(-a) red-headed, 3
pelo (*m.*) hair, 15
peluquería (*f.*) beauty salon, 12
pena (*f.*) sorrow
pensamiento (*m.*) pansy, 8; thought
pensar (e:ie) to think, 4; (+ *inf.*) to plan (*to do something*), 4
——— **en** to think about, 18
pensión (*f.*) boarding house, 10
peor worse, 5
el (la) ——— the worst, 5
pepino (*m.*) cucumber, 9
pequeño(-a) small, little
perder (e:ie) to lose, 4
———**se (algo)** to miss (*out on something*), 18
Perdón. Pardon me., 1
perfectamente perfectly, 15
perfecto(-a) perfect, 2
periódico (*m.*) newspaper, 3
periodismo (*m.*) journalism, 14
pero but, 1
perro(-a) (*m., f.*) dog, 8
——— **caliente** (*m.*) hot dog, 5
persona (*f.*) person, 4

personaje (*m.*) character, 18
personal (*m.*) personnel, 17
pertenecer to belong, 18
pesar to weigh
pescadería (*f.*) fish store, 9
pescado (*m.*) fish, 5
pescar to fish, to catch (*a fish*), 16
pesimista (*invariable adj.*) pessimistic, 3
pez (*m.*) fish
    —— **de color** (*m.*) goldfish, 8
piano (*m.*) piano, 9
pie (*m.*) foot, 15
piedra (*f.*) stone
pierna (*f.*) leg
pieza de repuesto (*f.*) spare part, 12
pimienta (*f.*) pepper, 5
pino (*m.*) pine tree, 16
pintor(-a) (*m., f.*) painter
piña (*f.*) pineapple, 9
piscina (*f.*) swimming pool, 7
piso (*m.*) floor, 6
placa (*f.*) license plate, 12
plancha (*f.*) iron, 10
planchar to iron, 6
planear to plan, 11
plástico (*m.*) plastic, 16
plata (*f.*) silver
plátano (*m.*) banana, 9
platicar to talk, to converse, 2
platillo (*m.*) saucer, 5
plato (*m.*) plate, 5; dish, 5
playa (*f.*) beach, 4
plomero(-a) (*m., f.*) plumber, 14
pluma (*f.*) pen, 2
pluscuamperfecto (*m.*) pluperfect
pobre poor (*unfortunate*), 4
pobrecito(-a) poor thing, 8
pobreza (*f.*) poverty
poder (o:ue) to be able to, can, 5; (*m.*)
    power
poema (*m.*) poem, 2
poesía (*f.*) poetry
policía (*m.*) policeman, 8
poliéster (*m.*) polyester, 13
pollo (*m.*) chicken, 5
ponche (*m.*) punch, 4
poner to put, to place, 6
    —— **una inyección** to give an
      injection, shot, 15
    —— **una multa** to give a ticket
      (*fine*), 8
    ——**se** to put on, 9
    ——**se en forma** to get into shape, 14
    no tener nada que —— not to have
      anything to wear, 13
por along, 8; around, 8; because of, 8; by,
    8; during, 8; for, 8; in, 8; in exchange
    for, 8; in search of, 8; on account of,
    8; on behalf of, 8; per, 8; through, 8
    —— **aquí cerca** around here, 18

    —— **desgracia** unfortunately, 8
    —— **ejemplo** for example, 13
    —— **el contrario** on the
      contrary, 13
    —— **eso** that is why, 18
    —— **favor** please, 1
    —— **fin** finally, 18
    —— **la mañana** in the morning, 2
    —— **la noche** in the evening, at
      night, 2
    —— **la tarde** in the afternoon, 2
    —— **lo general** generally, 18
    —— **lo menos** at least, 13
    —— **mes** a month, per month, 12
    —— **primera vez** for the first time, 4
    ¿—— **qué?** why?
    —— **si acaso** just in case, 18
    —— **suerte** luckily, 18
    —— **supuesto** of course, 18
    —— **teléfono** on the phone, 3
    —— **un tiempo** for a while, 12
porque because
postre (*m.*) dessert, 5
porteño(-a) from Buenos Aires
portugués (*m.*) Portuguese (*lang.*), 2
practicar to practice, 2
precioso(-a) pretty, beautiful, 13
preferir (e:ie) to prefer, 4
pregunta (*f.*) question, 4
preguntar to ask (a question), 15
preocuparse (por) to worry (about), 9
preparar to prepare, 4
presentar to introduce, 18
presente present
presidente(-a) (*m., f.*) president, 17
préstamo (*m.*) loan, 8
prestar to lend, 8
presuroso(-a) in haste
prevalecer to prevail
primaria (*f.*) elementary school
primavera (*f.*) spring, 1
primera clase (*f.*) first class, 11
primero(-a), primer first, 2
    —— (*poet., pl.*) basic (i.e., elemental)
primo(-a) (*m., f.*) cousin, 4
principal main, 17
probable probable, 8
probablemente probably, 18
probador (*m.*) fitting room, 13
probar (o:ue) to try, 9; to taste, 9
    ——**se** to try on, 9
problema (*m.*) problem, 2
procesador de textos (*m.*) word
    processor, 17
productor(-a) (*m., f.*) producer, 18
profesión (*f.*) profession, 3
profesor(-a) (*m., f.*) professor, teacher,
    instructor, 1
profundidad (*f.*) depth
programa (*m.*) program, 2

programación (*f.*) programming, 18
programador(-a) (*m., f.*) programmer, 14
promedio (*m.*) grade point average, 14
prometer to promise, 7
prometido(-a) fiancé(e), 11
pronóstico del tiempo (*m.*) weather
    forecast
pronto soon, 14
propina (*f.*) tip, 5
propio(-a) own, 16
    propia página (*f.*) home page
proponer to propose
    ——**se** to set out to
proporcionar to furnish
proseguir (e:i) to continue
protagonista (*m., f.*) protagonist, main
    character, 18
próximo(-a) next, 6
publicar to publish
pueblo (*m.*) town, 11; (*community, nation*)
    people
puente (*m.*) bridge
puerta (*f.*) door, 2
    —— **de calle** (*f.*) front door, 12
    —— **de salida** (*f.*) airline departure
      gate, 11
puertorriqueño(-a) (*m., f.*) Puerto Rican
pues... well . . ., 6
puesto(-a) (*p.p. of* **poner** *and adj.*) put, 14;
    (*m.*) position, job, 17
pulmonía (*f.*) pneumonia, 15
pulsera (*f.*) bracelet, 13
punto (*m.*) dot
puré de papas (*m.*) mashed potatoes, 5

Q

que (*rel. pron.*) that, who, 4; than, 5; which,
    10; (*conj.*) than, 5
    —— **viene** coming, next, 11
¿qué? what?, 1
    ¿A —— hora? (At) what time?, 2
    ¡—— Diablo! What the heck!
    ¡—— esperen! Let them wait!, 18
    ¡ —— gusto de verte! How nice to
      see you!, 15
    ¿—— hay (de nuevo)? What's up
      (new)?, 1
    ¿—— hora es? What time is it?, 2
    ¡—— lástima! What a pity!, 15
    ¿—— les parece si...? What do you
      think about . . .? 13
    ¡—— mala suerte! Such bad luck!, 8
    ¿—— quiere decir...? What does . . .
      mean?
    ¿—— tal? How are you?, 1
    ¿—— tal te va? How's it going for
      you? (*fam.*), 14
quebrar(se) (e:ie) to break, 15

quedar to fit, to be

—— **impresionado(-a)** to be impressed, 17

——**le grande (chico) a uno** to be too big (small) on someone, 13

—— **suspendido(-a)** to fail (*an exam or a course*), 14

——**se** to stay, 11

——**se con** to keep

——**se sentado(-a)** to remain seated

quehaceres de la casa (*m. pl.*) housework, 6

quejarse to complain, 10

quemar to burn

querer (e:ie) to want, to wish, 4

—— **decir** to mean

no quise I refused, 10

queso (*m.*) cheese, 5

quien(es) who, whom, that, 10

¿quién? who?

¿de ——? whose?

química (*f.*) chemistry, 14

quince fifteen, 1

quinientos(-as) five hundred, 3

quinto(-a) fifth, 7

quitar to take away, 9

——**se** to take off, 9

quizás perhaps, 13

R

radiografía (*f.*) X-ray

raíz (*f.*) root

rama (*f.*) branch

ramo (*m.*) bouquet, 8

rápidamente rapidly, 8

rápido (*adv.*) quick, 6; rapid, 8

rápido(-a) fast, 13

raqueta (*f.*) racket, 16

rascacielos (*m. sing.*) skyscraper

rato (*m.*) while, 4

ratón (*m.*) mouse, 17

raya (*f.*) stripe, 13

rayón (*m.*) rayon, 13

razón (*f.*) reason

tener —— to be right, 4

realista (*invariable adj.*) realistic, 3

realizar to make

rebaja (*f.*) sale, 13

rebajar to mark down, 13

recámara (*f.*) bedroom (*Mex.*), 6

recepción (*f.*) registration, 7

receta (*f.*) recipe, 9; prescription, 15

recetar to prescribe, 15

recibir to receive, 3

reciente recent, 8

recientemente recently, 8

recoger to pick up, 6

recomendación (*f.*) recommendation, 17

recomendar (e:ie) to recommend, 11

recompensa (*f.*) reward

recordar (o:ue) to remember, 5

recurrir a to turn to

Red (*f.*) the World Wide Web

refresco (*m.*) soft drink, soda pop, 5

refugiado(-a) (*m., f.*) refugee

regalar to give (*as a gift*), 8

regalo (*m.*) gift, 8

regatear to bargain

regla (*f.*) ruler

regresar to return, 2

reina (*f.*) queen

reírse (e:i) to laugh, 12

reloj (*m.*) clock, 2

remar to row, 16

remedio (*m.*) medicine, 15

remolcador (*m.*) tow truck, 12

renglón (*m.*) line

renunciar to resign

reparto de papeles (*m.*) casting, 18

repetir (e:i) to repeat

repollo (*m.*) cabbage, 9

represa (*f.*) dam

reproductor de discos (*m.*) CD player, 4

requisito (*m.*) requirement, 14

reserva (*f.*) reservation, 7

reservación (*f.*) reservation, 7

resfriado (*m.*) cold, 15

resfrío (*m.*) cold, 15

resoplar to blow

responsabilidad (*f.*) responsibility, 17

respuesta (*f.*) answer

restaurante (*m.*) restaurant, 4

resto (*m.*) the rest, 10

resumé (*m.*) résumé, curriculum vitae, 17

resumen (*m.*) summary

retrato (*m.*) portrait

reunirse to get together

revista (*f.*) magazine, 6

revolución (*f.*) revolution, 9

revolver (o:ue) to stir

revuelo (*m.*) fluttering

rey (*m.*) king

rico(-a) tasty, 5

risa (*f.*) laughter

robar to steal, 8

rodaja (*f.*) slice

rodeado(-a) surrounded

rodilla (*f.*) knee, 15

rogar (o:ue) to beg, to plead, 11

rojo(-a) red, 1

romántico(-a) romantic, 11

romper(se) to break, 15

ropa (*f.*) clothes, 6; clothing, 13

—— **hecha** (*f.*) ready-to-wear clothes

—— **interior** (*f.*) underwear, 13

rosa (*f.*) rose, 8

rosado(-a) pink, 1

rostro (*m.*) face

roto(-a) (*p.p. of* **romper** *and adj.*) broken, 14

rubio(-a) blond, 3

ruido (*m.*) noise

S

sábado (*m.*) Saturday, 1

sábana (*f.*) sheet, 6

saber to know, 6; to find out, 10

sabroso(-a) tasty, 5

sacapuntas (*m.*) pencil sharpener, 2

sacar to get, to receive (*a grade*), 14

—— **la basura** to take out the garbage, 6

—— **una foto** to take a picture, 4

saco de dormir (*m.*) sleeping bag, 10

sacudir los muebles to dust the furniture, 6

sal (*f.*) salt, 5

sala de estar (*f.*) living room, 3

sala de rayos X (equis) (*f.*) X-ray room, 15

salario (*m.*) salary, 17

salida (*f.*) exit, departure, 11

salir to go out, 6; leave

—— **de casa** to leave the house, 8

salón de belleza (*m.*) beauty salon, 12

salsa (*f.*) sauce, 9

salud (*f.*) health, 15

¡Salud! Cheers!

saludo (*m.*) greeting, 1

——**s a...** Say hello to . . . , 1

salvavidas (*m., f.*) lifeguard, 16

sandía (*f.*) watermelon, 9

sándwich (*m.*) sandwich, 3

santo (*m.*) saint's day

sartén (*f.*) frying pan, skillet, 10

sastre (*m.*) tailor

se (to) himself, (to) herself, (to) yourself (*form.*), (to) yourselves, (to) themselves, 9

—— **dice...** You say . . . , One says . . . , 2

Sea. So be it.

secadora (*f.*) dryer, 10

secar to dry, 6

sección de (no) fumar (*f.*) (no) smoking section, 11

seco(-a) dry

sed (*f.*) thirst, 4

tener —— to be thirsty, 4

seda (*f.*) silk, 13

seguir (e:i) to follow, 6; to continue, 6

—— **derecho** to continue straight ahead, 12

—— **los pasos** to follow in the footsteps, 18

según according to

segundo(-a) second, 7

Segunda Guerra Mundial (*f.*) Second World War

segundo nombre (*m.*) middle name

seguro(-a) sure, 8

seis six, 1
seiscientos(-as) six hundred, 3
selección (f.) selection, 17
selva (tropical) (f.) jungle, 11
semana (f.) week, 4
    la semana que viene (f.) next week, 4
    la semana próxima (f.) next week, 4
sendero (m.) path
sensibilidad (f.) sensitivity
sentado(-a) seated, sitting, 14
sentarse (e:ie) to sit (down), 9
sentir(se) (e:ie) to feel, 9; to be sorry, to
    regret
señal (f.) sign
señor (Sr.) mister, Mr., sir, gentleman, 1
señora (Sra.) madam, Mrs., lady, 1
señorita (Srta.) Miss, young lady, 1
septiembre September, 1
séptimo(-a) seventh, 7
sepulcro (m.) tomb
ser to be, 1
servicio (m.) service, 7
    —— de habitación (cuarto) (m.)
      room service, 7
servilleta (f.) napkin, 5
servir (e:i) to serve, 6
    —— de to serve as, 17
    no —— de mucho to not be much
      good, 14
sesenta sixty, 2
setecientos(-as) seven hundred, 3
setenta seventy, 2
sexo (m.) gender
sexto(-a) sixth, 7
si if, 14
sí yes, 1
sicología (f.) psychology, 14
siempre always, 6
sierra (f.) mountain
siete seven, 1
siglo (m.) century
signo (m.) sign
siguiente following
silla (f.) chair, 2
    —— de ruedas (f.) wheelchair, 15
sillón (m.) armchair, 10
simpatía (f.) charm
simpático(-a) nice, charming, 3
sin without
    —— embargo however,
      nevertheless, 13
    —— falta without fail, 18
    —— que without, 14
    —— qué ni para qué without
      rhyme or reason, 18
sincero(-a) sincere, 9
síntoma (m.) symptom, 15
sistema (m.) system. 2
    —— de calificaciones (m.) grading
      system

    —— de comunicación telefónica
      (m.) telephone system, 17
sitio (m.) room
sobre about, 11
    —— todo above all, especially, 17
sobrecama (f.) bedspread, 10
sobrenombre (m.) nickname
sobrina (f.) niece, 4
sobrino (m.) nephew, 4
sociología (f.) sociology, 14
sofá (m.) sofa, 6
sol (m.) sun
solamente only, 10
soledad (f.) loneliness; solitude
solicitar un préstamo to apply for a loan, 8
solicitud (f.) application (form), 3
    —— de empleo (f.) job application,
      3
solo(-a) alone, 5
sólo only, 10
soltar (o:ue) amarras to untie lines
soltero(-a) single, 3
sombra (f.) shadow
sombrero (m.) hat
sonar (o:ue) to ring, 15
sonido (m.) sound
sonreír to smile
soñar (o:ue) con to dream about (of), 18
sopa (f.) soup, 5
    —— de fideos (f.) noodle soup, 5
sorprender to surprise, 11
sótano (m.) basement, 6
su his, her, its, your (form.), their, 3
subterráneo (m.) subway, 10
subvencionado(-a) subsidized
sucio(-a) dirty
sucursal (f.) branch (office)
suegra (f.) mother-in-law, 6
suegro (m.) father-in-law, 6
sueldo (m.) salary, 17
sueño (m.) dream
    tener —— to be sleepy, 4
suerte (f.) luck, 8
suéter (m.) sweater, 15
sugerir (e:ie) to suggest, 11
supermercado (m.) supermarket, 9
supersticioso(-a) superstitious, 8
supervisión (f.) supervision, 17
supervisor(-a) (m., f.) supervisor, 17
sur south, 16
sus his, her, its, your (form.), their, 3
suspirar to sigh, 6
sustantivo (m.) noun
suyo(s), suya(s) (pron.) his, hers, theirs,
    yours, 9

T

tabla de mar (f.) surfboard, 16

tablilla de anuncios (f.) bulletin board, 2
talla (f.) size, 13
taller de mecánica (m.) car repair shop, 12
talonario de cheques (m.) checkbook, 8
tamaño (m.) size
también also, too, 2
tampoco neither, not either, 6
tan as, 5; so, 17
    —— pronto como as soon as, 14
tanque (m.) tank, 12
tanto(-a) as much, 5; so much, 11
    —— como as much as, 5
    —— en... como en... both in . . .
      and in . . .
tantos(-as) as many, 5
    —— como as many as, 5
tardar to take (time to do something), 13
tarde (f.) afternoon, 2; (adv.) late, 7
    —— o temprano sooner or later, 18
    por la —— in the afternoon, 2
tarjeta (f.) card, 7
    —— de crédito (f.) credit card, 8
    —— de embarque (f.) boarding
      pass, 11
    —— de turista (f.) tourist card, 7
    —— postal (f.) postcard, 7
taxi (m.) taxi, 6
taza (f.) cup, 5
te (pron.) you (fam.), 6; (to, for) you, 7; (to)
    yourself, 9
té (m.) tea, 5
    —— frío (helado) (m.) iced tea, 5
teatro (m.) theater, 4
    —— de aficionados (m.) amateur
      theatre, 18
teclado (m.) keyboard, 17
teja (f.) tile
tela (f.) material, 13
teléfono (m.) telephone, 1
    —— celular (m.) cellular phone, 12
telenovela (f.) soap opera, 5
televisión (f.) television, 2
televisor (m.) TV, 7
tema (m.) subject, theme, 2
temblar to tremble
temer to fear, to be afraid, 11
temperatura (f.) temperature, 17
templado(-a) mild
temprano early, 9
tenedor (m.) fork, 5
tener to have, 3
    ——... años (de edad) to be . . .
      years old, 4
    —— calor to be hot, 4
    —— cuidado to be careful, 4
    —— ... de retraso (atraso) to be . . .
      behind schedule, 11
    —— en cuenta to keep in mind
    —— éxito to be successful, 18
    —— frío to be cold, 4

—— **hambre** to be hungry, 4
—— **lugar** to take place
—— **miedo** to be afraid, 4
—— **prisa** to be in a hurry, 4
—— **que** (+ *inf.*) to have to (+ *inf.*), 3
—— **razón** to be right, 4
—— **sed** to be thirsty, 4
—— **sueño** to be sleepy, 4
—— **un picnic** to have a picnic, 16
—— **un pinchazo** to have a flat tire, 18
no —— **razón** to be wrong, 4
tenis (*m.*) tennis, 16
tercero(-a), tercer third, 7
terco(-a) stubborn, 3
terminar to finish, to end, 14
ternura (*f.*) tenderness
terreno (*m.*) land
ti you (*obj. of prep.*), 4
tía (*f.*) aunt, 4
tiburón (*m.*) shark
tiempo (*m.*) time, 2; weather, 5
tienda (*f.*) store, 4
—— **por departamentos** (*f.*) department store, 13
tierra (*f.*) land
timbre (*m.*) doorbell, 15
tinto red (wine), 5
tintorería (*f.*) dry cleaner's, 8
tío (*m.*) uncle, 4
tipo (*m.*) type, 15
tirano(-a) (*m., f.*) tyrant
tirar to throw (away), to abandon
—— **basura** to litter
título (*m.*) degree, 14; title
toalla (*f.*) towel, 7
tobillo (*m.*) ankle, 15
tocador (*m.*) dresser, 10
tocar to play (*a musical instrument*), 9
—— **a la puerta** to knock on the door, 6
todo(-a) all, 6
todo all, everything, 8
—— **el mundo** everybody, 18
todos(-as) everybody
todos los días every day
tomar to take, 2; to drink, 3
—— **algo** to have something to drink, 3
—— **el sol** to sunbathe, 16
—— **una decisión** to make a decision, 14
—— **una foto** to take a picture, 4
Tome asiento. Have a seat., 1
tomate (*m.*) tomato, 9
toque (*m.*) touch
torpeza (*f.*) stupidity
torre (*f.*) tower
torta (*f.*) cake, 5
tortuga (*f.*) turtle, 8

tos (*f.*) cough, 15
toser to cough, 15
tostadora (*f.*) toaster, 10
trabajar to work, 2
trabajo (*m.*) job, 3; work, 3
—— **de la casa** (*m.*) housework, 6
tradición (*f.*) tradition, 4
traducir to translate, 6
traductor(-a) (*m., f.*) translator, 17
traer to bring, 6
trágico(-a) tragic
traído (*p.p. of* **traer**) brought, 14
traje (*m.*) suit, 13
—— **de baño** (*m.*) bathing suit, 16
trama (*f.*) plot, 18
tranquilidad (*f.*) tranquility
trapear el piso to mop the floor, 6
tratar de to deal with
trece thirteen, 1
treinta thirty, 1
tren (*m.*) train, 11
tres three, 1
trescientos(-as) three hundred, 3
trigo (*m.*) wheat
trompeta (*f.*) trumpet, 9
tropezar (e:ie) to trip
trozo (*m.*) piece, 5
tu your (*fam. sing.*), 3
tú you (*fam. sing.*), 1
tulipán (*m.*) tulip, 8
turbio(-a) muddy
turismo (*m.*) tourism, 7
turista (*m., f.*) tourist, 6
tus your (*fam. pl.*), 3
tuyo(s), tuya(s) (*pron.*) yours (*fam. sing.*), 9

U

ubicación (*f.*) location
ubicar to locate
último(-a) last, 17
última vez last time, 17
un a, an, 1
—— **poco** + *adj.* a little + *adj.*, 4
—— **poco (de)** a little, 2
—— **rato** (*m.*) a while, 4
una a, an 1
—— **vez** (*f.*) once, 16
único: **lo** —— the only thing, 14
universidad (*f.*) university, 1
universitario(-a) (*adj.*) university, 14
uno(-a) one, 1
unos(-as) a few, some, 2; about
usado(-a) used, 12
usar to use, 6; to wear
usted (Ud.) you (*form., sing.*), 1; (*obj. of prep.*), 4
ustedes (Uds.) you (*form. pl.*), 1; (*obj. of prep.*), 4

utilidad (*f.*) usefulness
uva (*f.*) grape, 9

V

vacaciones (*f. pl.*) vacation, 7
vacío(-a) empty, 12
valer to be worth
(no) vale la pena it's (not) worth the trouble, 12
valeroso(-a) brave
valija (*f.*) suitcase, 7
valor (*m.*) value
¡vamos! let's go!, 2
—— **de compras** let's go shopping, 13
vaso (*m.*) glass, 4
vecindad (*f.*) neighborhood, 10
vecino(-a) (*m., f.*) neighbor, 4
veinte twenty, 1
veinticinco twenty-five, 1
veinticuatro twenty-four, 1
veintidós twenty-two, 1
veintinueve twenty-nine, 1
veintiocho twenty-eight, 1
veintiséis twenty-six, 1
veintisiete twenty-seven, 1
veintitrés twenty-three, 1
veintiuno twenty-one, 1
velero (*m.*) sailboat, 16
velocidad máxima (*f.*) speed limit, 12
vendedor(-a) (*m., f.*) salesperson, 14; merchant
vender to sell, 3
venir (a) to come, 3
——**le de perillas a uno** to suit one to perfection, 18
ventaja (*f.*) advantage
ventana (*f.*) window, 2
ventanilla (*f.*) window (of a vehicle or booth), 12
ventilador (*m.*) fan, 10
ver to see, 6
verano (*m.*) summer, 1
verbo (*m.*) verb
verdad (*f.*) truth
¿verdad? right?, 1
verdadero(-a) real, 18; true
verde green, 1
verdura (*f.*) vegetable, 5
versión (*f.*) draft
verso (*m.*) line (of poetry)
vestido (*m.*) dress, 13
—— **de noche** (*m.*) evening gown, 13
vestido(-a) dressed
—— **de gala** dressed up
vestirse (e:i) to get dressed, 9
vez (*f.*) time (*in a series*), 4

a veces at times, 6
   en —— de instead of, 17
viajar to travel, 7
viaje (*m.*) trip, 4
viajero(-a) (*m., f.*) traveler, 11
vida (*f.*) life
videograbadora (*f.*) VCR, 17
vidriera (*f.*) shop window, 18
viejo(-a) old
viento (*m.*) wind, 5
   hacer —— to be windy
viernes (*m.*) Friday, 1
vileza (*f.*) vileness
vinagre (*m.*) vinegar, 9
vino (*m.*) wine, 4
   —— tinto (*m.*) red wine, 8
violeta (*f.*) violet, 8
violín (*m.*) violin, 9
visitar to visit, 4
visto(-a) (*p.p. of* **ver** *and adj.*) seen, 14;
   vista (*f.*) eyes
viudo(-a) widowed, 3
vivir to live, 3
vocabulario (*m.*) vocabulary
volante (*m.*) steering wheel, 12
volar (o:ue) to fly, 5
vóleibol (*m.*) volleyball, 16
voltear to turn over
voluntad (*f.*) will power
volver (o:ue) to return, 5
vosotros(-as) (*subject pron.*) you (*fam. pl.*),
   1; (*obj. of prep.*), you (*fam. pl.*), 4
vuelo (*m.*) flight, 11
vuelto(-a) (*p.p. of* **volver** *and adj.*)
   returned, 14
vuestro(-a) your (*fam. sing.*), 3; (*pron.*)
   yours (*fam. pl.*), 9
vuestros(-as) your (*fam. pl.*), 3

Y

y and, 1; past, after (time), 2
ya already, 2; now, 7
   —— lo creo I'll say, 13
   ¡—— verás! You'll see!, 15
yerno (*m.*) son-in-law, 6
yo I, 1

Z

zanahoria (*f.*) carrot, 9
zapatería (*f.*) shoe store, 9
zapato (*m.*) shoe, 13
   —— de tenis (*m.*) tennis shoe, 13
zona postal (*f.*) zip code, 3
zoológico (*m.*) zoo, 4

English-Spanish

A

a, an un(a), 1
abandonment desamparo (*m.*)
about sobre, 11; de, 16; como, 16
above all sobre todo, 17
abroad en el extranjero
accept aceptar, 3
accident accidente (*m.*), 15
according to de acuerdo con; según
account cuenta (*f.*), 8
accountant contador(-a) (*m., f.*), 5
accounting contabilidad (*f.*), 14
accuracy exactitud (*f.*)
achievement logro (*m.*)
acorn bellota (*f.*)
act actuar
acting actuación (*f.*), 18
action acción (*f.*), 18
activity actividad (*f.*), 16
actor actor (*m.*), 18
actress actriz (*f.*), 18
ad anuncio (*m.*), aviso (*m.*), 3
add añadir
address dirección (*f.*), domicilio (*m.*), 2
adjective adjetivo (*m.*)
advanced adelantado(-a)
advice consejo (*m.*)
advise avisar, 10; aconsejar, 11
advisor consejero(-a) (*m., f.*), 14
afraid: to be —— tener miedo, 4
after (*time*) y, 2
   —— all al fin y al cabo, 18
afternoon tarde (*f.*), 2
   good —— buenas tardes, 1
afterwards después, 3
again otra vez
against contra
age edad (*f.*), 14
agency agencia (*f.*), 11
aghast atónito(-a)
ago: . . . ago hace + *time*, 9
agree estar de acuerdo, 6
agreement concordancia (*f.*)
air aire (*m.*)
   —— bag bolsa de aire (*f.*), 12
   —— conditioner aire acondicionado
   (*m.*), 7
airline aerolínea (*f.*), 11
airport aeropuerto (*m.*), 4
aisle seat asiento de pasillo (*m.*), 11
all todo(-a), 6; (*pron.*) todo, 8
allergic alérgico(-a), 8
almost casi, 8
alone solo(-a), 5
along por, 8
alphabet alfabeto (*m.*)

alphabetize alfabetizar
already ya, 7
also también, 2
always siempre, 6
A.M. de la mañana, 2
amateur theatre teatro de aficionados (*m.*),
   18
ambulance ambulancia (*f.*), 15
American americano(-a), 2
among entre, 9
ample amplio(-a), 10
amusement park parque de diversiones
   (*m.*), 4
an un(a), 1
ancestry ascendencia (*f.*), 14
and y, 1
angry enfadado(-a), enojado(-a), 4
animated animado(-a), 4
ankle tobillo (*m.*), 15
annoyed fastidiado(-a)
another otro(-a), 2
answer contestar, 3; respuesta (*f.*)
answering machine máquina contestadora
   (*f.*), 17
antibiotic antibiótico (*m.*), 15
any alguno(-a), algún, 6; cualquier
   not —— ninguno(-a), ningún, 6
anyone alguien, 6
   not —— nadie, 6
anything algo, 6
anyway en fin..., 8; de todos modos
apartment apartamento (*m.*), 3
appearance apariencia (*f.*)
apple manzana (*f.*), 9
application (*form*) solicitud (*f.*), 3
apply for a loan pedir (e:i) un préstamo, 8
appointment cita (f.)
approach acercarse
April abril, 1
architect arquitecto(-a) (*m., f.*), 14
Argentinian argentino(-a), 11
armchair butaca (*f.*); sillón (*m.*), 10
army ejército (*m.*)
around por, 8; cerca de
   —— here por aquí cerca, 18
arrival llegada (*f.*), 4
arrive llegar, 4
art arte (*f.*)
article artículo (*m.*), 16
as tan, 5
   —— . . . —— tan... como, 5
   —— if como si, 17
   —— long as con tal de que, 14
   —— many tantos(-as), 5
   —— many . . . —— tantos(-as)...
   como, 5
   —— much tanto, 5
   —— much —— tanto como, 5
   —— soon —— en cuanto, tan
   pronto como, 14

ashamed avergonzado(-a)
ask (*a question*) preguntar, 15
—— (for) pedir (e:i), 6
aspirin aspirina (*f.*), 15
assistant asistente (*m., f.*), 17
at en, 1; a, 2
—— a time a la vez, 4
—— about a eso de, 15
—— home en casa, 4
—— least por lo menos, 13
—— night por la noche, 2
—— our disposal a nuestra
disposición, 16
—— the latest a más tardar, 18
—— this moment en este
momento, 5
at + *time* a la (las) + *time*, 2
athletic atlético(-a), 16
attend asistir (a), 3
August agosto, 1
aunt tía (*f.*), 4
automatic automático(-a), 12
—— teller (ATM) cajero automático
(*m.*), 8
autumn otoño (*m.*), 1
available libre, 13
avenue avenida (*f.*), 12
avoid evitar

B

back espalda (*f.*), 15
backpack mochila (*f.*), 2
backyard patio (*m.*), 15
baked al horno, 5
bakery panadería (*f.*), 9
banana plátano (*m.*), 9
bank banco (*m.*), 8
—— employee empleado(-a)
bancario(-a) (*m., f.*), 17
banner divisa (*f.*)
bargain regatear
basement sótano (*m.*), 6
bass contrabajo (*m.*), 9
bathe (oneself) bañar(se), 9
bathing suit traje de baño (*m.*), 16
bathroom baño (*m.*), 6; cuarto de baño
(*m.*), 6
bathtub bañadera (*f.*), 7
battery acumulador (*m.*), batería (*f.*), 12
be ser, 1; estar, 4
—— able to poder (o:ue), 5
—— acquainted with conocer, 6
—— afraid tener miedo (de), 4;
temer, 11
—— bad weather hacer mal
tiempo, 5
—— . . . behind schedule tener...
de retraso (atraso), 11

—— bored (to death) aburrirse
(como una ostra), 16
—— called llamarse, 9
—— careful tener cuidado, 4
—— cold tener frío, 4; (*weather*)
hacer frío, 5
—— crazy about estar loco(-a) por,
18
—— due to debido a
—— for, to exist for enderezarse a
—— furious darle rabia a uno, 18
—— glad alegrarse (de), 11
—— going to + *inf.* ir a + *inf.*, 4
—— good weather hacer buen
tiempo, 5
—— hot tener calor, 4; (*weather*)
hacer calor, 5
—— hungry tener hambre, 4
—— impressed quedar
impresionado(-a), 17
—— in a hurry tener prisa, 4
—— in agreement estar de
acuerdo, 6
—— in charge estar
encargado(-a), 18
—— named llamarse, 9
—— not much good no servir de
mucho, 14
—— on vacation estar de
vacaciones, 7
—— pleasing to gustar, 7
—— right tener razón, 4
—— right back volver en seguida, 6
—— scared tener miedo, 4
—— silent callar
—— sleepy tener sueño, 4
—— sorry sentir (e:ie), 11
—— successful tener éxito, 18
—— sunny hacer sol, 5
—— thirsty tener sed, 4
—— too big (small) on someone
quedarle grande (chico) a uno, 13
—— wearing llevar puesto(-a), 18
—— windy hacer viento, 6
—— worth it valer (merecer) la
pena, 12
—— wrong estar equivocado(-a), no
tener razón, 4
—— . . . years old tener... años, 4
beach playa (*f.*), 4
beans frijoles (*m. pl.*), 5
beat batir
beautiful hermoso(-a), 5; precioso(-a), 13
beauty belleza (*f.*)
—— salon peluquería (*f.*), salón de
belleza (*m.*), 12
because porque
—— of por, 8
bed cama (*f.*), 6; lecho (*m.*)
to go to —— acostarse (o:ue), 9

to put to —— acostar (o:ue), 9
bedroom dormitorio (*m.*); recámara (*f.*)
(*Mex.*), 6
bedspread sobrecama (*f.*), 10
beef carne de res (*f.*)
beer cerveza (*f.*), 5
before antes (de), 7; antes de que, 14
beg rogar (o:ue), 11
begin comenzar (e:ie), empezar (e:ie) (a), 4
believe creer, 3
believed creído (*p.p. of* creer), 14
bellhop botones (*m.*), 7
belong pertenecer, 18
——ing to other people ajeno(-a)
besides además, 5
best el (la) mejor, 5
betroth desposar
better mejor, 5
beverage bebida (*f.*), 5
bewildered desconcertado(-a)
beyond más allá
bicycle bicicleta (*f.*), 12
big grande
bigger mayor, 5
bill cuenta (*f.*), 5
biology biología (*f.*), 14
bird pájaro (*m.*)
birth nacimiento (*m.*)
birthday cumpleaños (*m.*), 1
black negro(-a), 1
blemish mancha (*f.*)
blender licuadora (*f.*), 10
block (city) manzana (*f.*) (*Sp.*), cuadra (*f.*)
blond(e) rubio(-a), 3
blood-stained ensangrentado(-a)
blouse blusa (*f.*), 13
blow resoplar
blue azul, 1
boarding house pensión (*f.*), 10
boarding pass tarjeta de embarque (*f.*), 11
boat barca (*f.*), bote (*m.*), 16
body cuerpo (*m.*), 15
book libro (*m.*), 2
bookstore librería (*f.*), 13
boot bota (*f.*), 13
bored aburrido(-a), 4
born nacido(-a)
borrow pedir (e:i) prestado, 11
boss jefe(-a) (*m., f.*), 17
both ambos(-as)
—— in . . . and in . . . tanto en...
como en...
bother (*doing something*) molestarse, 15
bouquet ramo (*m.*), 8
boy chico (*m.*), muchacho (*m.*), 2
boyfriend novio (*m.*), 3
bracelet pulsera (*f.*), 13
brake freno (*m.*), 12
branch rama (*f.*); (*office*) sucursal (*f.*)
brand marca (*f.*), 13

brave valeroso(-a)
bread pan (*m.*), 9
break romper(se), quebrar(se) (e:ie), 17
    —— **down** (*car*) descomponerse, 12
breakfast desayuno (*m.*), 7
bridge puente (*m.*)
brilliant brillante, 11
bring traer, 6
brochure folleto (*m.*), 11
broken roto(-a), 14
broom escoba (*f.*), 6
brother hermano (*m.*), 4
brother-in-law cuñado (*m.*), 6
brown marrón, café, 1
brought traído (*p.p. of* traer), 14
brunette moreno(-a), 3
bud capullo (*m.*)
building edificio (*m.*), 10
bulletin board tablilla de anuncios (*f.*), 2
bullfight corrida de toros (*f.*)
bunch: a —— of un montón de (*m.*), 6
bureau cómoda (*f.*), 10
buried enterrado(-a)
burn quemar
bus autobús (*m.*), ómnibus (*m.*), bus (*m.*), 6
    —— **stop** parada de autobuses (*f.*), 6
business (*adj.*) empresarial
    —— **administration** administración de empresas (*f.*), 14
businessman (woman) hombre (mujer) de negocios (*m.*, *f.*), 7
businesspeople gente de negocio (*f.*)
busy ocupado(-a), 4
but pero, 1; sino
butter mantequilla (*f.*), 9
butterfly mariposa (*f.*)
buy comprar, 6
buyer comprador(-a) (*m.*, *f.*), 17
by para, 8; por, 8
    —— **heart** de memoria
bye chau, 1

C

cabbage repollo (*m.*), 9; col (*f.*)
cabin cabaña (*f.*), 16
cafe café (*m.*), 3
cafeteria cafetería (*f.*), 1
cake torta (*f.*), 5
calculator calculadora (*f.*), 2
call llamar, 3
calorie caloría (*f.*), 5
camellia camelia (*f.*), 8
camera cámara fotográfica (*f.*), 7
camp acampar, 16
can poder (o:ue), 5; bote (*m.*) (*Mex.*), lata (*f.*), 9
canary canario (*m.*), 8
cancel cancelar, 7

candidate candidato(-a) (*m.*, *f.*), 17
canoe canoa (*f.*), 16
canyon desfiladero (*m.*)
capital (city) capital (*f.*)
car auto (*m.*), automóvil (*m.*), carro (*m.*), coche (*m.*), 10
caramel custard flan (*m.*), 5
carburetor carburador (*m.*), 12
card tarjeta (*f.*)
care cuidado (*m.*)
career carrera (*f.*), 14
carnation clavel (*m.*), 8
carpet alfombra (*f.*), 10
carpenter carpintero(-a), (*m.*, *f.*), 14
carriage carro (*m.*)
carrot zanahoria (*f.*), 9
carry-on bag bolso de mano (*m.*)
cartoons dibujos animados (*m. pl.*), 18
carved tallado(-a)
case: in —— en caso de que, 14
cash efectivo (*m.*), 8
    —— **a check** cobrar un cheque, 8
    —— **register** caja (*f.*), 13
    in —— al contado, en efectivo, 8
casting reparto de papeles (*m.*), distribución de papeles (*f.*), 18
cat gato (*m.*), 8
catch a fish pescar, 16
celebrate celebrar, 9
celery apio (*m.*), 9
cellular phone teléfono celular (*m.*), 12
censorship censura (*f.*)
ceramic tile azulejo (*m.*)
certified public accountant contador(-a) público(-a) certificado(-a), 17
chair silla (*f.*), 2
champagne champán (*m.*), 5
champion campeón(-ona) (*m.*, *f.*), 16
change cambiar, 6
channel canal (*m.*), 7
character personaje (*m.*), 18
charge: in —— encargado(-a), 17
charm simpatía (*f.*)
charmed encantado(-a)
charming simpático(-a), encantador(-a), 3
check cuenta (*f.*), 5
    —— **luggage** facturar el equipaje, 11
checkbook talonario de cheques (*m.*), chequera (*f.*), 8
checking account cuenta corriente (*f.*), 8
checkup examen (*m.*), chequeo (*m.*), 15
Cheers! ¡Salud!
cheese queso (*m.*), 5
chef cocinero(-a), (*m.*, *f.*), 14
chemistry química (*f.*), 14
cherry cereza (*f.*)
chest pecho (*m.*), 15
    —— **of drawers** cómoda (*f.*), 10
chicken pollo (*m.*), 5
chief jefe(-a) (*m.*, *f.*), 17

child niño(-a) (*m.*, *f.*), 5
    only —— hijo(-a) único(-a), 11
childhood infancia (*f.*), 9
children hijos (*m. pl.*)
    ——**'s** (*adj.*) infantil
Chinese (*lang.*) chino (*m.*), 2
chivalry caballería (*f.*)
chocolate chocolate (*m.*), 5
choose escoger
Christmas Navidad (*f.*), 4
    —— **tree** árbol de Navidad (*m.*), 4
church iglesia (*f.*)
city ciudad (*f.*), 3
    —— **block** manzana (*f.*) (*Sp.*), cuadra (*f.*)
class clase (*f.*), 1
classified clasificado(-a), 12
    —— **ad** aviso clasificado (*m.*), 3
classmate compañero(-a) de clase (*m.*, *f.*), 4
clean limpio(-a); limpiar
clerk empleado(-a) (*m.*, *f.*), 13
climb escalar, 16
clock reloj (*m.*), 2
close cerrar (e:ie), 4; (*adv.*) cerca, 10
clothes ropa (*f.*), 6
clothing ropa (*f.*), 13
cloudy nublado(-a)
coal carbón (*m.*)
coat abrigo (*m.*)
coffee café (*m.*), 3; (*small cup of*) cafecito (*m.*), 15
    —— **maker** cafetera (*f.*), 10
cognate cognado (*m.*)
cold catarro (*m.*), resfriado (*m.*), resfrío (*m.*), 15
    to be —— tener frío, 4; (*weather*) hacer frío, 5
collar cuello (*m.*)
colleague colega (*m.*, *f.*)
college facultad (*f.*), 14; (*adj.*) universitario(-a), 14
colonial colonial, 15
color color (*m.*), 1
column columna (*f.*)
come venir (a), 3
    —— **in** entrar, 12; Pase., 1
comedy comedia (*f.*), 7
comfortable cómodo(-a), 7
compact compacto(-a)
    —— **disc** disco compacto (*m.*), 4
    —— **disc player** reproductor de discos (*m.*), 4
company compañía (*f.*), 3
comparative comparativo(-a)
compare comparar, 14
compensate compensar, 17
complain quejarse, 10
computer computadora, (*f.*), 2; ordenador (*m.*) (*Sp.*), 3
concern importarle a uno, 18

concert concierto (*m.*), 4
conditional condicional (*m.*)
conduct conducir, 6
confirm confirmar, 7
confused aturdido(-a), 4
consulate consulado (*m.*), 6
continent continente (*m.*), 11
contagious contagioso(-a), 5
continue seguir (e:i), 6; continuar, 17; proseguir (e:i)
    —— **straight ahead** seguir derecho, 12
contraction contracción (*f.*)
contrary: on the —— por el contrario, 13
conversation conversación (*f.*), 2
converse conversar, platicar, 2
convince convencer, 10
cook cocinar, 6; cocinero(-a) (*m., f.*), 14
cookware batería de cocina (*f.*), 10
cool (down) enfriar
copper cobre (*m.*)
corner (*street*) esquina (*f.*)
correspondence correspondencia (*f.*), 17
cost costar (o:ue), 5
    —— **an arm and a leg** costar un ojo de la cara, 12
cotton algodón (*m.*), 13
cough tos (*f.*), 15; toser, 15
count contar (o:ue), 5
country país (*m.*), 9; campo (*m.*), 16
couple pareja (*f.*)
courteous amable, cortés, 3
cousin primo(-a) (*m., f.*), 4
covered cubierto(-a), 14
cowardice cobardía (*f.*)
crazy loco(-a), 16; loquito(-a)
cream crema (*f.*), 5
create crear
credit card tarjeta de crédito (*m.*), 8
critic crítico(-a) (*m., f.*), 18
criticize criticar, 18
cruise crucero (*m.*), 11
Cuban cubano(-a), 2
cucumber pepino (*m.*), 9
cup taza (*f.*), 5
cure oneself curarse, 15
currency moneda (*f.*)
curriculum vitae currículum vitae (*m.*), 17
curtain cortina (*f.*), 10
custom costumbre (*f.*), 4
customer cliente (*m., f.*)
customs aduana (*f.*), 7

D

dad papá (*m.*), 1
daily diariamente
daisy margarita (*f.*), 8
dam represa (*f.*)

dance bailar, 4
dancer bailarín(-ina) (*m., f.*), 18
dangerous peligroso(-a)
dark moreno(-a), 3; oscuro(-a)
darling mi amor (*m.*), mi vida, (*f.*), 3; hijito(-a) (*m., f.*), 4
date fechar, poner la fecha, 8; fecha
    —— **of birth** fecha de nacimiento (*f.*), 3
daughter hija (*f.*), 4
    -in-law nuera (*f.*), 6
dawn alba (*f.*)
day día (*m.*), 1
    —— **after tomorrow**, pasado mañana, 4
    —— **before yesterday** anteayer, 8
dazed aturdido(-a), 4
deal with tratar de
death muerte (*f.*)
December diciembre, 1
decide decidir, 3
decision decisión (*f.*), 17
definite determinado(-a)
degree título (*m.*), 14; grado (*m.*), 15
deliver entregar, 14
demand exigir
demonstrative demostrativo(-a)
denial negación (*f.*)
deny negar (e:ie), 12
department store almacén (*m.*), tienda por departamentos (*f.*), 13
departure salida (*f.*), 11
    —— **gate** puerta de salida (*f.*), 11
depend depender, 14
deposit depositar, 8
depth profundidad (*f.*)
describe describir, 11
design diseño (*m.*), 13
desk escritorio (*m.*), 2
despair desesperanza (*f.*)
dessert postre (*m.*), 5
    for —— de postre, 5
diamond diamante (*m.*)
dictionary diccionario (*m.*), 8
die morir (o:ue), 5
died muerto(-a), 14
diet dieta (*f.*), 5
different distinto(-a)
difficult difícil, 2
dine cenar, 7
dining room comedor (*m.*), 6
dinner cena (*f.*), 7
    to have —— cenar, 7
direct directo(-a), 11; dirigir, 18
director director(-a) (*m., f.*), 18
dirty sucio(-a)
disaster desastre (*m.*), 8
discotheque discoteca (*f.*), 4
diskette disquete (*m.*), 17
divine divino(-a), 16

divorced divorciado(-a), 3
do hacer, 4
    —— **the laundry** lavar la ropa, 6
    —— **the shopping** hacer las compras, 6
dock muelle (*m.*)
doctor (Dr.) doctor(-a) (*m., f.*), 1; médico(-a) (*m., f.*), 14
    ——**'s office** consultorio (*m.*), 15
document documento (*m.*), 12; cédula (*f.*)
documentary documental (*m.*), 18
dog perro(-a) (*m., f.*), 8
done hecho (*p.p. of* hacer), 14
donkey burro(-a) (*m., f.*)
door puerta (*f.*), 2
doorbell timbre (*m.*), 15
dot punto (*m.*)
    on the —— en punto
double doble, 7
    —— **room** habitación doble (*f.*), 7
doubt dudar, 12
draft borrador (*m.*), versión (*f.*)
dream ilusión (*f.*), 18; hacerse ilusiones, 18
    —— **about (of)** soñar (o:ue) con, 18
dress vestido (*m.*), 13
dressed: to get —— vestirse (e:i), 9
    —— **up** vestido(-a) de gala
dresser tocador (*m.*), 10
dressmaker modista (*f.*)
drink beber, tomar, 3; bebida (*f.*), 5
drive conducir, manejar, 5
driver's license licencia para conducir (*f.*), 12
    —— **number** número de la licencia de conducir, 3
drown ahogarse, 16
drums batería (*f.*), 9
dry secar; seco(-a)
    —— **cleaner's** tintorería (*f.*), 8
    —— **season** estación de la seca (*f.*)
dryer secadora (*f.*), 10
dubbed doblado(-a)
duly debidamente
during durante, 7; por, 8

E

each cada, 13
ear (*inner*) oído (*m.*), 17; (*external*) oreja (*f.*), 17
early temprano, 9
earn ganar, 3
earring arete (*m.*), 13
easily fácilmente
east este, 16
easy fácil, 2
eat comer, 3
effort esfuerzo (*m.*)
eight ocho, 1

—— **hundred** ochocientos(-as), 3
eighteen dieciocho, 1
eighth octavo(-a), 7
eighty ochenta, 2
either . . . or o... o, 6
not —— tampoco, 6
elective clase optativa (*f.*)
electrician electricista (*m., f.*), 14
electricity electricidad (*f.*), 10
electronic equipment equipo electrónico (*m.*), 17
elevator ascensor (*m.*), elevador (*m.*), 7
eleven once, 1
e-mail mensaje electrónico (*m.*), 3; correo electrónico (*m.*), 17
embassy embajada (*f.*), 7
emergency emergencia (*f.*), 17
emphasize destacar
empty vacío(-a), 12
encyclopedia enciclopedia (*f.*), 8
end terminar, 14; fin (*m.*)
engaged comprometido(-a), 18
engineer ingeniero(-a) (*m., f.*), 14
English (*lang.*) inglés (*m.*), 2
enjoy disfrutar
—— **oneself** divertirse (e:ie), 16
enormous enorme, 15
enter entrar, 12
entertainment section (*of newspaper*) cartelera (*f.*), 18
enthused entusiasmado(-a), 4
entrance entrada (*f.*), 11
eraser goma de borrar (*f.*), 2
errand diligencia (*f.*), 8
to run ——**s** hacer diligencias, 8
escalator escalera mecánica (*f.*), 7
escape escapar, 14
especially especialmente, 8; sobre todo, 17
essay ensayo (*m.*)
evaluation evaluación (*f.*), 17
evening noche (*f.*), 2
—— **gown** vestido de noche (*m.*), 13
event acontecimiento (*m.*)
ever alguna vez
every day todos los días, 2
everybody todo el mundo, 18
everything todo, 8
everywhere a (de) todas partes, a todos lados, 12
evil maligno(-a)
exactly exactamente, 17
exaggerate exagerar, 13
exam examen (*m.*), 3
excellent excelente, 11; magnífico(-a), 14
exercise hacer ejercicio, 7
excess baggage exceso de equipaje (*m.*), 11
exchange cambiar, 13
excursion excursión (*f.*), 11
excuse: Excuse me. Con permiso., 1
executive ejecutivo(-a) (*m., f.*), 14

exit salida (*f.*), 11
expect esperar, 6
expensive caro(-a), 5
expert experto(-a) (*m., f.*), 14
experience experiencia (*f.*), 3
express gratitude dar las gracias, 18
expression expresión (*f.*)
extremely good buenísimo(-a), 11
eye ojo (*m.*), 15

F

face cara (*f.*), 15; rostro (*m.*)
fact: the —— **is . . .** es que... , 13
factory fábrica (*f.*), factoría (*f.*), 5
faculty appointment cátedra (*f.*)
fail (*course or exam*) quedar suspendido(-a), 14
faint desfallecer
fair justo(-a)
fall otoño (*m.*), 1; caer, 16
—— **asleep** dormirse (o:ue), 9
—— **in love with** enamorarse de, 18
false falso(-a)
family familia (*f.*), 4
—— **oriented** hogareño(-a)
—— **room** salón de estar (*m.*), 6
fan ventilador (*m.*), 10
far lejos, 10
—— **away** lejano(-a)
farewell despedida (*f.*), 1
farmer labrador(-a) (*m., f.*)
fashion moda (*f.*)
fast rápido(-a), 13
fat gordo(-a), 3
father padre (*m.*), 1
father-in-law suegro (*m.*), 6
favorite favorito(-a), 7
fax fax (*m.*), facsímile (*m.*), 17
fear miedo (*m.*), 4; temer, 11
February febrero, 1
feed dar alimento (a), dar de comer
feel sentir(se) (e:ie), 9
fever fiebre (*f.*), 15
fiancé(e) prometido(-a) (*m., f.*), 11
fifteen quince, 1
fifth quinto(-a), 7
fifty cincuenta, 2
fight luchar
file archivar, 17
fill out llenar, 3
film película (*f.*), 7; filmar, 18
—— **festival** festival de cine (*m.*), 18
finally por fin, 18
financial económico(-a), 3
find encontrar (o:ue), 5
—— **out** saber, 10
fine (*adv.*), bien, 1; multa (*f.*), 8; (*verb*) dar (poner) una multa, 8

finger dedo (*m.*), 15
finish terminar, 14
fire hydrant boca de incendios (*f.*), hidrante (*m.*), 8
first primero(-a), primer, 2
—— **class** primera clase, 11
—— **name** nombre (*m.*), 3
—— **part of** a principios de, 18
fish pescado (*m.*), 5; pez; pescar, 16
—— **store** pescadería (*f.*), 9
fishing rod caña de pescar (*f.*), 16
fit caber, 6
five cinco, 1
—— **hundred** quinientos(-as), 3
fix arreglar, 6
flame llama (*f.*)
flat tire llanta pinchada (*f.*), neumático pinchado (*m.*), 12
flesh carne (*f.*)
flight vuelo (*m.*), 11
—— **attendant** auxiliar de vuelo (*m., f.*), 11; azafata (*f.*), 11
floor piso (*m.*), 7
flower flor (*f.*), 8
—— **shop** florería (*f.*), 8
flu gripe (*f.*), 15
flute flauta (*f.*), 9
fly volar (o:ue), 5
foam espuma (*f.*)
fog niebla (*f.*), 5
fold the clothes doblar la ropa, 6
folder carpeta (*f.*), 17
follow seguir (e:i), 6
—— **in the footsteps** seguir los pasos, 18
following siguiente
food comida (*f.*), 4
fool oneself hacerse ilusiones, 18
foot pie (*m.*), 15
on —— a pie, 12
for para, 3; por, 8
—— **example** por ejemplo, 13
—— **that** para eso, 18
force obligar, 12
foreign extranjero(-a)
forest bosque (*m.*), 11
forever para siempre, 18
forget olvidar(se) (de), 9
fork tenedor (*m.*), 5
former antiguo(-a), 17
fortress fortaleza (*f.*)
forty cuarenta, 2
four cuatro, 1
—— **hundred** cuatrocientos(-as), 3
fourteen catorce, 1
fourth cuarto(-a), 7
frankly francamente, 12
free (*of charge*) gratis, 8, gratuito(-a); libre, 13
freedom libertad (*f.*), 2

freeway autopista (*f.*), 12
French (*lang.*) francés (*m.*), 2
frequent frecuente
frequently a menudo, frecuentemente, 12
fresh (*water*) dulce
Friday viernes (*m.*), 1
fried frito(-a), 5
friend amigo(-a) (*m., f.*), 1
friendship amistad (*f.*)
from de, 1; desde, 10
front: in —— of frente a, 8
        —— door puerta de calle (*f.*), 12
fruit juice jugo de frutas (*f.*), 5
fruit tree árbol frutal (*m.*), 15
frustrated frustrado(-a), 4
frying pan sartén (*f.*), 10
full lleno(-a), 12
fun (*adj.*) divertido(-a), 16
function funcionar, 12
furnish proporcionar
furnished amueblado(-a), 10
furniture muebles (*m. pl.*), 10
future futuro (*m.*), 14

G

game juego (*m.*), 4; partido (*m.*), 4
garage garaje (*m.*), 6
garden jardín (*m.*), 7
        —— of Eden paraíso terrenal (*m.*)
gas station gasolinera (*f.*), estación de
        servicio (*f.*), 12
gasoline gasolina (*f.*), 12
gee! ¡caramba!, 2
gender género (*m.*)
general general, 8
generally generalmente, 8; por lo
        general, 18
gentleman señor (*m.*), 1; caballero (*m.*)
geranium geranio (*m.*), 8
get buscar, 6; conseguir (e:i), 6; (*grade*)
        sacar, 14
        —— a tan broncearse, 16
        —— angry enojarse, 14
        —— better curarse, mejorarse, 15
        —— dressed vestirse (e:i), 9
        —— engaged to comprometerse
        con, 18
        —— in shape ponerse en forma, 14
        —— married casarse con, 11
        —— together reunirse
        —— undressed desvestirse (e:i), 9
        —— up levantarse, 9
        —— used to acostumbrarse a, 12
        —— worse empeorarse, 15
ghost fantasma (*m.*)
gift regalo (*m.*), 8; don (*m.*)
girl chica (*f.*), muchacha (*f.*), 2
girlfriend novia (*f.*), 3

give dar, 4; (*as a gift*) regalar, 8
        —— a shot poner una inyección, 15
glass vaso (*m.*), 4; copa (*f.*), 5
glove guante (*m.*), 13
go ir (a), 4
        —— away irse, 9
        —— camping acampar, ir a
        acampar, 16
        —— down bajar, 12
        —— fishing ir de pesca, ir a
        pescar, 16
        —— on foot ir a pie, ir
        caminando, 12
        —— out salir, 6
        —— through atravesar (e:ie)
        —— through customs pasar por la
        aduana, 7
        —— to bed acostarse (o:ue), 9
        —— to be going (to) + *infinitive* ir a
        + *infinitive*, 4
goal meta (*f.*)
goblet copa (*f.*), 5
God Dios
        —— grant ojalá, 11
goddaughter ahijada (*f.*)
godfather padrino (*m.*), 11
godmother madrina (*f.*)
godson ahijado (*m.*)
gold oro (*m.*)
golden dorado(-a)
goldfish pez de color (*m.*), 8
golf club palo de golf (*m.*), 16
good bueno(-a), buen, 1
        —— afternoon buenas tardes, 1
        —— evening buenas noches, 1
        —— morning buenos días, 1
        —— night buenas noches, 1
good-bye adiós, 1; Hasta la vista., 1
good-looking guapo(-a), 3
grade nota (*f.*), 14
        —— point average
        promedio (*m.*), 14
grading system sistema de
        calificaciones (*m.*)
graduate graduar(se), 14
granddaughter nieta (*f.*), 6
grandfather abuelo (*m.*), 4
grandmother abuela (*f.*), 4
grandson nieto (*m.*), 6
grape uva (*f.*), 9
gratefulness agradecimiento (*m.*)
gray gris, 1
great magnífico(-a), 14
Great! ¡Chévere!, ¡Bárbaro!
great-grandfather (mother) bisabuelo(-a)
        (*m., f.*)
green verde, 1
greeting saludo (*m.*), 1
grilled a la parrilla, 5
group grupo (*m.*), 18

grow crecer, 9
Guatemalan guatemalteco(-a) (*m., f.*), 10
guest invitado(-a) (*m., f.*), 10
guilty culpable
Guinea pig conejillo de Indias (*m.*), 8
guitar guitarra (*f.*), 9
gym gimnasio (*m.*), 14

H

hair pelo (*m.*), cabello (*m.*), 15
haircut corte (*m.*), 12
half medio(-a); mitad (*f.*)
        —— brother medio hermano, 6
        —— past y media (*time*), 2
        —— sister media hermana, 6
ham jamón (*m.*), 5
hamburger hamburguesa (*f.*), 5
hand mano (*f.*), 15
handbag bolso (*m.*), cartera (*f.*), 10
handkerchief pañuelo (*m.*), 13
handsome guapo(-a), 3
happen pasar, ocurrir, 8
happening hecho (*m.*)
happy feliz, 1; contento(-a), 4
hardware store ferretería (*f.*), 9
hat sombrero (*m.*)
have tener, 3; haber (*aux.*)
        —— a good time pasarlo bien, 5;
        divertirse (e:ie), 16
        —— a nice trip buen viaje, 11
        —— a picnic hacer un picnic, 16
        —— a seat. Tome asiento., 1
        —— an afternoon snack merendar
        (e:ie), 15
        **—— been doing something for a
        length of time** hace + *time* + que +
        verb (*present*), 7
        —— dinner cenar, 7
        —— done something in the past
        hace + *time* + que + *verb*
        (*preterit/imperfect*), 9
        —— just . . . acabar de..., 4
        —— lunch almorzar (o:ue), 5
        —— self-esteem estimarse
        —— something to drink (eat)
        tomar (beber) algo, 3
        —— to tener que + *inf.*, 3
he él, 1
        —— (she) who el (la) que
head cabeza (*f.*), 15
headlight luz (*f.*), 12
healer curandero(-a) (*m., f.*)
health salud (*f.*), 15
hear oír
heard oído (*p.p. of* oír), 15
heart corazón (*m.*)
        —— attack ataque al
        corazón (*m.*), 15

heat calor (*m.*), 14
heaven Cielo (*m.*)
hello hola, 1
    say —— **to . . .** saludos a..., 1
help ayudar (a), 6
her su(s), 3; ella, 4; la, 6; le, 7
here aquí, 3; acá, 10
    —— **it goes.** Aquí va.
hers suyo(-a)(s), 9
herself se, 9
hide esconder, 6; ocultar
high school escuela secundaria (*f.*), 18
highway autopista (*f.*), 12
hillside ladera (*f.*)
him él, 4; lo, 6; le, 7
himself se, 9
his su(s), 3; suyo(-a)(s), 9
history historia (*f.*), 3
hold estrechar
    —— **tightly** oprimir
home casa (*f.*), hogar (*m.*)
    —— **appliance** aparato electrodoméstico (*m.*), 10
    —— **page** propia página (*f.*)
honest honrado(-a)
honey miel de abeja (*f.*), 15
honeymoon luna de miel (*f.*), 11
hood capó (*m.*), 12
hope esperar, 11; esperanza (*f.*)
    I —— ojalá, 11
horn bocina (*f.*), 12
horse caballo (*m.*)
    —— **rider** jinete (*m., f.*)
hospital hospital (*m.*), 2
hot caliente
    —— **chocolate** chocolate caliente (*m.*), 5
    —— **dog** perro caliente (*m.*), 5
    to be —— tener calor, 4; (*weather*) hacer calor, 5
    nice and —— bien caliente, 15
hotel hotel (*m.*), 7
hour hora (*f.*)
house casa (*f.*), 2
housework quehaceres (trabajo) de la casa, 6
how? ¿cómo?, 1
    —— **are you?** ¿Cómo está Ud.? (*form. sing.*),1; ¿Cómo están ustedes? (*form. pl.*), 1; ¿Cómo estás? (*fam.*), 1; ¿Qué tal?, 1
    —— **do you do?** Mucho gusto., 1
    —— **does one say . . . ?** ¿Cómo se dice...?, 2
    —— **far in advance?** ¿Con cuánta anticipación?
    —— **is it going (for you)?** ¿Qué tal te va?, 14; ¿Cómo le va? (*form.*), ¿Cómo te va? (*fam.*)

    —— **long . . . ?** ¿Cuánto tiempo hace que...?
    —— **many?** ¿cuántos(-as)?
    —— **may I help you?** ¿En qué puedo servirle?, 7
    —— **much?** ¿cuánto(-a)?
    —— **nice to see you!** ¡Qué gusto de verte!, 15
    —— **that?** ¿Cómo?
however sin embargo, 13
hug abrazo (*m.*), 4; abrazar, 8
hundred cien, ciento, 2
hungry: to be —— tener hambre, 4
hunt cazar, 16
hurt doler (o:ue), 15; herir (e:ie)
husband esposo (*m.*), marido (*m.*), 5

I

I yo, 1
ice cream helado (*m.*), 5
iced tea té helado, 5
I.D. number número de identidad (*m.*), 3
idea idea (*f.*), 2
ideal (*adj.*) ideal, 11
if si, 14
imperfect imperfecto(-a)
import importación (*f.*), 17
impossible imposible, 5
impressed impresionado(-a), 17
improve mejorar, 9
in en, 1; por, 8; de, 16; a, 16
    —— **case** en caso de que, 14
    —— **charge** encargado(-a), 17
    —— **exchange for** por, 8
    —— **front of** frente a, 8
    —— **haste** presuroso(-a)
    —— **order** para, 2
    —— **order that** para que, 14
    —— **order to** a, 3; para, 8
    —— **part** en parte, 14
    —— **search of** en busca de, 8
    —— **spite of** a pesar de (que), 9
    —— **that case** en ese caso, 2; entonces, 4
    —— **the afternoon** de (por) la tarde, 2
    —— **the evening** de (por) la noche, 2
    —— **the morning** de (por) la mañana, 2
include incluir, 10
income ingreso (*m.*)
increase aumento (*m.*), 17
Indeed I am. Lo soy.
indefinite indeterminado(-a)
indicative indicativo(-a)
inexpensive barato(-a), 13
influenza gripe (*f.*), 15
injection inyección (*f.*), 15

    to give an —— poner una inyección, 15
inside en, 16; dentro
insist on insistir en, 14
installments plazos (*m. pl.*), 8
    in (on) —— a plazos, 8
instant instantáneo(-a), 7
instead of en vez de, 17
insurance agent agente de seguros (*m., f.*), 17
intelligent inteligente, 3
interest interesar, 18
interesting interesante, 11
interior interior, 6
interpreter intérprete (*m., f.*), 17
interrogative interrogativo(-a)
interview entrevista (*f.*), 17; entrevistar, 17
invitation invitación (*f.*), 3
invite invitar (a), 18
invited invitado(-a), 4
iron planchar, 6; plancha (*f.*), 10
Is. . . (*name*) there? ¿Está... (*name*)?, 3
island isla (*f.*), 9
it la, 6; lo, 6
Italian (*lang.*) italiano (*m.*), 2
its su(s), 3
itself se, 9

J

jack gato (*m.*), 12
jail cárcel (*f.*)
January enero, 1
jewelry joyas (*f. pl.*), 13
    —— **store** joyería (*f.*), 9
job empleo (*m.*), trabajo (*m.*), 3; puesto (*m.*), 17
    —— **application** solicitud de trabajo (*f.*), 3
joint account cuenta conjunta (*f.*), 8
joke bromear, 12
journalism periodismo (*m.*), 14
joy gusto (*m.*)
joyful alegre, 4
juice jugo (*m.*), 5
July julio, 1
June junio, 1
jungle selva (tropical) (*f.*), 11
just in case por si acaso, 18

K

keep quedarse con; (*something going*) mantener
    —— **in mind** tener en cuenta
key llave (*f.*), 6
keyboard teclado (*m.*), 17
kid: to —— (*joke*) bromear, 12

kindergarten jardín de infantes (infancia)
  (*m.*), 16
kindness bondad (*f.*)
king rey (*m.*)
kiss beso (*m.*)
kitchen cocina (*f.*), 5
knee rodilla (*f.*), 15
knife cuchillo (*m.*), 5
knight caballero (*m.*)
knock on the door tocar a la puerta, 6
know conocer, 6; saber, 6
knowledge conocimiento (*m.*), 3

L

laboratory laboratorio (*m.*), 14
lack falta (*f.*)
  —— **of patience** impaciencia (*f.*)
lady señora (*f.*), 1
lake lago (*m.*)
lamb cordero (*m.*), 5
lamp lámpara (*f.*), 10
land tierra (*f.*), terreno (*m.*)
language idioma (*m.*); lengua (*f.*), 2
laptop computer microcomputadora (*f.*),
  computadora portátil (*f.*), 17
large grande, amplio, 10
last pasado(-a), 7; último(-a), 17; durar, 13
  —— **name** apellido (*m.*), 3
  —— **night** anoche, 7
  —— **time** última vez (*f.*)
late tarde, 2
later después, 3
laugh reírse (e:i), 12
laughter risa (*f.*)
lawyer abogado(-a) (*m., f.*), 14
leaf hoja (*f.*)
leafy frondoso(-a)
league liga (*f.*)
learn aprender (a), 3
leather cuero (*m.*), 13
leave (behind) dejar, 5; salir, 6; irse, 9;
  partir
  —— **alone** dejar tranquilo(-a), 16
  —— **the house** salir de casa, 8
lecture conferencia (*f.*)
left izquierdo(-a)
  to the —— a la izquierda, 12
leg pierna (*f.*)
lend prestar, 8
less menos, 5
  —— **... than** menos... que, 5
  —— **than** + *number* menos de +
    number, 5
  more or —— más o menos, 3
let know avisar, 10
Let them wait! ¡Que esperen!, 18
let's go vamos, 2

  —— **shopping** vamos de compras,
    13
let's see a ver, 3
letter carta (*f.*), 17
lettuce lechuga (*f.*), 9
liberty libertad (*f.*), 2
librarian bibliotecario(-a) (*m., f.*), 16
library biblioteca (*f.*), 14
license licencia
  —— **plate** chapa (*f.*), placa (*f.*)
    (*Mex.*), 12
life vida (*f.*)
lifeguard salvavidas (*m., f.*), 16
lift levantar, 9
light luz (*f.*), 2; (*adj.*) claro(-a), ligero(-a)
like gustar, 7
likewise igualmente, 1
lilac lila (*f.*), 8
line renglón (*m.*); (*of poetry*) verso (*m.*)
linen hilo (*m.*), lino (*m.*), 13
lip labio (*m.*)
listen oye, 1; escuchar, 12
literature literatura (*f.*), 3
litter tirar basura
little pequeño(-a)
  —— **sister (brother)** hermanita(-o)
    (*f., m.*), 13
  a —— un poco (de), 2
  a —— + *adjective* un poco + *adjective*,
    4
live vivir, 3
livestock ganadería (*f.*)
living room sala (*f.*), 3
loaded (with) cargado(-a) (con), 13
loan préstamo (*m.*), 8
lobster langosta (*f.*), 5
locate ubicar
location ubicación (*f.*)
lock cerradura (*f.*)
lodging hospedaje (*m.*), 11; alojamiento (*m.*)
loneliness soledad (*f.*)
long time mucho tiempo, 7
look (at) mirar, 5
  —— **for** buscar, 6
  —— **out the window** mirar por la
    ventana, 6
  —— **right through** atravesar (e:ie)
    con la mirada
lose perder (e:ie), 4
lot: a —— muchísimo(-a), 7
love encantarle a uno, 8; amar;
  cariño (*m.*), 8
  in —— **(with)** enamorado(-a)
    (de), 16
loving amante (*adj.*)
loyal leal
luck suerte (*f.*), 8
luckily por suerte, 18
luggage equipaje (*m.*), 7
lunch almuerzo (*m.*), 7

  to have —— almorzar (o:ue), 5
luxury lujo (*m.*)

M

madam señora (*f.*), 1
made hecho(-a) (*p.p. of* hacer), 14
magazine revista (*f.*), 6
maid criada (*f.*), 10
maiden name apellido de soltera (*m.*)
main principal, 17
  —— **character** protagonista
    (*m., f.*), 18
maintain mantener, 14
major especialización (*f.*), 14
make hacer, 6; obligar, 12; realizar
  —— **a decision** tomar una
    decisión, 14
  —— **a movie** filmar, 18
  —— **fun of** burlarse de, 18
  —— **matters worse** para peor, 18
man hombre (*m.*)
manager gerente (*m., f.*), 17
mango mango, 9
many muchos(-as), 4
map mapa (*m.*), 2
March marzo, 1
Mardi Gras carnaval (*m.*)
margarine margarina (*f.*), 9
marital status estado civil (*m.*), 3
mark down rebajar, 13
market mercado (*m.*), 6
marketing mercadeo (*m.*), 17
marriage matrimonio (*m.*)
married casado(-a), 3
marry casarse (con), 18
mashed potatoes puré de papas (*m.*), 5
mass (*Catholic service*) misa (*f.*), 16
match combinar, hacer juego, 13
material tela, 13
math(ematics) matemáticas (*f. pl.*), 14
matter importarle a uno, 18
mattress colchón (*m.*), 7
May mayo, 1
maybe a lo mejor, 12; tal vez
me mí, 4; me (*d.o.*), 6; me (*i.o.*), 7
meal comida (*f.*), 5
mean querer decir
means medio (*m.*)
measure medida (*f.*)
meat carne (*f.*), 6
  —— **market** carnicería (*f.*), 9
  —— **turnover** empanada (*f.*)
mechanic mecánico (*m.*), 12
medicine medicina (*f.*), remedio (*m.*), 15
medium mediano(-a), 13
meet conocer, 10; encontrarse (o:ue)
  (con), 10
melt fundir

men hombres (*m. pl.*)
    —— **'s department** departamento de (ropa para) caballeros (*m.*), 13
menu menú (*m.*), 5
merchant vendedor(-a) (*m., f.*)
merry alegre
meter métrica (*f.*) (*poetry*)
Mexican mexicano(-a), 1
    —— **American** mexicanoamericano(-a), 1
microwave microondas (*m.*), 10
middle name segundo nombre (*m.*)
midterm exam examen parcial (*m.*), examen de mitad de curso (*m.*), 3
midwife partera (*f.*)
mild templado(-a)
mile milla (*f.*), 12
milk leche (*f.*), 5
millionaire millonario(-a) (*m., f.*), 16
mine mío(-a), míos(-as), 9
mineral water agua mineral (*f.*), 5
mirror espejo (*m.*), 10
miss extrañar, 9; (*out on something*) perderse (e:ie), 18
Miss señorita (Srta.) (*f.*), 1
mister señor (Sr.), 1
mix mezclar
mixture mezcla (*f.*)
modern moderno(-a), 12
mom mamá (*f.*), 1
moment momento (*m.*), 3
Monday lunes (*m.*), 1
money dinero (*m.*), 2
monkey mono (*m.*), 8
month mes (*m.*), 1
    a (per) —— al (por) mes, 12
moon luna (*f.*), 11
mop the floor trapear el piso, 6
more más, 2
    —— **or less** más o menos, 3
most el (la) más, 5
mother madre (*f.*), 1
motherhood maternidad
mother-in-law suegra (*f.*), 6
motorcycle motocicleta (*f.*), moto (*f.*), 8
mountain montaña (*f.*), 4; sierra (*f.*), monte (*m.*)
mouse ratón (*m.*), 17
mouth boca (*f.*), 15
move (*from one house to another*) mudarse, 10
movie película (*f.*), 7
    —— **director** director(-a) de cine (*m., f.*), 18
    —— **screen** pantalla (*f.*), 18
    —— **section** (*of newspaper*) cartelera (*f.*), 18
    —— **theater** cine (*m.*), 4
mow the lawn cortar el césped, 6
Mr. señor (*m.*), Sr., 1

Mrs. señora (*f.*), Sra., 1
much mucho(-a), 1
muddy turbio(-a)
murder mystery película de misterio (*f.*), 18
museum museo (*m.*), 4
music música (*f.*), 18
musical musical, 18
    —— **instrument** instrumento musical (*m.*), 9
musician músico (*m.*), 18
must deber, 3
my mi(s), 1
    —— **love** mi amor
    —— **name is . . .** Me llamo..., 1
myself me, 9
mystery (*movie*) película de misterio (*f.*), 18

N

name nombre (*m.*), 3; nombrar
    My —— **is . . .** Me llamo..., 1
    first —— nombre (*m.*), 3
    What's your ——**?** ¿Cómo se llama Ud.? (*form.*), 1; ¿Cómo te llamas? (*fam.*), 1
napkin servilleta (*f.*), 5
narrow estrecho(-a), 13
nation nación (*f.*); pueblo (*m.*)
nationality nacionalidad (*f.*), 3
natural ínsito(-a)
near (*adv.*) cerca, 10
necessary necesario(-a), 3
neck cuello (*m.*), 15
necklace collar (*m.*), 13
need necesitar, 2
negative negativo(-a)
neighbor vecino(-a) (*m., f.*), 4
neighborhood barrio (*m.*), vecindad (*f.*), 10
neither tampoco, 6
    —— **. . . nor** ni... ni, 6
nephew sobrino (*m.*), 4
nervous nervioso(-a), 4
never nunca, jamás, 6
new nuevo(-a), 1
New Year Año Nuevo (*m.*), 4
newspaper diario (*m.*), periódico (*m.*), 3
next próximo(-a), 6; que viene, 11; entrante, 18
    —— **to** al lado de, 13
    —— **month** el mes entrante (*m.*), 18
    —— **week** la semana que viene (*f.*), la semana próxima, 4
nice simpático(-a), 3
    —— **to meet you.** Mucho gusto., 1
niece sobrina (*f.*), 4
night noche (*f.*), 2
    —— **table** mesita de noche (*f.*), 10
nightgown camisón (*m.*), 13

nine nueve, 1
    —— **hundred** novecientos(-as), 3
nineteen diecinueve, 1
ninety noventa, 2
ninth noveno(-a), 7
no no, 1; ningún, ninguna, 6
    —— **one** nadie, 6
    —— **smoking section** sección de no fumar (*f.*), 11
    —— **wonder** con razón, 3
nobody nadie, 6
nocturne nocturno (*m.*)
noise ruido (*m.*)
none ninguno(-a), ningún, 6
noodle soup sopa de fideos (*f.*), 5
nor ni, 6
    neither . . . —— **. . .** ni... ni..., 6
north norte (*m.*), 16
North American norteamericano(-a), 2
nose nariz (*f.*), 15
not no, 1
    —— **any** ninguno(-a), 6
    —— **to be proud at all** no ser nada orgulloso(-a), 16
    —— **either** tampoco, 6
    —— **working** descompuesto(-a), 12
notebook cuaderno (*m.*), 2
nothing nada, 1
    —— **but** no... más que
notice fijarse en, 18
noun nombre (*m.*), sustantivo (*m.*)
November noviembre, 1
now ahora, 4
nowadays hoy en día, 18; actualmente
nowhere en ningún lado, en ninguna parte, 11
number número (*m.*), 1
nursing home casa de ancianos (*f.*)
nutrition nutrición (*f.*), 14

O

object objeto (*m.*)
obtain conseguir (e:i), 6
occupation ocupación (*f.*), 3
October octubre, 1
of de, 1
    —— **course** por supuesto, 7
offer ofrecer, 17
office oficina (*f.*), 13, despacho (*m.*), 17
often a menudo, frecuentemente, 12
oil aceite (*m.*), 9
old viejo(-a)
    to be . . . years —— tener... años, 4
older mayor, 5
oldest el (la) mayor, 5
olive aceituna (*f.*)
    —— **oil** aceite de oliva (*m.*)
on en, 16

—— **account of** por, 8
—— **behalf of** por, 8
—— **the other hand** por otro lado, 13
—— **the phone** al (por) teléfono, 3
once una vez, 16
one uno, 1
—— **says** se dice, 2
——**-way (ticket)** de ida, 11
onion cebolla (*f.*), 9
only solamente, sólo, 10
—— **thing** lo único, 14
open abrir, 3; abierto(-a), 12
—— **an account** abrir una cuenta, 8
opened abierto (*p.p. of* abrir), 14
opportunity oportunidad (*f.*), 13
optimist(ic) optimista (*m., f.*), 3
or o, 6
orange anaranjado(-a), 1; naranja (*f.*), 9
orchestra orquesta (*f.*), 18
orchid orquídea (*f.*), 8
order pedir (e:i), 5; mandar, 11; pedido (*m.*), 5; orden (*f.*)
other otro(-a), 2
—— **person's right** derecho ajeno (*m.*)
others los (las) demás
our nuestro(-a)(-os)(-as), 3
ours nuestro(-a)(s), 9
ourselves nos, 9
out of breath echando el bofe
out of order descompuesto(-a), 12
outdoor activity actividad al aire libre, 16
outline bosquejo (*m.*)
outside fuera
oven horno (*m.*), 10
over en, 16
overlook dar hacia
overlooking con vista a, 6
own propio(-a)
oyster ostra (*f.*), 16

P

pack hacer las maletas
package paquete (*m.*), 11
pain dolor (*m.*)
painting cuadro (*m.*), 10
pair par (*m.*), 13
palm (tree) palma (*f.*), 9
pansy pensamiento (*m.*), 8
pantry alacena (*f.*)
pants pantalones (*m. pl.*), 8
pantyhose pantimedias (*f. pl.*), 13
Pardon me. Perdón., 1
parents padres (*m. pl.*)
park parque (*m.*), 4; aparcar, estacionar, parquear, 8
parrot loro (*m.*), 8

partner compañero(-a) (*m., f.*)
party fiesta (*f.*), 1
pass (*an exam or course*) aprobar (o:ue), 14
—— **away** fallecer, 9
passport pasaporte (*m.*), 7
past (*time*) y, 2
path sendero (*m.*)
pay pagar, 5
peace paz (*f.*)
peach durazno (*m.*), melocotón (*m.*), 9
pen pluma (*f.*), 2; bolígrafo (*m.*), 2
—— **name** nombre de pluma (*m.*)
pencil lápiz (*m.*), 2
people (*nation*) pueblo (*m.*)
pepper pimienta (*f.*), 5
per por, 8
perfect perfecto(-a), 2
perfectly perfectamente, 15
perform (*a job*) desempeñar, 17
perhaps quizás, 13
period etapa (*f.*)
person persona (*f.*), 4
personnel personal, 17
pessimist(ic) pesimista (*m., f.*), 3
pet mascota (*f.*), 8
pharmacy farmacia (*f.*), 9
philosophy filosofía (*f.*), 17
phone book guía telefónica (*f.*)
phone number número de teléfono (*m.*),
photocopy machine fotocopiadora (*f.*), 17
photo(graph) fotografía (*f.*), foto (*f.*), 4
physical education educación física (*f.*), 14
physician médico(-a) (*m., f.*), 15
physics física (*f.*), 14
piano piano (*m.*), 9
pick up recoger, 6; buscar, 6
picture cuadro (*m.*), 10
pie pastel (*m.*), 5
piece pedazo (*m.*), trozo (*m.*), 5
—— **of news** noticia (*f.*), 7
pillow almohada (*f.*), 10
pillowcase funda (*f.*), 10
pine tree pino (*m.*), 16
pineapple piña (*f.*), 9
pink rosado(-a), 1
pinnacle cumbre (*f.*)
pitch (a tent) armar, 16
pity: it's a —— es una lástima, 11
place lugar (*m.*), 6; poner, 6
—— **of birth** lugar de nacimiento (*m.*), 3
—— **of employment** lugar donde trabaja (*m.*), 3
plaid de cuadros, 13
plain llanura (*f.*), llano (*m.*)
plan pensar (e:ie) (+ *inf.*), 4; planear, 1
plane avión (*m.*), 11
plastic plástico (*m.*), 16
plateau altiplano (*m.*)
plate plato (*m.*), 5

platform andén (*m.*)
play (*instrument*) tocar, 9; jugar (u:ue), 16; obra teatral (de teatro) (*f.*), 18
—— **golf** jugar (u:ue) al golf (*m.*), 16
—— **tennis** jugar (u:ue) al tenis (*m.*), 16
playwright dramaturgo(-a) (*m., f.*)
plead rogar (o:ue), 11
please por favor, 1
pleasure: The —— **is mine.** El gusto es mío., 1
plot trama (*f.*), 18
plumber plomero(-a) (*m., f.*), 14
pluperfect pluscuamperfecto
P.M. de la tarde, 2
pneumonia pulmonía (*f.*), 15
poem poema (*m.*), 2
poetry poesía (*f.*)
police policía (*f.*)
policeman policía (*m.*), 8
policewoman agente de policía (*f.*), 8
polite amable, cortés, 3
polka-dotted de lunares, 13
polyester poliéster (*m.*), 13
pool piscina (*f.*), 7
poor pobre (*unfortunate*), 4
—— **thing** pobrecito(-a) (*m., f.*), 8
pork lechón (*m.*), 5
portrait retrato (*m.*)
Portuguese (*lang.*) portugués (*m.*), 2
position puesto (*m.*), 17; cargo (*m.*)
post office correo (*m.*), oficina de correos (*f.*), 12
postcard tarjeta postal (*f.*), 7
potato papa (*f.*), 5
pound libra (*f.*)
poverty pobreza (*f.*)
power poder (*m.*)
practice practicar, 2
prefer preferir (e:ie), 4
pregnant embarazada, 15
première estreno (*m.*), 18
prepare preparar, 4
prescribe recetar, 15
prescription receta (*f.*), 15
present regalo (*m.*), 8; presentar, 18
president presidente(-a) (*m., f.*), 17
pretend fingir
pretty bonito(-a), lindo(-a), 3; precioso(-a), 13
prevail prevalecer
preview avance (*m.*), 18
print (*fabric*) estampado(-a), 13
printer impresora (*f.*), 17
privateer corsario (*m.*)
probable probable, 8
probably probablemente, 8
problem problema (*m.*), 2
producer productor(-a) (*m., f.*), 18
profession profesión (*f.*), 3

professor profesor(-a) (*m., f.*), 1
program programa (*m.*), 2
programmer programador(-a), (*m., f.*), 14
programming programación (*f.*), 18
promise prometer, 7
propose proponer, 14
protagonist protagonista (*m., f.*), 18
proud orgulloso(-a), 16
provided that con tal (de) que, 14
psychology sicología (*f.*), 14
public relations agent agente de
  relaciones públicas (*m., f.*), 17
publish publicar
Puerto Rican puertorriqueño(-a) (*m., f.*), 3
pull someone's leg tomarle el pelo (a
  alguien), 18
punch ponche (*m.*), 4
purchase compra (*f.*), 17
purchasing department departamento de
  compras (*m.*), 17
purchasing manager jefe(-a) de compras
  (*m., f.*), 17
purple morado(-a), 1
purse bolso (*m.*), 9
put poner, 6; (*p.p. of* poner) puesto, 14
  —— **in a cast** enyesar, 15
  —— **on** ponerse, 9
  —— **to bed** acostar (o:ue), 9

Q

quarter after/past ...y cuarto (*time*), 2
quarter of/to ...menos cuarto (*time*), 2
queen reina (*f.*)
question pregunta (*f.*), 4
Quick! ¡Rápido!, 6
quite bastante, 14

R

rabbit conejo, 8
racket raqueta (*f.*), 16
rain lluvia (*f.*), 5; llover (o:ue), 5
raincoat impermeable (*m.*)
raise levantar, 9
rapid rápido(-a), 8
rapidly rápidamente, 8
rare raro(-a)
rate of exchange cambio de moneda (*m.*)
rayon rayón (*m.*), 13
razor máquina de afeitar (*f.*)
read leer, 3; (*p.p.*) leído, 14
reader lector(-a) (*m., f.*)
ready-to-wear clothes ropa hecha (*f.*)
real verdadero(-a), 18
  —— **estate agent** agente de bienes
    raíces (*m., f.*), 17
realist(ic) realista (*m., f.*), 3

realize darse cuenta (de), 14
reason razón (*f.*)
receive recibir, 3; (*grade*) sacar, 14
recent reciente, 8
recently recientemente, 8
recipe receta (*f.*), 9
recommend recomendar (e:ie), 11
recommendation recomendación (*f.*), 17
red rojo(-a), 1; (*wine*) tinto, 5; colorado(-a)
red-headed pelirrojo(-a), 3
refrain estribillo (*m.*)
refugee refugiado(-a) (*m., f.*)
refuse no querer (e:ie), 10
regarding en cuanto a
register matricularse, 14
registered matriculado(-a), 14
registration recepción (*desk*) (*f.*), 7;
  matrícula (*f.*), 14
regret sentir (e:ie), 11
rehearse ensayar, 18
relative pariente (*m., f.*), 6
remain seated quedar(-se) sentado(-a)
remember recordar (o:ue), 5; acordarse
  (o:ue) (de), 9
rent alquiler (*m.*), 10; alquilar, 10
repair arreglar, 12; arreglo (*m.*), 12
  —— **shop** taller de mecánica (*m.*),
    12
report informe (*m.*), 3
request pedir (e:i), 6
requirement requisito (*m.*), 14
research investigación (*f.*), 14
reservation reserva (*f.*), reservación (*f.*), 7
resign renunciar
resort balneario
responsibility responsabilidad (*f.*), 17
rest el resto (*m.*), 10; descansar, 15
restaurant restaurante (*m.*), 4
résumé resumé (*m.*), 17
return regresar, 2; volver (o:ue), 5; (*some
  thing*) devolver (o:ue), 7
returned (*p.p.*) (de)vuelto(-a), 14
revolution revolución (*f.*), 9
reward recompensa (*f.*)
rice arroz (*m.*), 5
  —— **pudding** arroz con leche (*m.*), 5
ride (*a bicycle*) montar en bicicleta, 16;
  (*a horse*) montar a caballo, 16
right derecho (*m.*); (*adj.*) derecho(-a)
  to the —— a la derecha, 12
  ——**?** ¿verdad?, 1
  —— **away** en seguida, 6
  to be —— tener razón, 4
ring anillo (*m.*), 13; (*phone*) sonar (o:ue), 15
roasted asado(-a), 9
rock mecer
role papel (*m.*)
romantic romántico(-a), 11
room cuarto (*m.*), habitación (*f.*), 4; sitio
  (*m.*)

  —— **service** servicio de habitación
    (cuarto) (*m.*), 7
roommate compañero(-a) de cuarto
  (*m., f.*), 3
root raíz (*f.*)
rose rosa (*f.*), 8
round-trip de ida y vuelta, 11
row remar, 16
run correr, 3
  —— **errands** hacer diligencias, 8

S

sad triste, 4
saddlebag alforja (*f.*)
said (*p.p. of* decir) dicho, 14
sailboat velero (*m.*), 16
saint's day santo (*m.*)
salad ensalada (*f.*), 5
salary salario (*m.*), sueldo (*m.*), 17
sale liquidación (*f.*), rebaja (*f.*), 13
salesperson vendedor(-a) (*m., f.*), 1
salt sal (*f.*), 5
same mismo(-a), 10
sand arena (*f.*), 16
sandwich sándwich (*m.*), 3
Saturday sábado (*m.*), 1
sauce salsa (*f.*), 9
saucepan cacerola (*f.*), 10
saucer platillo (*m.*), 5
sausage chorizo (*m.*)
save ahorrar, 8
savings ahorros (*m. pl.*)
  —— **account** cuenta de ahorros (*f.*),
    8
  —— **passbook** libreta de ahorros
    (*f.*), 8
say decir (e:i), 6
schedule horario (*m.*), 14
scholarship beca (*f.*), 14
school escuela (*f.*), 10; facultad (*f.*), 14
science ciencia (*f.*), 14
  —— **fiction** ciencia ficción (*f.*), 18
scorn despreciar
screen pantalla (*f.*), 17
  ——**play** guión (*m.*), 18
script guión (*m.*), 18
scuba dive bucear, 16
sea mar (*m.*), 7
search búsqueda (*f.*)
season estación (*f.*), 1
seated sentado(-a), 14
second segundo(-a), 6
  —— **World War** Segunda Guerra
    Mundial (*f.*)
see ver, 6
  —— **you.** Nos vemos., 1
seem parecer, 13; antojársele (a uno)
seen (*p.p. of* ver) visto(-a), 14

selection selección (f.), 17
sell vender, 3
send enviar, mandar, 7
sensitivity sensibilidad (f.)
sentence oración (f.)
September septiembre, 1
seriously? ¿en serio?, 2
serve servir (e:i), 6
set out to proponerse
seven siete, 1
—— **hundred** setecientos(-as), 3
seventeen diecisiete, 1
seventh séptimo(-a), 7
seventy setenta, 2
shadow sombra (f.)
shake hands darse la mano
shame: it's a —— es una lástima, 11
share compartir, 9
shareholder accionista (m., f.), 17
shark tiburón (m.)
shave afeitar(se), 9
she ella, 1
sheep oveja (f.)
sheet sábana (f.), 6
ship barco (m.), 11
shirt camisa (f.), 6
shoe zapato (m.), 13
—— **store** zapatería (f.), 9
shoot fusilar, pasar por las armas
shopping: to go —— ir de compras, 13
shopping mall centro comercial (m.), 13
short bajo(-a), 3; corto(-a), 9
shot inyección (f.), 15
to give a —— poner una inyección, 15
shotgun escopeta (f.), 16
should deber, 3
show mostrar (o:ue), 6; espectáculo (m.), 18
—— **a movie** pasar (dar) una película, 7
—— **for the first time** estrenar, 18
shower ducha (f.), 7
shrimp camarones (m. pl.), 5
sick enfermo(-a), 4
sigh suspirar, 6
sign firmar, 8; señal (f.); signo (m.)
signature firma (f.), 8
silently sin ruido
silk seda (f.), 13
silver plata (f.)
since desde, 6; como, 7
sincere sincero(-a), 9
sing cantar, 4
single soltero(-a), 3
—— **room** habitación sencilla (f.), 7
sir señor, 1
sister hermana (f.), 4
sister-in-law cuñada (f.), 6
sit down sentarse (e:ie), 9

sitting sentado(-a), 14
six seis, 1
—— **hundred** seiscientos(-as), 3
sixteen dieciséis, 1
sixth sexto(-a), 7
sixty sesenta, 2
size medida (f.), talla (f.), 13; (of shoes) número (m.), 13; tamaño (m.)
skate patinar, 16
ski esquiar, 16
skillet sartén (f.), 10
skirt falda (f.), 13
sky cielo (m.)
skyscraper rascacielos (m. sing.)
slave esclavo(-a) (m., f.)
sleep dormir (o:ue), 5
sleeping bag saco de dormir (m.), bolsa de dormir (f.), 10
sleepy: to be —— tener sueño, 4
sleeve manga (f.)
slender delgado(-a), 3
slice rodaja (f.)
slippers zapatillas (f., pl.), 15
slow lento(-a), 8
slowly lentamente, 8; despacio
small chico(-a), 10; pequeño(-a)
to be too —— (on someone) quedar(le) chico(-a) (a uno), 13
smile sonreír
smog contaminación del aire (f.)
smoke fumar
smoking: (no) smoking section sección de (no) fumar (f.), 11
snow nevar (e:ie), 5; nieve (f.), 16
so de manera (modo) que, 9; tan, 17; así que, 18
—— **be it.** Sea.
—— **much** tanto, 11
soap jabón (m.), 7
—— **opera** telenovela (f.), 5
soccer fútbol (m.), 16
social security number número de seguro social (m.), 3
sociology sociología (f.), 14
sock calcetín (m.), 13
soda pop refresco (m.), 5; soda (f.), 4
sofa sofá (m.), 6
some unos(-as), 2; algunos(-as), 6; alguno(-a), algún, 6
somebody alguien, 6
someone alguien, 6
something algo, 6
sometimes a veces
son hijo (m.), 4
son-in-law yerno (m.), 6
song canción (f.), 9
soon pronto, 16
as —— **as** en cuanto, tan pronto como, 14
——**er or later** tarde o temprano, 18

sorrow pena (f.)
soul alma (f.)
sound sonido (m.)
sound track banda sonora (f.), 18
soup sopa (f.), 5
source fuente (f.)
south sur (m.), 16
Spanish (lang.) español (m.), 2
spare part pieza de repuesto (f.), 12
speak hablar, 2
special especial, 5
—— **effect** efecto especial (m.), 18
specialized especializado(-a), 17
speed limit velocidad máxima (f.), 12
spell deletrear
spelling deletreo (m.)
spend (time) pasar, 4
spoon cuchara (f.), 5
spoonful cucharada (f.)
sport deporte (m.), 16
spring primavera (f.), 1
stadium estadio (m.), 16
stairs escalera (f.), 7
stand out destacarse
stand somebody up dejar plantado(-a) a alguien, 18
standard shift de cambios mecánicos, 12
stanza estrofa (f.)
start comenzar (e:ie), empezar (e:ie), 4; arrancar (car), 12; entablar
state estado (m.)
stay quedarse, 11; hospedarse (en) (at a hotel), 11
steak bistec (m.), biftec (m.), 5
steal robar, 8
steering wheel volante (m.), 12
stepbrother hermanastro (m.), 6
stepdaughter hijastra (f.), 6
stepfather padrastro (m.), 6
stepmother madrastra (f.), 6
stepsister hermanastra (f.), 6
stepson hijastro (m.), 6
stereo system equipo estereofónico (m.), 4
stir revolver (o:ue)
stockbroker bolsista (m., f.), 17
stomach estómago (m.), 15
stone piedra (f.)
stop detenerse
—— **(something)** detener + d.o.
stopover: to make a —— hacer escala, 11
store tienda (f.), 8
stranger extraño(-a) (m., f.)
straw (for mate) bombilla (f.)
strawberry fresa (f.), 9
street calle (f.), 2
stretch estirar
striped de rayas, 13
stubborn terco(-a), 3
student estudiante (m., f.), 1
study estudiar, 2

stupidity torpeza (*f.*)
subject tema (*m.*), 2; (*course*) asignatura, materia, 14
subsidized subvencionado(-a)
subway metro (*m.*), subterráneo (*m.*), 10
success éxito (*m.*)
Such bad luck! ¡Qué mala suerte!, 8
Such is life. Así es la vida.
suddenly de pronto, de repente, 18
sugar azúcar (*m.*), 9
—— cane caña de azúcar (*f.*)
suggest sugerir (e:ie), 11
suit traje (*m.*), 13
—— one to perfection venirle de perillas a uno, 18
suitcase maleta (*f.*); valija (*f.*), 7
summary resumen (*m.*)
summer verano (*m.*), 1
sun sol (*m.*)
sunbathe tomar el sol, 16
Sunday domingo (*m.*), 1
sunny: to be —— hacer sol, 5
super (*of a building*) encargado(-a) (*m., f.*), 10
supermarket supermercado (*m.*), 9
supervision supervisión (*f.*), 17
supervisor supervisor(-a) (*m., f.*), 17
supper cena (*f.*), 7
sure seguro(-a), 8
surf hacer surfing, 16
surfboard tabla de mar (*f.*), 16
surprise sorpresa (*f.*), 8; sorprender, 11
surrounded rodeado(-a)
sweater suéter (*m.*)
sweep barrer, 6
sweet dulce
sweets dulces (*m. pl.*)
swim nadar, 7
swimming pool piscina (*f.*), alberca (*f.*) (*Mex.*), 7
sword espada (*f.*)
symptom síntoma (*m.*), 15
system sistema (*m.*)

T

T-shirt camiseta (*f.*), 13
table mesa (*f.*), 4
tablecloth mantel (*m.*), 5
tail cola (*f.*)
tailor sastre (*m.*)
take tomar, 2; (*someone or something someplace*) llevar, 3; (*a taxi*), 6
—— a picture sacar (tomar) una foto, 4
—— advantage of aprovechar, 15
—— an X-ray hacer una radiografía, 15
—— away quitar, 9; llevarse, 11

—— charge hacerse cargo
—— off quitarse, 9
—— out the garbage sacar la basura, 6
—— place tener lugar
talk conversar, platicar, 2; hablar, 2
tall alto(-a), 3
tank tanque (*m.*), 12
tape grabar, 18
taste probar (o:ue), 9
tasty sabroso(-a), rico(-a), 5
taxi taxi (*m.*), 6
tea té (*m.*), 5
teach enseñar (a), 18
teacher (*elementary school*) maestro(-a) (*m., f.*), 7
tear despedazar
tease tomarle el pelo (a alguien), 18
teaspoon cucharita (*f.*), 5
teenager adolescente (*m., f.*), 7
teeth dientes (*m. pl.*), 15
telephone teléfono (*m.*), 1
—— system sistema de comunicación telefónica (*m.*), 17
television televisión (*f.*), 2
tell decir (e:i), 6; contar (o:ue), 8
temperature temperatura (*f.*), 15
ten diez, 1
tenderness ternura (*f.*)
tennis tenis (*m.*), 16
—— shoes zapatos de tenis (*m. pl.*), 13
tent tienda de campaña (*f.*), 16
tenth décimo(-a), 7
tetanus shot inyección antitetánica (*f.*), 15
than que, 5
thank you gracias, 1
—— very much. Muchas gracias., 1
thanks gracias, 1
that (*adj.*) que, 4; aquel(la), 6; (*adj.*) ese, 6; (*adj.*) esa, 6; (*neuter pron.*) aquello, 6; (*neuter pron.*) eso, 6
—— is to say es decir
—— one aquél(la), 7; ése, 7; ésa, 7
—— which lo que, 6
—— which is + *adj.* lo + *adj.*
——'s why por eso, 18
the el, la, las, los, 2
theater teatro (*m.*), 4
their su(s), 3
theirs suyo(-a)(s), 9
them ellas, ellos, 4; las, 6; los, 6; les, 7
theme tema (*m.*), 2
themselves se, 9
then entonces (*in that case*), 4
there allí
—— are, is hay, 1
these (*adj.*) estos(-as), 7; (*pron.*) éstos(-as), 7
they ellos 1; ellas, 1
thin delgado(-a), 3

thing cosa (*f.*), 6
think creer, 3; pensar (e:ie), 4
—— about pensar en, 18
third tercero(-a), tercer, 7
thirsty: to be —— tener sed, 4
thirteen trece, 1
thirty treinta, 1
this (*adj.*) este, esta, 6; (*neuter pron.*), esto, 6
—— is he (she) speaking. Con él (ella) habla., 3
those (*adj.*) aquellos(-as), 6; (*pron.*) aquéllos(-as), 6; (*adj.*) esos(-as), 6; (*pron.*) ésos(-as), 6
thousand mil, 3; millar (*m.*)
three tres, 1
—— hundred trescientos(-as), 3
thriller película de suspenso (*f.*), 18
throat garganta (*f.*), 15
through por, 8
Thursday jueves (*m.*), 1
ticket (*for plane, train, bus*) pasaje (*m.*), 11; (*to an event*) boleto (*m.*), entrada (*f.*), 16; (*fine*) multa (*f.*), 8
—— one-way —— billete (pasaje) de ida (*m.*), 11
—— round-trip —— billete (pasaje) de ida y vuelta (*m.*), 11
tidy up arreglar, 6
tie corbata (*f.*), 13
—— together apretar (e:ie)
tile teja (*f.*); (*ceramic*) azulejo (*m.*)
till menos (*telling time*), 2
time hora (*f.*), 2; tiempo, 2; vez (*in a series*) (*f.*), 4
for the first —— por primera vez, 4
have a good —— divertirse (e:ie), 16
What —— is it? ¿Qué hora es?, 2
tip propina (*f.*), 5
tire llanta (*f.*), neumático (*m.*), 12
tired cansado(-a), 4
to (*telling time*) menos, 2; a, 2; para, 3
toaster tostadora (*f.*), 10
today hoy, 1
toe dedo del pie (*m.*), 15
together juntos(-as), 13
toilet paper papel higiénico (*m.*), 9
tomato tomate (*m.*), 9
tomb sepulcro (*m.*)
tomorrow mañana, 3
—— and not a day later mañana mismo, 17
tongue lengua (*f.*), 15
tonight esta noche, 2
too también, 2; demasiado(-a), 8
touch toque (*m.*)
tourism turismo (*m.*), 7
tourist turista (*m., f.*), 11
—— card tarjeta de turista (*f.*), 7
—— class clase turista (*f.*), 11
tow truck grúa (*f.*), remolcador (*m.*), 12

towards hacia, 5
towel toalla (f.), 7
tower torre (f.)
town pueblo (m.), 11
trade oficio (m.), 14
tradition tradición (f.), 4
tragic trágico(-a)
train tren (m.), 11
tranquility tranquilidad (f.)
translate traducir, 6
translator traductor(-a) (m., f.), 17
travel viajar, 7
———— **agency** agencia de viajes (f.), 11
———— **agent** agente de viajes (m., f.), 11
traveler viajero(-a) (m., f.), 11
traveler's check cheque de viajeros (m.), 6
traveling de viaje, 11
tremble temblar
trip viaje (m.), 4
trousers pantalón (m.), pantalones (m. pl.), 8
truck camión (m.), 13
true cierto
trumpet trompeta (f.), 9
true? ¿verdad?, 11
trunk (car) maletero (m.), cajuela (f.), 12
trust confiar
truth verdad (f.), 6
try probar (o:ue), 9
———— **on** probarse (o:ue), 9
Tuesday martes (m.), 1
tuition matrícula (f.), 14
tulip tulipán (m.), 8
turkey pavo (m.), 5
turn doblar, 12
———— . . . **years old** cumplir ...años, 9
———— **in** entregar, 14
———— **over** voltear
———— **to** recurrir a
turtle tortuga (f.), 8
TV set televisor (m.), 7
twelve doce, 1
twenty veinte, 1
———— -**one** veintiuno, 1
———— -**two** veintidós, 1
———— -**three** veintitrés, 1
———— -**four** veinticuatro, 1
———— -**five** veinticinco, 1
———— -**six** veintiséis, 1
———— -**seven** veintisiete, 1
———— -**eight** veintiocho, 1
———— -**nine** veintinueve, 1
twilight crepúsculo (m.)
two dos, 1
———— **hundred** doscientos(-as), 3
type tipo (m.), 15; escribir a máquina, 17
tyrant tirano(-a) (m., f.)

U

ugly feo(-a), 3
umbrella paraguas (m. sing.)
uncle tío (m.), 4
under debajo de, 6; bajo, 17
understand entender (e:ie), 4
underwear ropa interior (f.), 13
unfortunate desafortunado(-a), 8
unfortunately desgraciadamente, por desgracia, desafortunadamente, 8
ungrateful (adj.) desagradecido(-a)
United States Estados Unidos (m. pl.)
university universidad (f.), 1; (adj.) universitario(-a), 3
unless a menos que, 14
unpleasant antipático(-a), 3
untie lines soltar (o:ue) amarras
until hasta, 7; hasta que, 14
untimely a deshoras
up to now hasta ahora, 14
us (obj. of prep.) nosotros(-as), 4; nos, 6, 7
use usar, 6
used usado(-a), 12
usefulness utilidad (f.)

V

vacant libre, 7; desocupado(-a), 10
vacate the room desocupar el cuarto, 7
vacation vacaciones (f. pl.), 7
vacuum pasar la aspiradora, 6
value valor (m.)
VCR videograbadora (f.), 17
vegetable verdura (f.), vegetal (m.), 5
verb verbo (m.)
very muy, 1
(not) ———— **well** (no) muy bien, 1
video camera cámara de video (f.), 7
vinegar vinagre (m.), 9
violet violeta (f.), 8
violin violín (m.), 9
visit visitar, 4
———— **frequently** frecuentar
vocabulary vocabulario (m.)
volleyball vóleibol (m.), 16

W

wait (for) esperar, 9; aguardar
waiter camarero (m.), mozo (m.), 5
waiting list lista de espera (f.), 7
waitress camarera (f.), 5
wake up despertarse (e:ie), 9
walk caminar, ir a pie, ir caminando, 12
wall pared (f.), 2
wallet billetera (f.), cartera (f.), 13
wandering errabundo

want querer (e:ie), 4; desear, 11
war guerra (f.), 18
warning advertencia (f.)
wash lavar(se), 9
———— **dishes** lavar los platos, fregar (e:ie) los platos, 6
———— **one's hair** lavarse la cabeza, 9
washing machine lavadora (f.), 10
wastebasket cesto de papeles (m.), 2
watch mirar, 5
water agua (f.), 4
———— **ski** esquí acuático (m.), 16
watermelon sandía (f.), 9
wave ola (f.)
way modo (m.)
we nosotros(-as), 1
wear usar
———— **a certain (shoe) size** calzar, 13
not to have anything to ———— no tener nada que ponerse, 13
weather tiempo (m.)
———— **forecast** pronóstico del tiempo
to be good (bad) ———— hacer buen (mal) tiempo, 6
What's the weather like? ¿Qué tiempo hace?, 6
weatherbeaten curtido(-a)
wedding boda (f.), 18
Wednesday miércoles (m.), 1
week semana (f.), 4
weekend fin de semana (m.), 4
weigh pesar
welcome bienvenido(-a), 4
You're ————. De nada., 1
well bien, 1; pues, 6
———— . . . **okay** bueno..., 1
west oeste (m.), 16
western (movie) película del oeste (de vaqueros) (f.), 18
what cuál, 1; qué, 2; lo que, 6
———— **a pity!** ¡Qué lástima!, 15
———— **do you think about . . .?** ¿Qué les parece si...?, 13
———— **for?** ¿Para qué?, 18
———— **is the rate of exchange?** ¿A cómo está el cambio de moneda?, 7
———— **is your name?** ¿Cómo se llama Ud.? (form.), 1; ¿Cómo te llamas? (fam.), 1
———— **is your phone number?** ¿Cuál es tu número de teléfono?, 1
———— **the heck!** ¡Qué diablo!
———— **time is it?** ¿Qué hora es?, 2
———— **'s the date today?** ¿A cuánto estamos hoy?, 18
————**'s up (new)?** ¿Qué hay (de nuevo)?, 1
wheat trigo (m.)
wheelchair silla de ruedas (f.), 15
when? ¿cuándo?, 2; cuando, 14

where? ¿dónde?, 1; ¿adónde? (*destination*)
which? ¿cuál?, 1; (*rel. pron.*) que, 10
while mientras, 3
    a —— un rato, 4
    for a —— por un tiempo, 12
white blanco(-a), 1
who (*rel. pron.*) que, 4; quien(es), 10
whom quien, quienes, 10
whose de quién
why? ¿por qué?
wide ancho(-a), 13
widowed viudo(-a), 3
wife esposa (*f.*), mujer (*f.*), 5
will power voluntad (*f.*)
win ganar, 16
window ventana (*f.*), 2; (*of a vehicle or booth*) ventanilla (*f.*), 12
    —— seat asiento de ventanilla (*m.*), 11
    to —— shop mirar vidrieras, 13
windshield parabrisas (*m.*), 12
windy: to be —— hacer viento, 6
wine vino (*m.*), 4
winter invierno (*m.*), 1
wish desear, 2; querer (e:ie), 4
with con, 1; de, 16
    —— me conmigo, 2
    —— you (*fam. sing.*) contigo, 4
without sin que, 14; sin
    —— fail sin falta, 18
    —— rhyme or reason sin qué ni para qué, 18
woman mujer (*f.*)
women's department departamento de (ropa para) damas, 13
wood madera (*f.*)
wool lana (*f.*), 13
word palabra (*f.*), 17
    —— processor procesador de textos (*m.*), 17
work trabajar, 2; trabajo (*m.*), 3; funcionar, 12; (*of art*) obra (*f.*)
world mundo (*m.*), 17
    —— Wide Web Internet (*f.*), Red (*f.*), 7
worried preocupado(-a), 4
worry (about) preocuparse (por), 9
worse peor, 5
worst el (la) peor, 5
worth: to be —— the trouble valer la pena, 12
wrapped envuelto(-a), 14
write escribir, 3
    —— down anotar, 2
writer escritor(-a) (*m., f.*), 14
written escrito(-a), 14
wrong: to be —— estar equivocado(-a), no tener razón, 4

X

X-ray radiografía (*f.*), 15
    —— room sala de rayos X (*f.*), 15

Y

year año (*m.*), 3
    to be . . . ——s old tener... años, 4
yellow amarillo(-a), 1
yes sí, 2
yesterday ayer, 7
you (*subj.*) tú (*fam.*), usted (Ud.) (*form.*); ustedes, vosotros(-as), 1; (*d.o. pron.*) la(s), lo(s), os, te, 6; (*i.o. pron.*) le(s), os, te, 7; (*obj. of prep.*) ti, usted(es), vosotros(-as), 4
young joven (*m., f.*), 17
    —— man chico (*m.*), muchacho (*m.*), 2; joven (*m.*), 15
    —— lady señorita (*f.*), 1
    —— people jóvenes (*m., f.*)
    —— woman chica (*f.*), muchacha (*f.*), 2; joven (*f.*), 15
younger menor, 5
youngest el (la) menor, 5
your su(s), tu(s), vuestro(-a)(-os)(-as), 3
yours suyo(-a)(s), tuyo(-a)(s), vuestro(-a)(s), 9
yourself se, te, 9
yourselves os, se, 9
youth juventud (*f.*), 9

Z

zero cero, 1
zip code zona postal (*f.*), 3
zoo zoológico (*m.*), 4

INDEX

ART, GRAPHIC, AND PHOTO CREDITS

Photography

Lesson 1: page 1: © David Young-Wolff/PhotoEdit; page 8: © Stuart Cohen; page 9T: © Francisco J. Rangel; page 9BL: © Robert Frerck/Odyssey/Chicago; page 9BR: © Houghton Mifflin Publishing; page 18: © La Belle Aurore/Alamy; page 25: © Robert Frerck/Odyssey/Chicago; page 26TL: © David R. Frazier/Stock Boston; page 26CL: © Flash! Light/Stock Boston; page 26BL: © David R. Frazier/Stock Boston; page 26TR: © Robert Fried/Stock Boston; page 26BR: © Esbin-Anderson/The Image Works; page 28T: © Reuters/CORBIS; page 28C: © AP/Wide World Photos; page 28BL: © Robert Frerck/Odyssey/Chicago; page 28BR: © Bill Cotton/Colorado State University, © Leo Tanguma; page 29TL: © Arturo Fuentes/Latin Focus; page 29BL: © AP/Wide World Photos; page 29BC: © Steve Mason/Getty Creative; page 29TR: © Robert Holmes/CORBIS; page 29BR: © Chuck Peflay/Stock Boston.

Lesson 2: page 31: © Robert Fried Photography; page 38: © Jeff Greenberg/PhotoEdit; page 39TL: © Tomas Stargardter/Latin Focus; page 39BL: © Ulrike Welsch; page 39TR: © Jeff Greenberg/PhotoEdit; page 39BR: © Beryl Goldberg; page 53: © Raquel Lebredo; page 54: © Ana C. Jarvis; page 57: © Michael Newman/PhotoEdit; page 58: © Raquel Lebredo; page 60TL: © Alex Wong/Getty Editorial; page 60BL: © David Adams/AP/Wide World Photos; page 60TR: © Frank Trapper/CORBIS; page 60TCR: © David Bergman/CORBIS; page 60BCR: © Marion Stalens/CORBIS; page 60BR: © Mark Wilson/Getty Editorial; page 61TL: © David Samuel Robbins/CORBIS; page 61BL: © David R. Frazier Photolibrary; page 61TR: © Vic Bider/PhotoEdit; page 61BR: © AP/Wide World Photos.

Lesson 3: page 63: © Robert Frerck/Odyssey/Chicago; page 70: © Beryl Goldberg; page 71T: © Beryl Goldberg; page 71C: © Myrleen Cate/PhotoEdit; page 71B: © Bonnie Kamin/PhotoEdit; page 77L: © Claudio Papi/Reuters/CORBIS; page 77R: © Steve Sands/CORBIS; page 88TL: © Beryl Goldberg; page 88BL: © Beryl Goldberg; page 88R: © Beryl Goldberg; page 89L: © Ed Bailey/AP/Wide World Photos; page 89R: © Tim Roske/AP/Wide World Photos; page 90TL: © Cameron Davidson; page 90TC: © Reuters/CORBIS; page 90TR: © Keline Howard/CORBIS; page 90BL: © Abilio Lopez/CORBIS; page 90BR.

Lesson 4: page 97: © Alan Reininger/Woodfin Camp; page 104: © Ulrike Welsch; page 105TR: © Robert Frerck/Odyssey/Chicago; page 105TL: © Robert Frerck/Odyssey/Chicago; page 105BL: © Bob Daemmrich/Daemmrich Photography; page 105BC: © Reuters/CORBIS; page 105BR: © Betty Press/Panos Pictures; page 117: © B. Bachmann/The Image Works; page 118T: © Ana C. Jarvis; page 118TC: © Robert Frerck/Odyssey/Chicago; page 118BC: © H. Huntly Hersch/DDB Stock Photography; page 118B: © Beryl Goldberg; page 120T: © Jimmy Dorantes/Latin Focus; page 120BL: © Beryl Goldberg; page 120BR: © Charles & Josette Lenars/CORBIS; page 121L: © Robert Frerck/Odyssey/Chicago; page 121TR: © Robert Frerck/Odyssey/Chicago; page 121BR: © Robert Frerck/Odyssey/Chicago; page 122TL: © Bettman/CORBIS; page 122TR: © Robert Frerck/Odyssey/Chicago; page 122BL: © AP/Wide World Photos; page 122BR: © Jorge Nuñez/SIPA Press.

Lesson 5: page 123: © Grant LeDuc/Stock Boston; page 131TL: © Beryl Goldberg; page 131TR: © SuperStock; page 131CTL: © Beryl Goldberg; page 131CBL: © Randall Hyman/Stock Boston; page 131CR: © Beryl Goldberg; page 131BL: © Robert Fried Photography; page 131BR: © Beryl Goldberg; page 145: © Doug Menuez/Getty Creative; page 146: © Robert Frerck/Odyssey/Chicago; page 148T: © D. Donne Bryant/DDB Stock Photography; page 148C: © Libro sagrado de los Mayas. Text © 1999 by Victor Monejo; Illustration © 1999 by Luis Garay; First published in Canada by Groundwood Books/Douglas & McIntyre Ltd; Reprinted by permission of publisher; page 148BL: © AP/Wide World Photos; page 148BR: © SIPA Press; page 149L: © Bill Wassman/Lonely Planet Images; page 149TR: © AP/Wide World Photos; page 149BR: © Luis Galdamez/CORBIS; page

150TL: © Beryl Goldberg; page 150TC: © Beryl Goldberg; page 150TR: © Beryl Goldberg; page 150BL: © Jefkin/Elnekave Photography; page 150BR: © Robert Fried Photography.

Lesson 6: page 151: © Robert Frerck/Odyssey/Chicago; page 158: © Jeff Greenberg/PhotoEdit; page 159T: © H. Huntly Hersch/DDB Stock Photography; page 159B: © Peter Menzel/Stock Boston; page 171: © David Young-Wolff/PhotoEdit; page 172: © Bob Greens/HBO/Photofest; page 174T: © San Antonio de Oriente, 1972, oil on canvas, collection of the Art Museum of the Americas, OAS, Washington DC; page 174B: © Max and Bea Hunn/DDB Stock Photography; page 175T: © Byron Augustin/DDB Stock Photography; page 175CL: © Bettman/CORBIS; page 175CR: © Hulton Archive/Getty Editorial; page 175BL: © Brenda J Latvala/DDB Stock Photography; page 175BR: © Peter Chartrand/DDB Stock Photography; page 176T: © Brenda J Latvala/DDB Stock Photography; 176B: © Gary Braasch/CORBIS.

Lesson 7: page 183: © Aaron Haupt/Stock Boston; page 190: © Larry Hamill; page 191TL: © Newsmakers/Liaison Agency/Getty Creative; page 191BL: © Danny Lehman/CORBIS; page 191R: © Jeff Zaruba/CORBIS; page 205: © Katie Deits/Index Stock Imagery; page 208TL: © Steve Kaufman/CORBIS; page 208TR: © Francis Lepine/Earth Scenes; page 208BL: © Ulrike Welsch; page 208BR: © Ulrike Welsch; page 209L: © Robert Frerck/Odyssey/Chicago; page 209R: © Suzanne Murphy/DDB Stock Photography; page 210TL: © Trapper/Sygma/CORBIS; page 210BL: © Ron Sachs/CORBIS; page 210R: © Diana Walker/Getty Editorial.

Lesson 8: page 211: © Ana C. Jarvis; page 218: © Townsend P. Dickinson/The Image Works; page 219TL: © Robert Frerck/Odyssey/Chicago; page 219TR: © Ulrike Welsch; page 219BL: © Robert Fried Photography; page 219BR: © David R. Frazier Photolibrary; page 231: © Chip & Rosa Maria Peterson/Peterson Photos; page 234T: © Robert Frerck/Odyssey/Chicago; page 234C: © Bob Krist/CORBIS; page 234B: © Robert Frerck/Odyssey/Chicago; page 235TL: © Houghton Mifflin Publishing; page 235TR: © Robert Frerck/Odyssey/Chicago; page 235BL: © Bettman/CORBIS; page 235BR: © Robert Frerck/Odyssey/Chicago; page 236T: © Bettman/CORBIS; page 236BR: © Reed Saxon/AP/Wide World Photos; page 235BL: © Steve Marcus/Reuters/CORBIS.

Lesson 9: page 237: © Chuck Savage; page 244: © Bob Krist/CORBIS; page 245T: © Martha Cooper/Viesti Associates; page 245BR: © Jimmy Dorantes/Latin Focus; page 245BL: © Ana C. Jarvis; page 257: © Daly & Newton/Getty Creative; page 260L: © Paul Conklin/PhotoEdit; page 260TR: © Ulrike Welsch; page 260BR: © Massimo Mastrorillo/CORBIS; page 261: © Tom Bean/CORBIS; page 262TL: © Peter Morgan/Reuters/CORBIS; page 262TR: © Bettman/CORBIS; page 262BL: © Dimitrios Kambouris/Fashion Wire Daily/AP/Wide World Photos; page 262BR: © Kimberly White/Reuters/CORBIS.

Lesson 10: page 269: © Ulrike Welsch; page 276 © Rob Crandall; page 277TL: © Margot Granitsas/The Image Works; page 277CL: © Beryl Goldberg; page 277BL: © David Simson/Stock Boston; page 277TR: © Beryl Goldberg; page 277CR: © Ulrike Welsch; page 277BR: © Degas Parra/ADK Images/Viesti Associates; page 287: © Chad Baker/Ryan McVay/Getty Creative; page 290T: © Mitchell Gerber/CORBIS; page 290BL: © Mark Antman/The Image Works; page 290BR: © Eric Draper/AP/Wide World Photos; page 291TL: © Mark Antman/The Image Works; page 291BL: © Streano/Havens; page 291TR: © D. Donne Bryant/DDB Stock Photography; page 291BR: © Beryl Goldberg; page 292TL: © Max & Bea Hunn/DDB Stock Photography; page 292BL: © Neil Rabinowitz/CORBIS; page 292R: D. Donne Bryant/DDB Stock Photography.

Lesson 11: page 293: © Stuart Cohen/The Image Works; page 300: © Beryl Goldberg; page 301TL: © Beryl Goldberg; page 301BL: © Robert Frerck/Odyssey/Chicago; page 301TR: © Viesti Associates; page 301BR: © Yann Arthus-Bertrand/CORBIS; page 311: ©Image Source/SuperStock; page 314: © Paolo Ragazzini/CORBIS; page 315T: © Museo del Oro; page 315BL: © Les Stone/Sygma/CORBIS; page 315BR: © The Museum of Modern Art/Licensed by SCALA/Art Resource, NY, © Fernando Botero, courtesy, Marlborough Gallery, New York; page 316: © Robert Frerck/Odyssey/Chicago.

Lesson 12: page 317: © Robert Fried Photography; page 324: © Adalberto Rios Szalay/Sexto Sol/Getty Creative; page 325L: © Chip & Rosa Maria Peterson/Peterson Photos; page 325TR: © Ulrike Welsch; page 325BR: © Michael Dwyer/Stock Boston; page 329: Ana C. Jarvis; page 335: © Network Productions/Index Stock Imagery; page 338L: © Robert Fried Photography; page 338R: © Robert Frerck/Odyssey/Chicago; page 339L: Anna E. Zuckerman/PhotoEdit;

Graphics

Lesson 1: page 30L: © Houghton Mifflin Publishing. Reprinted with permission.

Lesson 2: page 62: © Houghton Mifflin Publishing. Reprinted with permission.

Lesson 3: page 89: ©Morton Winsberg/Florida State University.

Lesson 10: page 276L: © Ecograph Inc; page 276R: © Ecograph Inc.

All other graphics © Houghton Mifflin Publishing. Reprinted with permission.

Illustrations

All illustrations © Houghton Mifflin Publishing. Reprinted with permission. Special thanks to Derek Ring, Len Shalansky, Dave Sullivan, and BK Taylor for new illustrations in this edition.